AMBER-COLOURED GDANSK

琥珀色的格但斯克

杜京 著

中国书籍出版社
China Book Press

图书在版编目（CIP）数据

琥珀色的格但斯克 / 杜京著. — 北京：中国书籍出版社，2016.5
ISBN 978-7-5068-5534-1

Ⅰ．①琥… Ⅱ．①杜… Ⅲ．①格但斯克－历史－图集 Ⅳ．① K513-64

中国版本图书馆 CIP 数据核字（2016）第 086475 号

责任编辑　/　游　翔
责任印制　/　孙马飞　马　芝
封面设计　/　黄俊杰
摄　　影　/　杜　京
出版发行　/　中国书籍出版社
　　　　　　　地址：北京市丰台区三路居路 97 号（邮编：100073）
　　　　　　　电话：（010）52257143（总编室）
　　　　　　　　　　（010）52257140（发行部）
　　　　　　　电子邮箱：eo@chinabp.com.cn
经　　销　/　全国新华书店
印　　刷　/　三河顺兴印务有限公司
开　　本　/　710×1000 毫米　1/16
印　　张　/　39.75
字　　数　/　400 千字
版　　次　/　2016 年 5 月第 1 版　2016 年 5 月第 1 次印刷
印　　数　/　00001-10000 册
书　　号　/　ISBN 978-7-5068-5534-1
定　　价　/　148.00 元

版权所有　翻印必究

鸣谢

我之所以能有机会与读者朋友们分享格但斯克的风光美景、人文情蕴，在此要特别感谢格但斯克市政府及市长鲍威尔·亚当莫维茨（Paweł Adamowicz）先生的鼎力支持。

感谢格但斯克市政府城市形象办公室主任格拉日娜·阿达慕斯卡（Grażyna Adamska）女士，以及我的好朋友滨海省驻华办公室主任斯瓦夫（Sławomir Berbeć）先生和密茨凯维奇学院亚洲事务总监马丁（Marcin Jacoby）先生。

Poland 波兰

- 波罗的海 (Baltic Sea)
- 俄罗斯 Russia
- 立陶宛 Lithuania
- 白俄罗斯 Belarus
- 乌克兰 Ukraine
- 斯洛伐克 Slovakia
- 捷克 Czech Republic
- 德国 Ger.

城市 / Cities

- Slupsk
- Gdynia
- 格但斯克 Gdansk
- Tczew
- Elblag — 埃尔布隆格
- Suwalki
- Koszalin
- Swinoujscie
- 什切青 Szczecin
- Stargard Szczecinski
- Chojnice
- Olsztyn
- Grudziadz
- Ostroleka
- Lomza
- Bialystok
- Pila
- Bydgoszcz — 彼得哥什
- 托伦 Torun
- Ciechanow
- Gorzow Wielkopolski
- Kostrzyn
- Wloclawek
- Plock
- 华沙 Warszawa
- Siedlce
- Poznan — 波兹南
- Konin
- Biala Podlaska
- Zielona Gora
- Leszno
- Kalisz
- 罗兹 Lodz
- Skierniewice
- Lubin
- Sieradz
- Piotrkow Trybunalski
- Tomaszow Mazowiecki
- Pulawy
- Legnica
- 佛罗兹瓦夫 Wroclaw
- Radom
- Lublin — 卢布林
- Chelm
- Jelenia Gora
- Walbrzych
- Opole
- Czestochowa
- Kielce
- Ostrowiec Swietokrzyski
- Zamosc
- Klodzko
- Bytom
- Katowice
- 克拉科夫 Krakow
- Tarnobrzeg
- Stalowa Wola
- Oswiecim
- Bielsko-Biala
- Nowy Targ
- Nowy Sacz
- Tarnow
- Rzeszow
- Krosno
- Przemysl

河流 / Rivers

- Odra
- Nysa
- Elbe
- Notec
- Warta
- Wisla
- Narew
- Bug
- San

NEC TEMERE NEC TIMIDE

GDAŃSK

帕韦乌·亚当莫维奇
Paweł Adamowicz
格但斯克市市长

琥珀——古代波语称为"jantar"，英语称为"amber"，拉丁语称为"sucinum, elektrum"，阿拉伯语称为"anbar"，波斯语称为"karuba"。

一滴凝结在时间里的树脂，美丽而神秘。多少世纪以来，琥珀一直引人神往，令人着迷。杜京，一位来自中国的女记者、作家、摄影家，同样无法抵御琥珀的魅力。

杜京女士曾三次造访格但斯克市。她钟情于琥珀，并为这座城市所倾倒。正是这样的痴迷，促成了《琥珀色的格但斯克》一书的诞生。这是第一部以中文撰写且具有如此篇幅的介绍格但斯克和滨海地区的书籍，也是第一部内容如此丰富的中文版格但斯克市及地区"浮世绘"，在悉数历史的同时，描绘当代，展望未来。

书中字里行间渗透着杜京女士对格但斯克的热爱和迷恋。如今，钟情于格但斯克的人为数众多且仍在不断增加，我为格但斯克市有杜京女士这样一位忠实的朋友感到荣幸。

帕韦乌·亚当莫维奇（Paweł Adamowicz）
格但斯克市市长

Bursztyn – jantar, amber, sucinum, elektrum, anbar, karuba.

Kropla żywicy zastygła w czasie. Piękny i tajemniczy. Od wieków pociąga i fascynuje. Tej fascynacji nie oparła się też pani Du Jing, dziennikarka z Chin.

Pani Du Jing była u nas trzy razy. I zafascynował ją bursztyn, zafascynował ją Gdańsk. Wynikiem tej fascynacji jest ta właśnie książka – „Gdańsk w kolorze bursztynu". To pierwsza tak obszerna książka o Gdańsku i Pomorzu w języku chińskim. Pierwszy w tym języku tak bogaty fresk historyczny, ale i opowiadający o współczesności i aspiracjach naszego miasta i naszego regionu.

W książce pani Du Jing przebija także miłość do Gdańska i wielka fascynacja naszym miastem. Autorkę witamy w wielkim i wciąż rosnącym klubie ludzi, którzy kochają Gdańsk.

Paweł Adamowicz
Prezydent Miasta Gdańska

林誉平
Mirosław Gajewski
波兰共和国驻中华人民共和国特命全权大使

蔡梦灵
Magdalena Czechońska
波兰共和国驻华大使馆文化处主任

序言

继杜京女士的上一本书《我，文化波兰》出版至今已有四年之久。今天，她带着另一本更加深入全面介绍波兰的著作《琥珀色的格但斯克》与中国的读者们见面了。在此，我向各位诚挚推荐这本更加拉近波中情感的书籍，同时也由衷感谢购买并在阅读这本书的朋友们。

波中友谊历史悠久，波兰非常重视同中国的友好关系，中国"一带一路"合作发展理念和倡议提出后，波兰作为中国进入欧洲市场重要通道的作用尤为突出。格但斯克不仅是新丝绸之路在中欧的重要一站，其世界著名的不冻港——深水良港更将成为新一代海运枢纽。波中轮船股份公司位于格但斯克三联城市之一的格丁尼亚，是波中两国于1951年合资创办的一家远洋运输企业，也是新中国成立后的第一家中外合资企业，同时更是涉外合资企业的光辉典范。可以说，波兰的格但斯克和中国的商贸合作与文化交流渊源至深。

因波罗的海的琥珀而闻名于世的格但斯克一直被誉为"琥珀之都"。作为波兰滨海省的省会，格但斯克厚重的沧桑历史、多元的文化氛围、丰富的旅游资源深深吸引着世界各地的游客，尤其是中国游客。这本书为您打开一扇了解波兰的窗口，而这扇窗后的眼睛，则是一双富有诗意且细腻、极具洞察力的中国女性的眼睛。

这本书由中国知名高级记者、作家、摄影家杜京女士所撰写，图文并茂，精彩纷呈，她为此书倾注了大量心血。杜京女士多年来对波兰文化的热爱深深地感动着我，她对波中两国的文化交流和促进了解做出了巨大的贡献。在杜京女士的笔下，格但斯克的魅力与活力跃然纸上、栩栩如生。书中有真实生动的波兰、多姿多彩的格但斯克，还有发生在波兰精彩有趣的轶事见闻。波兰人阅读此书会更加热爱并自豪于自己的民族，相信中国读者通过阅读此书，将会从中了解波兰历史、领略波兰风貌，并对波兰这个国家的民族风情、多元文化产生更浓厚的兴趣。

真诚地希望每一位读者朋友可以从阅读此书中获得快乐，格但斯克期待你的到来！波兰期待你的到来！

林誉平（Mirosław Gajewski）
波兰共和国驻中华人民共和国特命全权大使
蔡梦灵（Magdalena Czechońska）
波兰共和国驻华大使馆文化处主任

Przedmowa

Cztery lata od ukazania się pięknie napisanej i równie pięknie wydanej książki „Ja, kultura, Polska", wprowadzającej chińskich odbiorców w tajniki i uroki polskiego dziedzictwa kulturowego, autorka Du Jing oddaje w ręce czytelników kolejną „perełkę", a właściwie – bursztynek... Napisany z dziennikarską dociekliwością oraz literacką swadą „Bursztynowy Gdańsk" działa jak magiczny kamień, który zabierze Państwa w niesamowitą podróż w czasie i przestrzeni po bardziej i mniej znanych zakamarkach jednego z najbarwniejszych polskich miast.

W okresie dynamicznego rozwoju globalnej współpracy gospodarczej Gdańsk jako, jako ważny bałtycki port, jest obiektem rosnącego zainteresowania ze strony chińskich polityków i inwestorów. Gdańsk posiada dziś regularne połączenie morskie z portami w Chinach. To z Gdańska wypływają w kierunku portów Państwa Środka największe statki kontenerowe. Stolica województwa pomorskiego, zwana także Stolicą Bursztynu zaliczana jest też do strategicznych punktów na Nowym Jedwabnym Szlaku łączącym Europę z Azją. Polsko-chińska przyjaźń, której świadkiem i zarazem współtwórcą stał się Gdańsk, bynajmniej nie ogranicza się jednak do ekonomicznych zależności. Niepowtarzalna architektura – zabytkowe kościoły, kamienice, parki, które przechowują pamięć długich i fascynujących dziejów miasta – od lat przyciąga turystów z Państwa Środka. Słynący z przychylnego nastawienia do wielokulturowości Gdańsk wszystkich przybyszów wita z otwartymi ramionami, oferując im niezliczone atrakcje, od niezapomnianych wrażeń kulturalnych po codzienne przyjemności kulinarne.

Du Jing, dziennikarka, pisarka i fotografka, która od wielu lat z długopisem i aparatem w ręku podróżuje po Polsce, słowem i obrazem znakomicie oddaje tę atmosferę różnorodności i otwartości. Opowiadane przez nią historie, a także anegdoty, którymi wzbogaca narrację, ukazują specyfikę życia i mentalność mieszkańców tej części kraju. Dla tych, którzy w Gdańsku bywali, jej książka stanie się okazją do ożywienia wspomnień związanych z miastem. Tym, którzy dopiero planują wyprawę na Pomorze, podpowie, na co – i jak – warto popatrzeć, przechadzając się gdańskimi uliczkami i plażami. Mowa tu nie tylko o Chińczykach zainteresowanych Polską, będących oczywiście głównymi adresatami „Bursztynowego Gdańska", ale i o samych Polakach, którzy konfrontując własną wizję Polski z wrażliwym i ciekawym spojrzeniem podróżniczki przybywającej zza Wielkiego Muru, być może dostrzegą w swoim kraju coś, co dotąd umykało ich uwadze. Na razie dotyczy to głównie tych nielicznych, którzy władają językiem mandaryńskim, jeśli jednak w przyszłości książka doczeka się przekładu na polski lub angielski, z pewnością nie zabraknie jej czytelników także i nad Bałtykiem.

Nie pozostaje nam zatem nic innego, jak serdecznie zaprosić Państwa najpierw do lektury, a potem – do Gdańska i innych polskich miast, których bramy stoją otworem przed gośćmi ze wszystkich stron świata.

Mirosław Gajewski
Ambasador Rzeczypospolitej Polskiej w Chińskiej Republice Ludowej

Magdalena Czechońska
Dyrektor Instytutu Polskiego – Wydziału Kultury Ambasady
Rzeczypospolitej Polskiej w Pekinie

作者的话

在我的眼中，波兰是镶嵌在欧洲心脏的一颗璀璨明珠，仿佛飘动着美丽灵气的神话，是尘世间每一个旅行者精神与理想的栖息地。

对于大多数中国人来说，波兰是一个既熟悉、又陌生的国度，也是一个充满神秘、独具魅力的国度。上帝赐予波兰一块宝地，北部波罗的海南端，有着千年历史的美丽城市——格但斯克，她是一座无与伦比的城市。从某种意义上说，她是集历史、文化、智慧、自由、包容、生活等世间一切美好意象的代名词。

有人说，没有到过格但斯克，就不算真正去过波兰。在我看来的确如此，格但斯克历史悠久、文化多元、精英荟萃、风景如画。格但斯克是第二次世界大战的爆发地，也是波兰革命的摇篮，彰显出波兰人民英勇斗争、敢于反抗的性格特征，和波兰民族不屈不挠、捍卫尊严的高贵气节。这样看来，格但斯克是最能体现波兰民族精神的地方。波兰人民的坚韧与顽强，波兰历史的风雨与沧桑，波兰土地上的黯淡与辉煌，都能在格但斯克这座城市寻找到若隐若现的影子。

格但斯克气候怡人，风光秀丽，是欧洲和世界最受旅游者欢迎的城市。近年来，不少中国游客也纷至沓来。这里有众多的名胜古迹、宫殿教堂、剧院博物馆、画廊音乐厅。格但斯克还是被世界公认的波兰文化教育中心，市内有著名的国家级（私立）学府，其中最著名的格但斯克工业大学，有着110年的悠久历史，是世界著名学府之一。格但斯克的众多古迹及学府，营造出浓厚的文化氛围，使格但斯克这座城市既保持着历史传统，又洋溢着现代气息。

世界上最好的终年深水不冻港就坐落在格但斯克。从中世纪开始，这里就是世界上最繁忙的港口，欧洲的经济贸易中心，格但斯克的造船工业久负盛名，闻名于世。在经济学家眼里，波兰这个代表着"奇迹"和"希望"的国度，是被经济危机笼罩的欧洲大陆上唯一的"绿洲"，而格但斯克则是滋润这片绿洲的一汪活水。

值得一提的是，一千多年前，欧洲著名的"琥珀之路"，就源自波兰。地处波罗的海沿岸的波兰，是世界著名的琥珀盛产之地，世界上最好的琥珀就出自于格但斯克。在我看来，波兰是当之无愧的"琥珀王国"，而格但斯克就是名副其实的"琥珀之都"。

来到格但斯克，在最美的时光，带着笔记本，挎着照相机，踏上记忆的旅程。一边走着，一边拍着，一边写着，如同打开心中一扇窗，目光所及之处，满眼旎旖风光。

喜欢格但斯克，缠绵玫瑰色的云朵，伴着阳光行走，渐渐变成镶着金边的云彩；喜欢格但斯克，神清气定，无论碰到多大的灾难，都从不畏惧，将腐朽化为优雅，坚守崇高精神的追求和乐观豁达的态度；喜欢格但斯克，文明优雅的生活氛围，热忱好客的淳朴市民，给你带来春天般温馨的感觉；喜欢格但斯克，这座城市的安静与悠闲，时间在这里自然会停下脚步，让你静静地站立在格但斯克湾，望着波罗的海的晚霞，扬起心中的风帆，驶向梦中的远方；喜欢格但斯克，在清晨和傍晚，独自安坐在圣玛利亚大教堂，聆听着古老悠扬而动人的钟声，描绘心弦上不逝的风景……

波兰人用艺术家智慧的双手，创造出一座如诗如画的城市——饱经风霜的格但斯克，她的骨子里却又是一座拥有浪漫基因的城市。这里除了静谧的街道、神秘的古堡和浪漫的庄园外，还有那些随处可见、开满鲜花的缤纷窗台。这里最别样的风情，就蕴藏在古老小屋的窗台下。每一扇窗户就好像是一幅多彩的画卷。其中描绘着不同的浪漫与精致，每当我看到这些缤纷的窗台，仿佛就是一场美丽的邂逅，很少有人不为之驻足、为之心动，这就是格但斯克人的生活：有花、有草、有诗意。

花香午后，寂静的乡村路上，碰到一位美丽的老妪："对生活的激情和热爱永远不要嫌太多。也许女神维纳斯光临这座小巷，带给每户人家关爱。在这里，无论你有没有钱，家家都会种上花草，和心爱的人去山里走走，搭起一座小木屋，过上田园生活。"看到这样绚烂盛开的鲜花，很想再去这座昔日的小村庄看看。我是一个很恋旧的人，容易被往事纠缠，房前屋后，芳草萋萋，这样的美景难道你不向往吗？

在格但斯克，漫步在摩托拉瓦河畔，让你情不自禁地想起罗密欧与朱丽叶的故事……一砖一瓦，一步阶梯，一朵花儿，开满向日葵的阳台，洋溢着浪漫的气息。有没有人值得你追随，到达世界的尽头，哪怕陌生与寂寞感随时袭来，哪怕会遭遇贫穷与流浪？在物欲横流的年代，珍爱似乎成了神话。幸好，格但斯克还有神话。

漫步在古老的街道，远望着高耸的教堂，鲜花四溢，处处美景。在格但斯克人心中，用鲜花点缀房屋，便是家的温馨；用美德点缀心灵，便是人的修养。每扇窗后都有一段动人佳话，满街的花瓣，一地的落英，仿佛将时间化作碎片，一本书，一杯咖啡，就可以坐在老街上发呆。

有一天，你会不会走进这梦中的花园，让你感受到满足和快乐？格但斯克人的生活，从不怠慢美好的时光——就从清晨看到鲜花开始。真正热爱生活的格但斯克人，不仅用心装扮着自己的家园，也精心装扮着屋子的外面，愉悦自己，愉悦路人。来到这里，仿佛走进了葳蕤花圃，人人热爱生活，处处蕴藏着美好，在充满想象和创意的格但斯克，家园和城市同样具有魅力。格但斯克人对大自然的热爱发自内心，上帝赐予什么，就去珍惜什么。

我喜欢这座历史之城、文化之城、艺术之城、智慧之城、自由之城……她，就是琥珀色的格但斯克。

杜京

2016 年 3 月 26 日于北京

目录

001 ... 序

001 ... 作者的话

001 ... 与格但斯克的第三次重逢

008 ... 市民瓦文萨

026 ... 从格但斯克走出来的"欧盟总统"

033 ... 冷峻总理的笑容

038 ... 格但斯克哺育的世界名人

051 ... 一位年轻的市长和一座千年的城市

070 ... 历史在流淌的岁月中沉淀

084 ... 格但斯克:品味百年

092 ... 阳光下的马尔堡

103 ... 格但斯克国家博物馆

116 ... 长街上那座古老的贵族"宫殿"

126 ... 圣玛利亚大教堂

138 ... 琥珀博物馆

152 ... 漫步长街

166 ... 莎士比亚剧院

184 ... 波罗的海肖邦爱乐乐团

198 ... 格但斯克城市画廊

208 ... 汉学家爱德华·卡伊丹斯基的传奇人生

220 ... 卢茨杨·麦勒达先生精美绝伦的琥珀收藏

236 ... 国际琥珀协会——世界琥珀之家

252 ... 珍爱琥珀的格但斯克人

260 ... 琥珀设计师马留什·格林维斯基:自然中寻找时尚

270 ... S&A 琥珀的品牌魅力

284 ... 波兰 S&A 琥珀：自然是未来

292 ... 团结工会：历史上波澜壮阔的一页

312 ... 欧洲经济绿洲的"琥珀特区"

337 ... 破浪远航太阳帆

352 ... 当之无愧的形象"代言人"

362 ... 滨海省经济特区的"红衣掌门人"

368 ... 与格但斯克同行的对话

377 ... "欧洲最好的球场"：格但斯克琥珀体育场

390 ... 格但斯克科技公园

400 ... 百年历史的名牌学府：格但斯克工业大学

410 ... 波兰人才的摇篮：格但斯克大学

423 ... 音乐人才的摇篮：格但斯克音乐学院

434 ... 三个中国女留学生的故事

448 ... 艺术设计人才的"摇篮"：格但斯克美术学院

456 ... 恋恋索波特

468 ... 走进格丁尼亚

478 ... 森林原野中的"卡舒比"博物馆

494 ... 让人流连忘返的兹姆巴克文化遗产公园

506 ... "三文鱼"美食：从舌尖到心尖

520 ... 一位"历史学家"讲述金箔酒的故事

532 ... 摩托拉瓦河边的库比茨基餐厅

546 ... 哈拉·塔拉戈瓦市场的记忆

557 ... 幸福的苹果园

567 ... 琥珀街的风景

581 ... 小小酷儿甜品店

586 ... 时尚留住了时光

590 ... 艺术的殿堂

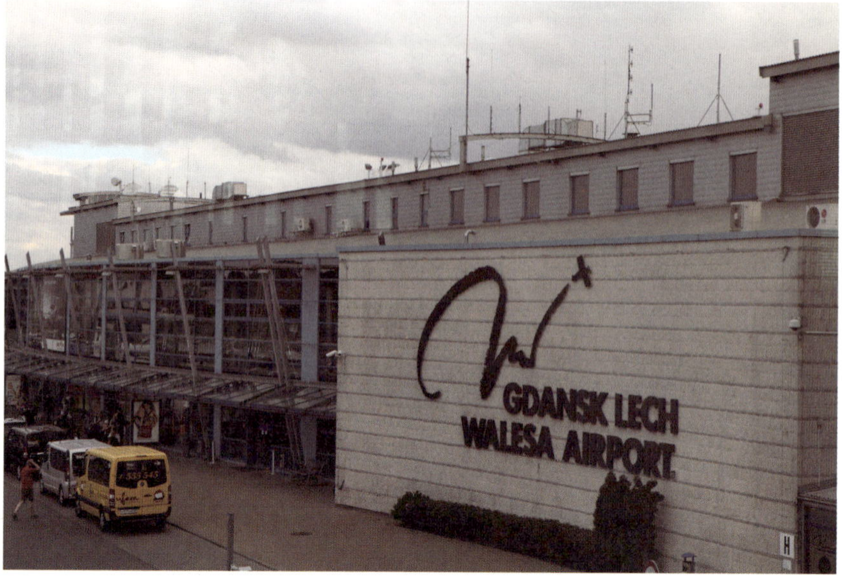
GDANSK LECH
WALESA AIRPORT

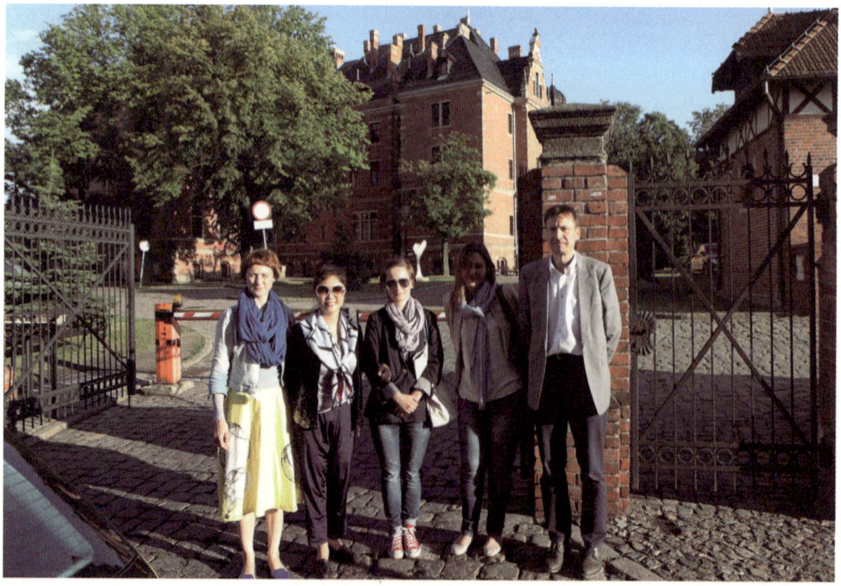

与格但斯克的第三次重逢

又一次乘坐飞往格但斯克的班机,飞机刚从北京起飞,我的思绪就已飞跃千山万水,降落在这座有着千年历史的城市,让我拥有写作的欲望。

此刻,我面前紫红色和深蓝色两本采访笔记,满满地记录着在这个夏天,我第六次出访波兰,第三次来到这座波罗的海沿岸、美丽的海滨城市——格但斯克之行的点点滴滴。

"2014年7月1日 星期二

今天,是我第六次出访波兰。上午10点,我乘坐德国汉莎航空公司的LH721次航班,从北京飞抵法兰克福,再转乘LH1378次航班,抵达我最喜欢的城市——格但斯克。

这次是应格但斯克市政府的邀请而来,我期待着这次访问成功,收获多多。

波兰,这个国家留给我太多美好的记忆。格但斯克是我先后于2006年5月、2013年3月到访过的城市,这次是我第三次与她重逢。

我喜欢这座有历史、有文化、有风情、有故事的城市。

公元 997 年，布拉格霍耶华大主教来到波罗的海之滨的这块宝地，传播天主教，14 世纪后，长期被普鲁士人占领，被称为但泽（Danzig）市。1919 年，第一次世界大战德国战败后，《凡尔赛公约》确定，这里为自由城市，二战后，根据美英苏三强制定的《雅尔塔协议》，这里重归波兰，恢复原名格但斯克（波兰语：Gdańsk），并将格丁尼亚、索波特和格但斯克合并为'三联市'（Tri-city）。"
……

写作，对我来说真是一件妙不可言、非常快乐的事。

笔尖中流淌出来的文字，可以把自己内心深处的情感，将眼中看到的风景，人与人、人与自然和谐相处的美好快乐，一鼓作气地倾泻出来，让心绪穿行在文字里与灵魂共舞。在我看来，写作就是生命中最美妙而难忘的生活感悟。

坦率地说，是父母给了我与生俱来的写作"天赋"。从很小的时候我就喜欢写字，因为那时我的年纪很小，常常看到父亲一有空就坐在书桌前，在厚厚的墨绿色的大本子上写字；而母亲却是拿着一个橘红色的本子也在写字，那幅画面一直定格在我的脑海里，镌刻在我的心灵中。受到潜移默化的影响，好像从那时开始，我就认定，一个人每天要吃饭，那么每天也一定要写字……这个习惯多年不变，一直伴着我成长。

从小就爱写写画画、抄写诗词的我，居然几经周折，阴差阳错，当了一名记者，从事文字工作。同时，我也是一名作家。我想，在这个世界上，这两项工作恐怕都是与文字最密不可分的吧？

一本本笔记，记录了我的成长经历，走过的路程，也成为我人生最重要的一

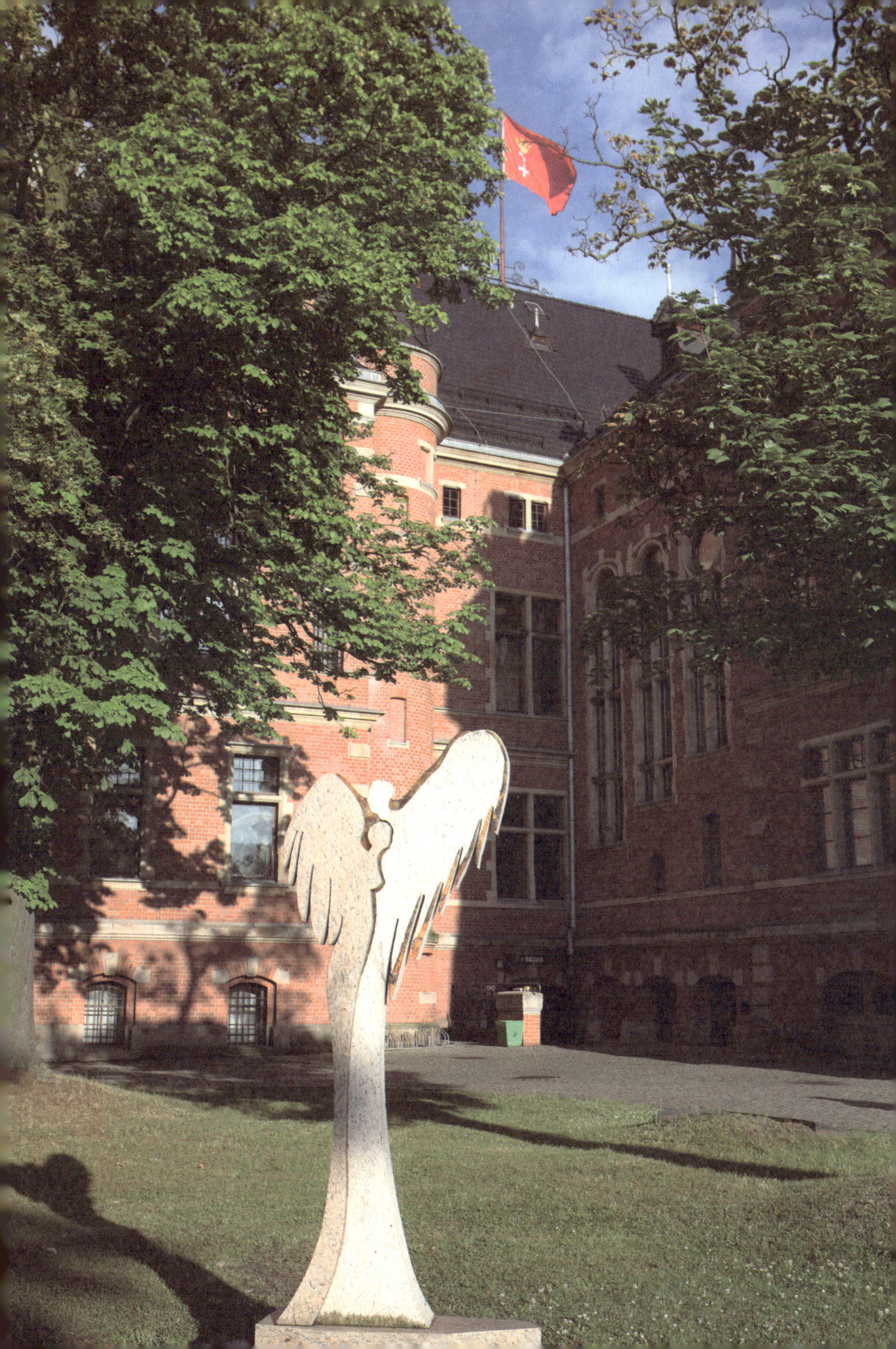

笔宝贵财富。当记者30年，就有好几大箱好几百本采访笔记，每一本都记得密密麻麻，每一页都有写不完的新闻和故事……

提起波兰，你会感到这个国家的名字很美。而提到首都华沙就更会让人感到，这座城市仿佛是一位轻浮柔软的面纱轻轻飘盖在她高贵典雅额头上的少女。

许多人对波兰并不陌生，但也谈不上熟悉。想想看，波兰，对于大多数普通的中国人来说，虽然对这个国家有感情，但除了知道华沙、肖邦、奥斯维辛，恐怕更多的也就说不出一二了。

如今是一个盛行旅游的时代，生活日益富裕起来的中国人，跨出国门，睁大眼睛，想要看看这个异彩纷呈、奇妙精彩的世界。去过欧洲旅游的中国人，几乎跑遍了德国、法国、荷兰、比利时、卢森堡、奥地利……相比之下，只有波兰，隐隐回荡着一种让人还没有靠近她就感到神秘魅力的气质，而在世人的心目中，波兰是一幅看得见、摸不着的神秘画卷……

在我的脑海中，波兰好似飘动着美丽和灵气的神话，是尘世间每一个旅行者精神与理想的栖息之地。不是吗？听说凡是到过波兰的人，都无不为之感动和震撼。伟大的波兰人民正是有着不屈不挠的奋斗精神、坚忍不拔的民族性格，才使得这个几经战争、屡遭侵略、满目疮痍的国家，凭借着百折不挠的精神气节，战后恢复建设，重振波兰经济，使之在遭受喧嚣和野蛮的战争屠杀之后迅速崛起，保持着镇定而向上的高贵。在波兰这片美丽的土地上，天文学家在这里揭开谜底，科学家在这里揭示真知，文学家在这里文思泉涌，音乐家在这里激情澎湃……哥白尼、肖邦、居里夫人、亨利、克维奇，正是这些不朽的波兰伟人共同为人类文明创造了举世无双的辉煌奇迹。

波兰的主要城市，除了首都华沙（Warszawa）之外，还有格但斯克（Gdańsk）、克拉科夫（Kraków）、弗罗茨瓦夫（Wrocław）、波兹南（Poznań）、什切青（Szczecin）和罗兹（Łódź）。其中，位于波兰北部的波罗的海沿岸海滨城市格但斯克，以她不同寻常的美丽和独一无二的地理及区位优势，一枝独秀，享誉世界。这里，曾经是天文观测家赫维留、物理学家华伦海特，以及家喻户晓的哲学家叔本华，还有现任欧盟主席图斯克，出世生长和曾经生活的地方。

格但斯克是滨海省的首府，上天赐予格但斯克这座城市无与伦比的美丽。北部有波罗的海的蓝天白云、海滨沙滩；南部由冰川山脉和卡舒比湖泊围绕；青山绿水、翠绿欲滴的公园，风景如画。我想，格但斯克的美丽，正是来自千年岁月沉淀的历史，来自百折不挠的民族气节，来自被这座包容城市所吸引的每一位来自不同国家的移民的智慧和创造。而格但斯克这座大气的城市，又赋予了智慧的人们团结自信的精神和非凡的勇气，艺术创作的灵感和生活的品位。

格但斯克人在战争的废墟上，一砖一瓦建造出哥特式文艺复兴式的格但斯克市政大厅；向世人无声地讲述着这座城市的千年历史，见证了格但斯克沧桑与辉煌的圣玛利亚大教堂；由金门开始，沿长街和市场，直到绿门经典的皇家之路；沿着街道两旁富丽堂皇的贵族别墅，和欧洲各个时期不同风格的古典建筑……在这些精美的民居住宅和厚重古老的教堂、博物馆中，至今珍藏着煞费苦心的格但斯克人用智慧和心血，保存下来的丰富文化遗产及先辈们向人类奉献的厚礼。

今天，当世界各地的参观者怀着一颗对这座城市的敬仰与虔诚之心来到格但斯克时，无论是阳光明媚的白天，还是月色温柔的夜晚；无论是漫步在风景如画的摩托拉瓦河畔，还是徜徉在热闹非凡的圣玛利亚大街；无论是矗立在庄严的圣玛利亚教堂，还是驻足在格但斯克国立博物馆，你都会为格但斯克城感动，为格但斯克人骄傲。

当飞机盘旋在格但斯克上空，俯瞰眼前一片绿色。红色的房子像朵朵小花，镶嵌在绵延的草地，远远望去，波罗的海像一颗璀璨的明珠，在阳光的照耀下，熠熠生辉。走出这座以曾经的波兰总统莱赫·瓦文萨（Lech Wałęsa）的名字命名的瓦文萨机场，远远就看见满面春风的斯瓦夫（Berbeć Sławomir）先生向我走来，他是波兰滨海省驻华首席代表，代表市政府前来机场迎接我。他说着一口流利的汉语，让我仿佛感到了回家的温暖。坐在车里，我和斯瓦夫先生边行边聊，望着窗外的美丽风景，不一会儿工夫，我们就来到一幢红砖砌的城堡式的建筑面前，门头上挂着波兰国徽，红砖墙上有一行金色的大字"Nowe Ogrody 街 8/12 号"。斯瓦夫先生告我，这里就是格但斯克市政府城市形象推广办公室。我心里一阵惊喜：格但斯克人真的很聪明，看上去这么一幢老旧式的砖砌堡垒，本身就在向人们讲述着格但斯克沧桑的历史。来到这里，你一定会情不自禁地、迫不及待地想要了解这座有着千年历史和深厚底蕴的城市，她的故事和她的变迁。所以，我说格但斯克城市形象推广办公室设立在这里，真是恰如其分。

走进干净整洁的办公室，两位漂亮的女士：身材高挑的伊莱娜（Irena）和小巧玲珑的奥拉（Ola），还有一位非常绅士的先生，滨海省城市与村镇协会办公室主任热高士·瓦尔图卡维奇（Grzegorz Walczukiewicz）一同热情地欢迎我的到来。

斯瓦夫先生告诉我，为了让我全面了解格但斯克的人文、历史、文化、风情及这座城市复杂的变迁，市政府特别为我安排了一位名叫柯茗蕾（Kamila Kreft-

Nowacka）的女士作为我此次格但斯克之行的中文翻译。不一会儿，一位身穿淡黄色长裙、淡蓝色短衫的年轻女士向我走来。她用中文自我介绍："我叫卡米拉，我的中文名字是柯茗蕾。希望你在格但斯克的每一天都开心快乐。"原来，柯茗蕾女士曾在中国上海交通大学学习过中文，她的中文很流利，顿时让我对此次顺利完成格但斯克的采访任务充满信心。

一番寒暄之后，我们一同来到了蓝天白云下的艺术雕塑前合影留念。夕阳的余晖洒在我们每个人的脸上，灿烂的笑容留在我的心底，格但斯克人的那份真诚和热情让我深深地感动。

斯瓦夫先生笑着对我说："从今天开始，你就是我们美丽的格但斯克城市中的一位普通市民。你可以尽情地感受我们市民的普通生活。"

这是我第三次来到格但斯克，多一种生活的体验，就会多一分创作的灵感。我不但期待着与格但斯克的第三次重逢，更希望将我在格但斯克的所见所闻，与中国的读者朋友们一同分享。

市民瓦文萨

提到波兰的历史,看到波兰的今天,不得不让人想到瓦文萨(Lech Wałęsa),他是波兰历史上一个绕不过去的人物。

作为履职29年的记者和作家,对瓦文萨的采访,在我看来是一次重要的人生经历。不知是获得采访机会的兴奋,还是连日奔波带来的惯性,采访前夜,我没丝毫睡意。格但斯克的午夜正是北京的清晨,我透过窗外眺望夜空,抬头看见星星在天空中闪烁。回想起1978年和1989年的格但斯克街道上汹涌的人流,那些人身穿满身油污的工作服,神情疲倦而亢奋,他们脚上落满尘土的工鞋踩踏着城市的道路。如今,汹涌澎湃的历史性时刻仿佛也被存放进挂着一丝薄雾的夜幕中,只剩下宁静而空旷的古老街道,仿佛是等待向往清澈夜空的旅人将其解读。而我就是为寻访它而来,我将为人们揭开一些历史的面纱,访问这位历史的书写者——莱赫·瓦文萨。

清早,我和蔡梦灵(Magdalena Czechońska)、柯茗蕾女士来到位于摩托拉瓦河畔的咖啡厅,喝完一杯卡布奇诺,便穿过长街,来到被称为"绿门"的幽

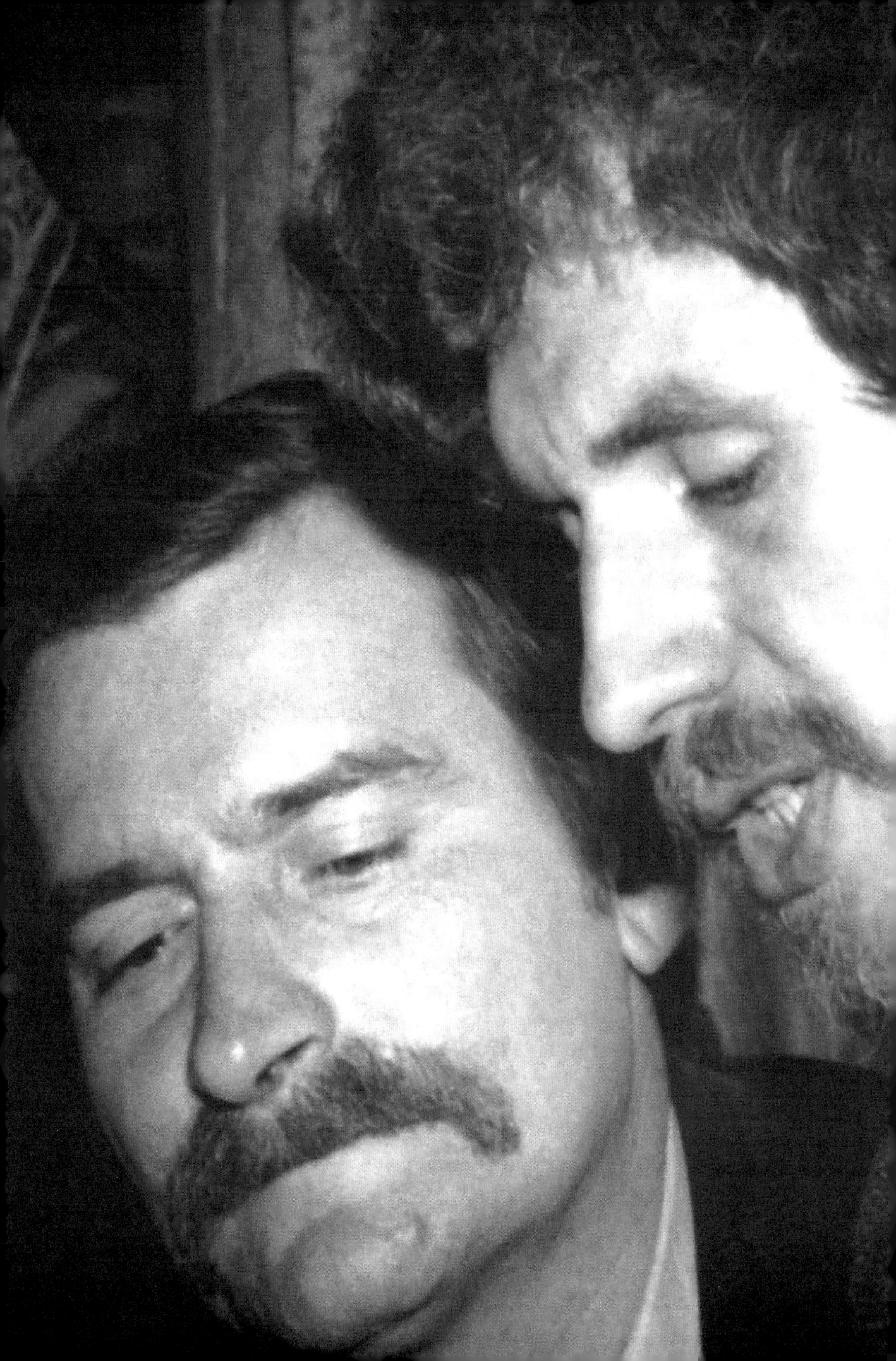

静之地。这里就是位于格但斯克老城长街 25 号瓦文萨的办公室，也是以他名字命名的"瓦文萨基金会"的办公所在地。拱形门廊之侧的墙壁上有一个铜匾，雕有波兰文："莱赫·瓦文萨，前波兰共和国总统，团结工会主席，诺贝尔和平奖获得者。"进入门廊，一共有四层，一层有卫兵，第四层就是瓦文萨的办公区。不过，这里的电梯只上到三层，来人要步行上四楼。

瓦文萨在他的办公室会见我。办公室宽敞明亮，墙壁一侧悬挂缀着金黄缨穗的欧式佩剑，另一侧悬挂着鱼竿。看见瓦文萨的时候，穿着白麻淡绿条短袖衬衫的他，正背对落地窗而坐，面对电脑在处理文件。透过他身后墨绿的窗帷，可以俯瞰一个灿烂而鲜明的欧洲老城。采访开始前，瓦文萨起身从办公桌移开坐到屋角的沙发，并让工作人员拿来他的黑色西服。顿时，气氛庄重了许多。蔡梦灵女士特意告诉我，给我的采访时间只有 20 分钟。

采访开始，我灵机一动，走上前去，用刚刚学会的一句波兰语说："Dzień dobry（您好）! Miło mi（见到您很高兴）！"站在我面前的瓦文萨听到我能用如此地道的波语和他打招呼，脸上的表情突然"多云转晴"，他高兴地与我握手，并开怀大笑。他的笑声是那样的爽朗。

瓦文萨年逾七旬，但面放红光，神采飞扬。清晨的阳光照耀着他的红脸膛，照耀着他银色的头发、银色的胡髭。他对我说："以前有很多很多事情缠着我，非做不可。现在我不那样了，没有那么忙，想做什么就做什么。"他说这话时，表情显得有些凝重。

我对他说："尊敬的瓦文萨先生，您是波兰历史上不得不提的一个人物。今天有机会能采访您，我觉得非常高兴。"他很高兴与我聊天，侃侃而谈。

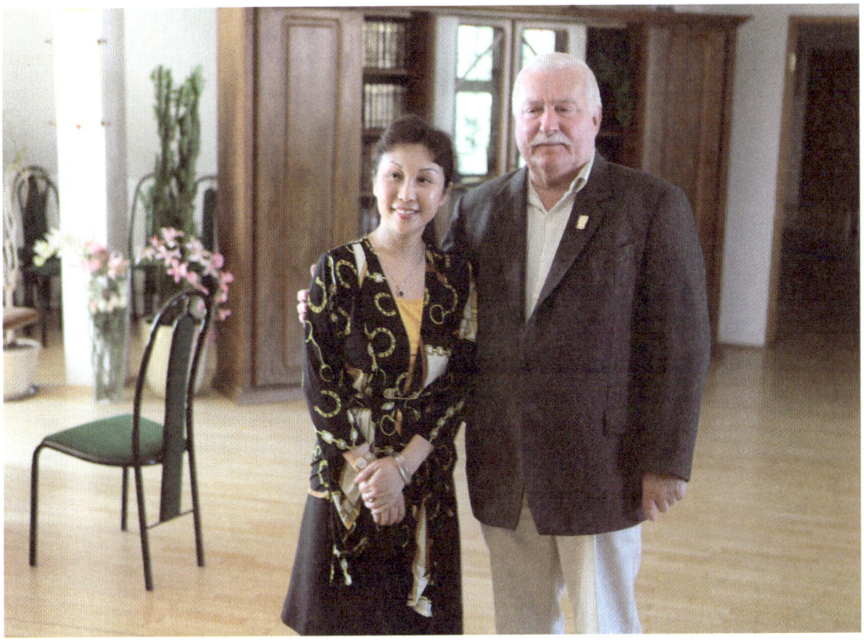

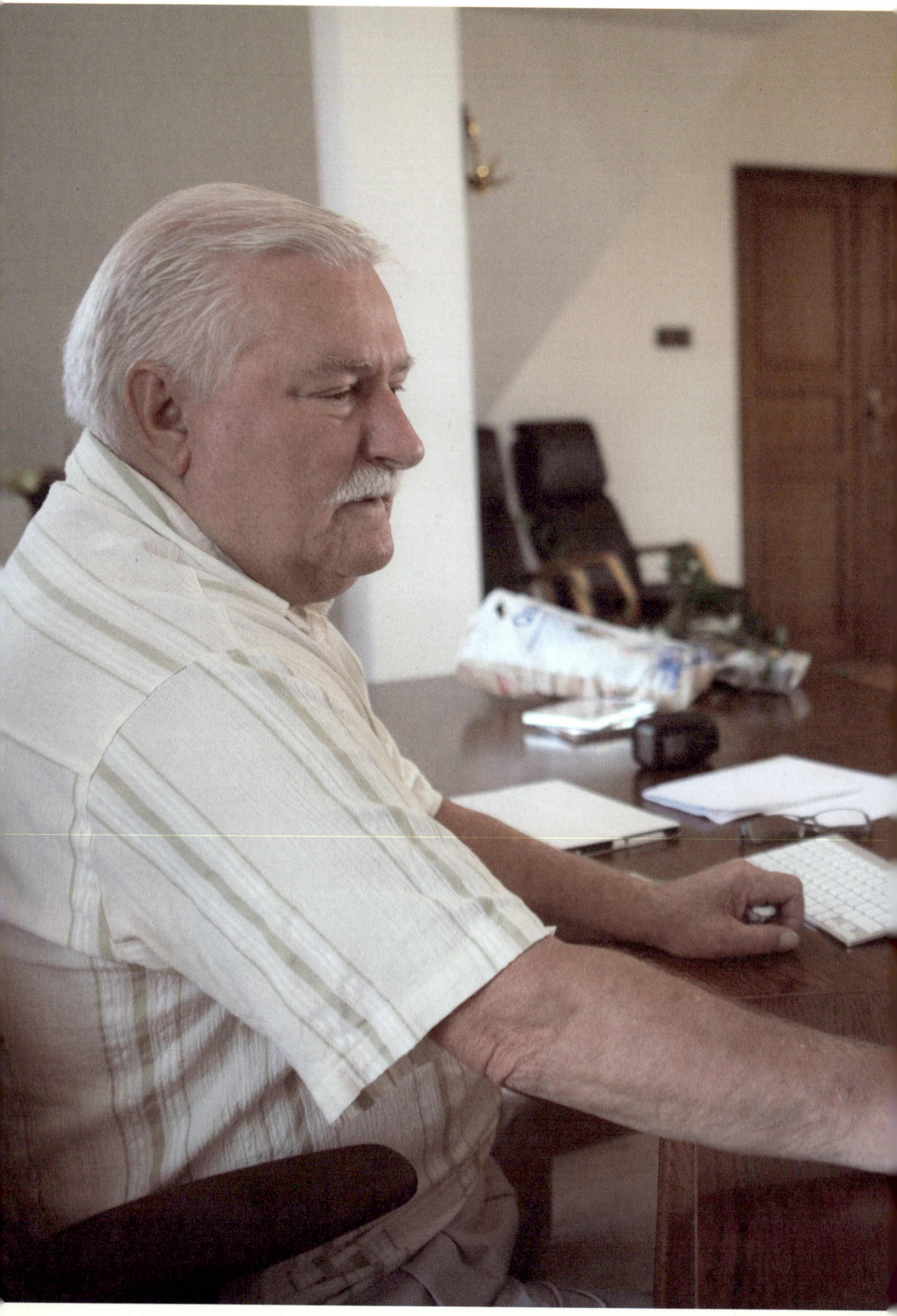

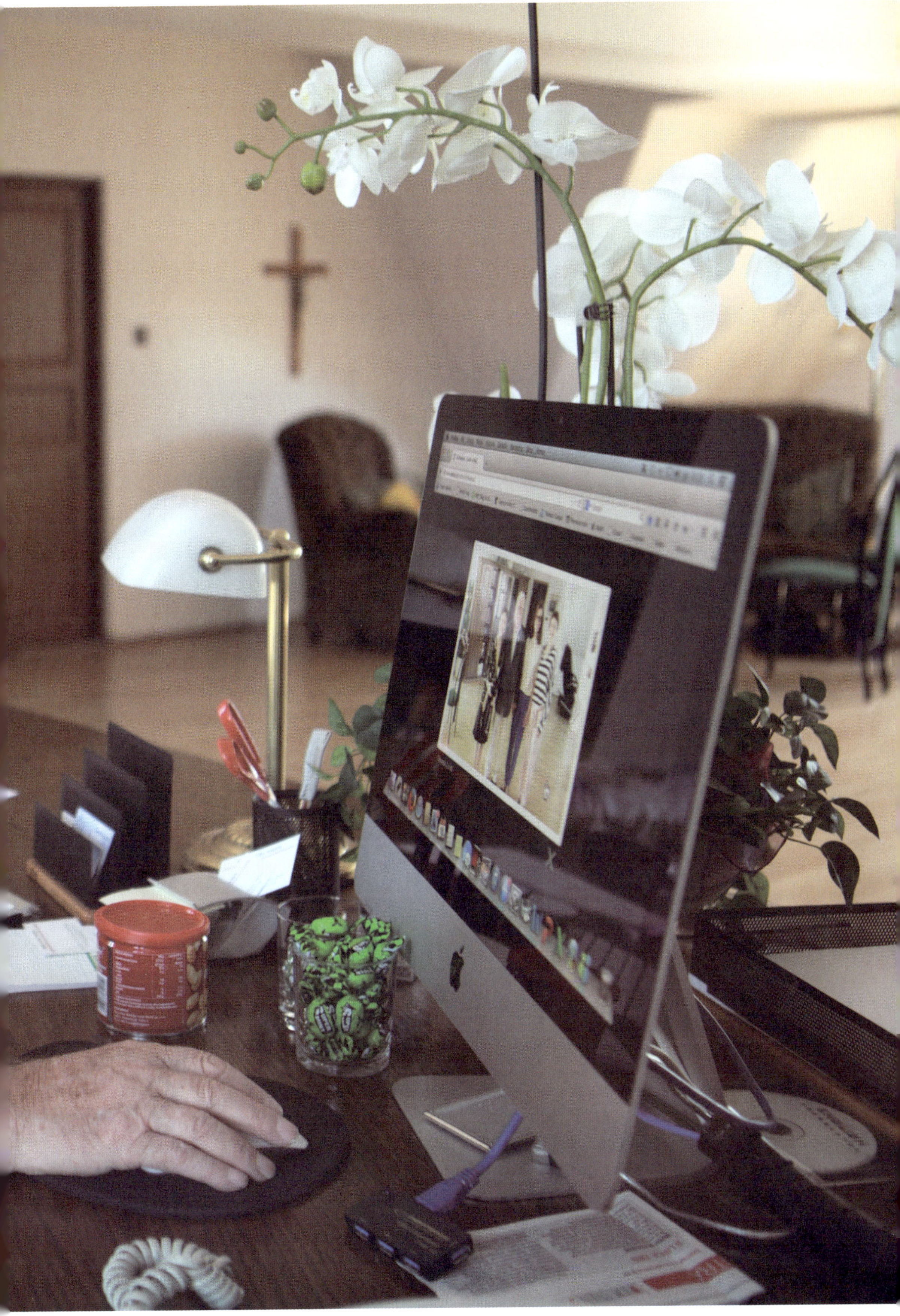

在瓦文萨的办公室，除了悬挂有佩剑和鱼竿，还有18世纪的宫廷绘画、雕刻。他的办公桌背后，是一幅纸质已经发黄的波兰地图。这些装饰似乎在告诉我，瓦文萨的人生足迹是怎样的不同凡响：1967年，瓦文萨还在格但斯克造船厂做电工，而1970年12月他成了罢工组织者之一。此前他还做过汽车技工，在军队服役两年，升至下士。1976年因政治原因被工厂开除，靠打零工过活。1980年8月的一天，在席卷波兰的工潮中，瓦文萨翻过格但斯克造船厂的钢铁栅栏，拿起了麦克风。就是从这个时刻起，他成为波兰团结工会运动的领导人。不久，团结工会成员扩大到1000万人。

"您认为，对您来说，最重要的是什么？"当我问他这个话题时，他意味深长地说："自由和民主！"当我还没来得及问他为什么的时候，他自己道出了原因，说："我出生的时候，正是第二次世界大战期间，战争给波兰带来的灾难非常巨大。人民穷困潦倒，没饭吃、没衣穿，连家园也被法西斯毁灭。我们在法西斯的铁蹄下，度日如年，非常凄苦，完全没有自由。所以，从那时起，我在想，人应该有自由，国家应该有民主。"

我与瓦文萨相对而坐，倾听他讲自己的故事。瓦文萨先生这样说："我最初的想法就是，每一个波兰公民，每一个格但斯克市民，都是这个国家的一员，每一个人的人格都是平等的。同时，他们又都是自由的。我这里说的'自由'是心灵的自由，人身的自由，和思想的自由。但是我要强调的是，因为有了自由，所以就必须有责任，对自己、对家庭、对社会都要负责任。一个人的所作所为，如果没有自我约束，没有法律监督，那么，这个国家是不稳定的，是没有安全感的。总而言之，我们需要和谐的社会。社会需要严格的法律。只有用法律来约束这个国家,才会保证社会的公平和安宁。"

20世纪80年代,瓦文萨被称为"革命家"、"反对派"、"街头煽动者",受尽对手的打压,也受到很多人的支持。

1995年,波兰社会在急剧的变革中整合各党政治力量,瓦文萨竞选失败。

2000年,瓦文萨再度参加总统竞逐,结果只获得1.01%的选票。

瓦文萨获得世界数所大学颁发的名誉博士学位。2008年,成为欧洲长老理事会的12名成员之一。

"我最初的理想就是在我们的国家建设新的社会制度——民主和多元的政治制度。这个理想一直在。我的理想并不是要做一个总统。我不想扮演领袖的角色,我只想让人民自己当家做主,希望他们做得比我好。我选择的办法就是,提倡、鼓励人民自己管理国家,而不是依靠领袖。"回顾自己的"败绩",瓦文萨神情坦然,他说:"这是一个重要标志,它告诉我应该离开政治舞台了。"

在波兰,此前没有总统退休制,自然也没有退休金。瓦文萨的前任、过渡总统雅鲁泽尔斯基原来是将军,有将军的退休金,不需要总统退休金。瓦文萨在总统任内,人们以为下任总统还会是他,也没有考虑他的总统退休金。瓦文萨连任失败,告老还乡的时候就没有退休金。瓦文萨的朋友耶日·波罗夫查克说:"瓦文萨没有退休金的消息被国外媒体报道出来,波兰议会迅速通过议案,设立总统退休制度。他可以领到退休金了。"

采访过几乎全球所有政要的意大利著名女记者法拉奇在采访瓦文萨后,对其印象是"傲慢、无知、充满攻击性"。谈及这次访问,瓦文萨笑了,他没有恼怒,但直言这是女性的恶意。

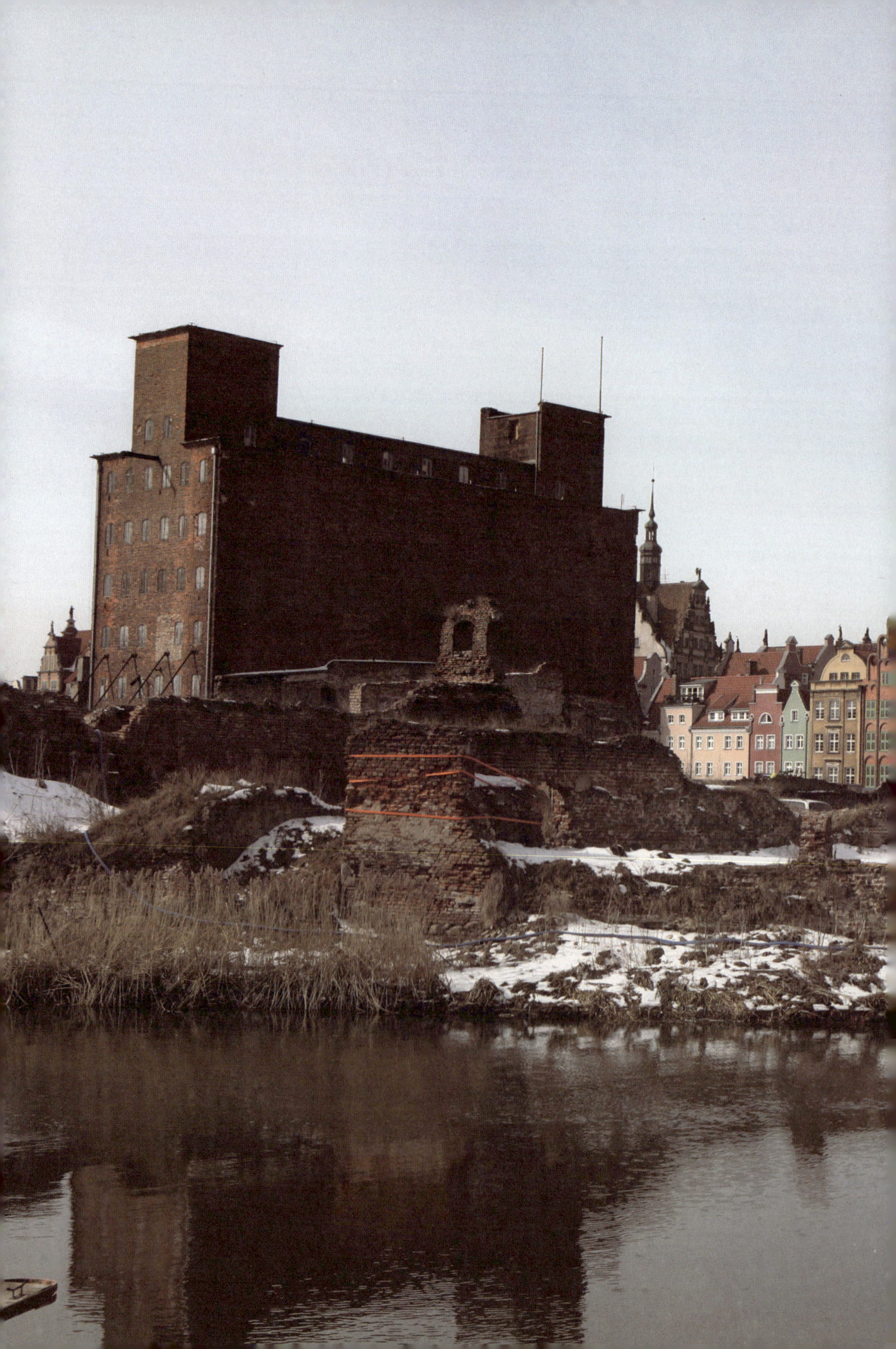

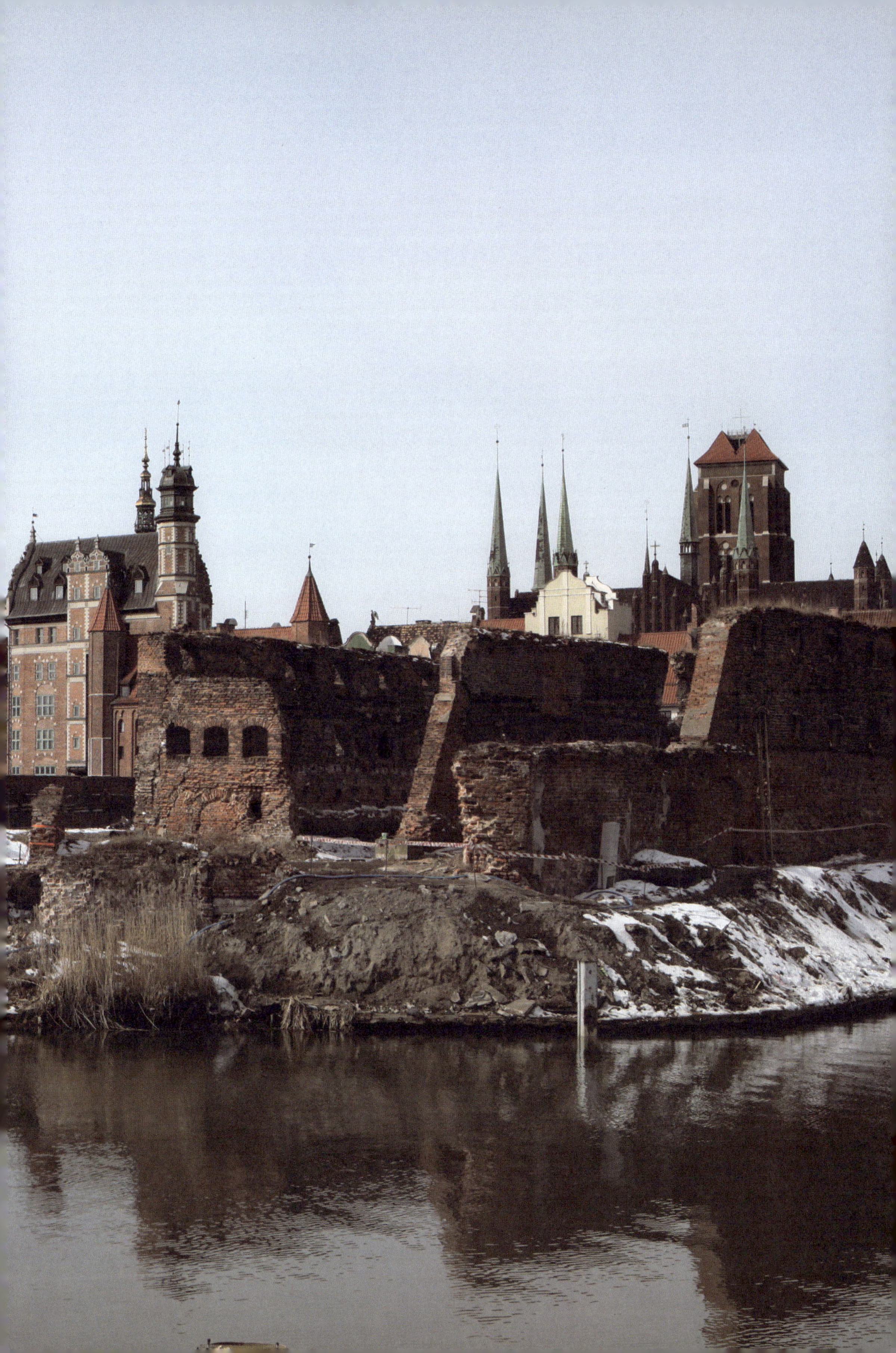

瓦文萨说话的语速极快，他是个手势丰富的人，言说的时候表情生动，在兴之所至处会放声大笑……我认为我们的谈话非常愉快。瓦文萨给我的感觉就是一个随和谦逊、爽朗可爱的老人。于是，我索性将我和读者感兴趣的问题都抛了出来。

我对瓦文萨说："第一次看到您的形象，您的八字胡给我留下了深刻的印象，让我不自觉地把您和列宁等人的形象联系起来，这是您想要达到的效果吗？"

瓦文萨一听，扑哧一笑。这位老人连忙摇头，说："我留下八字胡并不是故意的。那是因为，在当年，长达14天的罢工使我根本没有时间回家，我没带剃刀，所以14天的时间我就没有剃胡子，胡子就长起来了。这时，全世界都看到了我当时的照片，全世界就认识我留八字胡的样子。"

从波兰政坛退隐数年，瓦文萨几乎被人们遗忘，曾经的岁月已化为历史的烟尘。《与瓦文萨钓鱼》节目使几乎被公众遗忘的前总统复出。

"这么多年来，我一直忙工作，整天在外面奔波劳碌，虽然为国家争取了很多，但是我也失去了很多。"瓦文萨在谈到家人时，眼中流露出一丝伤感，"我没有时间照顾自己的孩子和家人。"

1969年，瓦文萨与达努塔·戈洛斯（Danuta Wałęsa）结婚。"我有4个女儿和4个儿子，在家里，我夫人说了算，我只是二号领导。"说完，瓦文萨哈哈大笑，"回想那时，从孩子们的学习到生活，全都由夫人操心。想起我这位夫人，我还是非常感激她的。没有她的支持，就没有我的成就。现在轻松多了，我一年当中，有半年的时间在国外讲学，有半年的时间在国内旅游。我喜欢钓鱼，在波兰被很多人所知。"

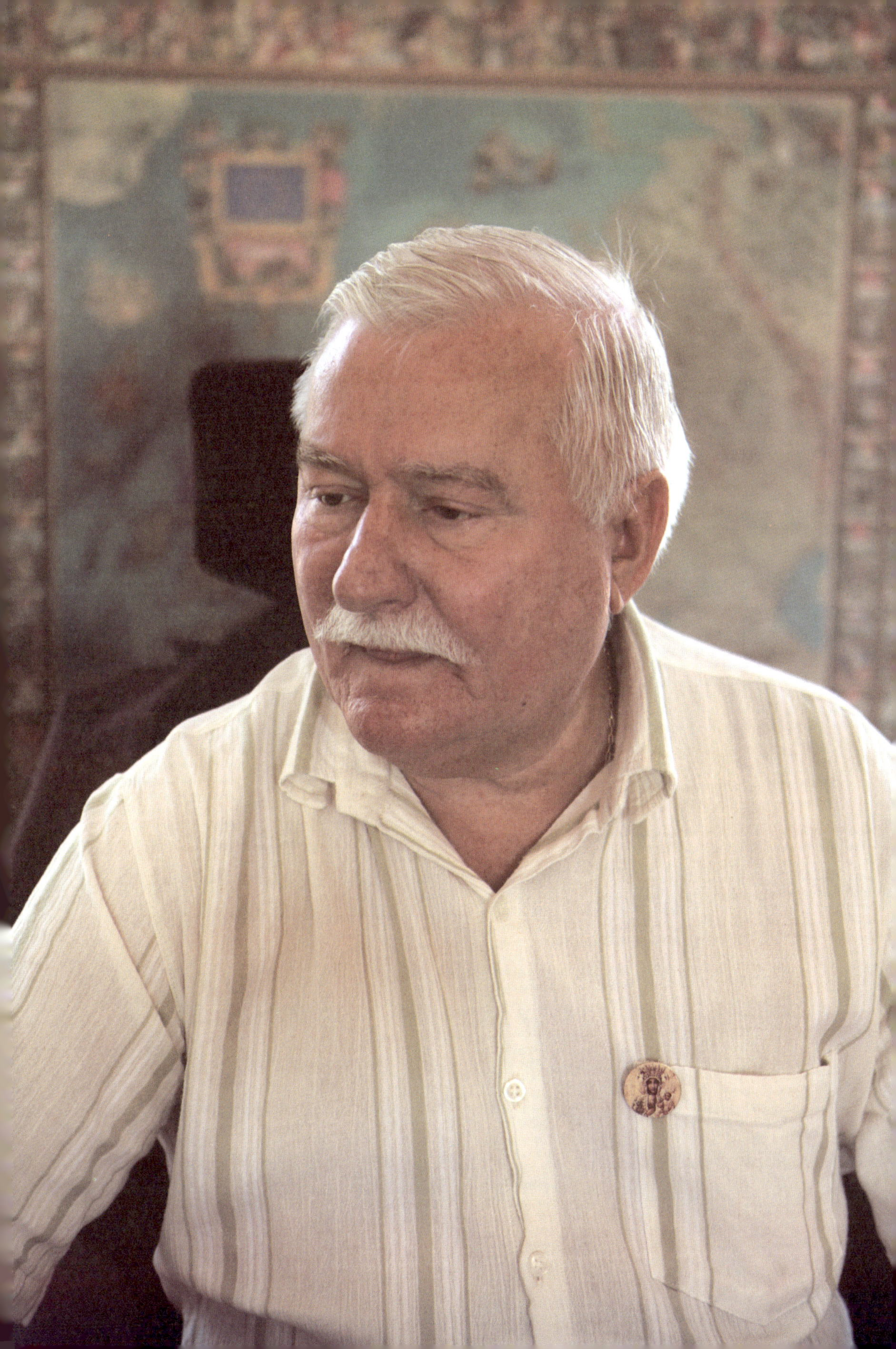

建于 1659 年的贝尔维德总统府在华沙贝尔维德大街,紧邻有两百年历史的肖邦公园。瓦文萨有五年的时光在这里度过。听古典音乐和钓鱼是他在日理万机之余的嗜好。回到格但斯克,瓦文萨认为他可以过悠闲的乡野生活了。有一次,他甚至剃掉留了多年的八字胡髭,乔装骑自行车到摩托拉瓦河边钓鱼。

2006 年冬季开始,波兰格但斯克省电视台(TVP)每半个月播放一期谈话节目《与瓦文萨钓鱼》,嘉宾主持就是这位波兰前总统。隐退到格但斯克的瓦文萨摇身变为口若悬河的"脱口秀老头"。在每集 20 分钟片长的电视节目中,除了插播一些跟钓鱼有关的知识,就是瓦文萨和电视主持人雅努什·特鲁斯的对谈。

采访前,我专门调出一期视频来看:节目中,瓦文萨穿着厚厚的天蓝色羽绒服,戴一顶黑色大皮帽,坐在河边手持鱼竿垂钓。瓦文萨在河边做钓鱼示范,讲解钓鱼的工具,介绍鱼的品种,更多的时候则谈政治——他在 40 年政治风云中的经历、浮沉、体验、感受。

美国《波士顿环球报》报道了瓦文萨在其家乡主持电视节目的新闻,把这件事描述成他的不甘寂寞以及身价大跌。"我并没有想到外界会拿我做钓鱼电视节目大做文章。"瓦文萨对此很无奈。在我的追问下,他有些轻描淡写,试图一笑而过。深问的时候,瓦文萨似乎有些不悦。

但是,没有什么能困扰这个心态平和的老人。"现在我每天都过得不一样,因为我自己安排我的时间,每年我用差不多半年的时间在国外演讲、交流。我知道我自己现在该做什么,保持良好的心态,平静生活,做一个普普通通的格但斯克市民。"瓦文萨说。

"我没有出生在格但斯克这座美丽的滨城,但是我很庆幸,我选择了生活在格但斯克。"瓦文萨非常自豪,"记得那是1967年,我才24岁,当时我还很年轻。我从农村出来,买了到格丁尼亚的火车票,准备到那里去找工作。但是,当火车开到半路时,我口渴极了,我下车去买水。就在这时,火车开动了……当时我很沮丧,我的朋友建议说,去格但斯克造船厂找工作吧,那里缺人手。我听了他的话,果然在格但斯克造船厂找到了工作。第二天下班之后,我就到对面的花店去换零钱,正好碰上了一位卖花姑娘。我们俩一见钟情,我第一眼就爱上了这个姑娘,从此也爱上了格但斯克。我们第一次交谈就非常愉快。这位花店的卖花姑娘就是我现在的夫人。波兰农民有句俗语,说'缘分在路上等你'。后来我们很有缘分,1969年我们就结婚了。近半个世纪的风雨,两人相濡以沫,共同生活。"说到这里,瓦文萨面带笑容地说:"我的确很感谢她,她为我生儿育女,支持了我的工作,成全了我的事业。她为我和这个家庭辛苦操劳了一辈子。"

说到这里,瓦文萨突然话锋一转:"你能相信就是这样一位在我眼中含辛茹苦的好妻子,如今变成了'女权主义者'。她在家里不再愿意做饭了,她撰写了一本自传,名叫《梦想与秘密》(*Marzenia i tajemnice*),详细地介绍了我们的家庭和生活。这个变化让女权主义来到了我的家庭。"他幽默地说:"我认为,在我们的家庭中,权力从来都没有在我的手里。我们家的老板是我的夫人,我除了缺少权力,什么都有。夫人最近几年的变化,有时让我很吃惊。以前,在家里我是第一位,而现在,她成了第一位。虽然我无奈,但是我无所谓。这个家庭一开始就有分工,我在外面奔忙,她在家里持家。想想看,她照顾8个孩子,把他们哺育成人，是多么不容易。现在，她解放了，自由了，她像鸟儿一样飞翔。我尊重她对新生活的选择。"

瓦文萨拿出几本书向我一一展示："我在担任总统期间，一共写过4本书。夫人现在写了一本《梦想与秘密》，非常火爆，一出售便是30万本。很多人喜欢这本书，崇拜我夫人。人都是吃五谷杂粮，有七情六欲的。快50年了，她一直没有变化，默默无闻地在家里呆着，从不在公开场合露面，她一直很低调。突然，她一下子变了，有时候，还真让人有点受不了。有时回到家里很累，我请她为我倒杯茶，但是她说我很忙。她宁愿花时间接受记者采访，也不愿为我泡一杯茶。"

看看手表，20分钟的采访时间早就超过了，我抱歉地对瓦文萨说："对不起，我想最后再问您一个问题。"突然，他又放声大笑地说："难道你认为我只有再回答你一个问题的能力吗？"

……

我的采访进行了一个多小时，愉快而轻松。我们都很投入，聊得很开心，而瓦文萨尤其兴奋，瓦文萨的女儿玛丽·瓦文萨是瓦文萨的8个子女中最小的一个，身材瘦削，金发碧眼，面孔秀美，现在担任父亲的秘书，负责安排瓦文萨的日常生活和工作。玛丽是父亲坚定的捍卫者："我知道我的爸爸是什么样的人。他喜欢钓鱼，但其实他很少有时间去钓鱼，我觉得他是用钓鱼的方式给自己一个安静的状态。我看过爸爸做嘉宾的电视节目，我很喜欢看。我觉得无论是在生活中，还是在电视中，他都是好样的，不管在哪里他都是瓦文萨。"

"在很小的时候，我看瓦文萨，他只是我的爸爸而已。"玛丽说，"现在我跟他在一起工作，我很尊敬他，我看得很清楚，我觉得他是很好的人，他有很多

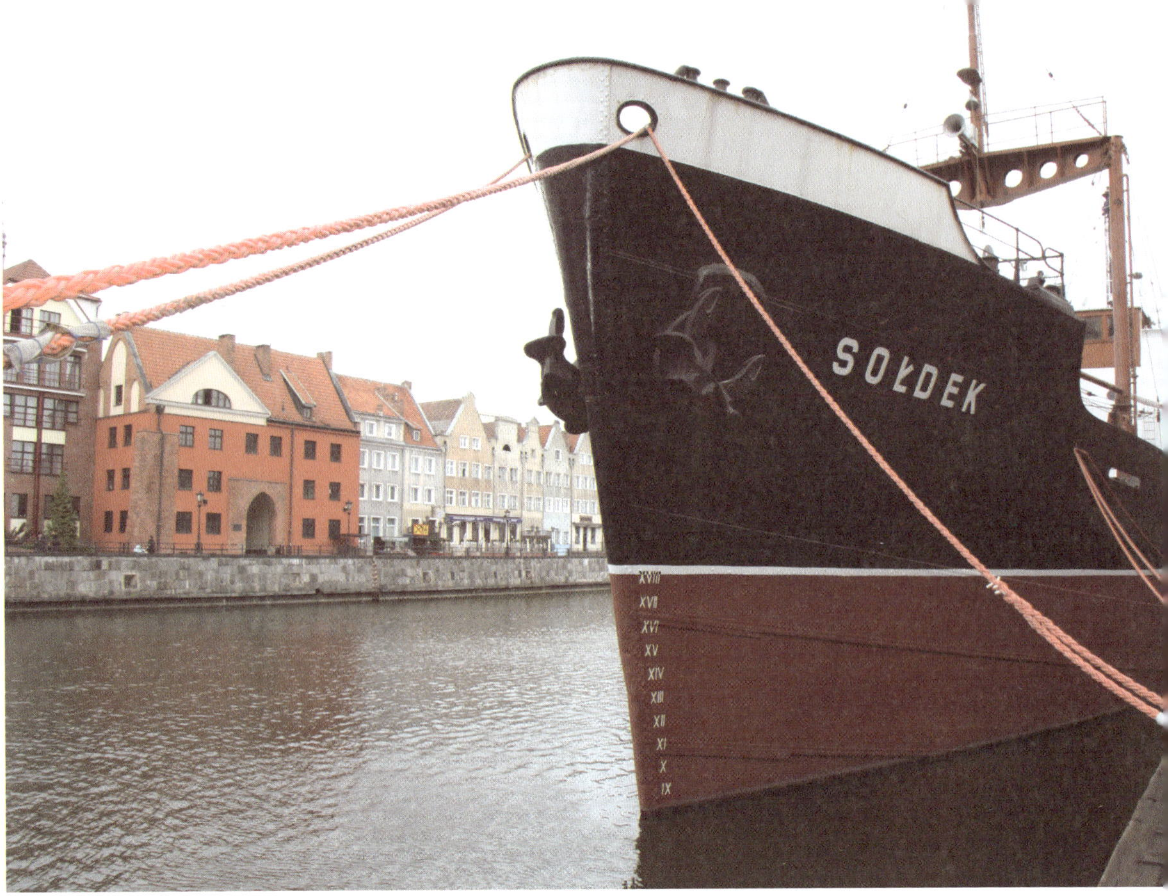
SOŁDEK

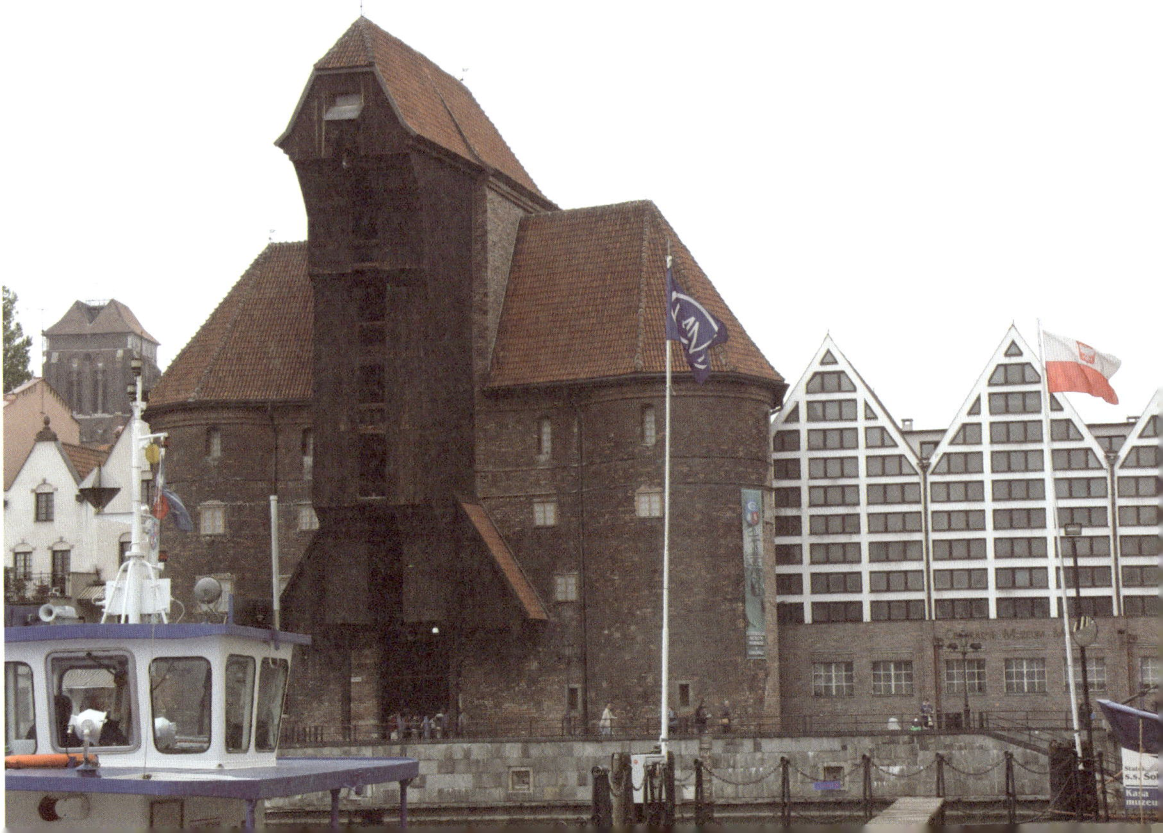

很好的想法。"

  我为瓦文萨有这样的女儿感到骄傲。为表达远自东方的敬意，以及对他本人健康的祝愿，我送上一份精心准备的礼物——中国名茶套装，里面有安溪铁观音、信阳毛尖、茉莉花茶和峨眉雪芽。老人看过后非常激动，他高兴地说："中国茶很早就通过丝绸之路进入欧洲，我从小就知道，中国是一个伟大的国家，有着5000年的历史。但是只可惜，到如今，我还没有去过北京。我希望，有机会可以去看看伟大的中国，去看看中国翻天覆地的变化。"

  瓦文萨说："早在17世纪，中波两国就已经开启了友好交往。我特别理解中国特色社会主义，给中国人民带来了生活的巨大改变和国家的繁荣富强。现在世界全球化少不了中国。每个国家都有自己的国情，所以走什么样的路，是由这个国家自己选择的。就拿欧盟来说，每个国家都有自己的税收制度和分配制度，欧盟要时时处处做到统一都很难，何况世界？所以我们应该求大同，存小异。像我这样的人，有人喜欢我，也有人不喜欢我。但在我心里始终是平和宁静的。一个人在吃了很多苦，做了很多事，也做成过很多事，最后回到温暖的家里时，他的得到与失去是完全平衡的。千万不要每天都在想：啊，我多么伟大；啊，我改变了这个国家。今天，即便是退了下来，人民应该感谢我，国家应该奖励我……如果我整天都这样想，那心理就有问题，一定要去看医生。可是，我现在的心态非常良好，心情也非常舒畅。"

  访谈结束时，我要他说几句真心话，但是必须是心里和眼里的。71岁的瓦文萨笑了："为了世界充满爱，我们也应该团结更多的国家，特别是发展中国家，一起往前走，一起求发展，一起努力让这个世界变得更美好！"

站在瓦文萨办公室远眺，格但斯克最著名的摩托拉瓦河从窗前缓缓流过。在清灵宽阔、静谧的河湾中，停泊着巨型轮船、豪华游艇和小舢板，在水面自由滑行，景色美不胜收。此时我在想，瓦文萨这位格但斯克的普通市民与这座城市的情感，犹如此河，与之相伴，延绵不绝，流向远方……

从格但斯克走出来的"欧盟总统"

2014年12月1日，几乎全球各大专业媒体，如法新社、路透社、英国广播公司、新华社、人民日报等，都发布了一条重大新闻：波兰前总理唐纳德·图斯克（Donald Tusk）于1日正式就任欧洲理事会主席。他是欧洲理事会建立以来首位来自东欧的主席。欧洲理事会主席素有"欧盟总统"之称，同时也是18个欧元区国家的最高领导人。欧洲理事会主席可以连任一次。

当天，在位于比利时首都布鲁塞尔的欧盟总部，图斯克和范龙佩举行了权力交接仪式。图斯克在简短的致辞中表示，欧盟坚持欧洲的价值观，要勇于面对内部和外部的各种挑战，树立坚定的决心，结束经济危机，外交要以欧美关系为基石，维护欧盟在国际上的地位和欧盟边界的稳定，与周边国家和睦相处，支持友邻发展……

那一刻，全世界的媒体都聚焦到这位波兰前总理、现任欧洲理事会主席——唐纳德·图斯克身上。一时间，也许全世界的人都知道了图斯克，但是又有多少人知道他的故乡，就是波兰共和国滨海省省会格但斯克市。此时此刻我在想，格

Donald Tusk

但斯克是一座有着鲜明特色的城市。这里有漫长的海岸线、金色的海滩、明媚的阳光、芳草萋萋、鲜花盛开、独特美丽的风光令人难以忘怀。一个国家乃至一个地区，一座城市的发展变迁，总是与其地理地貌、气候条件、人文环境和文化氛围密不可分。格但斯克的这片土地孕育了如赫维留、叔本华、华伦海特等如此众多的世界名人，也就不足为奇了。

1957年4月22日，一个花草盈野的春天，万物复苏，百花争艳之时，唐纳德·图斯克在格但斯克出生了。生机勃勃、郁郁青青的春色也给图斯克带来了好兆头，父母家人、亲朋好友来到教堂，为他祈祷，永保平安，如意吉祥。

图斯克在自己的故乡度过了美好的童年时光和难忘的学生时代。从小学、中学，直至大学毕业，图斯克都在格但斯克这片土地上，在慈祥母亲的怀抱中，尽情地吮吸着母亲的乳汁，茁壮成长……是格但斯克的青山绿水养育了图斯克，他的理想和抱负就萌发于美丽的波罗的海之滨。

1976年，19岁的图斯克考入格但斯克大学历史系。他向来学习刻苦，爱思考，有理想。他心中有一个美好的愿景：希望自己有一天学业有成，回报故乡，报效国家。我在走访格但斯克大学副校长约瑟夫·伏沃达尔斯基（Józef Włodarski）时，他这样评价图斯克：图斯克不仅是一位历史学家、演讲家和战略家，同时也是东欧剧变以来波兰诞生的政坛常青树。

从1997年起，图斯克先后当选波兰众议院议员、参议院议员，并担任过参议院副议长和众议院副议长。2007年11月，他出任波兰总理并在2011年获得连任，成为自1989年以来首位连选连任的波兰总理。图斯克也是波兰"公民论坛"的建立者之一，在担任波兰总理期间大力推行私有化改革，促进波兰经济快速发展,尤其是在欧洲国家普遍遭遇金融危机和欧债危机打击的背景下,波兰经济逆势增长,表现抢眼,这也为图斯克当选欧洲理事会主席增加了重要砝码。由于长期担任波兰总理,图斯克深谙欧洲理事会的运作之道,并且与德国总理默克尔和英国首相卡梅伦建立了良好的私人关系。此外,图斯克还是"欧洲能源联盟"的主要发起人之一,该联盟旨在推动欧盟国家逐步摆脱对俄罗斯能源的严重依赖。基于以上原因,图斯克成功当选欧洲理事会主席,并获得欧盟成员国的广泛信任和支持。

然而,欧洲经济仍未摆脱主权债务危机的阴影,甚至可能陷入长期经济停滞和通货紧缩的泥淖。经济学家普遍认为,只有扩大投资才能挽回欧洲经济颓势。欧盟委员会日前推出了耗资 210 亿欧元的"欧洲战略投资基金",希望以此带动规模高达 3150 亿欧元的政府和民间资本投入基础设施和教育创新等产业,刺激欧洲经济增长。但这项战略能否成功,很大程度上取决于各成员国政府,而在欧盟严格的财政纪律和当前经济环境的双重限制下,欧洲国家政府在财政政策方面普遍趋于保守,即使是作为欧洲经济引擎的德国都不愿轻易举债。图斯克在就职典礼上的简短致辞中说,欧洲需要坚定的决心结束这场经济危机。作为欧洲理事会的召集人,如何利用欧盟平台说服各成员国扩大投资是摆在图斯克面前的第一道难题。

分析人士认为,相比其他欧洲领导人而言,图斯克对俄罗斯和东欧事务有着更深的理解,因此也被寄予厚望。各方期待图斯克能为团结协调各国立场、化解乌克兰危机发挥重要作用。图斯克对此表示,欧洲必须保证边界安全并捍卫共同价值观。

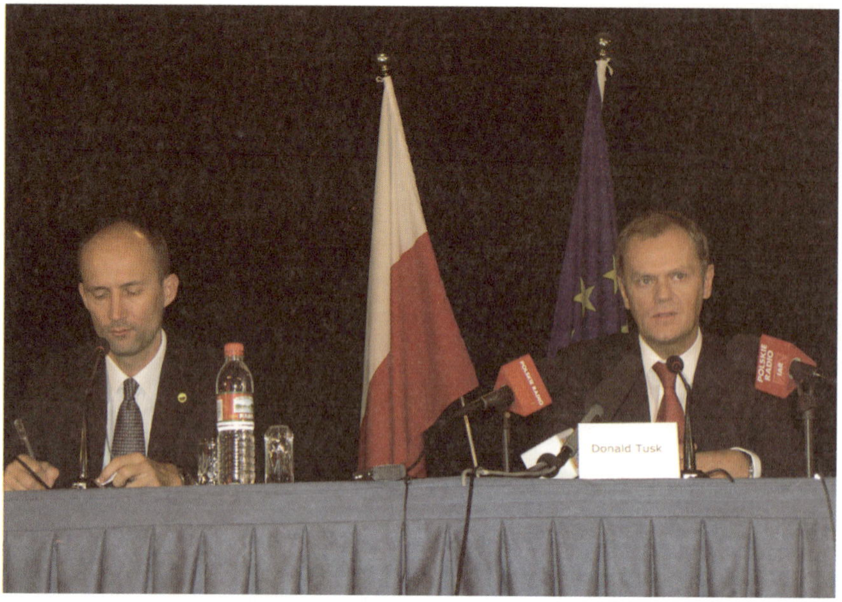
Donald Tusk
POLSKIE RADIO

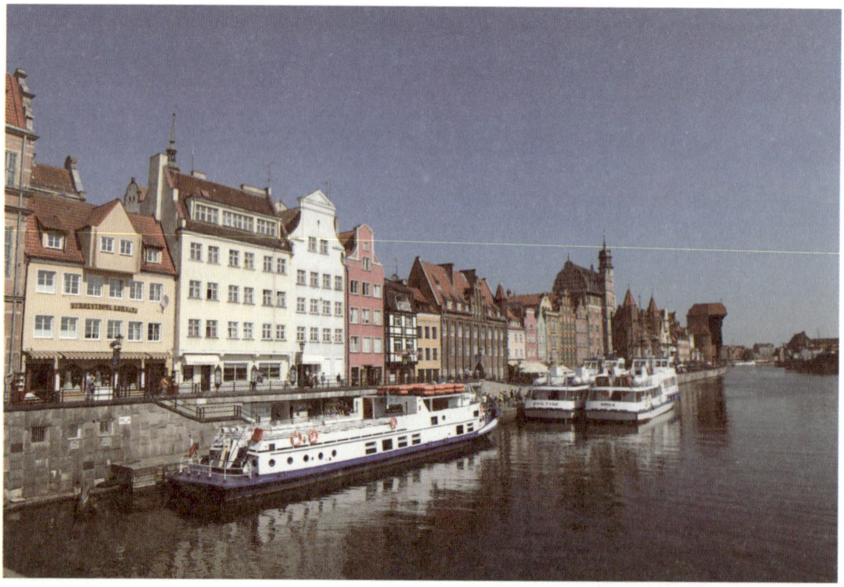

根据《里斯本条约》，欧洲理事会主席的职责包括主持欧洲理事会会议，在欧盟成员国之间就重大问题进行协调以促成共识。因此，除了对外代表欧盟，欧洲理事会主席的成就主要取决于其个人的威望和能力。前任主席范龙佩因其在应对欧债危机方面的重要贡献受到广泛赞誉，而各界普遍期待图斯克能在外交领域有所建树。难怪图斯克在就职典礼上半开玩笑地说："我对自己的新工作感到有点紧张。"

图斯克在2014年8月30日召开的欧盟特别峰会上当选为新一届欧洲理事会主席，是欧洲政坛公认的"务实派"。图斯克以言语直率、作风果断闻名，被称为"大西洋主义者"。此间舆论认为，图斯克面临的首要任务是树立欧盟信心，振兴欧盟经济，增加就业机会，处理和协调好欧盟与俄罗斯及美国的关系。

执掌波兰大政期间，图斯克带领波兰政府锐意改革，在全球经济危机的背景下，推动了波兰经济的恢复和增长。外交方面，图斯克是欧洲政坛"鹰派"人物的代表。

长期以来，图斯克一直被视为现任欧洲理事会主席范龙佩的继任者。"我从一个深信欧洲重要性的国家——波兰，来到布鲁塞尔。"图斯克说。波兰总统布罗尼斯瓦夫·科莫罗夫斯基（Bronisław Komorowski）表示，欧盟的这个选择是"对波兰成就和在它欧洲地位的认可"。对此，路透社有报道，对于加入欧盟的东欧国家而言，图斯克的任命标志着"重大进步"，体现了欧盟内部的"东西平衡"。

中国国家主席习近平2014年12月3日应约同新一届欧洲理事会主席图斯克通电话。

习近平指出，中欧都是世界格局中的重要力量，中欧关系非常重要。他说："今年春天我访问欧盟总部，同时任欧盟领导人确定共同打造和平、增长、改革、文明四大伙伴关系，为中欧关系发展做出了规划，这一共识正得到有效落实。明年是中欧建交40周年，中欧关系正进入承前启后、成熟稳定、蓬勃发展的新时期。我愿同你一道努力，保持中欧高层交往和各领域密切交流势头，继续推进中欧合作2020战略规划，实现互利共赢，加强在重大国际地区问题上的沟通和协调，在全球层面体现中欧关系的战略性，推动中欧全面战略伙伴关系持续健康稳定发展。"

图斯克表示："我感谢习近平主席在我就任之际发来贺电并应约同我通话，这体现了习近平主席对欧中关系的高度重视。我愿意同习近平主席保持良好工作关系，期待着早日同习近平主席会面。"

图斯克说，习近平主席对欧盟总部的访问取得成功，为欧中关系发展奠定了良好基础。加强欧中四大伙伴关系，对双方、对世界都具有重大意义。欧方愿以2015年欧中建交40周年为契机，同中方加强政治交往，扩大各领域务实合作，共同推动欧中全面战略伙伴关系发展。

图斯克是一个干练果断、极富领导力的"欧盟总统"，从政30多年来，他每天奔忙在波兰和世界各地，但无论走到哪里，他都不曾忘记自己的家乡格但斯克。在他的心里，常常这样说："我从格但斯克走来。"

冷峻总理的笑容

格但斯克这座被誉为"波罗的海的精灵"的城市，人杰地灵。在这位伟大母亲温暖的怀抱里诞生了无数的思想家、哲学家、政治家、科学家、艺术家……

曾经连续 7 年担任波兰总理的图斯克便是其中之一，2007 年 11 月，他出任波兰总理并在 2011 年获得连任，成为自 1989 年以来首位连选连任的波兰总理。图斯克也是波兰"公民论坛"的建立者之一，由此可见他是"公民之友"。可以毫不夸张地说，他是格但斯克的骄傲。在格但斯克人眼中，他是一个敏锐的政治家、有魄力的实干家、有才华的领导者，同时，他也是一位普通的格但斯克市民。对于格但斯克人这样的评价，我很欣慰，因为我觉得，从和格但斯克人交谈的话语中，我能感到，图斯克在他们心中，是一位善良、随和、谦逊、平易近人的总理，同时也是一位真诚的、值得交往的朋友。此时，我回忆起第一次采访图斯克的经历。

2008 年，金秋北京，天高气爽，花团锦簇。波兰总理唐纳德·图斯克（Donald Tusk）应时任中华人民共和国国务院总理温家宝的邀请，对中国进行访问，并参加第七届亚欧首脑会议。10 月 21 日，图斯克总理访华新闻发布会上，记者问："明

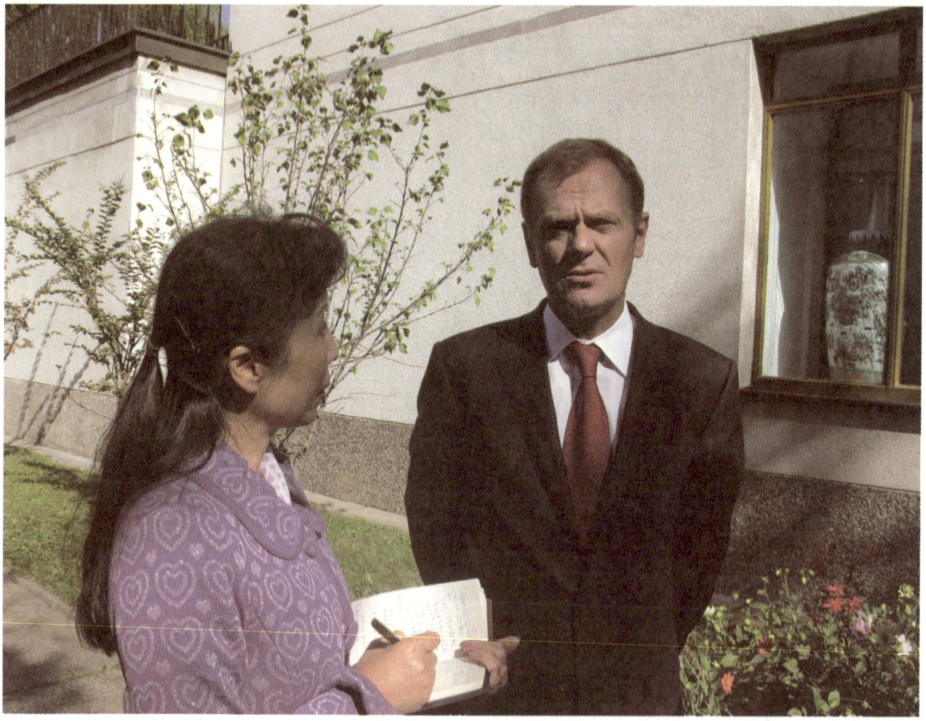

年是中波建交 60 周年，对于开展中波文化进一步交流，推进中波友谊，波兰政府将有哪些重大活动和安排？""对于加强中波友谊，与青年一代的相互沟通和交流，您有何设想与希望？""波兰近年来如何吸引外商投资？"……

面对各国记者连珠炮似的提问，坐在发布会主席台上的波兰总理图斯克十分冷静，一脸严肃。他非常有风度地接过话筒："女士们，先生们，此次我应中国国务院总理温家宝邀请正式访华，并参加第七届亚欧首脑会议。来访问伟大的中国是我期待已久的，今天在这里与媒体朋友见面十分高兴。"

"波兰是最早承认中华人民共和国的欧洲国家之一。波兰人民对于中国人民始终有一种友好和尊敬之情，在波中两国之间，没有任何相互的障碍，对于中国改革开放 30 年来取得的成就，我表示由衷的赞赏，并衷心祝愿中国人民在走符合自己国情的特色道路上，取得新的更大成就。"

图斯克说："在当今世界政治形势风云变幻、发展与危机并存的时刻，特别要加强波中两国人民相互信任，这是波中两国关系发展的基石，这一基石是推动两国政治、经济、文化等各个领域的交流成果。这里，我要强调的是与此同时，我们特别需要波中两国的企业家加强合作，增强抗御经济风险的能力，使波中两国各项合作稳固发展。"

在 40 分钟的新闻发布会上，图斯克总理始终没露一丝笑容，表情严肃。

有记者说："这位英俊冷面的总理，发布会都快开完了，都没有向媒体露出一丝笑容。"在我看来，也许这就是图斯克总理的鲜明的个性。

这位冷俊总理图斯克 1957 年 4 月 22 日出生在波兰格但斯克市。1980 年，毕业于格但斯克大学历史系。他思维敏捷，极具人气，2007 年的议会选举中，他个人获得了53400张选票，以最高票当选议员。11月6日，图斯克当选波兰总理。图斯克接掌波兰，迅速赢得国内外广泛关注和极高声望。

这位冷俊总理在他的政治生涯中"大显身手"。"绿洲"这个词引自图斯克总理在华沙证券交易所一次关于经济的谈话，当时他身后就是欧洲地图，其他国家均是红色，只有波兰标为绿色。从那之后，这个词被频繁引用代表波兰的经济成就和地位。波兰的成功得益于多方面的因素，包括良好的宏观经济政策、良好的投资环境。

图斯克总理介绍了如今的波兰是公认的贸易投资胜地。政府积极采取措施吸引国外资金和投资商来波兰发展事业，其完善的银行金融体系为核心投资商、私有企业以及拥有特定项目的资金集团提供了便利的条件。那些选择在波兰投资的企业不再是因为这里相对廉价的劳动力和广阔的国内市场，而是被波兰的高素质人才所吸引，他们是可以担当技术重任的力量。

从图斯克总理在新闻发布会上答记者问，就可以反映出他执政能力的一个小小侧面。如果提到波兰，大多数中国人首先知道的是哥白尼、肖邦、居里夫人、奥斯维辛集中营，其他再多的就比较陌生了。

"2010年，上海世博会，波兰是否参加？如何借此良机推介波兰？"

图斯克回答说："我认为，2010年5月1日至10月31日举行的中国上海世博会，是一个向全世界人们展示波兰的好机会，所以波兰政府早在2007年11月就签署了上海世博会参展合同。波兰国家馆的设计是吸取和借鉴了中国传统的剪纸艺术元素，展示的主题是'人类创造城市'，通过世博会，展示波兰的历史文化，这个机会我们肯定不会放弃。"

出生于波兰北部港口城市的图斯克，对中国的上海情有独钟。这不仅因为1951年在中国历史上第一家中外合资企业中波轮船股份公司成立。该公司经过数十年的发展，通过调整内部结构和管理模式，适应了激烈的市场竞争，成功运营至今。她是中波两国深化企业合作的典范。还因为在图斯克看来格但斯克与上海有很多相似之处，同样有一颗成为贸易中心的雄心，而不是野心，说完后他笑了。这时，我身边一位年轻的记者马上说："图斯克总理终于笑了。"与此同时，我们的采访谈话也随着图斯克总理的脚步，从新闻发布会现场"转移"到了波兰驻华大使馆的院子里。与图斯克总理一路谈笑风生，感到非常愉快。

秋风送爽，金黄色的银杏叶被风吹得沙沙作响，抬头看看北京明媚的阳光、湛蓝的天空，图斯克总理再次露出了笑容。

格但斯克哺育的世界名人

历史上不止一次形成时空轴心,古希腊—春秋东西方哲学艺术高峰、文艺复兴后美欧大陆燃起的自由之火、20世纪初开始的全人类民族文化复兴……美丽的波罗的海之滨格但斯克,大地有灵气,所以英杰辈出,也曾是人类科技与文化飞跃的轴心。赫维留、华伦海特、叔本华、君特·格拉斯……数不尽的名人大家,我只好用茨威格的书名来形容她的"人杰地灵"——"人类群星璀璨时"。

地处波罗的海的格但斯克是波兰的重要港口城市,其自然资源丰富、气候宜人、腹地广阔、经贸发达,历史上曾是最繁荣的城市之一。繁荣的商贸往来不仅吸引了大量的贵族和商人,还吸引了更加多元的文化,与本土文明包容并蓄,形成了高级的形而上学,诞生了格但斯克独特的文明,这是最宝贵的财产。

走在格但斯克老城区的街道上,看着古朴典雅的建筑,不时地溜进某个有历史的小店,仿佛人一下子就穿越回那个欣欣向荣的年代。

16世纪和17世纪是格但斯克贸易和文化的黄金时代。在波兰国王雅盖隆王朝的卡西米尔四世的皇家宪章庇护下,又有便捷的维斯瓦河内河水运可以连通整个波兰市场，格但斯克发展成为一个繁荣的大型国际性海港城市。国际贸易的繁荣，使得这座城市聚集了各个民族的居民：包括德国人、波兰人、犹太人和荷兰人，他们都对这个时期格但斯克的地位确立和文化繁荣做出了自己的贡献。得到格但斯克这个港口，对于波兰的意义相当重大。首先，这直接刺激了波兰粮食的对外出口，促使贵族庄园纷纷建立劳役制庄园，从事商品粮食的生产。波兰的城镇里也出现了类似西欧国家的手工工厂。最后，甚至波兰的首都也从维斯瓦河上游的克拉科夫迁到中游的华沙，以缩短首都与港口的距离。格但斯克的轴心时代便是产生在此时。

那时候，欧洲著名的画家们愿意来到格但斯克交流画艺，不仅将格但斯克艺术传播到远方，还沉淀下了促进格但斯克文明进程的艺术品。那时留下的许多教堂、雕塑，以及我们熟知的《最后的审判》，都是这种文明的吸引力和融合力的展现。同时，也为格但斯克自身的文明添了不少精神养分。

天文观测家赫维留

1611年，赫维留（Jahannes Hevelius）降生在格但斯克的一个酿酒的家庭。那个时候，酿酒师的收入可以比得上市长。充裕的财富和文艺气息使得赫维留拥有足够的机会吮吸艺术的花香。他接受过良好的教育，并具有相当的艺术天赋。他拥有高超的铜版画雕刻技艺，使用非常柔和的雕刻技法，将星图图案刻印成图，流传至今。他创作的星图造型极为优美生动，是古典星图中的宏大辉煌之作。

古典星图是指早期绘有星座图案的星图，西方古星图源于希腊罗马，发展于文艺复兴后的16世纪，而在17世纪下半叶达到鼎盛。古典星图的图案是根据星座神话内容精心绘制的，并经由文艺复兴以来的美术大师之手完成，因而具有很高的艺术价值，是学习星座文化知识、认星和赏星的宝贵资料，至今仍深受人们的喜爱。

但是，真正的大家区别于工匠的特质在于，他们不仅仅精于雕琢，更在于高远的视野。赫维留毕业于荷兰的莱顿大学，担任过但泽（今格但斯克）市的市政官员。他曾遍访欧洲的科学家与天文台，并于1641年在但泽建立了自己的天文台。赫维留星图中恒星的位置全部来自他自己的观测资料，他还出版了包括1564颗肉眼可见的恒星的星表。赫维留的星图和星表的精度达到了肉眼观测的极限，他的星表也是最后一部用肉眼观测的星表。赫维留星图的绘制极为精美，造型极为生动，具有极高的艺术价值。赫维留在其星图之中设立了10个新的星座，其中狐狸座、小狮座、盾牌座、蝎虎座、山猫座、六分仪座、猎犬座一直沿用至今，另外3个星座已经消失了。出版于1690年的赫维留星图早已绝版，1968年苏联塔什干天文台的台长谢格洛夫将该台收藏的这套古典星图翻译成俄文出版。1977年日本的地人书馆又将俄文版译成日文出版。这两套新版星图的出现使赫维留星图在全世界得到了广泛流传。

赫维留是格但斯克的大天文观测家，是人类探索未知世界的启蒙者之一。

但是赫维留极其固执保守，不愿意接受新兴事物，而且迷信上帝的存在。例如：在他编制这些星表时，望远镜已经出现了半个多世纪，而且正在得到广泛的应用，但赫维留坚持认为在观测者与星星之间加入光学仪器会降低观测精度，因而拒绝使用望远镜。还有，在他所处时代的一个多世纪前，天文学家们便开始重视赤道坐标系，但与拜耳星图一样，赫维留星图也采用了黄道坐标系，这反映了赫维留的保守性；另外一个方面也显示了他的保守性，那就是他的星图与我们看到的星空是左右颠倒的,只有身处天球之外的"神"才会看到赫维留星图上描绘的星空,这也许正是他为了取得与神一致的和谐。

赫维留曾经精心制造过许多仪器,如象限仪、日晷、望远镜等。那时,人们把望远镜的焦距做得特别长,来消除那些讨厌的色差。他的一架望远镜,物镜的口径不大,焦距却异乎寻常地长达四五十米,因此,必须把物镜高高地吊在桅杆上。现在看来,不可思议的是这样的望远镜怎么能用来作实际的观测呢!

月面观测是赫维留最感兴趣的观测项目之一。1647年,他绘制成一幅在当时来说最为精确而详尽的月面图,上面标有他对月面上环形山和海的命名,有些名称至今仍在使用;至于他命名的两处环形山"埃特纳"和"大黑湖",已改称为"哥白尼"和"柏拉图"。赫维留铜铸月面图的原图已经不存在了,据说在他去世后被拿去做了茶壶。不过,这幅月面图确实是一个很大的进步,只此一项,就足以使他名垂史册,他不愧是月面学的创始人。

赫维留在编绘月面图的过程中,很自然地发现了月球的光学天平动现象。所谓光学天平动,就是从地球上看起来,月球经常有点上下左右摆动的现象。东西方向上的这种摆动,叫作经天平动;南北方向的叫纬天平动。这是两种主要的天平动,还有一种是周日天平动,影响不大。这几种天平动都是由于地球和月球彼此之间位置上的关系而造成的,所以也叫几何天平动。由于天平动的缘故,我们经常看到的和从地球上永远不能直接看到的月面各占41%,有时看见、有时看不见的月面部分占18%。

从1657年开始,赫维留计划编制一份精密度超过过去的星表。不幸的是,他的私人天文台于1679年被火烧毁,尽管他很快又建立起来了另一个天文台,但是，观测记录的损失是无法弥补的。根据赫维留所做的观测记录而编制的《天文图志》，在他死后3年，于1690年出版，其中包括54幅精美的星图和1500多颗恒星的位置。遗憾的是，望远镜已经发明了好几十年，但他仍然是用肉眼进行观测，使恒星位置的精密度受到一定的影响。他的那些星图后来经过英国天文学家弗兰斯提德重新修订后，于1725年再次出版，星图总共绘有2866颗星。

由赫维留提出，仍然沿用的星座有：鹿豹、猎犬、蝎虎、小狮、六分仪、麒麟、狐狸、盾牌。

华氏温度创始人华伦海特

记得在与格但斯克市政府城市形象推广办公室主任格拉日娜·阿达穆斯卡（Grażyna Adamska）交谈时，她问我："你知道华氏温度创立人华伦海特是哪里人吗？"见我一脸迷茫，她自豪地笑着说："他曾经可是我们格但斯克的市民！"听到这样自信和坚定的话语，我从心底对这些为世界文明做出巨大贡献的人更加敬重，同时也对格但斯克这座城市更加敬畏。

与赫维留显赫背景不同，1686年5月24日生于格但斯克的丹尼尔·华伦海特（Daniel Fahrenheit），少年时其父母意外死亡，迫使他开始学习商业。经过在阿姆斯特丹的多年训练后，他定居海牙，从事玻璃制品的吹制和贸易，并制作气压计、高度计和温度计出售，先后研制成功酒精和水银温度计，创立了华氏温标。

童年的成长环境和不幸的遭遇，让华伦海特这个活在现实中的少年善于思考，信念笃定。他对物理学很有兴趣。1707年他先后前往柏林、莱比锡、德累斯顿、哈勒等地，通过参观别的学者以及工匠的操作，学到了不少技术。1708年，他在哥本哈根遇到了丹麦天文学家罗默（Ole Romer，1644—1710），建立了友谊。1715年，华伦海特和数学家莱布尼茨（Gottfried Leibniz）合作制成测定大海经度的时钟。1724年，华伦海特正式确立以他名字命名的温标。同年，他被选为英国伦敦皇家学会会员。1736年他发明一种抽水泵，获得了专利，用这种泵抽干了荷兰一些低洼地里的水。

华伦海特1709年发明了第一只实用酒精温度计。1714年又改用水银作测温物质制成水银温度计，定出了历史上第一个经验温标——华氏温标，使温度测量第一次有了统一的标准。从而使热学走上了实验科学的道路。

最初华伦海特选用两个固定点：把水、冰和氯化氨或盐的混合物的温度作为一个固定点，定为零度，把健康人的体温作为另一个固定点，定为96华氏度。后又把冰水的混合物作为第三个固定点，定为32华氏度。后来华伦海特又扩展了他的温标，把水在标准大气压下的沸点作为一个固定点，定为212华氏度。华氏温标规定冰点（标准大气压下冰与被空气饱和的水之间的平衡温度）为32华氏度，水的沸点（标准大气压下水和水蒸气之间的平衡温度）为212华氏度。历史上以华氏温标所定义的温度叫华氏温度。随着科学技术的进步，人们早就不再用华氏温标。一些国家，如美国和加拿大等，在许多情况下仍继续使用华氏温度，但这已不是原来的华氏温标所定义的温度，而是按下列数学公式所定义的温度：tF=32+（9/5）t。tF是华氏温度的值，t是摄氏温度的值。华氏温度的单位为华氏度，常用符号是℉。1华氏度的大小恰好等于5/9摄氏度。

华伦海特还进行过一系列的实验研究。他发现了每一种液体都像水一样有一个固定的沸点，液体的沸点随气压的不同而变化，这一发现对精密的计温学是个很大的贡献。他研究了液体的沸点与压强和溶于其中的盐的含量的关系，成功设计带气压表的温度计。1721年，他发现了水在冰点以下仍保持液态即水的过冷现象。他设计新型的比重计，编制了物体的比重表。这些为物质热学性质的进一步研究奠定了基础。

叔本华

众所周知的大哲学家叔本华也是格但斯克之子。他的父亲是海因里希·弗洛里斯·叔本华（Heinrich Schopenhauer），是非常成功的商人，后来自杀。母亲是约翰娜·叔本华（Johanna Schopenhauer），是当时颇有名气的作家，与歌德等文豪有交往。他和母亲的关系一直不好，隔阂非常深，最后关系破裂。他继承了父亲的财产，这使他一生过着富裕的生活。叔本华死后，将所有财产捐献给了慈善事业。叔本华早年在英国和法国接受教育，能够流利使用英语、意大利语、西班牙语等多种欧洲语言和拉丁语等古代语言。他最初被迫选择经商以继承父业，在父亲死后他才得以进入大学。

1809年他进入格丁根大学攻读医学，但把兴趣转移到了哲学，并在1811年于柏林学习一段时间。在那里他对费希特（Johann Fichte）和施莱艾尔马赫（Friedrich Schleiermacher）产生了浓厚的兴趣。他以《论充足理由律的四重根》获得了博士学位。歌德对此文非常赞赏，同时发现了叔本华的悲观主义倾向，告诫他说，如果你爱自己的价值，那就给世界更多的价值吧。他称柏拉图为神明般的，康德（Immanuel Kant）为奇迹般的，对这两人的思想相当崇敬。但厌恶后来费希特、黑格尔（Georg Hegel）代表的思辨哲学。

叔本华被认为是唯意志论的最重要倡导者之一。唯意志论主张意志先于或高于理智。在现代哲学中，叔本华的唯意志论开始不断强调意志的重要作用。叔本华也因他的悲观主义而闻名，他的悲观主义与他那个时代欧洲大多数人所持的乐观主义形成了鲜明对比。虽然他的作品起初并没有得到承认，但是在他晚年时这些作品得到了广泛的关注。理查德·瓦格纳（Wilhelm Wagner，1813年5月22日—1883年2月13日）、弗里德里希·尼采（Friedrich Nietzsche，1844—1900）以及托马斯·曼（Thomas Mann，1875—1955）都受到叔本华思想的影响。叔本华在遗言中这样说："希望爱好哲学的人，能不偏不倚地，独立自主地理解我的哲学。"

敲响格但斯克"铁皮鼓"的君特

走在格但斯克街头,心里默念着这些伟人的名字,仿佛可以听到他们在你耳边私语,让你为这个拥有璀璨文明的城市热泪盈眶。富于艺术元素的街头文化,用格但斯克特有的"语言"取悦行人。硁硁踏踏的鼓声让我想起20世纪最后一位诺贝尔文学奖获得者君特的《铁皮鼓》。

君特·格拉斯(Günter Grass,1927年10月16日—)1927年出生于格但斯克市。父亲是德国商人,母亲为波兰人。1944年,尚未成年的格拉斯被征入伍。1945年负伤住院。战争结束时落入美军战俘营。战后曾从事过各种职业,先当农业工人,学习过石雕和造型艺术,后成为职业作家、雕刻家和版画家。他是"四七"社成员,政治上支持社会民主党,主张改良。在1970年社会民主党上台执政时,曾积极投入支持勃兰特(Willy Brandt)竞选的活动。

君特·格拉斯的童年和青少年时代正值纳粹统治时期。他参加过希特勒少年团和青年团,未及中学毕业又被卷入战争,充当了法西斯的炮灰。1945年4月,17岁的格拉斯在前线受伤,不久就在战地医院成了盟军的俘虏。1946年5月,他离开战俘营,先后当过农民、矿工和石匠学徒,1948年初进杜塞尔多夫艺术学院学习版画和雕刻,后又转入柏林造型艺术学院继续深造,1954年与瑞士舞蹈演员安娜·施瓦茨结婚。

格拉斯最初是以诗歌登上文坛的。1955年,他的《睡梦中的百合》在南德广播电台举办的诗歌竞赛中获得了三等奖。格拉斯几乎在写诗的同时也开始创作剧本。早期的剧作如1954年的《还有十分钟到达布法罗》、1957年的《洪水》、1958年的《叔叔,叔叔》和1961年的《恶厨师》,明显受到法国荒诞派戏剧的影响。

后来还有两个剧本，是1966年的《平民试验起义》和1969年的《在此之前》，试图将戏剧情节变为辩证的讨论，力求揭示人物的内心矛盾。格拉斯自称这两出戏是布莱希特"从史诗戏剧发展到辩证戏剧"方法的延续。然而，《平民试验起义》却歪曲了布莱希特在东柏林工人暴乱期间的形象，因而遭到普遍非议。

在尝试了诗歌和戏剧之后，格拉斯又开始写作长篇小说。1958年，"四七社"成员在阿尔盖恩的大霍尔茨劳伊特聚会。格拉斯朗读了尚未完成的长篇小说《铁皮鼓》的第一章，受到了与会者一致赞扬，格拉斯为此也获得了该年度的"四七社"文学奖。小说以作者的家乡格但斯克以及战后的联邦德国为背景，采用第一人称

倒叙手法，再现了德国从 20s 世纪 20 年代中期到 50 年代中期的历史，揭露了希特勒法西斯的残暴和腐败的社会风尚。

在《铁皮鼓》之后，格拉斯又在 1961 年写出了小说《猫与鼠》，在 1963 年写出了小说《狗年月》。1967 年的第三部诗集《盘问》政治色彩较浓，格拉斯也一度被称为"政治诗人"。

20 世纪 60 年代中期，格拉斯热衷于社会政治活动，是社会民主党的坚定拥护者。1965 年和 1969 年，他曾两度为社会民主党竞选联邦总理游历全国，到处发表演说。1972 年的小说《蜗牛日记》追述了作者 1969 年参加竞选活动的经历和对纳粹统治的思索。格拉斯与社会民主党前主席、前联邦总理威利·勃兰特交情甚笃，曾经多次陪同勃兰特出国访问。1982 年 11 月，格拉斯在社会民主党争取连任的竞选失利之后加入了社会民主党。

格拉斯不仅是小说家、诗人和剧作家，而且还是一名颇有名气、技法娴熟的画家和雕刻家。他自幼喜欢绘画，声称绘画和雕刻是他的第一职业。在他的创作生涯中，绘画与文学密不可分，正如他自己所说，两者之间是"一个有机的、相互作用的过程"。他的许多诗集里都有他自己绘制的插图。这些插图的内容和形式大多与诗歌的内容紧密配合，为诗歌提供了形象的注解。将文学作品的主题变为作画的对象，是格拉斯美术作品的一个突出特点。

1999 年 9 月 30 日，君特·格拉斯成为 20 世纪最后一位诺贝尔文学奖获得者。瑞典文学院在授奖词中这样评价格拉斯小说的人物塑造："剥去人物重要的话语，强调肉体的可靠性，将人类带入动物的世界。在他的动物园中，我们每个人都能找到自己的定位：猫与鼠、狗、蛇、比目鱼、青蛙和稻草人。"

君特·格拉斯是诺贝尔文学奖自1901年颁发以来德语文学圈中的第十一个得主，也是自1972年海因里希·伯尔之后第二个获得这一殊荣的德国作家。格拉斯的成名作、也是他获得诺贝尔文学奖的主要原因，是他的长篇小说《铁皮鼓》。

2006年9月他出版了自传回忆录《剥洋葱》。由于在此书中令人震惊地自述曾在青年时代为纳粹党卫队效力，格拉斯一度成为文学界的众矢之的。

格拉斯的小说既继承了传统的叙述方式，又用梦幻、怪异、荒诞等艺术技巧描绘历史和现实，作品中的主人公多是畸形人或拟人化的动物，从而使小说构思奇诡、情节怪诞，探讨的问题比较隐晦深刻。

格拉斯的作品用丰富的想象、独特的手法、新颖的语言，常把现实主义描绘和现代主义手法熔于一炉，在戏谑、诙谐中蕴含着深刻的社会批判。他尽力展现出了一个光怪陆离、神奇虚幻的世界，揭示出了历史被遗忘的一面。

德国前总理施罗德（Gerhard Schroder）发给君特·格拉斯的贺电中指出："您毫无疑问是当代最重要的德国作家，长期以来享有国际声誉，诺贝尔奖授予您清楚地证明了这一点。"德国前总统约翰内斯·劳（Johannes Rau）称自己是君特·格拉斯作品的"热情读者"。

君特、叔本华、华伦海特、赫维留……仿佛近现代人类每一点进步和成就，都会在格但斯克找到渊源。离开格但斯克时，我想，这片土地之所以孕育了如此众多世界著名的文学家、诗人、哲学家、物理学家，伟大的思想家、发明家，也许就在于她用澎湃的海洋、绿色的土地、秀美的风光孕育、滋养着这片土地上人们的灵魂，使得他们成为流芳千古的世界名人。这些闪闪发光的名字，像波罗的海中晶莹的琥珀，镶嵌在格但斯克美丽的土地上。

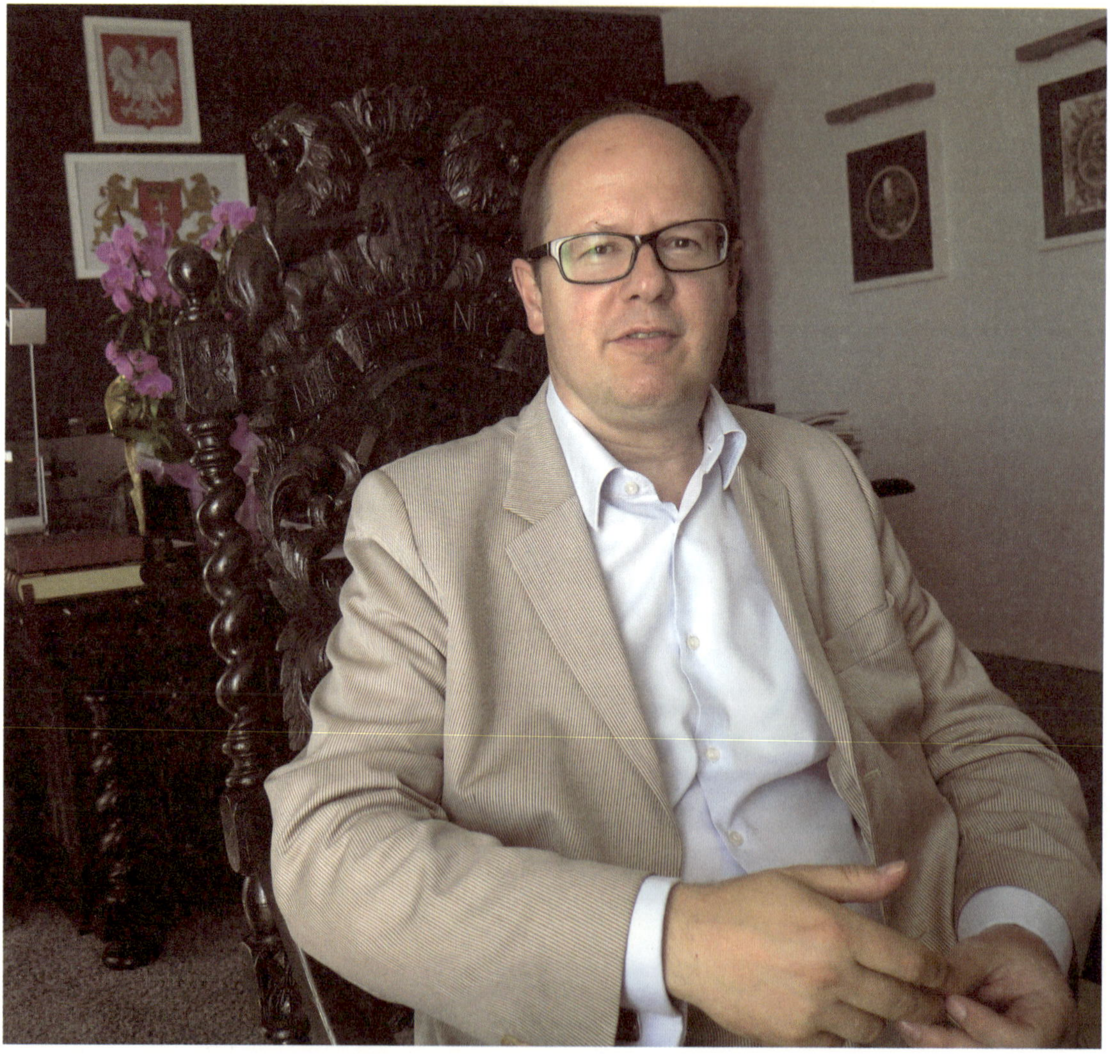

一位年轻的市长和一座千年的城市

走进格但斯克市政府市长办公室，市长鲍威尔·亚当莫维兹（Paweł Adamowicz）先生早已在那里等候我，从他的谈吐和言行中可以看出他是一位智慧、干练、爽快、豁达的人。"咱们的参访开门见山。"他笑着对我说，"没关系，你想问什么问题我都愿意回答你。"

在采访中我了解到，市长鲍威尔·亚当莫维兹先生 1965 年出生于格但斯克，毕业于格但斯克大学法律系，25 岁当选为格但斯克市议会成员，从那时起，他就非常注重了解格但斯克老百姓的生活，特别重视教育、经济、文化领域的各项工作。29 岁时，他当选为格但斯克市议会主席，用他的话说"这个岗位特别锻炼人、特别考验人"，同时也给他带来很多勇气，使他在工作的实践中，渐渐成为一位谦逊的、智慧的、成熟的领导者。33 岁，他第一次被选为格但斯克市市长，他走马上任的最初想法是这样的："我必须首先了解格但斯克市民和老百姓的生活，他们的困难在哪里，我怎么样才能帮助他们解决这些困难。市长的工作，就是为市民服务，我从来不觉得市长是个什么官员，所以，我认为官员不可以官僚、不可以脱离你的市民。"

"我的父亲今年 86 岁,他是我的老师,也是我的朋友。在我担任市长之后,我会常常遇到一些从来没有经历过的事情、问题和困惑,我都要向父亲请教。父亲说:'你虽然是一位市长,但是也是儿子。作为父亲,有问必答,我有责任回答你提出的问题。'我问父亲,'要想当好市长,最重要的是什么?'父亲回答我:'你要接受不同的人,欢迎他们提出不同的意见。你要经常和市民们在一起,了解他们的生活,倾听他们的心声,只有做到不脱离你的市民,你才能当一位好市长。'所以父亲的话常常给我很多启发,虽然我很忙,但周末我必须回家和父亲一起散步、吃午饭,向他汇报最近发生的一些事情,和我是怎样处理这些事情的。有一位市民,邀请我去看一个游乐场,还有一位想请我帮他买酒、买些吃的,这个时候我不可以说'不'字。虽然他是在这个社会生活中不太愿意工作的代表,但作为市长,我不可以让他饿着肚子。面对这些需要我帮助的人,走在街上,或者路边,只要他们向我打招呼、提出要求,我都会尽心帮他们解决困难。当然我很感动的是,许多市民非常的关心我、爱护我,他们见到我总是关切地说:'你的工作很忙,要多注意身体。'还有的说:'你一定要按时吃面包、喝牛奶啊!'但是也有少数人会骂我。对我来说,无论市民的褒贬,都非常正常。我作为市长,我的身上自然有优点和缺点,让我来管理这座城市,除了有心胸、有头脑,还要有很硬的屁股,这样在街上被人打的时候,我才能不怕疼。"

当我问市长鲍威尔·亚当莫维兹先生:"您是格但斯克法律系毕业的高材生,你在大学时学习法律对于现在的工作你认为有帮助吗?"他这样回答我:"格但斯克是一座比较安全和和谐的城市,格但斯克与中国的其他城市一样,必须创造

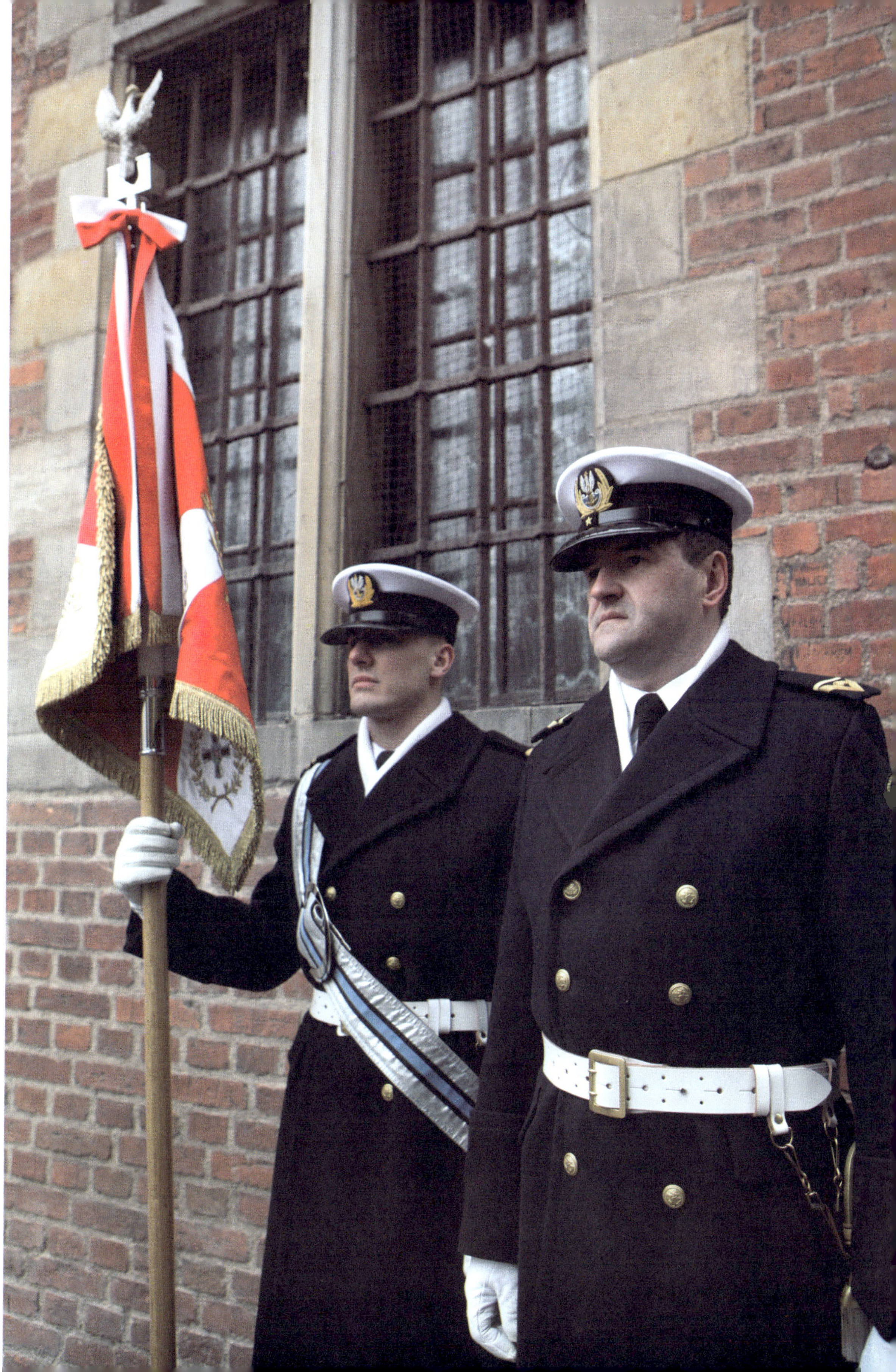

就业率，我认为，要依法管理城市，这个城市才会井然有序。对于市长来说，在千头万绪的工作中，我认为，以下三件事是首先必须做好的：

"第一件事情是人人有工作，提高就业率，每个人都有了工作，才有生活的保障，这个社会也就安宁和稳定了；

"第二件事情是一定要搞好教育，良好的教育可以促进人才的培养，有了人才，才能发展经济，社会才会进步；

"第三件事情就是要做好环保工作，水和空气做到绝对无污染。

"你知道吗，在最近的20年，格但斯克在环保治理方面有了很大的变化。我们取消了煤路，现在格但斯克市空气好了，城市很干净。我想，市长就是要重视市民的公共空间的环境变化，比如说，娱乐场、小花园、小公园、市民骑自行车的路，这些随时都是装在我的心里的。虽然格但斯克这座城市已经发生了很多变化，但是，我们的变化越大，我们的梦想就越高。用中国人的话来说就是'更上一层楼'。"

鲍威尔·亚当莫维兹市长这样说："在这个世界上，最复杂、最善良、也是最难搞明白的就是人。社会生活中并非每个人都懂得感恩，都会领情，在生活中你常常会发现，有的时候，对人越好，他倒反觉得理所当然，现在生活好了以后，在不经意间就会忘记过去。对本来已经改善很多的生活条件，有些人还是不满足。他们会提出更高的要求，因此，我们的工作也要有更高的标准，才能不断地提高工作效率、解决实际问题，用更高的愿望和梦想去鼓励我们自己，展望更好的未来。"

鲍威尔·亚当莫维兹市长还认为，有一项重要的工作，是要为市民提供全面

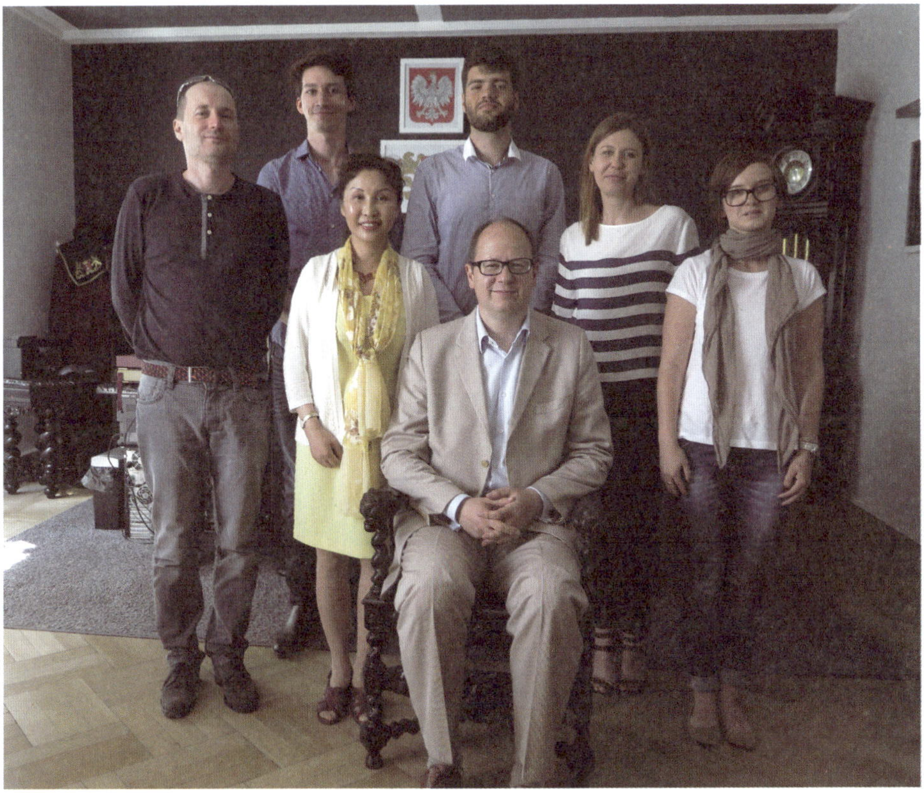

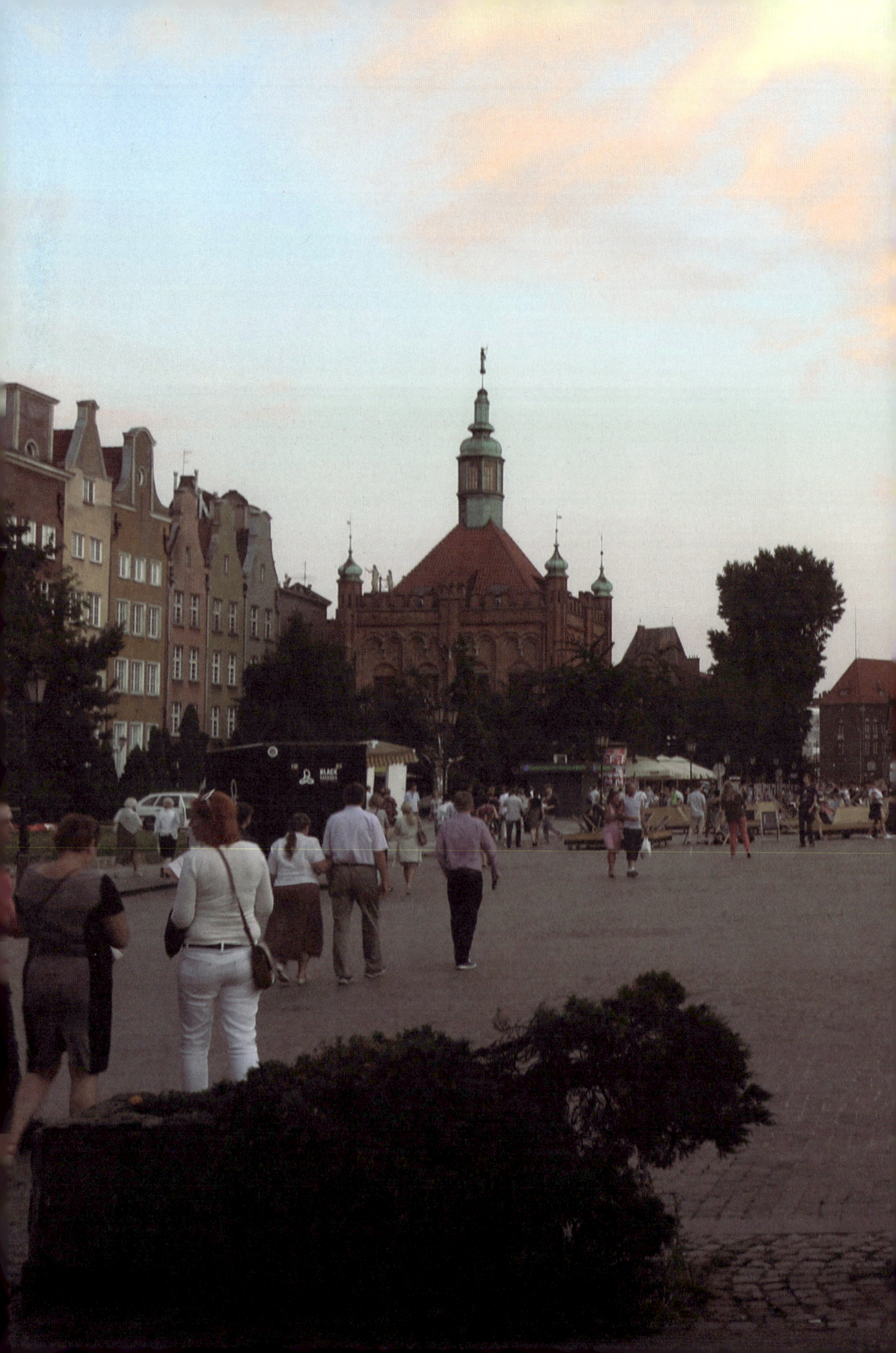

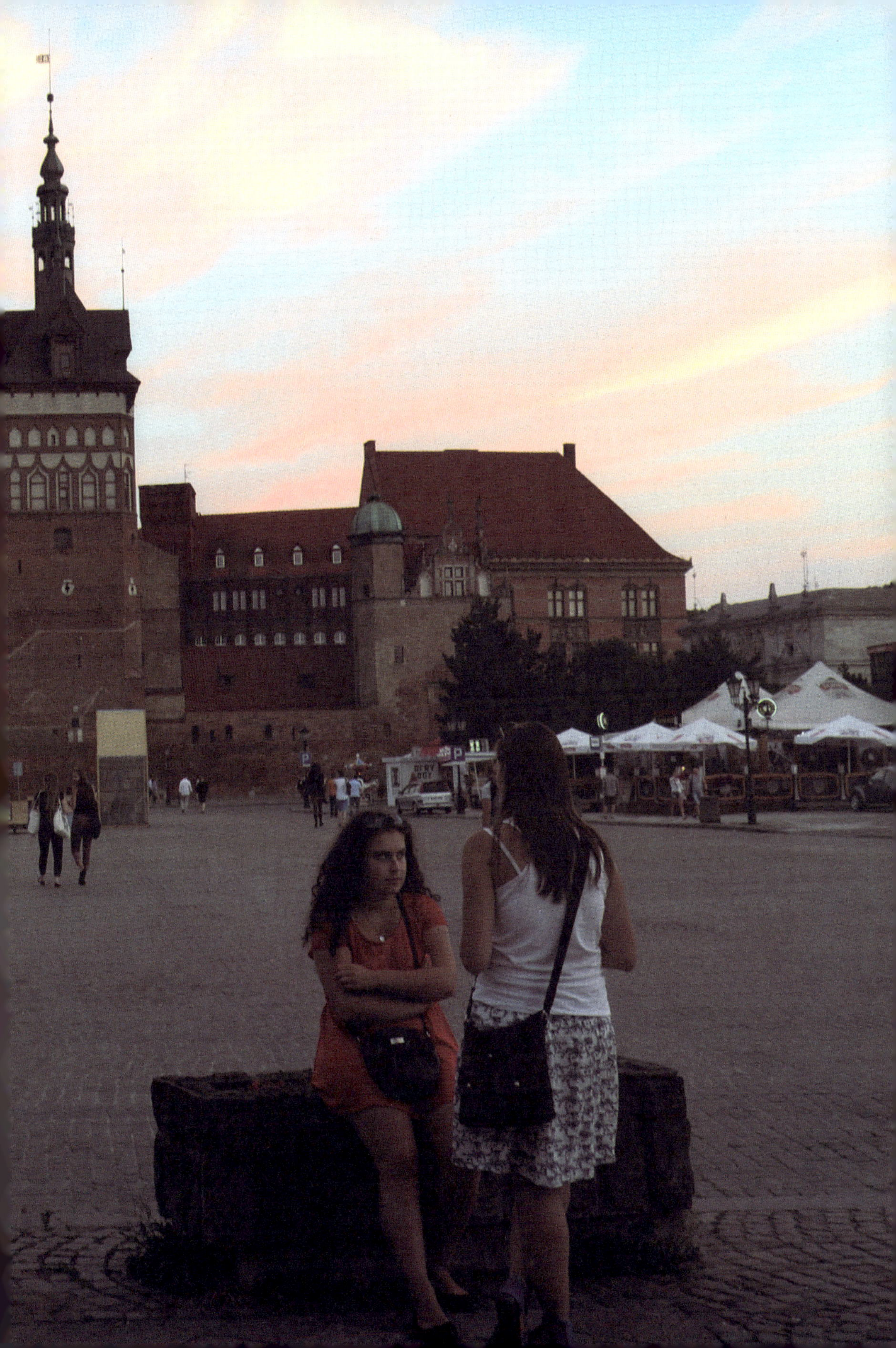

的信息。他说:"格但斯克市政府的工作是透明的,我们欢迎所有的市民都参与这座城市的建设,积极进言献策。"格但斯克的确是一座千年的古城,这里的每一条街道、每一块石头、每一道门窗都有故事。鲍威尔·亚当莫维兹市长说:"格但斯克就是因为'基因太好',虽然在'二战'中遭到了毁坏,但与众不同、尤为幸运的是,在40、50、60年代,这座老城又被重新建设了。所以对我们的爷爷、爸爸们所做过的艰苦卓绝的建设工作,我们一定不能忘记,要心存感恩,现在我们面临的最大困难是,在和谐中保护好老城市,建设好现代化。格但斯克的市民对这座城市有着很深厚的感情,他们非常乐意参加城市建设的讨论,在这座城市面临困难的时候,如何管理市民的住房,如何搞好建设,我们都要和市民协商,征得他们的同意,得到他们的支持。这样,格但斯克的发展才能和谐、繁荣。

"在格但斯克,绝大部分老建筑都是新的,只不过人们修旧如旧。'二战'后,许多古建筑都只剩老地基了,却正是在大量这样的老地基上,确保了新建筑的修旧如旧。如果老建筑的地基还在,任何机构和个人不得在上面随意建造新房子,而是要经过当地历史建筑保护机构的鉴定,根据老建筑的照片、画像或相关文字记载还原修建,个人或投资者还可以向欧盟、滨海省政府等机构申请修建费用。一般说来,政府会承担50%的资金,有的重要项目甚至提供100%的资助。根据粗略统计,近年来,滨海省每年花在古建筑修复上的经费在250万欧元左右。暂时找不到资料的地基,就仍然保持原样。

"修复后的古建筑并没有作为博物馆陈列起来,而是自然地融入居民生活,这造就了古建筑的新兴,这一点也是我们竞选"欧洲文化之都"的一张王牌。著名的长街,其中一边现在已经是格但斯克国家博物馆和前总统瓦文萨租用的办公

PUB
Kleopatra
RESTAURACJA

UPOMINKI

Kleopatra

KLEO ATR

室，两边的连墙建筑则是珠宝店、餐馆和居民房，例如马尔堡城堡，就不仅仅是城堡博物馆，更重要的，它还是当地居民的文化活动中心。

"完善的法律是格但斯克古建筑保护的有力武器。法律规定，古建筑的继承者、所有人对文化保护承担全部责任。政府部门则实行监督职能，不仅监督古建筑严格按照原貌恢复，而且监督修建资金的使用，如果发现钱被用作他途，所有者将面临起诉和监禁的惩罚。

"因此，作为一座有着千年历史城市的市长，我一直在想，在建设格但斯克、发展经济的同时，一定要注重保护好这座城市。"

说到这里，他告诉我，他们正在建设中的莎士比亚剧院，一边是17世纪的老房子，一边是正在建设中的新大剧院。

当我问道："作为市长，您是如何治理，怎么把这座城市管理得这么好？"市长回答说："我觉得，一个好的管理者，首先应该了解这座城市的历史，其次应该懂得用法律来管理城市。我们的城市，格但斯克，既有古老的历史，又有现代化的活力。我们要利用好祖先留下来的文化资源，同时也要将它发扬光大、传承下去。格但斯克像中国一样，曾经也有一些旧的浴池，我就在想，现在生活条件好了，这些浴池相当于闲置了，我们想办法把这些浴池，一是改造成文化中心、展览中心，二是改造成图书馆。在摩托拉瓦河河边我们将过去老旧废弃的发电厂，改造成为阶梯式的音乐厅。这些都是群策群力、开动脑筋想出来的办法。现在的文化中心、展览中心、图书馆和音乐厅都是公共设施，让每一个市民尽情享用。当然我知道，修旧房子的成本比较高，有人认为，如果成本过于高昂，还不如都拆除，用低成本来盖新房子。但是我并不同意，在我看来，格但斯克是一座有历

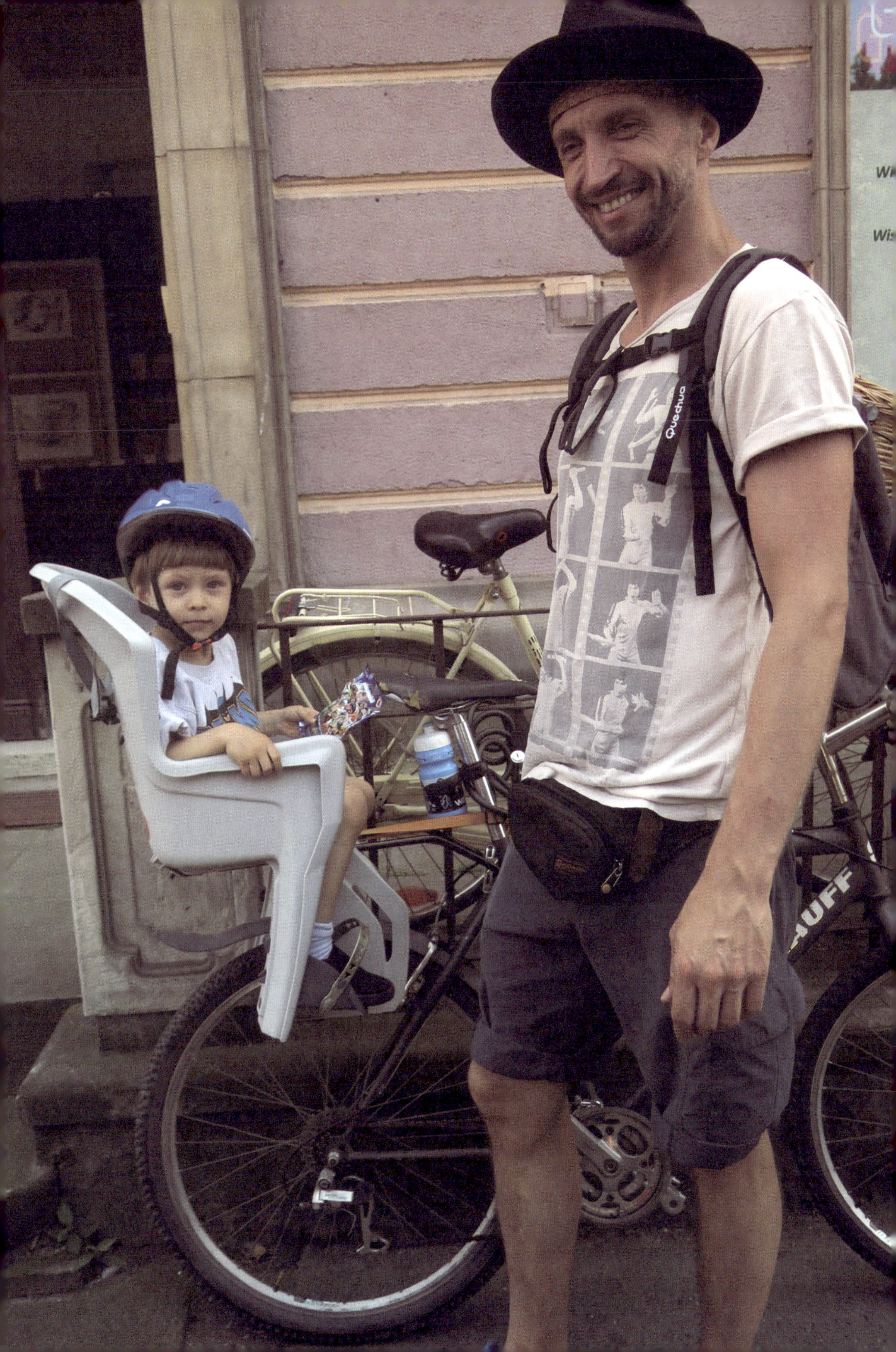
Quechua

史的城市，每一座名胜古迹都必须有专人来负责管理。最成功的做法就是，让市民享受到这座城市带给人们的福祉。"

当我问道："你最理想的城市发展状态是怎样的？"鲍威尔·亚当莫维兹市长回答："我自己觉得首先，我们每一位市民要关心和热爱这座城市，因此，作为市长，我有责任、我们的政府有责任，去培养市民与格但斯克这座城市的感情，让我们的市民与这座城市同呼吸、共命运。其次，我希望格但斯克是一座聪明之城、智慧之城。一方面，广大市民出主意、想办法，为政府决策提供建议；另一方面，我们要加强基础设施建设，交通要便利、科技要创新，市民的广泛参与，同政府

的决策相结合，政府在广泛听取市民建议后，也要不断提高管理水平，要靠聪明和智慧管理城市，只有这样，这座城市才会生机勃勃、蒸蒸日上。"

当我问道："您认为，在21世纪，如何才能当好一名称职的市长？"鲍威尔·亚当莫维兹市长回答说："市长不像一个国王，21世纪的国王有很多工作，他身兼数职，他是一位谈判家、经济学家、心理学家和管理者，如何成为一名好市长，我本人要更上一层楼。我希望挤出更多的时间来看书学习，思考如何做一名好市长。"

"到2014年10月，我担任格但斯克市长就已经整整16年了，我会认真总结这么多年的工作经验，有好的方面，有不足的方面，对于我来说也有工作压力、风险不小。"聊到这里，我对鲍威尔·亚当莫维兹市长说："我从很多市民那里都听说，您有极强的工作能力和热情，他们对你的表现更多的是赞赏和满意。"此时鲍威尔·亚当莫维兹市长脸上的表情非常羞涩，还有些不好意思地说："我们在很多方面都需要改进，时间可以改变世界，可以让格但斯克变得更好。"

鲍威尔·亚当莫维兹市长说："昨天我坐出租车的时候，司机还对我说'市长你有时间骑自行车行走、上网和市民交流吗？'我觉得这个问题问得很好，作为一名市长的确应该与他的市民保持沟通、增进交流，相互之间才能理解这件事为什么必须这样、那件事为什么必须那样，要为市民解决很多问题，沟通和理解非常重要。"

谈到生活，鲍威尔·亚当莫维兹市长笑着说："当市长也要承担很多'风险'，我和11岁的女儿在散步时，有市民过来跟我打招呼，问了很多问题，女儿也在听，有时她会不满意。当有些市民说话尖锐时，女儿会很难受。这就是说，万事都是

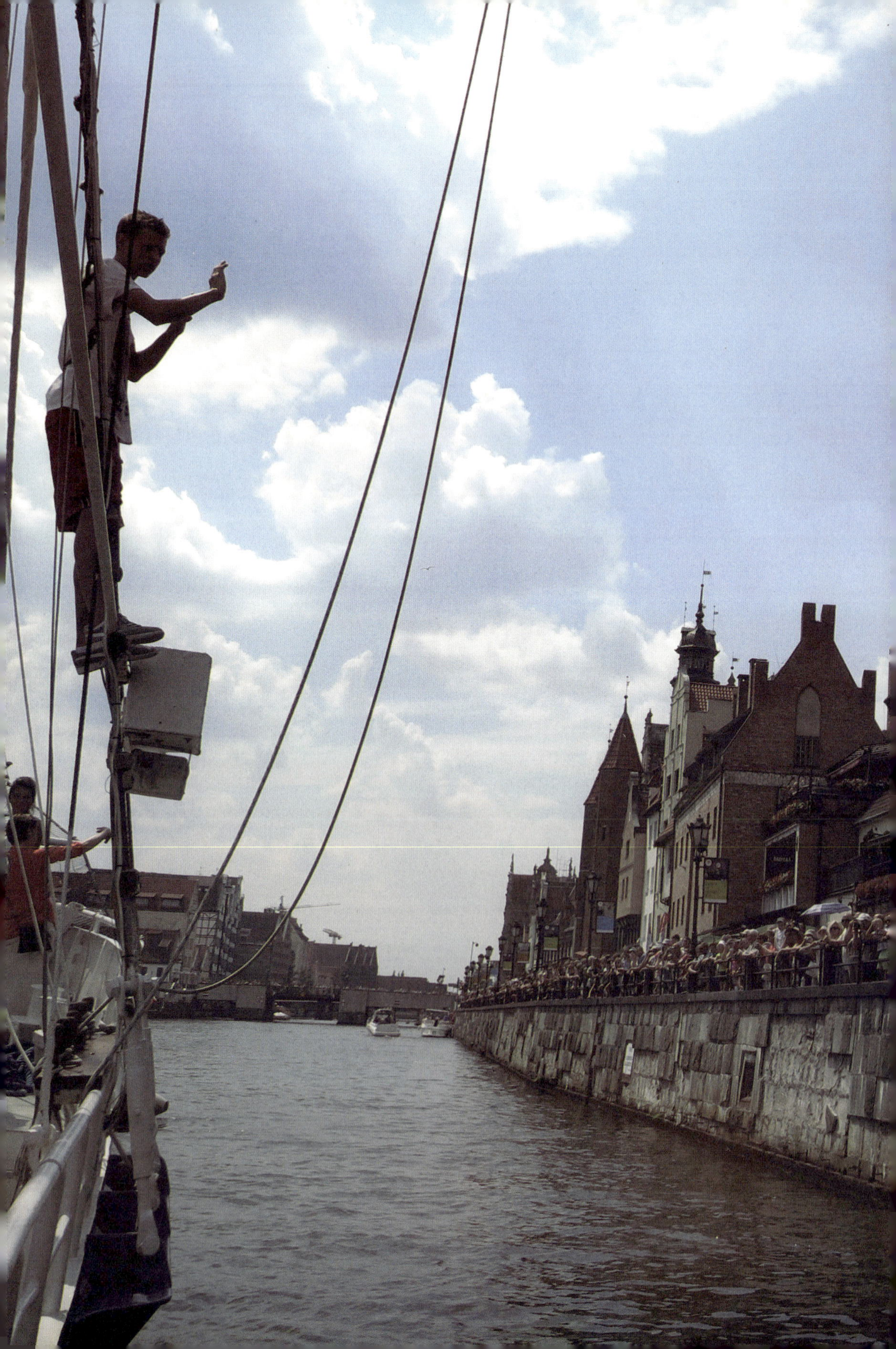

32 Caffe Restaurant 32

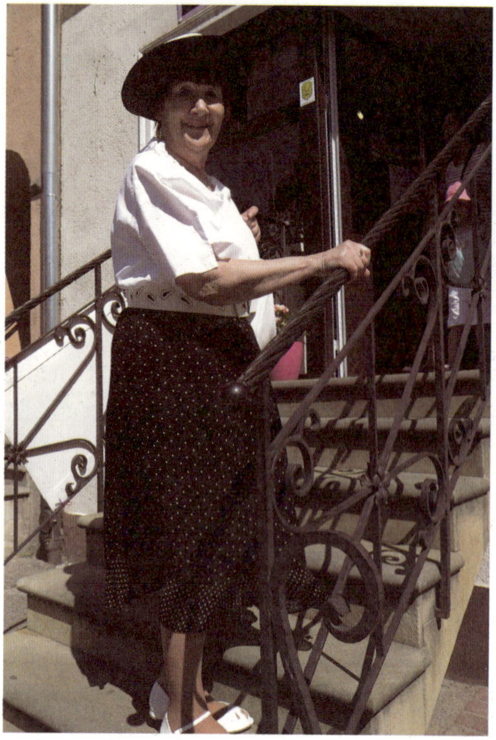

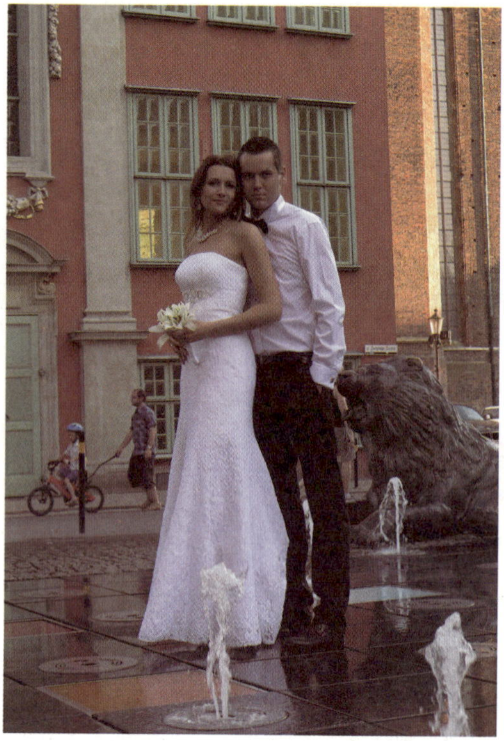

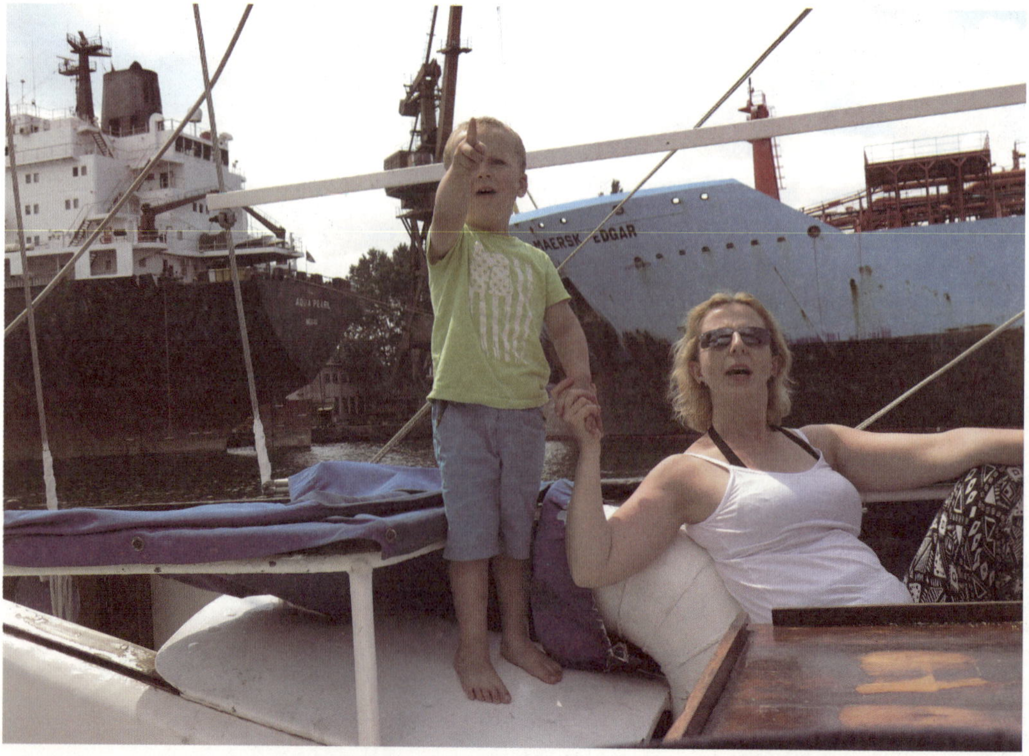
MAERSK EDGAR

一分为二的，我在收获的同时也必须付出很多，连同家人一起跟着我付出。有得有失，这就是生活。"

当谈到中波合作、格但斯克与中国的交往时，鲍威尔·亚当莫维兹市长介绍说，早在1951年，新中国建立不久，格但斯克与上海之间就开始了合作，并建立了新中国第一家合资公司——中波轮船股份公司，公司就在滨海省的格丁尼亚建有分部，1985年格但斯克与中国上海市结成了友好城市，2005年波兰省制改革以后，则由滨海省继续与上海市开展友好合作。

在结为友好城市之后的28年中，双方在各个领域的合作不断加强。28年来，滨海省高层与上海市往来密切，在经贸、文化、教育、医疗等多个领域开展了积极的交流与合作。格但斯克港与上海港于2009年结为姊妹港。近年来，双方在对方城市互办经贸论坛、传统文化展览、图片展、音乐会、专题推介会等等形式多样的互动，向两地的民众生动地展示了滨海省与上海在经济与社会发展方面所取得的成就，有力地推动了两地人民之间的了解与交流，增进了彼此的友谊。鲍威尔·亚当莫维兹市长还介绍道："在我们这里的图书馆专门设立了一个上海厅，其中来自中国以及有关中国的藏书和资料越来越丰富。另外，这里的高等院校，例如格但斯克理工大学、格但斯克大学、格但斯克海事学院、格但斯克高等音乐学院也都和中国建立了合作的关系。"

我问道："您希望格但斯克与中国在哪些方面加强合作与发展？"鲍威尔·亚当莫维兹市长回答道："格但斯克有特殊的地理位置、区位优势和良好的气候，三者合一、得天独厚。我们与中国开展合作与交流，前景无限。首先，与中国必须加强教育方面的合作，格但斯克有众多的音乐和美术院校，教学水

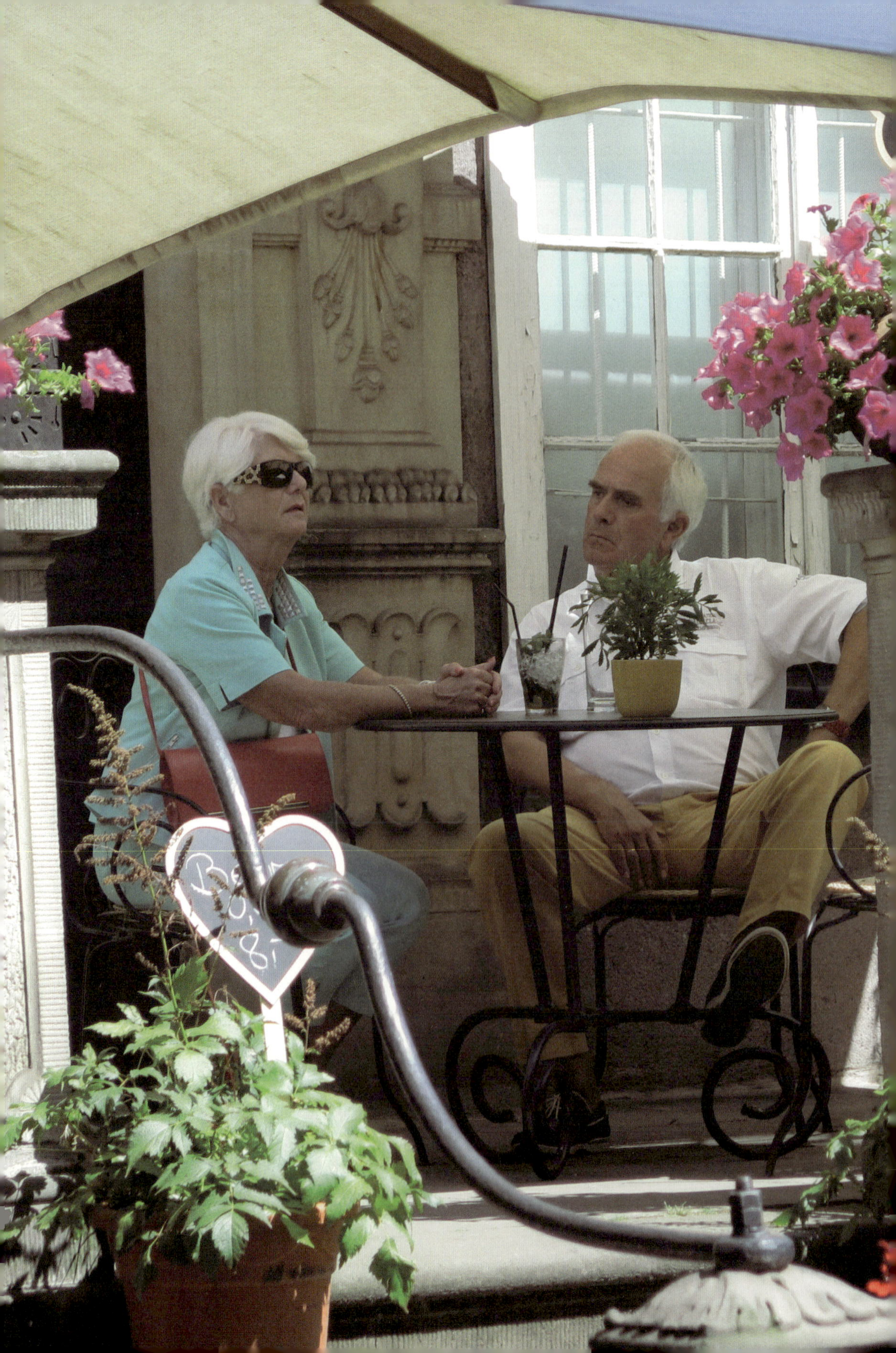

平在欧洲都名列前茅，留学费用比其他欧洲国家低廉。其次是在经济方面希望和中国加强更紧密的合作，扩大贸易、增加出口，前景可观。再次则是在投资领域，希望加强同中国的合作，波兰作为欧盟成员国，近几年来经济发展势头良好。从2009年以来，波兰已经成为就业率提升最快、留住人才最多的国家，甚至超过了一直以来排名领先的奥地利和德国。这些优越的条件对于中国的投资者都有很强的吸引力。"

说到这里，市长告诉我这样一件事，他认识一位对中医感兴趣的波兰人。众所周知，中医具有悠久的历史，它用传统的医疗方法治病救人，许多波兰人对此也很感兴趣。

中国经济发展迅速，一些有实力的企业家已经来到波兰购买太阳帆游艇。更多的中国人来到格但斯克购买琥珀、旅游。这些都证明，格但斯克与中国的历史渊源和友好交往。市长说："我认识的很多朋友的女儿或者儿子正在学习中文。在格但斯克，很多家长都支持自己的孩子学习中文，他们认为学习中文大有前景，在我看来，汉语是世界流行的语言。我非常高兴的是，在格但斯克大学已经成立了中文系，许多人荣幸地进入那里学习汉语。我想在不久的将来，随着这些年轻人的成长，格但斯克与中国的交往将会更加频繁密切。"

说实话，与这位年轻市长的一番对话让我受益匪浅。他思维敏捷、才华横溢，2003年38岁的鲍威尔·亚当莫维兹市长荣获波兰总统颁发的银十字荣誉勋章。一位年轻的市长领导着一座有着千年历史的城市，井井有条，发展迅速，不能不说，他是一位出类拔萃之辈。

历史在流淌的岁月中沉淀

　　我站在18世纪的一所老式公寓里，推开窗户，便是"琥珀之都"格但斯克市中心、那座被誉为"城市象征 艺术殿堂"的圣玛利亚大教堂。此刻，天刚蒙蒙亮，路上没有车，也没有行人。石头的街道，石头的房屋，入夜时圣玛利亚大教堂最漂亮的鹅黄色的灯光，已经渐渐熄灭，城市街头一片寂静。我迫不及待地在此刻出门，穿过空气清新、鸟语花香的草坪公园，穿过有四头狮子雕塑的罗马式喷泉，穿过那座高大钟塔下面的拱门，走进格但斯克。我静静地坐在圣玛利亚大教堂门前的石墩上，聆听着悠扬的钟声在宁静的清晨敲响，像是时空穿越，回到几百年前的古城，几乎产生时光倒流的错觉。

GALERIA

alfaedu

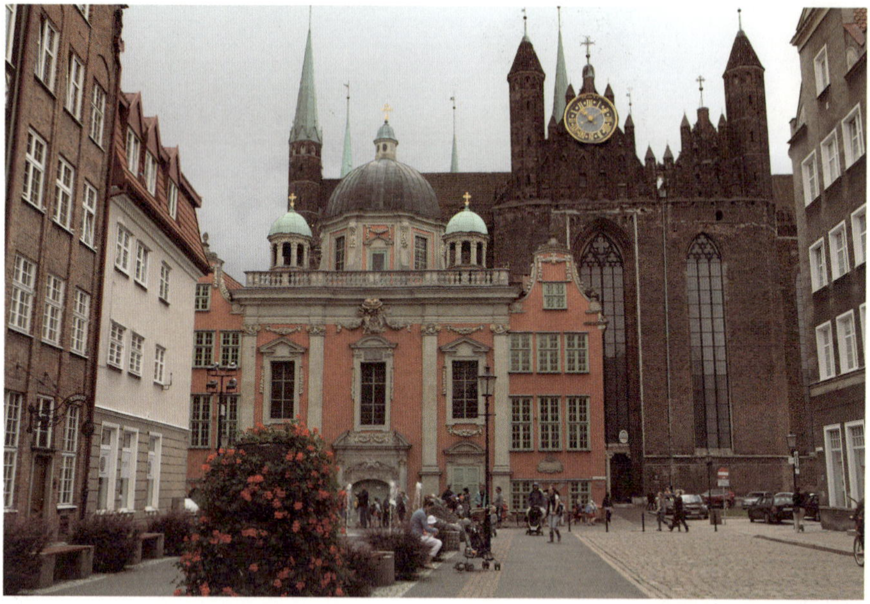

我告诉自己：再过一会儿，等到太阳冉冉升起，从沿街打开的木门后面，走出来的会是琥珀色的城市——格但斯克，这座历史悠久、人文丰富的波兰北部名城中，那些友善开朗、乐观向上的人。

这个夏天，我第三次来到这座美丽的城市。我和格但斯克有着不解之缘。在我心里，可以说是一见钟情、一往情深……此刻就是把心中最美的形容词都用上，也很难表达出我对这座城市的热爱和情感。于是，我又情不自禁地提起了手中的笔，端起心爱的照相机，把格但斯克的风景、人文和历史故事都集结在这本《琥珀色的格但斯克》书中。

波兰位于欧洲中心，一千多年前，欧洲著名的琥珀之路，就源自波兰。因盛产琥珀且加工业发达繁荣，波兰又被誉为"琥珀王国"。提到琥珀，不得不让世人联想到，在波兰这片31万平方公里的土地上，有一座美丽的城市——格但斯克。格但斯克（波兰语：Gdańsk），德语称但泽（Danzig）。在公元997年圣阿德尔伯特授让君位后，这一城市名称才被确定。格但斯克这个名称可能是指"位于格丁尼亚河边的城镇"。同其他许多欧洲城市一样，格但斯克在历史上有过许多不同的名字。城市的波兰语名字是Gdańsk，而在当地卡舒比语中则称为Gdańsk。由于格但斯克的德国人数量占优势，而且它在1792年至1919年间曾先后成为普鲁士王国和德意志帝国的一部分，因此在第二次世界大战结束之前，这座城市的德语名称但泽（Danzig）也被广泛地使用。

格但斯克位于波兰的北部，地理坐标：北纬54°22′，东经18°38′。它的北面濒临波罗的海的格但斯克湾，这是一个略呈半圆形的海湾，位于波罗的海的东南部，部分以海尔半岛与波罗的海的主体相分隔，有波兰最大的河流

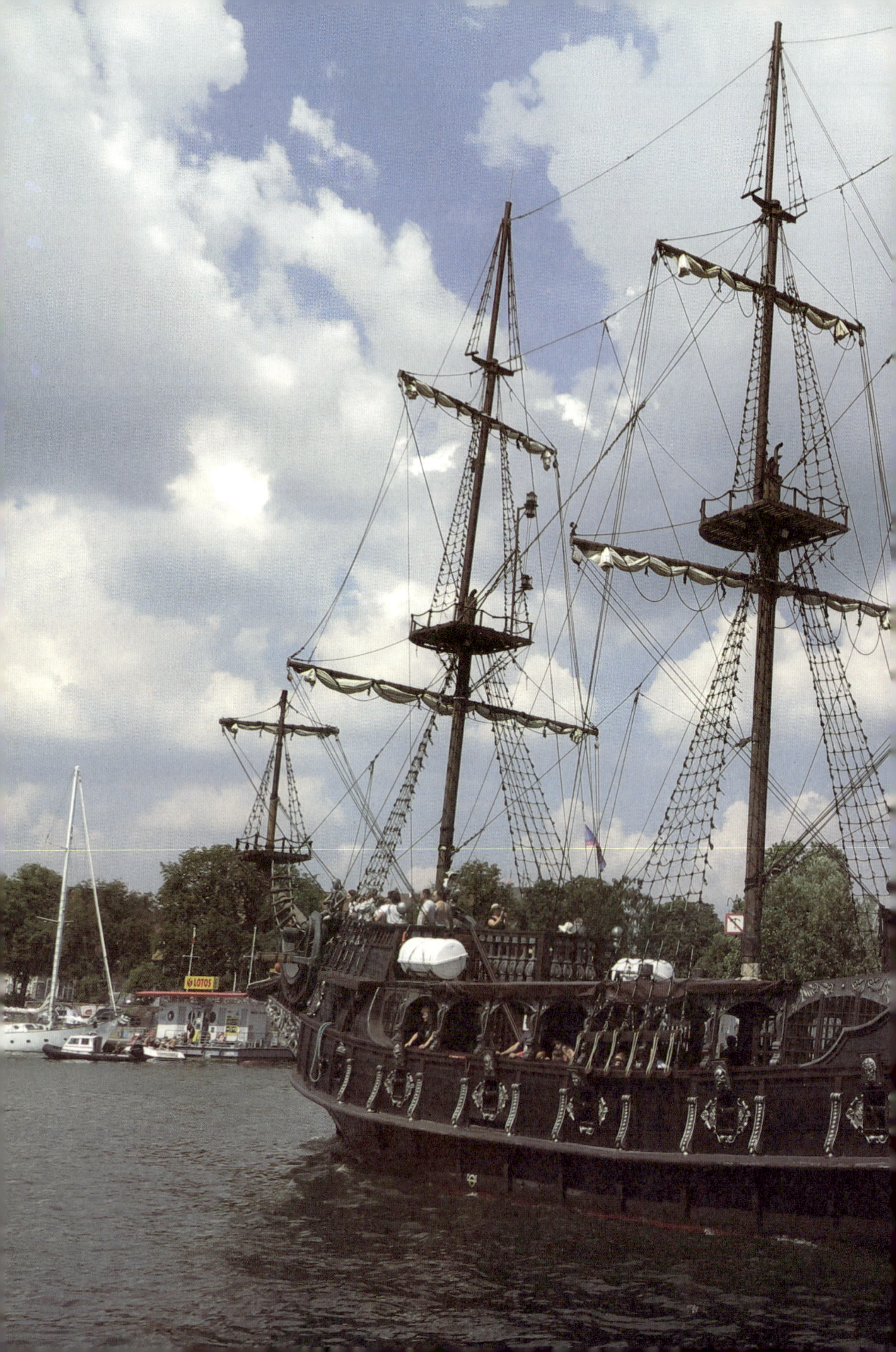
LOTOS

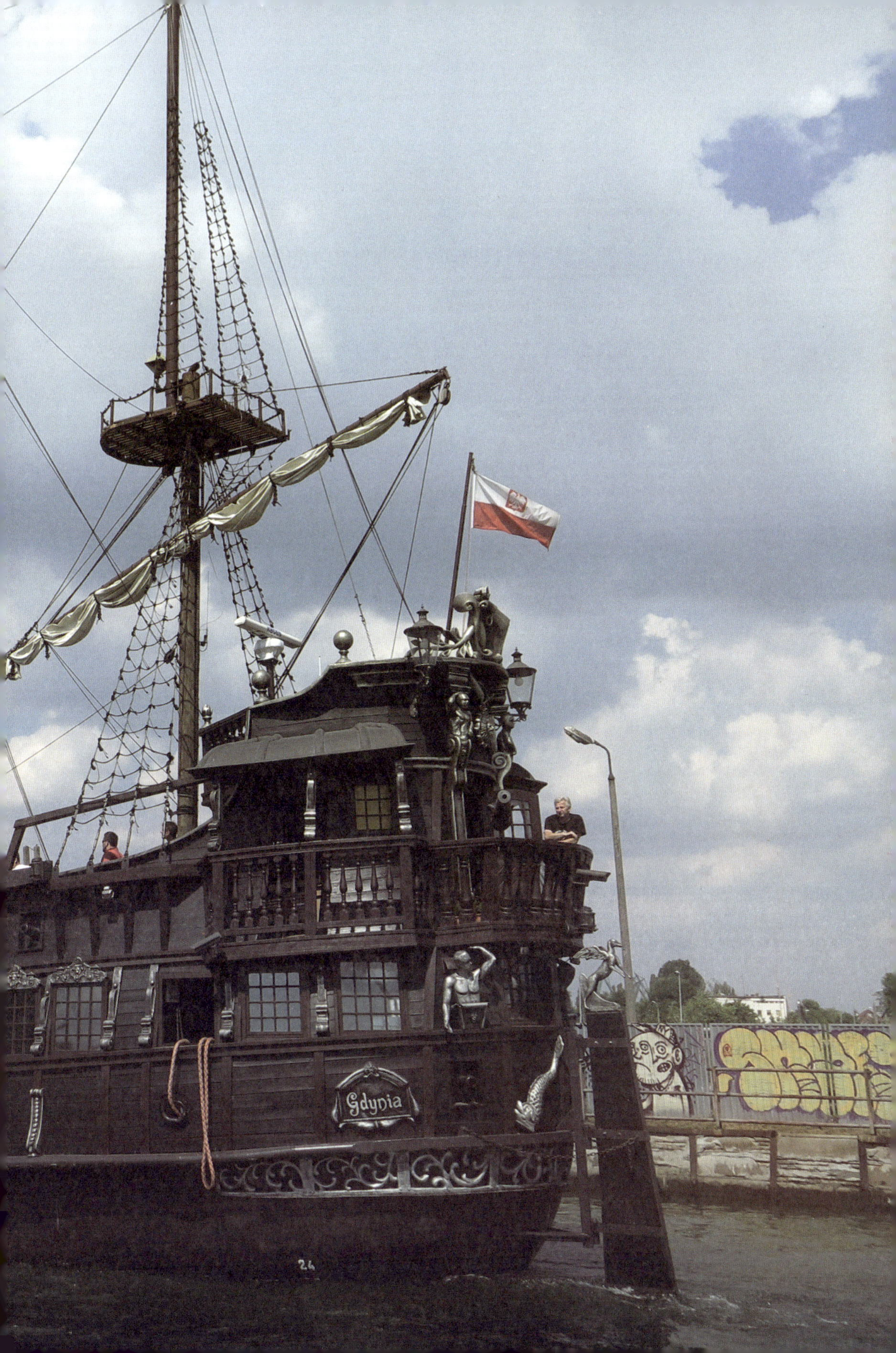
Gdynia
24

维斯瓦河注入。维斯瓦河的河口分出许多道汊流,格但斯克的市区就位于干流左侧的一道汊流——摩托拉瓦河(Motława)两岸,河岸地带是这座港口城市的发祥地。

格但斯克位于西风带,常年受到大西洋湿润空气的影响,因此虽然纬度很高,但气候类型仍属于温带海洋性气候,年平均气温为12.8℃,1月平均气温为-2.4℃,1月平均日最低气温为-3.4℃,如果与大致同纬度的典型大陆性气候地区,如中国最北部的黑龙江省漠河相比,显然要温暖得多;而7月平均气温为17.3℃,平均日最高气温为21.0℃,相当凉爽宜人。格但斯克的年均降雨日数高达162天,常常阴雨连绵,但年降水总量并不算太多,只有590毫米。降水以5—10月较为丰沛。

被誉为"波兰母亲河"的维斯瓦河(Wisła)发源于波兰南部西里西亚的贝斯基德山脉北麓(海拔1106米)。从南向北呈S形穿过波兰南部山地和山麓丘陵,到比得哥什附近折而北流。两岸坐落着一座座波兰最重要的城市。它从南到北流淌,时而狂野原始,时而妩媚妖娆,每流淌到一处,都会给那里带来不一样的景观。

格但斯克这座城市在欧洲政治、军事、外交上,历来备受关注。这座有着一千多年历史的海滨城市——格但斯克是斯拉夫人最早的定居地,历史上被称为"格但奈兹"。说到斯拉夫人,就曾发源于维斯瓦河上游一带,他们于公元1世纪时开始向外迁徙到欧洲东部某些地区,至6世纪时期居住地已经遍布东欧以及俄罗斯地区,语言属于斯拉夫语族,是欧洲各民族和语言集团中人数最多的一支。

70/71

Salon Kosmetyczny Lili Marlene

斯拉夫人可分为南斯拉夫人、西斯拉夫人及东斯拉夫人。南斯拉夫人主要生活在斯洛文尼亚、克罗地亚、塞尔维亚、保加利亚、波斯尼亚、马其顿、黑山；东斯拉夫人包括了俄罗斯人、乌克兰人、白俄罗斯人、卢森尼亚人、波兰人则和捷克人、斯洛伐克人、索布人一样属于西斯拉夫人。

关于格但斯克最早的文字记载，8—9世纪，这里就已经是手工业和渔民的居住地点。考古学家认为，格但斯克要塞是在波兰第一任公爵梅什科一世（Mieszko I）统一波兰时所建。后来，作为第一任波兰国王的波列斯瓦夫大帝（Bolesław I）将被害的传教士布拉格的阿达尔贝特（Adalbert）的遗体迁往格但斯克。由于许多人来朝圣，因此波列斯瓦夫大帝积极推动将格但斯克变成一个大主教驻地，来取代此前的传教主教驻地波兹南的计划。公元997年，布拉格的霍耶华大主教来到地处波罗的海的城市格但斯克，传播基督教。

格但斯克是波兰拉尼亚公爵统治下的波兰割据公国的中心城市，其中最为知名的公爵是斯维托佩克二世，他于1235年批准格但斯克自治宪章。当时这里只有2000名居民，到1308年之前，格但斯克已经发展成为欧洲一个繁荣的贸易城市，拥有10000名居民，在当时很少有城市能达到这样的人口规模。

提到格但斯克的历史，不得不顺着这座城市近千年的发展脉络说说其人口的复杂变迁。格但斯克最初的居民是波兰斯拉夫人。自14世纪初到1945年的600多年间，这座城市的绝大多数人口都是德意志人，德语是主要语言。在16世纪宗教改革以后，该市的居民以新教徒占绝对优势。根据1923年的人口统计数据，95%的市民是德意志人，只有3%的人口是波兰人。2005年1月，格但斯克市的人口为459072人，这个数字名列波兰各大城市的第六位，次于华沙、

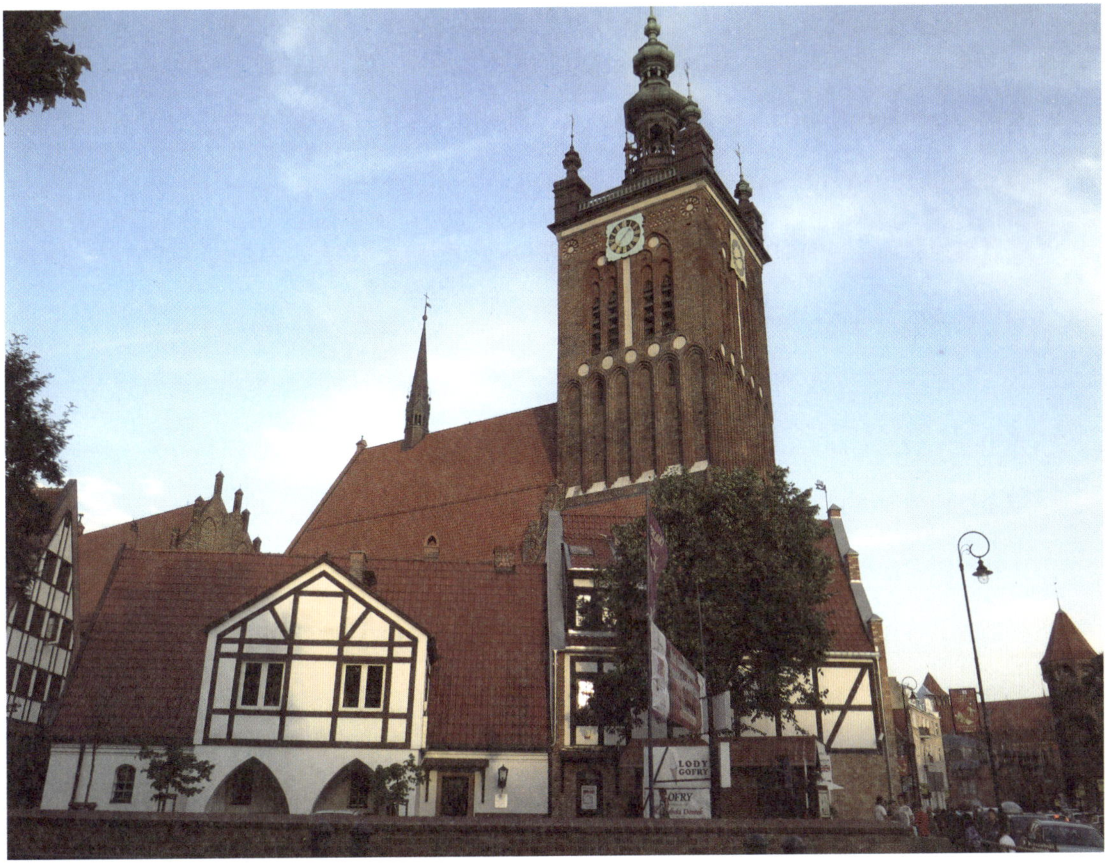
LODY
GOFRY

罗兹、克拉科夫、弗罗茨瓦夫和波兹南，而高于什切青。第二次世界大战以前，格但斯克曾聚集了一批犹太人居民，以经商为主。他们在这座国际性港口城市曾活跃了数百年之久，对格但斯克，乃至整个波兰的经济、文化、政治和历史产生过深远的影响。

像其他波兰的城市一样，格但斯克历史上屡遭蹂躏。自13世纪起，与荷兰、英国、斯堪的纳维亚有着密切的贸易联系。独特优越的地理位置，使格但斯克在14世纪就已经成为波罗的海沿岸"汉萨同盟"的最大贸易港口。16—18世纪，发展成为欧洲著名的商业港口，并成为欧洲手工业制造和文化艺术中心。1793年，被普鲁士王国占领，这座城市被更名为"但泽"。

自从1308年条顿骑士团征服这里，至汉萨同盟时代的600多年间，格但斯克一直是德意志和波兰两大民族之间反复争夺的风水宝地。由于格但斯克控制了维斯瓦河的入海口，又是波兰最理想的出海口，与此同时，还是连接东普鲁士地区和德国大部地区的重要咽喉要地。因此，波、德两国都将格但斯克当作自己的生命线。每次战争之后，失去这座城市的一方，引为奇耻大辱，于是积极备战，又发动下一次战争。最为神奇的是，在每一次战败和衰落之后不久，格但斯克都会凭借独特的区位优势和地理环境，很快恢复昔日的繁荣与辉煌。

在两次世界大战期间，国际社会试图解决这一顽疾，将格但斯克作为国际联盟保护下的半独立的自由城市。但是，这样的解决方案，最终却使波、德两国都无法满意。1939年9月1日，纳粹德国的军舰炮击但泽的波兰基地，拉开了人类历史上最血腥的第二次世界大战的序幕。第二次世界大战期间，这座城市在硝烟弥漫的纷飞战火下，变成了一片废墟。德国法西斯毁灭性的破坏，几乎将其夷

DOM STUDENTA
ASP

Coffee Shop
PROBIERNIA LIKIERÓW
GOLD WASSER

GALERIA

KANCELARIA ADWOKACKA
Zofia Baczkowska
ADWOKAT
PRZYJMUJE:
poniedziałek
wtorek 15:00 – 17:00
czwartek

SIEŃ BURSZTYN
SREBRO
AMBER

MAŁA GALERIA
CZ. BARTOSZEWICZ

为平地。战争期间，格但斯克城市被毁坏80%，全城90%的古建筑被破坏。那些曾经富丽堂皇的古典建筑，沦为残垣断壁，一片焦土。战后根据美英苏三强制定的《雅尔塔协议》，重新划分了欧洲各国的版图，这片土地划归波兰。从此，这里结束了以德意志新教徒为主的局面。1945年以后，这座城市的居民结构和宗教信仰发生了根本性的变化，这里的市民几乎完全被西迁的波兰人取代，变成了一个地地道道的波兰城市。大部分古建筑得以恢复，摩托拉瓦河穿城而过，城市主城区（Glówne Miasto）位于河的左岸。与此同时，波兰政府也恢复了格但斯克的原名。后来波兰政府又将格但斯克、格丁尼亚和索波特三地联合组成"三联市"。至今，她仍然保持着波兰乃至欧洲波罗的海地区最重要的航运与工业中心的地位。

"二战"后在漫长的岁月中，英雄的格但斯克人民在这片的废墟上，不但复兴了这座被战争严重破坏的城市，而且新建的城市和新区都超过了战前的规模和水平。特别值得一提的是，在重建这座城市的过程中，格但斯克人非常注重保护和修缮那些历史古迹，尽可能地使格但斯克保持原有的特色风貌。据记载，"就连墙上的裂缝和每一扇窗户都忠实于原建筑的模样"。古城周围有红砖墙古建筑围绕，其中许多有价值的古代艺术建筑都按照原模原样进行修复重建。记住历史，是对一个民族、一座城市记忆的整理和深沉的回望。

格但斯克整座城市的房屋建筑风格如今依然保持中世纪的风格，清新淡雅的色调，美丽的摩托拉瓦河顺城静静流淌。两岸的风光美景尽收眼底。流不尽的文明之河赋予了格但斯克丰富的底蕴，将过去、现在，沧桑和前景汇入其中，时光将这座世界名城的历史文化沉淀在岁月里。

格但斯克：品味百年

离开首都华沙，我们在中文导游道心的陪同下乘火车前往波兰北部波罗的海沿岸的城市格但斯克，她是波兰最美丽的城市之一，它与南部城市克拉科夫一道是波兰引以为荣的文化历史观光地，也是欧洲最受欢迎的旅游胜地。

站在经过中世纪沧桑的古色苍茫的格但斯克旧城区，给人一种历史的沉重感。这座城市诞生至今已有一千多年。据文献记载早在997年时，格但斯克就成为波兰领地。自古以来这里就是港口繁荣、交通发达、商业繁华、旅游兴旺的城市。中世纪13—14世纪开始，这里就有圣诞商品展览会，吸引着波罗的海沿岸各国的旅游者和商人。瑞典、丹麦等国的游客渡船来到这里，既购物又旅游，两全其美，何乐而不为？如今，当你风尘仆仆拜访格但斯克这座城市时，依然感到她有一种与众不同的温柔迷人之处。

摩托拉瓦河（Motława）在脚下流淌，运河两旁，红色古老的砖房一排排倒映在水中，格外美丽。在格但斯克旧码头，成群结队的学生在这里驻足观看，早期第一艘往返于波兰至英国之间的运煤大船静静地停靠在这里。这艘黑船身红船

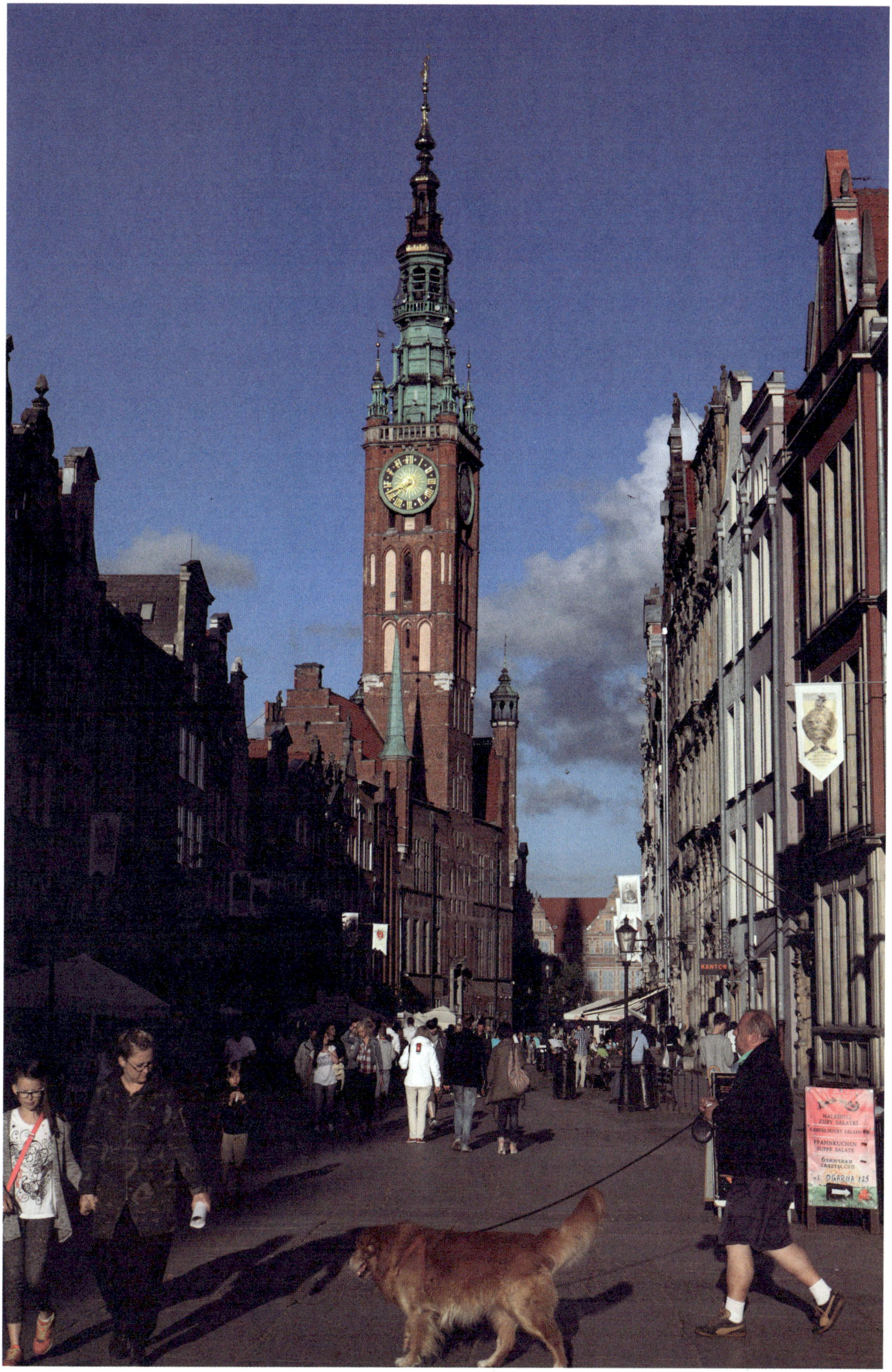

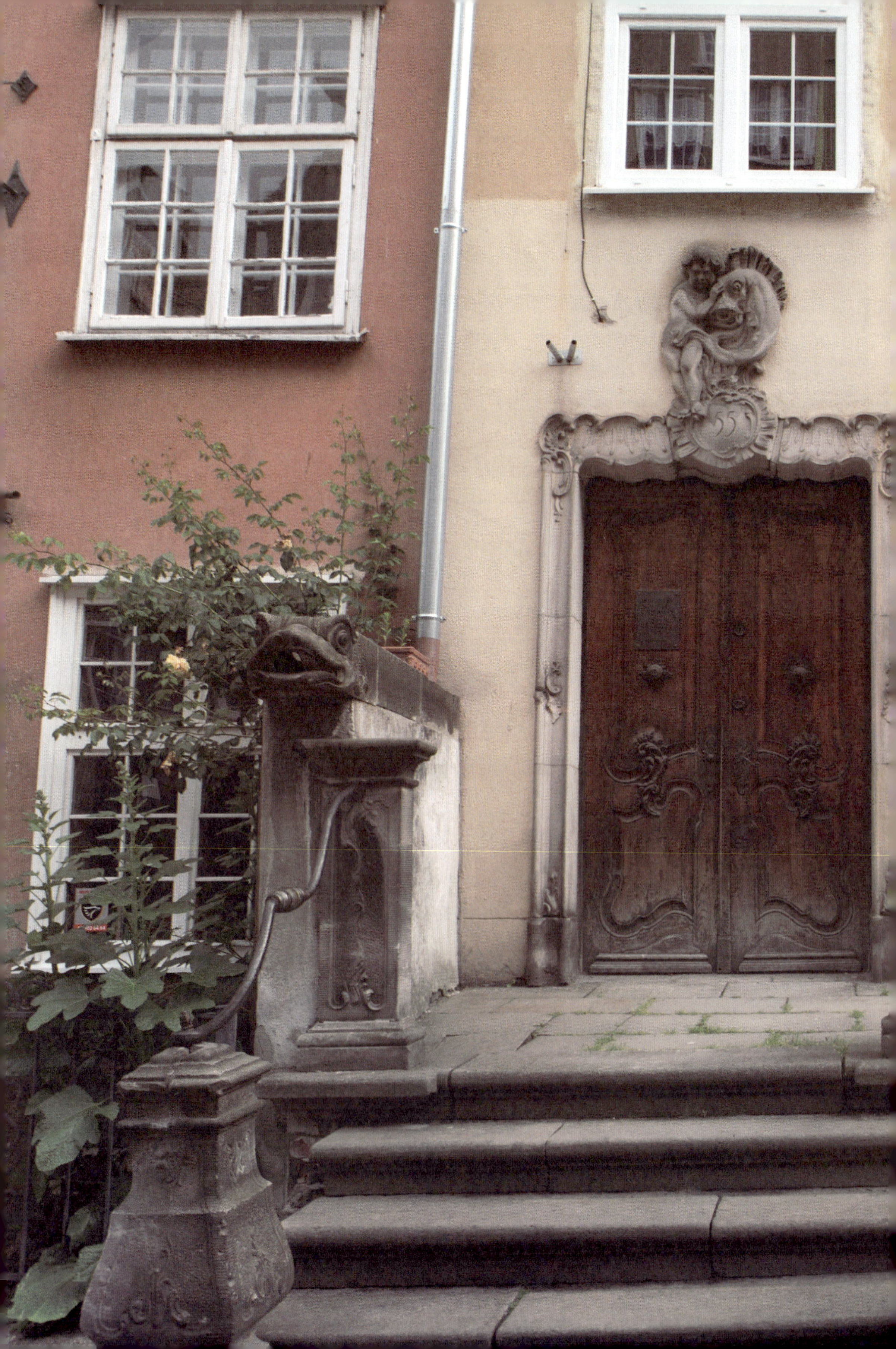
55

GALERIA & MUZEUM
FOTOGRAFII
CYKLOP

底的轮船，上面还有"Sołdek"的白色字样，它是格但斯克历史的见证。

自古以来，格但斯克就以盛产琥珀而闻名于世。一大早在道心和波兰旅游组织人员的陪同下，我们参观了一家名为"米瑟尔"的琥珀加工厂。刚踏进门，热情好客的主人鲁道夫先生就请我们品尝波兰特色的点心、咖啡，热情欢迎我们的到来。在这家设计、产、销一体的琥珀加工厂，我们参观了琥珀全手工制作的过程，展框中陈列着琳琅满目、各具特色的琥珀工艺精品，让人目不暇接。鲁道夫先生介绍，琥珀是古代松柏树脂落入地下，经过了4500万年所形成的天然化石，因为它稀有，所以它珍贵。琥珀呈透明黄褐色，自然形成，有400多个品种，不但是装饰品，而且对身体有益处，因此在西方许多人喜欢佩戴。

1990年，鲁道夫先生的女儿、琥珀设计师安娜·米瑟尔设计了一辆经典的琥珀马车艺术品，经生产加工后送给了约翰·保罗二世。格但斯克的琥珀品质、设计款式、加工工艺都堪称世界一流。

这里每天都有来自世界各地，特别是欧洲各国，以及加拿大、美国、澳大利亚、日本、韩国的旅游者前来参观购买琥珀首饰及工艺品，格但斯克又享有"琥珀之都"的美誉。

午饭后，在当地旅游组织工作人员芭蒂·迪莉西亚小姐陪同下，我们来到一个波兰人最喜欢的索伯特小镇森林剧场。它于40年前建在绿树葱郁的森林之中，剧场可容纳4500多名观众，每个9月都在此举办国际歌唱比赛节，世界许多一流的歌手、乐队、著名歌唱家聚于此，为静谧的小镇带来热闹与祥和。

来到格但斯克，你可以放松心情、放慢脚步，从高城门出发，穿过金色的城门，经过市政厅，走进这座如今已向公众开放的格但斯克历史博物馆展厅，到最

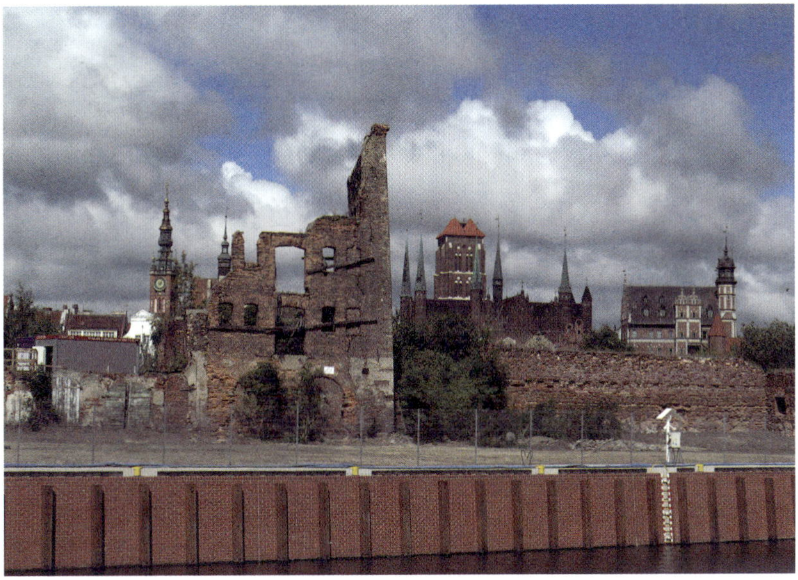

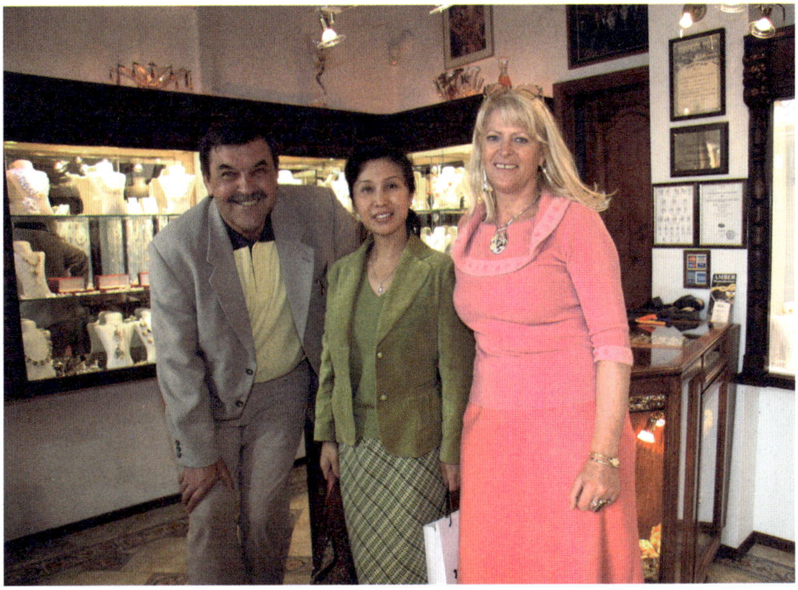

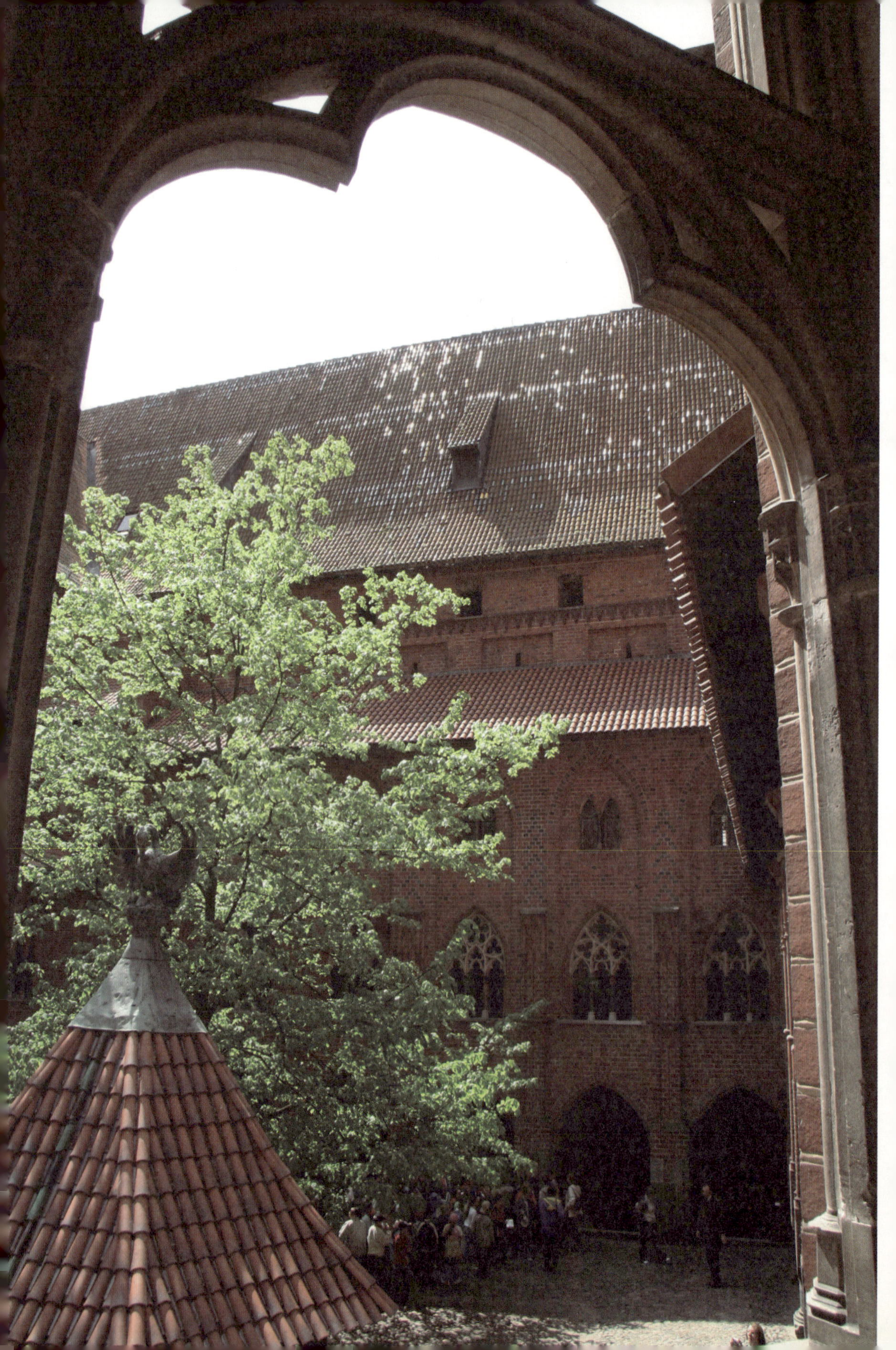

为著名的"红色客厅"做客,欣赏佛兰德画家的精品之作,最后来到中世纪广场的长街市场,这个广场位于旧城区的中心,广场内中世纪贵族的私邸鳞次栉比。格但斯克摩托拉瓦河(Motława)畔有美丽的运河、漂亮的鲜花、精致典雅的建筑。她就像一个安静的女孩脖子上挂着琥珀静静地伫立在摩托拉瓦河边上,观云卷云舒、看美丽风景。这里不仅是整个波罗的海最漂亮的城市,而且出过许多伟大人物:发明华氏温度计的丹尼尔·华伦海特、德国著名哲学家叔本华也生在这里。漫步这座城市,你便体会着一种从城市里溢出的中世纪高雅、华丽的贵族气息。专程来此的游人对贵族私邸的依恋已经远远不是单纯的好奇,更多的是来格但斯克感受这些百年旧宅小楼间那份暖洋洋的舒坦,品味那份浓郁的中世纪的波兰人文风格和悠久文化。当你在国家艺术博物馆及被列入世界文化遗产、在欧洲屈指可数的马尔堡城堡参观游览时,这样的感觉就越发显得强烈。

阳光下的马尔堡

记得去马尔堡城堡的那个清晨,我的心情真是有些迫不及待。

与每一次出行一样,这次幸运的波兰之旅,我最希望的依然是给自己的心灵深处留下难忘的记忆。

雨后的清晨,碧空万里,白云朵朵。我们从波兰北部美丽的城市格但斯克一路南行,今天要去游览参观的是波兰十二处世界遗产之一的马尔堡城堡。我喜欢城堡,总觉得其中一定充满了传奇的故事。

一路上金黄的油菜花被一条条田垄切割成块,每一片都因镶嵌着晶亮的露珠显得更是金灿灿。偶尔夹有一小片淡紫色的小花,色彩更加明艳,垄间的溪流静悄悄地流淌,漂浮的绿草在清莹的水中透出翡翠般的碧绿。一路风景、一路赏花,我们来到了马尔堡,这是世界上最大的砖结构堡垒。

远远望去,红色的马尔堡城堡伫立在绿树蓝天之间,走到它的面前时,立刻被它那宏伟庄重的气派所震撼。记得我读过《十字军骑士》,书中有这样的描写:"骑士们在诺格特河上行驶,老远就看到耸立在天空中的那些坚固的塔楼轮廓。天气

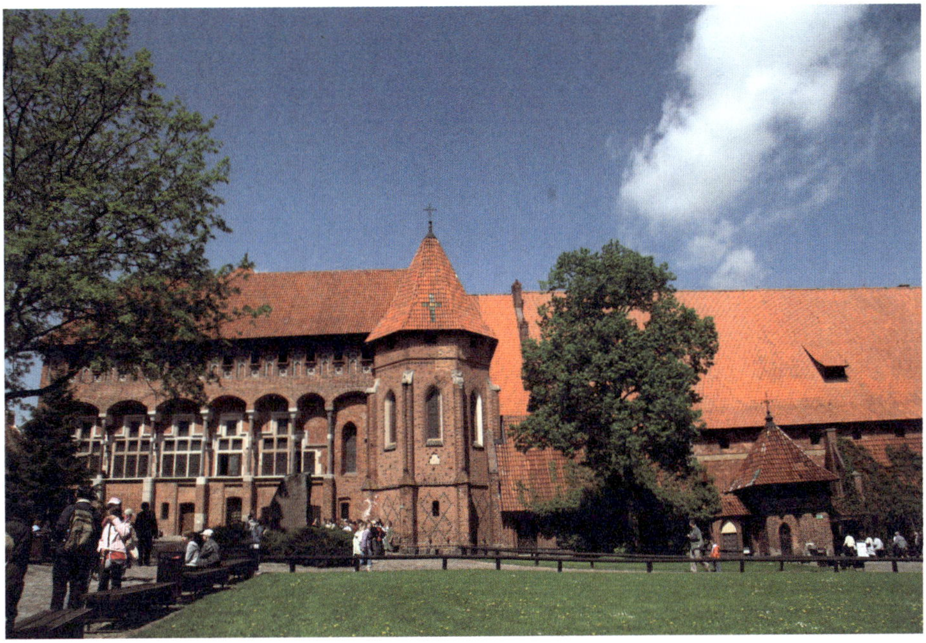

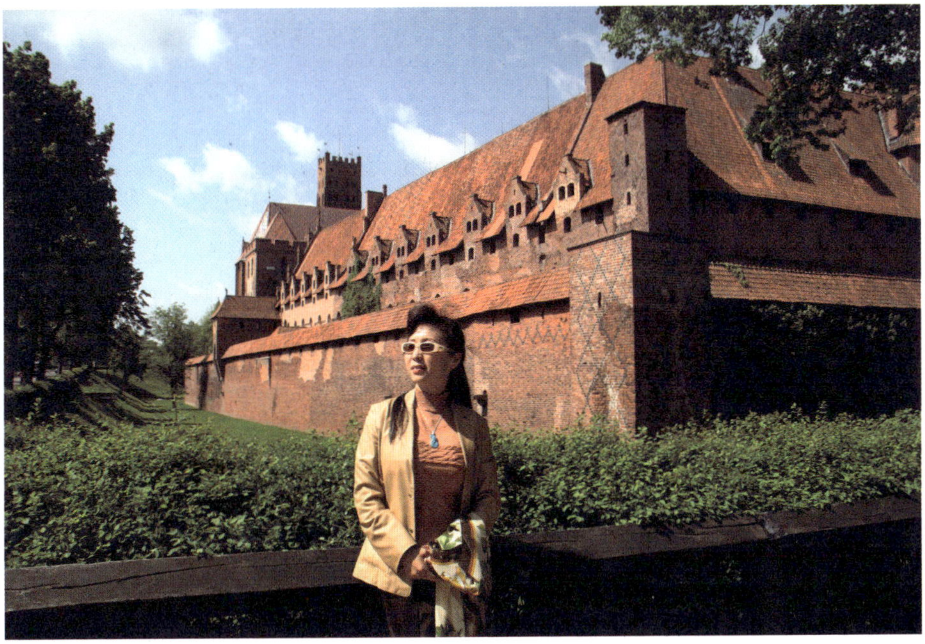

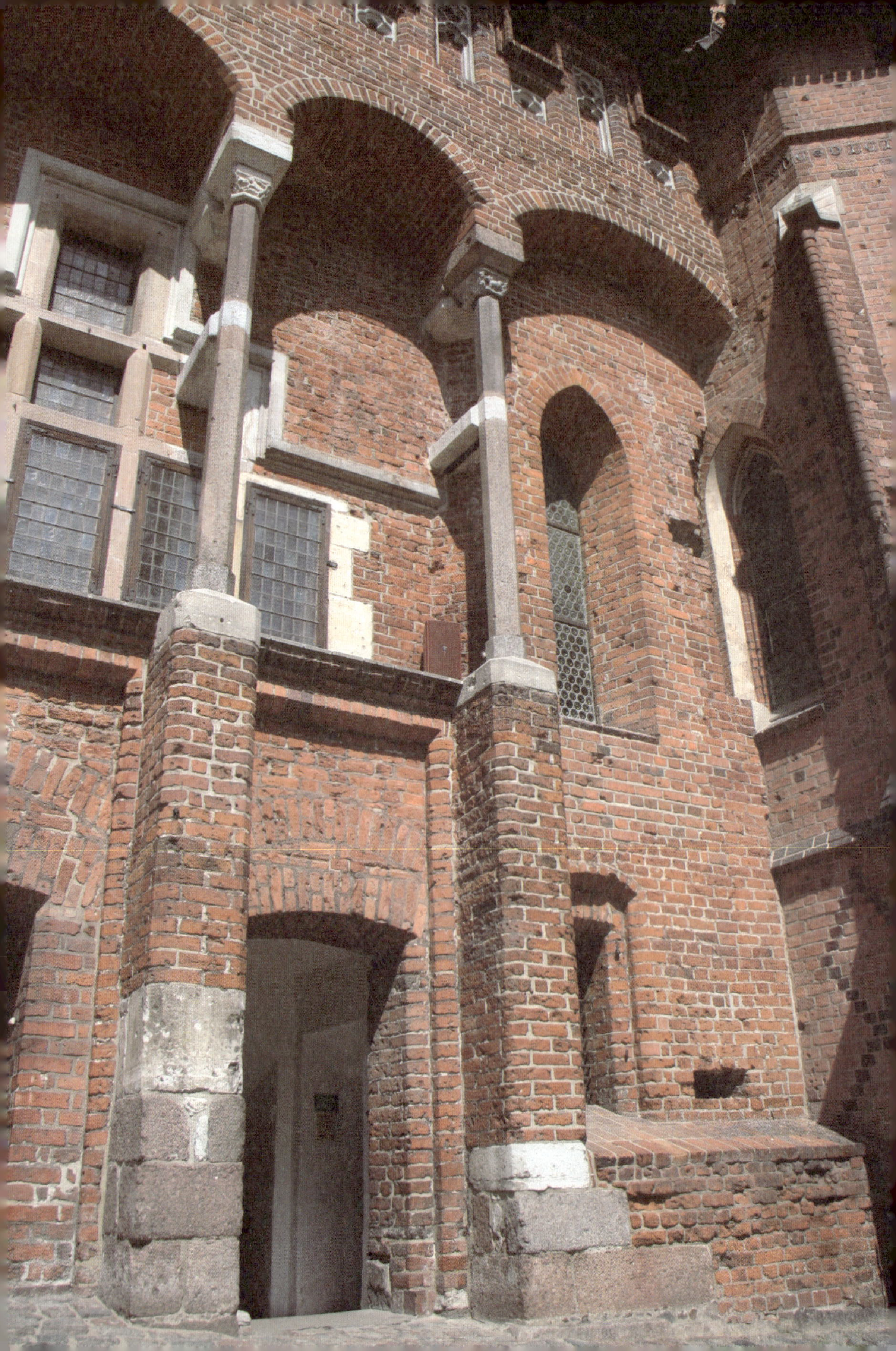

晴朗，他们可以看得十分清楚。过了一会儿船靠近了，他们看到了城堡中的教堂那种闪闪发亮的屋顶和一垛高出一垛的大墙。这些高墙只有一部分墙上的砖头没有涂色，但大部分涂了一层灰色，这种与众不同的淡淡的灰色只有十字军骑士团的特殊泥水工匠才知道怎样调制。那种宏伟的气概实在是人们见所未见的。一看到那些武装教士巨大的而非常牢固的巢穴，连大团长本来郁郁寡欢的面孔也顿时开朗起来了。"当时这位带兵打仗、驰骋沙场的大团长面对这座宏伟坚固的城堡，对在场的将士说："马尔堡是泥做的，可是那种泥不是人间的力量所能摧毁的！"在如画的山丘高地上，人们可以徜徉在这座哥特式城堡，还可以体验种种历史重建、中世纪比武、历史事件和展览。

马尔堡，在格但斯克城东南51公里，是波兰七百多年的古城。马尔堡城堡红砖红瓦依水而建，是1236年由条顿骑士团修筑，由前堡、中堡和高堡组成。于1276年大兴土木，以原来的城堡为基础发展起来。1309—1457年条顿骑士团大公曾将都城迁此，1466年划归波兰。在13—15世纪时期曾是欧洲最宏伟坚固的城堡。"二战"中遭到破坏。战后修复后被辟为城堡博物馆。

13世纪末，莫斯科大公国还处于遥远的东方时，波兰就已经拥有广袤的国土。但不久德国人开始了东方殖民，波兰的土地不断被侵略蚕食。进入14世纪后，条顿骑士团横行于波罗的海一带，波兰逐渐陷入危机之中。之后进入15世纪的发展时期，这时波兰仍受到条顿骑士团的影响。1410年，波兰军队与同受威胁的立陶宛军队结成联军，在波兰中北部的格伦瓦尔德与条顿骑士团大战一场。位于格伦瓦尔德北方60公里处的马尔堡城堡，就是当时骑士团重要的防卫要塞。战斗的结果是两国联军大败骑士团，波兰逐渐发展为欧洲的大国。而曾以强悍著称的条顿骑士团，则在1525年成为波兰下属的普鲁士公国。

可想而知，在那刀光剑影、硝烟弥漫的战争历史背景下筑建起来的马尔堡城堡，其气魄和坚固性是不言而喻的。马尔堡城堡是滨海省最著名的哥特式建筑结构，并已作为世界上最大的城堡群而列入联合国教科文组织（UNESCO）文化遗产目录。

走进马尔堡城堡让人感到庄严肃穆。整个城堡用红色的砖砌成高高的塔楼和宏伟的城墙，城墙上面都筑有巨大的城垛。看上去房屋好像是一座叠一座，仿佛堆成了一座座大山，它的顶峰就是老城堡，斜城上是中城堡和四处分散的防御工事。我们随着能说一口流利中文的波兰导游道心来到院落里，首先看到的是一群活泼可爱的波兰小学生，他们在老师的带领下参观城堡，有的孩子掏出笔和本认真记录，还有的孩子用照相机拍照留念。见到我们中国来的记者，他们问这问那，争先恐后和我们合影留念。看到院落里站满的学生，我感到有些出乎意料。后来我从波兰驻华使馆新闻官康拉德、马嘉士先生那里了解到，波兰非常重视对世界遗产的保护和对孩子们的教育。在学校，专门开设遗产课程，所有的孩子从小通过学习历史、地理，从中了解自己国家的民族历史及世界遗产方面的知识。

马尔堡城堡的小院落里除了旧仓库、厨房和马具作坊之外，还有一座圣尼古拉的小教堂。我们沿着尼古拉桥，走过城堡前面的工事，沿着坚固的城墙步行，这些城墙到处都有大大小小的哨堡作为屏障。朝左边看去那座大屋就是当时的马房，战争时养了400匹马，上面是仓库，储藏着够10年用的粮食。经过圣瓦夫尔静涅茨和潘赞纳西两座塔楼之间的桥，我们走进了另一个大院，一道城壕和吊桥把中城堡和院落隔开。

还没有走到地势相当高的城堡大门时，在波兰帅哥道心的指引下，我们回头一看，再次看到了方方正正的大片护城堡的工事。在那里，房屋一座高出一座，我觉得好像看见了整整一个市镇。堆着像金字塔般高的石块，还有墓地、医院和仓库。

在防御工事中心的池塘边，有一座墙壁是红色的坚固"圣堂"，据说这是雇工和仆役专用的大仓库。沿着磨坊水坝耸立着侍从们和外国雇佣兵居住的兵营，对面的四方形房屋，是供当时骑士团的各种管理人员和官员住用。马尔堡中更多的是仓库、面包房、裁缝店，还有翻砂作坊、军械库、一座牢狱和旧兵器工厂。每一所房屋看上去都十分牢固，万一遭到攻击，住在里面的人就可以像住在堡垒里一样进行防守。道心向我们讲述，战争年代城堡西边，便是诺格特河的滚滚波涛，北面和东面闪烁着深深的池水，南边矗立着坚不可摧的中城堡和上城堡。在这座城堡里聚集着当时世界上两股最大的力量，那就是宗教的力量和宝剑的力量。

马尔堡在欧洲屈指可数，在世界可谓独一无二。城堡内现在作为博物馆向公众开放。在这里，我还想告诉读者的是，在马尔堡城堡你还可以看到自1965年起就已经向公众开放的"琥珀的历史"展览，展出的展品从史前时代一直到现代，特别是在17、18世纪能工巧匠们精心制作的琥珀制品，以及民间艺术品和天然材料制作的艺术品。这里还展示着数百年前的枪剑、铠甲、陶瓷器、宝物以及在附近挖掘出来的史前人骨和石器。此城堡在"二战"中被德军击毁，后来英雄智慧的波兰人民在"二战"后经过顽强的努力得以修复。如今波兰人一刻也没有忘记历史，他们倍加珍惜和爱护这座被列入世界遗产的国中之宝。

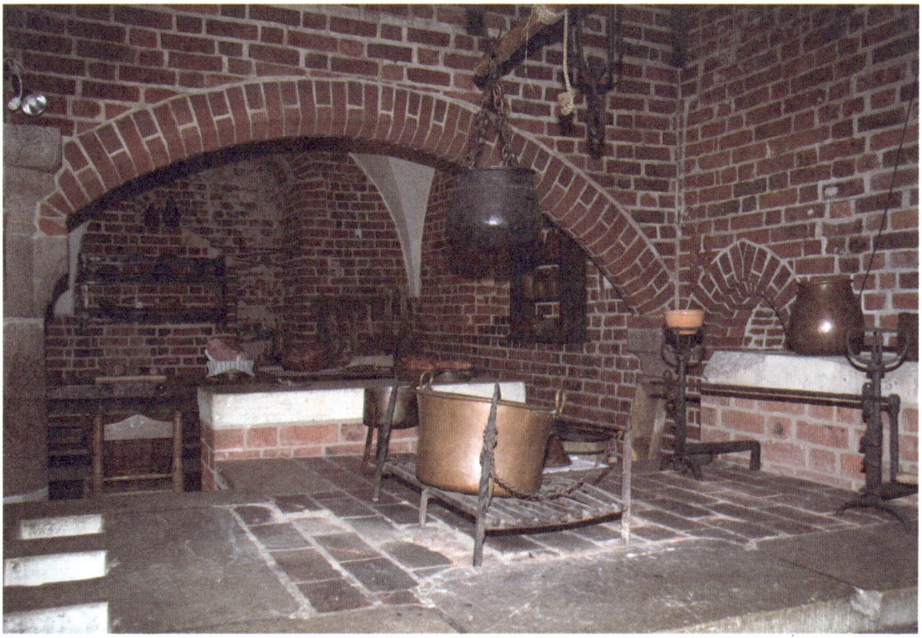

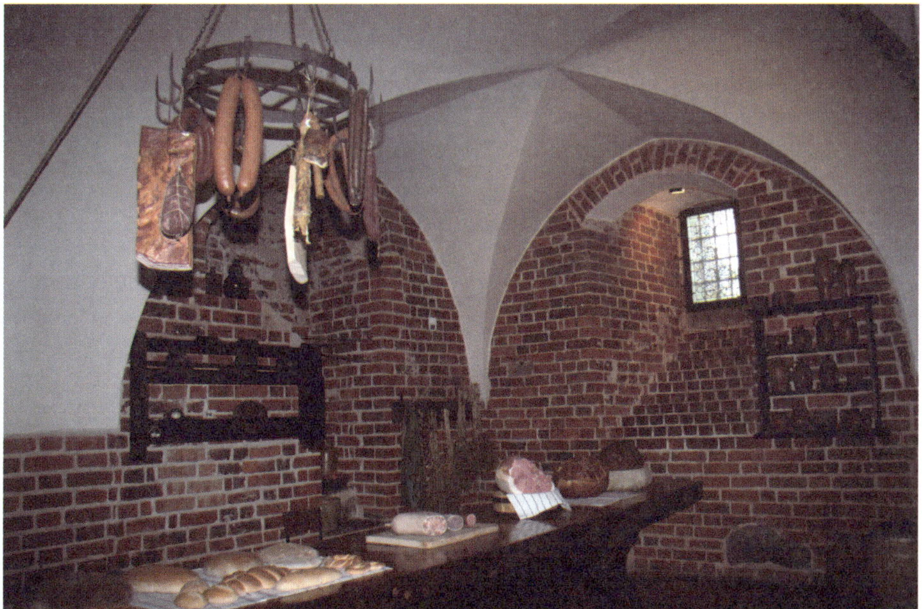

在明媚阳光的照耀下，我们沿着城墙漫步在幽静的石子路上。我在想马尔堡保存至今并不容易。毁灭后的复兴除了需要穿越时间外，还要穿越大量的人间灾难。灾难深重、不屈不挠的波兰人民在一声声横贯历史的欢呼声后面有太多的苦难和泪水。这座结束了中世纪战争的城堡，如今却把她的历史和辉煌交给了整个欧洲和世界。今天面对沧桑雄壮的历史，我站在马尔堡城堡面前，中世纪的画面又浮现眼前，仿佛听到当年制造石弹所发出的铁锤声和凿子声、踏车声、马嘶声、喇叭声和哨子声；仿佛看到大门旁的作坊里熙熙攘攘的人群。在这里能遇到各民族的士兵，有绅士风度、百发百中的弓箭射手英吉利士兵，有双手使用宝剑打仗的瑞士士兵，有身体强壮但吃喝不多的丹麦士兵，有战果出色的意大利骑士，有沉默寡言的西班牙士兵和爱开玩笑富有浪漫情调的法兰西骑士……

在热闹非凡的马尔堡、川流不息的人群中，作为主人和军官的披着白色斗篷的骑士，成为流传至今、依然让孩子们全神贯注聆听的故事中的主人公。

可以说所有来到这里的人，望着眼前那座从战争和泥地上站起来的马尔堡，望着那些厚厚的城墙、高高的塔楼和大门上的黑色十字架，一定会想：即使地狱的大门也不能胜过这个天主的十字架的高度。它的威力炫惑着人们的耳目，在沉思、回忆、感慨之后，深深感到有一种穿过七百多年历史的震撼滑入我的心灵……

抬头看亮丽的天空，鸟儿在高高飞翔。阳光下面对马尔堡，仿佛可以窥见它的历史及波兰这个伟大国家的生命踪迹。假若我没有夸张的话，透过马尔堡的历史，你可以从中看到波兰甚至欧洲中世纪风云变幻的踪影，其中有战争的变迁，经济历史的变迁，以及建筑史上的变迁。智慧和欲望既带来了市嚣，又带来了战尘，最终展现在人们面前的是一次次毁灭和复兴的轮回中带来的平静、思考，及对和平的向往。

今天的马尔堡没有了硝烟，没有了战火，太阳出来，惊鸿一瞥。阳光下的马尔堡一片灿烂。

MUZEUM
NARODOWE

格但斯克国家博物馆

如果要问格但斯克从什么时候开始升腾起浓郁的文化氛围，我还没有"查证"。但是既然这种氛围已成为格但斯克为世人所共知的一种性格，那么，这种"查证"只是迟早的事情。我想采取一种最简便的方法，直接向具有历史意义和文化象征的博物馆走去，领略她的厚重与内涵，来仰视这座城市。你一定会对我的评价感到认同：格但斯克是一座有漫长历史和多元文化的魅力之城。

格但斯克的厚重文化与深厚内涵，牢牢地抓住了世界各地旅游者的心，让远来的客人停下脚步，驻足观看，牵住了各地游人的魂。说到这里，不得不提一提波兰的博物馆。我先后六次去波兰访问，每一次去，无论华沙、格但斯克，还是克拉科夫、佛罗茨瓦夫、罗兹，我都少不了要去大大小小的博物馆走走看看。波兰这个国家，国土面积仅有31万多平方公里，人口3840万。但是这个在人们眼里并不算大的国家波兰，目前就有818座博物馆，可谓"博物馆之国"。

以波兰伟大爱国诗人密兹凯维奇名字命名的密兹凯维奇学院（Adam Mickiewicz），是波兰国立文化传播机构，专门从事波兰文化海外推广的工作。

密兹凯维奇学院亚洲事务委员会总监马丁（Marcin Jacoby）先生向我介绍，在全波兰，目前有博物馆818座，国家级的博物馆有24座，省级的317座，私人的104座，民间组织的74座。马丁告诉我，波兰最早开放的博物馆是珀托日斯基（Czartoryski）博物馆，由贵族斯维提尼亚·西比利（Światynia Sybilli）于1801年在普拉维（Puławy）建成。4年后的1805年，波兰贵族珀托斯基（Potocki）在华沙南面的夏宫（Wilanów）公开展出了他收藏的众多精美的臻品。直至今日，两百多年过去了，夏宫博物馆依然人来人往，络绎不绝，吸引着来自世界各地成千上万的参观者。

  1945年"二战"结束，给格但斯克带来一派生机。20世纪，进入新的辉煌。尽管战争曾经给这座城市带来严重的创伤，但格但斯克在波罗的海沿岸城市，甚至整个欧洲都一直保持着深厚的文化底蕴及历史地位。绘画、音乐、文学等方面，百花齐放，硕果累累，并不时推出令世界瞠目结舌、标新立异之作。格但斯克的博物馆及遍布大街小巷的雕塑、绘画，都是这座城市的丰富宝藏。格但斯克有各类大小博物馆29座，其中有格但斯克博物馆、二战博物馆、国家海洋博物馆、独立博物馆、民族博物馆、格但斯克历史博物馆、城堡钟表博物馆、琥珀博物馆、格但斯克波兰邮电博物馆、考古博物馆、海洋中心博物馆等等。此外，还有3座美术馆和其他大大小小的私人及社会组织博物馆。我第三次来到格但斯克必去的地方就是众多的博物馆。说到博物馆的话题，使我想起了格但斯克市长亚当莫维兹（Paweł Adamowicz）率代表团一行访华时，有记者问："许多人用不同的眼光来看格但斯克这座波兰的'英雄之城'，对此，您是怎么看的？"聪明的亚当莫维兹市长用博物馆的例子做了一番解释，轻松地回答了记者的提问。他说："面对格但斯克是波兰的'英雄之城'这个问题,'二战博物馆'就是个很好的例子。二战博物馆主体建筑于2012年8月开始动工修建,预计2016年夏天建成,并计划于同年9月正式对外开放。我们修建博物馆是想从东欧人的角度补充二战中的西方形象,格但斯克的历史学家与捷克、英国和德国的历史学家联网,纪念馆将提供的背景,许多人可能觉得反感。例如,展览设计师按专题介绍历史,在同一层楼将介绍轰炸华沙和空袭德累斯顿给平民造成的苦难。这些设计概念公布后曾受到波兰各方的严厉攻击,但我们的目标不只是治愈国家的创伤,更是正视历史,博物馆主体已经完成,附近的古城已修葺一新,红石、玻璃和钢制成的壮观建筑也已就位。"由此可见,博物馆在格但斯克人心中的地位,以及他们对待历史的客观态度,他们尊重历史,正视历史,铭记历史。

格但斯克国家博物馆(Muzeum Narodowe w Gdańsku),坐落在格但斯克市中心老城对面托伦尼斯卡路1号(Toruńska 1)的红色老式旧砖房,四周有高大的树木,绿茵中为这座古建筑增添了勃勃生机。

格但斯克国家博物馆是一座波兰国家级的博物馆,建立于1972年。格但斯克国家博物馆最早是一座建于1422—1522年的哥特式修道院,自19世纪开始被用来作为博物馆使用。今天,我们依然能够看到当年修道士们生活起居的场所,感受到浓郁的宗教氛围。

走进格但斯克国家博物馆,左边是瓷器馆,除了展示波兰的作品之外,还有荷兰、法国、希腊、土耳其、意大利、中国和日本瓷器。格但斯克本地瓷器虽然略显粗糙陈旧,但还是让我感到眼前一亮:这些波兰瓷器大都是14、15世纪至18、19世纪制作的,有餐具、茶具、饰画和路碑、壁炉瓷片。独特的波兰圆形壶,

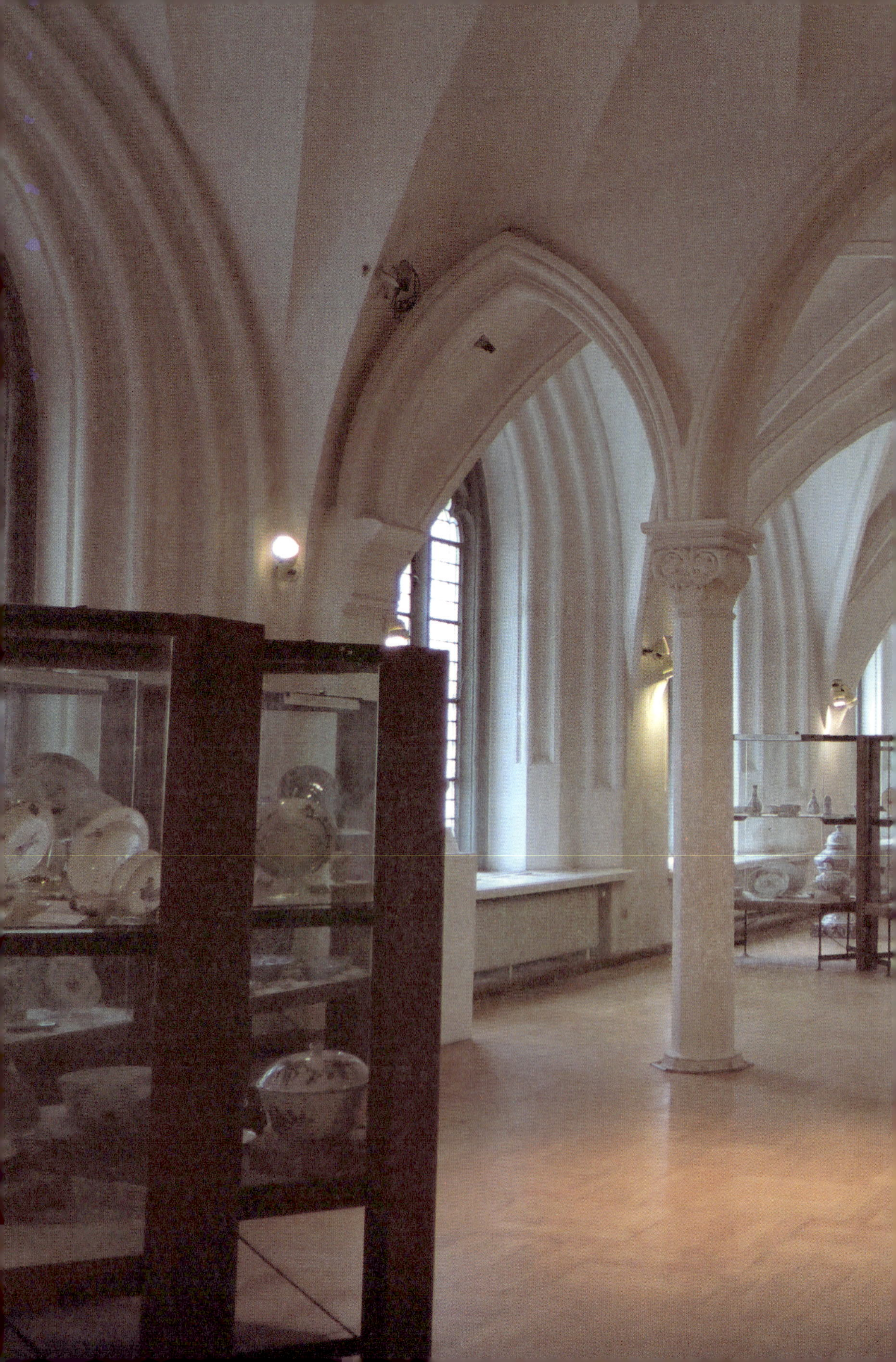

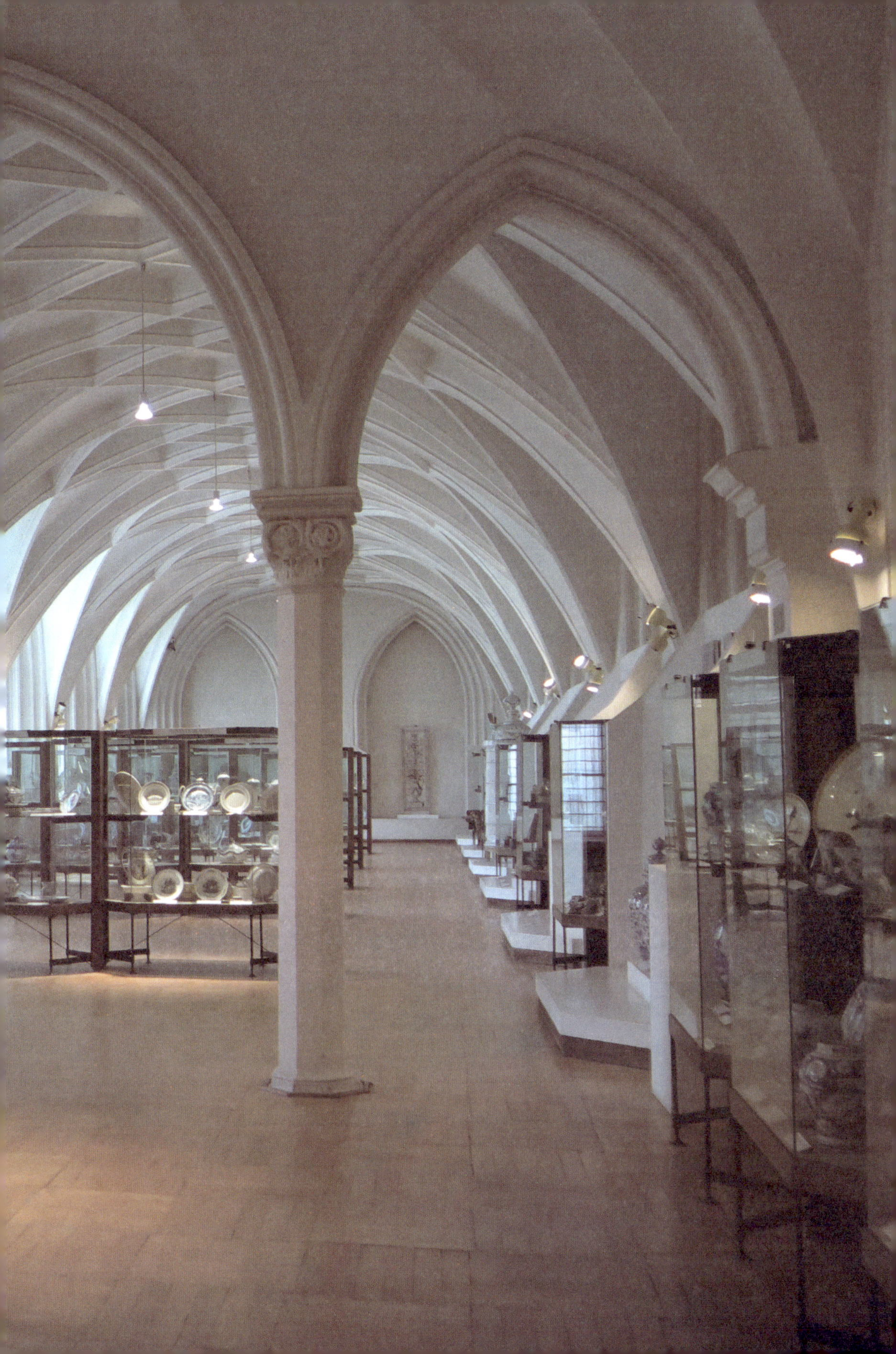

造型美观，色彩艳丽，红底白花非常漂亮；蓝白相间的手绘瓷盘巧夺天工。其中，动物艺术造型的瓷器，憨态可掬，活泼可爱；瓷器及画中的儿童顽皮可爱，新鲜水果和艳丽花卉，形象逼真，栩栩如生。这些艺术品表达了中世纪的波兰格但斯克人热爱生活、崇尚艺术的生活态度。这些珍藏在格但斯克国家博物馆的波兰陶瓷瑰品，每件都是独一无二的。这些出自波兰艺术家之手的作品，每一件都蕴藏着美好的传说和神奇的故事。它们大多与天空、大地、海洋、山脉有关，人物的肖像和服装配饰，都与当时的社会背景、生活环境息息相关。

众所周知，世界瓷器的源头在中国，中国是瓷器的"祖宗"。因此英语中把"China"这个单词直接翻译为"中国"。在格但斯克国家博物馆，珍藏着少部分中国和日本等国瓷器。中国的"元青花"，看上去十分抢眼。在我眼里，仿佛它一"出生"就非常完美，好像一个小孩子呱呱坠地，马上就会说话和跳舞一样。它的魅力让它成为中国的"国瓷"，是中国瓷器的旗帜。今天在这里看到了元青花的瓷器，件件创作规整，造型精美、胎体细腻、釉色如玉，加之线条流畅、美观大气，让我倍感亲切。

素洁的日本瓷碟也饶有特色。瓷碟的正面刻印着菊花瓣形状的花纹，正中为点状花蕊，素洁美观，灵动之秀。我告诉翻译柯茗蕾女士，中日两国一衣带水，文化交流源远流长。早在汉唐时期，中国的制瓷工业就传到了日本。明清以后，日本的工匠又专门来中国瓷都景德镇，学习青花瓷的烧造工艺。

二楼的家具馆，并不十分大。这里搜集了来自西欧各地从15到18世纪的各色家具，配以精美的装饰。其中最引人注目的是一尊制造于1750年的洛可可风格的座钟。

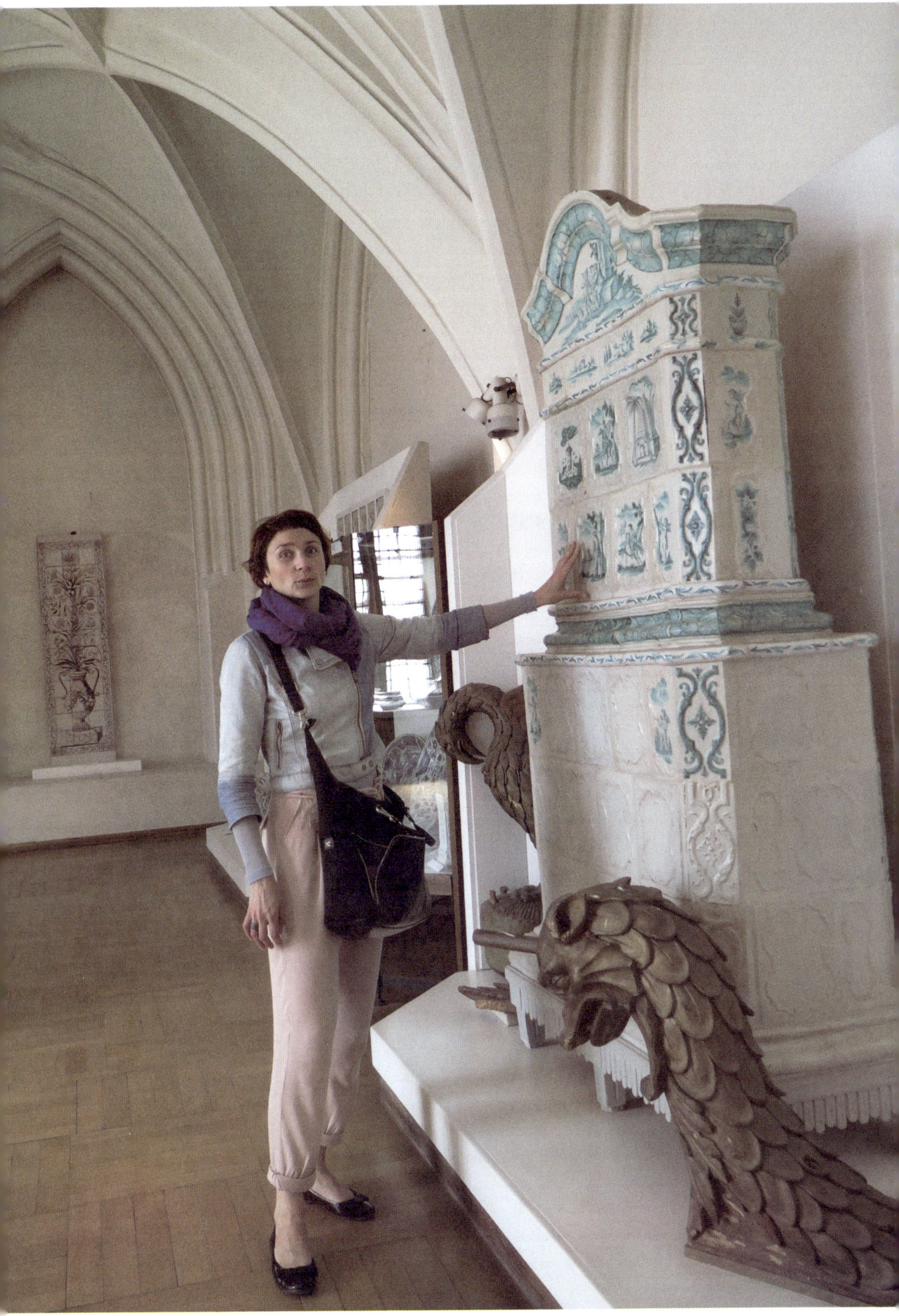

国家博物馆中最丰富的是油画部分的展品。包括本地画家的画作，还有相当一部分来自尼德兰的收藏。人物肖像画展现了历代格但斯克统治者的风采，我们可以看到部分妇女戴着颇具本地特色的琥珀首饰。

我轻轻地走进格但斯克国家博物馆二楼大厅，静静地欣赏着一幅幅精美的画作。眼前一幅油画《最后的审判（The Last Judgement）》震撼了我的心灵。这幅经典作品的作者是佛兰德画家汉斯·蒙梅林（Hans Memling），创作于15世纪，是波兰现存最有价值的画作之一。起初这幅画作是为意大利巴迪亚·菲索拉纳（Badia Fiesolana）教堂创作的。画中的场景使人仿佛身临其境：画中的贵族妇女，曲线优美，肌体轻盈，气质高贵，人物生动真实，画面中看不到笔触，色

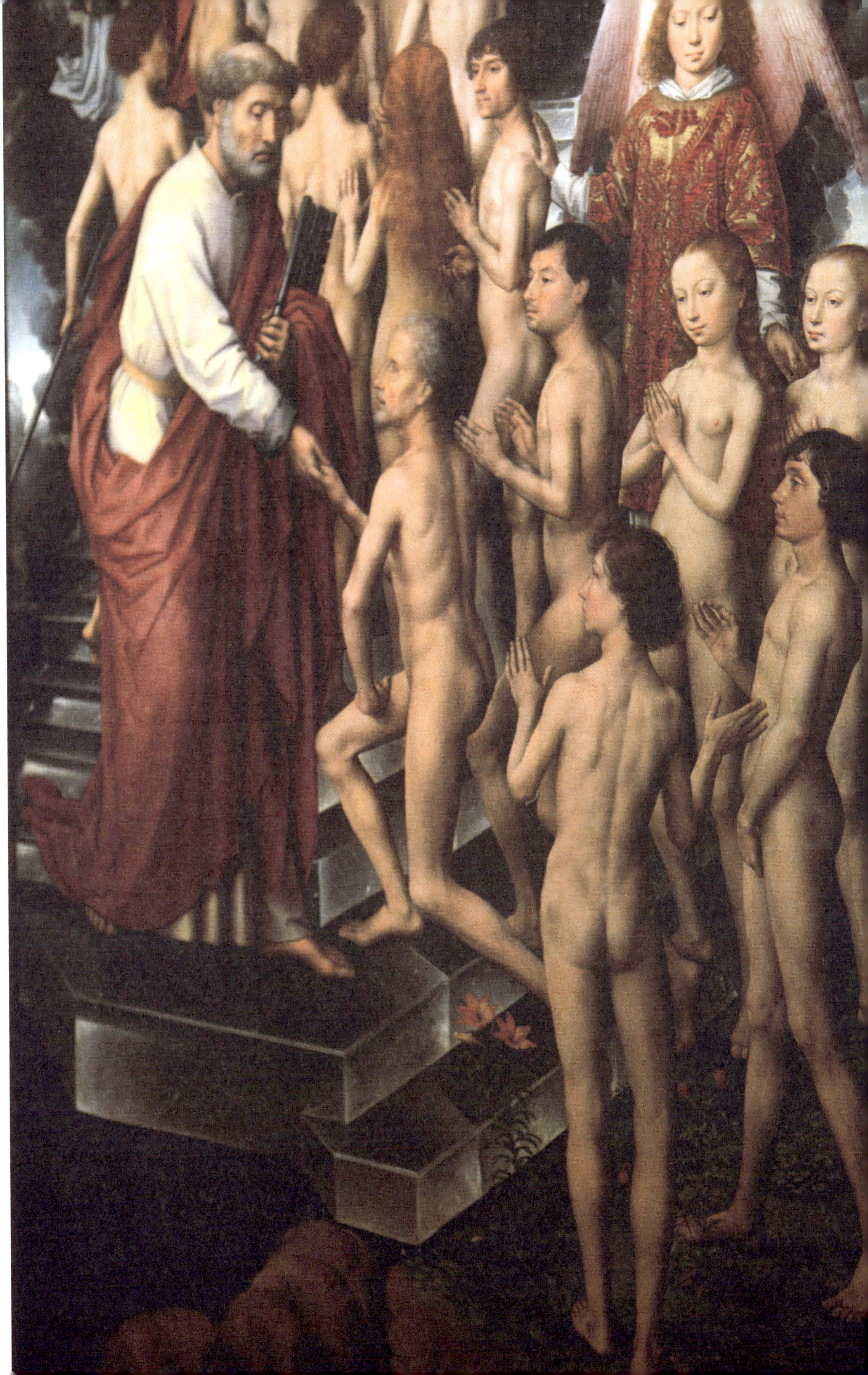

彩就像是自然融合的，笔端细腻。这幅画作从 15 世纪创作至今，一直受到世人的青睐。

但在运输时，经过格但斯克时在途中遇到海盗，这幅油画被盗走。当时海盗只需要金钱和金条，于是就把这幅他们认为不值钱的精品力作放在了格但斯克的圣玛利亚大教堂。这是一座始建于 1343 年、竣工于 1502 年的古老教堂。第二次世界大战期间，德国人将《最后的审判》这幅油画夺走。在战争结束 11 年后的 1956 年，这幅精品油画又回到了格但斯克这座城市，珍藏在格但斯克国家博物馆，供前来这座美丽城市观光游览的世界来访者参观欣赏。在这里展出的每一幅画作，都经典绝美，无与伦比。

陪同我参观的柯茗蕾女士，指着墙上悬挂的这幅原创作品告诉我，这幅由 15 世纪佛兰德画家创作的《最后的审判》，虽然没有"物归原主"，回到圣玛利亚大教堂，而是珍藏在格但斯克国家博物馆。但现在，圣玛利亚大教堂也悬挂着一幅同样的画作，只是那是一幅复制品。

今天我们在格但斯克国家博物馆看到的精品画作，大部分是由 13—16 世纪在格但斯克生活的德国及荷兰画家所画。透过这一幅幅精美绝伦的中世纪绘画作品，我能想象在当时，格但斯克作为波罗的海，乃至整个欧洲的重要港口城市，经济贸易发达、文化艺术繁荣的盛景。离开博物馆时，一位名叫马尔钦·科瓦夫斯基（Marcin Kowalski）的学者问我："你从哪里来？喜欢这座博物馆吗？"我回答说："我从中国来，非常喜欢这座博物馆和馆中的珍宝！"他很高兴，接着说："我们波兰这个国家是这样，格但斯克也是这样，我们一定会把我们祖先留下来的东西尽可能完好地保存下来。虽然格但斯克经历了多少次数不清的战争

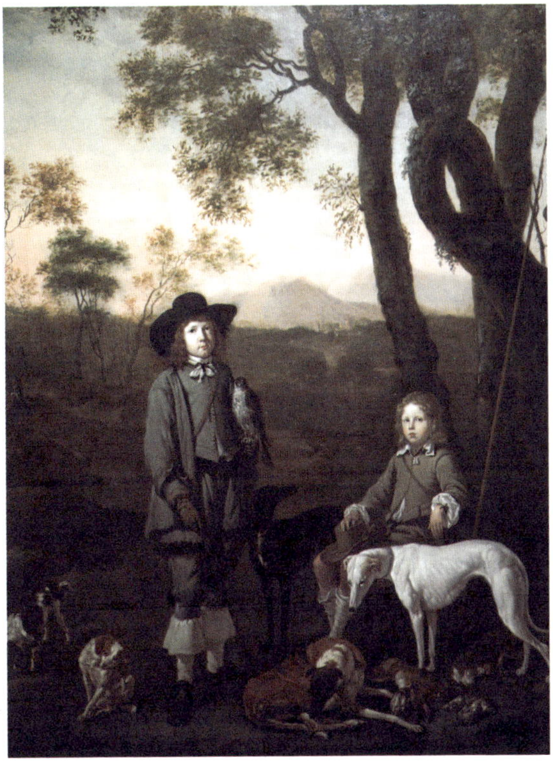
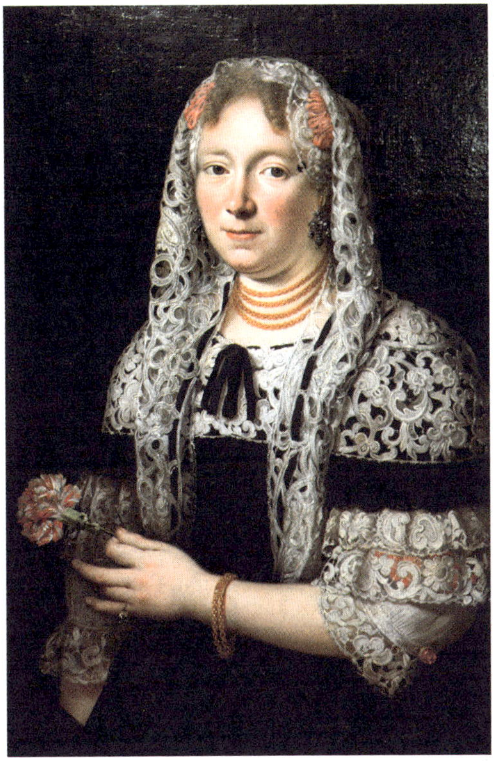

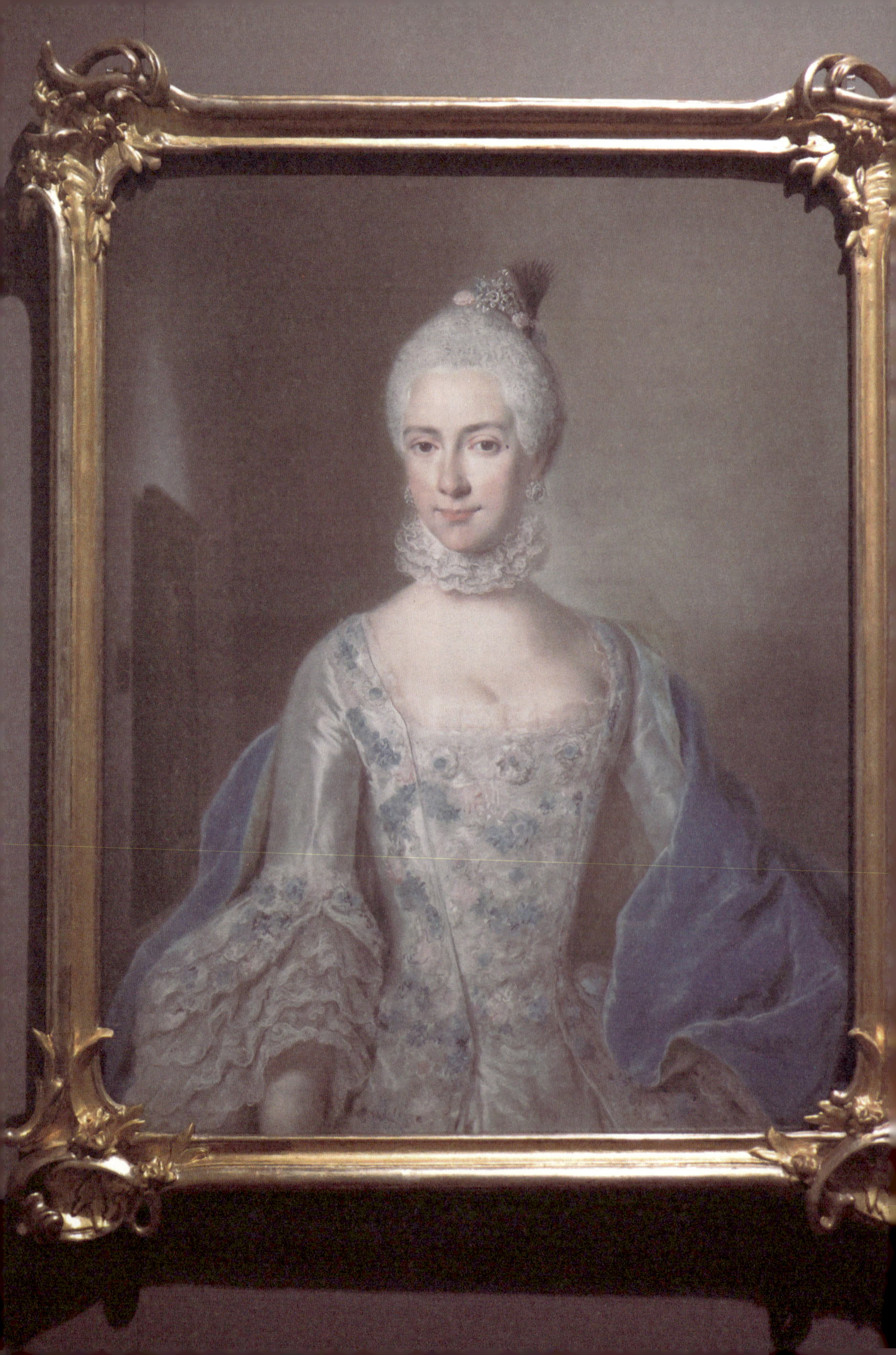

破坏和洗劫，但最让人欣慰的是，我们还是冒着枪林弹雨，甚至生命危险，为后人珍藏和留下许多宝贵的东西。这些东西与我们的心脏及格但斯克不可分离。"

作为格但斯克国家博物馆，这里陈列了中世纪、19世纪到20世纪早期的作品，包括了古典主义、浪漫主义、印象派、学院派的绘画作品。这些作品，令人目不暇接，叹为观止。确实让人有顶礼膜拜之感。

聆听学者的一席话，让我万分感慨：中国是有着五千年历史的泱泱大国，五千年的文化底蕴深厚，应该多建一些博物馆。但是今天，随着岁月的流逝，历史"风吹云散"，文化被日常的琐碎生活"消磨殆尽"，如果我们也有那么多的博物馆，那该有多好。

所以，我要强烈推荐：如果你来到波兰，来到格但斯克这座美丽城市，一定要去看看这里的博物馆，哪怕就算"附庸风雅"，也一定要去转一转。

长街上那座古老的贵族"宫殿"

格但斯克是一座多姿多彩的国际化城市,既富于传统,又充满生机。千年的历史令她拥有各种各样的古迹与传统建筑。当你怀着满心的憧憬来到格但斯克,想对她的历史文化有所了解,可以从位于市中心的"国王之路"开始漫步。

几十米的街道,被称作"长街"。从中世纪起,长街就是这座城市的主干道。道路从高门开始到绿门结束。在文艺复兴式的高门(建于1586—1588年)后面,有14世纪留下的刑室和囚塔。在它的左边,是令我印象最深的武器大厦。1600—1609年,这里曾经是格但斯克的兵工厂,此建筑被公认为是格但斯克建筑史上最具尼德兰(Netherland)建筑风格的典范。走近金门(建于1612—1614年),一眼就可以望到长街。这里曾经是欧洲最热闹繁华的街道,这里曾经居住过无数名人志士。在林林总总的罗马式、哥特式、文艺复兴时代巴洛克式、洛可可式建筑中,最引人注目的建筑可以说是位于长街12号、一幢看上去很普通却又非常不普通的古老建筑。两扇厚厚的淡粉绿色木门上,画着白色优雅的花鸟画,看上去精致典雅。从外表上,你绝对看不出它有任何的与众不同。当你迈开双脚,推

12

开厚厚的古老的欧式木门，轻轻走进去时，发现这里的一切都令你惊讶不已。原来这里就是始建于中世纪的古老"宫殿"——乌帕根"宫殿"（Uphagen）。

尽管这幢中世纪古老的建筑仅仅是当时贵族的住宅，但是透过它你可以感受到时光穿梭、岁月流淌的痕迹。从某种意义上说，我认为乌帕根就是格但斯克长街上那古老的贵族"宫殿"。

当我走进乌帕根"宫殿"，立刻被这里的富丽堂皇和室内的装饰以及陈设震住了。这是一幢精美别致的小楼，分上下两层，一进门，低头看，脚下是拼接花色图案的长条实木地板；抬头看，顶上是大气华贵的水晶吊灯；楼梯扶手和室内墙壁由精美的木板雕刻和金碧辉煌的壁纸油画装饰。乌帕根"宫殿"室内陈列着12—13世纪的壁画、雕塑和各种花纹精致的玻璃和陶瓷花瓶、器皿等用具。

原来，这座被称为"乌帕根"的"宫殿"，是一位名叫乌帕根（Uphagen）的贵族在1775年花了一笔巨款，将这座"宫殿"买下，作为私人住宅。乌帕根是18世纪佛兰德国的一位议员（佛兰德国在当时是一个历史地区，包括了今天比利时的东佛兰德省和西佛兰德省、法国的加来海峡省和北方省、荷兰的泽兰省）。乌帕根是佛兰德国（今比利时）人，因当时受到奸人迫害，他决定从佛兰德国移居到波兰格但斯克——这座经济发达、氛围宽松的自由之城生活。

乌帕根宫殿是根据典型的格但斯克建筑风格而建，长度有77米，而宽度只有9米，是一幢细长条形建筑。我问翻译柯茗蕾："这是为什么？"她告诉我，这是因为在当时，依照格但斯克的纳税规定，如果你是贵族，就要按照你居住房屋的窗户数量来纳税。这样一来，许多人在修建房屋时，就把窗户改得数量少一些，如此就可以少缴税了。

走进中世纪的这幢充满贵族气息的住宅——乌帕根"宫殿"，身穿白色花裙、粉绿长裙外套的"仆人"笑盈盈走上前来，欢迎客人的到来。她们主动接过你手中的雨伞，亲手为客人解下风衣的纽扣，把风衣或外套整整齐齐地挂在衣架上。跟随着"仆人"的脚步，我们参观了由当时的主人精心设计装饰的客厅、卧室、书房、琴房和厨房。其中，红底白花的精美壁纸上印着中国江南的小桥长廊及山水花鸟；琴房中至今仍存放着一架古老的钢琴和一台陈旧的竖琴；客厅里摆放着精致的荷兰瓷器；宽大餐桌的烛台上，蜡烛燃着火苗，映红了人们的脸庞；精美瓷片镶砌的壁炉，给人带来无限的遐想。老式留声机里播放着中世纪优雅的音乐；"女仆人"站在厨房烹饪，仿佛你已经闻到了伏特加、"比高丝"的浓郁香味。当年使用过的炊具及生活用具把参观者的思绪拉回到中世纪的格但斯克，在脑海

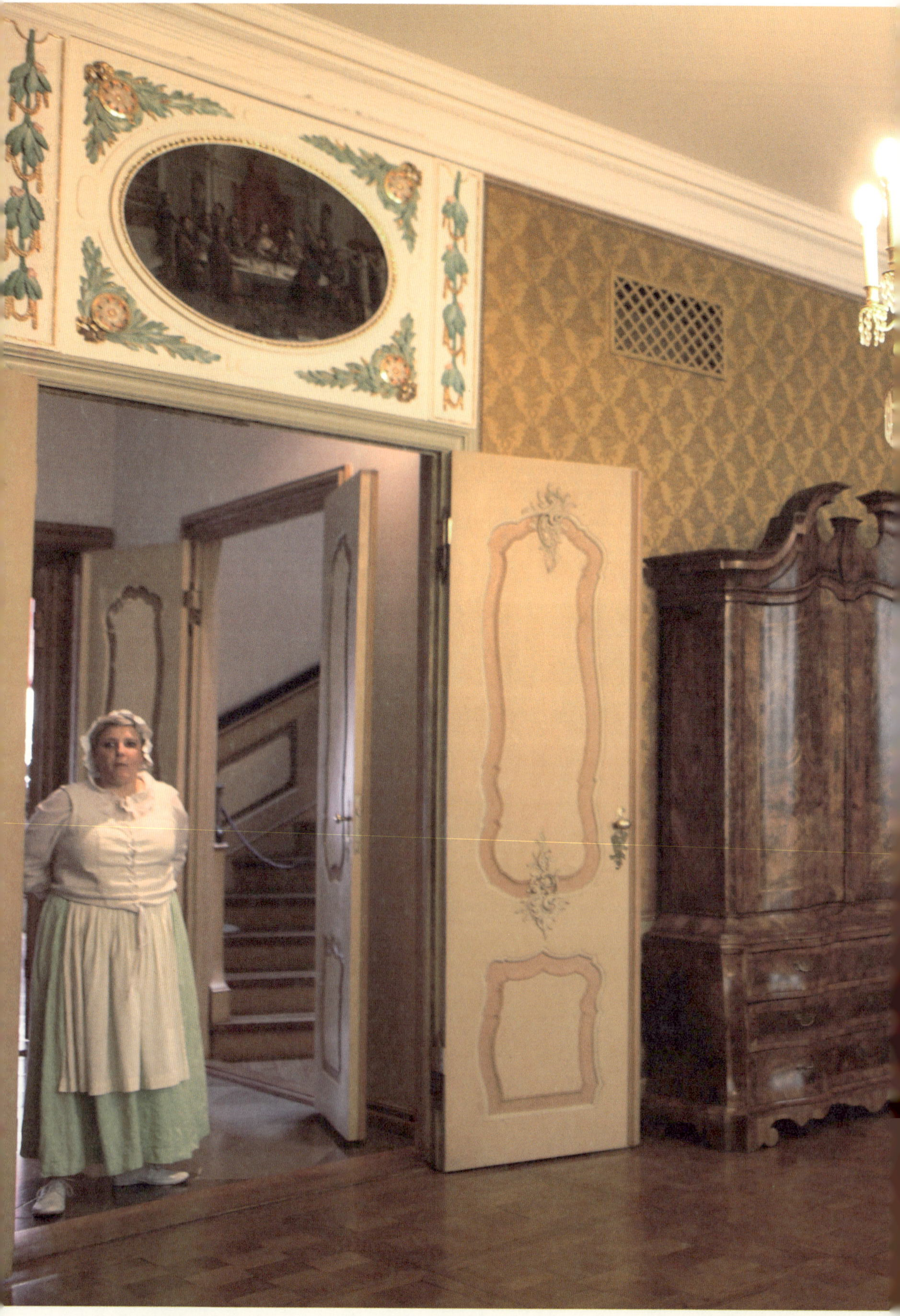

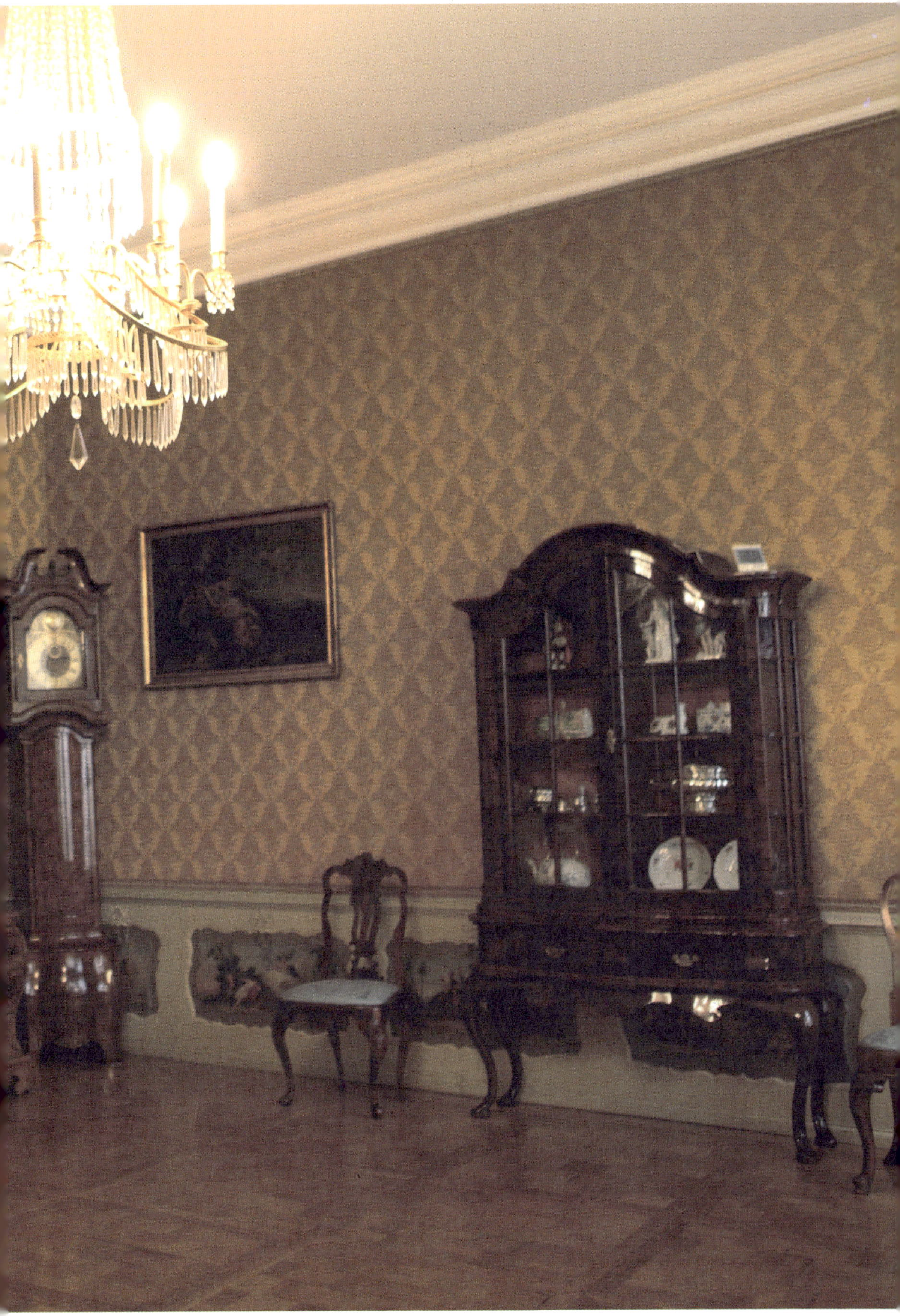

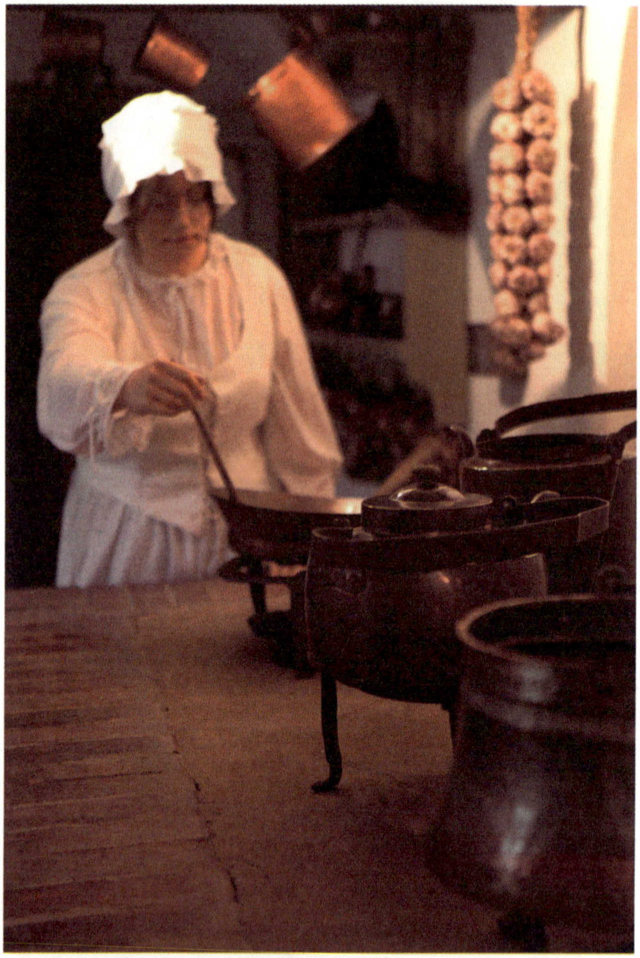

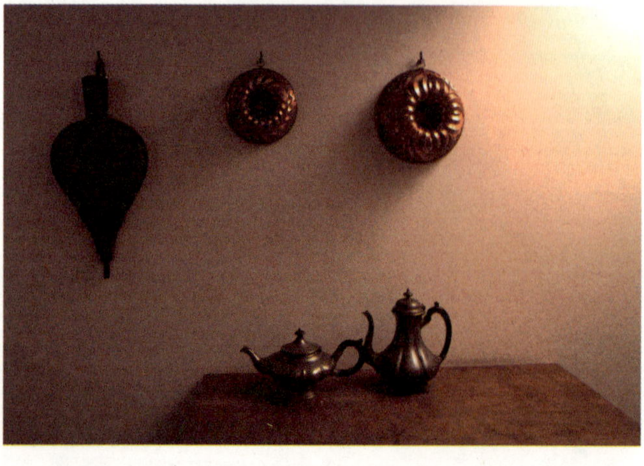

中全然铺开了一幅当年格但斯克繁荣昌盛、欣欣向荣的画卷，再现了当时达官显贵的生活场景。240年来，钢琴与竖琴"相依为命"，静静地伫立在乌帕根老宅，好像两个饱经风霜的老人，迎送进出的参观者。此时，钢琴的盖子开着，尘落琴弦，一曲未终，仿佛乌帕根的主人到外地郊游刚刚回来，放下手中的行李箱，用钢琴潇洒地演奏起一支属于格但斯克的乌帕根"宫殿"的恬静、浪漫的乐曲，悦耳动听的波兰玛祖卡舞曲，悠扬着人的思绪，契合着人的心灵，把我的思绪带到了远方……

在我看来，参观乌帕根这座不大的中世纪建筑，收获颇大。格但斯克长街上这座古老的"宫殿"，鲜活地从一个侧面反映了当时格但斯克的政治、经济和人们的生活状况。主人建造这座"宫殿"的时期，正好是格但斯克经济贸易最繁荣的时代，也就是汉萨（Hansa）同盟时代。"汉萨"一词，德文之意为"会所"或"会馆"。汉萨是同盟是于13世纪逐渐形成的城市与城市之间的商业联盟，14世纪达到鼎盛时期，加盟的城市最多时达到160座。1367年成立了以吕贝克（Lubeca）城为首的领导机构，有汉堡、科隆、布莱梅等大城市的富商、贵族加盟。他们拥有武装枪支和金库。1370年战胜丹麦，订立《斯特拉尔松德条约》，同盟垄断波罗的海地区贸易，并在西起伦敦、东至诺夫哥罗德的沿海地区建立商业贸易站。当年汉萨同盟实力雄厚，15世纪转衰，1669年解体。建造乌帕根"宫殿"的主人正是当时汉萨同盟鼎盛时期的富商贵族。这也是当年最具代表性的豪华贵族"宫殿"。

走出乌帕根，我在沉思：欧洲文明虽然至今还深沉于中部，灿烂于西部，但是在人类的历史长河中，波兰民族及格但斯克城市，在人类战争的灾难面前，经

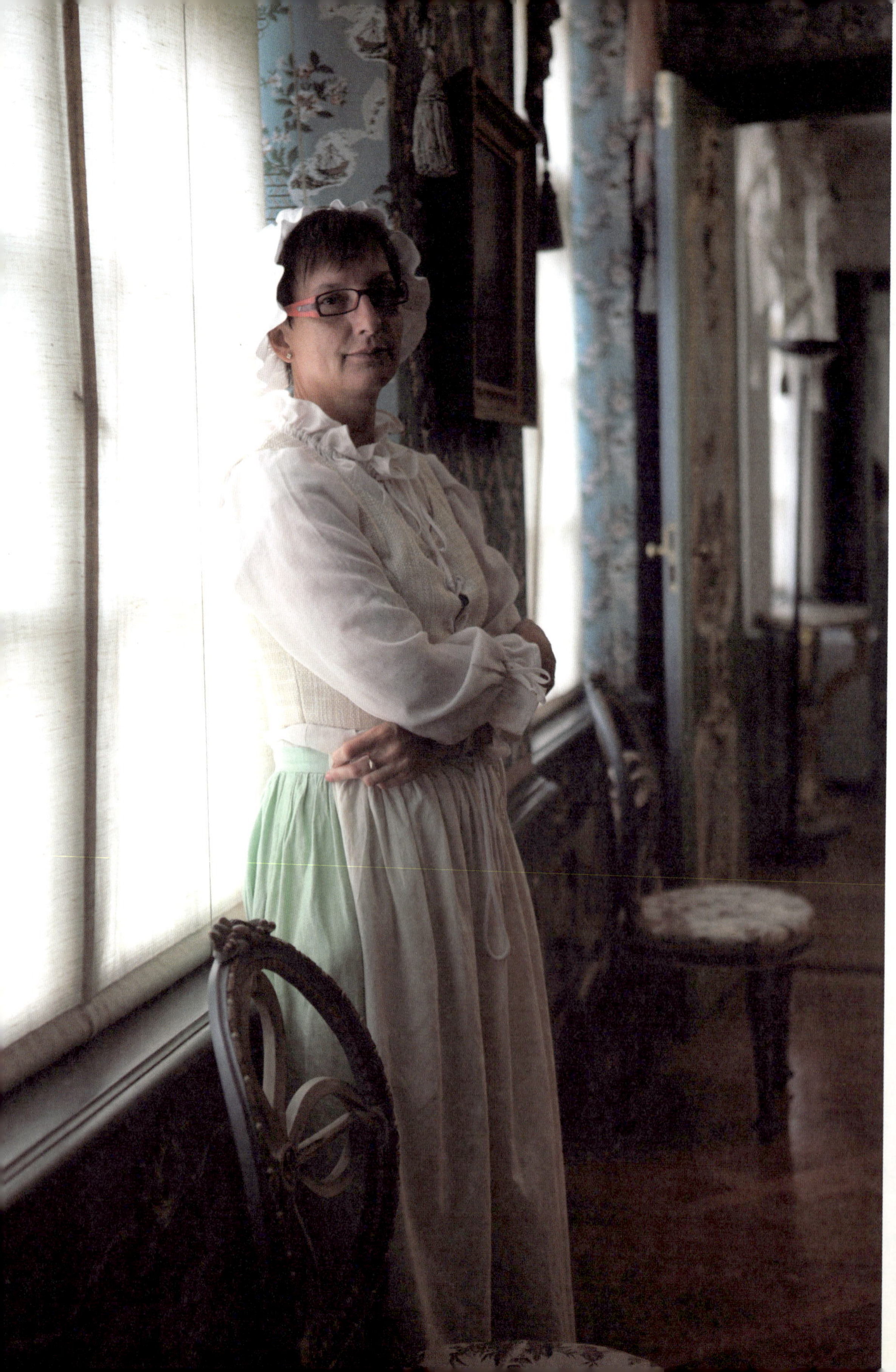

受了最严峻的考验。她满目疮痍，带着伤痛，振作复兴。毁灭后的复兴除了需要穿越漫长悠远的时光外，还要穿越厚重难以承受的人格灾难，因此，在一声声横贯着历史的胜利欢呼声中，浸泡着太多的劫难和抽泣，也在保护和传承的艰苦卓绝中创造了波兰民族及格但斯克的辉煌和奇迹。

　　岁月穿梭，时光已经飞越了二百多年，而正是由于乌帕根家族的努力和格但斯克人的精心呵护，才使得这座中世纪的贵族"宫殿"得以保存至今。虽然，这座小小的私人博物馆无法与声名显赫的庞大博物馆相比，但这里几个世纪的历史赢得了举世皆知，令参观者一见钟情。此时此刻，我深深地感到，回顾历史，走进这小小的"乌帕根博物馆"，会让人感到如此亲切暖心，意义深远。

圣玛利亚大教堂

举世闻名的圣玛利亚大教堂,魅力无穷。自从我在 2006 年夏天第一次去过这座神圣庄严的大教堂后,它就再也没有离开过我的记忆。专家学者们从宗教艺术、设计建筑的角度能做出许多精辟与深奥的分析,但作为一名普通观众,每次我走出圣玛利亚教堂的感受只有一个:"我没有看够,我定会再来",这就是圣玛利亚大教堂让我感受到的独特魅力。很自然,阔别两年之后,再次来到格但斯克,圣玛利亚大教堂成为我故地重游的首选之地。

圣玛利亚大教堂(波兰语:Bazylika Mariacka,德语:Marienkirche),是每一个来到格但斯克的游人必去的地方,因为这座始建于 1343 年的哥特式大教堂是格但斯克城市的象征及艺术宫殿。它于 1379 年,由石工名师 Heinrich Ungeradin 带领队伍继续兴建。这座同时可容纳 25000 人的哥特式教堂,是世界上迄今为止最大的砖砌教堂。

柯茗蕾女士告诉我,圣玛利亚大教堂最早建于 1343 年,但是在当时来说,城市规模、设计理念、建筑工艺等方方面面都面临巨大的挑战,难度可想而知。

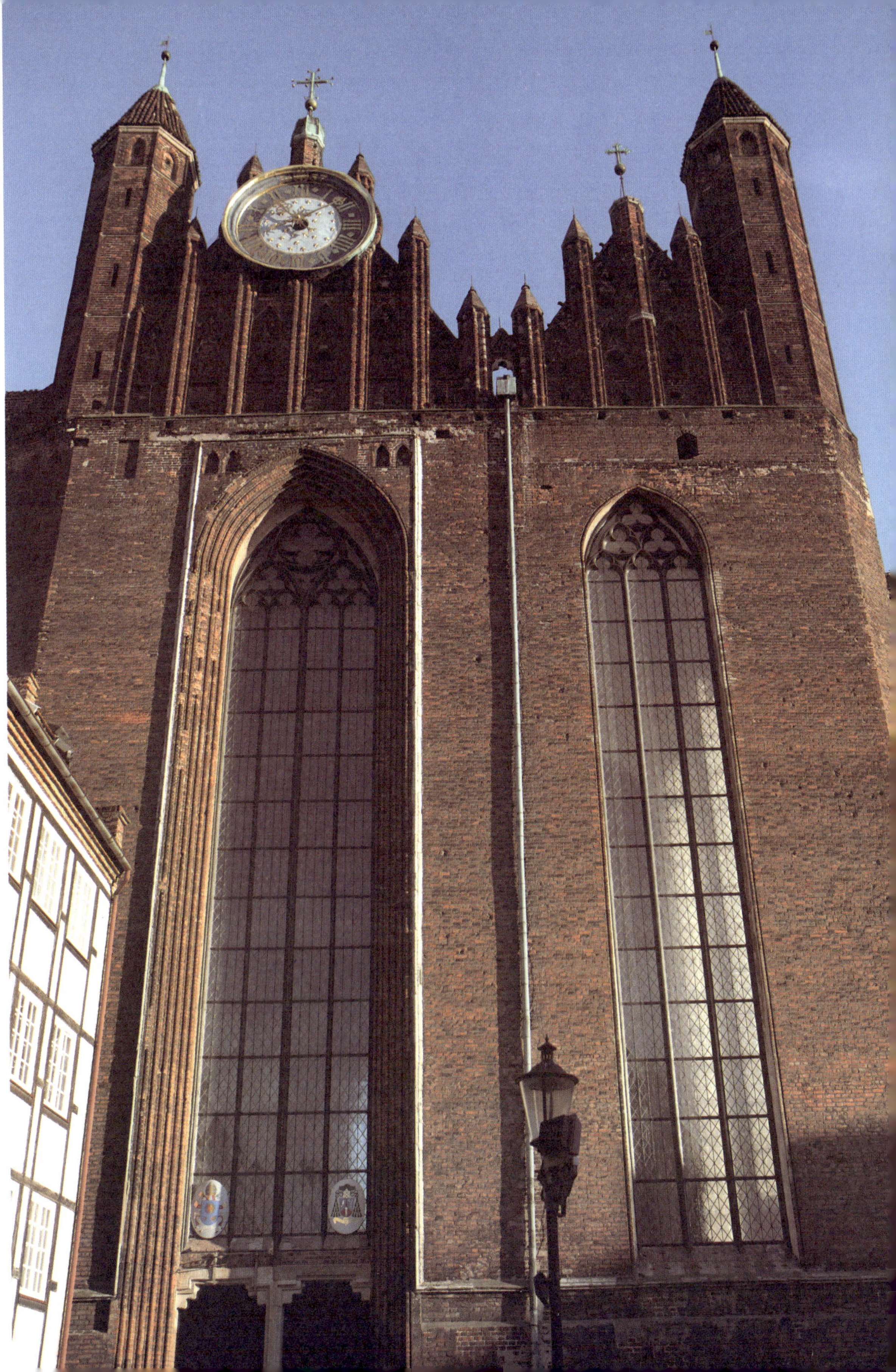

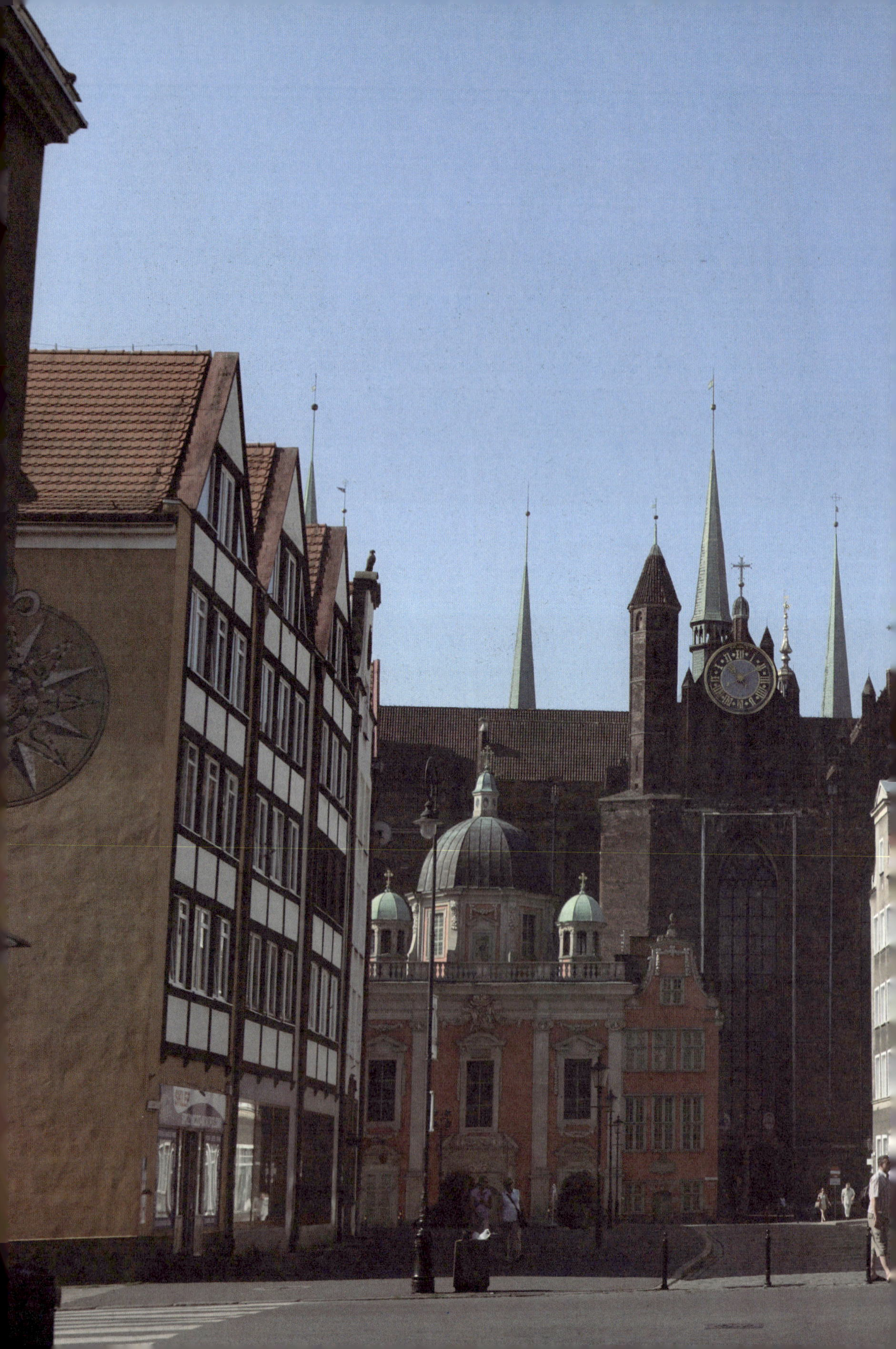

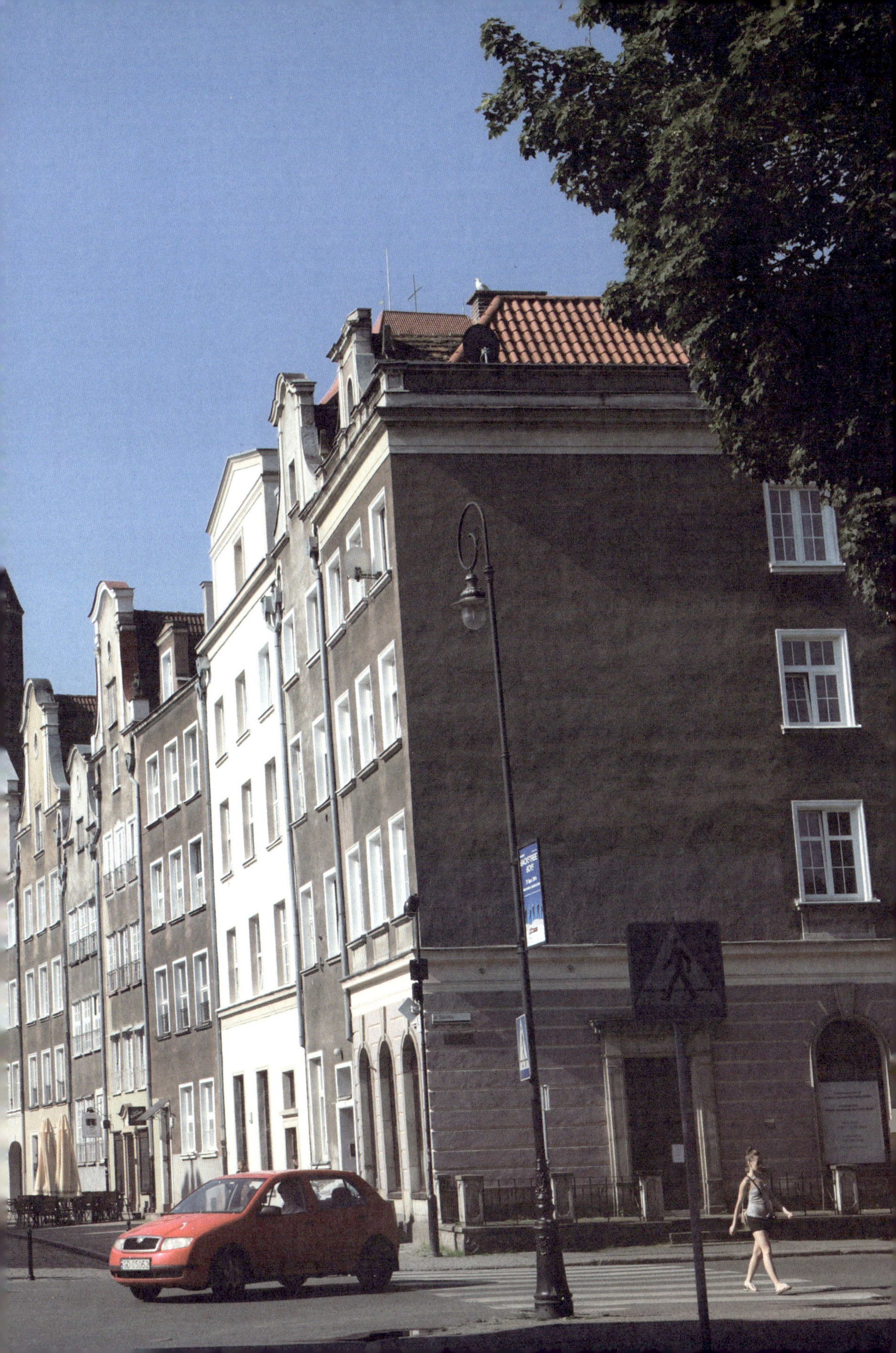

人类文明经历了几千年的漫漫长路，一点点繁荣，一代代延传，它显示出人类成长史上的智慧与辉煌，它记载了人类历经坎坷的思考与成熟。文明来之不易，而对文明的破坏相比之下显得轻而易举。当战争一次次重创和摧毁着人类时，使世界多少名胜古迹灰飞烟灭，又使多少美丽的城市瓦砾成堆。波兰北部城市格但斯克与世界许多著名的城市一样，经历了创造、毁坏、重建三部曲。但屹立在格但斯克老城的圣玛利亚大教堂像一个饱经沧桑的老人，经历目睹了邪恶战争对人类文明的巨大摧残，也见证了这座城市经历过沧桑剧变后的欣喜祥和。

　　因当时纷繁复杂的历史原因及受到人力、财力、建筑水平的诸多因素影响，大教堂在建设过程中，几经周折，经历了长达159年的漫长岁月，一代代建筑大师、艺术工匠百折不挠、持之以恒的执着与付出，才使得圣玛利亚大教堂终于在1502年建成。这在欧洲乃至世界的教堂建筑史的堪称奇迹，书写了空前绝后的辉煌一页，载入了人类文明建筑史的光荣史册。

　　我怀着一颗虔诚的心，走进神圣庄严的圣玛利亚大教堂，抬头看那高高的哥特式穹顶，气度不凡。哥特式的大教堂里许多虔诚的信徒正在默默祈祷，肃穆凝重的宗教氛围将我的心紧紧包裹。一位发如银丝的老妪安静虔诚地祈祷着，当她走出祈祷屋后便坐在教堂里的长椅上，她自言自语一番，眼睛里闪烁着晶莹的泪花，脸庞上绽放出慈祥的光彩，她的目光是那么虔诚，她的神情是那么专注，她起身走上前去目不转睛地凝望这庄严肃穆的《十诫版刻》，我随着她的目光，仔细欣赏着二十幅巨型图画，《十诫版刻》每一诫分别用两幅图画展示。第一诫：除了耶和华之外不允许再拜其他的神；第二诫：不可为了自己的用途制造任何这个世界上的东西的样子，然后去拜它；第三诫：不可轻易使用耶和

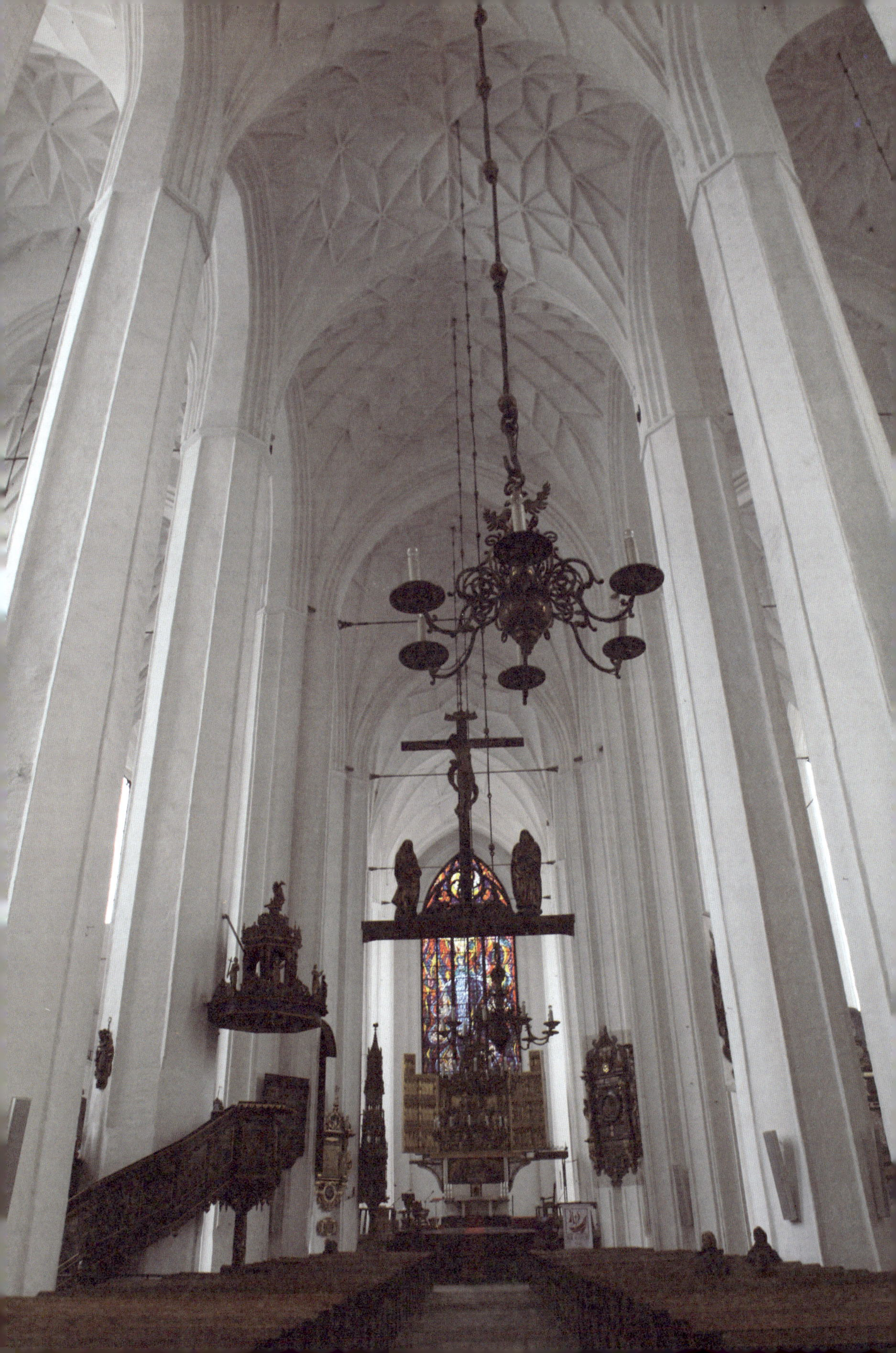

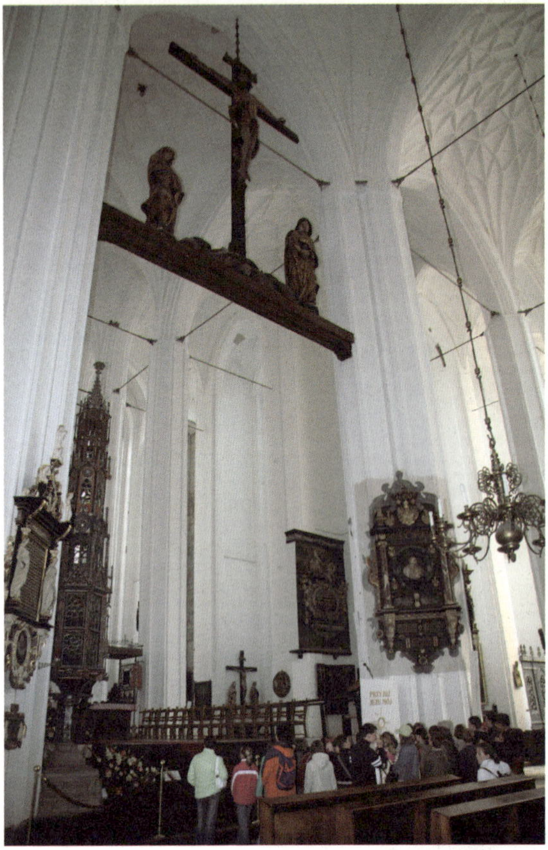
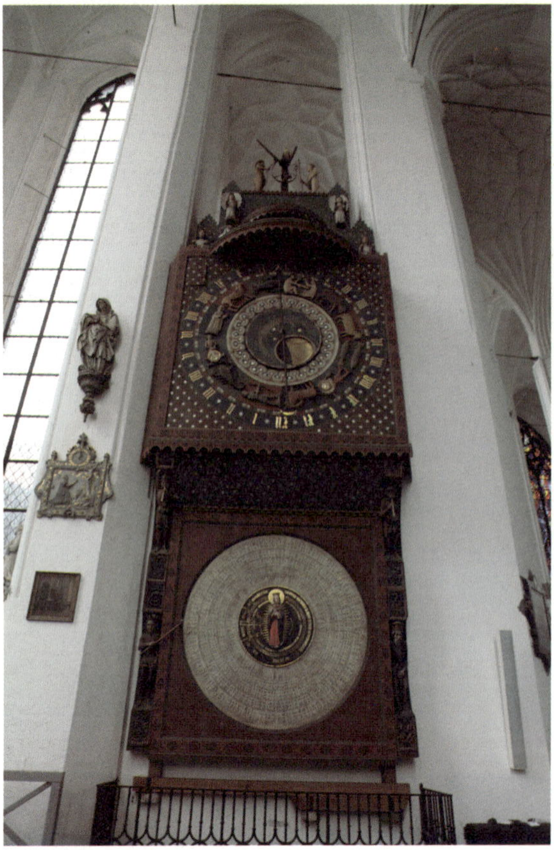
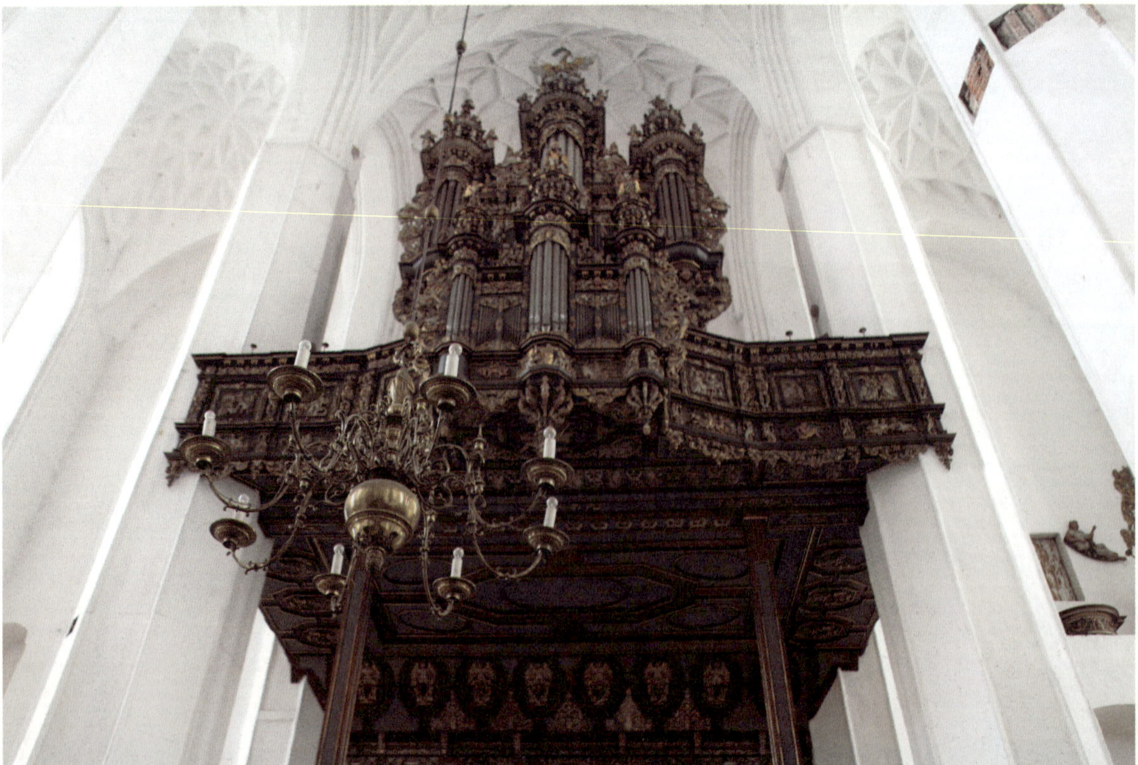

华之名；第四诫：不可在第六天之外的第七天工作，这一天是用来祭祀上帝的；第五诫：不可对父母不孝敬；第六诫：不可杀人害命；第七诫：不可以有外遇；第八诫：不可偷盗抢劫；第九诫：不可做假证陷害人；第十诫：不可贪夺他人所拥有的人和物。

我静静地观赏每一幅戒律图画，栩栩如生、活灵活现，它在向人们讲述着做人的道理，启迪心灵，激励人们行善崇德，做一个善良的好人。

圣玛利亚大教堂是格但斯克最古老的建筑，从始建到建城前后历时159年。整座教堂全部采用红砖砌成，外观全长105.5米，高达66米，肃穆庄重，巍峨壮观。

这是一座典型的哥特式教堂，所有的扶壁、屋顶、塔顶的顶端都以塔尖作为装饰，拱顶轻，空间大，一反以往教堂拱壁厚重、空间狭窄的建筑传统，开欧洲建筑史上之先河。教堂顶部那些细长的尖顶，传说是人与教堂沟通的桥梁，以便灵魂归天。大教堂内展示着大量的艺术品，两侧建有十余个哥特式圣坛。城市里，哥特式、巴洛克式、罗马式、文艺复兴式的建筑比比皆是，历经时间的洗礼魅力依然。有人说，这些建筑上的每一块石头都有着自己独特的履历和身世，每一块都在讲述着岁月的传奇。这里还珍藏着中世纪佛兰德画家汉斯·蒙梅林（Hans Memling）创作的经典画作《最后的审判》的复制品，这幅画作的原件珍藏在格但斯克国家博物馆，是迄今为止珍藏在波兰价值最高的画作之一。

圣玛利亚大教堂还有一件值得一提的珍宝，那就是在1461—1470年间由当时的天文钟设计大师精心制造的圣玛利亚大教堂天文钟。这座钟高达14米，整座钟配有万历年、天文钟、宗教人物群雕像。几个世纪以来，欧洲各国的游客和

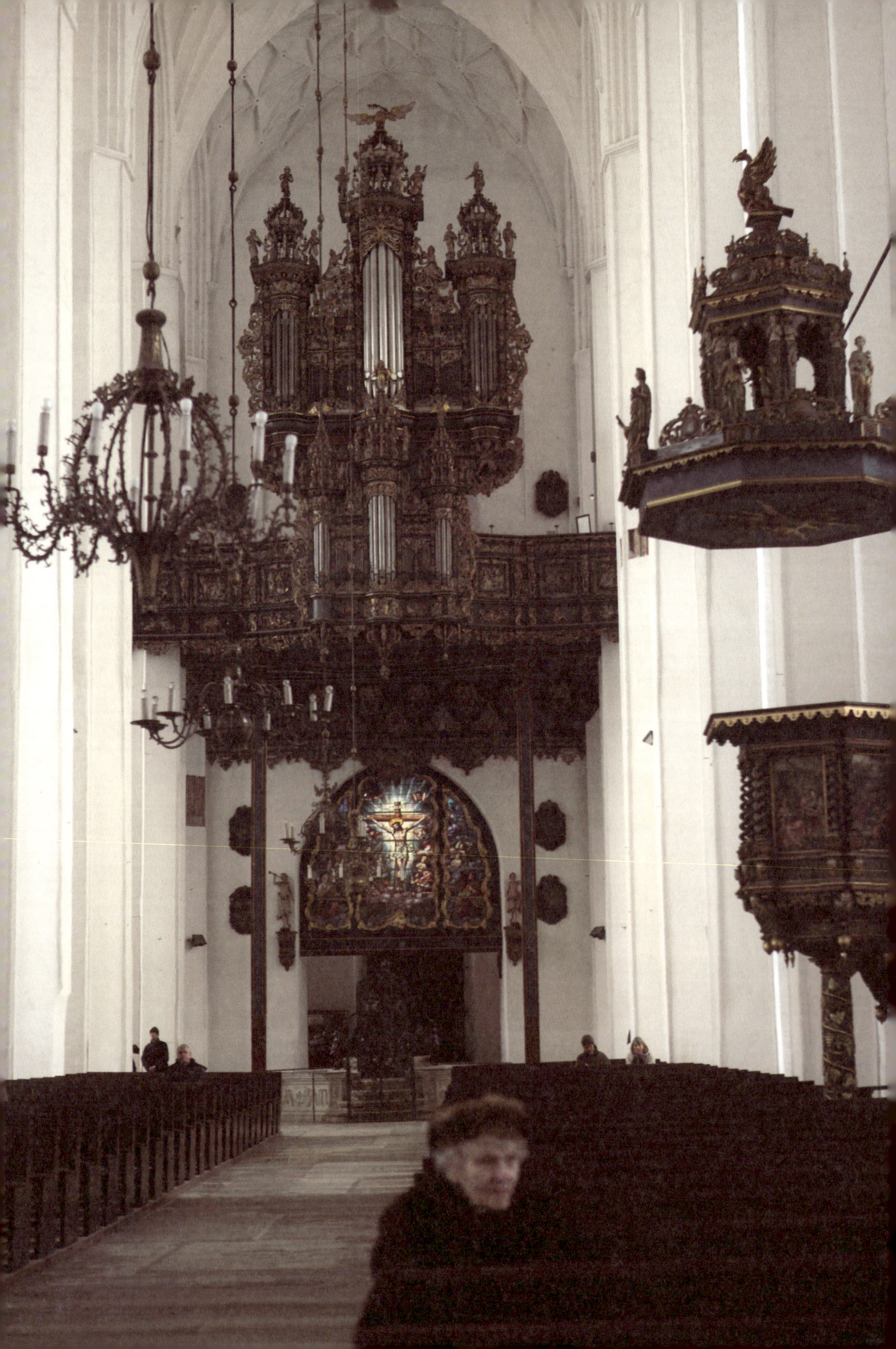

天文爱好者都怀着十分虔诚的心情来到圣玛利亚大教堂，只为一睹这座钟的风采，直至今日，圣玛利亚大教堂的天文钟，仍然以其庞大的"身躯"，排名世界第二。圣玛利亚大教堂外观气势恢宏，其内部更是金碧辉煌、极其豪华，整个大堂宽敞明亮，回廊、墙壁、门窗都布满了以圣经为内容的雕刻以及绘画，挂毯和天花板披金挂彩，美不胜收。

在格但斯克千年的历史中，其中五百多年特别是中世纪是这座城市最辉煌的时期，后来多次经历战争，使这座城市遭到严重破坏，老城区90%以上的历史建筑变成一片废墟。

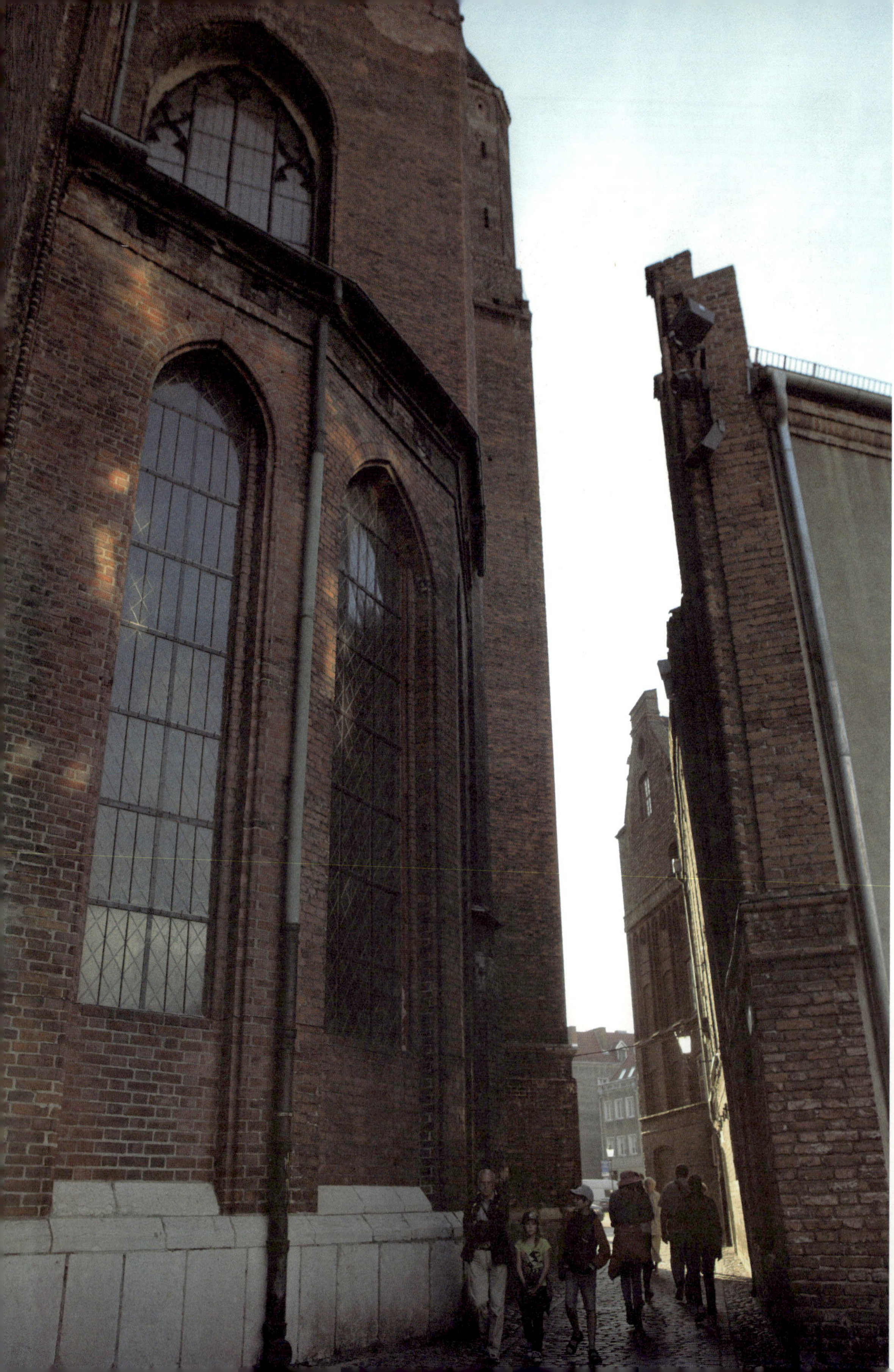

特别是在"二战"中1945年3月苏联红军猛攻但泽时严重受损。木制屋顶和窗户被彻底烧毁，大部分天花板和14个大拱顶坍塌，一些砖块熔化，特别是在钟楼的上部。很幸运，内部的大部分艺术品得以幸存，因为它们已经为躲避空袭撤离到附近的村庄。其中许多回到了教堂，也有一些在波兰各地的博物馆展出，教堂正在努力收回它们。战后的1946年，开始重建工程。1947年8月屋顶重建。基础工程完成后，1955年11月17日，教堂再次祝圣。内部的重建工作一直持续至今。

战争无情的轰炸引发了大火，将教堂的部分砖块烧至熔化，如今你在参观这座教堂时，只要稍微留意，就会发现战争留下的伤痕依稀可见。

圣玛利亚大教堂伴随着格但斯克一同走过了繁荣与衰落，一起经历了风云和变幻，成为这座城市当之无愧的历史"见证者"。它是过去和现代凝聚了格但斯克不朽人文精神、最有资格被确认为是用格但斯克的血液浇筑成的文化丰碑。

琥珀博物馆

在波兰许多地方，都能看到品质极佳的琥珀。特别值得一提的是：位于波罗的海之滨的美丽城市格但斯克，正是世界最优质琥珀的盛产地。因为如此，格但斯克又被誉为"琥珀之都"。

我在想，每一位从世界各地来到格但斯克的游者，一定要放松疲惫的身体，放慢匆忙的脚步，沿着有着一千多年历史的格但斯克老城的石板路，走进这一大自然赋予的天然宝地。蕴含着千万年岁月精华的珍贵宝库——格但斯克琥珀博物馆，领略大自然的绰约风姿，感受大自然的无穷魅力，更要用心用情去体验大自然造就人类，养育人类，人与自然同生同长的和谐相融。

听说第二天要去参观格但斯克琥珀博物馆，我很高兴，这座博物馆闻名于世且珍藏着世界琥珀的最佳极品，可以毫不夸张地说，它在全球也是独一无二的国家级琥珀博物馆。尽管我先后已经参观过两次，但还是抑制不住内心的激动与期待。

东方破晓，我就醒来，迫不及待地希望再次参观格但斯克琥珀博物馆。一大早，

Muzeum Bursztynu

翻译柯茗蕾女士带我来到圣·尼克劳斯大教堂（Św. Mikołaja）参观，这里的庄严肃穆与宁静温馨，给我留下了十分深刻的印象。走进大教堂，我们沿着长街漫步，不一会的工夫便来到格但斯克琥珀博物馆。博物馆开门的时间还没到，但格但斯克市政府分管琥珀工作的代表罗伯特·彼特劳斯（Robert Pytlos）先生，早早就已经在博物馆门口等候我们的到来。琥珀博物馆开放的时间到了，罗伯特·彼特劳斯先生陪同我们一起参观。他告诉我，格但斯克市政府非常重视传统文化的保护与传承，琥珀盛产在格但斯克，格但斯克也成为琥珀色的代名词。琥珀因其独特的品质、色彩和香气，早在史前时代就备受人们的关注。据"rzucewska"记录，琥珀是一种古老的珠宝首饰用料，作为宝石，已有近6000年的历史。4500年前，居住在现滨海省的人类遗址考古结果显示，琥珀过去曾被人类大量地获取，希腊人、罗马人在中世纪就非常喜爱或收藏琥珀。从古至今，一直深受人们喜爱。用罗伯特·彼特劳斯先生的话来说："琥珀迄今仍是最令人感兴趣的珠宝。"

位于波罗的海沿岸的俄罗斯、白俄罗斯、乌克兰、波兰、立陶宛等国家，有着全世界80%以上的琥珀存量。4000万年以前，这里的原始丛林中生长着一种会大量出油的松树——现在人们叫它琥珀松树。黏稠状的油脂经过千万年的洗礼，变成化石，这就是琥珀原石。海水把它们冲击上岸，在海岸石英砂、浅水滩以及黏土矿床上被人们开采。

波兰人开采琥珀已经有几千年的历史，早在古罗马时代，波兰人开采、制作琥珀的工艺技术就达到了相当高的水平，当时罗马的很多达官贵人都爱好收藏琥珀制品，因此形成了琥珀产地波罗的海之滨的格但斯克通往罗马的"琥珀之路"。正因为如此的历史渊源和文化背景，琥珀色的格但斯克被誉为"琥珀之都"。

Mariusz i Kamil Drapikowscy
SZTUKA
w kręgu
sacrum
20.06 – 28.09
2014
www.mhmg.pl
amber.com.pl

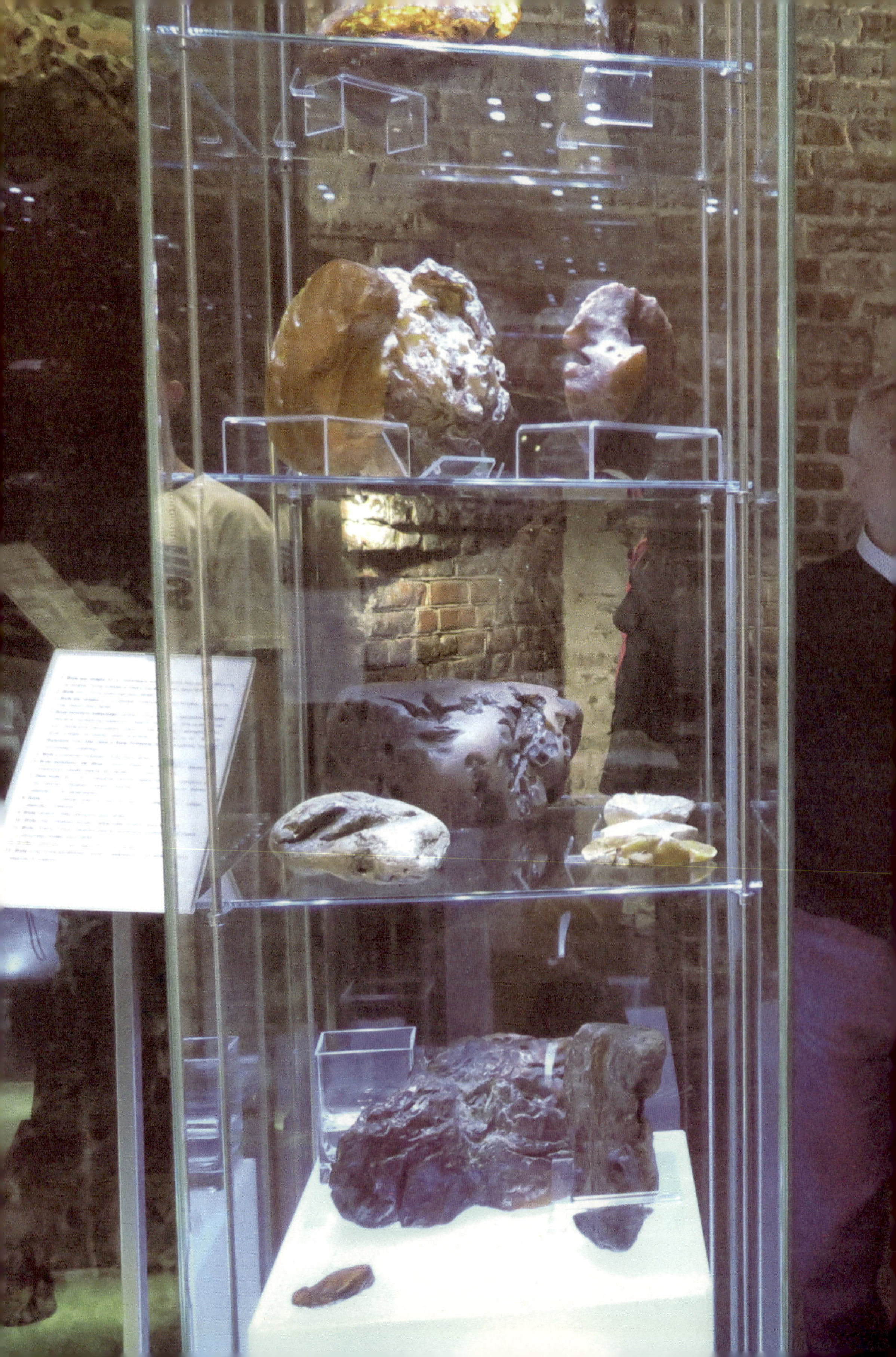

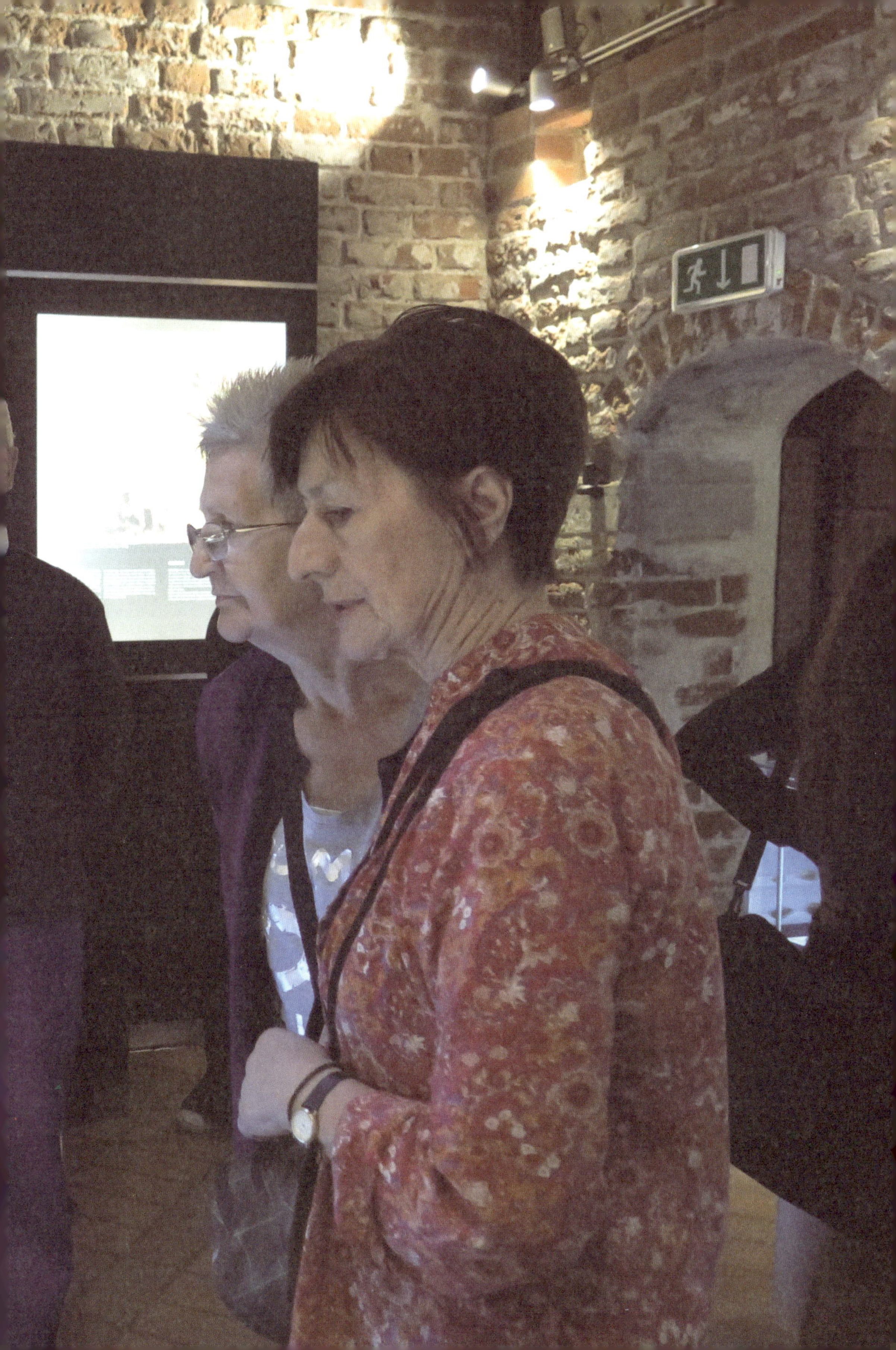

1477年，格但斯克成立了琥珀同业公会。为保证琥珀产品的品质，按照行业工会的规定，最初只有不超过40家琥珀工坊得到了运营许可。15世纪到18世纪，格但斯克的琥珀加工业达到了巅峰。按照富有的商人、贵族、教士和王室的要求，无数精美绝伦的琥珀作品诞生在格但斯克的手工作坊中。手工匠人以琥珀与银为原料，镶嵌工艺十分精湛，制作各种工艺品和日用品，首饰盒、珠宝、雕塑、帆船微缩模型、鸟笼、杯子、勺子、油灯……都是当时流行的器物。在富丽堂皇的巴洛克风格审美导向之下，人们发掘了琥珀在加工成首饰之外，还可用来制作更为大型或者独特的工艺品的潜力。我在参观格但斯克的琥珀博物馆时，还看到了一些当时保留下来的珍贵作品。其中有一个制作于1724年的大型琥珀首饰盒，通体由形状、颜色各异的琥珀拼接镶嵌而成，盒顶还装饰着一个天使吹号造型的象牙雕像，莹润可爱。那还不仅仅是琥珀行业的黄金年代。背靠波罗的海，面前有维斯瓦河水运连通整个波兰市场，使格但斯克发展成为一个繁荣的大型国际性海港城市。

经过1772年至1795年的一系列战争，波兰最终被俄国、普鲁士和奥地利三大强邻所瓜分。1793年，改名为"但泽"的格但斯克被正式割让给普鲁士王国，直到1919年《凡尔赛条约》签订，波兰得到通往波罗的海的狭长的波兰走廊，而但泽在国际联盟保护下成为自由市——这使得德国领土被分成了不相连接的两块，埋下了"二战"伊始希特勒炮轰格但斯克的伏笔。受到连年战争的拖累，这座城市也不再如昔日那般辉煌灿烂，贸易和手工业都日渐衰落。穷困的市民再也无力购买昂贵的商品，更别说是那些绝无仅有的杰作。手工匠人只能制作一些廉价、俗气的东西，聊以温饱。

自2006年开始，格但斯克市政府将坐落在老城中长街上这座高高的、陈旧的格但斯克的标志性建筑——监狱塔，改建成了格但斯克琥珀博物馆，向市民和来自世界各地的游客展示珍贵的收藏品，通过展厅中一件件无与伦比、美轮美奂的绝顶珍品，再现琥珀悠远的历史年轮，了解波兰文化，品味格但斯克。

沿着狭窄古老的台阶，我们随罗伯特·彼特劳斯先生走进琥珀博物馆，首先映入眼帘的就是众多形态各异的琥珀原石。这些琥珀原石呈现出不同规则的块状、颗粒状或者多角形，也有经海水冲刷后的大块原始形状，像是鹅卵石，外表光滑圆润，原石近乎透明，色彩斑斓，多呈金黄色、橙色、血红色和暗红色。

罗伯特·彼特劳斯先生带我们来到琥珀制作车间，身穿紫色格子衬衣的年轻设计师热情地和我们打招呼，他的名字叫马尔钦·柯萨可夫斯基（Marcin

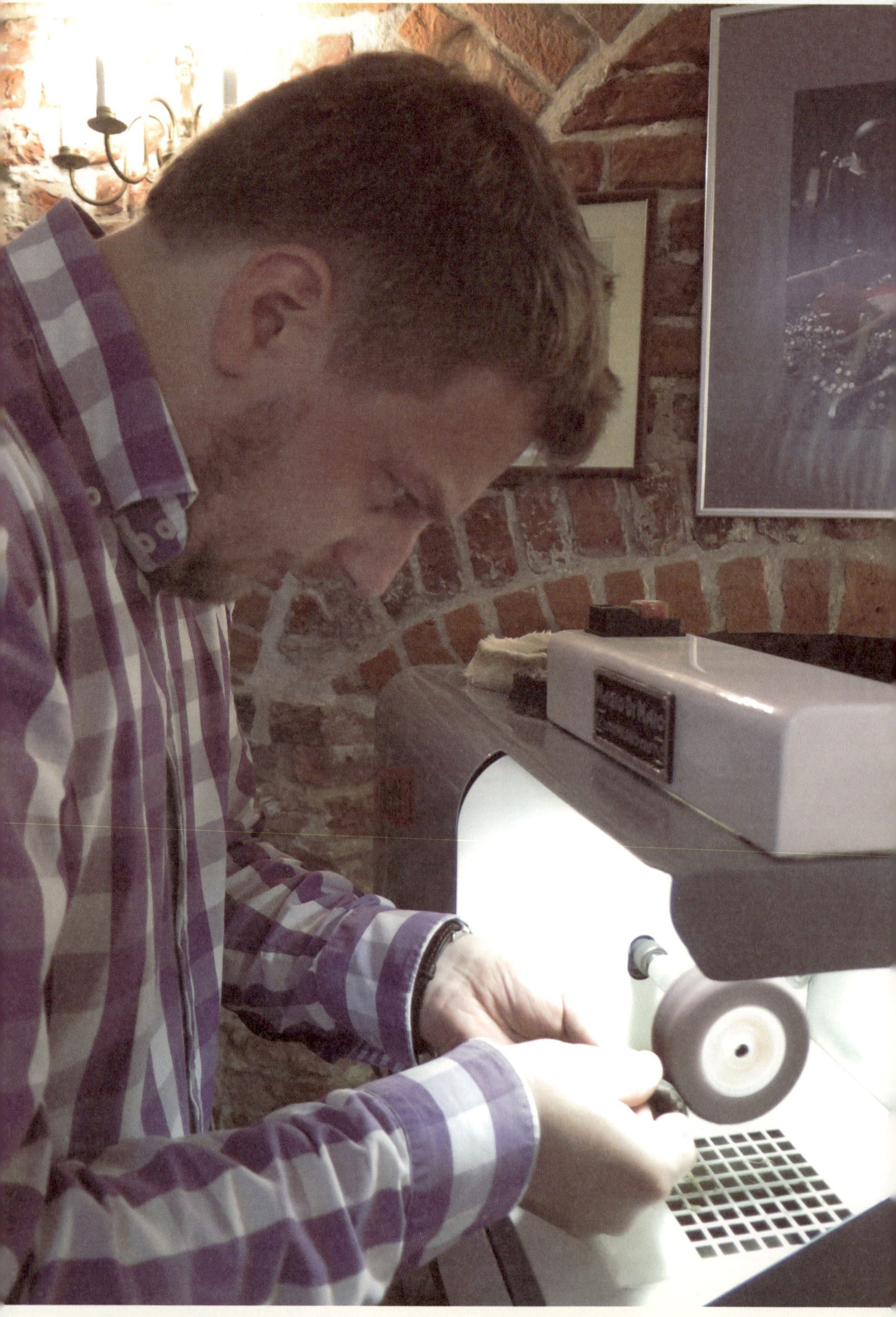

Kossakowski），他选了一块琥珀原石，当场在机器上为我们打磨抛光，经他一番打磨，一块熠熠发光、温润漂亮的琥珀很快就展现在我们眼前。真的非常漂亮。柯萨可夫斯基说，这块被打磨抛光过的琥珀，再经过设计镶嵌，就会变成一件价值不菲的琥珀装饰品，令人赏心悦目。设计师向我们介绍，格但斯克的琥珀饰品天然生成，经当地能工巧匠手工打造而成，每一件都独一无二。一台类似缝纫机的机器左边用来切割原石，右边则用来打磨和抛光。刚刚从海里捞出的琥珀原石由黑褐色的外皮包裹着，很难知道好坏，须切割后方能知道里面的琥珀质量。因此，买卖琥珀原石的过程类似于翡翠玉石的"赌石"，工人们根据琥珀的尺寸大小进行分拣，然后由老板大概判断一个价格。"长廊"专卖店就有六十多个工人，负责将琥珀加工成不同的饰品。

在琥珀博物馆，我们能看到最早用来采集琥珀的工具：一只网眼细小的网兜。渔民们用这个原始简单的工具在沙滩和较浅的海水里进行打捞，被海浪冲到岸边的海草里常常能够找到许多大小不同的琥珀。琥珀是远古松科松属植物的树脂埋藏于地层，经过漫长岁月的演变而形成的化石。它仿佛是"时空定时器"，能将数百万年前某一瞬间定格保存下来，让人们透过这种神秘的晶体洞悉远古秘密。博物馆最为珍贵的琥珀还要数里面裹有其他生命体的虫珀，据博物馆讲解员安纳达介绍，挑选虫珀时要注意三点，包含物的种类、虫的完整程度以及虫体大小，像爬虫类特别是蜥蜴，绝对是收藏琥珀的要素，而蚂蚁打架这样的琥珀更是拍卖出了天价。

说到琥珀的价值，不禁使我想起在中国、希腊和埃及的许多古墓中，都曾出土过用琥珀制成的饰品。古罗马的妇女有将琥珀拿在手中的习惯。其原因是在手掌的温度下，琥珀受热后会散发出一种淡淡优雅的芳香，使人神清气爽，精神振奋。据说在当时，一件琥珀雕刻成的小雕像比一个健壮的奴隶价钱还高，因此古罗马人赋予了琥珀极高的价值。

博物馆里被命名为1号展品的蜥蜴虫珀是镇馆之宝，显微镜下，这个长达3厘米的小蜥蜴身体每个细节都清晰可见，扭曲的头部和微微向上弯曲的胸部都可以证明它在被树脂包裹住的瞬间还是活着的。它的尾部则已经缺失了，可以想象这个小家伙最后的挣扎。这块琥珀就像是几分钟前刚被冷冻起来的蜥蜴标本，但实际上已过去了40万年。这块蜥蜴琥珀是1997年6月在格但斯克的一个沙丘附近被发现的，据说全世界蜥蜴肢体的琥珀只有三块。

格但斯克琥珀博物馆珍藏了世界琥珀的顶级藏品，中世纪时格但斯克有钱的人很多。16—18世纪是格但斯克琥珀工艺发展的鼎盛时期。然而，由于琥珀制品易碎的特性，加上近二百年来格但斯克地区饱受战火摧残，能够流传下来的古董琥珀艺术品数量非常少。如今，格但斯克琥珀博物馆内收藏的16—18世纪期间创作的琥珀珍品，都被小心存放在温度、湿度严格控制的密闭玻璃柜中供参观者欣赏。

琥珀作为珠宝，在珠宝的百花园中拥有尊贵的地位。一直以来，琥珀以不同寻常的美丽、自然的形状、有趣而独特的内部结构被世界公认为最有价值、最流行、最珍贵的宝石之一。每一个图案都是独一无二、无法复制的，其中内含的各种各样的小动物和小植物体，也是千百万年前生命的见证。

琥珀博物馆中的展品由能工巧匠们精心设计，一个展柜中展示了手工制作的琥珀小箱子、烟斗、首饰盒、胸针、笔筒、桌子等日常生活用品，在另一个展柜，

Mariusz Drapikowski
Martwa natura – patera z owocami

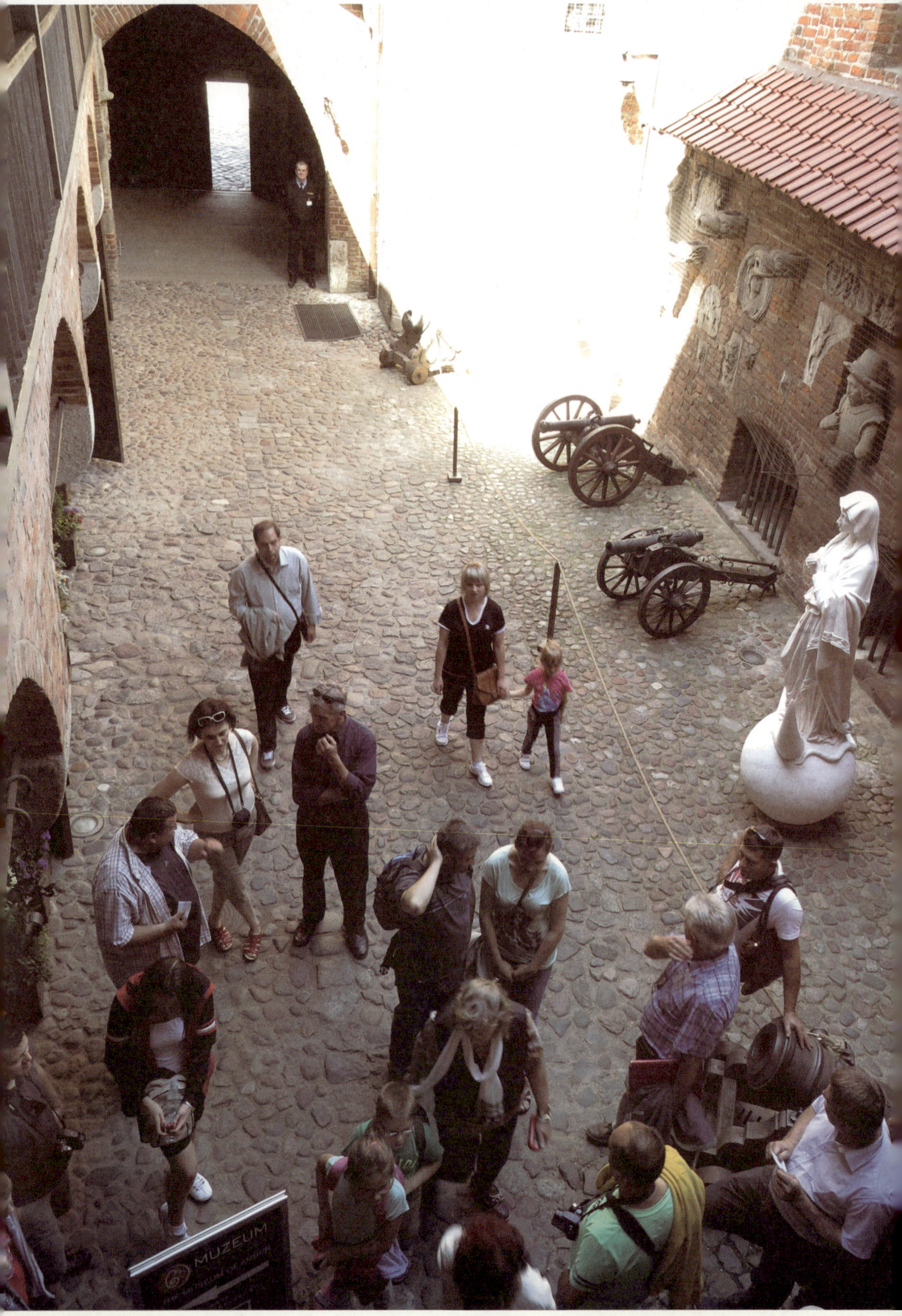
MUZEUM

展示了公元前7—前6世纪制作的琥珀护身符、首饰盒纽扣等。件件做工精致、设计独到，堪称稀世珍品。

走上二楼的展厅，我立刻就被琥珀和纯银镶嵌的精品"千年圣体匣"深深吸引，这件珍品是马留什·德拉彼科夫斯基（Mariusz Drapikowski）和卡米拉·德拉彼科夫斯基（Kamil Drapikowski）父子工作室于2006年创作的作品。此外，德拉彼科夫斯基工作室还在2003年创作了一幅圣母玛利亚巨幅琥珀相框。这里的每一样藏品都独具匠心，每一件作品都巧夺天工，具有极高的历史价值、审美价值和文化价值。

在美丽的琥珀展馆另外一侧，则是格但斯克监狱展览馆，这里摆满了各种16世纪用来折磨囚犯的刑具，身旁音响中时不时传来的求饶声更让人不寒而栗。在格但斯克人眼中，这就是不可忘却的、让后人永远铭记的历史。

我想，任何一座城市，它呈现出的独到之处，一定是与在这座城市生活的人们息息相关的，他们留下来的历史痕迹及鲜明特色，日积月累沉淀下来的记忆，便是这座城市最耀眼的底色。

格但斯克在我眼中，就是雅致庄重、绚丽多彩的琥珀色。

漫步长街

在欧洲波罗的海之滨，有一座奇特的国际化城市，千百年来，一直以她充满神秘美丽的诱惑和古老厚重的文化魅力，令人赞叹向往。她是波兰引以为荣的历史文化名城，也是最令欧洲、美洲，乃至亚洲世界各地游人备受欢迎的观光胜地——格但斯克。

伫立在经过中世纪沧桑变换、充满古典韵味的格但斯克老城区，给人们带来回望历史的厚重感和展望未来的惊奇感。

格但斯克市中心地区拥有许多从汉萨同盟时代以来的优秀建筑。来到这里，大多数游客会将兴奋的目光集中在沿着或邻近长街和长广场的地区。所谓的长街并不长，只是从金门到绿门短短的一段，但沿街有许多精美的建筑和雕塑，以及艺术品和珠宝商店，是每一个来到格但斯克的游客不会错过的观光目的地。

漫步长街的"国王大道"，沿街的主要景点有：高门（Brama Wyżynna）建于1574—1576年，是进入主城区的第一座城门，城门上装饰有格但斯克的城徽；从高门到绿门沿街而行的第一道门，叫金门（Złota Brama），在海神雕塑

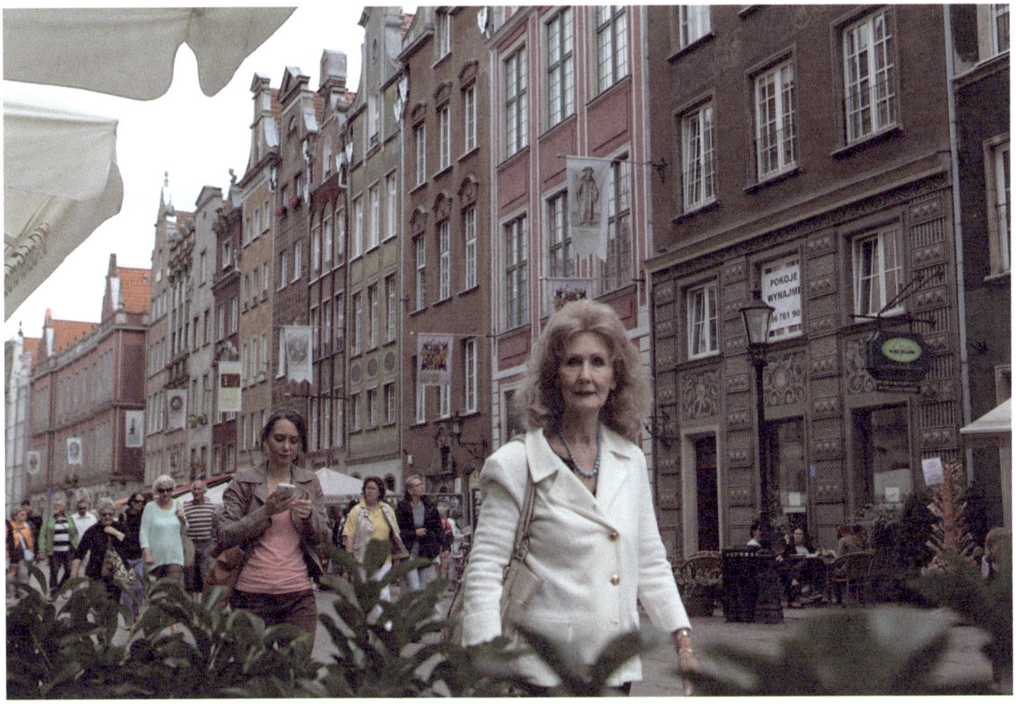
POKOJE

Gdańsk

Wszystkie koszty **w cenie**

Miłego Eurolotu eurolot.com

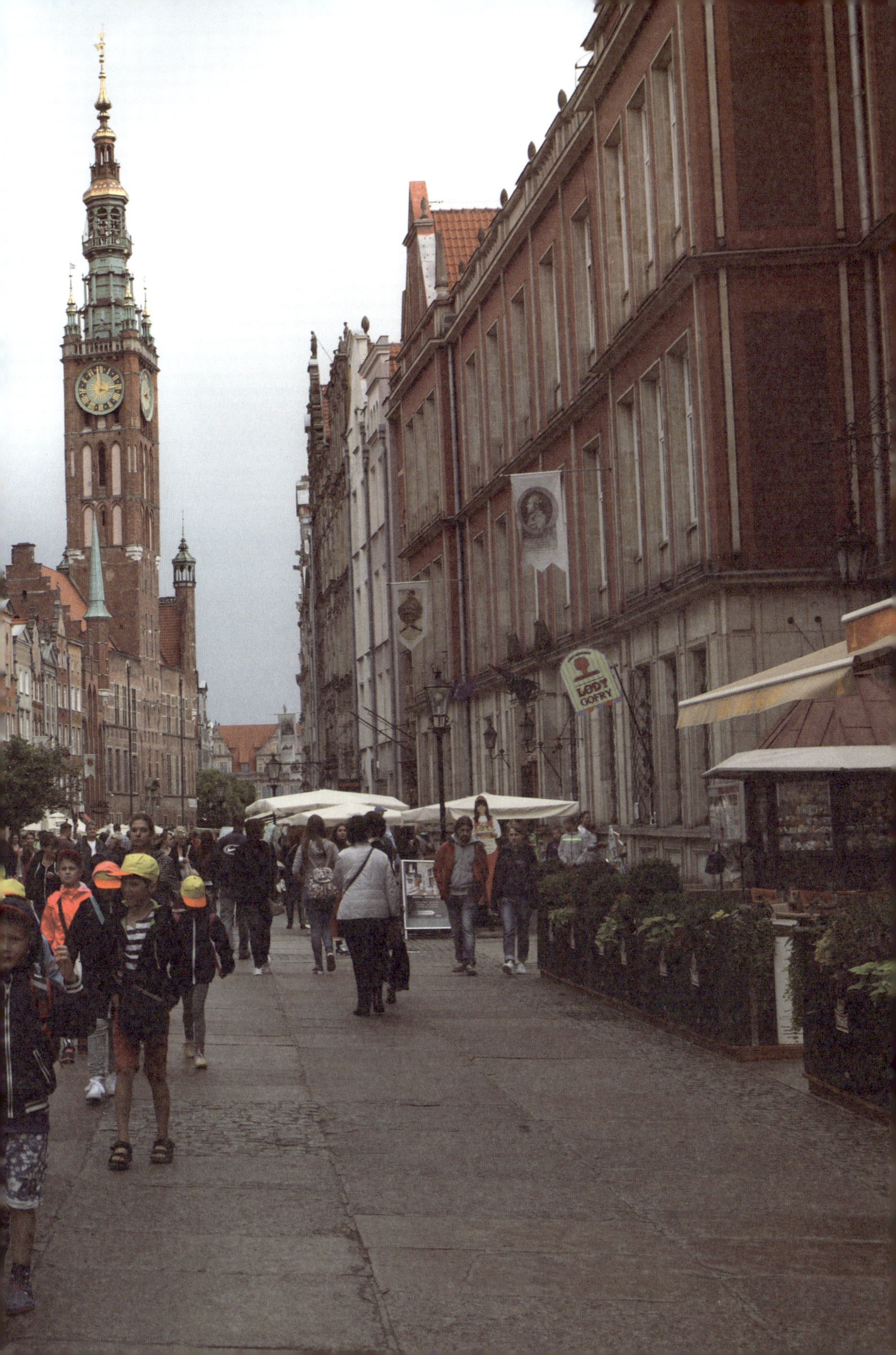
LODY
GOFRY

前面的白色建筑，就是亚瑟庭院（Dwór Artusa，又有人译为阿特斯法院）；长广场（Długi Targ）是主城区的主要广场，城市的重要仪式和节庆活动都在此举行，广场中间是17世纪的海神尼普顿的喷泉，白色的金屋是格但斯克最漂亮的建筑之一，布满雕像装饰的17世纪建筑曾经是富商的府邸；市政厅建于1379—1492年，是哥特式和文艺复兴式的结合，高82米钟楼的塔顶是国王西吉斯蒙德·奥古斯特（Sigismund Augustus）的镀金雕像；圣玛利亚教堂（Bazylika Mariacka）号称世界上最大的砖石结构教堂，建于1343—1502年；绿门（Zielona Brama），曾经是古城门的所在地，16世纪城门被推倒改建成荷兰文艺复兴式的皇家行宫；老市政厅（Ratusz Staromiejski），建于1587—1595年，古典弗拉芒式样的建筑。

文艺复兴时期的巴洛克式建筑风格的格但斯克市政厅，红色房间的大会议室，富丽堂皇，如今被公认为欧洲最豪华的市政大厅，已成为格但斯克历史博物馆，供游人参观。它的天花板上有25幅精美的装饰画，具有非凡的象征意义。每小时，都会从市政厅上面的塔楼传来中世纪悠扬的钟声。

值得一提的是，在格但斯克长街上，亚瑟庭院是所有到此游览的人必去的胜地。翻译柯茗蕾女士告诉我："小时候，父母常常带我到这里参观，给我讲格但斯克古老的故事。作为格但斯克人，我必须推荐所有来这里的人参观我们格但斯克最有代表性、最有独特风格的建筑。亚瑟庭院是我首先向人们推荐的参观地。"当年，一位名叫亚瑟的英国人，他是一位颇有名望、具有实力的优秀骑士，他在欧洲非常有名，他的名字如雷贯耳。那时建筑庭院式的宫殿，都争相要用亚瑟的名字命名，彰显实力和雍容富贵，所以，至今欧洲的许多地方都有亚瑟庭院。其

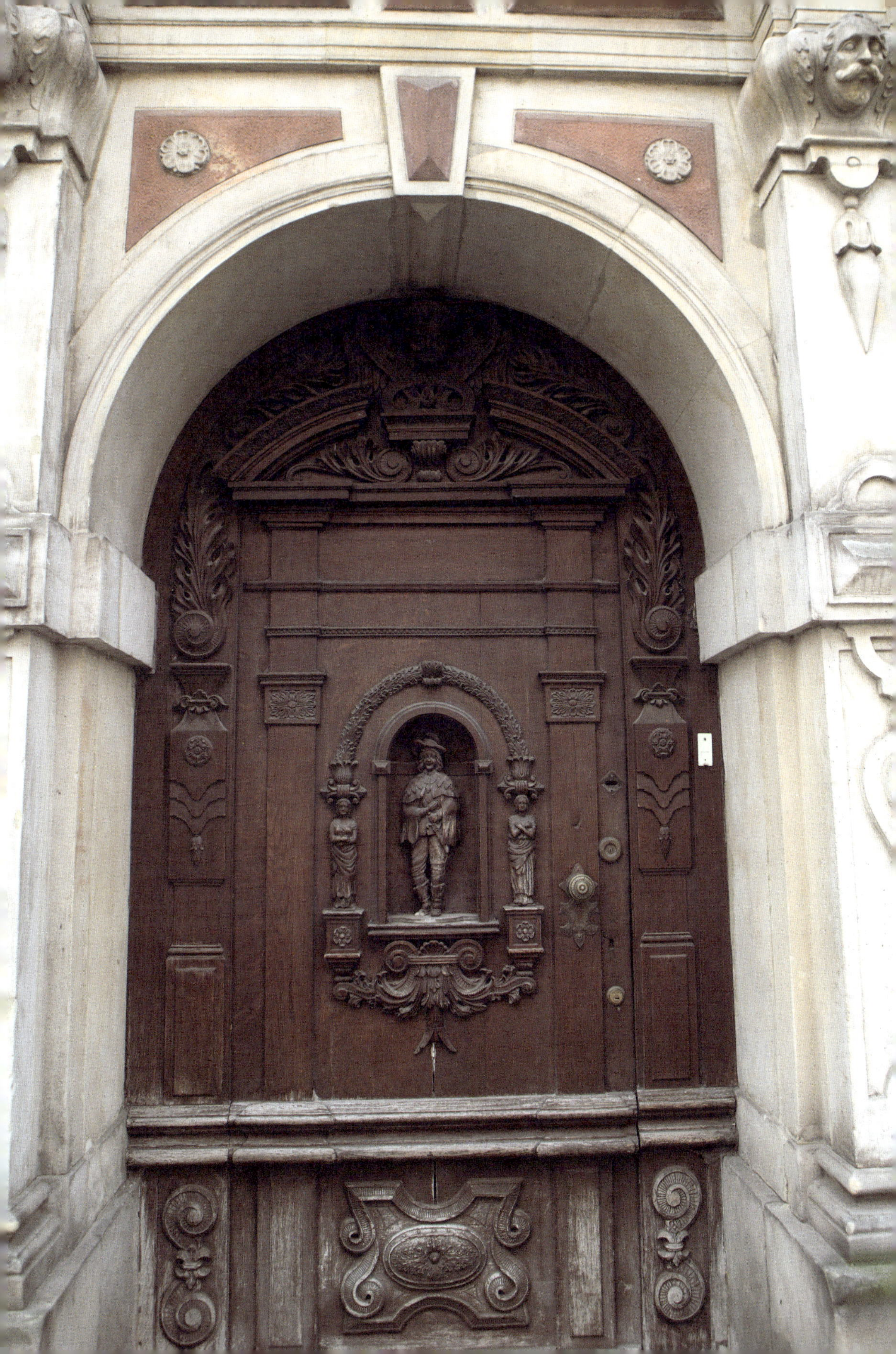

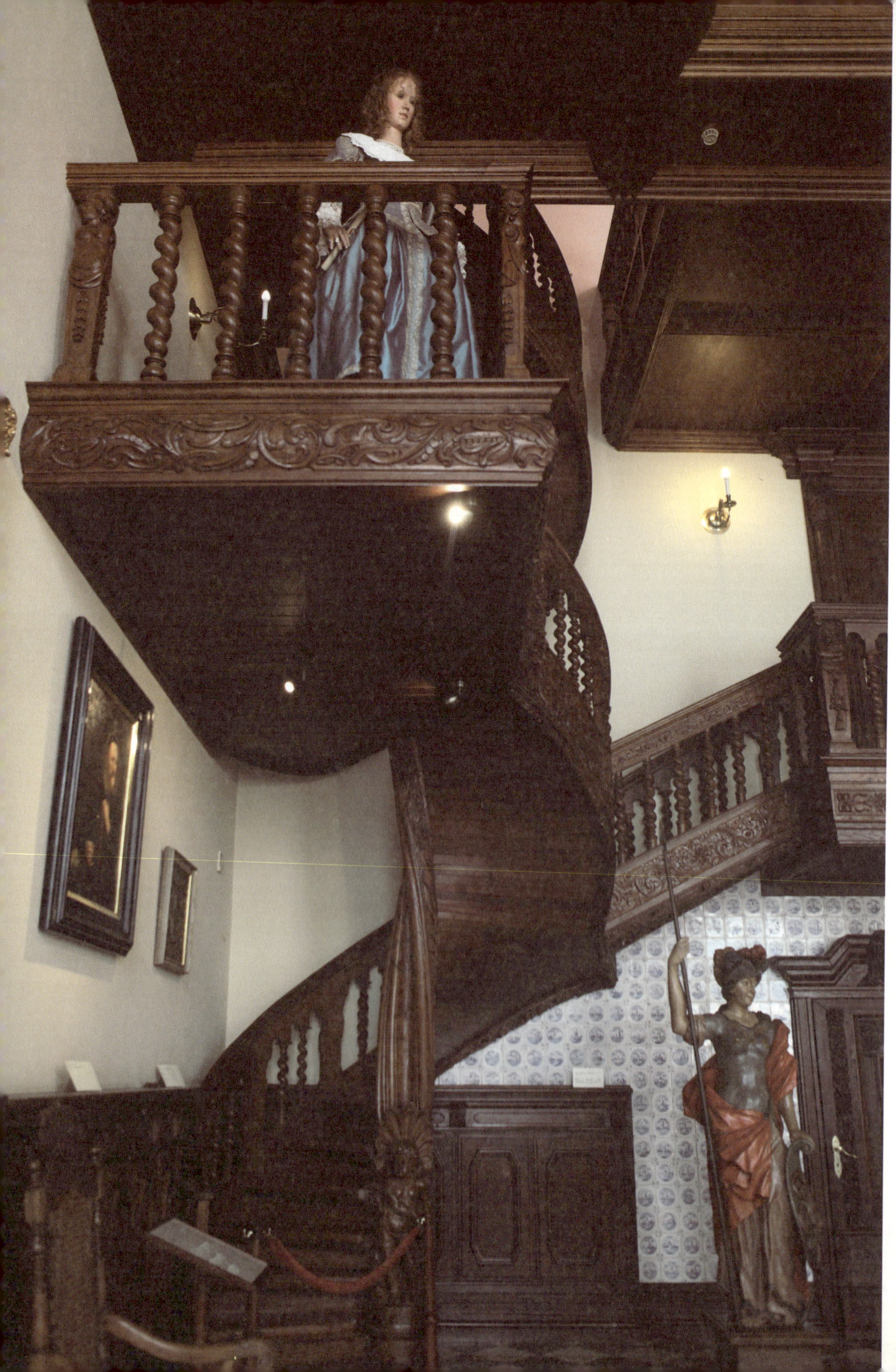

中格但斯克的亚瑟庭院为何会享誉盛名？有一个原因是，它的大厅中有欧洲最高的花砖暖炉，它高达 11 米，共用了 520 块精美的雕花瓷砖砌成，非常精致。

　　亚瑟庭院是格但斯克长街最有代表性的建筑，修建于 15 世纪下半期，这里曾是格但斯克市商人和汉萨同盟成员定期集会的地方，最重要的骑士、商人常常聚会于此，喝酒聊天谈生意。整幢建筑呈银白色，拱形的细格门窗古朴典雅，正面饰有壁画和浮雕，顶上饰有几座约半米高的雕塑。亚瑟庭院内最高贵的一件艺术品就是文艺复兴时期的一个 11 米高的花砖暖炉，亚瑟庭院也因它而名扬四海。亚瑟庭院建筑典雅宏伟，雕梁画栋。庭院内设有中央大厅，威严而庄重，典雅而华丽，充溢着一种庄严的神圣感，令人肃然起敬。庭院前面矗立着是 17 世纪洛可可式风格的雕塑海神波塞冬（Neptun），他是格但斯克市的象征，象征着格但斯克与大海朝夕相处，密不可分。在长街建筑物正面的墙上，可以看到精美的雕塑和浅浮雕，风格迥异，形象生动，造型包括人物故事、珍奇花草和动物生灵的形象。

说到美人鱼的传说，不得不告诉大家，在波兰首都华沙，在格但斯克，都有美人鱼的雕像。自古以来，许多波罗的海沿海城市都盛传美人鱼的故事，而波兰港口格但斯克是传说最多、美人鱼形象出现最早的地方。有位历史学家告诉我，安徒生童话的素材大多来自北欧传说，而吸引世界游人的丹麦美人鱼，则是取材于格但斯克的动人传说。

不远处，是金碧辉煌的市政厅和新法院。有意思的是，格但斯克新法院的门厅上，每天13:00（每到旅游旺季时，每天15:00至17:00）都会出现一位可爱的"窗中女"，她的一颦一笑，带给游人快乐舒心。

格但斯克是波兰和欧洲最具历史价值和最大的古建筑群之一，可以毫不夸张地说，格但斯克是一个建筑文化博物馆，数不胜数，独一无二的建筑艺术作品及神圣的艺术丰碑，堪称"世界之最"。在这里，我要告诉读者的是，完善的法律是格但斯克古建筑保护的有力武器。法律规定，古建筑的继承者、所有人对文化保护承担全部责任。政府部门则实行监督职能，不仅监督古建筑严格按照原貌恢复，而且监督修建资金的使用，如果发现钱被用作他途，所有者将面临起诉和监禁的惩罚。

我在格但斯克采访市长鲍威尔·亚当莫维兹（Paweł Adamowicz）先生时得知，格但斯克的绝大部分老建筑都是新的，只不过人们修旧如旧。"二战"后，许多古建筑都只剩老地基了，却正是在大量这样的老地基上，确保了新建筑的修旧如旧。在格但斯克，如果老建筑的地基还在，任何机构和个人不得在上面随意建造新房子，而是要经过当地历史建筑保护机构的鉴定，根据老建筑的照片、画像或相关文字记载还原修建，个人或投资者还可以向欧盟、滨海省政府等机构申请修建费用。一般说来，政府会承担50%的资金，有的重要项目甚至提供100%的资助。据统计，近年来，滨海省每年花在古建筑修复上的经费在250万欧元左右。如果暂时找不到资料的古建筑，就保持现在的样子，等找到了古建筑的史料再进行修复。

格但斯克老城区，就是世界游客来到这座城市的必游景点。置身于格但斯克这座有着一千多年历史的老城，眼前展现出13世纪格但斯克贸易发达、商铺繁华、经济鼎盛的兴旺景象。走进长街，沿着当年国王的足迹，穿过岁月的时光，去寻觅格但斯克最美丽和最具深邃文化的名胜古迹，我的脚步跨过市政厅、亚瑟庭院、绿门，一路走来，我的心中不禁感慨万分：这条充满中世纪浓郁文化氛围和气息的老街，无疑是中世纪格但斯克繁华都市和文化中心的象征。

这里有数不胜数、独一无二的珍贵建筑艺术作品及神圣无比的艺术丰碑，堪称"世界之最"。格但斯克至今仍保留着许多中世纪老教堂。仅仅在格但斯克老城区著名的长街附近，就威严地耸立着至今依然是世界上最大的砖砌教堂——圣玛利亚教堂（Bazylika Mariacka）。这座教堂整整用了159年的时间，经过几代人的心血付出和精心建造，才得以建成。至今还完好无损地珍藏着中世纪巴洛克艺术珍品，如创作于14世纪1410年圣母怀抱耶稣痛哭的画作《圣母怜子（Pieta）》，创作于1472年的油画《最后的审判》（复制品），德格林于1461—1470年制造的天文钟及由来自奥格斯堡的米哈尔大师于1510年开始建造，历时7年才建成的祭坛……教堂设计风格十分别致，建筑精美。

教堂顶尖整体高度为105米，拱顶离地板距离30多米，如果你有机会登上82米高的教堂塔顶，就可以俯瞰格但斯克市全景。从这里通向瞭望台的台阶居然有400级。此时此刻，你可以闭上双眼，展开想象的翅膀，试想一下，早在中世纪时期，格但斯克人就创造了如此令人难以置信的辉煌，真是无以伦比、不可思议。

长街上还有一座建于13世纪著名的奥利瓦大教堂（Katedra Oliwska），它是西多会的教堂中建筑长度最长的教堂，由拱顶长方形廊柱大厅和拉丁文十字架形状的一个主教堂和两个通道组成。教堂中，有许多巴洛克式风格和洛可可式风格的精湛艺术品。其中，最有艺术价值的珍品是由能工巧匠让·瓦尔夫（Jan Walf）和弗里德里希·兰道夫·达里茨（Friedrich Dalitz）共同制作的洛可可式管风琴，至今还能演奏。我伫立在奥利瓦大教堂静静地仰望这架至今已有几百年历史的管风琴，依然流淌出优美的琴声。这琴声仿佛在讲述着格但斯克这座中世纪古城，在历史变迁与岁月年轮中一个个美丽的传说和动人的故事。

沿着安静古老的街道，拂面吹来夏日的清风，格但斯克这座美丽城市处处鲜花盛开，芳草萋萋，绿树成荫。我来到圣·布瑞基德教堂（Św. Brygida），格但斯克的教堂很多，除了圣玛利亚大教堂、奥利瓦教堂和圣尼克劳斯大教堂之外，还有一座漂亮、安静、庄严、肃穆的圣·布瑞基德教堂。走进教堂，一股沁人心脾的花香扑鼻而来，一对新人伴着花香，走进这座"爱的殿堂"，举办婚礼。淡淡的花香、美妙的音乐弥漫在教堂里，看着一对新人脸庞绽放着幸福笑容，在场的每一位陌生人，都会向他们投来羡慕与祝福的目光。更值得一提的是，教堂的中央吊挂着价值不菲的两块巨大琥珀，挂在这里是有特殊寓意的。

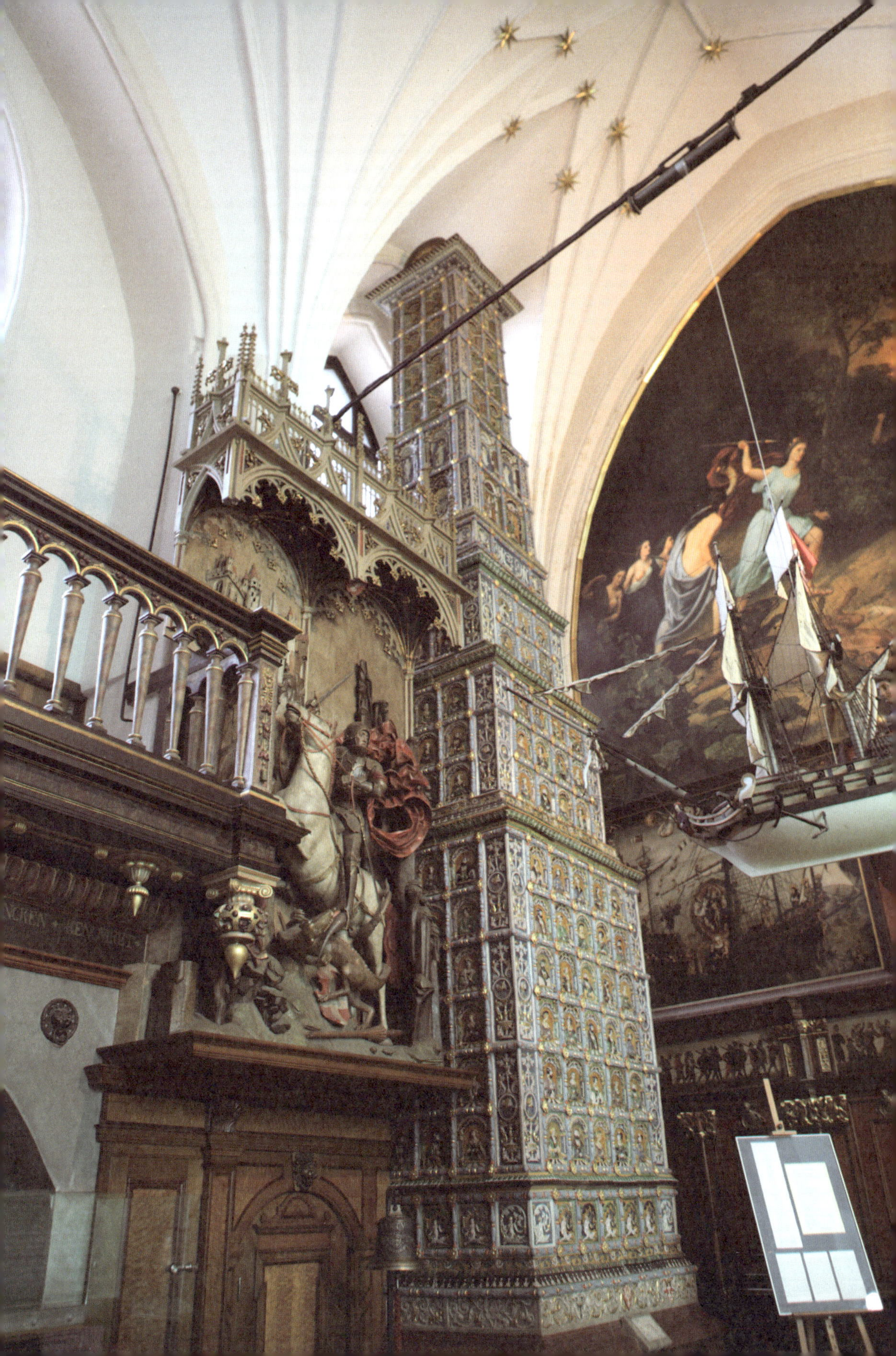

琥珀的透明与温润象征着人们虔诚的信仰和纯净的心灵。让我没有想到的是，这两块巨大的琥珀挂在圣·布瑞基德教堂已经很多年了，人们把它当作神圣与高贵的象征，却从未有人心生歹念，这也从一个侧面反映了格但斯克人的高尚品质和纯洁的心灵。

写到这里，我想到了在采访格但斯克市长鲍威尔·亚当莫维兹时，他的一席话令我记忆犹新："修复后的古建筑并没有作为博物馆陈列起来，而是自然地融入居民生活，这造就了古建筑的新兴，这一点也是我们竞选'欧洲文化之都'的一张王牌。著名的长街，其中一边现已经是格但斯克国立博物馆和前总统瓦文萨租用的办公室，两边的连墙建筑则是珠宝店、餐馆和居民房，马尔堡不仅仅是城堡博物馆，更重要的，它是当地居民的文化活动中心。"

漫步格但斯克长街，一路的风景将会带给你一个不一样的世界，令人依依不舍、流连忘返。

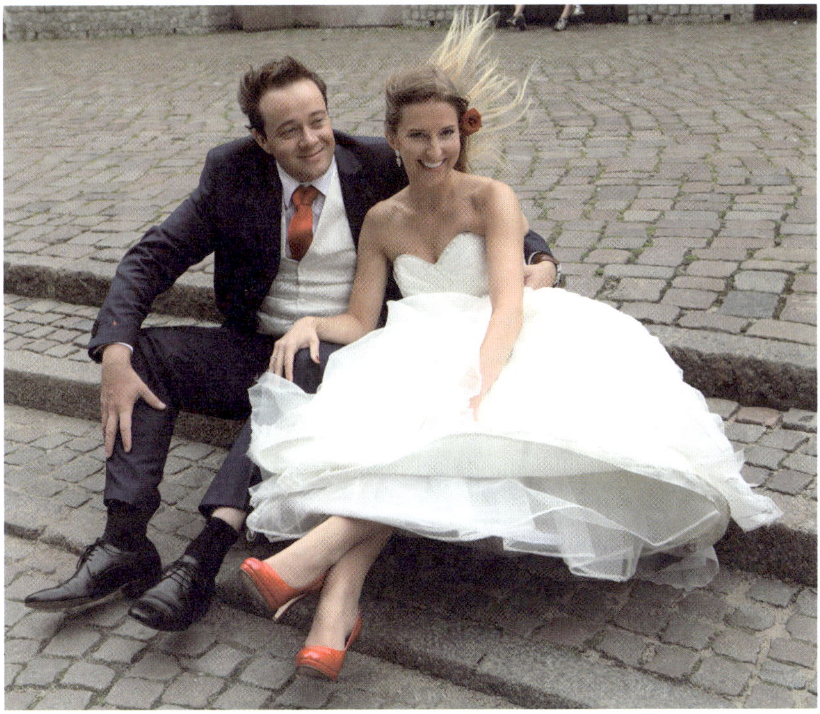

莎士比亚剧院

在格但斯克一条古老的街道上,坐落着名声赫赫的莎士比亚剧院的办公室。走进莎士比亚剧院,耶热·里蒙尼(Jerzy Limon)先生手拿着一张17世纪莎士比亚剧院的画片,等待着我们的到来。儒雅淳朴、亲切和蔼,看上去毫无架子,令人想不到,他就是莎士比亚剧院院长兼办公室主任及格但斯克戏剧基金会主席。

坐在耶热·里蒙尼先生拥挤、狭窄的办公室里,他"开门见山"地对我说:"别看我这间屋子很小,但是却有着漫长的历史。"他指着墙角放着的一堆黑色的木头说:"这些老木头是波兰最好的橡树,至今已有四百多年的历史,16世纪的莎士比亚剧院就是用这种老橡树木头修建而成的。你知道吗?格但斯克是波兰重要的文化中心之一,在16世纪就主办了莎士比亚戏剧的巡回演出。1743年成立了但泽研究学会,是世界上最早的同类组织之一。莎士比亚剧院已经计划在其历史遗址重建。格但斯克有数家剧院,一个音乐厅、一个歌剧院,以及众多的博物馆;夏季在长广场还有露天音乐会演出。莎士比亚先生还在世的时候,全欧洲最早上演莎士比亚戏剧的地方就是我们格但斯克。16世纪起,先后有欧洲不少戏剧家都

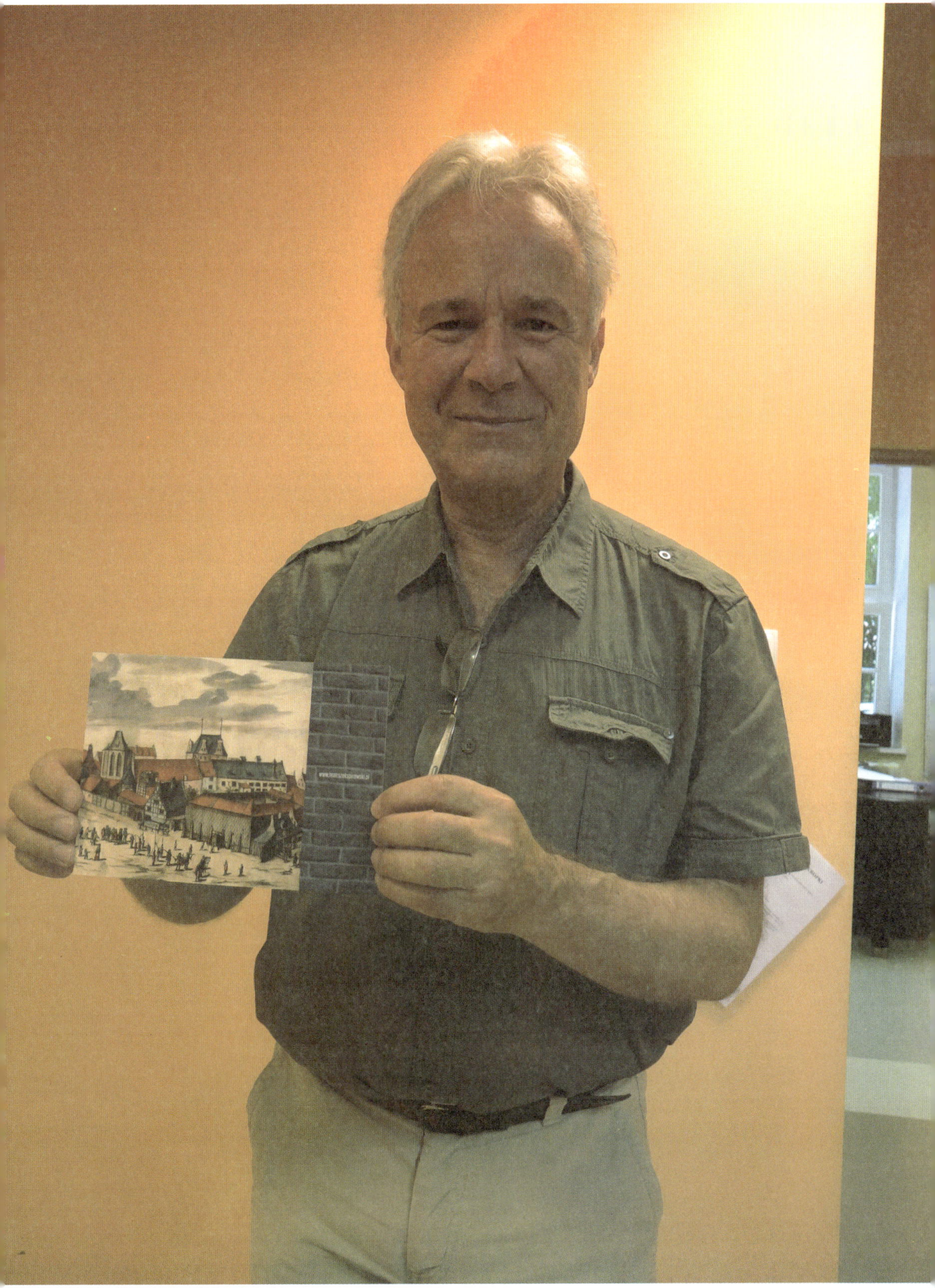

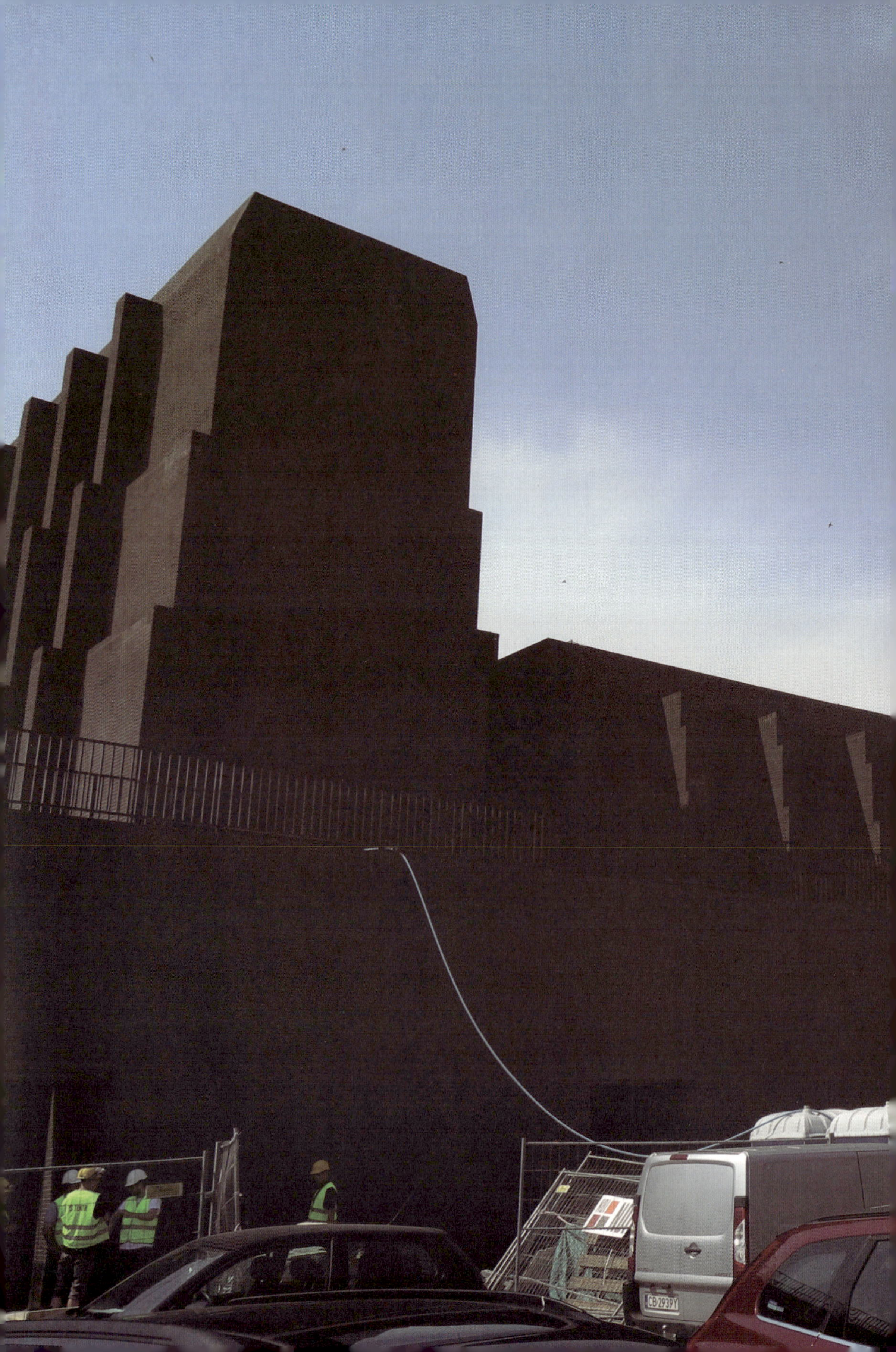

到这里来演出，穿梭于格但斯克与欧洲之间。最早，上演的《李尔王》、《罗密欧与朱丽叶》就是在格但斯克的莎士比亚剧院首演的。无论怎样，这里是最早上演莎士比亚戏剧的、有历史记载的剧院。这一点常常为欧洲乃至世界莎士比亚戏剧爱好者所赞赏，也是我们莎士比亚剧院光荣的历史和伟大的骄傲。"

格但斯克是一个独一无二的地方，中世纪起，它就是一个繁忙的港口和繁荣的城市，英格兰、苏格兰及欧洲各地与格但斯克都有贸易交往、文化交流，他们把格但斯克看作是最富有的地方。

有一位英国人介绍格但斯克时，他特别介绍了一位英国演员，罗伯特·雷诺兹（Robert Reynolds），他的演技非常精湛，是一位多面演员，常常可以一边哭一边笑。罗伯特·雷诺兹非常喜欢酸鲱鱼这道菜，是因为他们很早就来过波兰，喜欢品尝这道格但斯克的美味佳肴。他是17世纪的人，在他死后他的太太居住在波兰，国王还给他的太太发放退休金。

当时，格但斯克是欧洲重要的文化中心之一，又有人把它称为"小欧洲"。从中世纪起，格但斯克的文化就充满了浓郁的历史气息。至今跨越千年，格但斯克这座城市依然散发出当年作为欧洲文化中心的独特魅力和文化气息。格但斯克作为最早与外界沟通信息、交流文化、发展贸易的港口城市，她是镶嵌在波罗的海的一颗明珠。东方文化、西方文化在这里相会交融，特别是17世纪以来，格但斯克与英国保持了良好的关系，受到英国文化的影响，由此可见，欧洲的第一个莎士比亚剧院建在格但斯克也就不足为奇了。

耶热·里蒙尼先生向我介绍，在格但斯克新建的这座莎士比亚剧院，建筑设计非常特别，它与通常的剧院最大不同之处在于，外表看不出这是一座剧院。谈

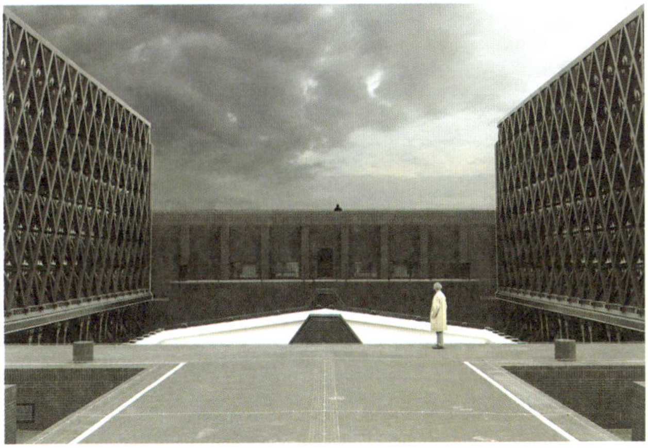

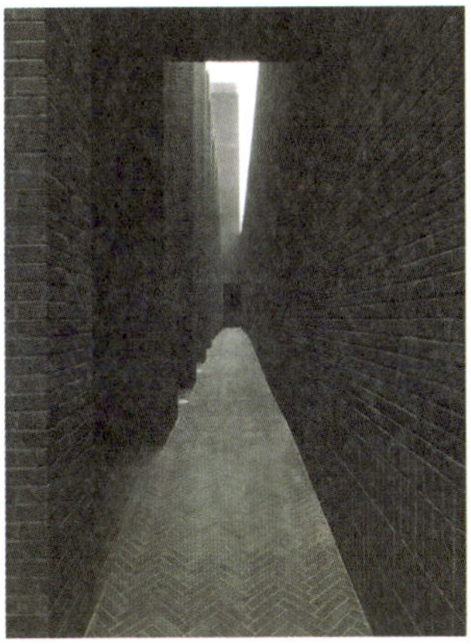

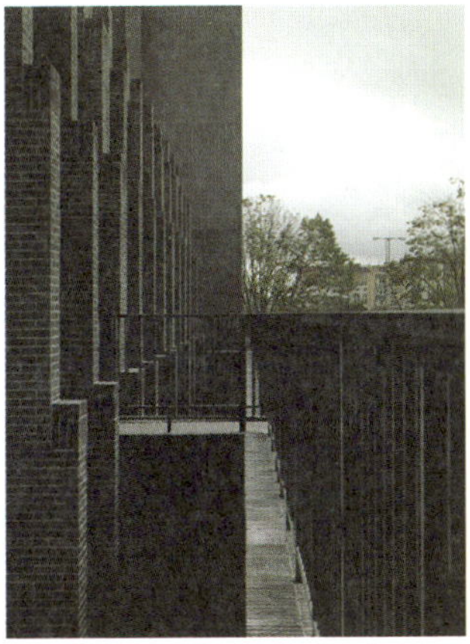

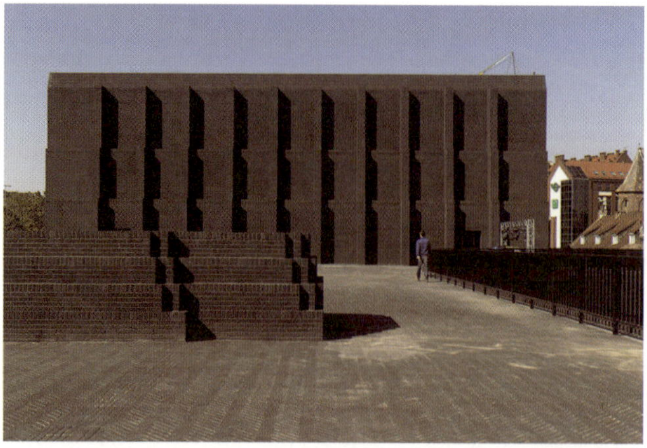

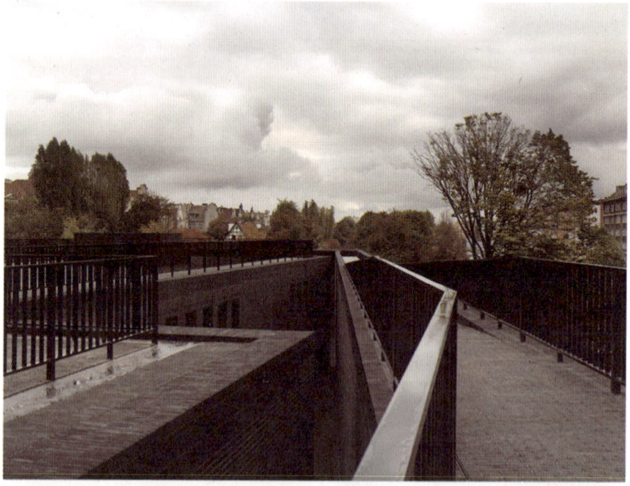

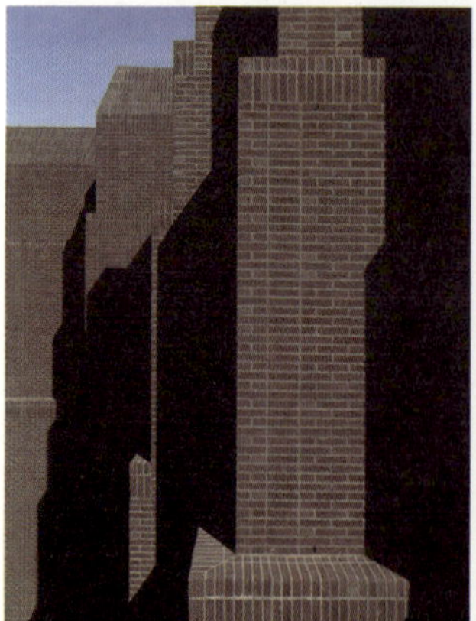

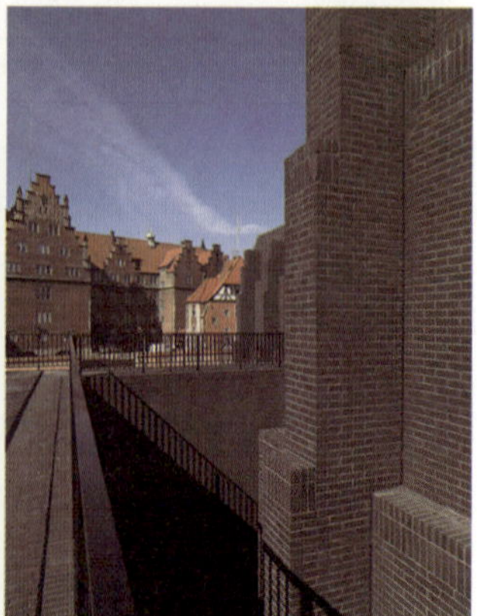

到这里，他说，可以和中国的上海作比较，上海的剧院是非常现代化的建筑风格，而莎士比亚剧院注重历史和现代相融合。2005年，"国际建筑设计大赛"在格但斯克举办，来自三十多个国家的设计师团队参赛，竞相角逐。最终，意大利著名设计师（Renato Rizzi）脱颖而出，一举夺魁。他就是莎士比亚剧院的设计师。整座剧院就像一个盒子，外表看不出是剧院，方形屋顶可以像翅膀一样打开，让剧院与天空对接。从上向下俯瞰，就如打开这个盒子，窥视其中的宝贝。在这里，人们望向格但斯克的天空，望向莎士比亚的天空，望向我们每一个人内心的天空。我到过台湾省的歌剧院，那幢建筑非常漂亮，当今世界一体化、国际化，各地的建筑风格兼容并蓄，各有千秋。

这位看上去极具艺术特质、严谨认真的耶热·里蒙尼先生非常亲切，与他的交谈令人愉快。他说："我虽然没有去过中国，但是非常令自己都感到奇怪的是，很早很早以前，我就爱上了中国菜。早在几十年前，我就尝试自己动手学习做中国菜。我有一个梦想，就是要在新建成的这座莎士比亚剧院举办中国文化节。在这里，展示中国的传统文化，让更多的欧洲人了解中国文化，走近中国文化。"

莎士比亚时期，这座剧院被称作"地球剧院"，它不仅属于格但斯克，它还属于整个欧洲和世界。正因为如此，在地球上的一个大国——中国的千年文化，在莎士比亚剧院来展示，是当之无愧的。

耶热·里蒙尼先生看上去就是一位饱读"诗书"、很有品位的学者、绅士。我非常自信地认为自己的眼光是"八九不离十"。当我把这样的感觉坦诚地告诉他时，他笑了，脸上还有些羞涩。25年前，耶热·里蒙尼先生就有了重建莎士比亚剧院的想法，因为他在一个名为格但斯克剧院基金会（Fundacja Theatrum

Gedanense）的非政府机构担任会长，他是格但斯克大学教授、戏剧系主任，后来在格但斯克莎士比亚剧院任职，2008年由省长米柴夫斯拉夫·斯处克（Mieczysław Struk）、市长鲍威尔·亚当莫维兹（Paweł Adamowicz）共同任命：耶热·里蒙尼先生为格但斯克莎士比亚剧院院长、办公室主任。耶热·里蒙尼先生毕业于波兹南大学的英语专业和艺术史专业，曾在校担任助教，后来又获得戏剧历史专业的博士学位，他还记得当时博士论文的题目就是：莎士比亚剧院及到这里来演出的英国演员。耶热·里蒙尼先生告诉我，学习戏剧历史非常的有意思。如今离开学生时代已经太远久了，但是他对戏剧历史的这份兴趣依然浓厚，每当回想起研究戏剧历史的经历，记忆犹新、历历在目。因为他认为，欧洲戏剧史从古代希腊戏剧开始，古代的希腊戏剧与罗马戏剧都是从民间宗教仪式而来，它们一同构成了一般古代欧洲戏剧史的起源。中世纪，欧洲走向封建社会，城市兴起，产生了职业演员，戏剧在同封建教会残酷统治的斗争中向前发展。宗教戏剧、奇迹剧、神秘剧、道德剧、笑剧与愚人剧形成与发展起来。文艺复兴时期，人文主义者反对封建统治的斗争，反对教会对人民的思想压迫，要求解放精神枷锁。意大利出现了前所未有的艺术繁荣，而取得戏剧艺术高度繁荣的国家是英国与西班牙。英国的文艺复兴时期，戏剧发展到一个高度，它在英国戏剧史上留下了最光辉的篇章。这些戏剧内容丰富：马娄利用英雄悲剧表现人文主义思想，莎士比亚用哈姆莱特精心塑造理想国王形象，本·琼生开创英国风俗喜剧。西欧戏剧的发展已有两千多年的时间，内容丰富，千姿百态。西欧戏剧形成和发展的过程中，歌舞成分逐步减少，而戏剧性的因素却逐步增强并成为主导因素，最终发展成以外部形体动作和对话为基本手段的戏剧形式。

耶热·里蒙尼先生说，还记得他在写论文时，一个神话传说、一段戏剧台词，他都要去翻阅大量的资料，还要研究一些当时英国剧团和演员演出时给市政府议会写的书信，其中大部分内容都是他们强烈申请批准要到格但斯克来演出，发展艺术。这从另一个侧面也见证了当时格但斯克经贸发达、文化繁荣的喜人景象。

耶热·里蒙尼先生说，虽然已经离开教学岗位多年，从事剧院的管理研究工作，但是他依然遵循着一位学者的做事风格：严谨、踏实和精益求精。他发现，现在欧洲戏剧与20年前是完全不一样的，传统的系列剧目已经不太多见，新人追求的是变化和创新。但是，作为格但斯克莎士比亚剧院，一直坚守和传承着欧洲戏剧的优良传统和艺术精髓。他告诉我，2013年上演了一部莎士比亚的悲剧：《特洛伊罗斯与克瑞西达》（*Troilus and Cressida*），这出戏是参照荷马史诗《伊利亚特》并根据中世纪传奇编写的。它讲述了两个故事：一个是古代史上有名的特洛伊战争的故事；第二个是在特洛伊战争背景下展开的特洛伊罗斯和克瑞西达的爱情故事。简言之，一谈战争，二谈爱情，这部剧对现代戏剧艺术影响很大。如今，电视等多媒体艺术及人体艺术，很多时候与传统戏剧有所冲突。"许多人有点糊涂，他们在创作现代戏剧时往往缺乏故事，故事情节，缺乏'优美'这个词汇。有些人觉得，演员的表演方式需要非常触目惊心，有些时候要有很多激情戏，所以现代戏剧比以前的戏剧更难接受，台上看着演得很热闹，而台下观众不明白、不理解。例如阿根廷出生的导演罗德里戈·加西亚（Rodrigo Garcia）的舞台剧《各各他野餐》（*Golgotha picnic*），意在通过现代消费主义的视角，重述耶稣基督的一生，却受到了天主教徒的抗议。"说到这里，耶热·里蒙尼先生微笑着说："戏剧本身就是寓教于乐，感化心灵的高尚艺术，既要传统，又要创新，用优秀的剧目吸引每一位对戏剧感兴趣的观众，我们莎士比亚剧院在18年的时间里，已经举办过多次莎士比亚戏剧节，有传统的、现代的，当然我们演出传统戏剧，被批评家反对，有些人喜欢时髦的东西，既然戏剧的宗旨是传统文明文化，我们就要做到有历史传统、有创新元素、有过去、现在，还要有今后和未来。戏剧批评要有公正性，决不能不讲文明、不讲故事、不讲伦理道德。"

结束了与耶热·里蒙尼先生的交谈后，我随他的脚步来到了当时正在兴建的莎士比亚剧院施工现场。鸟语花香、阳光正好，我们站在蓝天白云下，观眼前的风景：右边是17世纪的红色老砖房，左边是意大利设计师所设计的"黑色大盒子"。"打开盒子"里面是最现代化的舞台，可以随意升高、放宽，白色的台阶十分宽敞可以用作展厅，舞台是可以活动升降的，前后、左右、上下均可移动，几乎与屋顶的"翅膀"遥相呼应。"翅膀"打开的时候，阳光能够直接照射到地下室，把空间全部交给舞台。舞台可以随着不同剧目的需求来变化，为满足剧院配置需求实现了完全机械化、自动化，使得舞台灯光、音响等配合剧情，能达到最佳的演出效果。

在剧院的建设工地上，耶热·里蒙尼先生向我介绍说，格但斯克莎士比亚剧院的建设用地，使用的是格但斯克剧院基金会的土地，总占地面积3500平方米，工程总造价为1亿兹罗提，在当时约合2亿人民币。整个剧院高达18米，除了专业剧场外，还有64个机动的舞台可以临时根据需求变化而调整，整座莎士比亚剧院是一座综合的公共文化设施，其中还有饭店、咖啡厅、展览厅、阅览室等。它的建成为格但斯克市民及周边地区的观众提供了最好的服务及最佳文化品位的审美享受。

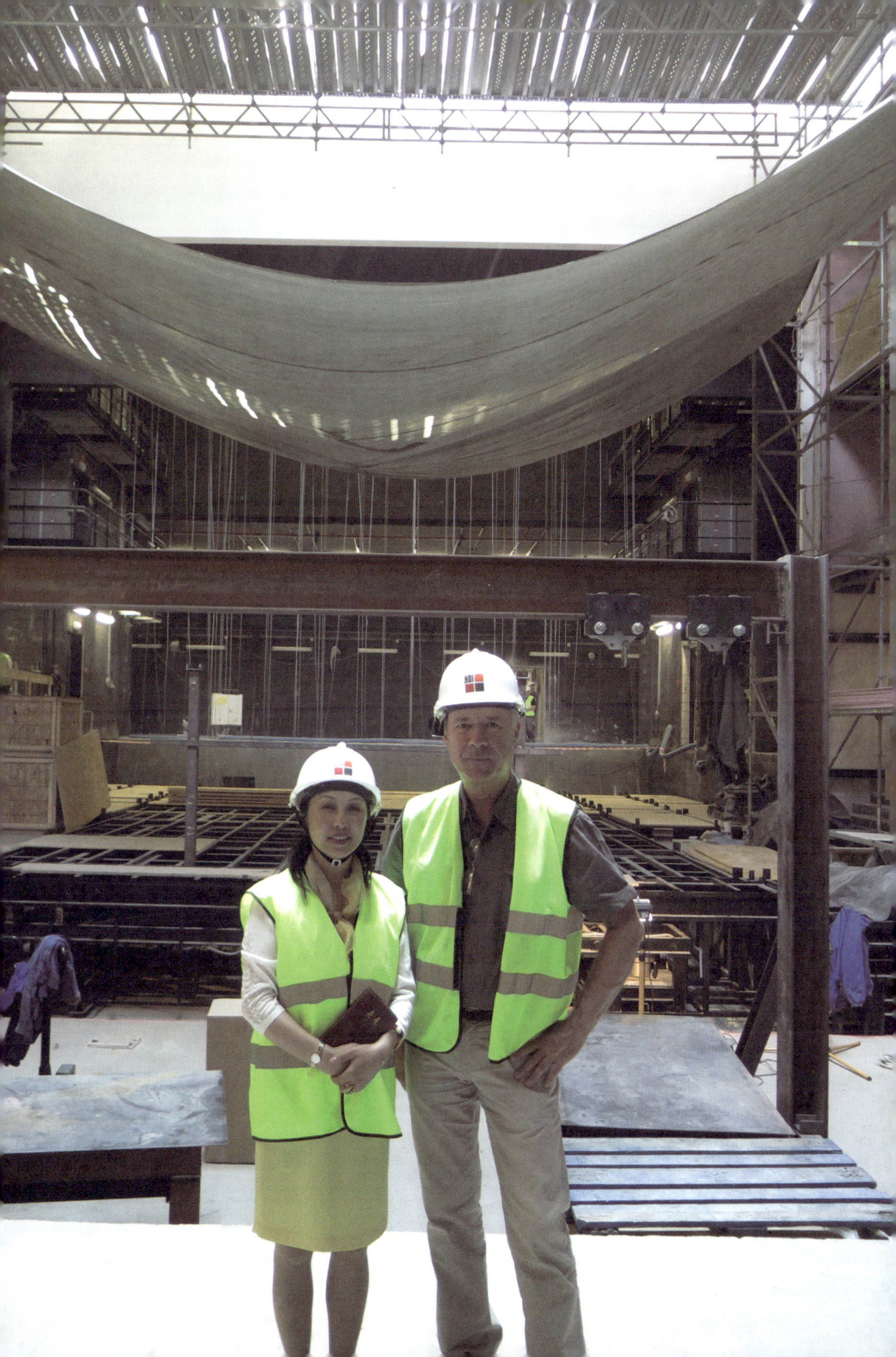

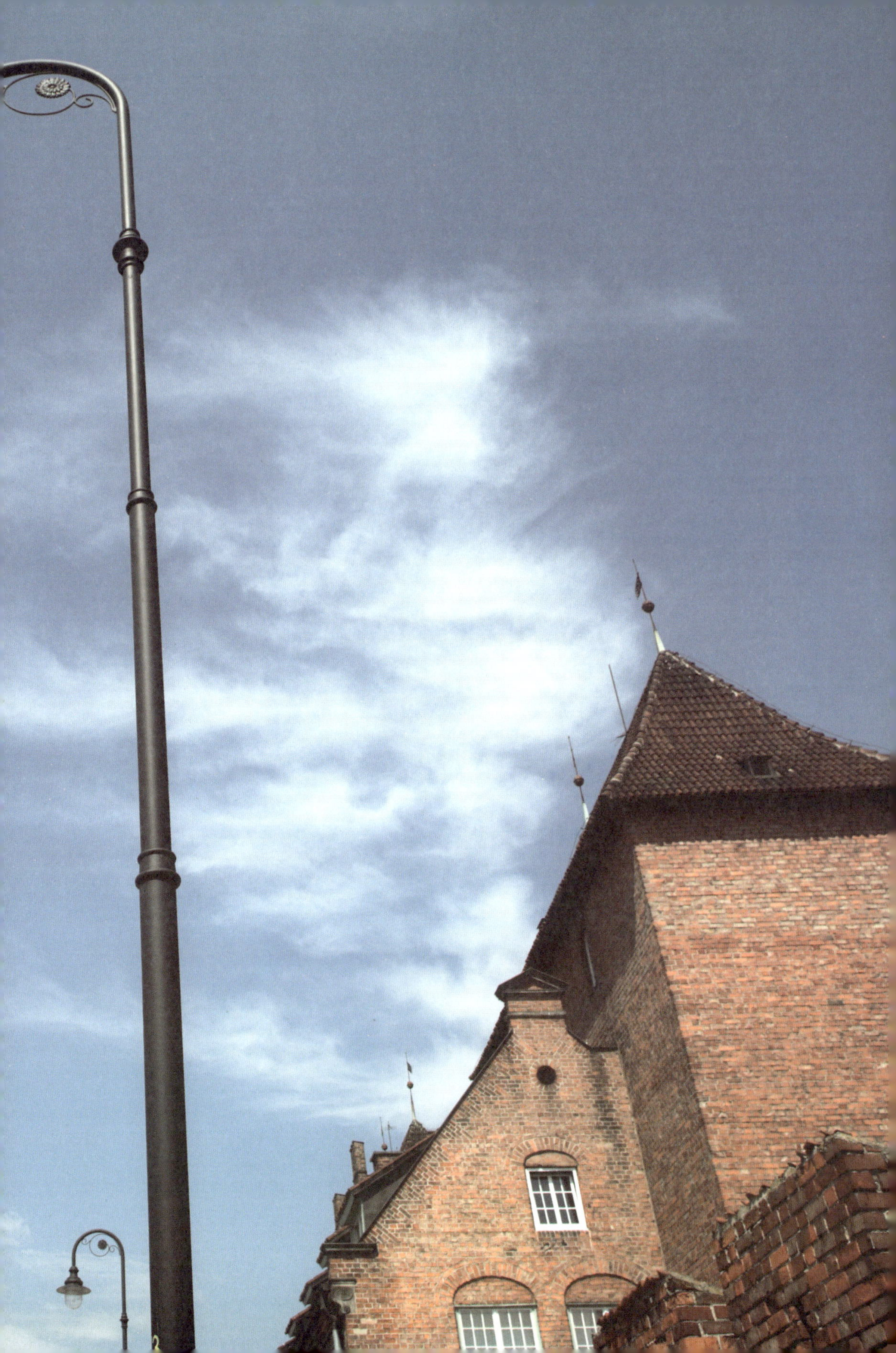

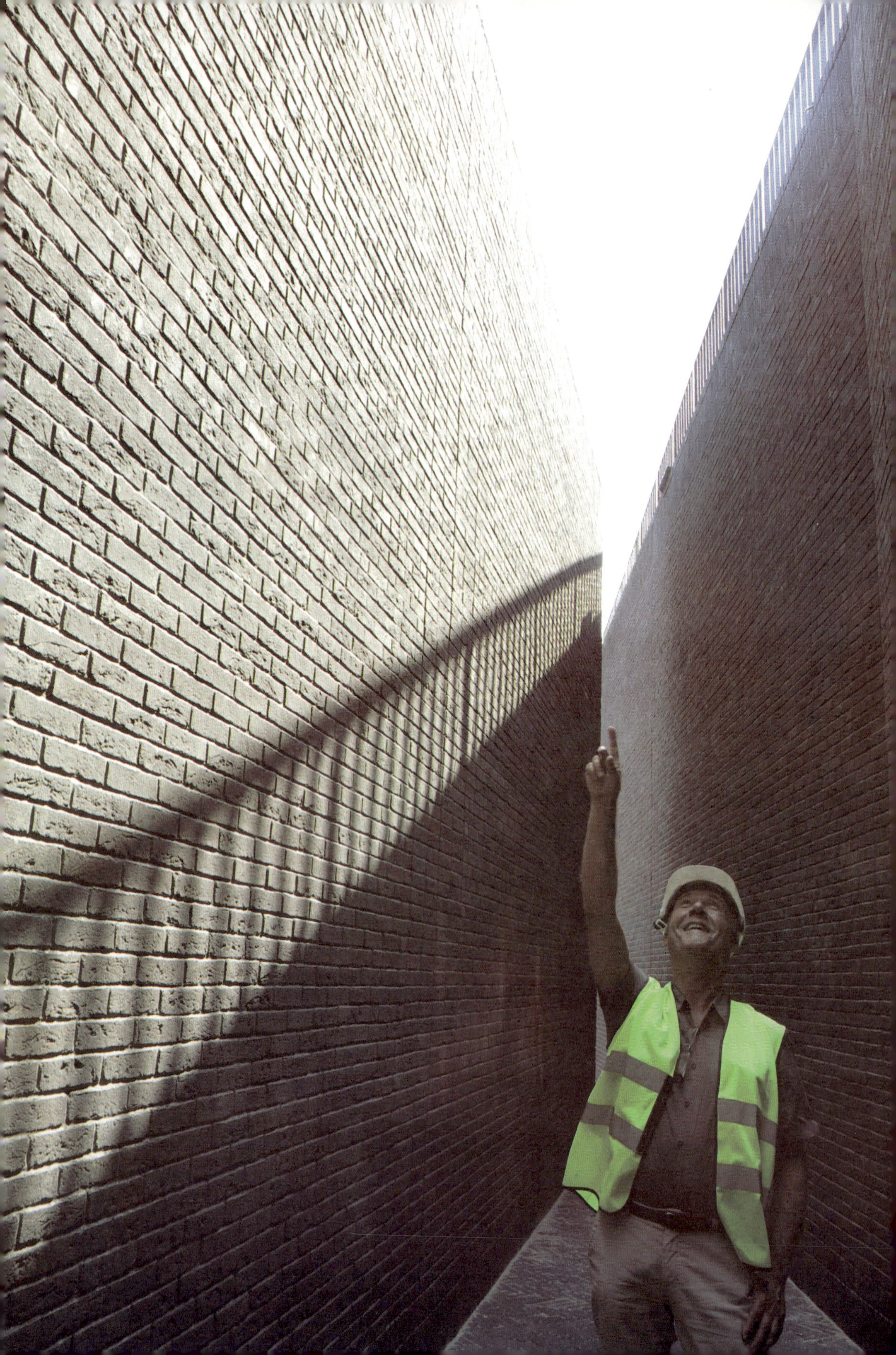

我们在参观剧院建设现场时，耶热·里蒙尼先生对我说，为了把这座莎士比亚剧院建成格但斯克最好的剧院，有许许多多的人夜以继日地在为它的建成付出努力、心血和汗水。参与剧院建设的建筑工人来自罗马尼亚和西班牙，剧院全部采用组好的建材，波兰最好的木头、保加利亚的石头、比利时的砖头。剧院的建设宗旨是：要建成最好、最漂亮、最有文化品位的莎士比亚剧院。

我随着耶热·里蒙尼先生的脚步，走出剧场建设工地，顺着高耸的黑色围墙，行走在狭窄的通道，耶热·里蒙尼先生风趣地问我："你知道为什么走道这么窄吗？"我摇摇头回答说"不知道"时，他兴致勃勃地告诉我："剧院建筑结构就像中世纪的欧洲国家，特别是英国的城市一样，市中心有墙围护城市，所有的道路都很窄。进入莎士比亚剧院就像进入中世纪欧洲。中世纪的剧场过道，就是这样，非常狭窄，仅够一个人通过，全部采用波兰最好的黑色橡木建造。如今我们建造新的莎士比亚剧院，依然是选用黑色的波兰橡木。在这狭窄的走道里，仿佛又把人们的思绪带回到中世纪旧剧场外的小道上。随着岁月的逝去、时空的穿梭，莎士比亚剧院留给人们的是厚重的历史感和沧桑感。"

新建的莎士比亚剧院坐落在格但斯克市中心，若要悠然享受这里新旧交融的独特景观，一定要好好在这条优雅的街上放慢脚步，细细品味，正如格但斯克市长鲍威尔·亚当莫维兹（Paweł Adamowicz）先生所说："我们正在建设中的莎士比亚剧院，一边是 17 世纪的老房子，一边是在历史遗迹上重建中的新剧院。"这绝对是一件非常有趣的事情，这也是目前在全世界任何一座城市都欣赏不到的独特风景。2014 年 9 月 19 日，莎士比亚剧院正式开幕，开幕式时英国威尔士亲王发来感谢和祝贺。

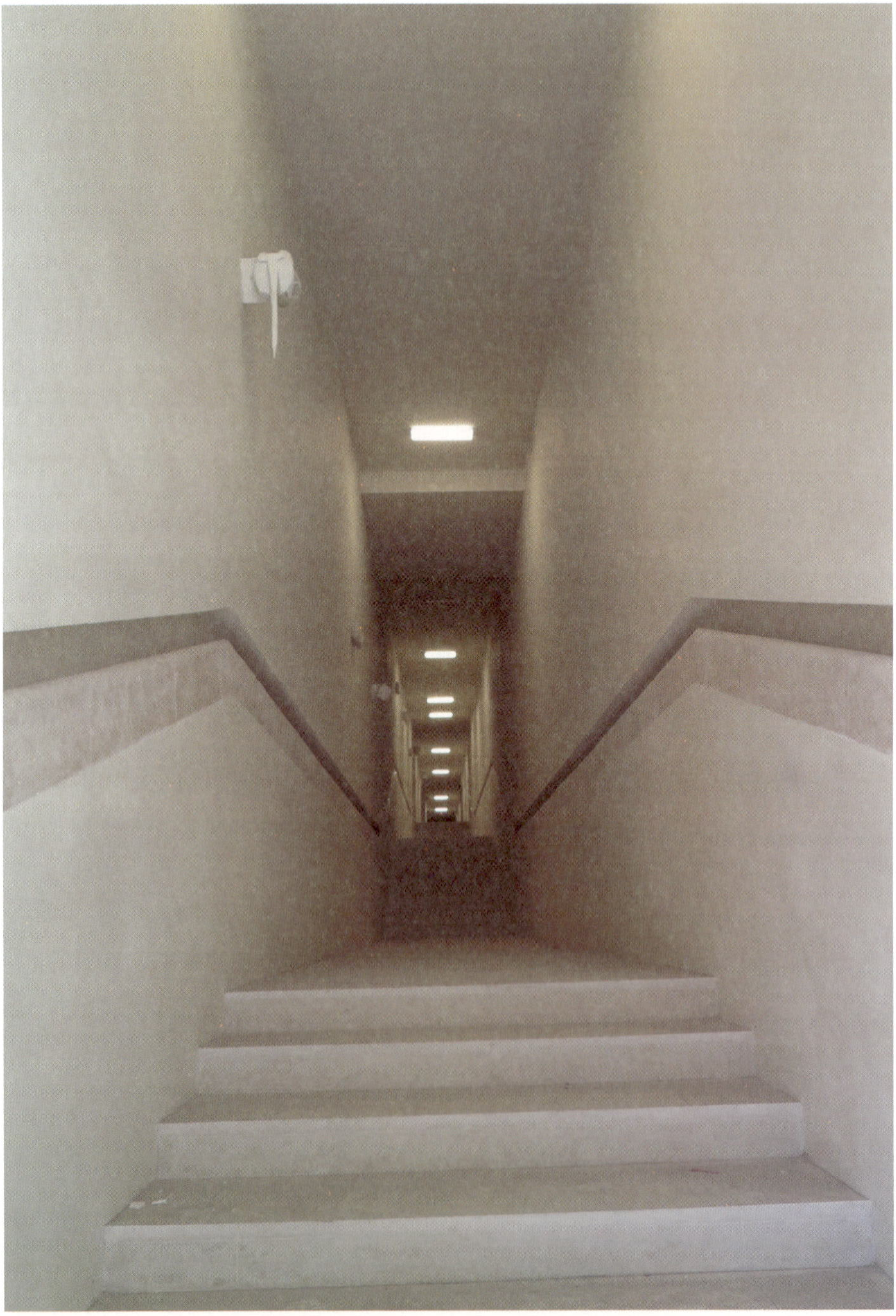

莎士比亚剧院坐落在格但斯克老城中心的老街道上，这里有17世纪的老街老房，我想，无论来自哪个国家的游客，与在历史遗迹上新建的莎士比亚剧院擦肩而过时，眼前绝对是一道风景。这里也是人们走累了可以停下来歇脚观景的好地方。街道上从早到晚人来人往，有着装典雅的高贵夫人和风度翩翩的绅士，也有打扮时尚的年轻人和窈窕摩登的女郎。行走在街道上，尽显波兰风貌。如沿着老街从街头走到街尾，就仿佛游走于古老与现代之中，尽情享受古老建筑与新派艺术带给人们的不同美感。

波罗的海肖邦爱乐乐团

在格但斯克摩托拉瓦河畔,有一个在波兰属于顶尖级的乐团。它是波兰音乐的重要标志,是民族文化的亮丽名片。它充满无限活力,在国际国内乐坛上名声大震,它就是成立于1945年的波兰波罗的海肖邦爱乐乐团。目前,乐团由超过80位优秀的演奏家组成,他们或是演奏交响乐,或是演奏室内乐,或是独奏表演,其中不少演奏家至今还在音乐学院任教。

波兰波罗的海肖邦爱乐乐团的指挥们在本国及世界范围内享有极高的声誉,乐团曾多次出访各国并参加欧洲各大音乐节:华沙之秋音乐节,Vratislavia Cantans团结音乐节,格但斯克秋季钢琴音乐节,奥利瓦(Oliwa)国际风琴音乐节,格但斯克明星节,贝多芬"复活节"音乐节等。

当我们来到早已熟知的波罗的海肖邦爱乐乐团时,一位身穿淡蓝色长裙、黄色上衣、个子高挑的漂亮女士迎接我们的到来。她笑脸盈盈、明眸皓齿,为我们介绍了这个夏天波罗的海肖邦爱乐乐团早已排满的演出日程,她就是波兰波罗的海肖邦爱乐乐团新闻发言人宝丽娜·奥尔兹考芙斯卡(Paulina

Polska Filharmonia Bałtycka
im. Fryderyka Chopina w Gdańsku
Gdańsk
Katedry
Wojciech Rodek
Tytus Wojnowicz
Orkiestra PFB
WSTEP
WOLNY

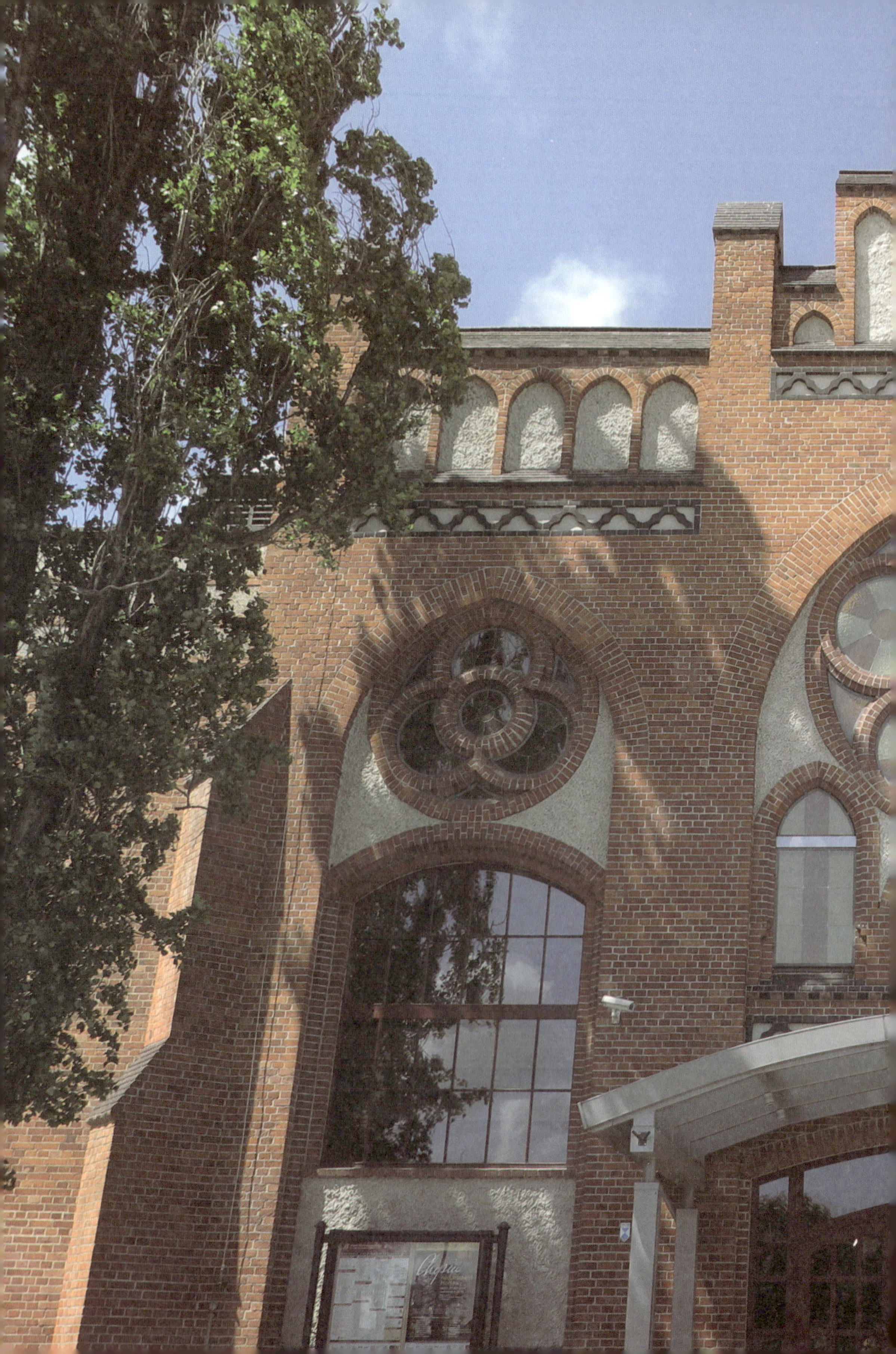

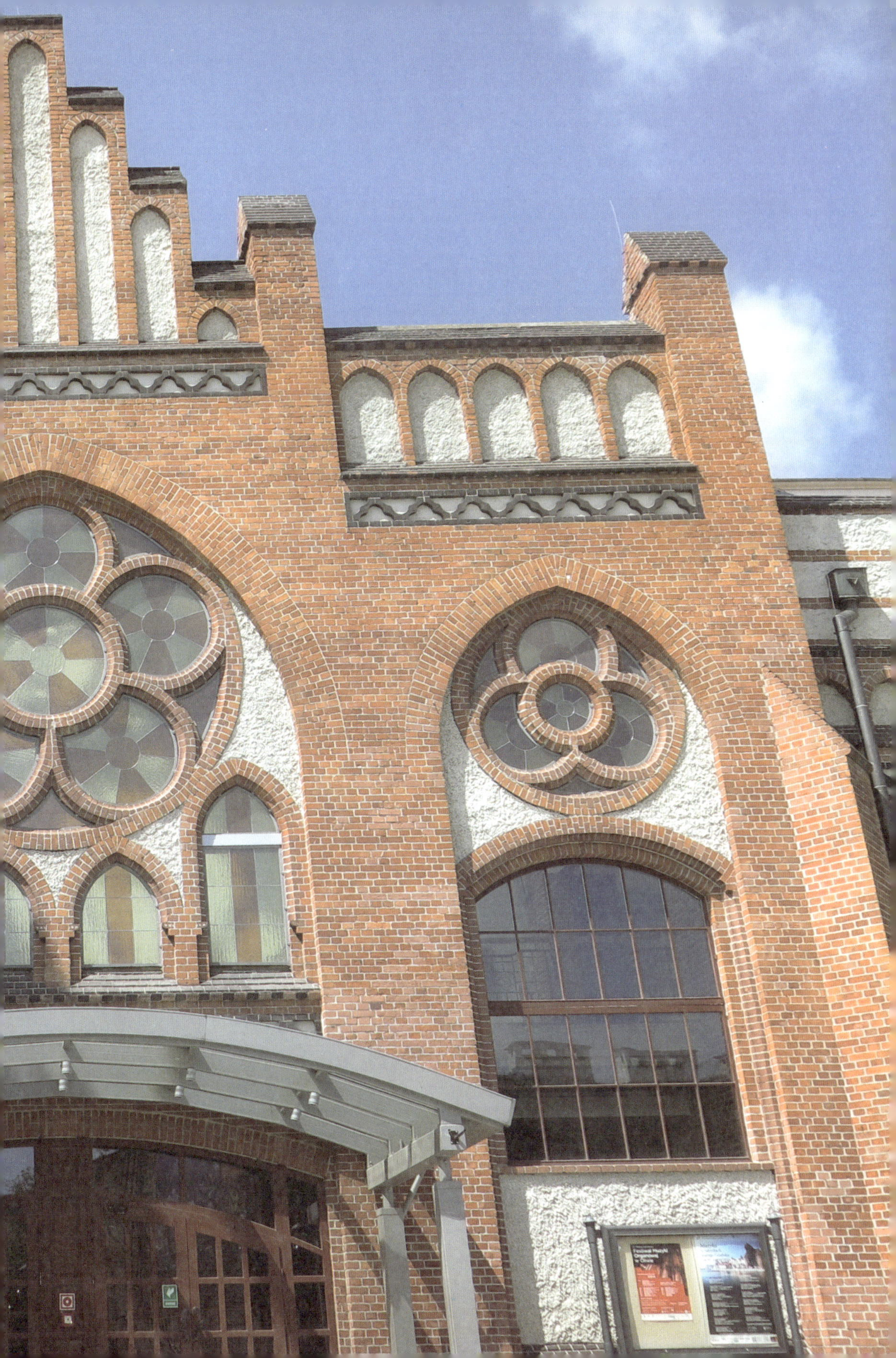

PROJEKT POD NAZWĄ:
„ADAPTACJA I WYPOSAŻENIE GDAŃSKIEGO CENTRUM MUZYCZNO-KONGRESOWEGO ETAP II"

Współfinansowano przez
UNIĘ EUROPEJSKĄ
Z EUROPEJSKIEGO FUNDUSZU ROZWOJU REGIONALNEGO

w ramach
ZINTEGROWANEGO PROGRAMU OPERACYJNEGO
ROZWOJU REGIONALNEGO

Orczykowska）女士。

"你为什么会来到格但斯克呢？"我们的对话由此开始，宝丽娜·奥尔兹考芙斯卡女士开门见山的提问，让我感觉到她的性格非常爽快。我告诉她："我喜欢这里的蓝天、白云和空气，还有格但斯克悠久的历史和丰富的文化，更期待在摩托拉瓦河边，聆听肖邦音乐……"

我们刚聊到这，只见一位步履匆忙的男士走了进来，他用波语问候我："您好！非常抱歉，因我马上要到法国演出，现在就要去飞机场，所以不能和您多聊了，我们北京再见。"这位行色匆匆的男士，就是波兰波罗的海肖邦爱乐乐团团长罗曼·贝鲁斯基（Roman Perucki）先生。望着他远去的背影，宝丽娜·奥尔兹考芙斯卡女士说："你看我们团长走路的速度，就知道我们团的演员有多忙。最近正是欧洲的夏天，各个国家和很多地方都在举办各种不同形式的音乐会，我们波罗的海肖邦爱乐乐团的受邀率非常高。整个夏天，我们奔走在意大利、西班牙、法国、德国、英国、奥地利等等国家，这也是我们爱乐乐团成立70年来在国际乐坛上听众给予我们的最高奖赏。"

宝丽娜·奥尔兹考芙斯卡女士带我参观了波兰波罗的海肖邦爱乐乐团，这里精英荟萃、人才集聚。她告诉我，肖邦爱乐乐团人才辈出，并向我介绍了其中著名的作曲家、艺术推广人、赞助人亚努斯·毕勒斯基（Janusz Bielecki），和乐团音乐总监、指挥家艾睦斯特·凡·蒂尔（Ernst van Tiel）。

亚努斯·毕勒斯基的作品包括独奏乐、室内乐和交响乐，其作品被波兰国内外著名的演奏家采用并列为演奏曲目，定期在比利时、德国、西班牙、法国和巴西等国的著名音乐厅中演奏。

2007年，他初次于音乐厅中崭露头角，发表首张名为《情欲》（Żądze），的钢琴作品集光盘。这张专辑使他成为作曲家和演奏家。迄今为止，他已出版了五张专辑，分别为交响乐、室内乐及将毕勒斯基作曲和巴托克的音乐结合后，以爵士风格编曲的作品。许多极负盛名的爵士音乐家皆加入该项目。这种音乐形式在波兰有着悠久的传统。

亚努斯·毕勒斯基在长笛独奏、弦乐团、钢琴及打击乐器上皆有卓越的作品，分别于久负盛名的巴黎音乐节、德国新年音乐会中演奏过。其作曲丰富的表现了当代人类情感，展现出作家对缤纷感情世界所具有的不寻常的敏感度。秉着对音乐的热情，毕勒斯基筹办了多项极高水平的艺术活动。

短短数年内，毕勒斯基便成为波兰艺术赞助的先锋，将文化与商业活动相结合。他推广并支持年轻有才华的艺术家，发起原创艺术项目、音乐会和节庆。4年前成立了毕勒斯基艺术基金会，支持文化和教育，举办多项艺术活动、演唱会、文化和商业会议，如今已有丰硕的成果。于克拉科夫举办的《让我看得见音乐——屏幕和音乐之盛会》（Screen&Sound Festival: Let's See the Music），更成为欧洲第一个该类的盛会。

艾睦斯特·凡·蒂尔毕业于荷兰音乐学院，专业是钢琴和打击乐。毕业后就职于荷兰国家广播乐团。从1988年开始学习指挥，导师是世界著名指挥家卢卡斯·威斯、格瑞·贝尔提尼。

他曾经在阿姆斯特丹交响乐团任期六个演出季的音乐总监。随后曾在荷兰及世界其他国家指挥过许多的乐团，其中有：荷兰爱乐乐团、布拉办特交响乐团、鹿特丹爱乐乐团、意大利波罗干歌剧院、塔陪尔爱乐乐团、比利时皇家爱乐乐团、

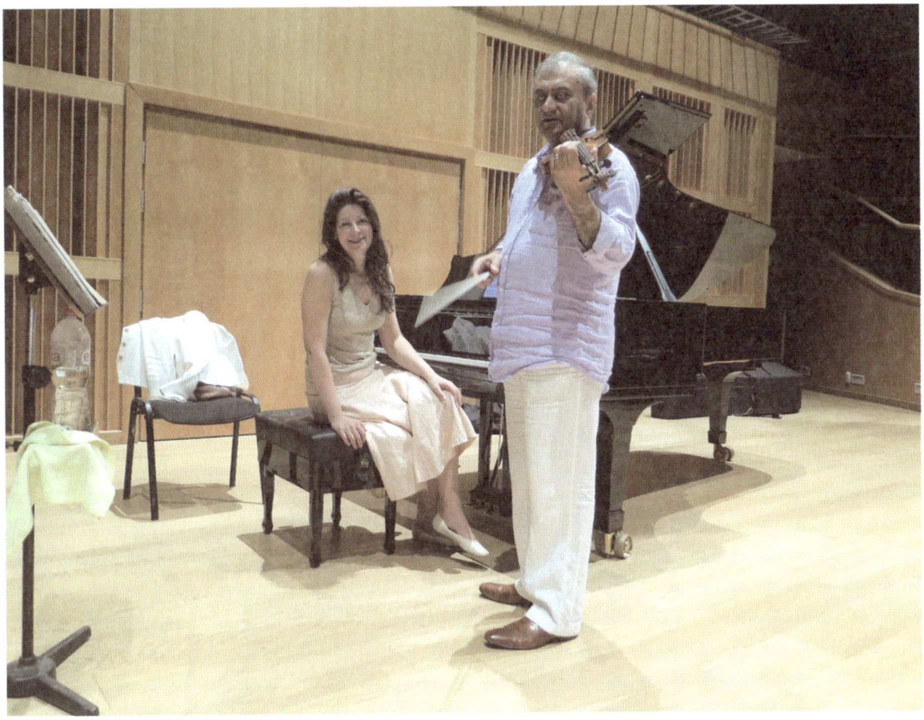

ZAPRASZAM
DO BUFETU

比利时国家交响乐团、德国科隆交响乐团、亚琛交响乐团等等。凡·蒂尔也曾和不同的交响乐团录制过许多的唱片。

波兰波罗的海肖邦爱乐乐团还为音乐会提供了环境优美的演出场所,包括交响音乐厅、室内乐厅、爵士厅。这些看上去很优雅别致的音乐厅,实际上都由过去的旧工厂改造而成。作为一个优秀的音乐机构,音乐厅有高质量的录音室,尖端的数字技术和爱乐乐团的优秀录音师确保了所提供的服务的高水平化,从录音室到音乐会录音后期制作的全部声音材料都是精益求精,无可挑剔地完美。走进这环境优美的音乐厅,一幅幅波兰著名音乐家的巨幅照片悬挂在红砖墙上,精美的油画、优美的音乐伴着格但斯克市民在这里度过了一个又一个美好的夜晚。

近几年来,乐团多次参与过影响较大的文化活动:第 11 届柏林 Biennale 音乐节,乐团由(因演奏"潘德列茨基(Penderecki)第一交响曲"而赢得 1987 年"评论家大奖"的最佳管弦乐队指挥)沃切克·米和涅夫斯基(Wojciech Michniewski)指挥分别在慕尼黑、法兰克福、阿姆斯特丹(1989 年)与"Cecilien Verein"法兰克福合唱团一起进行过巡回演出。乐团还参加了梵蒂冈为庆祝教皇约翰保罗二世的演出,格但斯克千禧年庆祝活动演出。1997 年由德国总统罗曼·赫尔茨克(Roman Herzog)和波兰总统阿里克山大·克瓦希涅夫斯基(Aleksander Kwaśniewski)共同发起的组织为"波兰裔德国人基金会"举办的一系列千禧年庆祝演出活动。由让·米歇尔·雅尔(Jean-Michael Jarre)在 Gdańsk 造船厂举办的纪念"团结日"诞生 25 周年 "从 Gdańsk 开始——自由空间"音乐会。2005 年 8 月,由大卫·吉尔莫(David Gilmour)在 Gdańsk 造船厂举办的纪念"团结日"26 周年"从 Gdańsk 开始——自由空间"音乐会,和 2006 年"在一个岛

TOALETY

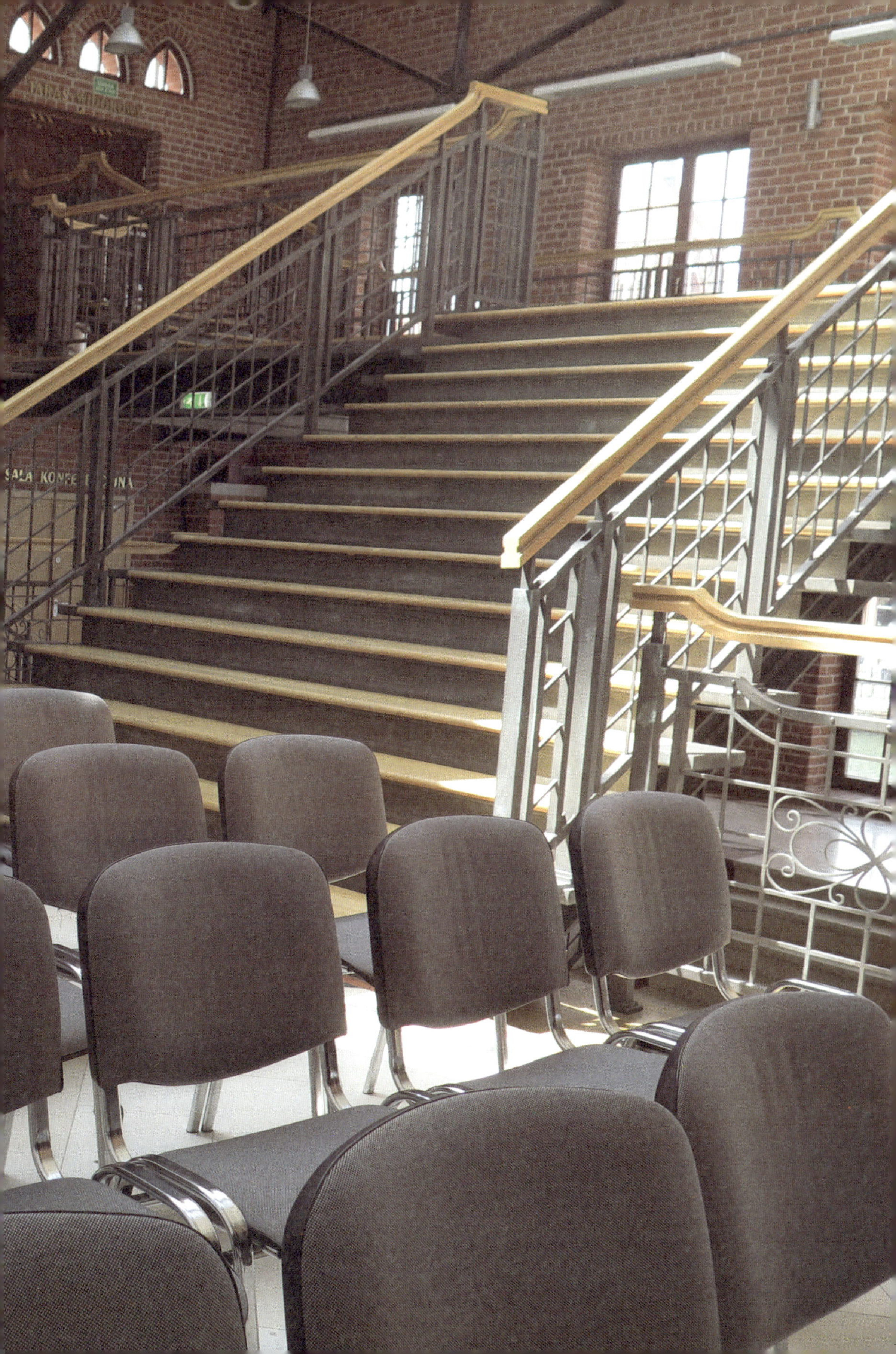

上"巡回演出。2008年，在Gdańsk造船厂为纪念"自由的Cantata"80周年的音乐会上，波兰著名的电影音乐作曲家约翰·卡奇马勒科（Jan A.P.Kaczmarek）首次与铜管交响乐队进行合作演出。2009年乐团参加了"艺术团结"音乐节，同年还参加了为纪念第二次世界大战爆发70周年和纪念共产主义在中欧自由20周年的演出。2009年在内维尔·马里纳（Neville Marriner）爵士的指挥下参加了布里顿（Britten）战争安魂曲音乐会"自由的空间——陌生的世界"演奏并和老牌英国摇滚乐队"深紫"的主唱艾安·吉兰（Ian Gillan）有过合作。2011年，与"斯汀交响乐团"合作在霍尔茵兹竞技场举办斯汀（Sting）世界巡演。2010年、2011年分别参加了爵士交响乐演奏——巨型室外世界音乐剧拉夏克·莫吉杰尔（Leszek Możdżer）和马尔库斯（Marcus Miller）的演出活动。乐团在波兰、德国、奥地利参与了当地电台及电视节目，并录制了CD/DVD，由Vivarta，DUX，Polmusic，SOLITON制作发行。

他们乐团多次到过中国演出，北京、上海、厦门、长沙等多个城市都留下了他们乐团的足迹，至今还回荡着波罗的海肖邦爱乐乐团优美难忘的旋律。

近年来，随着中波两国关系的不断发展，文化交流与日俱增，波罗的海肖邦爱乐乐团先后多次到中国演出。2014年初夏，在上海之春国际音乐节上，波兰波罗的海肖邦爱乐乐团的优秀演奏家先后登台亮相；5月乐团又应邀赴中国长沙与湖南交响乐团举办"联合交响音乐会"，波中两国艺术家共同演奏了波兰作曲家亚努斯·毕勒斯基（Janusz Bielecki）的管弦乐《情景》、俄罗斯作曲家柴可夫斯基的《降b小调第一钢琴协奏曲》、捷克斯洛伐克作曲家德沃夏克的《e小调第九（自新大陆）交响曲》。

5月13日,在厦门"莱茵阳光——睿金之夜"音乐会上,为了让莱茵阳光尽快融入鹭岛音乐氛围中,也让鹭岛民众更加了解莱茵阳光的无尽音乐魅力,主办方特邀波兰波罗的海肖邦爱乐乐团来厦演出,并与厦门爱乐乐团、厦门歌舞剧院交响乐团等进行艺术交流活动。音乐会上,乐团演出了关峡钢琴协奏曲《奠基者》序曲,雷斯匹尼的《盛装幻想曲》,柴可夫斯基《罗密欧与朱丽叶》序曲幻想曲等作品,由指挥家、波罗的海肖邦爱乐乐团音乐总监艾睒斯特·凡·蒂尔(Ernst van Tiel)担任指挥。

5月16日,波罗的海肖邦爱乐乐团应北京经济技术开发区邀请,参加了"2014——北京亦庄交响音乐会"。5月19日,参加了在北京音乐厅举办的"乐汉宁和他的朋友中外作品音乐会"。波罗的海肖邦爱乐乐团每到一处、每演一场,总是受到中国观众的热烈欢迎,场场爆满,掌声雷动。

波罗的海肖邦爱乐乐团表演风格多样包括巴洛克式,浪漫主义音乐以及当代音乐,演奏风格各具特色,给人们带来不一样的音乐体验,让听众在音乐的海洋里畅游。

格但斯克城市画廊

格但斯克是一座艺术之城，无论走到哪里，整座城市都有美妙音乐旋律的环绕，随处可见天才的艺术家和绘画爱好者们创造的"杰作"，格但斯克城市画廊是格但斯克市政府专为市民提供的文化公共事业项目之一。举办城市画廊，目的在于让格但斯克市民获得高雅文化的熏陶和享受。

在格但斯克市中心老城附近的斯洛克路（Szeroka），君特·格拉斯画廊（Gunter Grass）主任玛尔塔·乌鲁伯莱乌斯卡（Marta Wróblewska）女士带我参观了这里当时正在展出的画展，走进画廊，安静而清雅，展厅里挂着一幅幅极富现代感的作品，从画廊的过厅到展厅，满满一堂艺术，令人目不暇接，有油画、水墨画、素描，还有墨水笔画及铅笔画。丰富多彩的绘画艺术，让我感受到了君特·格拉斯画廊的异彩纷呈，来自欧洲各国的参观者有些在自己喜爱的画作前留影，有些逐一拍下所有的展品，喜欢之情溢于言表。这些作品大多是经过层层筛选的经典画作，也有欧洲绘画艺术大师们的杰作，还有格但斯克城市画廊的收藏之作，但这些作品仅仅是格但斯克城市画廊作品中的冰山一角，不仅作品难以计数，且形

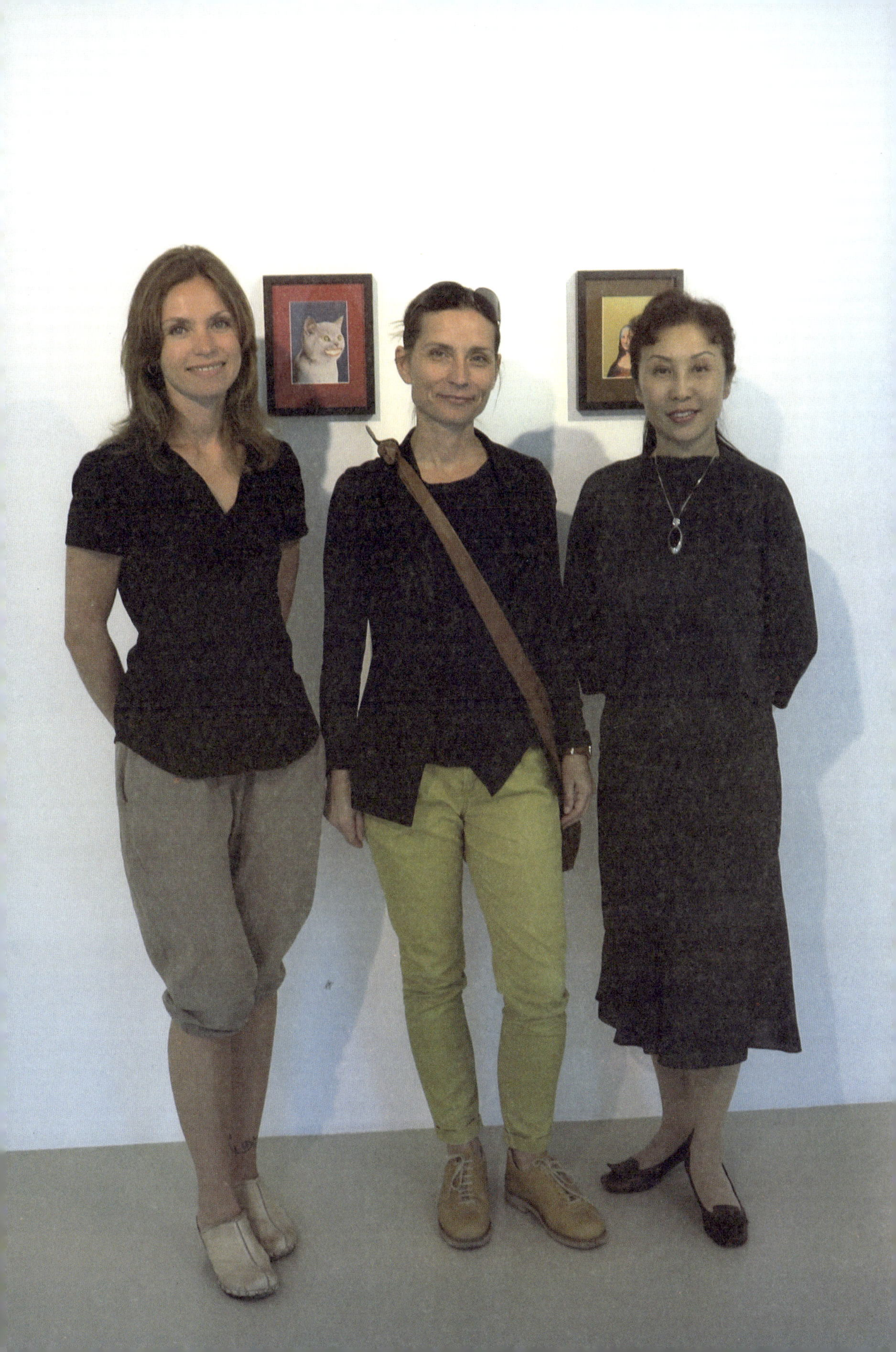

式多样,涉猎诸多艺术门类。我也情不自禁地端起相机,拍下了许多正在展览的经典之作。

玛尔塔·乌鲁伯莱乌斯卡女士告诉我,格但斯克城市画廊是在5年前建立的,举办这样的画展通常是展出波兰或者欧洲国家的画家或艺术家的经典之作,而菲律宾、泰国、巴西等国的艺术家,也纷至沓来,到格但斯克这座美丽城市欣赏绘画艺术。

总经理伊沃娜·比格斯(Iwona Bigos)女士笑口盈盈地问我:"知道我们城市画廊的大老板是谁吗?"我摇摇头,她笑着告诉我:"大老板是市长和议会成员。格但斯克画廊是由格但斯克市政府财政出资,还有部分是由波兰文化与民族遗产部基金和资助机构共同资助而建,我们对市政府负责,要充分利用好格但斯克画廊为市民提供更多的文化和精神享受。"

在采访中我了解到,在格但斯克市经营画廊者不多,由城市画廊来定期举办一些绘画艺术展,每期展出时间2—3个月,有些仅是2—3个星期,邀请艺术家们带上自己的绘画作品与君特·格拉斯画廊收藏的画作和藏品一同展出。在举办画展的过程中,有时还需要寻求资助机构的支持。2014年10月,在画廊里还举行了与君特·格拉斯有关的电话游戏及绘画活动。伊沃娜·比格斯女士笑着说:"我从格但斯克艺术大学举办的学生绘画比赛中挑选了优秀作品,在这里举办小型的绘画展,为期1-2个星期。格但斯克城市画廊一共由三部分组成,第一是在斯洛克路上的君特·格拉斯画廊,是以著名作家及画家君特·格拉斯的名字命名的;第二个画廊位于坡吾纳路(Piwna)圣玛利亚教堂附近;第三个画廊位于摩托拉瓦河畔的波夫洛日尼扎路(Powroźnicza)。三间画廊一共有10位工作人员,他

Za dużo myśli

们的工作很繁重，但是他们觉得只要能为格但斯克这座城市的市民和前来旅游的参观者们做好接待服务，让其感受到格但斯克这座城市的艺术氛围，领略到艺术带给他们的精神享受，他们就觉得乐在其中。"

在君特·格拉斯画廊我看到，画作的存放非常讲究，全部采用特别木制的画框，玛尔塔·乌鲁伯莱乌斯卡女士告诉我，在画廊一层摆放的展品，是格但斯克市政府收藏的一百多部作品中的一部分，其中很多作品是出生于格但斯克市的著名画家君特·格拉斯的作品。君特·格拉斯（1927.10.16—2015.04.13），德意志联邦共和国作家，1927年出生于格但斯克市。父亲是德国商人，母亲为波兰卡舒比人。1944年，尚未成年的格拉斯被征入伍。1945年4月，17岁的格拉斯在前线受伤，不久就在战地医院成了盟军的俘虏。1946年5月，他离开战俘营，先后当过农民、矿工和石匠学徒，1948年初进杜塞尔多夫艺术学院学习版画和雕刻，后又转入柏林造型艺术学院继续深造。战后曾从事过各种职业，先当农业工人，学习过石雕和造型艺术，后成为职业作家、雕刻家和版画家。20世纪50年代，君特·格拉斯开始写作，以诗歌作品登上文坛，他勤奋耕耘，从未歇笔，他的作品带有浓郁的政治色彩，著有长篇小说《铁皮鼓》、《猫与鼠》。格拉斯为当代联邦德国重要的作家，因他的语言新颖、想象丰富、手法独特，使他在当代世界文学中占有一定地位，曾多次获奖，几次被提名为诺贝尔文学奖的候选人，最终获得1999年诺贝尔文学奖。他除了在文学界享有盛名，还活跃在战后德国的政治舞台上。格拉斯是一个立场坚定的和平主义者，坚决反对北约在德国的土地上部署核武器。两德统一后，格拉斯更致力于反对逐渐滋生的仇外主义和新纳粹黑暗势力。

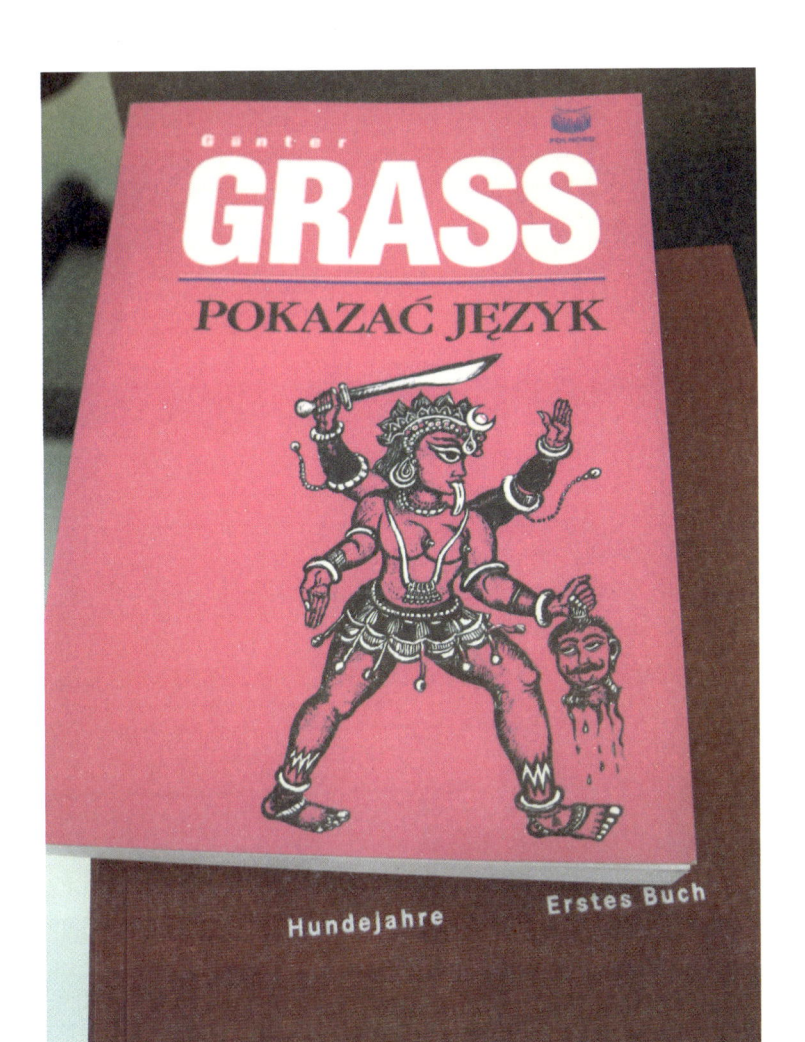

Günter
GRASS
POKAZAĆ JĘZYK

Hundejahre   Erstes Buch

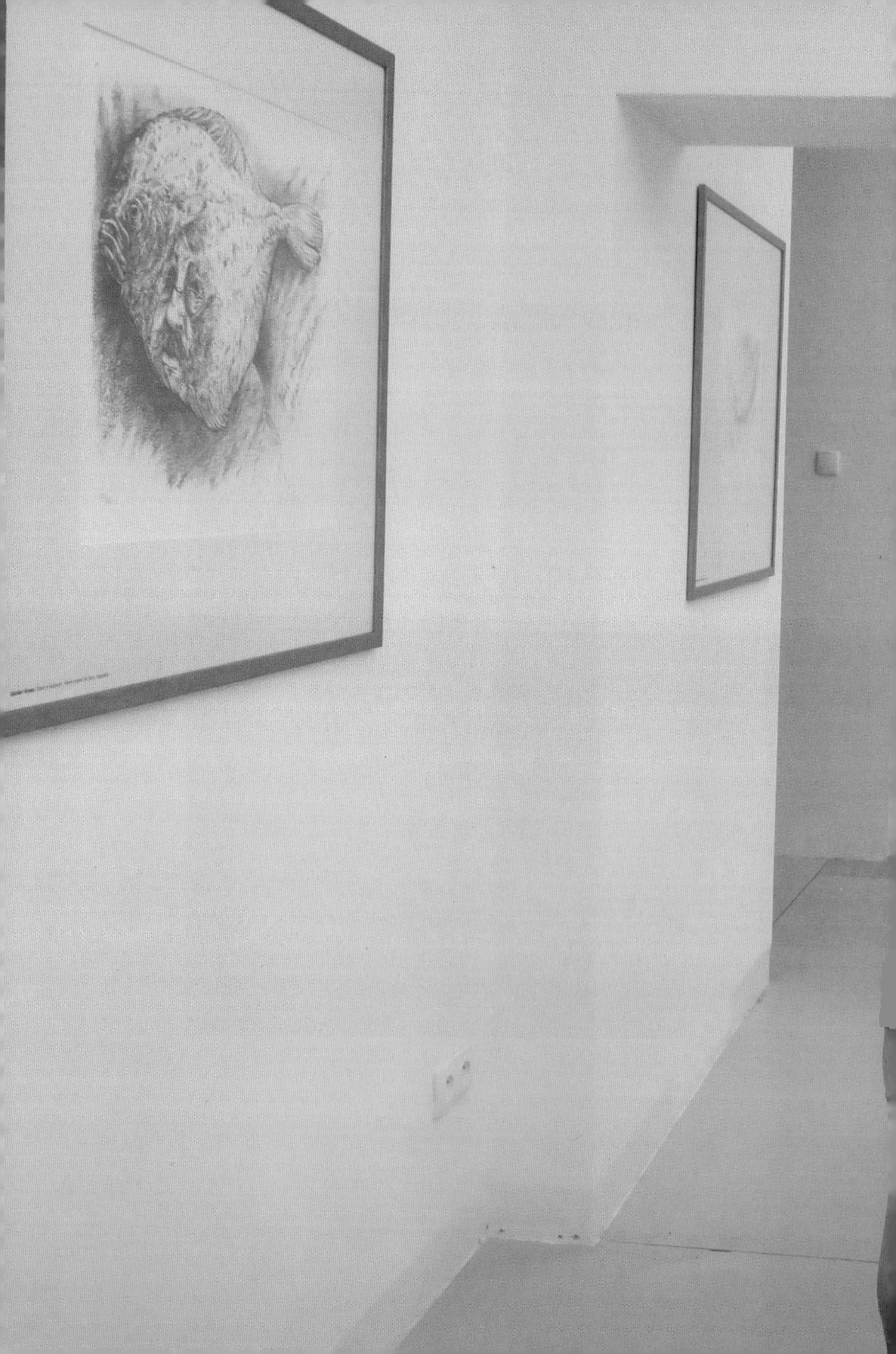

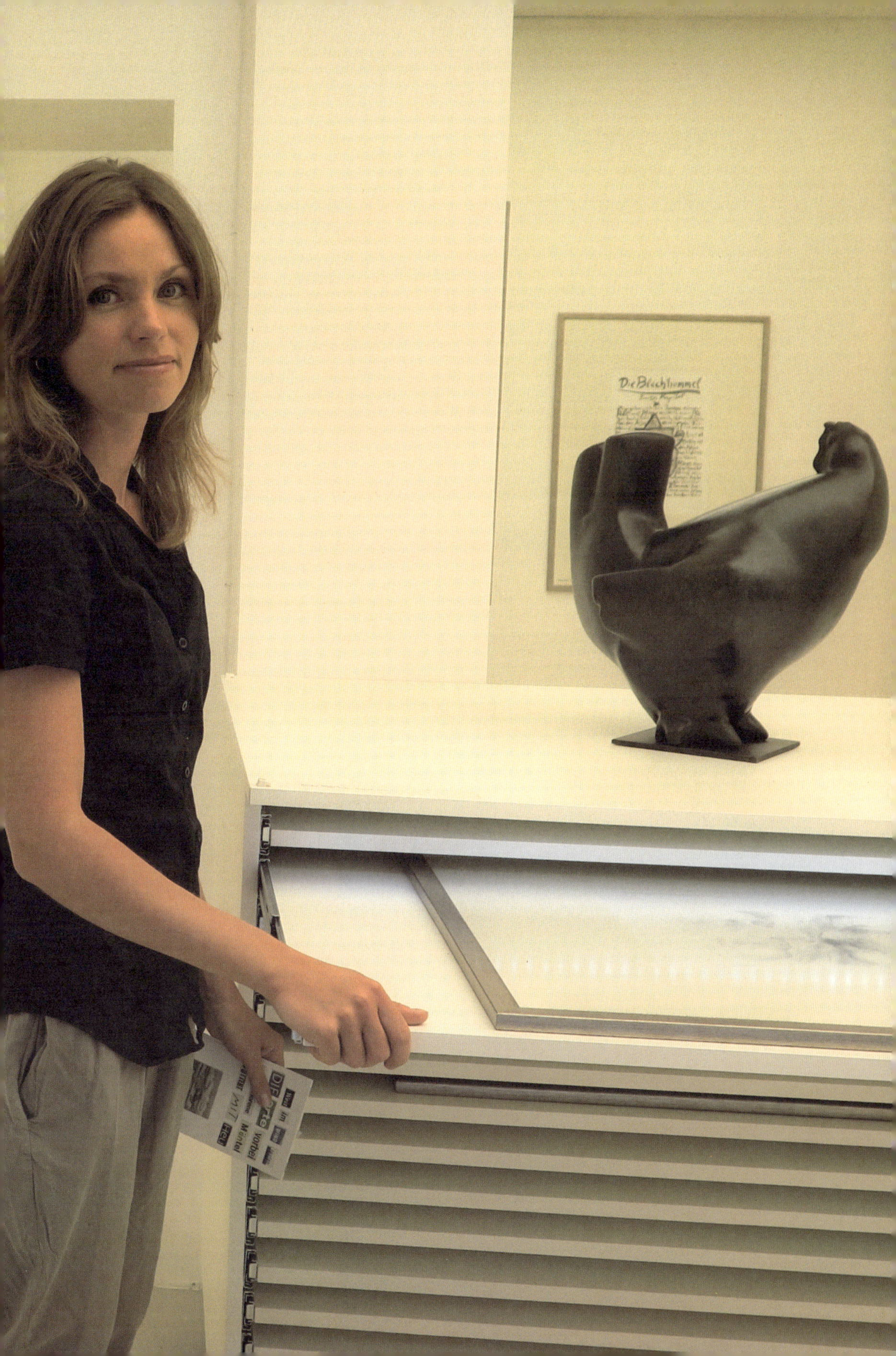

君特·格拉斯与德国及波兰的政治家关系甚密，他在格但斯克获得了创作灵感，他的格但斯克三部曲最为有名，虽然在晚年他生活在德国，但无论是绘画作品还是文学作品中，格但斯克都常常在其中出现。格拉斯非常感激格但斯克这座城市，为了表达对这座城市的养育之情，他把自己的绘画艺术作品赠送给格但斯克市，约为100幅。收到格拉斯的礼物之后，格但斯克市政府决定收藏，并把这些作品分批向市民展示。

　　除了君特·格拉斯的作品外，画廊还展出了波兰拼贴画作者维斯瓦娃·辛波丝卡（Wisława Szymborska）的拼贴画作品。维斯瓦娃·辛波丝卡是波兰著名女诗人、散文家、文学评论家，同时也是位杰出的翻译家，将许多优秀的法国诗歌翻译成波兰语，并于1996年荣获诺贝尔文学奖，其诗作被称为"具有不同寻常和坚韧不拔的纯洁性和力量"。有《一见钟情》、《呼唤雪人》等著作，最后一本《够了》发表于2012年。她不喜欢公开场合演讲、不喜欢感伤或被颂扬，她最开心的是在克拉科夫有亲密的朋友伴随身边。她的财产被划拨到基金会，用于宣传波兰的文字。她的诗歌是完美的语言，具有讽刺性、幽默感的、优雅、浪漫，探索人在地球上的以及太空中的位置，沉思人的来龙去脉，带给人永恒的惊叹。辛波丝卡是当代世界诗歌领域风云人物之一。她的作品——13部诗集被译成40多种语言。她是第三位获得诺贝尔文学奖的女诗人（前两位是1945年智利的加夫列拉·米斯特拉尔和1966年德国的奈莉·萨克斯），第四位获得诺贝尔文学奖的波兰作家。当被问及为何发表如此少量的作品时，她回答："因为我家里有垃圾篓。"她的拼贴画作品在展出中受到来自格但斯克市民及各国游客的欣赏和喜爱。

玛尔塔·乌鲁伯莱乌斯卡女士告诉我："格但斯克城市画廊向所有国家和地区的参观者开放，我们非常欢迎和希望中国的旅游者和艺术爱好者到格但斯克来，别忘了参观我们的城市画廊。"玛尔塔·乌鲁伯莱乌斯卡女士还热情地告诉我，君特·格拉斯画廊的具体开放时间为每周二至每周日，需要特别提醒的是，周二、周三每天11:00-17:00开展，周四到周日是11:00-19:00开展。

格但斯克城市画廊是格但斯克这座城市的文化名片和一道亮丽的风景。

汉学家爱德华·卡伊丹斯基的传奇人生

周末的下午，天空下着淅沥沥的小雨，车窗外显得格外葱绿，空气清新，花儿绽放。下午3点，我和格但斯克大学中文系教授乌兰老师按照约定的时间，准时叩响爱德华·卡伊丹斯基（Edward Kajdański）老人的家门。

开门的是爱德华·卡伊丹斯基先生的小女儿亚历山大·卡伊丹斯基（Aleksandra Kajdańska）。她热情地邀请我们进屋，并端上了波兰的甜点和茶水，让我们感受到了像在自己家里一样的温暖。88岁的爱德华·卡伊丹斯基先生一头银发、红光满面、精神矍铄。由于他的腿脚不太方便，所以走路时拄着拐杖。他用流利的汉语和我们交流，并指给我们看墙上挂着的一幅他亲手绘成的画作——《寿星老人》，还有4幅"梅、兰、竹、菊"的木雕，他的家看上去很有中国味。爱德华·卡伊丹斯基先生是一位热爱中国文化、促进波中友谊的文化使者。

爱德华·卡伊丹斯基先生翻开一部紫红色封面的《卜弥格文集》，这是一部中西文化交流的专著，其中详细介绍了中国的传统中医，作者是波兰的天主教耶稣会传教士卜弥格（Michał Boym），他是欧洲第一个真正研究马可·波罗的专家，也是欧洲最早确认马可·波罗用过的许多名称的地理学家之一，还是第一个将中国古代的科学和文化成果介绍给西方的欧洲人，他的科学著述是多方面的，涉及中国动植物学、医药学、地图学等。

由著名学者、波兰文学翻译家张振辉在2001年翻译的爱德华·卡伊丹斯基先生所著的两部人物传记《明王朝的最后特使——卜弥格传》、《中国的使臣——卜弥格》也摆在了我的面前。随着爱德华·卡伊丹斯基先生对卜弥格的推荐和介绍，使得卜弥格在中国的知名度很高。

爱德华·卡伊丹斯基先生坐在我面前侃侃而谈，每当说到中国时，他都两眼放光、神采飞扬。"明清之际，西方人眼中的中国是什么样的？是卜弥格编撰了第一部《汉拉词典》，绘制了中国各省的地图，介绍了中国的中医中药，他作为中国特使，出使罗马教廷，他是真正的中西文化交流使者。卜弥格首次以波文出版近80万字的关于中国的百科全书，详细介绍了中国的政治、经济、文化等各方面，通过这本书，让波兰人了解了完全不一样的中国。"

2014年，爱德华·卡伊丹斯基先生策划了"中欧交流使者——卜弥格的文化遗产"展览，展示了他对卜弥格三十多年的研究及对其作品的重新绘制，展示了可追溯至17世纪的关于中国和波兰两国之间的早期直接交流的活动与作品。这次展览是一位波兰汉学家对另一位波兰汉学家的致敬和纪念。同时，2014年也是波中两国合作关系65周年志庆，这次展览更是两国源远流长的文化交流和伟大友谊的历史见证。

在爱德华·卡伊丹斯基先生不大的房间里，他兴致勃勃地指着几件家里客厅的老家具，英国的样式、中国手工雕刻的木头柜子和椅子，他高兴地说："这几

AGNIESZKA LISAK ŻYCIE TOWARZYSKIE W XIX WIEKU
SZTUKA MEZOPOTAMII
KUCHNIA LEONARDA DA VINCI
KUCHNIA POLSKA
PIECZENIE CHLEBA W DOMU
KUCHNIA POSTNA
NA POLSKIM STOLE
FABER & FABER
КНИЖНЫ

件东西非常珍贵，是我从中国千里迢迢带回来的，放在家里，感觉家里很有古典中式的氛围。虽然我的房间不大，但是每当坐在这把中国手工雕刻的椅子里，品着中国的香茶，仿佛又把我带回到了我曾经生活、工作及日夜思念的中国。"

爱德华·卡伊丹斯基先生身穿白色的衬衣、藏蓝色的毛背心，他着装典雅、谈吐幽默、气度不凡。他风趣地告诉我，孩子们不喜欢我穿得太老气，所以我的装束就得时尚一点，显得年轻。爱德华·卡伊丹斯基先生有三个女儿，两个女儿分别在德国和格但斯克工作生活。"我的小女儿一直陪着我和妻子共同生活，我最自豪的是，她潜心研究中国舞蹈，也算一名'小专家'了。"

爱德华·卡伊丹斯基先生一生热爱中国文化，喜欢和中国人交往，他是名副其实的汉学专家。他的人生经历充满着传奇，富于戏剧性。他出生在哈尔滨，父亲是位工程师，曾经参加和帮助过中国的铁路建设，专门从事和担任火车蒸汽机安装工作。他的父亲出生在乌克兰，毕业于里加大学，在学校全部是用德语教学，由于父亲精通德语，在德国又有很多朋友和同学，在他的专业上认识很多德国专家，骨子里吸收了德国人严谨务实的工作态度，使得他的父亲在火车蒸汽机方面的研究极富造诣。1904 至 1907 年的日俄战争期间，父亲来到哈尔滨住了两年，后来又作为铁路设备安装工程师去了日本，从日本又到了海参崴，在那开了一个生产电池的工厂。母亲是从意大利来到海参崴，后与父亲一起工作，相爱结婚，之后他们又到了俄罗斯。父亲在哈尔滨工作两年，负责从德国进口汽车，如雪佛兰、奔驰等。1936 年，爱德华·卡伊丹斯基先生只有 10 岁的时候，父亲就去世了，之后母亲就带着他离开了哈尔滨。此时，爱德华·卡伊丹斯基先生用纯真的目光回忆着自己在哈尔滨度过的幸福童年。"从出生到我 12 岁时，家里的生活条件

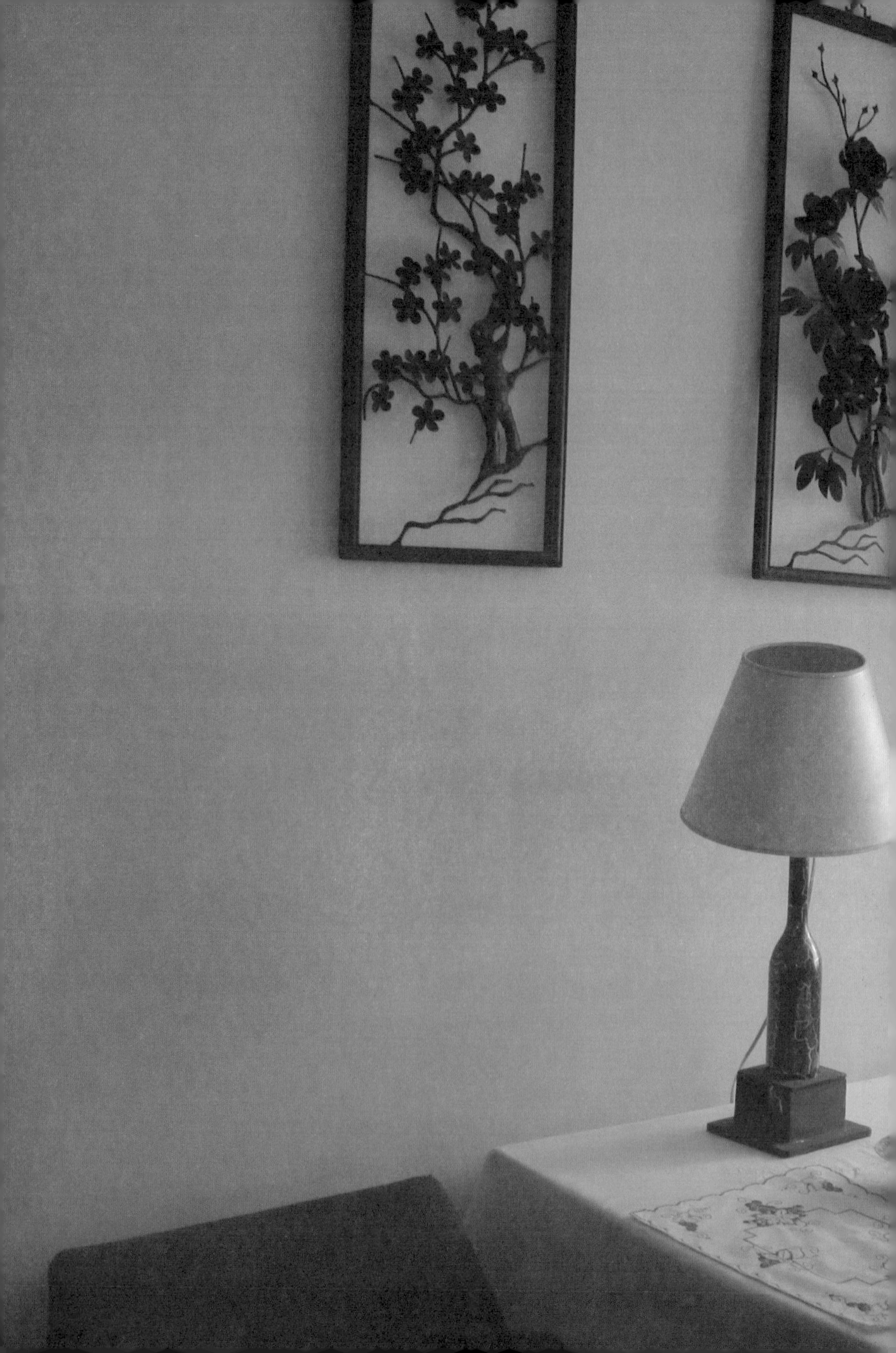

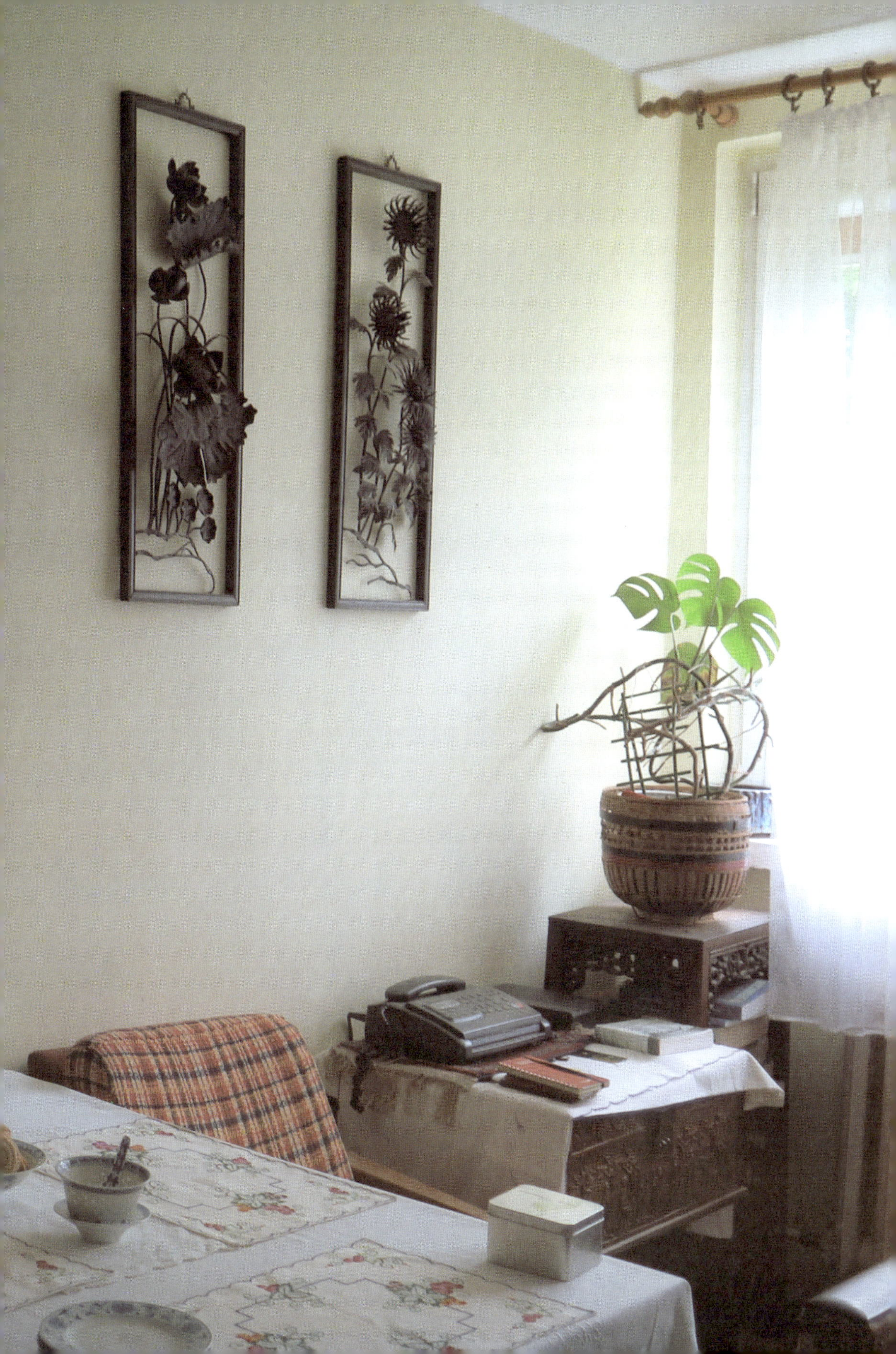

都非常好，我们住在哈尔滨南岗区的外国人居住的公寓，用现在的话可以说是'富人区'，一同生活的有日本人、朝鲜人，还有俄国人、德国人，我每天都坐着爸爸的汽车兜风，与来自不同国家的同学们在一起玩耍，那时候哈尔滨还专门建立了一所波兰小学，当时有一百多个孩子在那里学习，我还记得班里有十多个孩子一起学习、一起玩耍，非常开心。"人们都说童年的时光是一生抹不去的清晰记忆，爱德华·卡伊丹斯基先生从出生时就与中国结下了不解之缘。

爱德华·卡伊丹斯基先生上高中的时候，回到了波兰学习，毕业后他来到父亲曾经工作过的工厂，他的工作就是"整天拧紧螺丝"。1944年他以优异的成绩考入了哈工大电工机械系。1950年毕业，爱德华·卡伊丹斯基先生在哈工大度过了六年美好的时光，学到了不少的知识。他的妻子是俄罗斯人，曾经在波兰传教士开办的教会学校学习。1951年，爱德华·卡伊丹斯基先生和母亲及妻子一同回到波兰。不久，他们的大女儿出生在格但斯克这座美丽的城市，1954年二女儿也出生在格但斯克，全家人在这里生活非常幸福。

爱德华·卡伊丹斯基先生回忆说，因为他毕业于哈工大，一回到波兰就业机会就非常多。当时缺乏工程师，很多公司都向他抛出了橄榄枝，一时间，爱德华·卡伊丹斯基先生在格但斯克成了香饽饽。很快，他就找到了工作。三年后，爱德华·卡伊丹斯基先生成为一家有着一千多名员工的制糖厂的总工程师。

战后回来的人到格丁尼亚港，在那里，政府开设了一个接待点。爱德华·卡伊丹斯基先生有很多同学都去了华沙，有一位同学把自己在格但斯克的房子让给爱德华·卡伊丹斯基先生一家居住。当时生活条件还比较艰苦，担任总工程师的爱德华·卡伊丹斯基先生工作压力也很大，家中的孩子年龄幼小，就在此时，有一份薪水较高的工作正在招聘工程师，唯一在当时被认为"苛刻"的条件就是必须通过外语考试。两周后，爱德华·卡伊丹斯基先生迎接挑战，竟然通过了英语、俄语、中文三种语言的考试。1961年，波兰国家外贸部委派爱德华·卡伊丹斯基先生来到上海，在波中合作的第一家企业——中波轮船公司工作。

1963年，他被派到波兰共和国驻华大使馆商务处工作，主要负责和分管向中国出口机械设备，轮船、火车头等贸易洽谈工作。在北京，他工作一干就是六年，曾经向中国江苏南京、辽宁铁岭出口了发电厂成套设备，还把先进的焦炭炼制技术引入中国。爱德华·卡伊丹斯基先生在波兰共和国驻华大使馆担任商务参赞期间，为促进波中的贸易交流和友好往来，做了大量工作。1967年，爱德华·卡伊丹斯基先生回到波兰外贸部工作。

在人生的旅途上，往往会遇到很多蹊跷和奇妙的经历，生在中国哈尔滨的爱德华·卡伊丹斯基先生说："我的人生经历真的都与中国分不开，与中国缘分实在是太深了。"1971年，爱德华·卡伊丹斯基先生又被派到波兰共和国驻华大使馆担任一等秘书。在这期间，他们的小女儿亚历山大1974年出生在北京。他风趣地说："所以我的小女儿常自豪地说，我是北京人。"在北京工作四年之后，1975年，他又被派回到格但斯克格丁尼亚外贸公司工作。在谈到波中贸易经济合作的前景时，爱德华·卡伊丹斯基先生说，中波轮船股份公司是中华人民共和国与波兰共和国于1951年合资创办的一家远洋运输企业，也是新中国第一家中外合资企业。它是波中合作的典范及中波双方友好合作的一张名片。

爱德华·卡伊丹斯基先生回忆说，记得从1951年中波轮船股份公司成立以来，起初轮船公司都是为中波双方运送食品、机械设备等急需或紧缺的货物。最早在

我做贸易工作的时候,从中国第一次运来了一万吨花生和芝麻。当时波兰人看见这些很少吃到的货物,真是非常高兴。在波兰,用芝麻和花生加工成芝麻花生糖,波兰人吃了觉得味道非常好。中波轮船股份公司从中国运送来的这些货物,在中国人看来是十分平常的货物,但当中国的芝麻和花生在波兰被制成芝麻花生糖时,波兰人吃在嘴里、甜在心里,他们都竖起大拇指说中国好,它的意义也就不平凡了。作为多年从事外贸工作的爱德华·卡伊丹斯基先生,在看到这一幕普通平凡、又感人至深的情景时,他越发觉得波中友谊长存,加经贸文化等领域的交流显得尤为重要。

　　爱德华·卡伊丹斯基先生不仅在波中经贸合作方面做出了巨大贡献,而且他对促进两国文化交流也是功不可没。在他的眼中,做好波中文化交流的使者,比他自己做工程师的工作显得更为重要。爱德华·卡伊丹斯基先生强调："命运的安排，让我与中国的情谊和缘分绵延不绝。"

2003年，在中国北京外国语大学举办了一场专家学者研讨会，就波兰人通过什么途径去了解中国进行讨论，中波两国的交流和友谊应当追溯到1241年，近800年来两国人民互通有无、友好交往，友谊与日俱增。比如20世纪初，很多波兰人参加中国东北的铁路建设，1863年波兰人起义，这是波兰近代史上规模最大、影响最深远的反对俄国民族压迫和反对封建的民族大起义。起义之后，很多波兰人被流放到西伯利亚，不被允许再回到波兰，而这些人通过先到中国，然后又重新回到波兰。最早的时候有两万人途经中国回到波兰。直至1951年，大部分人通过中国回到波兰，还有一些人去了澳大利亚，还有一些波兰人于1956年乘轮船回到波兰。在波兰人心中，中国是一块福祉之地，中国人勤劳善良、好客友好。这使波兰人在心里镌刻起一座伟大中国的丰碑。

爱德华·卡伊丹斯基先生与中国的缘分是无法割舍的，1979年，爱德华·卡伊丹斯基先生第三次被派往中国，担任波兰共和国驻广州总领事，他又在中国工作了三年，1982年退休回到波兰的海滨城市格但斯克。

这位从出生至今一直对中国人民特别友好、对中国有着深厚感情的爱德华·卡伊丹斯基先生，退休后的生活更加丰富多彩。他一直在想，退休前是忙工作，退休后应该做自己喜欢做的事，为波中文化的推广与交流做一名真正的文化使者。当年他就出版了一本名为《格罗霍夫斯基城堡》的书，这本书是为了献给他的老师格罗霍夫斯基（Grochowski）而作，格罗霍夫斯基老师也曾经被流放到西伯利亚，后来来到哈尔滨，1937年在哈尔滨去世，与中国同样有着深深的缘分。第二本书是《中国建筑》，爱德华·卡伊丹斯基先生告诉我，1945年他在哈工大学习期间，六年间其中有一年在学习建筑学，"原本我就想研究中国的古代建筑或地方建筑，特别是我两度在北京工作过，多年间，我拍摄了北京的正阳门、颐和园桥、九龙壁、天安门、鼓楼等老建筑"。爱德华·卡伊丹斯基先生的第三本书，特意写了关于格罗霍夫斯基老师流放到西伯利亚的人生经历和动人故事。他的第四本书讲述了一位波兰人被流放到西伯利亚的故事，叫作《贝涅夫斯基的回忆录》(Beniowski)。爱德华·卡伊丹斯基先生的第五本书是他与小女儿亚历山大于2006年共同撰写的中国丝绸的书，书中主要介绍了中国的丝绸是如何通过丝绸之路的漫漫旅程传到世界各地。他的小女儿亚历山大不仅擅长舞蹈研究，而且也是时装设计师，在书中女儿亚历山大写丝绸，他写的篇幅是丝绸怎样走向世界。该书由张振辉翻译，张西平出版，反响颇好，受到波兰读者的欢迎。爱德华·卡伊丹斯基先生的第六本书出版于2011年，名为《中国医学》，向波兰读者详细介绍了中国医学发展的历史，给人们带来健康的养生理念。爱德华·卡伊丹斯基先生至今为止一共写过25本书。

说到与中国的缘分，爱德华·卡伊丹斯基先生说："我出生在哈尔滨，自然与中国有着特殊的感情，我对中国的文化非常感兴趣，特别关注中国的历史变化和社会变迁，因此我收藏中国的硬币，从中也可以了解到一些中国的历史。1980年我去广东肇庆时，无意中捡到一枚硬币，我回来整天拿着放大镜边看边琢磨，这中国的硬币真有意思，其中有故事、有历史，又蕴含着深厚的文化内涵。我花了很多年的时间收集到一套硬币，康熙年间的每一个省份都有一个简称，除了台湾省以外，其余的都搜齐了。我想这套硬币对我来说真是无价之宝。"

在谈到格但斯克这座城市时，爱德华·卡伊丹斯基先生说，历史上这里一直是开放的港口城市，贸易非常活跃。从17世纪开始，通过荷兰贸易公司与中国来往，格但斯克与阿姆斯特丹港口关系密切，荷兰模仿制作中国的瓷器，制成后运到欧洲，中国瓷器大体系上分为三类：青瓷、黑瓷和白瓷，最早都诞生于北方。五大名窑分别为：钧窑、汝窑（河南）、官窑（河南）、哥窑（河南）、定窑（河北），到了后期南方景德镇瓷器注重装饰效果，才有了粉彩、古彩及青花等瓷器。17世纪时，格但斯克壁炉上镶嵌的瓷片图案有风车，这就是典型的荷兰瓷器。

格但斯克与中国交往的历史源远流长，贝涅夫斯基还用文字记载了格但斯克与中国的关系。爱德华·卡伊丹斯基先生说：“我生活在这座城市，很自由，很幸福，特别是近几年来，格但斯克市政府为加强格但斯克与中国的交往做了大量的工作。”说到这里，爱德华·卡伊丹斯基先生送给我一本中文书，让我永远珍藏，并记住了这位促进中波文化交流的友好使者。

爱德华·卡伊丹斯基先生特别喜欢中国画，他已经画了三百多幅，现在只要有时间还在继续画。他告诉我，他的父亲会画画，受其影响爱德华·卡伊丹斯基先生从小就非常喜欢画画。1979年他到广州工作时，拜访了一位国画老师，用重彩颜色来描绘中国，他觉得非常美好。他重新依照自己的个性继续画画，常常画重彩画和人物画。他最后一次去中国是2005年，至今11年过去了，他对中国的感情与日俱增。他喜欢中国菜肴，特别喜欢北京烤鸭，甚至连上菜和撒鸭子的独到方法也喜欢。他忘不了北京的朋友。他希望通过波中的文化交流和贸易往来继续推进波中友谊，他的心时刻想念着中国。

卢茨杨·麦勒达先生精美绝伦的琥珀收藏

此次到格但斯克采访之前,早就听滨海省驻华首席代表斯瓦夫(Slawomir berbec)先生告诉我:"你这次到格但斯克,已经为你安排好了采访一位世界顶尖级的琥珀收藏家。他的收藏真可以说是独一无二的,一定会带给你不一样的惊喜。"

一个雨后的上午,在格但斯克市政府分管琥珀工作的代表罗伯特·彼特劳斯(Robert Pytlos)先生和翻译柯茗蕾女士的陪同下,我来到著名收藏家卢茨杨·麦勒达(Lucjan Myrta)先生的琥珀收藏馆。

波兰是千年的琥珀古国,对于琥珀的热爱早已经深入骨髓。卢茨杨·麦勒达先生作为波兰最有名的琥珀收藏家,算得上是当今世界上"最有料的"私人琥珀收藏家了。一进门,看到他满满一屋子的精美琥珀收藏品,真的令我非常惊讶!卢茨杨·麦勒达先生的收藏馆,第一部分介绍了琥珀的颜色,他指着这些珍藏品说"琥珀的颜色是十分丰富、多姿多彩",他的身后是一幅用琥珀制成的花的图案作品,其中琥珀的颜色有浅黄、深绿、咖色、白色等五颜六色。用他的话说"先让你了解琥珀的丰富色彩"。

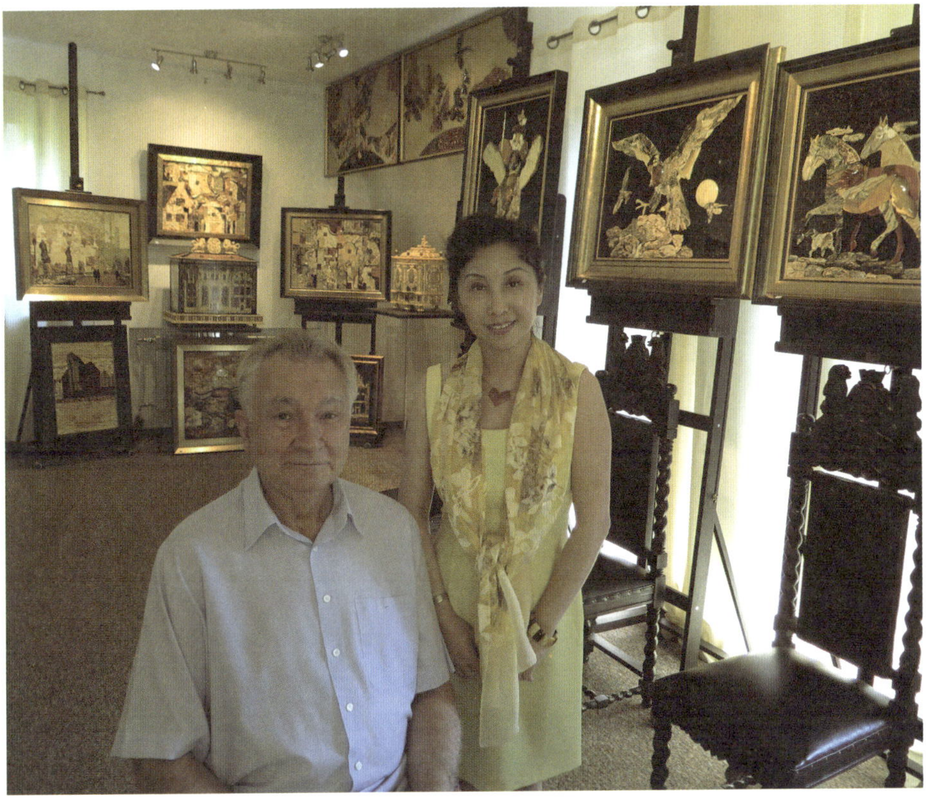

在另一间展厅里，现代艺术图画挂满了四周，这些画全都是用琥珀镶嵌、精制而成，画中还讲述了一些神话传说，许多题材都表现了扬善罚恶、助人为乐的人文主义关怀。琥珀随着时间的推移，其色彩也会有些变化。他用原石雕刻的动物，如乌龟、小鸟、猫头鹰、雄鹰、马，件件活灵活现，栩栩如生；他用琥珀雕刻和镶嵌的大花瓶及各种花卉，如百合、玉兰花，仿佛竞相绽放，香味袭人；琳琅满目的水果雕像，梨、苹果、葡萄，仿佛一盘盘摆在面前，令人垂涎。

我们随着卢茨杨·麦勒达先生走到另一间屋子的时候，一眼望去便看到"索波特的柜子"，柜子上一只海鸥展翅飞翔，柜子的四个角分别雕刻着形态不一样、动感十足的四只啄木鸟。卢茨杨先生告诉我，这个柜子用了1吨多的原石雕刻而成。走到第三层展厅，这里真是一个琥珀雕刻的海底世界，一艘航船在大海上航行，驶向远方，海底世界里有活灵活现的鱼虾、珊瑚、海龟等等。

还有一个展厅，展出的作品大多是人物形象，在肖邦生活展厅里，我看到用银镶嵌琥珀制作的肖邦雕像和钢琴，肖邦的人物形象神似、形似。卢茨杨先生告诉我，他想要用他精心创作的琥珀作品表现肖邦精神，令更多的人记住这位波兰乃至世界上最伟大的浪漫主义钢琴诗人。

卢茨杨·麦勒达先生最伟大的成就之一就是制作了一个1吨多的琥珀珍宝柜。这个珍宝柜长2米，高2.75米，60厘米深，总重量954公斤，其中琥珀的重量高达823公斤！这绝对是有史以来最大的单件琥珀作品，甚至连传说中的琥珀宫所装饰的琥珀也不如这一个珍宝柜！

站在珍宝柜前，他表情凝重地告诉我，"这个柜子里面有故事"。原来，他的女儿艾娃琳娜（Ewelina）去世后，他非常痛心、难过，"此时耶稣抚慰

יהוה

我的心灵，他希望我在梦中再见到女儿。于是我开始构思创作珍宝柜。在创作中，我顺应了春夏秋冬的自然规律，四周都用琥珀，看上去给人强烈的美感。"珍宝柜的浮雕刻画了耶稣基督生活的场景。意图描绘这样一个故事："纳匝肋人木匠伟大的一生"，雕刻的场景取材自新约圣经，包括耶稣治疗病患、宣讲福音、登山宝训等。珍宝柜顶端的希伯来文是天主的神名，取材来自格但斯克市政大厅礼堂的天花板。

为了制作这个巨大的珍宝柜，卢茨杨·麦勒达先生先后使用了7吨琥珀蜜蜡原石。为了使作品色泽更丰富，他不仅靠山吃山、靠水吃水地运用了大量的格但斯克琥珀，甚至不远万里亲自采购了大量多米尼加的蓝珀和墨西哥的绿珀来装饰宝柜。珍宝柜整体由琥珀构成，同时运用了大量白银和镀金的青铜支撑起整个正品庞大的体型。而为了雕刻这些栩栩如生的人物，他采用了多种复杂的雕刻技法，包括浮雕和阴雕，给人强烈的艺术美感。

卢茨杨先生用了整整12年制作这个珍宝柜，这12年耗尽了他所有的心血，当有人询问他价格时，他很坦然地回答："这个作品根本无法估价。"7吨琥珀的价值好算，但是一个男人12年的青春汗水和激情，如何估价？美国的收藏家曾经以3亿美金求购，被卢茨杨先生一口回绝。

他向我介绍，取名为"生活之树"的展厅，他是想提倡讲文明、讲礼貌、重道德、助人为乐等人性的优良品质。他说："人类本来生活在大自然里，生生不息、传宗接代，有生有死，是大自然的规律。但是我在作品中更希望反映出每个人在自己短暂的一生，多做些有意义的事情，多为别人着想，让这个世界充满友爱。"看到墙上挂着的几幅清纯美丽的少女琥珀作品，他告诉我："这

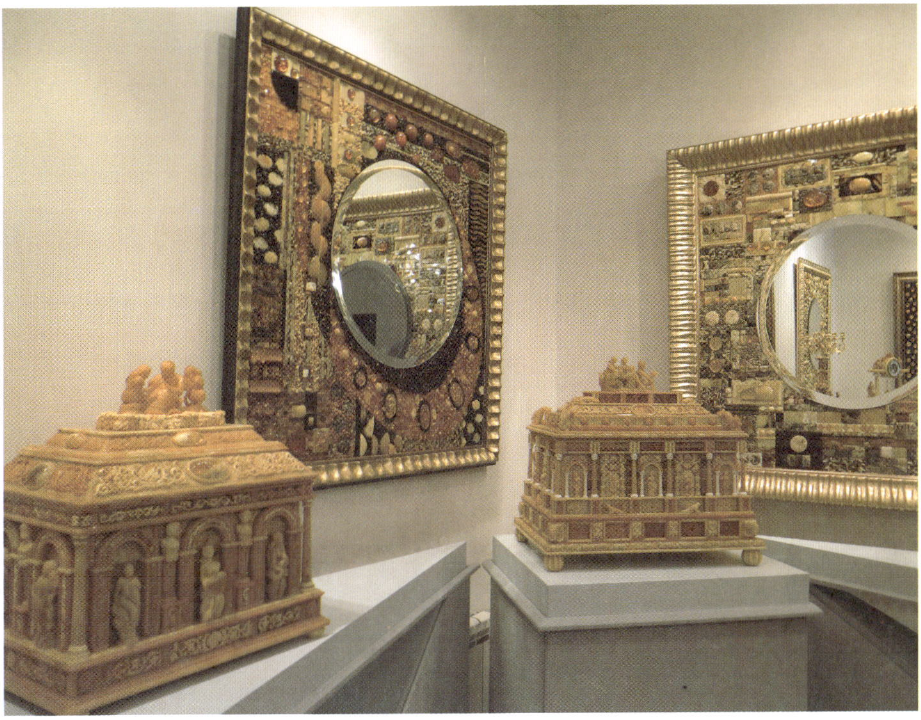

几幅是为我死去的女儿制作的，分别是她15、18、23岁的三幅作品。"其中一幅被命名为"生命之树"的琥珀精品，还是妻子在世时，为了纪念他们美丽的女儿，希望女儿永远活在他们的心中，而在妻子的陪伴下创作的作品。另外，他还用琥珀创作了母亲和夫人的画像。他说："这是我生命中最重要的三位女人，是她们给了我鲜活的生命和生活的乐趣，是她们带给我创作的灵感，是她们支持我的琥珀事业。"

走进主题是"人与自然"的展厅，其中一个用琥珀精制而成的首饰盒，用了一万两千个小时才制作而成，还有一幅反映自然与生命的琥珀镜子，制作完成后，却不知道取什么名，恰逢波兰文化部长来此参观，为这面镜子命名"化学元素"，"我觉得这个名字非常贴切"。

卢茨杨先生还是世界上最大块琥珀的拥有者（称重5950克）。收藏有几千块虫珀（甚至包裹整只蜥蜴），世界上最大的琥珀珠子（直径为110毫米），世界上最大的卵形琥珀（重达1120克）。为了获得这些琥珀珍品，他付出的努力可想而知。

卢茨杨·麦勒达先生投入毕生的精力，换来的是令人意想不到的惊喜。他所收藏的各类琥珀艺术品数不胜数：创作于1995年的《来自索波特的渔民》，雕像是一位脸上挂着丰收的喜悦、手提渔网、头顶一筐鱼的渔民；创作于1995年的《卖水果的佛罗伦萨少女》，少女婀娜的身姿栩栩如生；创作于1989年的琥珀作品《吹风笛的人》，使参观者感觉音乐仿佛就在耳畔。

从朋友那得知自己的作品在亚洲广受欢迎，从未到过中国的他便受到了启发，出了一本内容丰富、厚达300页的精美画册，介绍自己的作品和藏品。他还希望

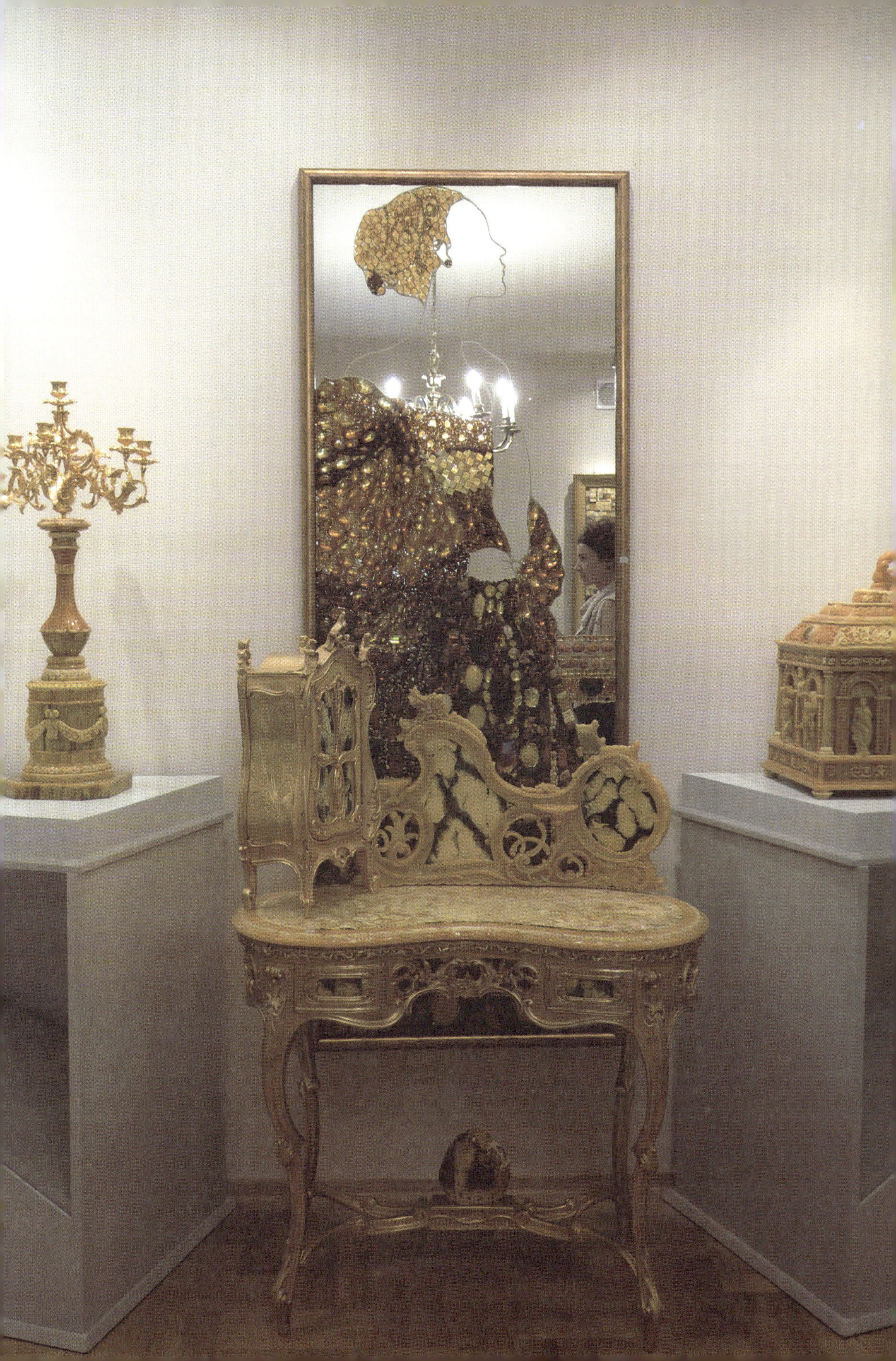

未来有机会，可以将自己的全部琥珀作品和藏品在中国展出，向中国更多热爱格但斯克、热爱波兰的琥珀爱好者，展示制作精美的琥珀作品。

回忆起所走过的"琥珀之路"，卢茨杨·麦勒达先生滔滔不绝。他告诉我，在他踏入琥珀行业的初期，由于琥珀采购困难，开展自己的产业一度受阻。20世纪早期，在波兰想要开创自己的琥珀产业和以自己名字命名的品牌，很不容易。把大块的原石切割成工艺品需要的大小形状，对切割技术要求非常高，对于产业工艺也要求改进。

直到第二次世界大战后，这种情形也没有好转。当时，波兰政府试图支持重建琥珀开采业，但由于各方面条件的限制，成效也并不乐观。20世纪70年代，很多人在琥珀的开采过程中发现，琥珀的出口能带来显而易见的巨额利润。但是只有当琥珀的开采数量、切割工艺、打磨技术都达到很高的水平时，琥珀的出口才能确实地如预想般带来收益。因此，很多琥珀手工业者致力于提升切割、打磨和生产的工艺水平，从而获得了海外贸易的利润。

与此同时，琥珀在给社会带来良好经济效益的同时，也推动了技术的提升，两者相辅相成。这种良好的局面，鼓励了20世纪70年代一批受过良好高等教育的艺术家，开始尝试在自己的作品中使用琥珀及琥珀元素。与今天相比，六七十年代的琥珀原材料价格较为低廉，这些有理想的艺术家试图打造出卓越的琥珀作品，但是他们的努力却以失败告终。原因在于当时的工艺技术还有很大的局限性，达不到理想的生产水平，因此他们最终设计、生产出来的珠宝首饰同工厂流水线成批生产出来的产品，并没有太明显的区别。

1983年之后，随着经济的发展和交通状况的改善，不同国家及地区间的人与人交往更为便利和频繁，这为琥珀市场的开发奠定了基础。同时，原石开采能力的提高，使得原材料更为丰富，世界范围内的琥珀销售大大提升。

20世纪的最后两个十年，是波兰琥珀业大爆发的重要时期。很长一段时间，卢茨杨·麦勒达先生都试图从当时的琥珀主供应区脱离出来，独立工作。他不断努力争取从既有的合作圈中脱离出来，并且摆脱从事对外贸易的专业部门所提供的支持。他甚至试图将自己的工作室搬到克雷尼察，这在当时是波兰最偏远的地区。

然而，尽管琥珀供应量相当可观，琥珀产业的运营也无法真正踏上轨道，因为此时在这个国家，还没有人尝试建立一个完善经销批发系统。因此，无论是负责开采的琥珀矿山，或者采购中心，都必须设法克服现有的官僚主义和财政困难。最终，为了满足原材料的要求，这位艺术家不得不每周都乘车前往格但斯克，大部分的路途都在夜间，一年内他走过的路程超过了10万公里。这造成了极大的不便，因为卢茨杨·麦勒达先生在周一至周五需要留在车间，参与并监督琥珀生产工作，周末则长期奔走在路上，车间工作不得不为此暂时停摆。

1982年旅途上发生的一件戏剧性的意外，使得卢茨杨·麦勒达先生决定将自己的工作重心转移到格但斯克市。在意外发生的那个晚上，卢茨杨先生独自一人在车上，精神不济之时遭到了抢劫，车上所有的琥珀、珠宝及钱财全都被抢走。自此，他搬到社会稳定、治安良好的格但斯克安定了下来。

这一时期在德国，越来越多的琥珀原石被开采出来，但德国开采出的琥珀原石大多用于本国内部使用，并未对波兰琥珀业的发展产生更多直接的正面影响，却反而导致波兰向德国出口的琥珀数量大大减少。这种出口量的减少也在一定程度上推动波兰正视自己的琥珀开采业。

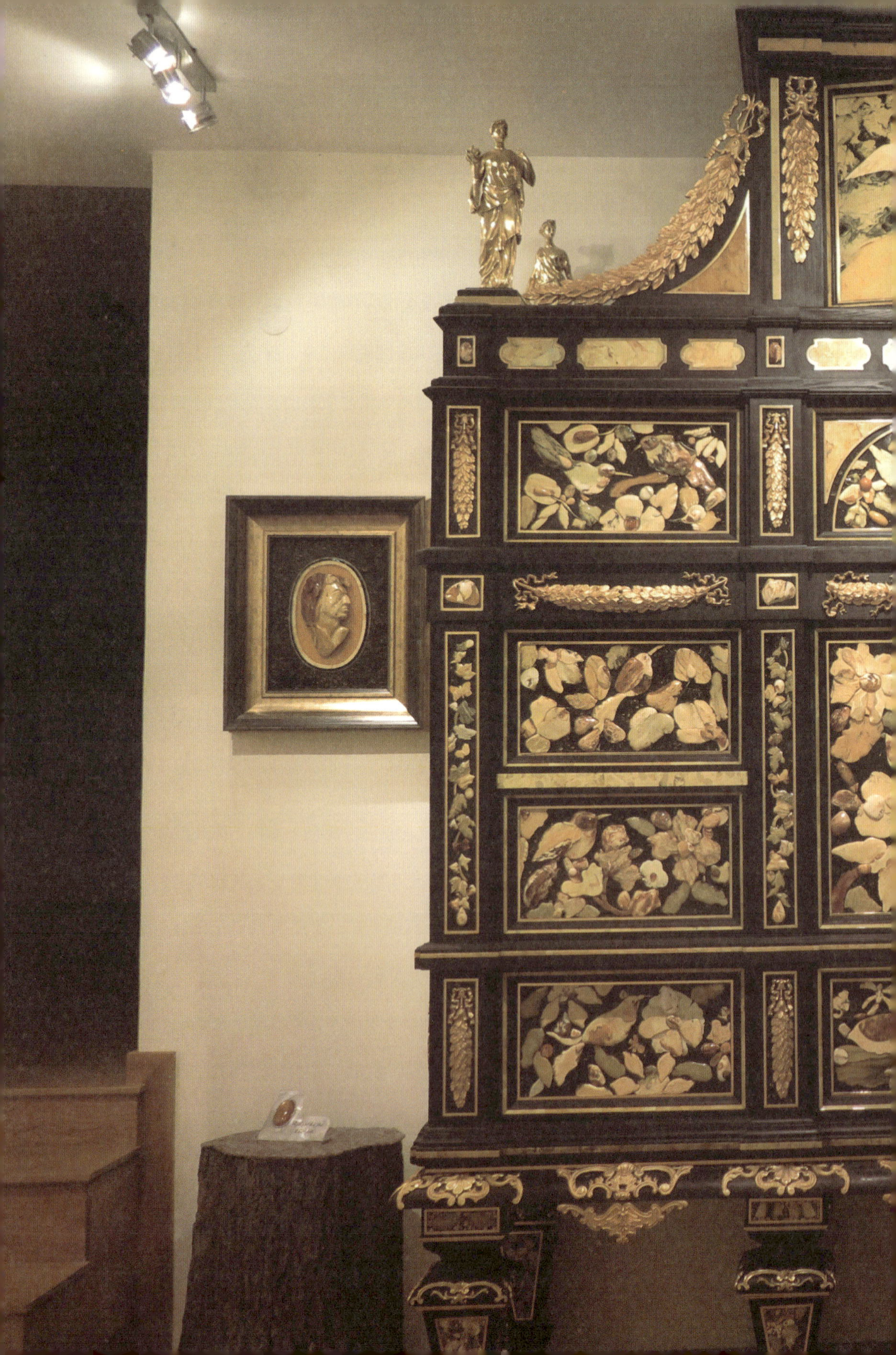

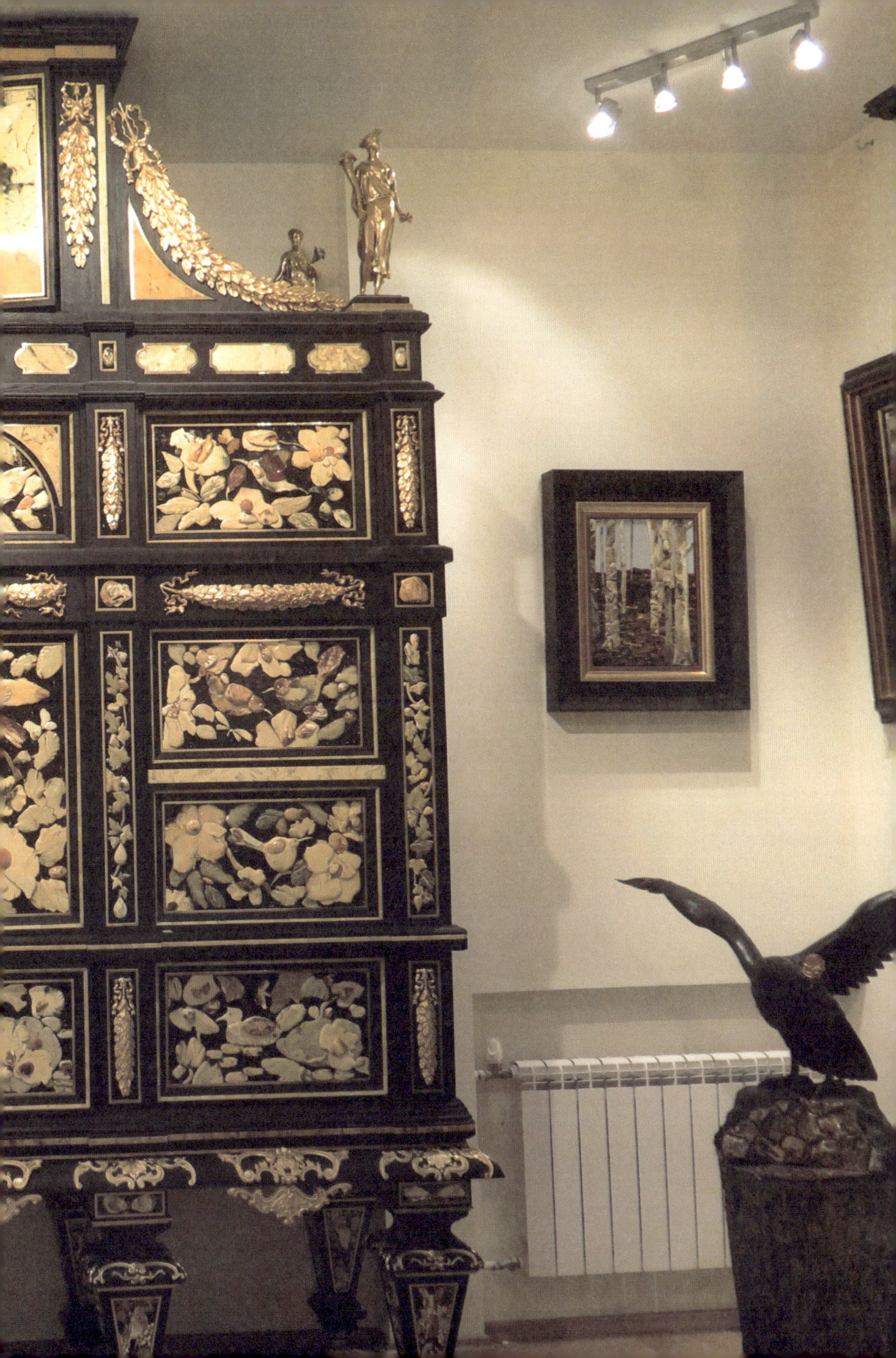

从 1971 年到 2000 年，近 30 年来，波兰针对琥珀进行集约开采，产量高达 3 万吨，相当于过去 1000 千年所用琥珀的一半数量。琥珀原石开采量上涨惊人，激励了一些生产者不断尝试将其用于装饰物的制造，力图比普通琥珀珠宝更具艺术性。因此，一些令人过目难忘的、具有宗教特征的以及用银制品镶嵌的琥珀作品大多诞生于这一时期。

在这纷繁的作品中，卢茨杨·麦勒达先生的琥珀作品以其独特的设计理念、高超的切割技术以及精美的工艺手法，在波兰、欧洲乃至世界都独树一帜！

我足足花了 3 个多小时参观卢茨杨·麦勒达先生的收藏馆，却只能说看了个大概，在漫长的 47 年岁月里，他把自己毕生的精力和热情全部献给了他最钟爱的琥珀事业。用他的话来说："我对琥珀痴情不变，在 19 世纪时，有人在波兰找到了世界第二大的琥珀，我在 30 年前将它做成了一件巨大的作品，叫作'地球之魂'，我觉得这个世界太神奇、太奇妙了，我用这件倾注心血的琥珀作品，表达我对大地母亲的尊重与回馈。"

卢茨杨·麦勒达先生告诉我："走琥珀之路，是我一辈子的选择。在你今天看到的所有作品和故事中，其实主角不是我，而是上帝赐给波罗的海的、我们波兰最有特色的琥珀。这些作品，每一件都有自己的故事，我用生命雕刻着我的作品。曾记得，走琥珀之路、做琥珀事业，必须投入全部的精力和巨额投资金，对此，我的妻子曾经劝过我，让我改行，但是当我向她倾诉了自己和琥珀不可分割的缘分时，她非常支持、理解我。很多时候，为了买到一块称心的原石，我们俩可以说是'倾家荡产'。还记得 44 年前，我花了足够购买一辆汽车的钱，买了一块小琥珀。现在回想起来，我的投入是值得的。虽然现在我的夫人和女儿都不在了，

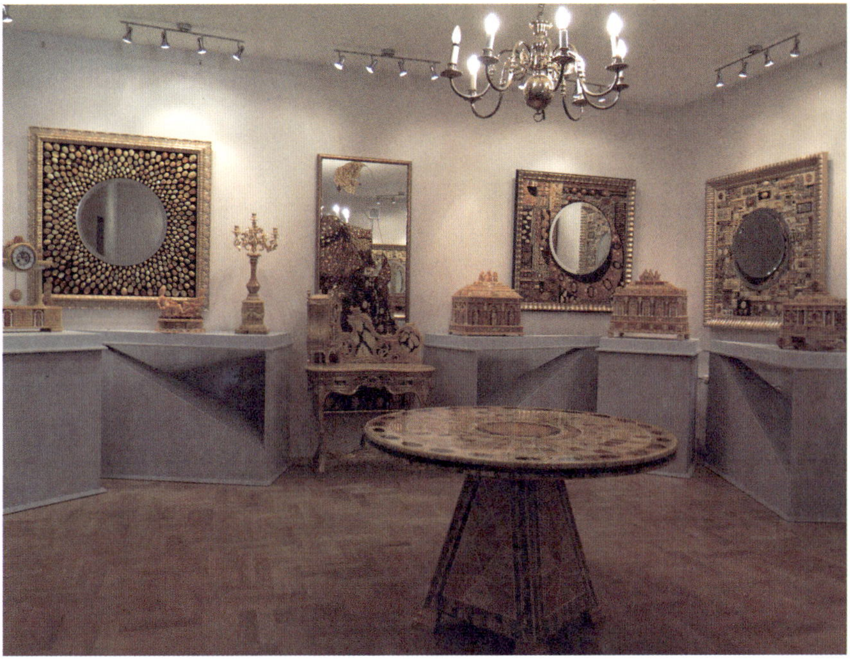

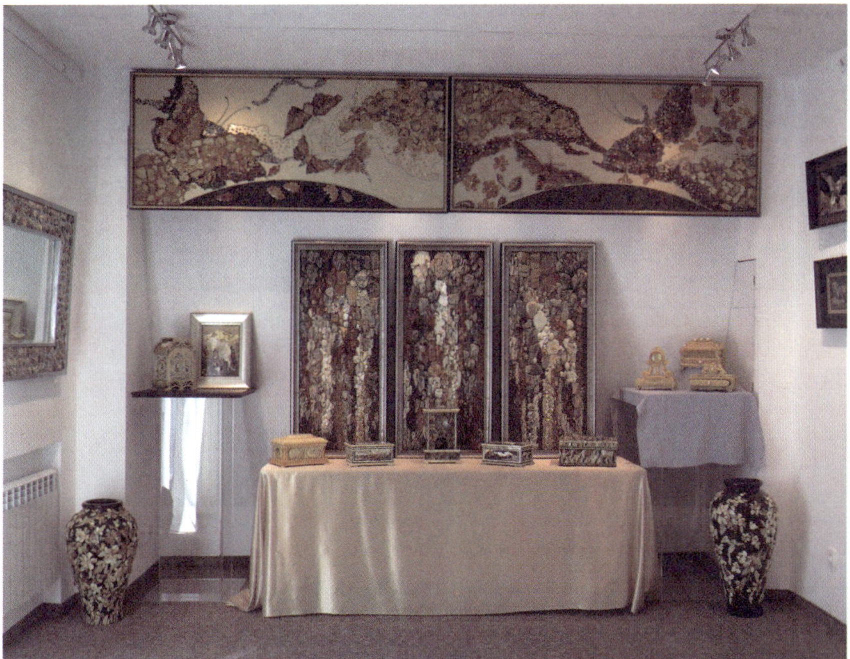

但是每当看到这些琥珀作品,就会想起她们和我一起度过的美好时光,幸福就在我心里。"

卢茨杨·麦勒达告诉我,他出生在波兰的一个小镇(Żelisławice),父亲并不是一个有钱人,但是他支持儿子的选择。卢茨杨先生选择了琥珀事业,近半个世纪伴他一路走来。但他做过很多不一样的工作,目的都是挣钱买琥珀。要知道,收藏琥珀需要很多投入,因此他必须努力工作,努力挣钱。在他收藏馆的大厅里,他指着一幅用琥珀制作的风景告诉我说:"这幅琥珀画就是我的家乡。无论时光流淌过多少年,无论我走到哪里,我都不会忘记我可爱美丽的家乡。我想,每一个人都有自己独特的天赋,除了自己的努力之外,要想成功,你的天赋还要被父母发现,还要得到家人的理解、支持。"说到这里,我对他说"你是琥珀天才",他笑了,说"这个评价我非常喜欢"。

卢茨杨·麦勒达先生告诉我,他正在撰写一本新书,名叫《人在地球上的位置》,一个人生活在地球上,要善待他人,要意识到自己的不足,对未来充满信心、对过去绝不后悔,让自己的人生更完美。"我相信心灵的重要性,对琥珀尤为如此。"

知道我今天要来拜访卢茨杨·麦勒达先生,观看他的琥珀收藏品,前几天卢茨杨·麦勒达先生就翻阅了许多关于中国的书籍,今天早上,他还阅读了《孔子》,他说:"我知道中国是一个有五千年历史文化的传统国家,孔子是中国的孔子,也是世界的孔子,现在波兰有好几所孔子学院,常常听到许多波兰人说孔子是一位积极善良的人,我阅读过孔子的著作,也读《圣经》,这样可以帮助我更加客观地看待这个世界,让我的心灵都阳光起来。人在社会生活中,会碰到很多困难和不幸,好像隔一段时间就会有心病,在这个时候我就要多读书、读好书,还要走琥珀之路，把琥珀变成更漂亮的饰品，给这个世界带来更多的美丽。在此我要感谢很多人，在我所走的琥珀之路上给过我帮助的人，我有机会收藏，但是我必须付钱，我尊重他人的劳动所得。在我力所能及的情况下我希望更多地帮助别人。与此同时，回忆我的人生经历，我感到最幸福的事情就是我除了爱情之外，还有琥珀。"

临别时我依依不舍，在卢茨杨·麦勒达先生的留言簿上我留下了这样一句话："惊世绝美，无与伦比。"

国际琥珀协会——世界琥珀之家

在格但斯克长街上的一家咖啡厅，我见到了国际琥珀协会副董事、琥珀专家米克·高索（Michał Kosior）先生。说起琥珀的话题，米克·高索先生可是滔滔不绝、口若悬河，他向我讲述了格但斯克这座名副其实的琥珀之都的传奇故事，并且介绍了国际琥珀协会的主要工作。他说："我去过中国很多城市，北京、杭州、深圳、香港、澳门等，我非常喜欢中国的文化及热情的中国朋友。"

也许是一种缘分，米克·高索先生与琥珀早已结下了深深的不解之缘。他出生在一个知识分子家庭，爷爷奶奶都是研究鱼类的科学家，所以他常常跟他们到工作室，受到家庭环境的影响，从小就对科学感兴趣，他从1993年起对琥珀非常感兴趣。就读于格但斯克大学哲学系的他，从大学一年级起，就和朋友一起做出版工作，毕业后他选择的两份工作都与哲学无关。起初他在一家出版社做编辑工作，他做的工作主要是与加工琥珀首饰的工匠沟通交流，为他们著书立传。后来他又当上记者，专门写介绍琥珀文化及琥珀工匠精湛工艺和传奇故事的文章。

在那之后他进入了国际琥珀协会工作，米克·高索先生对我说，每到一处，他都要向人们讲述和推广琥珀文化的内涵，让更多的人了解琥珀、走近琥珀、热爱琥珀，特别是近几年，随着中国经济的快速发展，越来越多的人喜欢欣赏和收藏琥珀，因此，琥珀在中国的市场空间巨大。米克·高索先生告诉我，每次到中国，只要有人问他"你从哪里来"，只要他回答"波兰来"，马上就会有人说"你们波兰的琥珀很好，我们非常喜欢"。正因为如此，他们的工作内容，有一项便是向中国介绍琥珀文化，介绍琥珀在欧洲及中国文化中都占有极其重要的地位，对琥珀的品种、质量进行历史研究和文化推广，再把波兰的琥珀商人介绍给中国朋友，在他的眼中，琥珀就是中波友谊的幸运之宝和友好象征，是把中波两国人民紧紧相连的重要桥梁。

在采访米克·高索先生前，我了解到，琥珀原料贸易可以追溯到史前南部的国家，琥珀工艺的出现是从新石器时期的中早期开始，16—17世纪是它的辉煌发展阶段。波兰盛产琥珀，是琥珀储量最丰富的国家之一。上帝对波兰十分宠爱，总是把最好的礼物赐予这块土地。波兰的琥珀加工有着超过1500年的传统，由于格但斯克港口四通八达的交通网络的优势，使琥珀的加工作坊多集中在以格但斯克为中心的北方。目前，格但斯克以世界琥珀中心享誉全球。

早在14世纪初（条顿军团统治时期），为了防止恶性竞争、保护从业者的合法权益、规范行业标准、规范琥珀行业人进行培训、保护工艺大师利益等目的，格但斯克就成立了琥珀公会。但是这时的公会没有制定行业规范和自由结社的权利，按《日耳曼法》的规定，私人是不能拥有和经营琥珀的。

15世纪中期，波兰政府收回格但斯克的统治权后，在政府的支持下，琥珀公会取得了制定行业规范、自由结社的权利，并于1477年发布了第一个行业法规，并允许私人拥有和经营琥珀。

16世纪到18世纪，航海时代造就了强盛的欧洲，格但斯克凭着四通八达的港口交通优势，迅速成为整个欧洲的琥珀制造中心。格但斯克的琥珀加工迎来了继古罗马时代之后的又一次兴盛时期。16世纪初，格但斯克共有46家琥珀作坊，包括琥珀制作大师、熟练工和学徒在内的从业人数超过300人。后来，在公会匠师的请求下，市议会通过决议把格但斯克琥珀作坊限制为40个，每个作坊限制6个人。

琥珀公会不仅限定了作坊的数目、从业人员数量，还严格规范产品质量，保护知识产权，规范职业道德操守，严惩不正当竞争。从而有效地保护了行业的利益，使得格但斯克的琥珀加工业良性发展。

1793 年普鲁士占领了格但斯克，在 18 世纪末到 19 世纪初的拿破仑战争期间，伴随着格但斯克经济大衰退而来的是经济崩溃。在此期间琥珀作坊加工量逐步减少。自 19 世纪中叶以来，许多琥珀作坊转为单一加工球形珠项链，还有些转行加工木材等。战争持续了一个世纪多，尤其是第二次世界大战期间，希特勒统治的纳粹德国发动的对波兰的战争中，格但斯克市被毁坏面积高达 55%，80% 的古建筑遭到破坏。战争毁坏了大量珍贵的琥珀，毁坏了琥珀加工厂，琥珀加工技术人员或者在战争中死亡，或者被驱逐到德国，这使得到第二次世界大战结束时，属于波兰国籍的琥珀技工只剩下了两个人。

所幸的是，这期间琥珀公会一直存在，但要复兴格但斯克的琥珀行业，不得不从头开始。从 20 世纪 40 年代开始，在琥珀公会的努力下，逐步培养了 100 多人，加工制作琥珀的水准达到了战前的水平。此后，由于国情、政策等原因，格但斯克琥珀行业的发展非常的艰难、缓慢。

在波兰总统亚历山大·克瓦希涅夫斯基（Aleksander Kwaśniewski）的支持下，直到 1996 年 1 月 17 日，决定重新改组琥珀公会，组建"国际琥珀协会"（Międzynarodowe Stowarzyszenie Bursztynników）筹备委员会。经过反复论证，国际琥珀协会成立大会于 1996 年 2 月 27 日召开。27 位琥珀矿主、琥珀工厂主、琥珀制作师、琥珀设计师、琥珀商、科学家（地质学家、古生物学家、历史学家、考古学家等）、琥珀鉴定师等来自不同的背景人员出席了会议。这次会议采纳了格但斯克民政厅的合理建议，制定了"会规"，并提交给格但斯克法院备案。1996 年 4 月 29 日，正式注册法人实体。1996 年 6 月 10 日召开了第一次董事会选举会议，并批准了协会的目标、细则等。

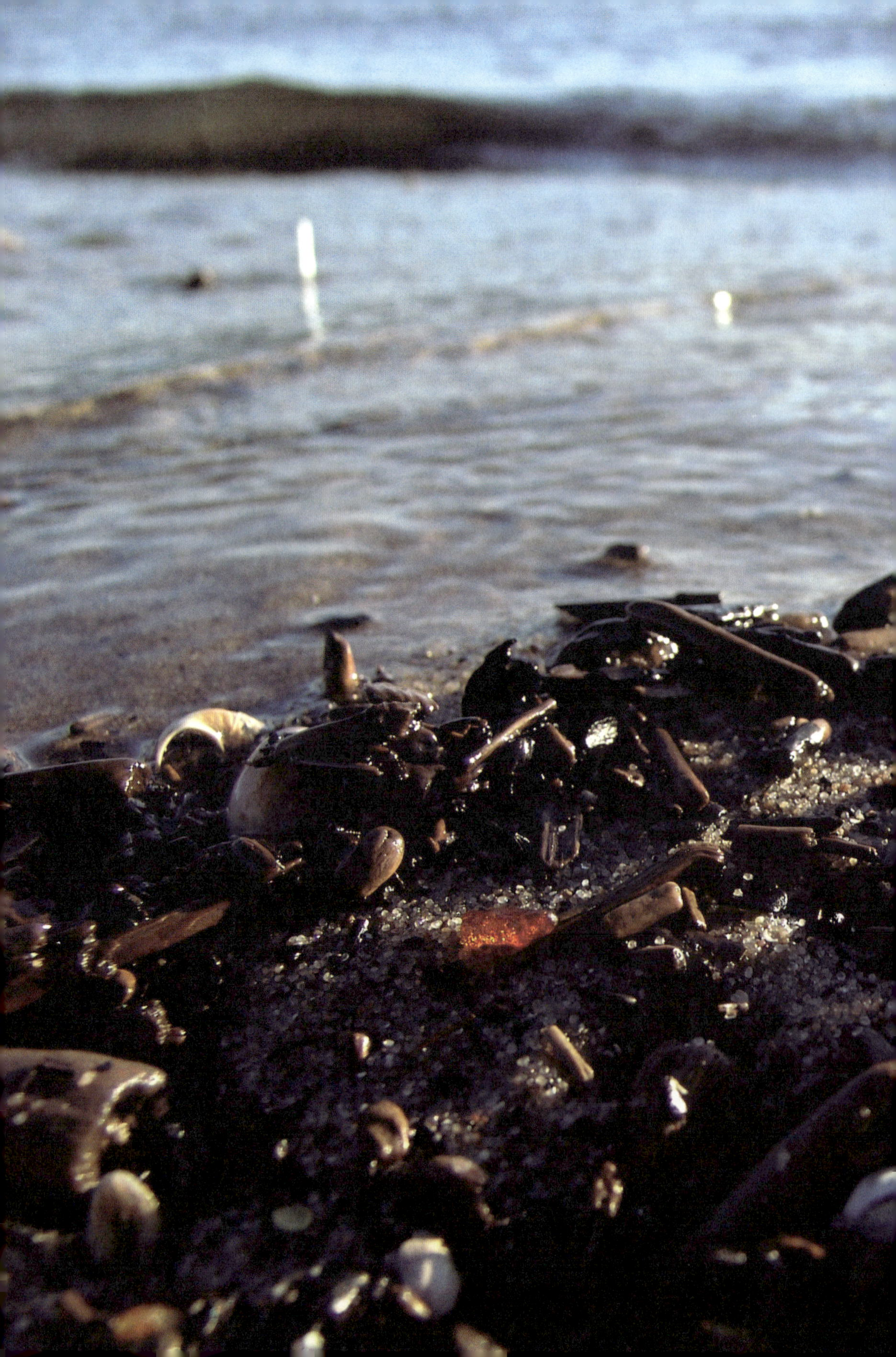

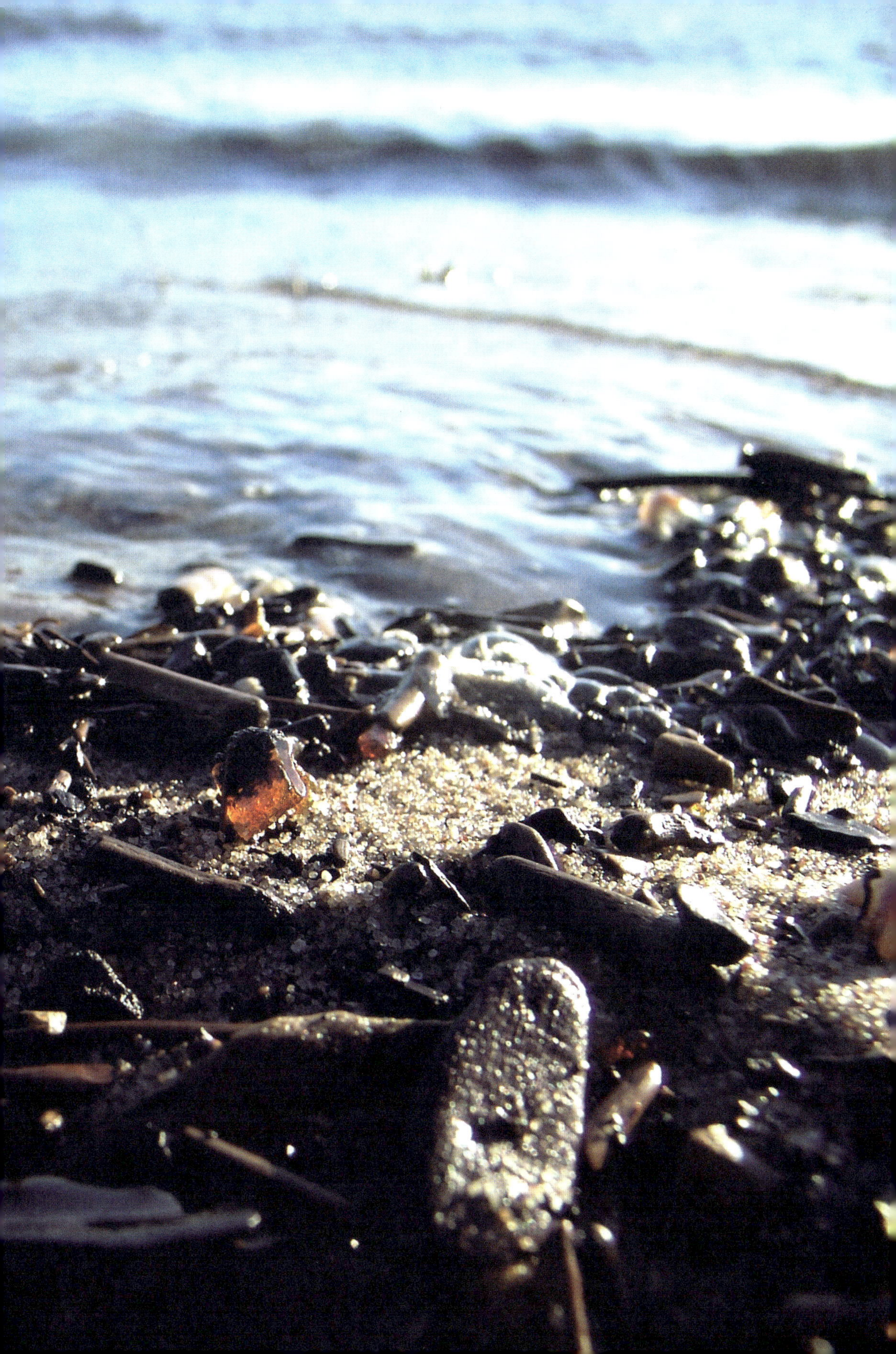

在20世纪的最后十年，格但斯克的琥珀行业得到了迅速的发展，在这个领域的就业人数超过10000人。国际琥珀协会以波兰为中心，面向全球，截止到2013年6月23日，已经拥有来自28个国家和地区的241名成员，其中有20多位中国成员，他们绝大部分人在中国生活工作。其中，较为知名及活跃的国际琥珀协会会员包括：来自黎巴嫩的达倪·阿扎尔教授（Dany Azar），来自西班牙的安拓纽·阿里罗（Antonio Arillo）博士，来自乌克兰的鸥勒娜·贝丽晨克（Olena Belichenko）博士，来自波兰的马力友什·德拉皮克夫斯基（Mariusz Drapikowski），来自波兰的尤安娜·格拉扎夫斯卡（Joanna Grazawska），来自德国的贾斯腾·格漏恩（Carsten Grohn），来自波兰埃尔布隆格考古和历史博物馆的马勒克·雅格金斯基（Marek Jagodziński）博士，来自波兰科学院地球博物馆的芭勒芭拉·克斯莫夫斯卡·策拉诺夫奇（Barbara Kosmowska-Ceranowicz）教授，来自俄罗斯加里宁格勒琥珀博物馆的泽雅·克斯贴硕发（Zoya Kostiashova），来自俄罗斯的阿勒克桑得尔·克日罗夫（Aleksandr Krylov）博士，来自波兰克拉科夫自然历史博物馆的维叶斯瓦夫·克日闵斯基（Wiesław Krzeminski）教授，来自美国的琥珀研究员窦·龙何尔各（Doug Lundherg），来自立陶宛的卡季梅尔萨斯·米兹给尔斯基（Kazimieras Mizgiris），来自波兰的琥珀工艺大师雾兹雅·米尔塔（Lucjan Myrta），来自立陶宛的希吉它斯·珀德纳斯（Sigitas Podenas）博士，来自波兰的爱娃·拉赫倪（Ewa Rachoń），来自波兰国家琥珀商会的梓比各捏夫·斯特热勒奇克（Zbigniew Strzelczyk），来自乌克兰世界琥珀委员会的各丽娜·斯木哈（Galina Symha），来自波兰格但斯克大学的日沙勒德·沙杰夫斯基（Ryszard Szadziewski）。

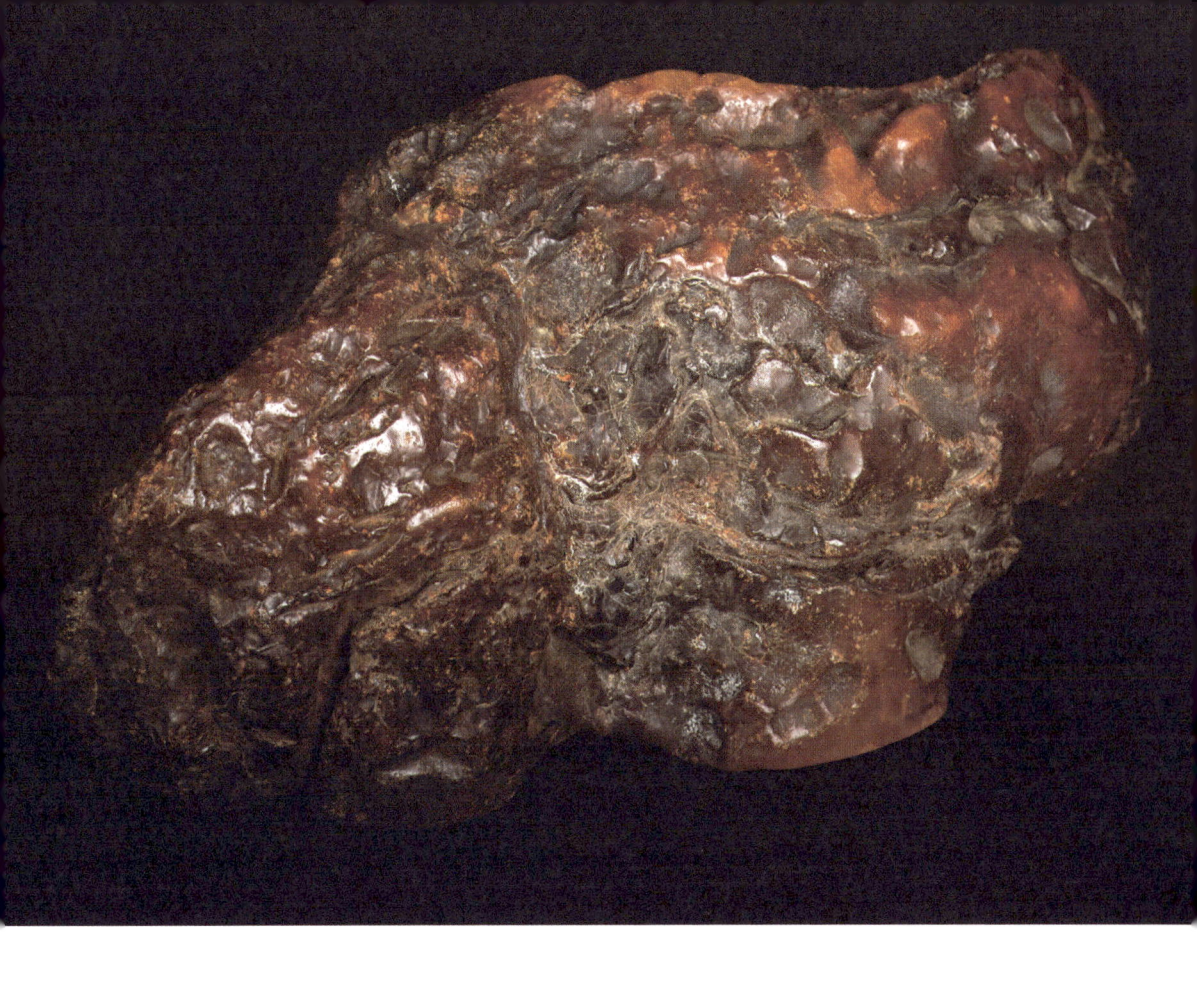

目前国际琥珀协会是针对波罗的海琥珀规模最大、范围最广、最权威的琥珀专业协会。其目标在于：合理开发利用琥珀资源、琥珀专业人才培养、树立琥珀领域商业道德规范、琥珀科研（包括：地质、古生物、考古、艺术、标本等领域）、琥珀真假鉴定等。旨在向全世界推广琥珀原石和琥珀珠宝贸易，建立格但斯克世界琥珀之都，介绍琥珀的科学、文化、·教育和经济活动。

琥珀是蕴含千万年岁月精华的珍贵宝石，被誉为北方的黄金和太阳的象征，是自古至今的传统宝石。它是地质年代的第三纪松柏科植物的树脂，经地质作用掩埋在地下石化而成，故被称为"树脂化石"或"松脂化石"。自然界的琥珀常产于煤系层和滨海砂矿中，在成分上分别属于生物化学沉积矿床和滨海砂矿床。

琥珀的主要成分是碳、氢、氧以及少量的硫，硬度2—3度，比重1.05—1.1g/cm，熔点150℃—180℃°，燃点250℃—375℃。琥珀和珍珠、珊瑚并列被称为"三大有机宝石"。

除此之外，琥珀的诸多特性堪称"世界之最"。首先，琥珀是最古老的宝石，是世界上唯一将生物保存其中，历经千万年依然完好如初的宝石；其次，它是色彩最丰富却又最中性的宝石，不分年龄、不分性别都能佩戴；同时它也是已知宝石种类中最轻盈的宝石，不分国家、不分文化、不分地区，已流行有6000多年之久，任何一种宗教都信仰它，如佛教、伊斯兰教、基督教等。

对于琥珀设计师和工匠来说，每一块琥珀都是大自然赐予的宝物，每一块都有不同的特点和独特的审美价值。

琥珀的种类繁多且颜色多变，众所周知，几乎说得出来的颜色：红、橙、黄、绿、蓝、靛、紫到透明如水甚或暗不见光的黑色，在琥珀中都看得到……琥珀的具体分类如下：

火珀：琥珀中最为常见的颜色，呈浅酒红色或橙黄色，色泽温婉可人，典雅浪漫中隐藏着热情，凸显女性的柔美娇贵之气。

蜜蜡：古代皇家御用宝石，因"色如蜜、光如蜡"而得名。历来都是达官贵人竞相收藏的宝物。素有"千年琥珀，万年蜜蜡"的说法。

老蜜：指出土较久远、颜色较为深的琥珀，显红橙色。

血珀：俗称医珀，色彩温暖迷人，针对血液方面需要改善的人士，有良好的效果。

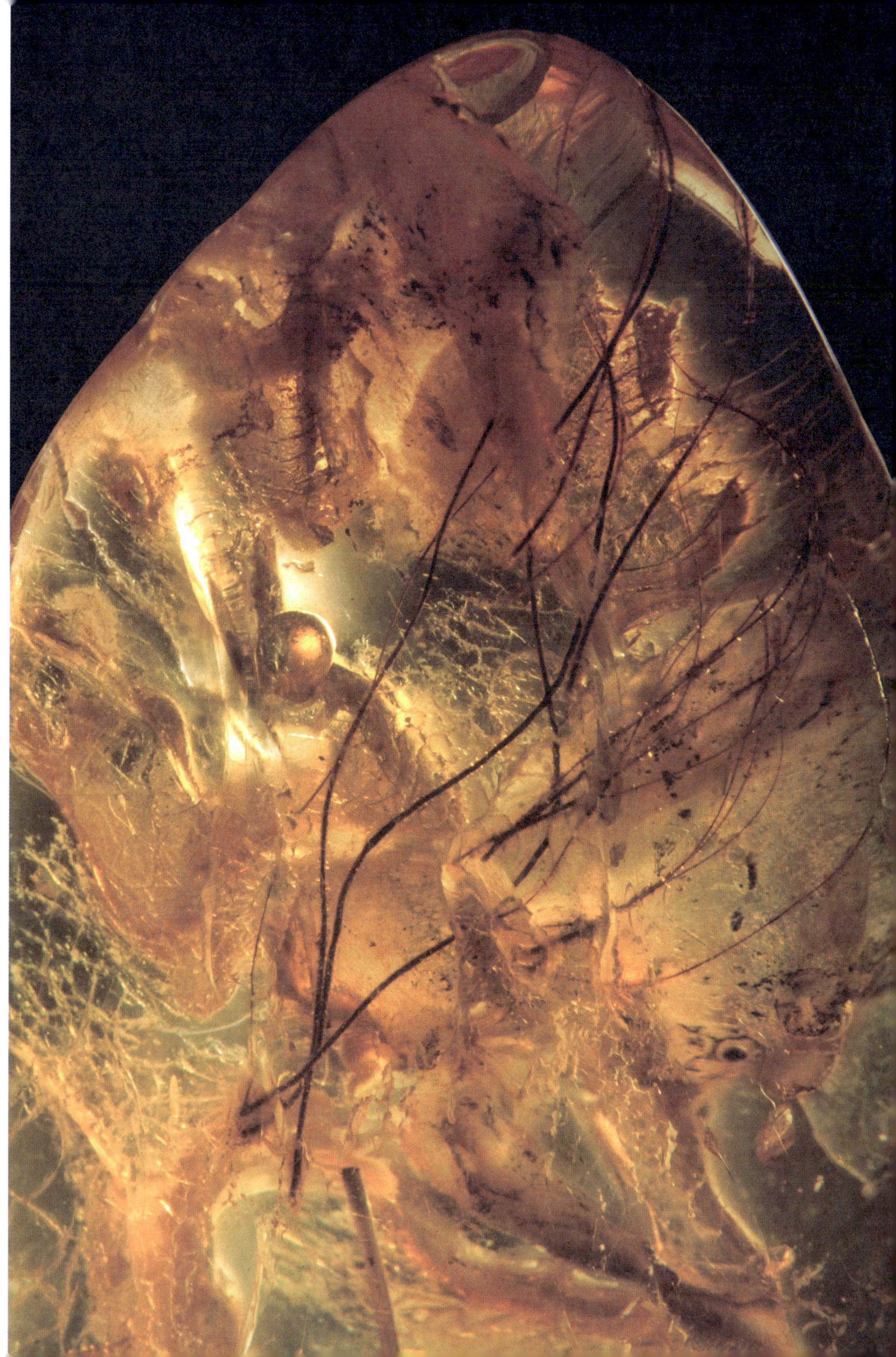

花珀：内部冰花从内向外绽放，透着清秀的灵气。

金珀：完全透明的琥珀，色泽鲜亮，晶莹剔透。古人誉为"财石"。

虫珀：琥珀中的稀有品种，极具收藏及研究价值。琥珀树脂中特殊的化学成分能完整保存生物的外表甚至于内部组织，是独一无二的古生物展示橱窗。

骨珀：色泽乳白，有一种原始之美。骨珀是琥珀酸含量最高的一种琥珀，贴身佩戴对人体健康极为有益。

云雾珀：与其他琥珀不同的特征是内含一块不透明的区域，像天空中飘忽的云。

植物珀：内包裹着植物的琥珀称之为植物珀。一般以叶片、花朵、树枝等较为常见。琥珀中的生物、空气、水分与其他元素至今仍是科学家探索远古的珍贵资料。

绿珀：色彩神秘幽深，迷离深邃的包体让人产生梦幻般的向往和渴求。

风景珀：大自然是风景珀的设计师，其内部天然的花纹呈现着有如风景般不同的纹理，千姿百态，极具观赏价值。

琥珀具有超乎想象的能量，它是吉祥石，属于传统护身符，还是佛教七宝之一（金、银、琥珀、玛瑙、珊瑚、砗磲、琉璃），琥珀具有趋吉避凶、镇宅安神的功能。由于琥珀形成的原因与过程，使其具有来自大地之母的安定力量，让人们在思考时会拥有更敏锐的思维。另外它亦可避邪化煞，温热的触感象征某种能量的释放，能带来好运、平安、幸福、如意。

除了这些吉祥的寓意以外，琥珀还有具体的药用功能，作为有机宝石，它无任何辐射，佩戴安全。琥珀蕴含琥珀酸，琥珀酸含量最高的地方是在"琥珀皮层"

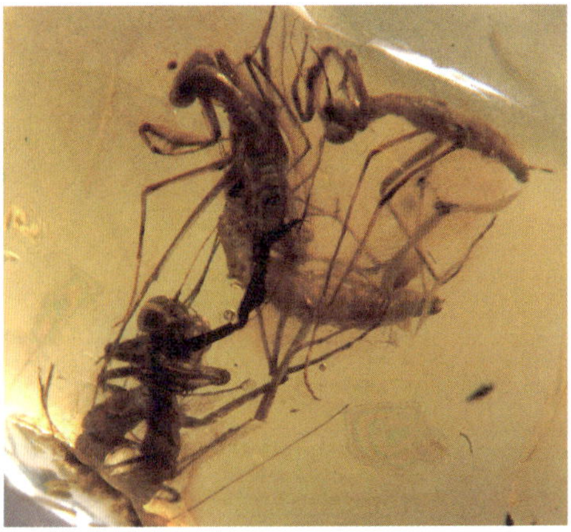

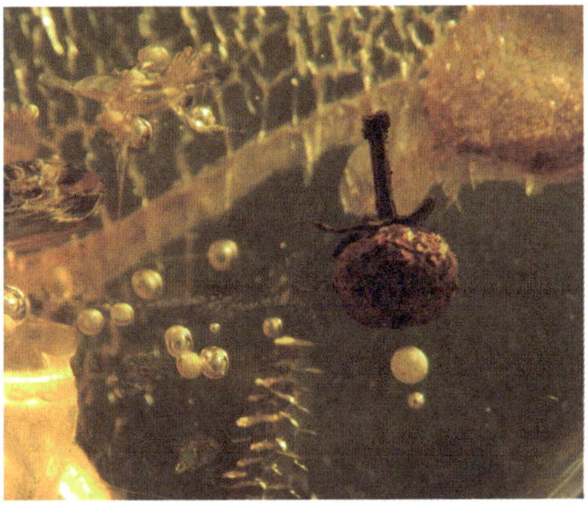

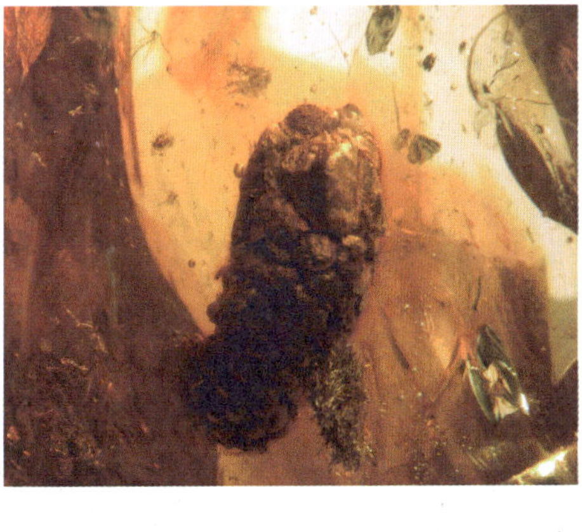

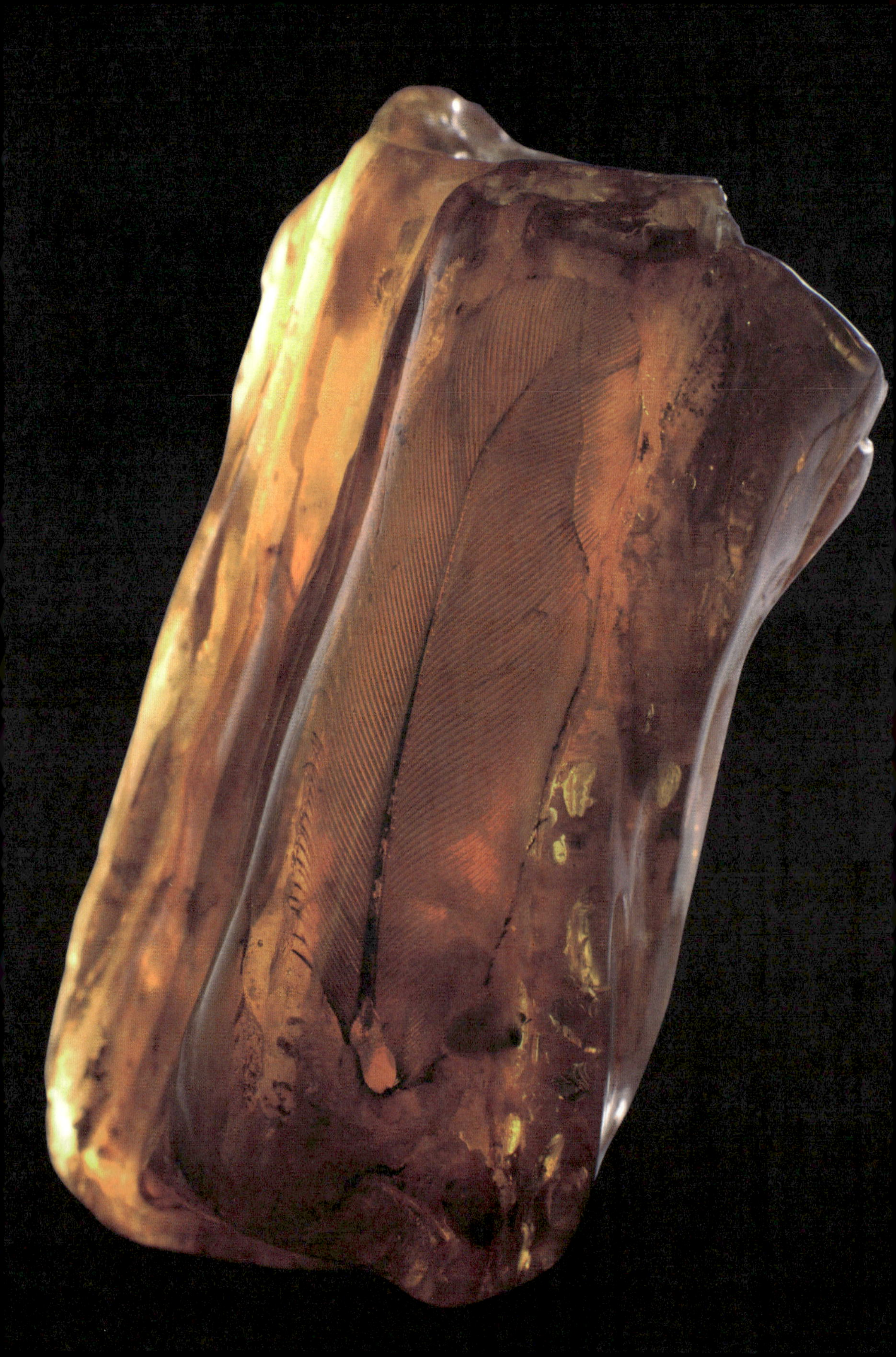

的部位。因此，制成的项链、手链、吊坠等饰物具有安神定惊、促进睡眠、活血散瘀的作用。多个世纪以来，琥珀被认为是有杀毒的功效，中世纪瘟疫流行时，没有一个琥珀从业人员死于瘟疫。

最新的科学调查还显示，琥珀酸能强壮身体，抗细胞老化和抗氧化，改善免疫功能，汇聚能量和平衡酸性。现在，几十种含有琥珀酸的特效药已经被生产并申请了专利。

如今，我们被各种各样的电子仪器包围着，这些都会影响到我们的机体健康。研究证明，我们可以通过琥珀来减少这些电器对我们造成的负面影响。佩戴琥珀饰物，摩擦生热后琥珀会改变周围环境中的电离子，重建受干扰的电磁场，从而减低电器带给我们身体和精神上的伤害。

国际琥珀协会成立以来，已在世界各国及地区举办过多样性的琥珀会议和丰富多彩的活动。

2011年由国际琥珀协会申请并于2012年9月6—8日在格但斯克举办波兰琥珀、珠宝和宝石国际展（International Fair of Amber, Jewellery and Gemstones），共有153家展商参加此活动，包括来自澳大利亚、比利时、中国、捷克共和国、加拿大、丹麦、多米尼加共和国、爱沙尼亚、法国、德国、匈牙利、意大利、日本、科威特、立陶宛、拉脱维亚、蒙古、荷兰、挪威、罗马尼亚、俄罗斯、沙特阿拉伯、西班牙、瑞典、土耳其、英国、乌克兰、美国和波兰的共3351名参观者。

2013年12月8日，由国际琥珀协会、波兰中国文化基金会、北京佰汇古玩珠宝城主办，波兰驻华大使馆、中国宝玉石行业协会协办的北京首届国际琥珀节——佰汇波兰文化周活动，在十里河佰汇古玩珠宝城开幕。在这次北京国际琥珀节上，国际琥珀协会邀请了波兰众多的琥珀厂商，通过展览、展销等方式，把工艺精湛的波兰琥珀艺术品带到北京市民身边。据了解，佰汇波兰文化周期间，还有高端博物馆级精品亮相、波兰文化高峰论坛、产业合作洽谈会、琥珀的免费鉴定、琥珀蜜蜡精品的超低价竞买等活动。琥珀节在展现精品的同时，现场有来自波兰的琥珀专家为广大收藏爱好者讲解琥珀知识，让百姓在享受愉快的购物乐趣的同时收获更多知识。

香港琥珀品牌"琥珀思雅 Amberozia"与国际琥珀协会联合主办了2014波罗的海琥珀节，以波兰琥珀"心连心"为主题，2014年9月中旬起于上海、香港及澳门三地举行活动。多位琥珀专家及著名珠宝设计师从波兰远道而来参加琥珀节活动。由于2014年为中波建交65周年，琥珀节特别增添了一项琥珀慈善销售环节。在上海慈善销售品包括65只由罗斯福公馆赞助，佩戴上心形琥珀吊饰的熊宝宝，还有4条心形琥珀项链，琥珀慈善销售收益受惠机构为"上海心连心"。

米克·高索先生告诉我，2014年4月国际琥珀协会就在波兰驻华大使馆内举办了一次琥珀鉴赏及琥珀文化交流活动，将琥珀工匠李斯特、马留什·格林维斯基（Mariusz Gliwiński）的作品展出，其中包括马留什·格林维斯基先生在国际琥珀展览会上的获奖作品，以及他从北京街头风格迥异的现代化建筑中吸取了琥珀设计灵感后设计的作品。比如说，他看到CCTV的新址大楼引发灵感而创作的一组琥珀首饰作品。

米克·高索先生告诉我，格但斯克大学生物学教师伊丽莎白·艾日比塔（Elzbieta Dontag），一位琥珀研究专家，还有一位格但斯克大学艺术历史系教师安娜·索波茨卡（Anna Sobecka），他们三人共同编撰了一本名为《琥珀之谜》的书籍，全书共有250页，向广大读者和琥珀爱好者提供琥珀科普知识，唤起人们对大自然的热爱和对生态环境的强烈保护意识。

米克·高索先生说："很多人只知道琥珀是波兰的，却不知道产地是格但斯克，我对琥珀特别是对格但斯克琥珀有很深的感情。对我来说，刚看到一块像土豆一样的琥珀，这个丑丑的小东西，经过设计师和工匠的打磨、雕琢、设计、镶嵌后，它成为精美的艺术品。整个加工过程对我来说，非常有吸引力。我估计波兰大部分家庭都有琥珀，特别是格但斯克的人家，回忆小时候，我和小朋友们常常会在海滩上寻找琥珀。那样的开心和快乐将伴随我的一生。与此同时，我希望把琥珀这个吉祥和友谊的象征带到世界各地，把琥珀文化向全世界人民，特别是中国人民介绍推广。"

珍爱琥珀的格但斯克人

"在格但斯克这座有着悠久历史和深远文化的城市,有一个传统习惯,那就是每个人都知道琥珀,懂得琥珀,珍爱琥珀。"这是我在格但斯克摩托拉瓦河畔的河岸街 31 号(Długie Pobrzeże 31),见到波兰琥珀商会会长,也是"琥珀风格展览馆"(Style Gallery)这家取名别具一格的琥珀商店的主人——斯比格涅夫·萨里泽克(Zbigniew Strzelczyk)先生时,他对我说出的一番话。知道我是从中国来的记者、作家,他毫不犹豫地从柜子里取出一本他珍藏的《意大利博物馆琥珀珍藏集》画册,摆在我的面前。他小心翼翼地翻开这本设计精美、图文并茂的经典画册,向我介绍道:"这本画册收藏着许多琥珀设计、镶嵌精品及工艺品,都是出自波兰格但斯克的琥珀工匠之手。在格但斯克,琥珀切割及镶嵌的工艺,早在中世纪就非常发达,很有传统。"

这位斯比格涅夫·萨里泽克先生是波兰著名的琥珀设计、镶嵌工艺大师,他除了琥珀工艺品加工生产、设计、制作之外,还为培养人才做一些积极的努力,他常常到一所位于罗兹的工艺美术学院,面向大学生授课,教授他们琥珀的切割、

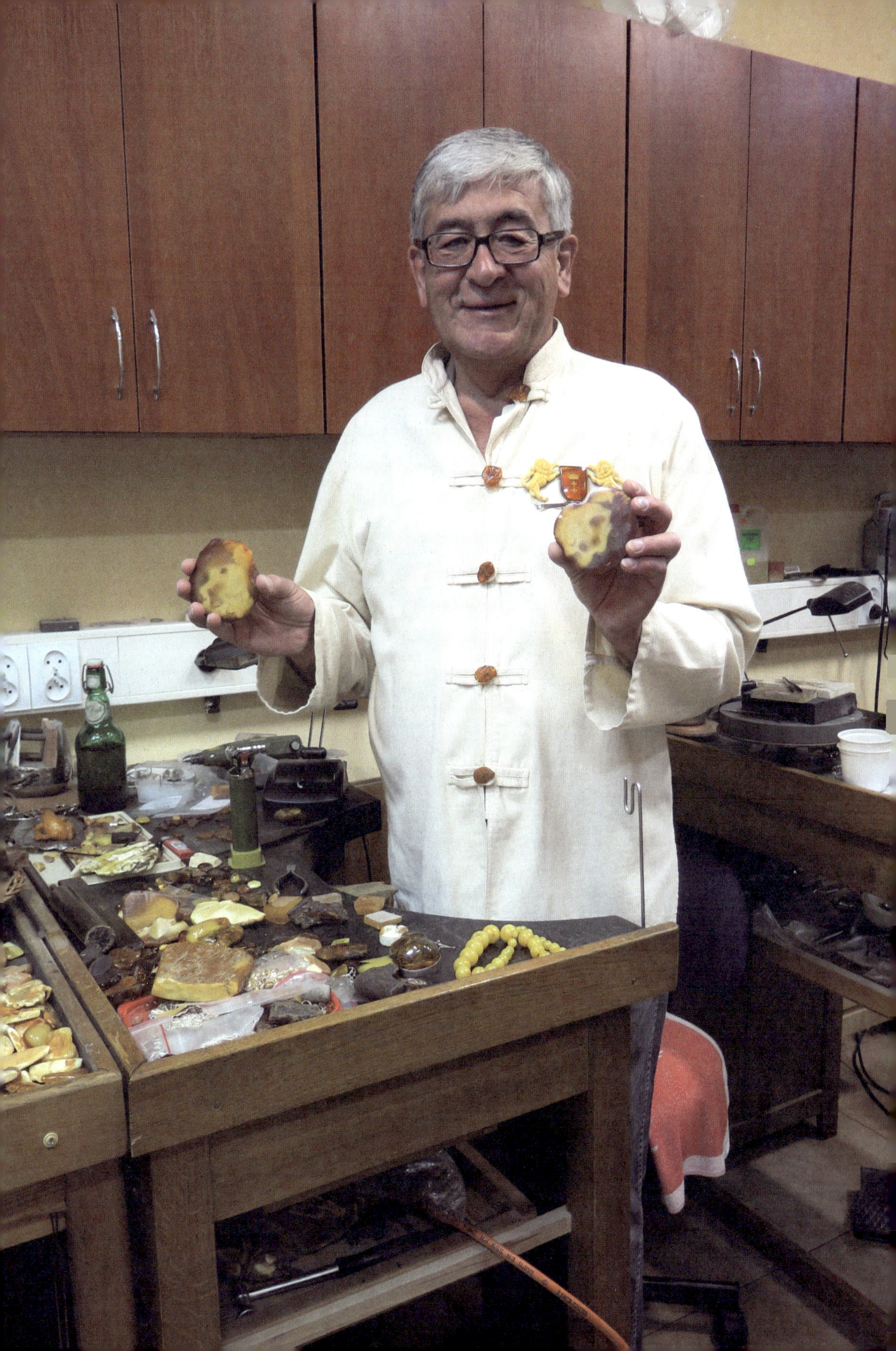

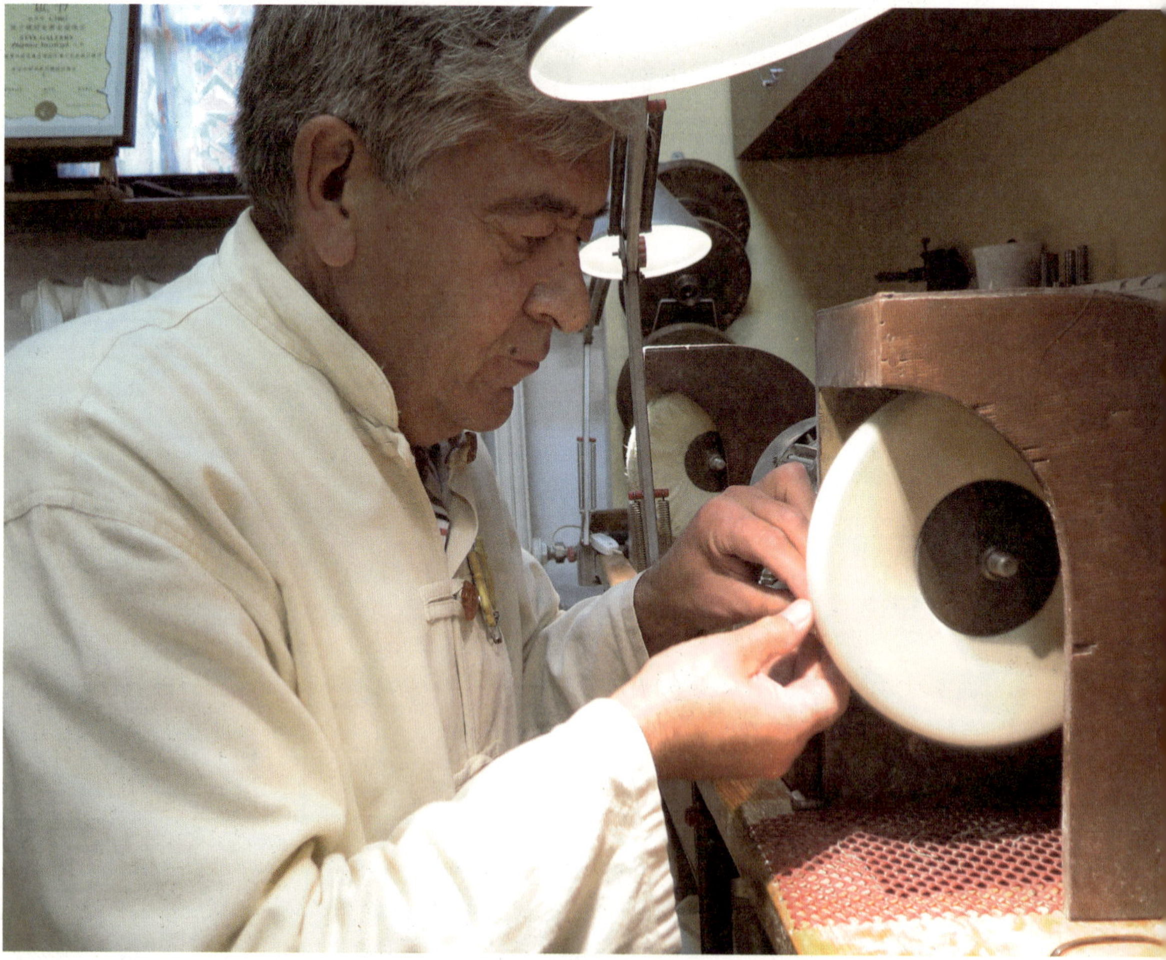

打磨、镶嵌制作工艺，也常常到国际琥珀教学培训基地为学生们定点实习，做交流指导。每年都把这些设计、镶嵌、制作的琥珀艺术作品集结成册，每年还有不少从国外，如意大利、法国、西班牙、俄罗斯、瑞典、挪威、比利时、乌克兰、奥地利等国的学生来到格但斯克学习琥珀镶嵌、制作工艺及首饰加工，不久前，意大利、西班牙、比利时还派了代表专门来格但斯克，感谢波兰琥珀工艺首饰设计师为他们培养人才所做出的贡献。他还曾经作为世界级的琥珀设计、制作专家，先后到过布鲁塞尔、澳大利亚等艺术院校，为大学生们讲授有关首饰加工工艺的课程。

斯比格涅夫·萨里泽克先生有一个最大的心愿，就是让人们爱上琥珀、珍惜琥珀，作为波兰琥珀商会的主席，他告诉我，到目前为止，他们已经为很多国家培养了琥珀设计、镶嵌工艺人才，其他国家来到格但斯克学习的人，回到自己的国家，都成为琥珀设计、制作、镶嵌工艺大师。"我们还在国际上经常组织和开展各类琥珀设计、镶嵌、制作比赛，许多人通过国际琥珀设计、制作、镶嵌交流的平台，实现了自己的梦想，成为琥珀设计、镶嵌工艺的人才。"

为什么格但斯克人会如此珍爱琥珀？斯比格涅夫·萨里泽克先生讲述了琥珀的发展历史。他告诉我，波兰人能从旧石器时代和你聊起琥珀的历史——那时候人们刚刚学会加工石头，同时也就开始加工琥珀。4500年前，居住在现滨海省的人类遗址考古结果显示，琥珀过去曾被人类大量地获取，希腊人、罗马人非常喜爱和收藏琥珀，在那时他们就已经开始对琥珀进行了研究，琥珀不仅有装饰和美观的效果，最重要的是佩戴琥珀对人体健康颇有益处，他们把琥珀叫作"电子"，由于琥珀的静电作用及抗辐射等作用，使得琥珀价格高昂，备受珍宠。

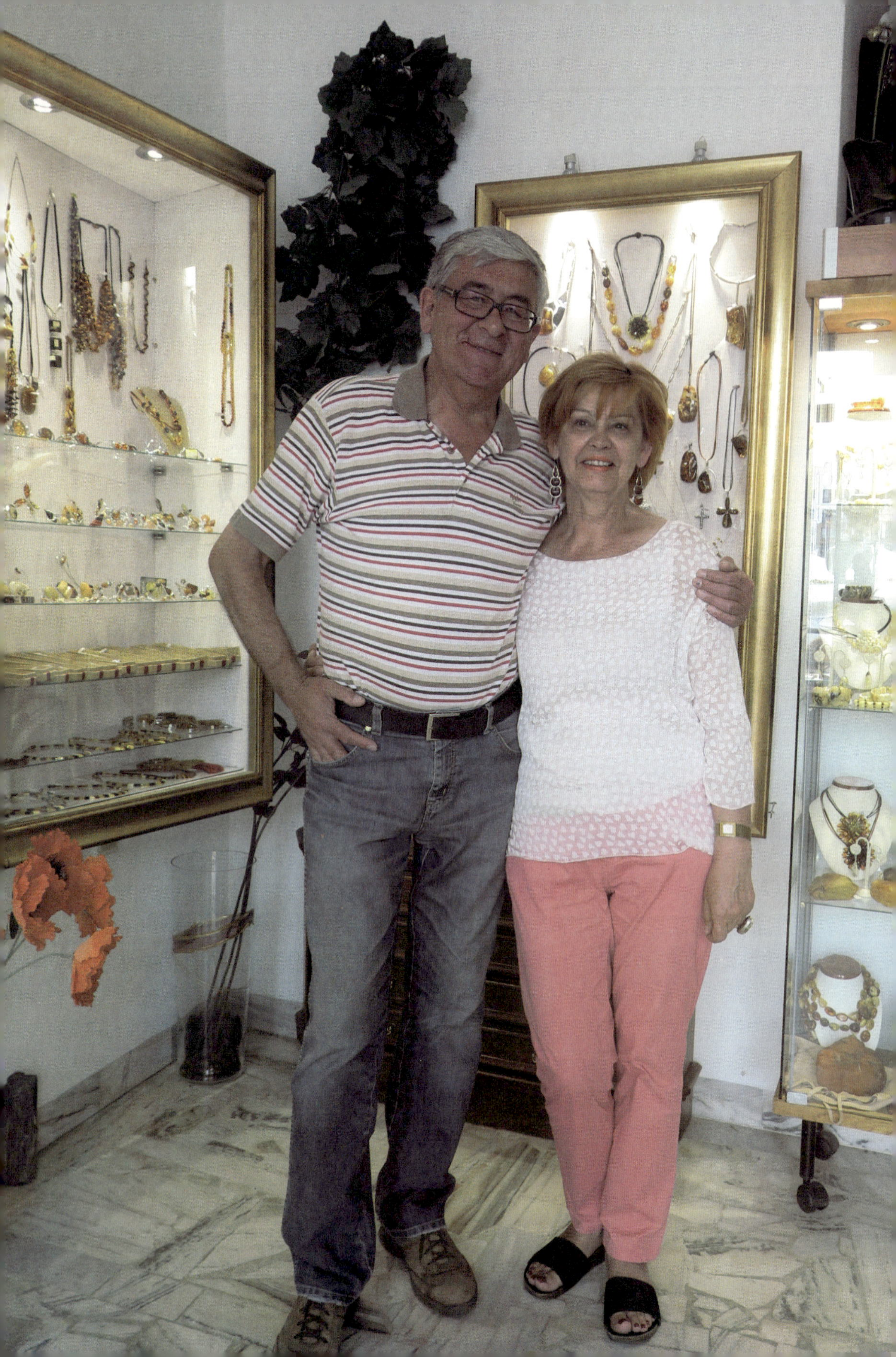

公元前530年前，意大利人从希腊人那里知道了琥珀这种珍宝，于是他们来到格但斯克，寻找琥珀。有先人通过文字记载了这段历史。古罗马时代是琥珀的第一次兴盛期。当时一小块琥珀的价格，抵得上一个健壮的奴隶——这并非一个高昂的价格，因而只有下层人把琥珀当作首饰佩戴，上层妇人则习惯于把琥珀球握在掌心，用来去除异味。商人们把成批的琥珀从波罗的海沿岸运到地中海，这些在历史上贯通了欧洲南北的路线，后来被称作"琥珀之路"。

16世纪到18世纪，航海时代造就了强盛的欧洲，也使富丽堂皇的巴洛克风格成为主流审美取向，琥珀再次风行。此时，格但斯克四通八达的港口优势，使它迅速成为整个欧洲的琥珀制造中心。聚集在格但斯克的工匠们，用精湛的手艺开启了这座城市的琥珀艺术。而在此之前，按照《日耳曼法》的规定，如果有人私自拥有琥珀，甚至可能被处以极刑。

就像中国的丝绸之路一样历史上也有一条"琥珀之路"。"丝绸之路"是指起始于古代中国，连接亚洲、非洲和欧洲的古代商业贸易路线。狭义的丝绸之路一般指陆上丝绸之路。广义上讲又分为陆上丝绸之路和海上丝绸之路。"陆上丝绸之路"是连接中国腹地与欧洲诸地的陆上商业贸易通道，形成于公元前2世纪与公元1世纪间，直至16世纪仍保留使用，是一条东方与西方之间经济、政治、文化进行交流的主要道路。沿着"琥珀之路"有许多外国人带着自己国家的艺术珍品，来到格但斯克交换琥珀，而格但斯克人在与他们的交往之中学到了许多新的知识，认识了很多新事物，也促进了商贸交往与文化交流。所以我认为琥珀之路为格但斯克的发展带来了新的机会。

从意大利到现在的捷克斯洛伐克，他们是通过维斯瓦河来到格但斯克的。因为那时,波兰森林繁密,常有凶猛的野兽出没,为了安全及快捷,人们都是乘船顺着维斯瓦河来到格但斯克。说到这里,斯比格涅夫·萨里泽克先生拿出当时的意大利的琥珀之路的地图,早在4000多年前,地中海地区文化繁荣,从意大利国家博物馆的收藏品中,可以看到许多精美的高雅琥珀艺术珍品,都是来自格但斯克。从图片上看一位意大利贵族女士的首饰,全部是采用格但斯克琥珀精制而成。这张图片还详细介绍了她死后埋葬于贵棺中,头部、胸部、腹部都仍佩戴着琥珀,而埃及人最喜欢把琥珀首饰佩戴在脚上,这些佩戴琥珀的部位,按照中国传统说法叫"穴位",佩戴琥珀非常有利于人的健康。"就拿我自己为例,我的身体非常健康,我做了42年设计制造工匠,至今从不戴眼镜。再举例说,"二战"后格但斯克这座城市被毁坏达90%,就是我们现在谈话的这间办公室的地下,战争结束后,辐射非常强烈,我1991年搬到这里,河岸街31号。当时我搬到办公室的时候用仪器测出这里辐射非常高,也很潮湿,后来我请了专人来指点,觉得什么地方适合放沙发、什么地方适合放柜子,在测量出辐射最厉害的地方,我放了很多琥珀,但是没过多久再来查看的时候,已经没有了辐射。所以格但斯克人认为,琥珀的价值远比仅仅只用金钱来衡量的价值要高得多,因为它能给人带来健康、平安、快乐与幸福。波兰的琥珀是地质年代的第三纪松柏科植物的树脂,经地质作用掩埋在地下石化而成,至今已经有六千万年。

经研究表明,琥珀中含有4%-7%的琥珀酸,世界上再没有其他物质能与波兰格但斯克的琥珀中含有的琥珀酸相比。在格但斯克,饮琥珀酒的人很多,像我的太太,原先有腿部膝关节疼痛的毛病,后来每天她都饮用一杯琥珀酒,一周以后就非常见效,因此我认为琥珀是几千万年前的生物原状,这个几千万年正是格但斯克波罗的海的悠久历史。上帝如此眷恋格但斯克人。把千万年冰川形成的石头及波罗的海生成的琥珀，带到了格但斯克，给格但斯克人形成了福祉。这就是格但斯克人为什么如此珍视琥珀的重要原因。

在采访中我了解到，斯比格涅夫·萨里泽克先生担任波兰琥珀商会会长已经长达15年了，用他的话来说："波兰琥珀商会是一个琥珀波兰之瑰宝的组织机构，旨在以琥珀交友，繁荣经贸，促进与各国人民之间的友好交往。这些年来，波兰格但斯克与中国的交往越来越频繁，我们曾经组织波兰的琥珀商参加过在香港举办的展览会，我们与中国相关机构的关系密切，也有越来越多的中国商人来到格但斯克，参加每年夏季国际琥珀展览会。我们的所有成员最重要的一条就是讲信誉，我们出品和销售的每一件琥珀，都经过严格的质量认证，而且还配有琥珀质量鉴定保证书，波兰商会也是世界琥珀委员会的成员。"

琥珀设计师马留什·格林维斯基：
自然中寻找时尚

"我在美国亚利桑那州时，看着天上闪烁的星星，我突然发现这闪亮的星星，我在波兰见到过它，原来那是波兰黑色的琥珀。我突然灵感袭来，把黑色的琥珀再加上璀璨的钻石，设计出了系列首饰。因为黑色的琥珀也是最早由远古松科松属植物的树脂埋藏于地层，经过漫长岁月的演变而形成的颜色较浓的黑色化石，加工时不一定全部打磨抛光，而留下原始的树片样，带给人无限的想象空间。"他说到这里，又拿出一摞拍摄的照片，照片上漫天星星闪烁着熠熠光芒，这位站在我面前，一头白发、风度儒雅的先生，就是波兰著名的首饰设计师马留什·格林维斯基（Mariusz Gliwiński）。

在索波特，身穿黄色细格西服、洁白的衬衣系着蓝色的领带、淡蓝的长裤、锃亮的皮鞋，第一眼看上去他就是一位国际范儿的设计大师。

马留什·格林维斯基先生是国际琥珀协会创办人之一，曾连续两届担任国际琥珀协会主席，现任国际琥珀协会副主席、国际著名琥珀首饰设计大师、世界顶尖级琥珀鉴定专家、世界最知名琥珀品牌Ambermoda的拥有者、俄罗斯艺术家

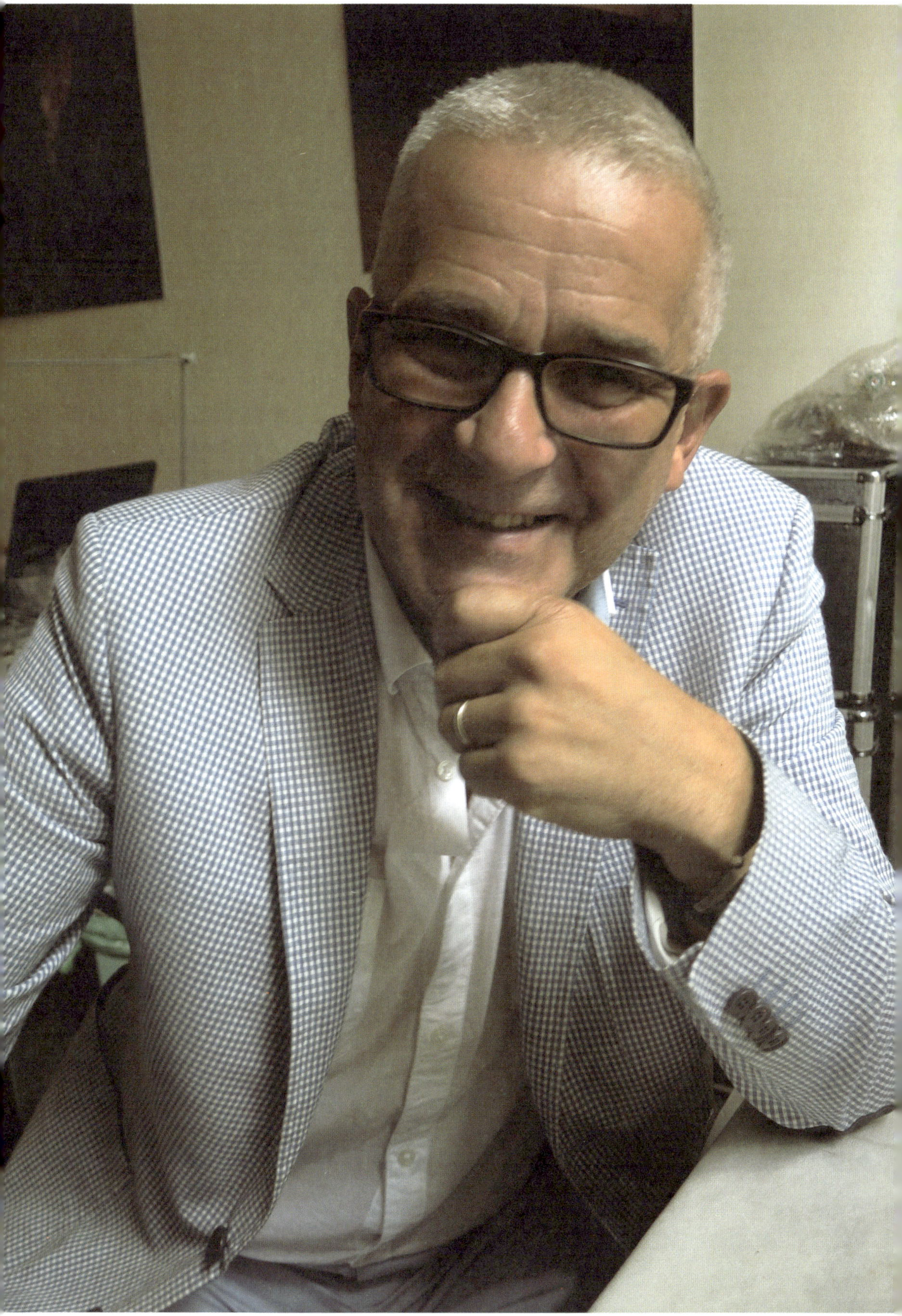

协会会员、2012年世界琥珀名人,他的设计作品闻名于世。

Ambermoda作为引领世界时尚琥珀顶级品牌,一直受到各界时尚明星的推崇,其中包括"英国摇滚音乐之父"洛·史都华、澳大利亚世界著名音乐家凯莉·安·米洛、世界网坛女王维纳斯·威廉姆斯,他的设计作品遍布世界最著名的艺术品展厅,在美洲、欧洲、亚洲等众多珠宝大赛中获得金奖,Ambermoda已成为世界琥珀饰品的首选时尚品牌。

马留什·格林维斯基先生的设计理念融入了纯粹的欧洲审美,同时还吸收了东方的细腻和韵味,他设计的系列时尚首饰源于不同的创作灵感。如他从优雅的音乐中吸取了创作的灵感,音乐家有不同的个性和艺术感觉,他设计首饰时讲求音乐的气质,音符高高低低,可以展示不同的音乐,如爵士乐、交响乐等等。用红色的琥珀设计出的系列首饰来自大自然的灵感,马留什·格林维斯基先生微笑着告诉我:"你这辈子不一定能去南极和北极,但是当你佩戴上了来自六千万年前的琥珀时,你完全可以领略到冰川壮美的风情。"

在美国,当马留什·格林维斯基先生第一次看到各种颜色的石头时,他马上灵感乍现,之后他见到了巴西的海蓝宝、波兰的粉色石头,他脑中立刻跳跃出将石头和琥珀镶嵌在一起设计最时髦、最漂亮的首饰的想法。非洲的木头和波兰的琥珀完美结合,马留什·格林维斯基先生设计出一套野生动物主题的系列首饰,他说:"琥珀的材质本身非常轻,因此在设计中可以挑选大块琥珀,设计出的首饰显得夸张,颇具现代感。"

除此以外,马留什·格林维斯基先生还非常有环保理念,他常常用废弃的啤酒瓶盖和易拉罐设计出一些令人意想不到的漂亮首饰。"几年前我去了香港,我

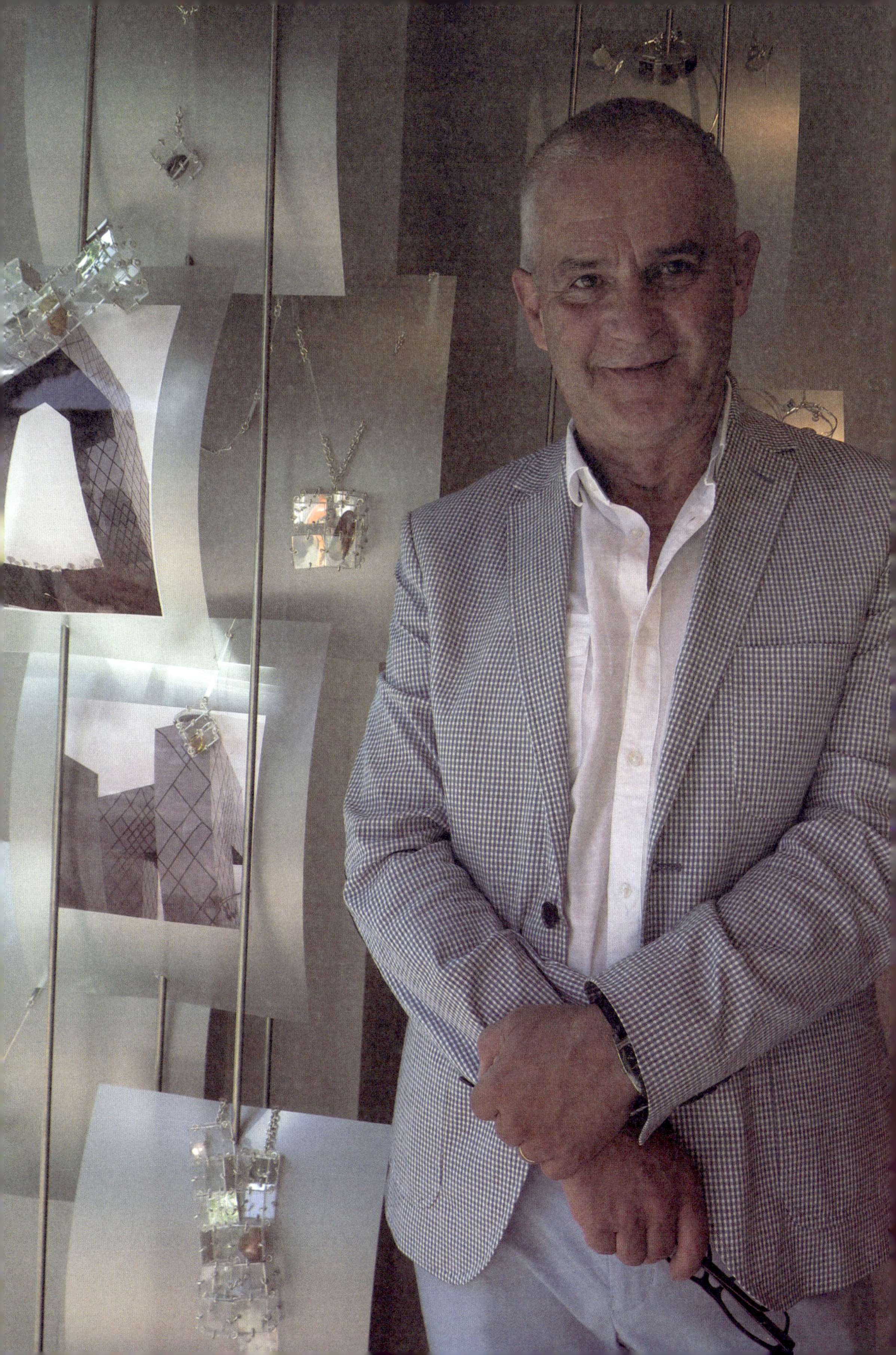

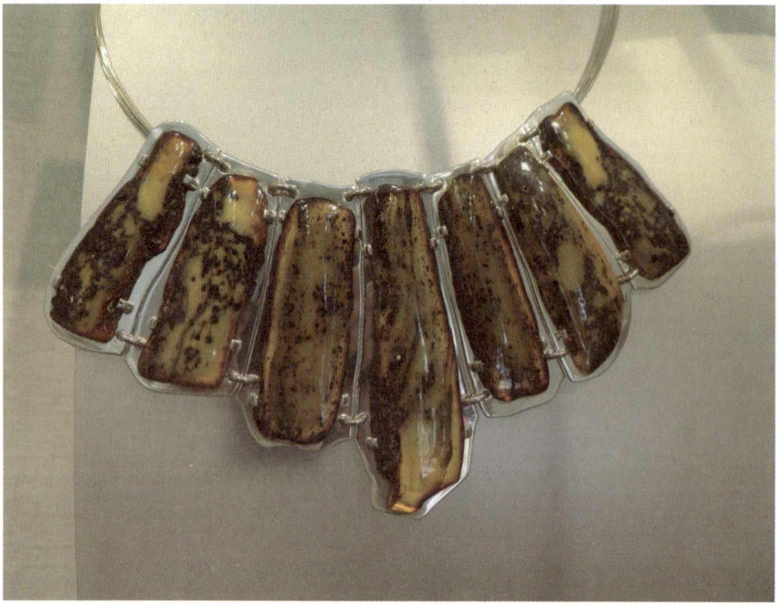

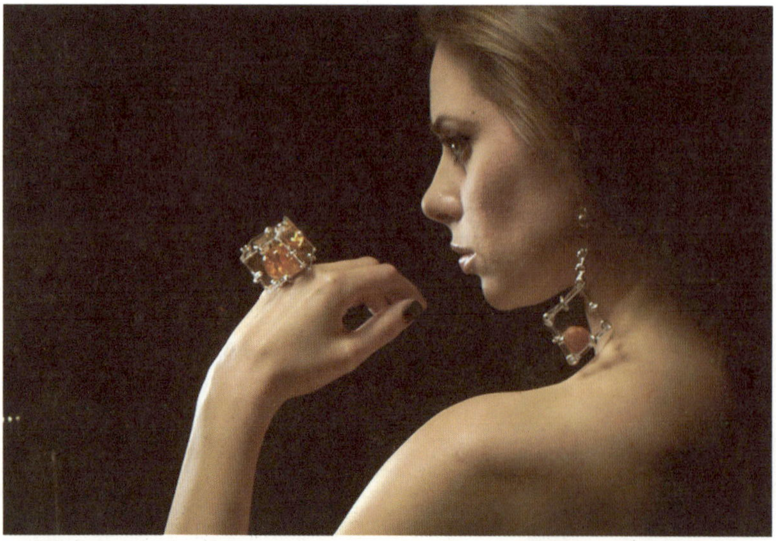

作为设计师,我很想到中国看看,当我第一次去中国的时候,觉得中国非常的了不起。之前我们所接触到的新闻报道,都是说中国很落后、很贫穷,去到中国才觉得,中国是一个开放包容的国家。北京、香港很有国际品位,我到北京看了很多个博物馆,接触了不同的中国人,我才明白中国的确名副其实,它地处世界的中心,既有传统的文化,又有现代的观念。很多中国人非常喜欢石头,他们懂石头、爱石头,更青睐于以大自然赐予人类的宝物——各种各样的宝石设计制作的首饰,包括琥珀。"2013年10月,他设计和参展的琥珀及饰品,曾荣获由北京国际旅游商品博览会组委会颁发的"最受欢迎旅游商品奖"。

米夏尔·斯塔洛斯特(Michał Starosta)女士和马留什·格林维斯基先生的组合是当下波兰时装与琥珀饰品设计的完美拍档。2014年4月,他们最新发布的系列"Urban"在波兰使馆让人们感受到了"波兰制造"的时尚气息。他们二位不仅是好朋友,更是设计事业上的最佳拍档,二人共同在欧洲、美国及亚洲展出他们的设计。Urban系列的首饰部分由马留什·格林维斯基先生设计,黑色晚装系列由米夏尔·斯塔洛斯特女士设计。这一系列是设计师出于对当代建筑设计的迷恋而产生的灵感,在设计元素中加入了现代城市景观元素。他们二位认为,曼哈顿、香港、上海,这些城市正是最前卫建筑集中之地。在这里,冰冷的金属及玻璃质感处处体现着对真实的再现。这些城市成为百万人口的容身之所,这有人们舒适的家,更展示了我们的人类文明的发展。几何图形、立方体建筑,这些都构成了此次"都市系列"时装的饰品结构,富有寓意地将美丽、自然融入每件琥珀中,时刻告诉着人们,大都市内的人们与其居住的城市一样美丽且独特。来到北京,看到一幢幢高耸林立的大楼,特别是新建成的由欧洲设计师设计的CCTV大楼,

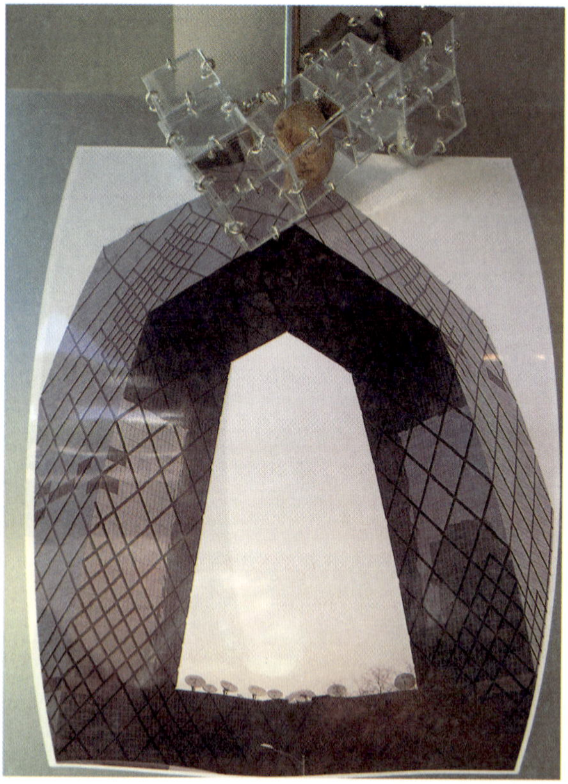

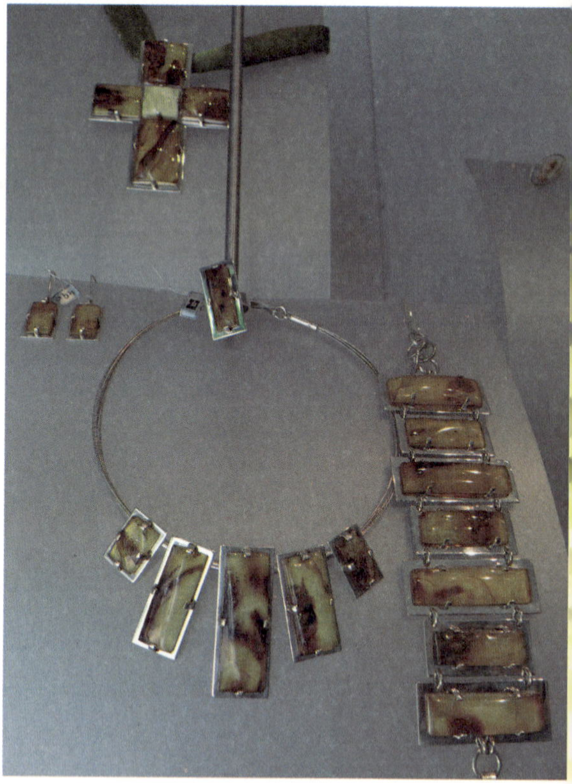

在他眼中也成为首饰创作的灵感。

马留什·格林维斯基先生谦逊地对我说:"欢迎你来到我的小小工作室,对我来说我有很多机会去世界各地,去香港设计学院讲课,三百多个位子座无虚席,他们听我讲课时很多人都深受启发,每个学生应该根据自己的设计理念,来完成首饰的设计。2013年9月我参加了在香港举办的国际珠宝展,向东方人介绍琥珀的历史及深邃的琥珀文化。我带去的首饰作品也受到了参观者的喜爱。我们还邀请了一位住在维也纳的台湾女设计师,她的名字叫卡尔丹·沈(Caren Shen),如今我们已经认识很多年。我们常常会在波兰或者欧洲其他城市见面。我非常愿意同东方设计师交流,在与他们的谈话中,也能吸取到创作的灵感。"

马留什·格林维斯基先生还告诉我,2010年在索波特的哥特式教堂里举行了一场由他自己设计的展览。"我的夫人达努塔(Danuta)也是设计师,她常常说,嫁给你很幸福,我娶了她也有同样的感觉,我的夫人很细致,常常帮助我管理后勤,我的珠宝设计事业,如果没有我的夫人,是不会成功的。我们所穿的衣服鞋,都是由我设计的。"

如今马留什·格林维斯基先生已经有了两个女儿,32岁的大女儿是索波特时装设计师玛乌格夏(Małgosia),30岁的小女儿玛格达(Magda)在学校里教音乐课。

回忆起自己的求学生涯,马留什·格林维斯基先生告诉我,他曾在托伦大学学习过名胜文物古迹保护专业,但对首饰设计非常感兴趣,因此他求学于罗兹美术学院,大学时攻读了两个艺术专业——服装材料首饰设计专业及雕塑专业,毕业写论文时,连自己也觉得很复杂,涉及服装首饰艺术雕塑的诸多内容。但由此可见,马留什·格林维斯基先生是一个多面手和复合型的人才。回忆起

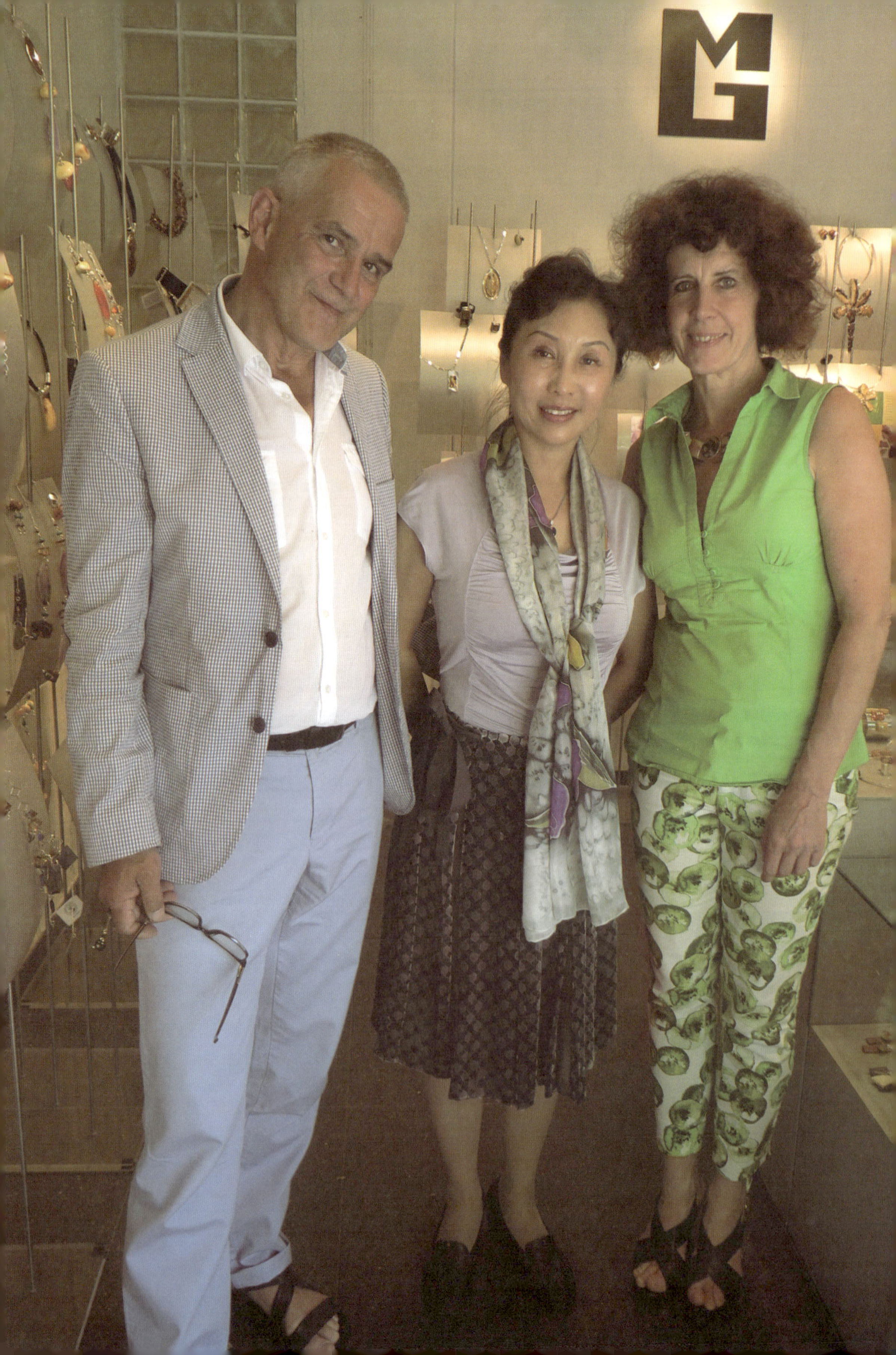

自己的母校，他这样说："这所大学非常好，教育水平非常高，培养出了很多优秀的人才。"

马留什·格林维斯基先生数十年如一日，兢兢业业地设计，不断设计出备受消费者欢迎的时尚首饰设计。虽然他没有以所谓的"粉丝营销"和"平台营销"来炒作自己，而是在设计的同时，每一件作品都由他自己亲手制作。但显然，马留什·格林维斯基先生早已深谙：想让明星购买你设计的首饰，最好的办法也就是把自己变成明星。马留什·格林维斯基先生早已不是单纯的一名设计师，而是耀目全球的"明星大腕"。他认为，设计师本来就是设计作品的一部分，谁说人们买一件作品的背后，不是在买设计师的名字呢？马留什·格林维斯基先生说："设计明星就是这么一回事——你先看到一个杯子，过后你在杂志和报纸上看到设计杯子的这个人，你之后又会带着另一种眼光来重新看待这个杯子。"说到这里，马留什·格林维斯基先生拿出了一本本在欧洲和波兰先后出版的精美画册，以及他在北京寻找到创作灵感而设计出的时尚首饰，这一件件精美的首饰完美地诠释了马留什·格林维斯基先生的设计风格和他所获得成功的所有要素。难怪，他会常常把自己这个设计师的形象悄悄地隐藏在他的作品中，当你在不经意间发现这个自恋的老帅哥时，相信所有的人见到他都会发出会心的一笑。

S&A 琥珀的品牌魅力

来自 2007 年美国 JCK 珠宝专刊的评价说，S&A 公司是当今国际琥珀界当之无愧的潮流制定者，琥珀设计行业的发动机。目前，在欧洲的德国、法国、英国、丹麦、奥地利、匈牙利、捷克、西班牙、意大利、希腊和美洲的加拿大、美国，有 1700 多家珠宝饰品店经营着 S&A 的专属产品。

你知道，这一世界顶尖级的 S&A 琥珀品牌来自哪里、产自何方？原来，S&A 琥珀品牌诞生于被誉为"琥珀之都"的格但斯克市，是国际琥珀大师亚当·斯车格夫斯基（Adam Pstrągowski）旗下的设计品牌，于 2004 年 1 月 1 日注册，其前身是 Silver & Amber by Adam Pstrągowski，成立于 1992 年。品牌汇集了波兰知名的琥珀珠宝设计师，所有产品由欧洲艺术工匠纯手工制作。

初识 S&A 琥珀，是在 2006 年我第一次访问格但斯克时，就与它结下了不解之缘。当时，我漫步在琥珀一条街，品种繁多、琳琅满目的琥珀，令我眼花缭乱、目不暇接。特别钟爱琥珀的我，顺着这条街，每一家店都必须走进，每一个柜台都仔细观赏。终于挑选到了我最满意的一块由精美细腻的原木镶嵌着纹理清晰的

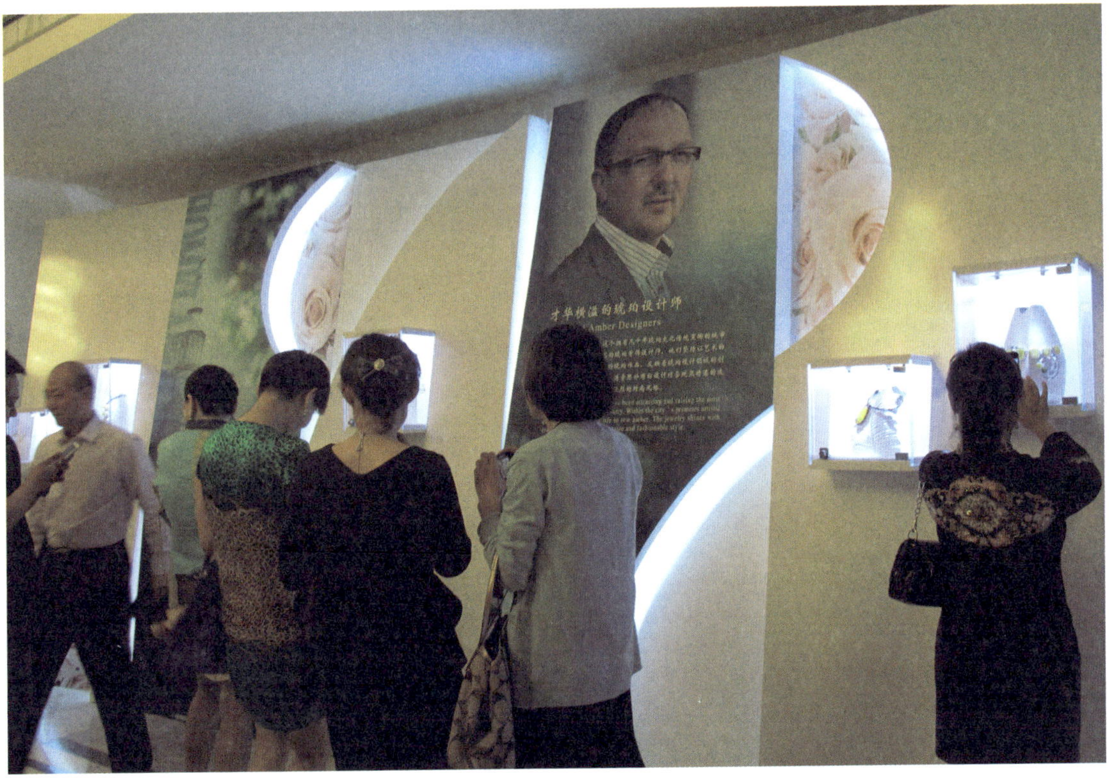
才华横溢的琥珀设计师
Amber Designers

漂亮琥珀，使我爱不释手，珍藏至今。从那时起，我就记住了S&A这一琥珀品牌，记住了"琥珀之都"格但斯克。

2013年金秋十月，以波兰共和国滨海省省长米柴夫斯拉夫·斯处克（Mieczysław Struk）为团长的波兰滨海省商务代表团开始了为期一周的对华访问，代表团先后访问了北京、深圳、珠海、香港等城市。在波兰大使馆举行的"认识滨海省——开展合作的可能性"推介会上，我非常荣幸地认识了S&A的创始人亚当·斯车格夫斯基（Adam Pstrągowski），我们热烈交谈并合影留念。当我和他聊起为何会想到创造S&A这个品牌时，他的一段话令我印象深刻："每个人的背后都有一个故事，而我的故事都是与琥珀有关的。我对琥珀这无比神奇的宝石的着迷，及对琥珀首饰设计极强的驾驭能力驱使我创立了S&A这个品牌。"

作为S&A琥珀首饰有限公司的总裁，亚当·斯车格夫斯基是国际琥珀协会的奠基人之一，多年来他一直致力于在全世界推广优质的波兰琥珀。在S&A总部所在地波兰的格但斯克市，亚当·斯车格夫斯基先生不仅设立了琥珀设计工作室，还捐助建立了两座学校——琥珀雕刻学校和格迪尼亚珠宝职业学校，为琥珀行业培养后继之人。

2002年，亚当·斯车格夫斯基先生获得了《时尚》月刊授予的"推动时尚金长颈鹿奖"。在2004年的国际琥珀展上，S&A的琥珀首饰再次得到了业内人士和消费者的首肯。在会上，S&A的总裁——亚当·斯车格夫斯基先生获得了国际琥珀协会主席授予的"2004年琥珀大师"的头衔，以表彰他非凡的设计才能、商业头脑和对琥珀行业的贡献。

说到S&A品牌本身的文化内涵，它的文字附属含义是银+琥珀、独特+艺术、

65 years of cooperation   S&A jewellery design

专业＋保证，公司位于被誉为"琥珀之都"的格但斯克市，它处在波罗的海沿岸、维纳瓦河的入海口，是波兰北部最大的城市，同时也是全世界琥珀加工企业最为集中的地方。

全世界 80%—90% 的琥珀产于波罗的海沿岸，对首饰业来说，波罗的海的琥珀最为重要。其色泽金黄、质地晶莹通透堪称琥珀中的上品，是琥珀首饰的首选原料。而格但斯克从 14 世纪开始就是波兰出口琥珀的重要港口，以琥珀成色好、品质佳享誉世界，是世界最大的琥珀集散地，对琥珀的开采、加工与市场经营已有悠久的历史和传统，其生产的琥珀首饰工艺品在世界上享有盛名。

格但斯克有着每年举办两次国际琥珀节的传统。在格但斯克古城区各处，琥珀店比比皆是，琥珀一条街更是闻名遐迩。由中世纪城市监狱改造而成的琥珀博物馆位于格但斯克古城中心，博物馆的顶层则收纳了 S&A 历届设计大赛获奖作品，见证了 S&A 在现代琥珀艺术中不可取代的地位。

依托着强大的设计团队，S&A 旗下的琥珀首饰作品从不令人失望。作为国际琥珀行业当之无愧的领军人物，多年来 S&A 也获得了诸多有分量的国际大奖，如：

国际琥珀展 Amberif 金奖

国际琥珀展 Amberif "黄金系列" 金奖

国际珠宝展 "金、银、时间" 设计大赛最受观众喜爱奖

Amberif 国际琥珀展设计大赛最高奖

"欧洲产品展" 最高奖

国际琥珀展 Amberif 最高奖

国际琥珀展 Amberif 展位设计大奖

尤其值得一提的是，作为国际琥珀设计大赛的无冕之王，2013 年 S&A 再次斩获了由经济部主办的国际琥珀设计大赛最高奖。获奖作品由 S&A 主设计师，格但斯克艺术学院建筑及设计系主任 Sławomir Fijałkowski 教授设计。项链的材质为琥珀和黑玛瑙。此次获奖作品以其极简的设计获得众评委青睐。Sławomir Fijałkowski 教授认为：最近这几年，大家为推陈出新发明了各种切工和工艺，既有琥珀原本的美丽，又有时尚新颖的设计。此外，Sławomir Fijałkowski 教授受格但斯克市政府之邀负责编辑每年一刊的《Trend》一书，主要内容是精选当地设计师作品并对设计趋势做预测。

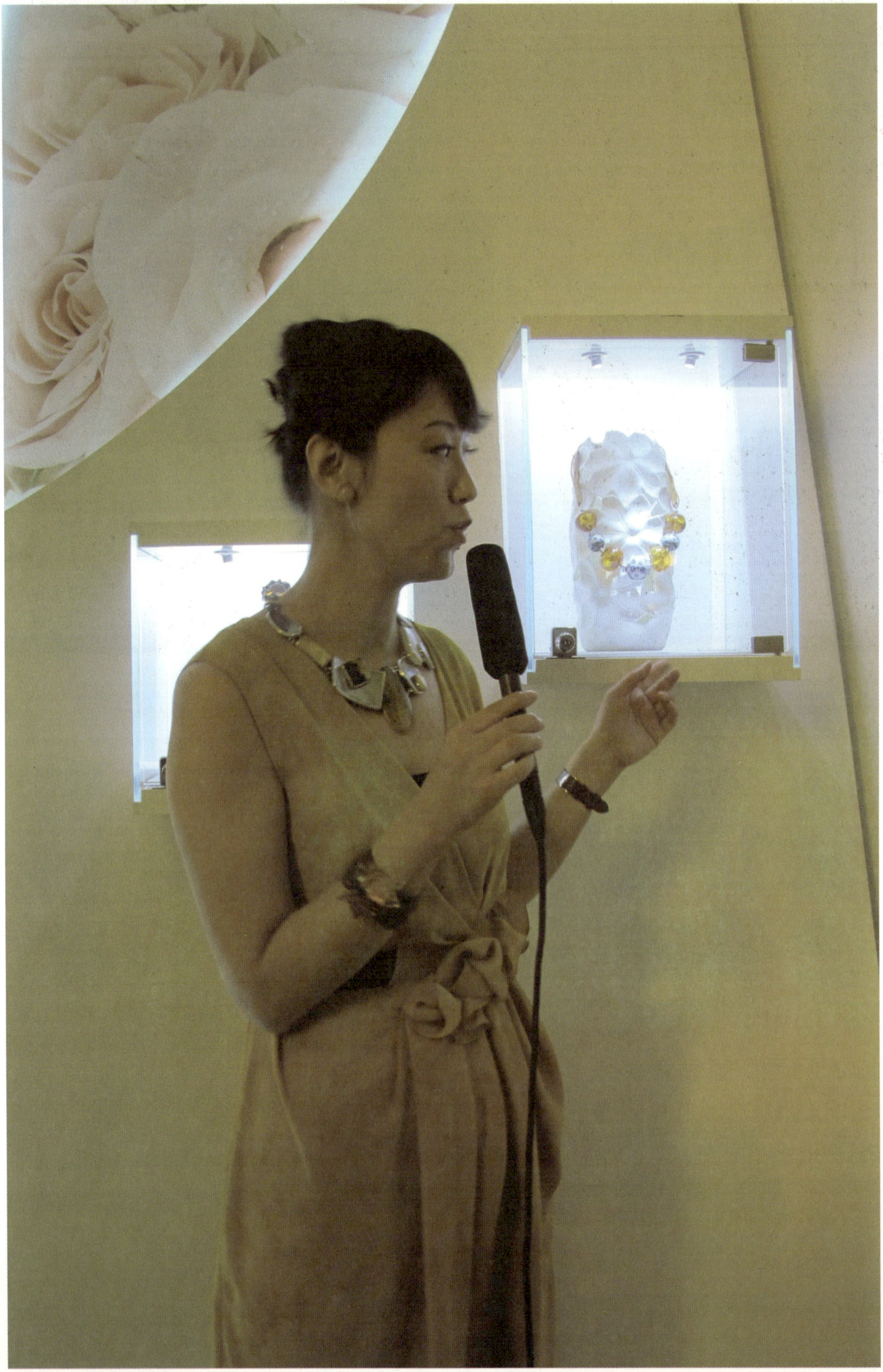

在中国，S&A琥珀品牌也有着亮眼的表现。2003年11月，深圳市赛吉祥瑞贸易有限公司（前身为赛吉经贸有限公司）将S&A品牌正式引入中国市场，凭借卓越的品牌运营经验和良好的商业信誉，受到各大城市高档商场竞相邀约，目前已入驻北京、上海、广州、深圳、南京、武汉、昆明、成都、西安、石家庄、厦门、苏州、乌鲁木齐等各大城市的顶级商场，成为欧洲在中国的最大琥珀零售机构。S&A琥珀进入中国后，凭着良好的品质、独到的设计及与国际潮流同步的时尚品位，深受众多琥珀爱好者和收藏者的青睐。

S&A品牌不仅带来了高雅的品位，也送来了温暖的爱心。波兰琥珀是珠宝界最具时尚气息的宝石之一。波罗的海沿岸的波兰，因其繁荣的琥珀工业而被誉为"琥珀之国"。2013年6月5日，值波兰议会议长、现任波兰总理的伊娃·考帕兹（Ewa Kopacz）女士访华之际，波兰外交部、波兰驻华大使馆与S&A赛吉琥珀首饰有限公司、MF时装品牌、Lavender公司、北京当代芭蕾舞团共同为各界精英人士、时尚界及媒体嘉宾呈现了流光溢彩、充满魅力的"琥珀之夜"，带来波兰前沿的潮流时尚与珠宝艺术。

尽管波罗的海诸国至今仍为"琥珀之国"的名号争抢不休，但是波兰琥珀的独到设计理念、精美制造工艺、加工工艺水平堪称世界一流。波兰北部港口城市格但斯克更以其加工工艺闻名世界，连俄罗斯、瑞典、德国等国商人，都将从本国收购的琥珀原石送到这里加工制作。格但斯克的琥珀工艺得益于历史的积淀与文化的内蕴。这里最早是由波兰国王梅什科一世在10世纪末建立的一个要塞，到12世纪初，已经成为世界上主要的琥珀生产加工制作中心。如今，凭借其悠久的加工历史、丰富的文化底蕴和新一代波兰琥珀设计师的大胆创意，波兰的琥珀艺术，成功地将古典与时尚相结合，给人们带来了极富波兰文化特色、精神气质的无与伦比的美丽和审美享受。

波兰议会会议长伊娃·考帕兹女士在"琥珀之夜"开幕式上致辞说："波兰琥珀特别的美，享誉全球。波兰人从上层人物到普通百姓都非常喜欢琥珀。千变万化的波罗的海琥珀为我们的生活增添了一份独特的美丽。在我们的生活中，无论是高贵的服饰还是首饰、工具都能用琥珀来点缀。在民间的词典里，我们能找到大概100个描述琥珀的词汇。有透明、半透明、温润、细腻，以及黄、红、中、米、白等多种颜色的琥珀，有些更是泛着蓝和绿的色彩，形成了独特通透的矿石和蕴藏微小植物粒的天然宝藏。泛着金银丝图案的琥珀更是独一无二。我可以骄傲地说，琥珀是波兰国家的特产，在美丽的'琥珀之夜'，请嘉宾尽情欣赏这些充满灵气的宝石。夏日北京这个美好的'琥珀之夜'令我永生难忘。"

摄影家亨瑞克·皮特科沃茨（Henryk Pietkiewcz）的系列琥珀摄影展更为来宾们带来了视觉艺术享受。皮特科沃茨主要以大自然为拍摄题材，更擅长琥珀的摄影。平凡的日子与大自然的规律与魅力，都完美地在皮特科沃茨的镜头下以极富哲学意义的方式表达出来。

2014年金秋送爽、丹桂飘香的时节，为庆祝中波建交65年，9月28日晚，由波兰共和国驻华大使馆、波兰文化中心、互满爱人与人国际慈善组织、S&A赛吉琥珀共同主办的"助力梁山彝族儿童教育慈善义卖琥珀专场拍卖会"在北京举行。波兰教育部长道格拉·莉宾斯卡（Daria Lipiska-Nacz）、波兰共和国驻华大使塔德乌什·霍米茨基（Tadeusz Chomicki）、互满爱人与人国际慈善组织驻华代表迈克尔·海尔曼及社会各界爱心人士参加了此次拍卖活动。慈善拍卖活动

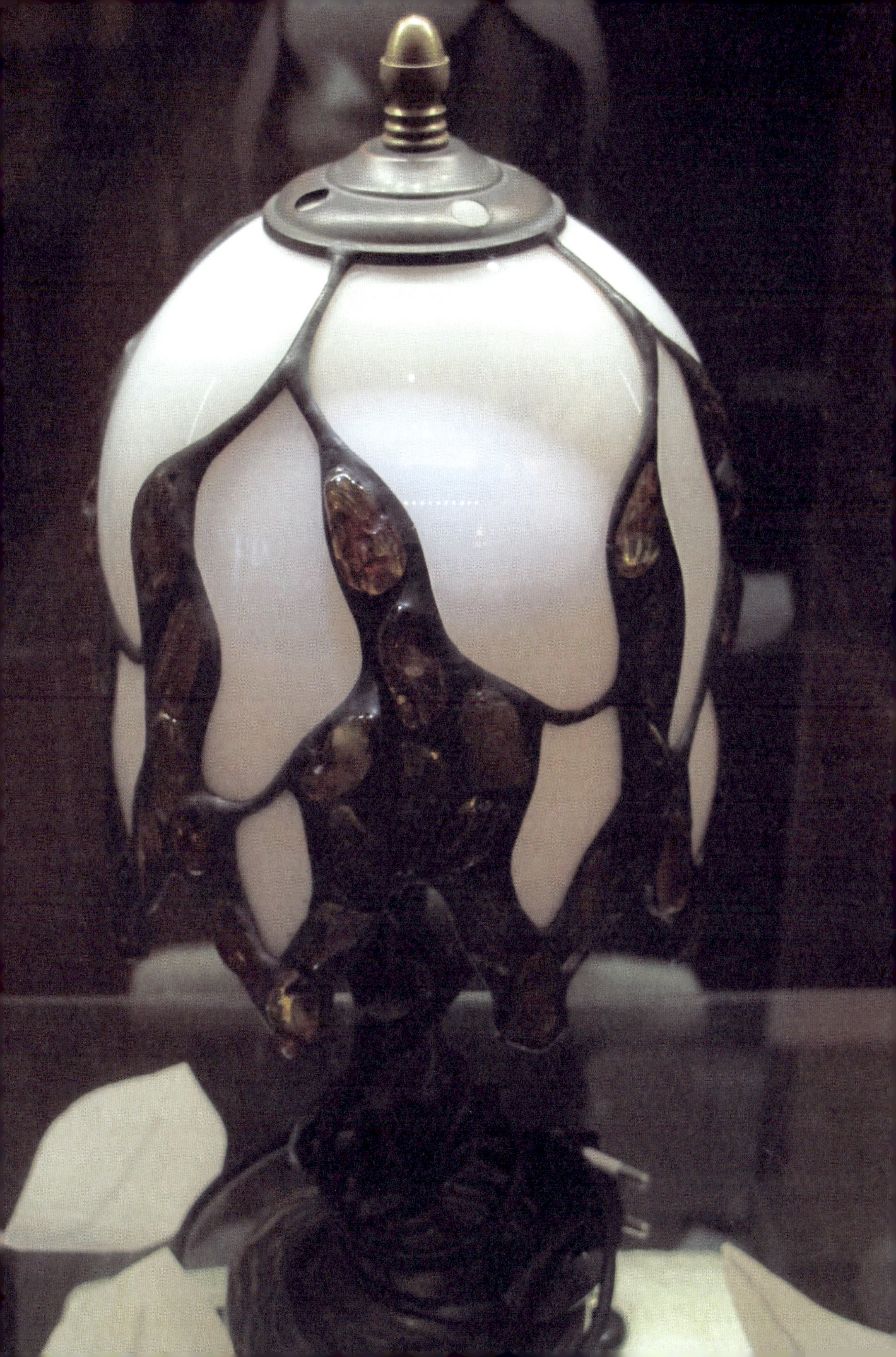

助力凉山彝族儿童教育慈善义卖
琥珀专场

65 years
of cooperation

还未开始,许多爱心人士早早就来到位于北京日坛路 1 号的波兰共和国驻华大使馆。一件件由波兰著名设计大师们设计的款式新颖、高贵典雅的精美琥珀摆放在展厅,琳琅满目令人目不暇接,爱心人士欣欣向往。

波兰共和国驻华大使霍米茨斯致辞:"在中华人民共和国建国 65 年之际,我们迎来了中波建交 65 周年的喜庆日子。波兰是最早承认中华人民共和国成立的国家也是最早和中华人民共和国建交的国家之一。65 年来,中波友谊与日俱增并将延续和传承,波中友谊万古长青。今晚的活动主要资助凉山彝族儿童教育慈善,我希望多开展这样的慈善活动,帮助更多的需要帮助的人。我们希望帮助彝族的儿童更好地成长接受教育,儿童早期教育的发展是非常重要的,而一些偏远的农村地区的儿童却接受不到这样的学前教育,我们想通过此次拍卖活动帮助到这些孩子,把所有筹集到的善款全给彝族的孩子们,尽微薄之力。"

孩子是国家的未来和希望,文化是民族的精神与脊梁,琥珀作为波兰文化的一张亮丽名片,在中波建交 65 周年、两国友谊经历了岁月洗礼和时间考验的漫长之路上,琥珀作为两国人民友谊的信物,它见证了两国人民的友谊,实现了美与善的融合。

S&A 赛吉琥珀公司提供的拍品有蜜蜡项链、拼色项链、原石项链、火珀项链、琥珀台灯、琥珀胸针等琥珀精品。此次的拍品 3000 元、5000 元不等起价,希望爱心人士献出爱心。大使夫人苏珊也将丈夫送给她的一件心爱的蜜蜡挂件拿出来拍卖,13 件琥珀拍品共拍得 336500 百元善款,将全部用于资助凉山彝族儿童教育。所受捐助的儿童班级被命名为"中波友好班级"。S&A 琥珀的善举,为其良好的品牌信誉、独到的艺术魅力再添浓墨重彩。

65 years
of coopera

波兰 S&A 琥珀：自然是未来

琥珀是蕴含千万年精华的珍贵宝石，被誉为北方的黄金和太阳的象征，是自古至今的传统宝石。众所周知，全世界 80% 的琥珀产自波罗的海沿岸。位于波兰北部滨海省的格但斯克是琥珀的故乡。2013 年 10 月 12 日，国际知名琥珀品牌 S&A 再度携手北京市王府井百货大楼举办了一场名为"自然是未来"的琥珀视觉盛宴。活动展出了多款 S&A 琥珀设计精品以及国际设计大赛获奖作品。S&A 品牌创始人兼首席设计师亚当·斯车格夫斯基（Adam Pstrągowski）、波兰驻中国大使馆大使塔德乌什·霍米茨基（Tadeusz Chomicki）以及由波兰滨海省省长米柴夫斯拉夫·斯处克（Mieczysław Struk）为团长的波兰滨海省商务代表团亲临活动现场，介绍及推广波兰引以为豪的国宝——琥珀，讲述 S&A 品牌故事。

琥珀以不同寻常的美丽、自然的形状，有趣而独特的内部结构被世界公认为最有价值、最时尚、最珍贵的宝石之一，已有近 6000 年的珠宝史，以琥珀制成的首饰，风格含蓄内敛、低调中不失高雅、温润却又流光溢彩，每一件都独一无二、

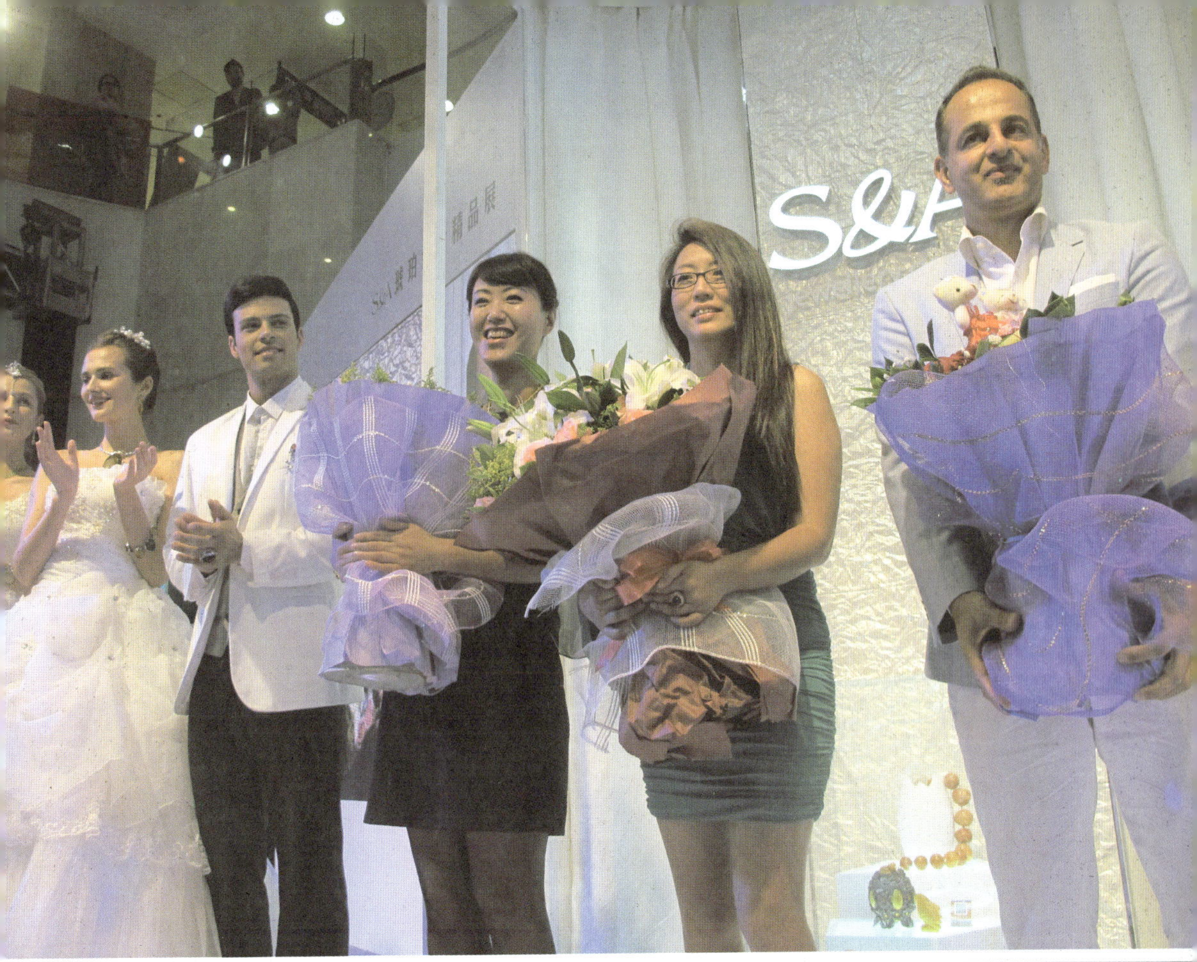
S&A

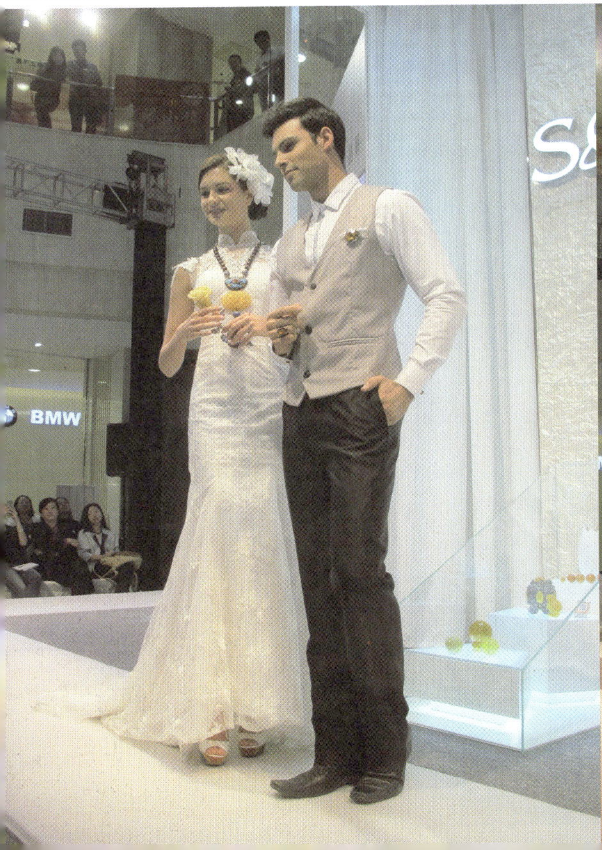
BMW

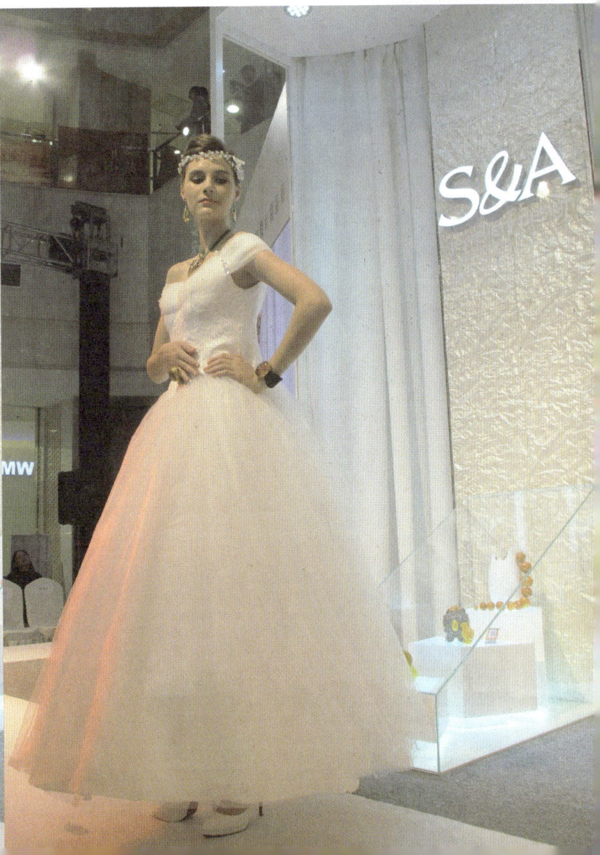
S&A

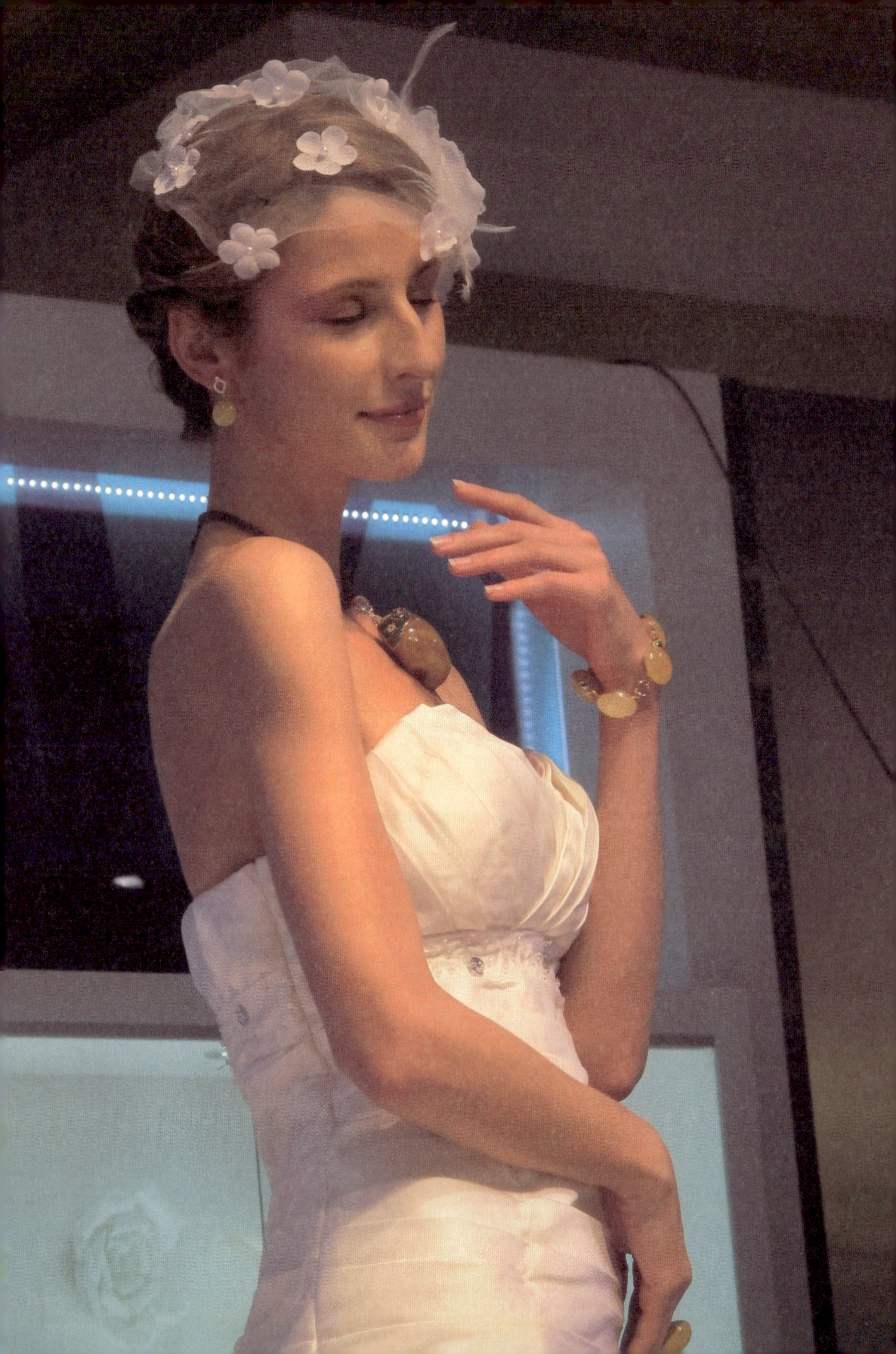

无法复制。加之琥珀价格日益上涨,成为个人品位与实力的最佳代言,在时尚的舞台上扮演着越来越重要的角色。

波兰格但斯克市以琥珀成色好、品质佳享誉世界,来自这个"琥珀之都"的S&A琥珀绝对是这场时尚大片中的主角,以时尚风向标以及引导者的身份带领我们走在潮流的最前沿。S&A聚集了波兰众多知名设计师,艺术家们以其独到的审美视觉和天马行空的创意理念,赋予了S&A不同于传统琥珀首饰设计的艺术灵魂,为推崇一款一件的个性设计、独一无二的自我风格的珠宝爱好者以及收藏家带来了新的时尚革命。

S&A不仅囊括了多个国际琥珀设计大赛的重要奖项,更凭借其在琥珀设计行业里的绝对影响力,得到波兰经济部的认可,作为"国家名片"向全世界推介,在许多国际性活动中,S&A作为波兰国宝进行展出,得到了世界的一致认可,被誉为"国际琥珀第一品牌"。

北京巡展的开幕当天,S&A琥珀以2013年年度主题"自然是未来"为主体,携众国际名模演绎当季最新流行琥珀。S&A琥珀公司代表亚当·斯车格夫斯基先生专程从波兰来到北京。他介绍,本次展览分为三大系列。大地系列:其特色为大地孕育万物,质朴而又富有安全感,一如琥珀低调而不失内涵的个性,每一块琥珀都是时空的守望者,千姿百态的内含物见证着无一重复的新生与交替,这种不期而遇充满惊喜。简洁的设计,最大化展现琥珀自然的原始风貌,突破传统女性珠宝的规整感,更好地展现当今女性的自由、独立、奔放与热情。森林系列:其特色为如果说"花是上帝最甜美的创造,只是忘了赋予其灵魂",那么风景如画的琥珀就是被造物者赋予灵魂的天造地设的艺术杰作。设计师用心去领悟琥珀

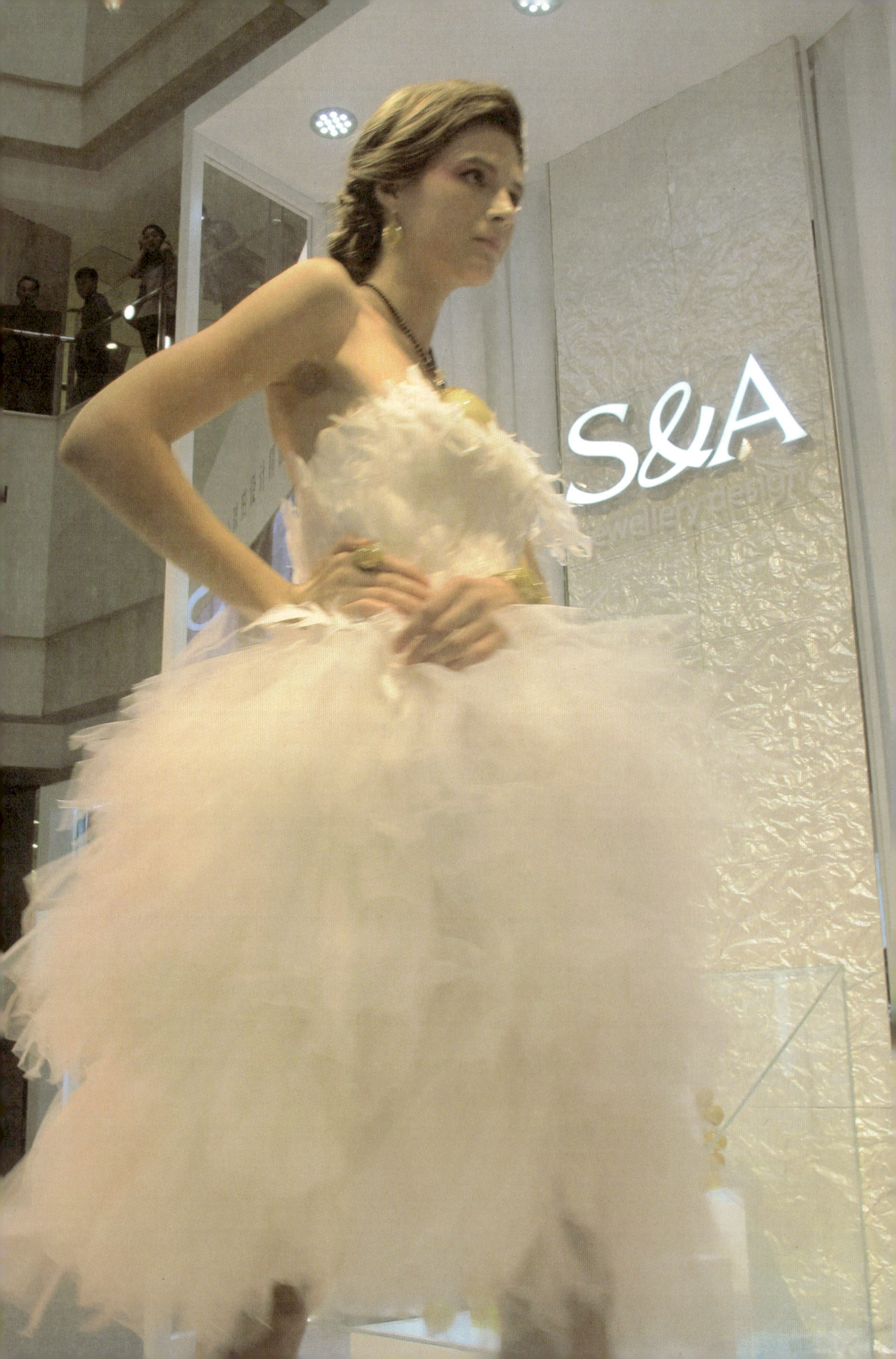
S&A
jewellery design

上自然形成的画面,就像误入仙境的爱丽丝,带着好奇与童趣,选用自然界各种元素,勾勒出大自然的风情万种,引发人们无限遐想,以达到突显上帝之手创造的自然之美的效果。海洋系列:琥珀质朴的表皮就像是静谧的大海,只要你有足够的耐心,掀开这安静的表象,便会看到内部的五彩斑斓,该系列将琥珀与贝壳等海洋元素相结合,展现了琥珀低调的奢华与神秘,在光影交错间,琥珀宝石始终散发温润柔和的光芒,像是大海低声的呢喃,又似爱人迷离深邃的眼神,映衬出都市女性的浪漫与奢华,让人不禁想要探寻迷离眼神背后的一往情深。

开展前,深圳市赛吉祥瑞贸易有限公司总经理杨颖、副总经理苏明砺与S&A赛吉琥珀北京王府井店的员工们一同忙碌,精心地布展,把最养眼、最灵动,经过波兰设计大师们精心设计的每一款精致美丽的琥珀摆放在专柜前,迎接热情的消费者。

"S&A琥珀设计精品展"将精彩纷呈的琥珀秀推向高潮,让中国观众直观地体验到富有设计感、艺术感的琥珀珠宝所带来的震撼的佩戴效果,同时也带来了国际琥珀潮流的新时尚。

总经理杨颖告诉记者,1998年一个巧合的机缘让她深深地爱上了波兰的琥珀。当时中国人还没有认识波兰的琥珀,琥珀作为一种自然珍贵的宝石,它的晶莹剔透、光泽美感让杨颖为之一震。杨颖喜欢琥珀的原因不仅仅是琥珀本身所独具的品质和价值,更为它已经融入了波兰的文化,是一张波兰文化的名片而被深深地吸引和感动。在杨颖看来,波兰的琥珀不仅质量好,最关键的是设计新颖、美观大方,其设计理念与国人的设计思维有迥异之处。波兰民族是智慧的民族、创造的民族,有着艺术感和美妙幻想的民族,因而S&A塞吉的设计师总是设计出一些在有的人看来是"不可思议"的作品,比如中国人看琥珀首先要无杂质、干净、通透、明亮,而波兰设计师则认为琥珀本身就是来自于自然,如果说这块琥珀上沾一些青苔、泥土,带一些昆虫、花朵的图案那就更是美不胜收。他们认为这是千万年前经过大自然地壳运动留到今天的宝贝,进入了生物状态的化石,因此顺其自然地带一些天然的记号,会随着时光的流逝、人类的远行而来到我们身边。琥珀的颊囊带有自然的上帝赐给它的特点和灵气,那样的琥珀才是真正的极品琥珀。

S&A 的创始人亚当·斯车格夫斯基曾说:"每个人背后都有一个故事,而我的故事都是与琥珀有关的。我对琥珀这无比神奇的宝石的着迷及对琥珀首饰极强的驾驭能力驱使我创立了 S&A 这个品牌。"

毕业于罗兹艺术学院珠宝设计专业的斯瓦维克·菲亚春夫斯基博士曾撰写过《顶级琥珀》一书,为国际琥珀协会制作了现代琥珀设计的综合文本。他曾参加在波兰、日本、中国香港举行的 50 多场设计研讨会,并与多个国家的顶级珠宝品牌合作。他的作品颇受世界欢迎。

茨普瑞恩·霍若切 1978 年生于格迪尼亚的一个艺术世家。霍若切最大的灵感来自于大自然,可以是一朵花瓣的造型,树叶的经脉或鸟翼舞动的一瞬。一个不经意的小细节可以变成一个伟大的灵感创意的来源。他最新的获奖作品名为"白雪皇后的灵魂",灵感来源于他对神秘童话的幻想。

S&A 赛吉的设计大师们在设计琥珀作品时最大的特点,就是采用纯天然的极品琥珀,用独特的设计工艺打造 S&A 赛吉品牌,设计师们费尽心思每款作品只有一至两件,甚至全世界只有那么一个工匠可以用手工工艺设计出最时尚的 S&A 赛吉琥珀艺术作品。如 S&A 赛吉琥珀的"凯瑟琳娜"系列,设计师把自己心爱的妻子的名字作为品牌，通过作品讲述了一段动人的爱情故事，让人们深刻地去回忆人生的历程，领会甜美的爱情。这组作品一问世就受到世界各国琥珀收藏家的热捧。因此无论是从琥珀本身的自然价值还是其独特的设计理念、精美的加工工艺、优良的艺术品质及高雅的文化品位，S&A赛吉都堪称世界一流。S&A赛吉品牌进入中国市场后，为中国的珠宝时尚业带来一阵清风。其品质优良、设计个性化是S&A赛吉的独到之处。无论是从选料、切割还有工艺都会为消费者着想，打造出万里挑一、与众不同的经典饰品。目前S&A赛吉公司已在中国的北京、广州、深圳、青岛、徐州、大连、昆明等地开设88家分店。S&A赛吉品牌追求的目标，就是将波兰一流品质的琥珀奉献给中国的消费者。让人们在佩戴观赏S&A赛吉品牌琥珀精品的同时了解波兰的文化，追求美好的生活。美国的JCK珠宝杂志这样评价说："S&A公司是当今国际琥珀界当之无愧的潮流制定者，琥珀设计业的发动机。"如今，S&A赛吉品牌在中国首都北京最繁华的王府井开设了S&A赛吉琥珀专卖店，其作品的风格与十几年前所有不同，它更加人文自然、推陈出新。

团结工会：历史上的一页

一个阳光明媚的午后，我们沿着古老安静的街道，路过波兰科学院图书馆，朝着格但斯克造船厂（原列宁造船厂）走去，探访团结工会的所在地。刚到造船厂大门，欧洲团结中心副主任雅杰克·克坦（Jacek Kołtan）博士已经在门口迎接我们，他瘦瘦高高，举止文雅。见到我们，他指着门上醒目的标牌，说："欢迎来到团结中心做客，希望这次经历，能让你们更加了解波兰团结工会所做的一切。"

格但斯克造船厂是我们将要看到的第一个遗址。记得在2013年春天，我曾经到过这里，那是乍暖还寒的时节，我来到这里，那天天气很冷，除了阴冷潮湿，天空中还飞着蒙蒙细雨，让人不禁感到丝丝寒意。今天，我又一次来到这里。在格但斯克船厂入口处的纪念碑上，雕刻着一行文字："每一个国家都有自己的和平与正义的不可剥夺的权利，这两者对于人类就如面包和盐。这些话成为我们表达兄弟情义与希望的誓言。"

我在克坦博士的陪同下，走进了团结工会展览厅。这时，克坦博士指着前面的一个热火朝天的工地告诉我："不久之后，这里将会建起一座新的中心。"

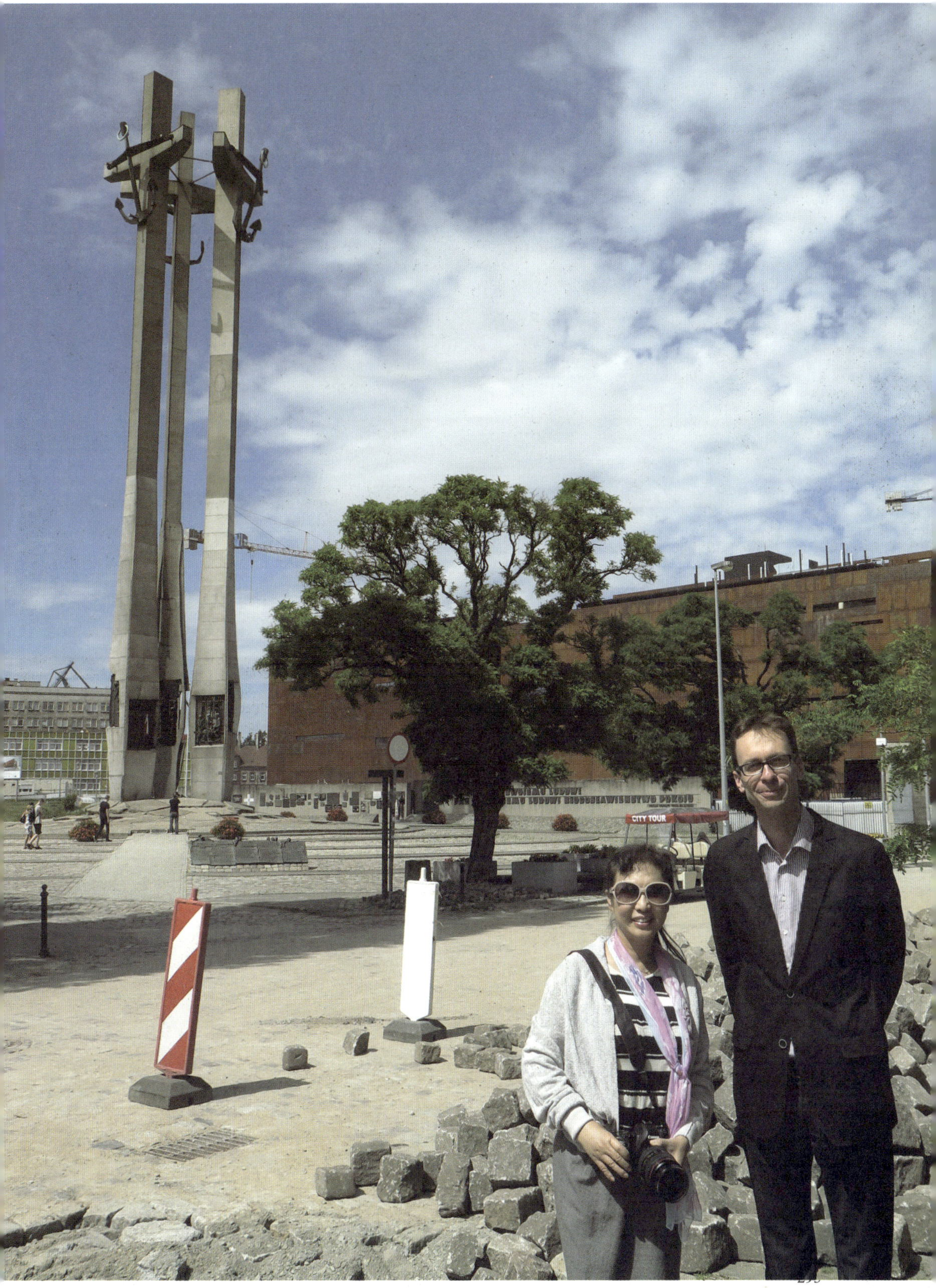
CITY TOUR

ECHO
MONUMENT
DES TRAVAILLEURS
DU CHANTIER NAVAL

POMNIK
POLEGŁYCH
STOCZNIOWCÓW
1970
A TOKEN OF EVERLASTING
FOR FELLOW-CITIZENS THAT
EVIL NEED NOT PREVAIL.
ZWYCIĘŻONE.

格但斯克建立了一座集传统与现代风格和谐交融的"自由之城",建筑的主体是用锈色金属包被的,采用怀旧的外貌风格——它似乎是移动着的城堡,由一面墙延展为两面倾斜的墙面,设计感很强。

走进展览厅,映入眼帘的是一幅幅再现团结工会当年活动的珍贵影像。克坦博士用他富有磁性的声音,向我讲述每一张照片背后的故事,仿佛是邀我与无声的岁月悄悄对话,置身于风起云涌的浪潮中。

1980年7月初,波兰政府决定提高肉类食品的售价,这一决定引发了波兰大规模的工人罢工浪潮。对于当时的政府来说,可谓是"一次肉价改革引发的血案",但对格但斯克的人民来说,则是改变波兰的一次努力。

一些政治家在格但斯克造船厂大罢工中走到一起,到1980年8月底,波兰各地罢工委员会纷纷成立,并成立"工会",以"保证罢工权利、保证罢工者及罢工支持者的安全"等条件为行动目标,这就是波兰的第一个独立的工会组织——"团结工会"。8月31日以政府副总理雅盖尔斯基(Jagielski)为首的政府代表团在格但斯克与罢工委员会达成协议,基本同意工人们提出的要求。接着,来自波兰各地的36个独立自治工会代表在格但斯克开会宣布团结工会成立,莱赫·瓦文萨(Lech Wałęsa)被选为团结工会全国协商委员会主席。

在波兰纷繁杂呈的政治舞台上,团结工会曾经是一个轰动全球的角色。有人谴责它,也有人歌颂它。它的兴衰,深刻地反映着这段历史时期波兰社会错综复杂的动向。我站在当年团结工会旧址大门外,看到许多反映当年团结工会活动的纪念品和印刷物,从中可以了解到当年那些事件的缘由、经过和结局,以及那段改变波兰社会走向的历史。

STOCZNIA

GDAŃSKA

格但斯克作为团结工会发源地并非偶然。当年的罢工运动并没有在问题浮现后就迅速爆发，而是在政府和经济状况的困境超过了十年才产生的。在格但斯克的列宁造船厂，一位起重机操作员安娜·瓦伦第诺维茨（Anna Walentynowicz）被解雇，成为引燃罢工运动的导火索。

在劳工保护委员会成员的组织下，造船厂劳工们于1980年8月16日展开罢工。之前于1976年遭开除的电工技师列赫·瓦文萨在8月14日11点抵达造船厂，领导罢工行动。

8月17日一名神父亨里克·杨科沃斯基（Henryk Jankowski）在造船厂大门前替劳工们做了弥撒。到了21日工人们提出了21项要求的清单，所有要求都只是简单地针对当地的问题。清单上首先要求创建一个新的而且是独立的工会。

1980年9月各地自发性的工会协商成立了全国性的自治工会，设立了全国临时协商委员会，瓦文萨当选为主席。10月瓦文萨代表工会向华沙省法院申请登记注册，11月团结工会在章程中增写了承认波兰统一工人党对国家的领导作用和社会主义制度的附件后，最高法院批准团结工会注册登记。当时团结工会有会员1000多万人，约占全国工人总人数的80%。成分有工人、艺术家、教师等。工会领导人瓦文萨是穷苦木匠出身。团结工会领导的罢工运动最初采取和平方式，一是罢工时间短；二是不上街；三是不与政府发生冲突，承认社会主义是波兰的政治基础，承认统一工人党的领导作用和与苏联结盟。

11月27日，瓦文萨向华沙钢厂的罢工工人发表讲话，呼吁工人不要过高地提一些物质方面的新要求，不要仅仅盯住眼前的物质利益。

团结工会于1981年在格但斯克举行第一次全国代表大会，决定成立全国委

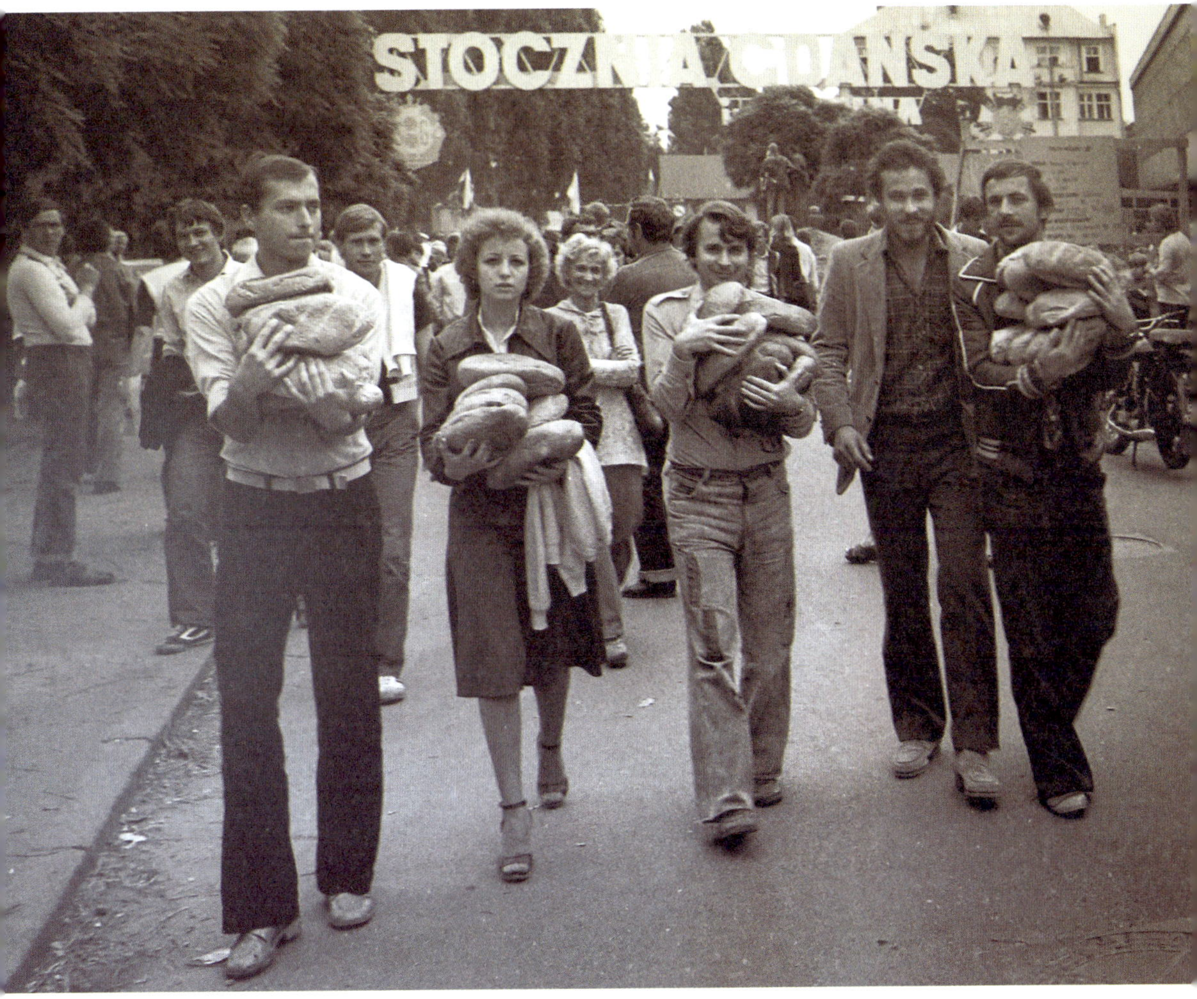
STOCZNIA GDAŃSKA

员会，以取代全国协商委员会，通过新的政治纲领，要求在波兰实行多元化，建立"自治共和国"，称团结工会是波兰改革的主力，工会纲领中未提到社会主义及统一工人党的领导作用。在罢工运动中，工会提出要有自己的报刊、有自由出版权，要"自下而上夺权"。工会与政府分庭抗礼。

1981年12月13日波兰实行军管，团结工会被取缔，瓦文萨等工会领导人被拘禁。工会内部分成两派，缓和派以瓦文萨和布雅克为首，主张避免同政府发生正面冲突，提倡协商对话；激进派以工会顾问库龙为首，主张通过暴力推翻政府。随之社会上也发生重大分化，原支持团结工会的人转向支持政府。1982年2月议会通过新的工会法，要求重建新的工会。1984年波兰宣布大赦，瓦文萨继续努力为使团结工会合法化而奔走。1988年波兰政府的价格改革再次引起群众不满。

1989年2—4月，波兰统一工人党与团结工会等反对派举行圆桌会议，经讨论，统一工人党同意团结工会合法化。6月波兰全国大选，团结工会获99%的参议院席位。9月12日，团结工会的马佐维耶茨基组成以团结工会为主导，包括统一农民党和民主党的联合政府。原统一工人党领导人雅鲁泽尔斯基出任首任总统，任期6年。不久，瓦文萨及支持者宣称圆桌会议协议已经过时，要求总统辞职，举行新总统和议会大选。1990年瓦文萨提出竞选总统，遭马佐维耶茨基的政府派反对。团结工会内部分裂为支持瓦文萨的中间派协议会和支持马佐维耶茨基的公民运动民主行动会。

1990年11月举行大选，瓦文萨在第二轮投票中当选总统。他提出"建设自由、民主、富裕的新共和国"，经济上发展市场经济，取消对土地自由买卖的限制和对外政策强调向整个欧洲和世界开放等。

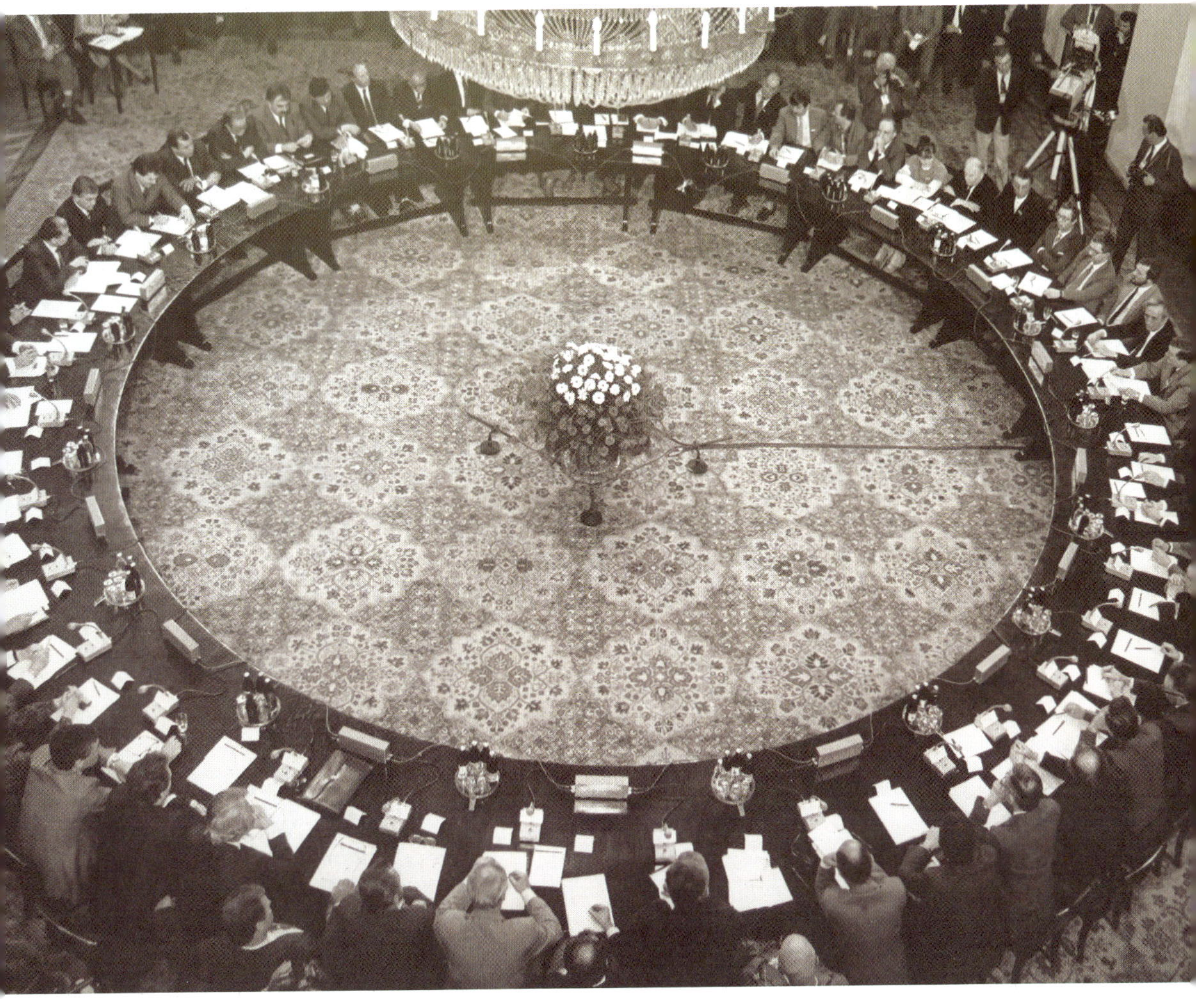

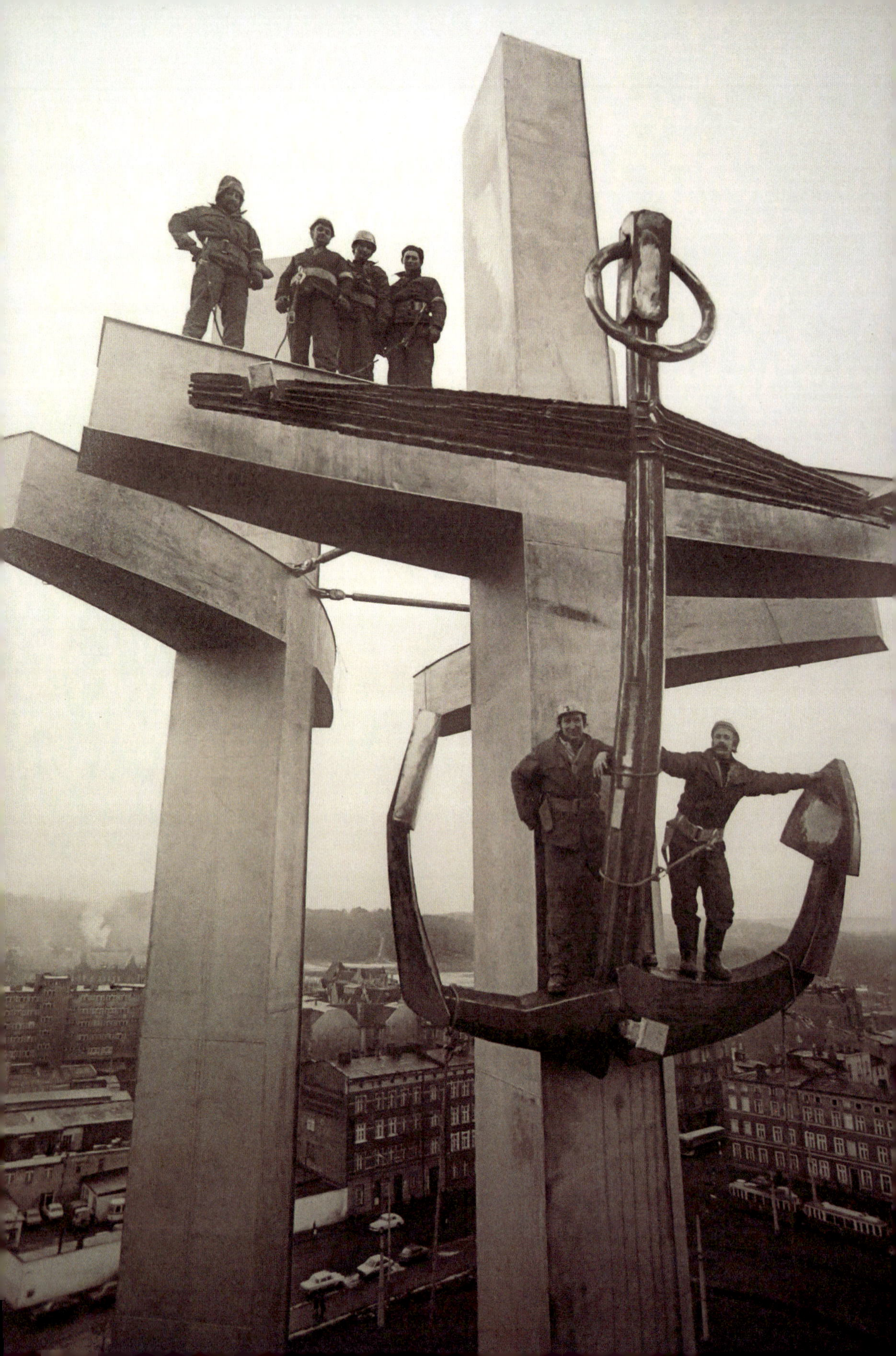

目前团结工会有 150 万成员,但政治上的影响力极小。在团结工会的战略计划上宣称道:"(团结工会)……以基督徒伦理和天主教社会训导来作为行动基础,领导保护劳工利益的行动,并满足劳工在物质、社会和文化上的抱负。"如今的团结工会虽然不及从前那么有影响力,宛如明日黄花,人们对其评价也逐渐产生分歧。如马克·温斯坦,美国麻省理工学院所属斯洛恩管理学院劳资关系系教授,该院前苏东各国剧变后现实政治经济进程追踪研究项目的主要成员之一,他在《从联合执政到无资格执政》一文中指出:盲目迷信市场使波兰团结工会走上了自我毁灭的道路。现将该文主要内容摘编如下:没有哪个国家曾像波兰那样热切地急于建立一种新的资本主义秩序。团结工会领导人还主张在"计划、自治和市场相结合的新型社会经济体制"基础上实现经济发展。现在,他们由于坚信市场的效率和私人资本的特权而干脆抛弃了"第三条道路"。

走出团结工会旧址时,克坦博士指了指远处夕阳下,正在兴建的欧洲团结中心说:"这一宏伟计划的建立者们希望建立一个欧洲的民主对话中心,一个被认为对民主进程富有责任的公民们集会的地方。我们希望在开放的社会环境中展开独立对话,讨论民主问题,辩论社会公正问题;我们希望在一个宽松和谐的环境中,让人与人之间充满信任和理解,让这个社会更加公平。"

在格但斯克这座美丽而宁静的城市,团结中心正在竭尽全力向人们展示这里、乃至整个波兰的历史。展览包括重建过去的食品店、1980 年 8 月的船坞现场……参观者可以坐在圆桌上——对话的象征——来发掘和思考一系列历史事件发生的原因。团结工会的运动以及它激发的东欧剧变,将会被陈列在新建筑的一二层的七个展室,总面积达 3000 多平方米。

PAN DA SIŁĘ SWOJEMU LUDOWI
PAN DA SWOJEMU LUDOWI BŁOGOSŁAWIEŃSTWO POKOJU

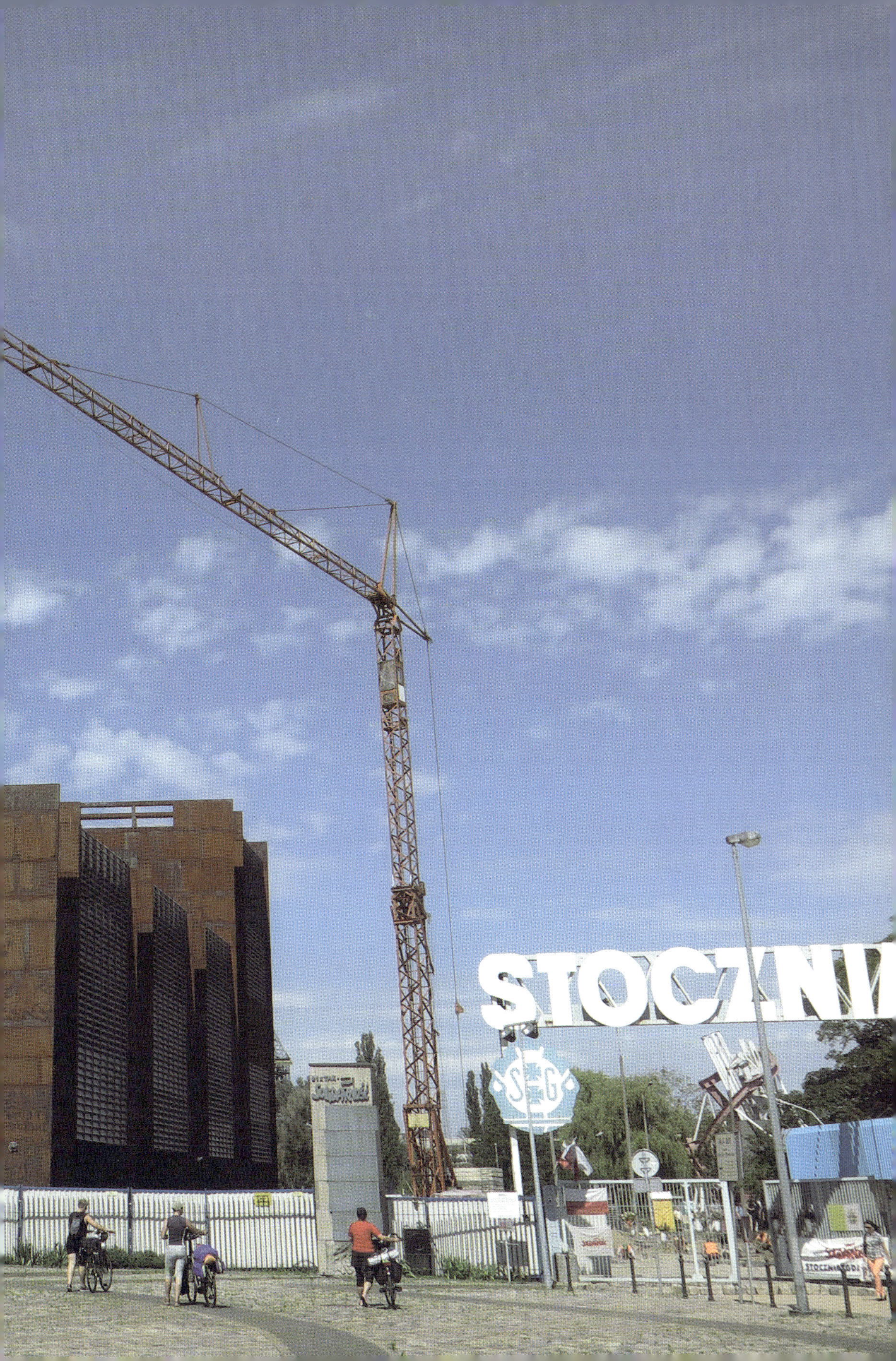
STOCZNI

那场罢工的主要领导人、电工瓦文萨因领导"团结工会"而在1983年获得"诺贝尔和平奖"。后来,当瓦文萨谋求重新从前共产党人亚历山大·克瓦希涅夫斯基手中夺回总统大权时,民意测验表明他仅得到3%的支持率。现在,他作为格但斯克的一名普通市民,过着自己的晚年生活。

另一位格但斯克造船厂罢工领导人布罗尼斯瓦夫·盖雷梅克(Bronisław Geremek),后来仍然是波兰政坛的活跃人物。当年这位中世纪历史学教授同"团结工会"关系密切,他曾到格但斯克造船厂向正在罢工的工人提出建议。他在2000年6月波兰政府改组前一直担任外交部部长,是一个负责制定波兰加入欧盟所需法律的议会委员会主席,还是自由联盟的领导人。

曾是记者、天主教作家和团结工会顾问的塔德乌什·马佐维耶茨基(Tadeusz Mazowiecki)在1989年成为社会主义波兰政府中首位非共产党人总理。1993—1995年他曾任联合国驻前南斯拉夫特别代表,还曾担任波兰议员和自由联盟的荣誉主席。

在罢工期间曾任瓦文萨的亲密顾问的波格丹·利斯(Bogdan Lis),已经是一家建筑公司的所有人。

另一位"团结工会"的重要领导人亚当·米赫尼克(Adam Michnik)曾是一位持不同政见的历史学家,现已改行进入媒体商业圈。米赫尼克是波兰发行量最大的《选举日报》主编,同时还是在欧洲排名前20位的媒体集团"阿戈拉"的负责人。

1980年8月罢工事件中还有几位主要人物已经随着岁月的流逝,渐渐地从人们的视线中消失。

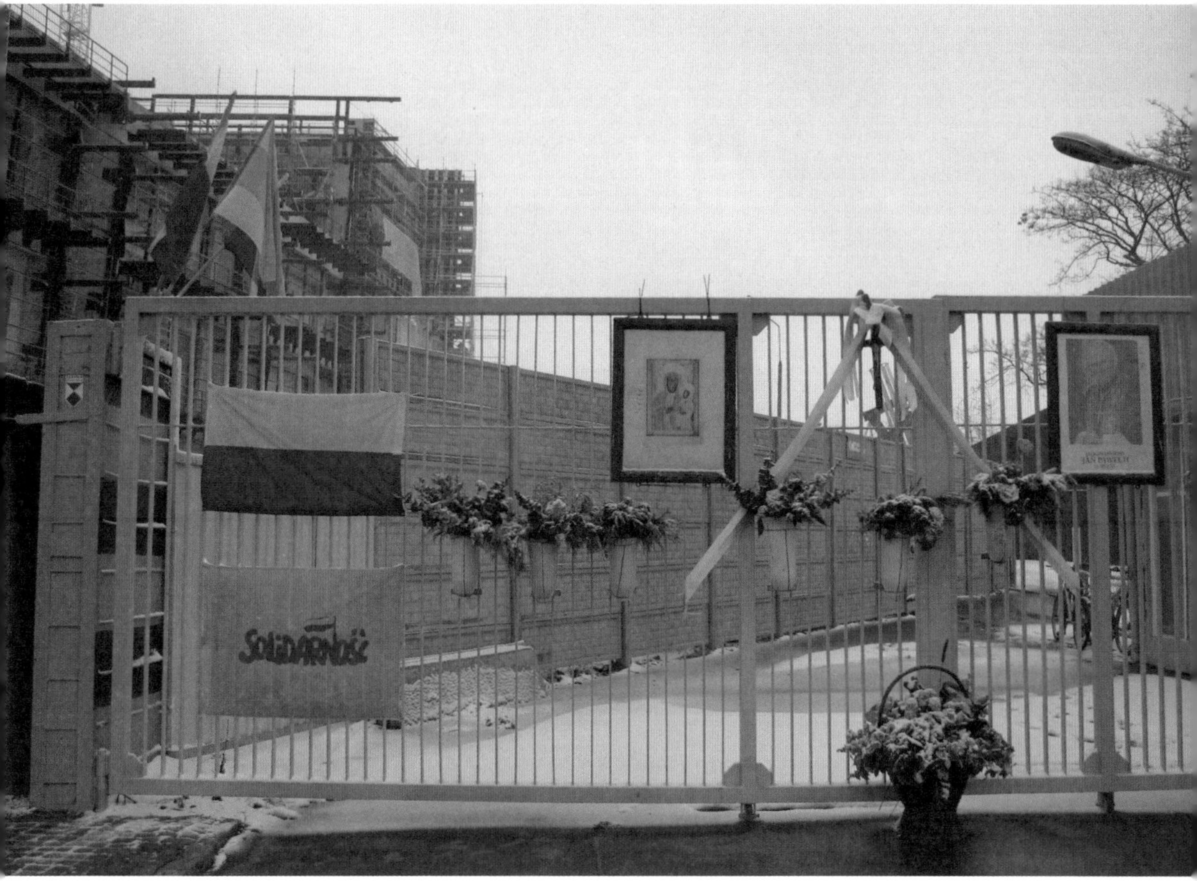
SOLIDARNOŚĆ

DIGNITY OF WORK

IDĘ NA „WYBORY"

PARTIA Z NARODEM

CI Z SOLIDARNOŚCI
MAJĄ PRETENSJE,
ŻE W ŻYCIU
BYLI OD NAS
MNIEJ
ZAPOBIEGLIWI.

MUSIMY MIEĆ
WIĘKSZE PRZYWILEJE
INACZEJ LUDZIE
ZNÓW BĘDĄ GADAĆ
ŻE DOPUSZCZAMY
SIĘ SAMOWOLI!

NIEZNANEMU
CYWILOWI
KTÓREMU UDAŁO
SIĘ UNIKNĄĆ
SŁUŻBY WOJSK.

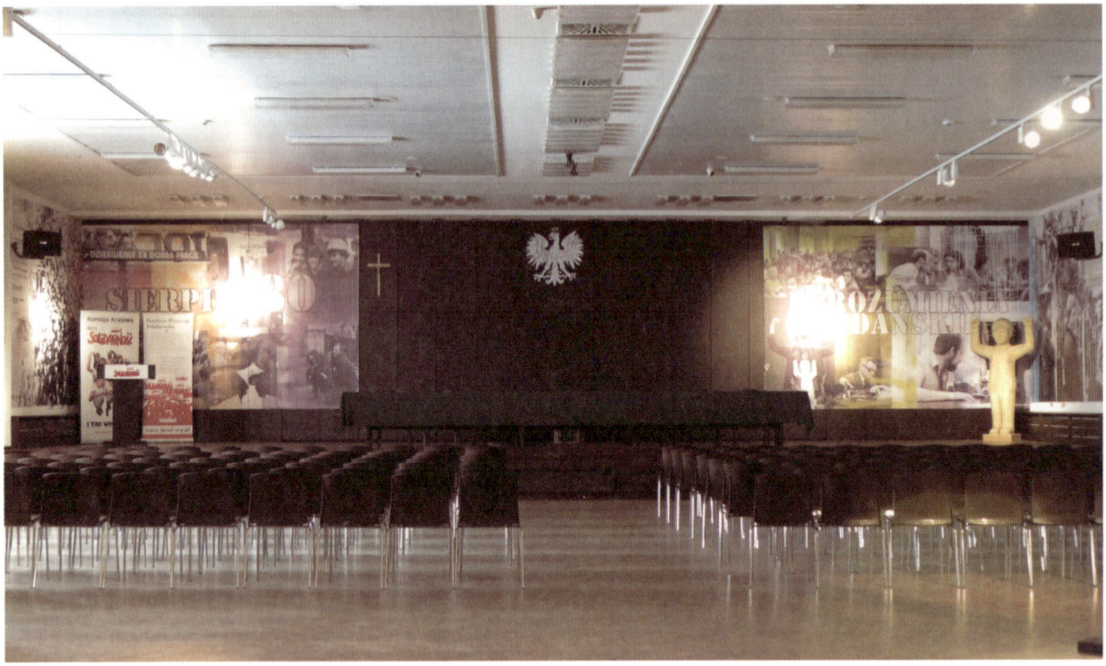

亚采克·库龙（Jacek Kuroń）在波兰转型后，曾担任劳工部长和议员，但现已退出政治舞台。

格但斯克造船厂起重机驾驶员安娜·瓦伦蒂诺维奇（Anna Walentynowicz）当年因参加政治活动而被解雇，此事是格但斯克造船厂大罢工的起因。现在她已退休，住在格但斯克的一所小公寓里。她同瓦文萨长期不和。

安杰伊·格维亚兹达（Andrzej Gwiazda）曾是一名工程师和瓦文萨的顾问，现已退休，同妻子住在格但斯克。当年作为团结工会主席的竞争者，他没能使团结工会运动成为合法组织。他现在以在山间远足和打理住所来消磨时间。

这些人和故事，在即将落成的欧洲团结中心都可看到。而这个崭新开放的交流展示中心还将运行一个调查中心。研究者和对这段历史感兴趣的游客，将可以在这里的图书馆和档案室查询资料、观赏影像、录音等，以便更多的人了解历史，了解真实的波兰。

欧洲经济绿洲的"琥珀特区"

在欧洲列国近年来经济普遍低迷的大环境下,有一组数据会让人们眼前一亮:

从 2008 年到 2011 年,经济累计增长 15.7%。2012 年,国内生产总值同比增长了 2%,GDP 增速列欧盟国家之首。由于其银行业在全球危机的大环境下依旧保持着健康状态,2013 年经济和投资前景看起来比欧盟其他国家都要好。欧盟委员会发表的 2007 年至 2012 年经济统计报告显示,其经济增长在 27 个欧盟国家中最为强劲,去年的 GDP 比欧债危机发生前增长了 18.1%。

这个国家就是波兰。

日裔美国政治学者福山以赞叹的语调宣称,波兰"在经济和政治方面的剧变,简直就是一个奇迹,是我一生中从未经历过的奇迹"。1989 年波兰的通货膨胀率曾经高达 700%,但到 2005 年只有 2.1%。在转型过程中,波兰还是中东欧唯一避免了银行危机和外汇危机的国家。目前,波兰经济在中东欧国家中已经达到中上水平,现在的目标是推进金融改革,尽早加入欧元区,给国民带来更大的经济利益。这是波兰的强势逆袭,它俨然成为欧洲的希望所在。为什么是波兰?在经济学家眼里，波兰简直就是"奇迹"和"希望"的代名词，它是被经济危机笼罩的欧洲大陆唯一的"绿洲"。而为这片"绿洲"输送充足养料和动力的，正是琥珀色的滨海省格但斯克市。

千年名城格但斯克，依托波罗的海沿岸丰富的气候资源、航运通道，一直影响着波兰乃至中东欧的经济贸易发展。它有两处主要港口区：旧区称为"新港"，新区称为"北港"。旧区"新港"为主要工业中心，有造船、冶金、化工、木材和食品加工厂。1568年波兰海洋委员会第一次在这里集会，并处理国防和贸易的问题。1572年此地造船厂的第一艘战舰下水。造船业为格但斯克外汇的重要来源，但1980年格但斯克船坞工人纷扰不安，导致团结工会（Solidarność）成立。新建"北港"为波兰最大海运发展工程（首期工程1975年竣工），对外运煤，进口石油，附近有1975年建的炼油厂。有国际机场和渡口通往瑞典。今天的格但斯克，仍是一个重要的港口、贸易和工业城市，对于波兰全国的经济发展具有举足轻重的地位。

商业之都

在包括普鲁士、波罗的海东岸的条顿骑士团领地以及波兰、瑞典的普鲁士和立窝尼亚汉萨同盟商圈，格但斯克是其首府。17至18世纪，格但斯克成为波罗的海弄潮的"北方黄金"。

琥珀加工业对当地经济来说非常重要。波兰北部盛产波罗的海琥珀，是世界琥珀储量最丰富的地区之一。格但斯克则是琥珀加工作坊的主要集中地和世界上最大的琥珀集散地。

琥珀号称"北方黄金"、"波罗的海钻石"。六千万年前，波罗的海被茂密的原始丛林所覆盖。松柏科植物分泌的树脂经过千万年地质作用的洗礼，固化成为化石——琥珀。不少琥珀是被波罗的海的波涛从海床中冲刷出来的，冬季暴风雨来临时，海底的琥珀又被波涛冲到岸上。琥珀的英文名"amber"原意即为"海上的漂流物"。人们在冰冷刺骨的海水中寻求着致富的宝藏。1951年，美籍德裔科普作家威利·雷（Willy Ley）在他新出版的《琥珀中的龙：一个浪漫的博物学家的进一步冒险》（*Dragons in Amber: Further Adventures of a Romantic Naturalist*）一书中提到，1862年的某个早晨，一场暴风雨过后，在波罗的海沿岸小镇Palmniki的海滩上，人们搜集到了4400磅琥珀。不过，依靠暴风雨的恩赐，未免有守株待兔之嫌，于是，人们学会了在浪里撒网"捕捉"琥珀，也学会了在浅滩搅动沉淀物筛出琥珀的办法。当然，琥珀不仅仅出产于海中，还出产于格但斯克城外一个琥珀矿。

波兰格但斯克人能从旧石器时代和你聊起琥珀的历史——那时候人们刚刚学会加工石头，同时也就开始加工琥珀。古罗马时代是琥珀的第一次兴盛期。当时一小块琥珀的价格，抵得上一个健壮的奴隶——这并非一个高昂的价格，因而只有下层人把琥珀当作首饰佩戴，上层妇人则习惯于把琥珀球握在掌心，用来去除异味。商人们把成批的琥珀从波罗的海沿岸运到地中海，这些在历史上贯通了欧洲南北的路线，后来被称作"琥珀之路"。与中国的"丝绸之路"遥相呼应。

16世纪到18世纪，航海时代造就了强盛的欧洲，也使富丽堂皇的巴洛克风格成为主流审美取向，琥珀再次风行。此时，格但斯克四通八达的港口优势，使它迅速成为整个欧洲的琥珀制造中心。聚集在格但斯克的工匠们，用精湛的手艺

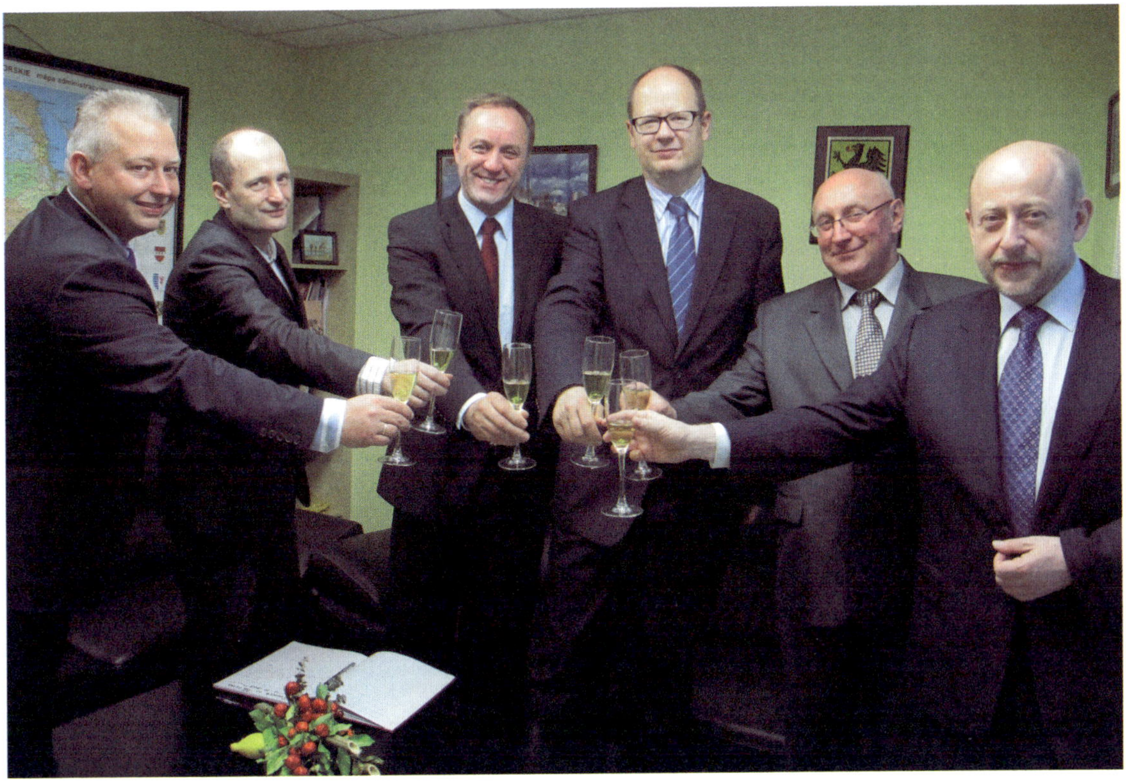

开启了这座城市的琥珀艺术。而在此之前，按照《日耳曼法》的规定，如果有人私自拥有琥珀，甚至可能被处以极刑。

现在，在波兰，没有人不知道 W. Kruk、S&A 这样的经典琥珀品牌，这些有着百年历史的珠宝品牌，与格但斯克这样的波罗的海最繁华的商业中心，都有深厚的渊源。其中，"W. Kruk"这个标识总会占据最显眼的位置，称其为波兰第一奢侈品牌并不为过。

格但斯克琥珀经济的灵魂是一个个富有传奇色彩的商人和品牌，他们将波兰内地的商品远销国外，也使国外的各种商品进入波兰内地。商人是大批量进出口产品和分散的消费者之间的纽带，它活跃了格但斯克以及整个波兰的市场，扩大了格但斯克的商业基础，增加了格但斯克作为贸易港口都市的活力，从而对格但斯克甚至整个波兰的经济起到了巨大的作用，大大促进了波兰商业的发展，方便了人民群众的日常生活。此外，格但斯克地方政府和波兰中央政府，按照实际经营状况，从往来格但斯克的商人手中收取税费，也成了其财政收入的重要组成部分。商人在格但斯克的贸易活动使波兰国内市场和西欧市场相结合，加强了与西欧国家的经济联系。

贸易活动，实际上扮演着格但斯克和波兰、波兰和世界之间桥梁的角色。它一方面使格但斯克融入了西方，成为波兰走向西欧文化圈的"榜样"和"窗口"。另一方面，在17—18世纪，从波兰国内维斯瓦河到格但斯克，再到波罗的海直接到达北欧国家；或者从波罗的海取道博恩霍尔姆海峡、厄勒海峡、卡特加特海峡、斯卡格拉克海峡进入北海，再从北海到达西欧各国；或者继续穿越英吉利海峡进入大西洋，从而运转世界，这些贸易线成了波兰最主要的贸易线。贸易上与东方相对疏远,与西方相对接近,使波兰的文化逐渐向西欧靠拢,从而有助于波兰融入西欧文化圈,进一步加强了波兰历史上的西向性。

格但斯克的贸易活动,一方面使波兰加强了与西方的经济、文化联系,从而也加强了与西欧的政治联系;另一方面却逐渐削弱了波兰与东欧国家,特别是与俄罗斯的经济、文化和政治联系,这种邻国贸易的疏远,成为后来几百年双方互不信任的一个原因。此外,格但斯克的繁荣使其逐渐成为波罗的海最重要的贸易港口和欧洲的贸易中枢,其经济地位和地缘政治地位的加强,使普鲁士以及后来的德国和波兰陷入了对该城主权拥有权的持久拉锯战,而该城也在双方的多次较量中几经易手。当然,政治影响相对来说只是一个间接的、相对有限的方面,因为其中还有其他更为重要的变量,例如普鲁士以及后来的德国的霸权野心和波兰的逐步衰弱。

航运之珠

中华人民共和国商务部 2014 年末在其官网上发布了一则引起中国航运、金融、贸易业关注的消息:"欧洲复兴开发银行、国家经济银行、MBank 银行、PEKAO 银行等金融机构将共同融资 2.9 亿欧元建设格但斯克深水集装箱港二号码头,项目今年启动,预计 2016 年竣工。随着中东欧地区对深水船舶停靠的需求不断增加,二号码头投入使用后,格但斯克港年吞吐量将翻倍。"开通后,格但斯克深水码头业务繁忙,运输量猛增,十分红火。

航运与贸易始终是格但斯克这座城市赖以生存与发展的根基。格但斯克位于维斯瓦河入海口的三角洲地区,通过维斯瓦河方便的内河水运,可以便利地到达波兰 60% 的地区，腹地比其他任何波罗的海港口都更为宽广，这样有利的区位条件使得格但斯克很早就发展成为欧洲最繁荣的航运业和国际贸易中心。同时，作为前汉萨同盟的重要成员，该市与其他前汉萨同盟城市，也保持着密切的经济联系。格但斯克正在利用与上述地区的传统联系，试图重新成为中欧、东欧国家与北欧、西欧之间进行贸易的一个主要基地。

我是第二次来到格但斯克深水码头访问。格但斯克深水码头对于这座城市来说，是一个名片与发展符号。"它可以通过全世界最大的集装箱货轮。"格但斯克深水集装箱码头董事长、船长马切克·菲亚特克夫斯基（Maciej Kwiatkowski）说，"这里的港口质量非常好，又是东欧的中心，可以说格但斯克港是欧洲之门，在这里可以方便地到达俄罗斯、爱沙尼亚等国，而我们面对的最大的市场是俄罗斯。任何一个码头的地理条件，对一个国家的经济发展，都会起到非常重要的作用。"

菲亚特克夫斯基的父母是波兰人，但很早以前，他们就移居澳大利亚。40 多年来，菲亚特克夫斯基一直在澳大利亚学习和生活，他毕业于澳大利亚航运学院，对航运方面的专业知识和相关业务十分熟悉。2000 年，他还亲自参与了中国青岛集装箱码头建设组织方面的工作。说到青岛，菲亚特克夫斯基的脸上格外兴奋，他说："半年的青岛生活，青岛人非常亲切友好，感觉是在故乡一样，它让人感觉似曾相识。中国和远东之间的港口格但斯克是重要门户，我们的发展和中国的发展密不可分，息息相关。"他继续说："我去过世界很多港口，而格但斯克港的服务是最好的。在我的心里，格但斯克这座城市很大气，是最富有国际化元素的城市之一。格但斯克像大海一样将我们拥入怀中。这反映了波兰国家的经济特

RUSSIA
CHINA
INDIA
AUSTRALIA
BRAZIL
UNITED STATES
THE
POPULATION DENSITY

色，反之，也可以让波兰的特色优质农产品通过格但斯克港运往世界各地。港口贸易红火，国家经济便会蓬勃发展。而我们的服务则直接与各国千家万户的生活幸福指数紧紧相连。我们的航运速度快，服务质量好，直接给消费者带来利益。我们也可以毫不夸张地说，我们是中波经贸发展和互信交流的重要桥梁。"

格但斯克深水码头位于波兰北部沿海维斯瓦（Wisła）河下游左支流摩托拉瓦（Motława）河口两岸，在格但斯克（Gdańsk）湾的西南端，濒临波罗的海（Bałtyk）的东南侧，是波兰的最大港口。格但斯克港是世界上最古老的港口之一，老起重机如今已经成为格但斯克的标志物。港口距格丁尼亚港约17海里。

格但斯克港闻名于世，并不仅仅因为它处于格但斯克这个特殊的历史名城，从某种程度上说，正是因为格但斯克港的特殊性质，造就了格但斯克的商业贸易发达。格但斯克属温带大陆性气候，年平均气温1月最低约-5℃，7月最高约19℃，严冬时有冰冻，但有破冰船协助，可保持全年通航。全年平均降雨量约700毫米，无潮汐。这在波罗的海沿岸是不多见的。

格但斯克港与内陆连接得非常紧密、十分便利，仅为17分钟的车程。港口全长650米，总面积110公顷，最深处为16.5米，每年可承受150万TEU标准集装箱。"只有达到这个标准，才能称之为深水码头，才可以通过世界最大的集装箱货轮。所以称格但斯克为世界上最好的深水不冻港，一点也不夸张。"菲亚特克夫斯基告诉我，"从这里出发的船只，可以直达远东，如中国海。目前，宁波港口的集装箱可以直达格但斯克港。从中国来的货轮，都是大型集装箱，来到格但斯克，又由这里运往世界各地。综合优势使得格但斯克港成为第一家港口综合货运中心，通过结合国际铁路、公路和海上航线，将波兰与欧洲主要城市连接起来，这使千年航运之梦在东欧实现。"

"一个领导者的决策能力关系到这个公司的发展水平。"菲亚特克夫斯基丰富的阅历，使他认识到了不同国家的文化，结交了不同肤色的朋友。他去过中国、俄罗斯、印度尼西亚、秘鲁等国家，在我的眼中，他是当之无愧的"船长"。

一直以来，格但斯克的企业盼望与中国经济更紧密地联系，格但斯克深水港（DCT Gdańsk）的首席执行官伯瑞斯·温泽尔（Boris Wenzel）或许是其中最热情的一个。在他看来，波罗的海南岸这个建成仅五年、刚刚开辟了远东航线、能够容纳世界最大轮船的深水良港码头，将对中国与欧洲之间的海上运输起到"革命性"的影响。为此，格但斯克深水码头比传统经荷兰鹿特丹港或德国汉堡港转陆路运至中东欧的线路，降低至少20%的物流成本。温泽尔期望未来格但斯克能成为中国商品进入中东欧乃至俄罗斯新兴市场的重要门户。

格但斯克深水集装箱码头（DCT）是促进波罗的海流域航运市场的"第一港"，它吸引着开往德国、荷兰、比利时、卢森堡等港口的大型海上运输工具。它是波罗的海上唯一可以每星期呼叫超大型集装箱船的港口，唯一与远东主要港有直接航运线路的港口。2009年，格但斯克港成为世界最主要集装箱服务线的转运港。港口向容量为8000标准集装箱船提供业务服务，该航线还连接了中国上海与欧洲港口。为了适应整箱及滚装贸易增长的趋势，两港都在进行进一步的投资建设，以便更有效率地处理更多的船舶停靠数量以及更大的货运量。

航运的发展离不开工业基础的支撑。格但斯克的工业自从工业革命以来，早已奠定了良好的基础，主要的工业有造船、炼油、化学（磷肥、颜料、油漆）、电子、建筑材料、纺织和食品加工，其中造船业尤其具有重要地位，是欧洲乃至世界最

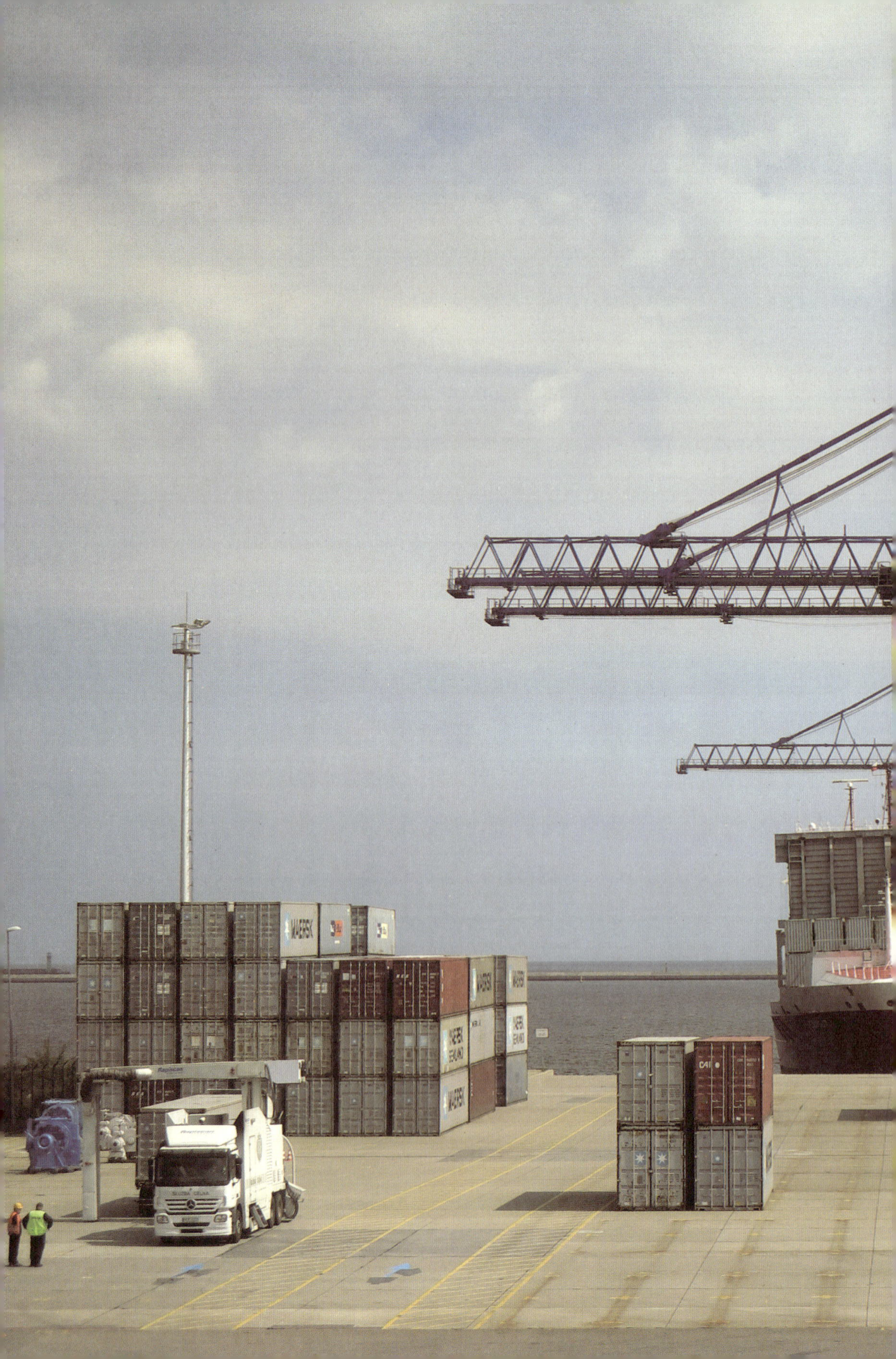
MAERSK

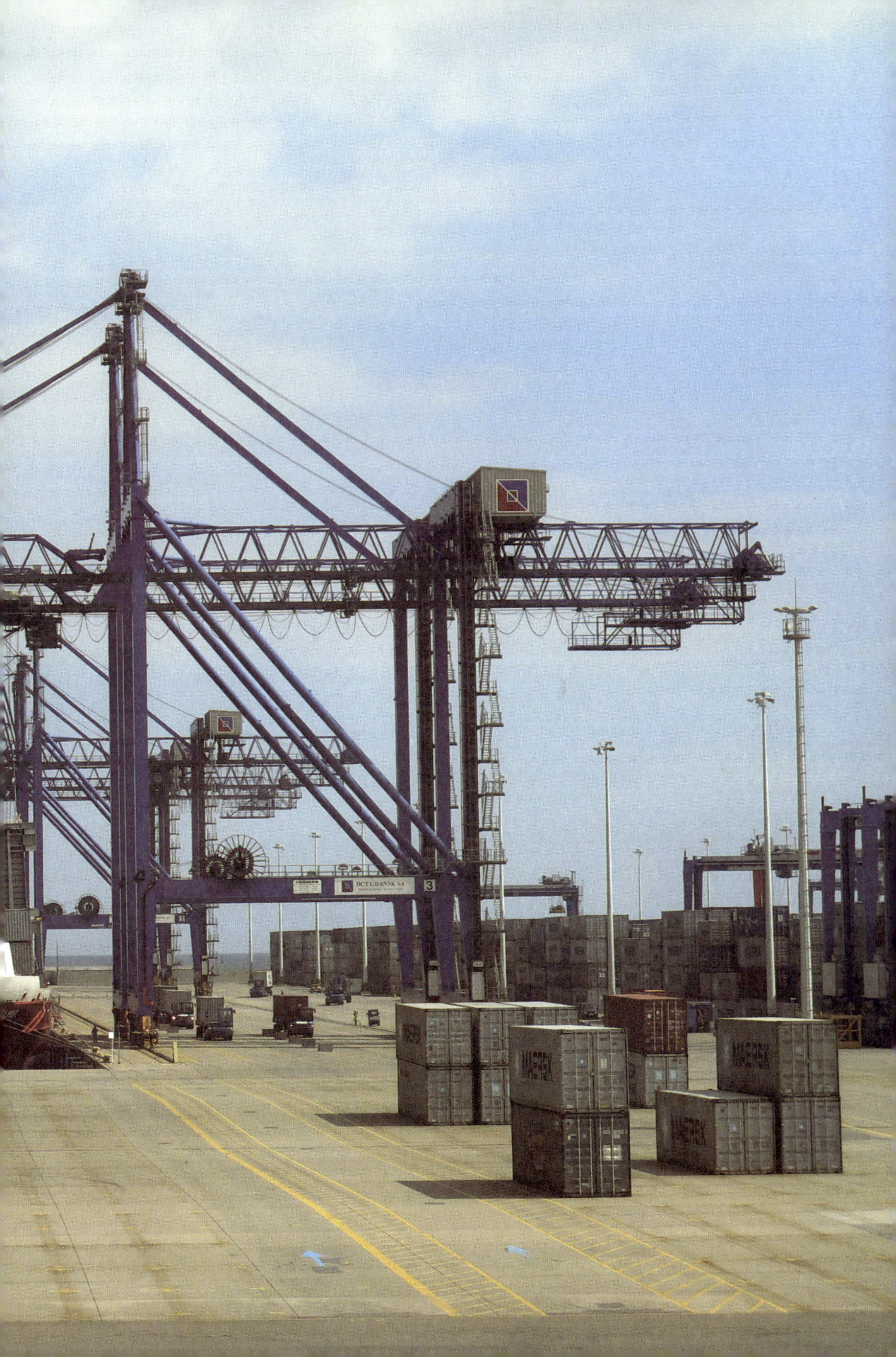
DCT GDANSK SA
3
MAERSK

重要的造船业中心之一，也是波兰北部地区最大的科学和文化中心。格但斯克原列宁造船厂是波兰规模最大的造船企业，拥有全波兰50%的造船能力。同时，诸如电子、通信、IT工程、化妆品和制药等新兴产业也正处于上升状态，发展势头良好，吸引了来自全球的大型企业关注和投资。

过去10年，波兰成为欧盟的工业大国，创造了欧洲经济史上的神话。波兰信息与外国投资局局长马伊曼（Sławomir Majman）先生2015年3月来华访问时说："我们别无选择，因为波兰传统的工业像造船、造纸、纺织、矿业等，在自由经济时代都倒闭了，需要改善。新的欧盟委员会主席容克正在推动欧洲恢复生产的力量，希望欧盟GDP的20%可以来自生产，事实上波兰很多年前就这么做了。这就是为什么波兰成为欧洲航空航天领域第一大出口国的原因，从发动机到航电系统都可以出口。2013年起，我们还是欧盟最大的家电生产国和出口国，类似冰箱、洗衣机、微波炉等，第一次超过了德国和意大利。汽车配件也是欧盟第一。去年开始，波兰的食品加工业也成为欧盟第一位。其中，像格但斯克这样既有工业实体，又有天然港口的核心区域发挥了巨大作用。"所有这些因素，让去年波兰的GDP增长了3.3%，远高于其欧盟同行。

马伊曼的这次访问，似乎促成了中波两国的某种默契：波兰的格但斯克深水港可以成为"一带一路"在波罗的海的枢纽；格但斯克作为欧盟的传统港口，甚至可以逐渐替代荷兰鹿特丹港和德国汉堡港的地位，大大降低运输成本。"格但斯克港是波兰第一大港，是通往中东欧和俄罗斯的门户，也是欧洲重要工业港及全球造船重镇。2007年6月1日前，中国运往欧洲的货物，必须经过荷兰鹿特丹和德国汉堡中转，而现在投入运营的集装箱深水码头年吞吐量为50万标箱，第

URZAD CELNY W GDANSKU
ODDZIAL CELNY
TERMINAL KONTENEROWY
IZBA CELNA W GDYNI
DCT GDANSK SA
Deepwater Container Terminal Gdansk
CCTV

二期项目 2014 年启动，预计 2016 年竣工，年吞吐量可达 100 万标准箱。"马伊曼说，"这已经可以使这些大型货运项目直达格但斯克港，运遍欧洲。这里有诸多好处：一是快捷省时，大大降低运输成本；二是便利，直接通过大型集装箱航线运抵格但斯克。"

特区之花

波兰滨海省（原格但斯克省）早在 20 世纪 80 年代就与中国上海结成了友好城市，在此后的 30 年间，双方在友好城市合作的框架下不断努力，将两地间的友好合作缔造成中波地方合作的典范。

在 2014 年 4 月 22 日召开的第二届中波地方合作论坛上，上海市与波兰滨海省及其他三对城市一起被评为"中波两国最佳地区合作案例"。上海市与滨海省之间颇具成效的合作也再度引起了人们的关注。上海市与波兰滨海省是中波两国最早结成友好城市的一对省市，出席论坛的上海市市长代表丁薛祥在发言中说："上海市一直致力于发展与波兰地方性的合作交流。1985 年，上海与格但斯克省正式结为友好城市，这也是中波两国之间的第一对友好城市。结好以来，两地本着增进了解、促进友谊、学习借鉴、合作共赢的精神，地方往来也取得了比较好的效果。"

事实上，早在 1951 年，新中国建立不久，上海与格但斯克之间就开始了合作，并建立了新中国第一家合资公司——中波轮船股份公司。作为本次论坛的主办方之一，波兰滨海省省长米茨夫斯拉夫·斯特鲁克在发言中回顾了双方合作的历史。"早在 1951 年成立的中波轮船股份公司，就在格但斯克省的格丁尼亚建有分部，

1985年格但斯克省与中国上海市结成了友好城市，2005年波兰省制改革以后，则由滨海省继续与上海市开展友好合作。"

在结为友城之后的30年中，双方在各个领域的合作不断加强。对此，丁薛祥说："30年来，上海市与滨海省高层往来密切，在经贸、文化、教育、医疗等多个领域开展了积极的交流与合作。上海港与格但斯克港于2009年结为姊妹港。近年来，双方在对方城市互办经贸论坛、传统文化展览、图片展、音乐会、专题推介会等，形式多样的互动，向两地的民众生动地展示了上海与滨海省在经济与社会发展方面所取得的成就，有力地推动了两地人民之间的了解与交流，增进了彼此的友谊。"

两地的合作是多层面、多领域的，波兰滨海省省长斯特鲁克在谈及与上海市的交流中特别强调了双方在文化和教育领域的合作。他说："在我们这里的图书馆专门设立了一个上海厅，其中来自中国以及有关中国的藏书和资料越来越丰富。另外，这里的高等院校，例如格但斯克理工大学、格但斯克大学、格但斯克海事学院、格但斯克高等音乐学院也都和中国建立了合作的关系。"

对于未来两地的合作，中波双方也都充满了信心。斯特鲁克说："我们滨海省所辖的城市，格但斯克、格丁尼亚、斯伍普斯克以及索波特等等，都与中国的合作伙伴有不同的项目。我们对于中国一直都持开放的态度，我们相信，与中方的合作、与中国伙伴之间的合作，会给双方的发展都带来有益的影响。"

波兰经济的成绩取决于波兰政府对外资的开放政策。波兰出口的60%是由外资公司完成的。2015年来华访问的马伊曼说："对我们来说，只要在波兰注册，就是波兰公司，它们对我们的成功有很大帮助。波兰转型后，有右派的政府也有

GDANSKI PARK NAUKOWO TECHNOLOGICZNY
m prof. H. Koprowskiego

Recepcja

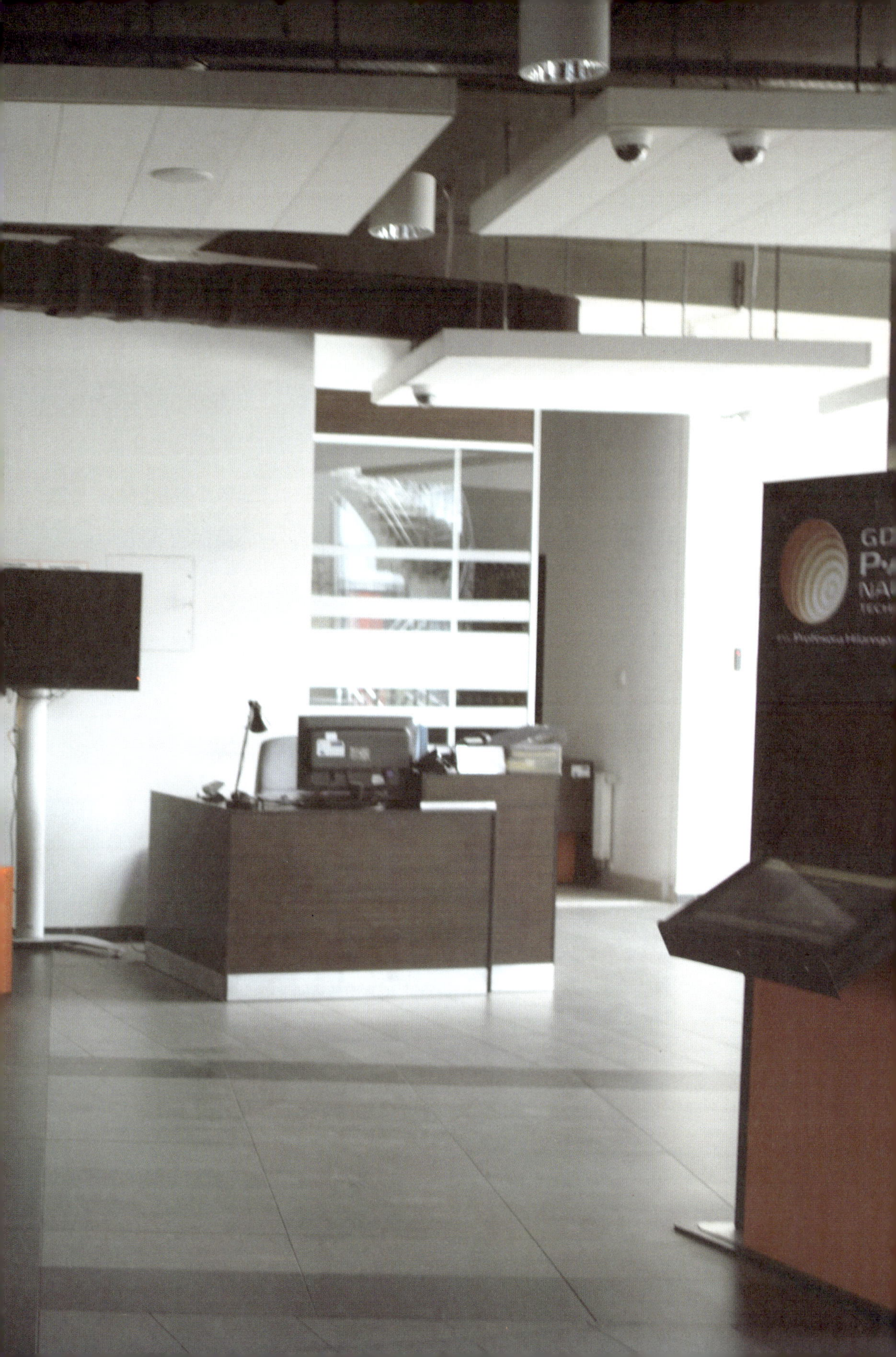

左派的政府，但都有一个共同点，那就是自由经济政策，开放经济，支持外资，不管你来自东西还是南北。目前在波兰投资最多的是美国，占30%多，然后是欧盟国家的英国、法国、德国。亚洲国家里日本和韩国的投资最多，而中国投资目前占据的份额非常小，只有0.02%。不过，30年前，中国与欧盟的贸易很少，现在每天都有10亿美金。中国人只要想做，就什么都能做到。"

食品行业是中国企业进入波兰最容易的切入点。首先，波兰是欧盟最大的食品出口国和原材料生产国，鸡肉、鸭肉产量非常大，也是欧盟最大的菌类生产商，苹果生产全球第二，樱桃、蓝莓产量也很大，还有优质的牛奶和奶制品。其次，波兰有非常好的出口到西方的渠道——格但斯克港的作用极为显著。波兰了解中国人对食品安全问题的关切，所以他建议中国企业在波兰设厂，互利共赢。对于中国投资农副产品和食品业，波兰没有任何法律限制和障碍。

欧洲苹果之乡——波兰，盛产双色苹果，这种苹果多呈现红黄两色，香脆多汁，广受青睐，并已畅销于整个欧洲和俄罗斯地区。2015年，双色苹果有望进入中国。在2014年11月14日举办的中国（北京）国际果蔬展览会暨研讨会（China FVF 2014）上，波兰蔬果经销商协会"水果联盟"协同波兰共和国果农协会联合宣布，双色苹果在中国为期三年的推广活动正式启动。苹果专家巴乔克先生介绍了波兰苹果的种植情况。他说："双色苹果不但可口美观，而且远离污染，不含农药与化肥残留物，在栽培和储藏过程中，都是按照国际最高标准严格执行，尽可能使用天然方法，完成手工检测和分拣。甚至对苹果中淀粉、糖分的检测，都有专业人员严格把关。这正符合目前中国消费者追求高品质、安全食品的心理。"

而这一切，无不是在设立开放的经济特区和积极多元的对外合作中实现。波

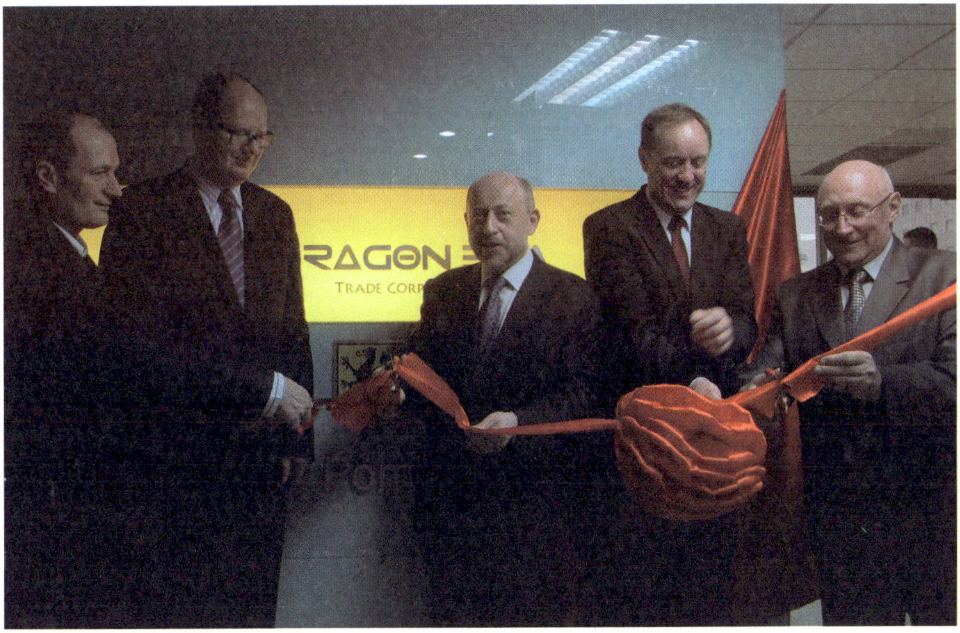

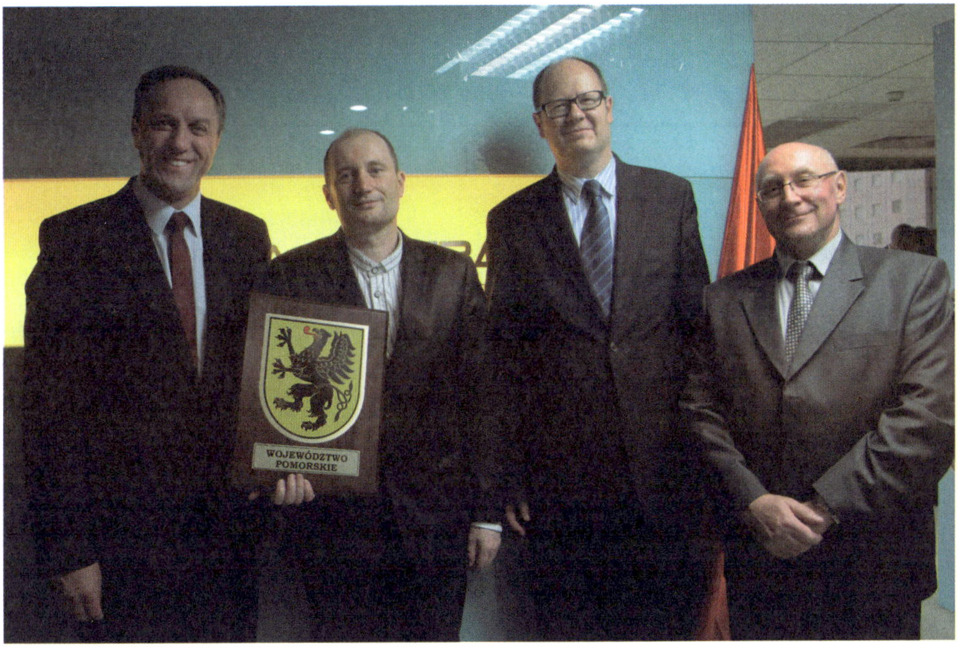
WOJEWÓDZTWO
POMORSKIE

SmartLamp
It really is smart
Save up to 50% of energy on street lighting!
Dramatically reduces CO_2 emissions
Increases lamp life by up to 50%
96% efficient
Internal / External control
SMART
lamp
www.smartlamp.eu

兰于 1994 年 10 月通过经济特区法，并于 1995 年开始创办经济特区，旨在调整产业结构、增加就业，加速落后地区的经济发展。特区实行优惠的税收和土地租赁政策、相对简化的土地购买政策。这些优惠政策对波兰吸引外资起到了一定的促进作用。

波兰全国划分为 16 个省。波兰经济特区创办之初，设有 17 个经济特区，后调整为 15 个。2001 年，为便于管理，又将两个临近的特区合并，目前共有经济特区 14 个，占地总面积 6325 公顷，隶属于 10 个省，主要分布于北部的波罗的海沿岸省份和南部、西南部与德国、捷克、斯洛伐克接壤的边境省份。格但斯克所处的滨海省经济特区，在这些经济特区中占据着重要地位。

根据波兰加入欧盟的谈判结果，波兰经济特区政策可从 2015 年维持到 2017 年，主要是免除经济特区的企业所得税，享受免税的最高限制为项目总投资的一半。同时，经济特区具有可移动性，经济特区总面积不变，在总面积数额内可自由调整经济特区的区块，如果一个项目对波兰中央政府或地方政府具有很大的吸引力，该项目所占区域即可被划为经济特区。如有大型项目（投资 4000 万欧元以上或新增 500 个就业岗位以上）需要，波兰可再为其增拨 1700 公顷经济特区面积指标。

2013 年 3 月，首届波中发展论坛之前，我率中国媒体代表团到波兰访问时了解到，进入经济特区的企业最低投资额为 10 万欧元，项目运营时间必须在 5 年以上，并向特区管理机构申请许可证。特区管理机构为通过招标方式向进入特区的企业颁发许可证，一般特区许可证从递交申请到审批需要 4 个月的时间。截至 2005 年底，波兰经济特区共吸引国内外投资约 255 亿兹罗提（约 64 亿欧元）。

在经济特区投资企业的主要投资领域有：汽车、电子、建材、家电、金属制品、化工、食品等。

当然，投资者在选择投资地时，产业集群效应也是重要的考虑因素，目前波兰部分特区在部分产业方面已初步形成集群。滨海省一贯坚持对外商企业提供投资项目、做好服务工作。滨海省经济特区提供给投资人设备完整的投资用地、极具吸引力的办公空间及现行的国家级或地区等级的奖励机制。滨海省投资（Invest in Pomerania）是为投资者提供协助和支持的专门机构，其在波兰具备独特的性质，由区域内多个服务外商投资的最重要机构所组成。有意在滨海省进行投资者，可在此获得高素质的人力资源。滨海省内共有28所大学及专业技术学校和职业学校，为培养人才提供了良好的学习环境。滨海省拥有千年的中欧文化及历史传承。不仅深具旅游和景观上的价值，更提供丰富的文化休闲娱乐，多年来滨海省在波兰的生活质量的排名榜上，始终位居前列。因此，众多外商投资人已将目光投向大有可为的滨海省。

据美国调查公司数据表明，从2009年起，波兰，特别是滨海省格但斯克，吸引人才并留住人才的名次，已经名列前茅，甚至超过德国和奥地利等国。

波兰经济特区各有特点，一些特区具有良好的地理位置和交通通道，一些特区招商成绩斐然，初步形成规模效应，一些特区在免费使用土地等方面可提供优惠，因此，在选择投资地上可根据具体投资项目进行考察。格但斯克所属的滨海省经济特区就是集地理气候、交通便利、商业贸易优势于一体的典型。

交通设施落后曾是波兰投资环境的硬伤，根据2012欧锦赛前波兰市场研究中心对部分欧美在波兰投资企业的问卷调查，受访者中的56.1%将"改善基础设施"作为对波兰政府改善投资环境的期望,居第二位,列"减轻企业税务负担"之后。因此,交通便利对投资者吸引力非常重要。

根据波兰规划及正在实施的高速公路建设,最终波兰将建成两横一纵三条高速公路通道,其中两条横向高速公路西起波兰与德国边境,东至波兰与白俄罗斯和乌克兰边境,一条纵向高速公路北起港口城市格但斯克,南至波兰与捷克边境。位于这三条高速公路线上的经济特区有五个。

滨海省经济特区属于中东欧主要的交通线路枢纽之一,位于重要的国际运输走廊的交叉口,即斯堪的纳维亚和东北欧至东欧和地中海,以及西欧至东欧的公路。四条国际公路经过滨海省,并且在格但斯克交叉:1、6、21、7号国际公路,以及于2013年完工的A1高速公路。这里要提一下A1高速公路,她是连接滨海与波兰南部的大动脉,极具战略意义。A1高速公路属于欧洲6号交通走廊,它成为斯堪的纳维亚至欧洲南部并延伸到东部的最短路途。

除了水运和陆路交通,廉价的航空业和开放领空,也促进了滨海经济特区的发展。稳定的航班数量、客运人数以及在格但斯克处理的货物量在逐年增长。格但斯克借2012欧锦赛之机,扩建瓦文萨国际机场,使之成为向欧洲近30个城市提供直航服务的大型客货航空中心。由于现在可用的航空网络,使得乘客及货物都能够迅速有效地从格但斯克滨海经济特区运送到世界上的各个角落。

中国国务院总理李克强2014年12月曾就"一带一路"与中东欧国家的关系表示,中东欧国家是连接亚欧大陆的桥梁,区位优势明显。中方愿同各国一道,统筹规划、不断完善中欧国际关系,扎实推进东南欧海陆快线建设,加强中东欧次区域互联互通,共同打造一个便捷、通畅、高效的亚欧交通物流网络,造福沿线各国人民。这是中国外交政策的重要战略,中国开始寻求多边外交,中国不再是一个害羞的巨人,而是在国际舞台上扮演非常重要的角色。

波兰格但斯克这座欧洲经济"绿洲"的"琥珀特区"——滨海省经济特区,将在越来越密切的开放与合作中,绽放更加璀璨的光芒。

破浪远航太阳帆

随着中国经济的快速发展,如今许多国家和地区,甚至国外一些省市都将投资合作的目光投向中国。他们认为,中国的发展大有潜力,与中国合作大有前景。

2013年金秋十月,以波兰共和国滨海省省长米柴夫斯拉夫·斯处克(Mieczysław Struk)为团长的波兰滨海省商务代表团开始了为期一周的对华访问,代表团先后访问了北京、深圳、珠海、香港等城市,并于10月21日在波兰大使馆举行了"认识滨海省——开展合作的可能性"推介会。

此次滨海省在京举行的对华商贸推介会别开生面。台上,滨海省驻华办公室主任斯瓦夫先生用汉语说:"虽然我的汉语不太好,但是我是波兰滨海省在中国的主人,我代表滨海省欢迎中国商贸界朋友及新闻媒体记者出席会议。"台下,以滨海省省长米柴夫斯拉夫·斯处克为团长的访华代表团一行,个个身着正装整齐就座前排。代表团团员有格但斯克市市长鲍威尔·亚当莫维兹(Paweł Adamowicz)、索波特市市长亚切克·卡尔诺夫斯基(Jacek Karnowski)、滨海省副省长日沙尔德·希乌利斯基(Ryszard Świlski)、格但斯克市副市长安德瑞·博亚诺夫斯基（Andrzej Bojanowski）、格丁尼亚市副市长博古斯瓦夫·斯塔夏克（Bogusław Stasiak）、斯武普斯克市政厅市长代表沃耶切赫·舒勒兹（Wojciech Szulc）、格丁尼亚市政厅主任耶日·扎亚切克（Jerzy Zając）、格但斯克市市长助理马勒克·贝若尼斯瓦夫斯基（Marek Bonisławski）以及滨海省经济特区管委会、滨海省经济特区投资开发部门的代表和滨海省IT、再生资源、物流、交通运输、商业、环保、城建、电信、教育、科技、教育等领域方面的企业家代表等约30人一同访华。

波兰驻华大使馆副馆长克什托夫·多布罗沃斯基（Krzysztof Dobrowolski）在推介会上致辞说："今天滨海省商贸代表团一行访问中国，在这里举行'认识滨海省——开展合作的可能性'推介会，我们感到十分高兴。近年来是中波关系发展最好的时期，特别是2011年以来，中波两国高层互访，结为战略合作伙伴关系，中国经济快速发展，在世界的地位日益凸显，波兰在欧盟成员国中的经济发展速度名列前茅，这为我们两国的合作奠定了良好的基础。"

克什托夫·多布罗沃斯基（Krzysztof Dobrowolski）说："滨海省位于波兰北部，濒临波罗的海，港口贸易和旅游业发达。今年春天，首届中波合作论坛在滨海省举行。这为双方相互了解、增进友谊、扩大合作领域营造了良好的氛围。波兰滨海省在与中国地方合作中占有非常重要的位置，无论是从版图上看，还是实实在在的与中国的合作中它都可堪称'排头兵'。滨海省一直与中国上海、宁波、珠海等城市保持着密切的交往与精诚的合作。早在1951年中国与波兰合作成立的中波轮船股份公司开启了波中合作的友谊之门；1958年中国在滨海省格但斯克市开设了总领事馆；1985年滨海省与上海市开始合作；2010年在上海世博会上，

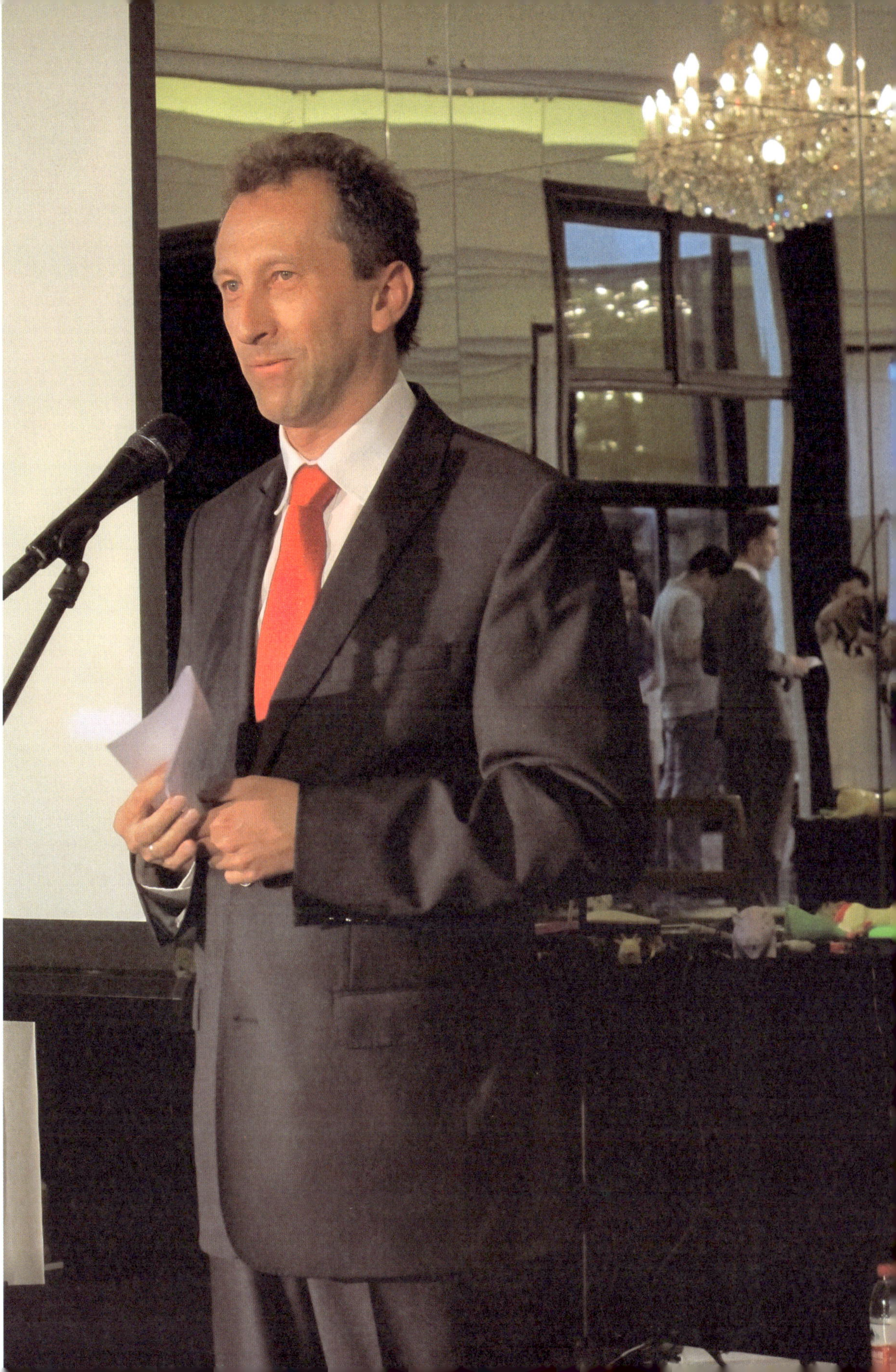

滨海省借上海世博会召开这扇窗口，把笑脸和目光投向中国。特别值得一提的是，这次以滨海省省长米柴夫斯拉夫·斯处克（Mieczysław Struk）为团长的商贸代表团访华期间，滨海省将在中国北京正式开设波兰滨海省驻华办公室，这是波兰省市中第一家在中国开设驻华办公室的省份。我们希望通过今天的推介会，促进中波两国的友谊与合作，特别是让中国的企业家关注滨海省的商贸、环保、通信、教育等行业，与之加强全方位的合作，共同促进双方经贸合作的繁荣发展。"

滨海省省长米柴夫斯拉夫·斯处克（Mieczysław Struk）在推介会上高兴地说："我们滨海省的大门从来都是向中国敞开的，这次我们很认真地组织了滨海省各方面的官员、企业家、专家及学者访问中国，我们怀着一颗真诚之心来到北京，怀揣着梦想与中国加强合作。滨海省为波兰经济发展最佳的区域之一。其优势为：地理位置优越、具有波罗的海最大的海港、发达的国际机场、来自欧盟基金的协助和不断发展中的道路基础设施等。"

2013年10月13日，塔德乌什·霍米茨基（Tadeusz Chomicki）大使、滨海省省长米柴夫斯拉夫·斯处克（Mieczysław Struk）先生、格但斯克市市长鲍威尔·亚当莫维兹（Paweł Adamowicz）、格但斯克副市市长安杰伊·波亚诺夫斯基（Andrzej Bojanowski）等为滨海省驻华办公室揭牌仪式剪彩。

塔德乌什·霍米茨基大使在挂牌仪式上致辞："中国的经济快速发展，令世界瞩目。中国是波兰的好朋友、好兄弟、好伙伴，波兰与中国的合作前景无限。中国是快速发展中的国家，这里的机会很多，滨海省有独特的地域优势，还有终年不冻的深水港，交通十分便利，有两条重要的泛欧过境交通要道在此相交（赫尔辛基－塔林－里加－加里宁格勒－格但斯克、赫尔辛基－塔林－里加－考那斯－

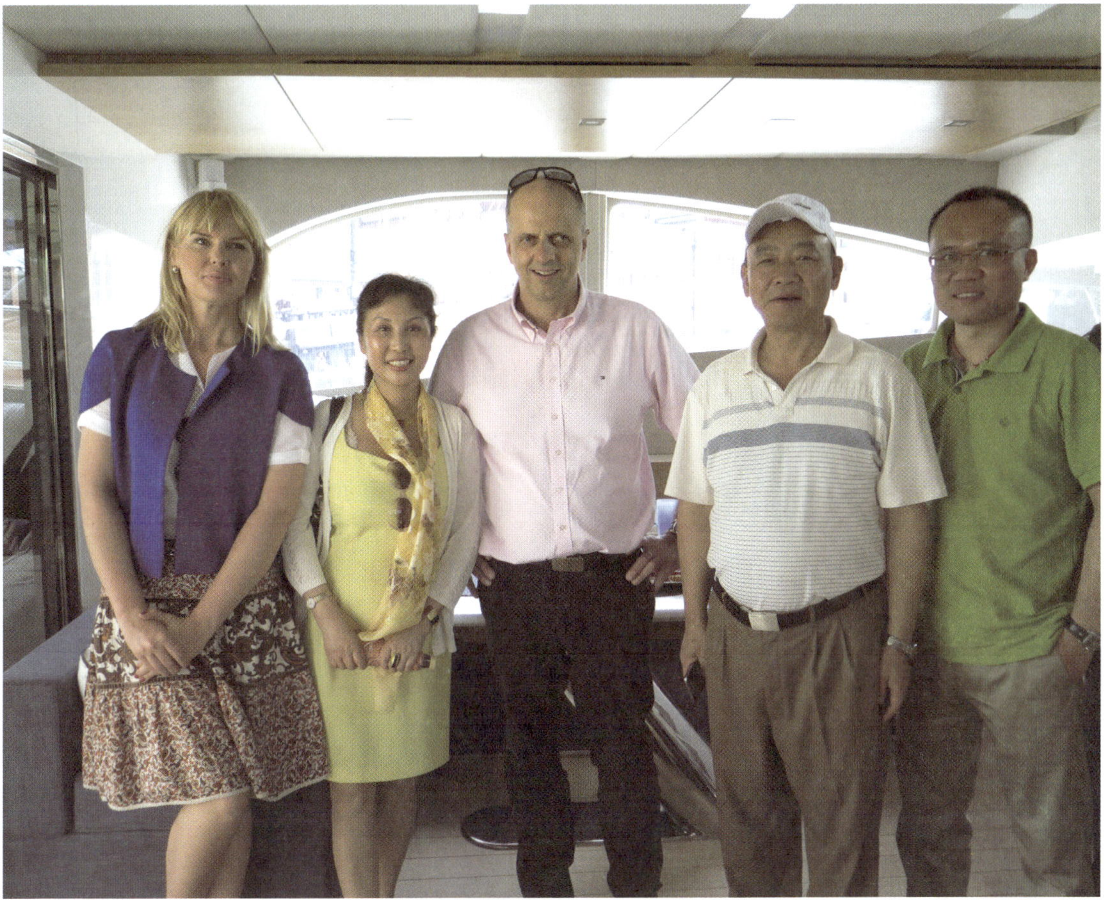

华沙、格但斯克－卡托维兹－日利纳），连接斯堪的纳维亚与中欧、东欧及地中海国家。滨海省正因为有如此独特的优势，非常有条件走出国门，走进中国，与中国各领域、各省市加强合作与交流。"他说，"中国的发展机会很多，滨海省是第一个在中国开设办事处的省份，我希望借此机会加快发展。"塔德乌什·霍米茨基大使回忆起自己很小的时候经常在假期去滨海省旅游度假，他是发自内心地热爱滨海省，对这个美丽的地方充满深厚的感情。他希望，滨海省抓住机遇，加快发展，在波兰与中国的对外合作与共同发展的史册上，抒写辉煌的一页。

滨海省省长米柴夫斯拉夫·斯处克（Mieczysław Struk）先生，在挂牌仪式上高兴地说："滨海省在中国首都北京正式设立驻华办公室，这真是一个极好的创意。从现在起，我们滨海人在北京有了一个温暖的家。我们可以和中国开展全方位、多领域、深层次的合作。我想，这应该是我们做得一件最美妙的事情。"

揭牌仪式上，当滨海省驻华首席代表斯瓦夫先生，从滨海省省长米柴夫斯拉夫·斯处克（Mieczysław Struk）手中接过那块做工精美的牌子时，全场掌声阵阵，气氛热烈。

斯瓦夫先生激动地说："今天是我最高兴的日子，我是一个地地道道的滨海省格但斯克人，但我热爱中国，我的夫人与孩子们都生活在北京，我愿意竭尽全力做一个推动波兰滨海省与中国合作交流的、名副其实的真正友好使者，勤奋努力工作，认真履行职责，让到中国来投资合作的滨海人感到我们在中国有一个温暖的家。"

我被斯瓦夫先生爱国爱乡的真情所打动。随着时间的推移，我们的友谊也不断加深，我也更加钦佩他的执着敬业精神。每一次相见，他都满腔热情地向我推荐滨海省，推荐格但斯克；每一次他都会说几个波兰大产业的优势，摆出几家大企业的名册。著名的游艇公司——太阳帆游艇公司（Sunreef Yachts），就是我2013年从斯瓦夫先生那里知道的。

在格但斯克访问期间，恰逢中国企业家代表团访问波兰。在斯瓦夫先生的陪同下，我与代表团的成员一起乘坐太阳帆，畅游波罗的海，感受豪华舒适与现代时尚的休闲时光。我们乘坐着一艘60英尺新型舒适的豪华双体游艇，乘风破浪，驶向远方。

上游艇之前我很紧张，对我来说，再娴熟的驾船技术，也会让我晕船。猛然间，我情不自禁地抓住太阳帆游艇公司市场专员卡洛琳娜·帕斯基维兹（Karolina Paszkiewicz）女士的手。卡洛琳娜女士对我和善地笑了笑："别担心，我们的游艇一定让你感觉不到颠簸，而且非常平稳舒适。"

果然，当我们登上这艘豪华游艇，大家眼前一亮：气派舒适、平稳安全，是这艘太阳帆给我们留下的第一印象。乘坐这艘游艇，我们在船上尽情地享受着时尚舒适的时光，品尝着鲜嫩的水果，嗅着散着淡香的花儿，我这个一坐船就晕的人，竟然感到前所未有的舒适与惬意。微风吹来，摩托拉瓦河两岸风景如画，顿时有种"舟行碧波上，人在画中游"的闲适之情。

斯瓦夫先生是中波贸易专家，对近年来中波游艇贸易情况了如指掌。游览中，他告诉我："作为世界第二大经济体的中国，近年来，随着经济的快速增长，许多中国的用户纷纷订制太阳帆的豪华游艇。"自2002年，第一艘70英尺长的豪华游轮出厂至今，执着于双体船的太阳帆豪华游艇，一直致力于为全球的客户提供更加舒适安全的远航体验。

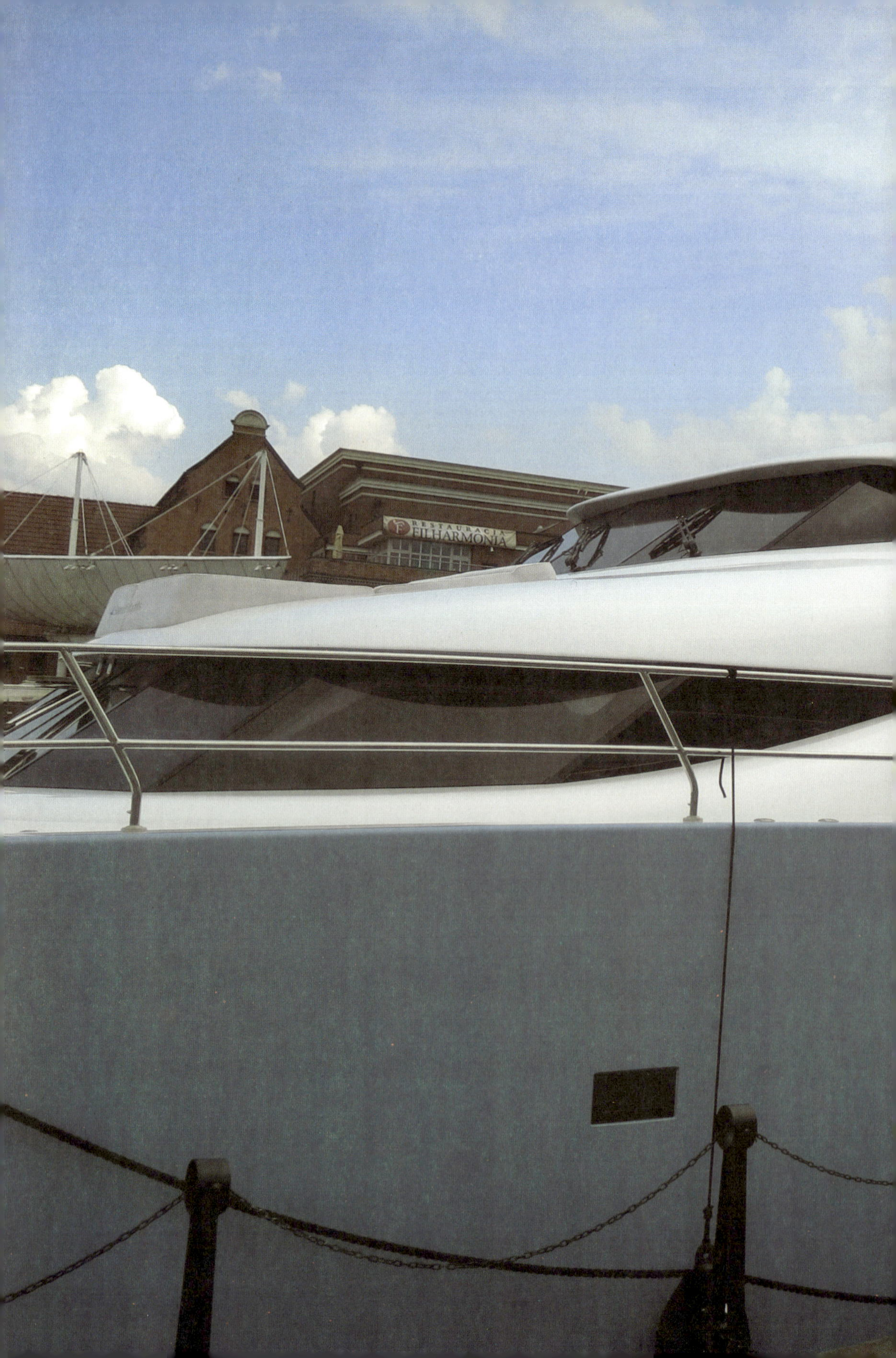
RESTAURACJA
FILHARMONIA

60Y05

身穿蓝色T恤的太阳帆游艇公司市场助理宝拉（Pola Jendraszek）向我介绍："我们太阳帆公司制造的双体船比单体船更加舒适平稳，这艘游艇有180平方米，上面有客厅、卧室、主人房间、卫生间、厨房等，每一个空间都竭力以私人订制标准呈现给用户。每艘游艇的式样和结构都不一样，非常好的设计理念，非常高的造艇技术，这个品牌，成了当今世界豪华游艇的宠儿。"

每年6月，格但斯克都会举办"豪华奢侈品展会"。每次太阳帆一亮相，总是好评如潮。2014年9月9日，太阳帆游艇公司亮相于2014戛纳游艇展。在这场游艇业的盛会上，太阳帆展出4艘60—102尺的双体动力艇和特别型号双体船，来访者有机会一睹它们首次下水的风采。

太阳帆游艇公司总部坐落于波罗的海之滨的格但斯克，是世界知名的豪华双体船制造商。产品囊括60—210尺的帆船和动力艇。每一艘都是独一无二的订制产品，舒适性、风格和安全性，每个细节连最吹毛求疵的船东都无可挑剔。每一艘游艇都集高性能与奢华于一身，无愧于世界顶级豪华游艇的制造商。创新而不凡的设计特征，可以毫不夸张地说，太阳帆使得波罗的海的游赏品位媲美爱琴海，让世界游艇业为之惊讶，也带着格但斯克乃至波兰，驶向远方。

太阳帆游艇公司成立于2002年前，创始人为法国人弗朗西斯·拉普（Francis Lapp），他在波兰打拼许久，于波罗的海沿岸开办了太阳帆游艇公司（Sunreef Yachts）。那时市场上还没有出现豪华双体船，所以拉普先生大胆创造，第一艘豪华双体船Sunreef 74在2002年下水。自此，陆陆续续生产了大约65艘双体船，船身60—114英尺不等，帆船或动力型。现在又有更新的创意，向更高的挑战迈进——他们想打造世界最大的顶尖级游艇——210英尺的三体船。太阳帆游

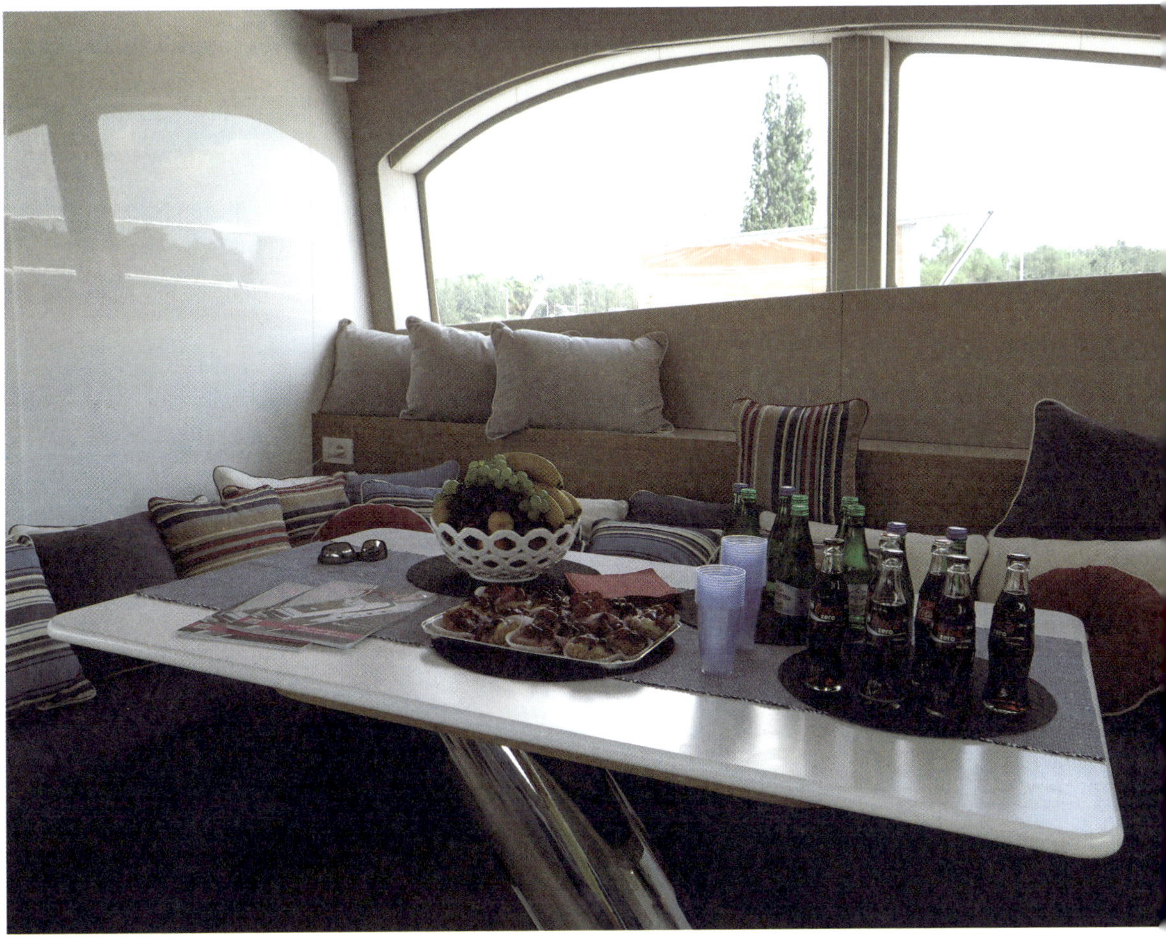

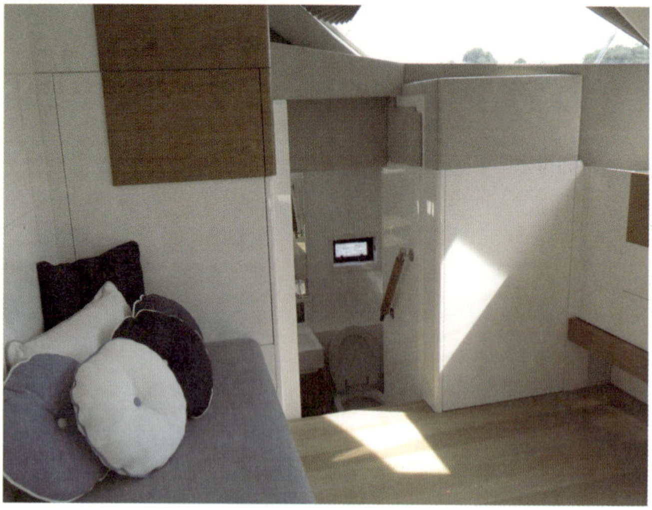

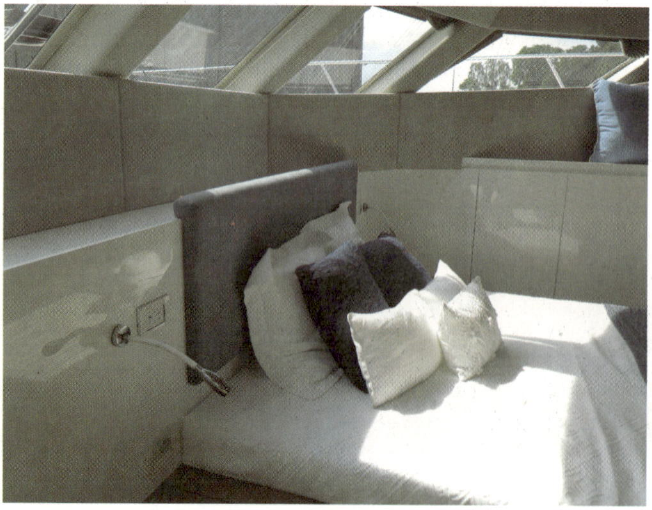

艇公司在美国劳德代尔堡、中国上海以及阿联酋迪拜都设有分公司，波兰总部雇有450人，从设计、制造、管理、保养、游艇租赁服务，全套服务设施齐全，非常人性化。

太阳帆的骄傲——Sunreef 90-Ultimate 特别之处在于绿色环保，外表时尚现代，全身只重55吨，专为喜爱极强现代感、热爱冒险的船东设计。90 Sunreef Power 则结合了动力艇与双体船的双重优势，90英尺的船却拥有522平方米的空间，相当不可思议！最后一个项目是巨大三体船——210英尺的豪华游艇。除此之外，还有在世界范围内广受好评的60、70、80双体船。

太阳帆的售后服务是典型的波兰模式。一旦船只交付，试海是必需的。公司售后服务齐全，负责人乔安娜·皮特里考斯卡（Joanna Petrykowska）会协助船东解答所有技术性问题、技术咨询、调查、零部件供应等等。公司和最有名最专业的船厂合作，也有专门的技术人员全球服务和到现场服务，售后服务体系已覆盖全球。

太阳帆游艇公司是目前世界上最先进的客户专业订制双体船制造商，所以在这个专业领域很有竞争力。它最大的优势是外部设计、内部设计、航海建筑、工程设计等部门的全程服务。所以在时间上、质量上以及价格上都很有竞争优势，潜力巨大。太阳帆的双体船和豪华游艇得到了非常好的平衡，集安全、平衡性与大空间于一体，优雅时尚，这就是为什么太阳帆在世界豪华游艇制造和销售领域异军突起，能够在短短时间内发展迅速的原因。

2013年，太阳帆有11艘游艇下水，一艘200英尺的豪华游艇，用了24个月的时间。2014年1—6月，半年时间已经有5艘下水了。太阳帆公司创造了世界第一个在大型豪华游艇上的折叠式桅杆，创造了令人难以企及的杰作，这是豪华游艇制造史上的奇迹。目前，太阳帆主要推出两艘新型船：Sunreef 82 Double Deck——一款非常美的双体船，居住空间极大，为对舒适性要求特别高的客户提供难得之选。第二款是 60 Sunreef Power，这款动力艇已经售出四个系列，续航能力极远，最大风速 25 节，对于 60 英尺的游艇来说已经相当奢侈了，对于传统艇来说简直不可思议。

像太阳帆这样别具匠心、服务周到的波兰自主品牌，在格但斯克可谓是遍地开花。在各行各业中，他们是波罗的海一艘艘乘风破浪的白帆，开启无尽的引擎，带领着格但斯克，乃至整个波兰扬帆远航。

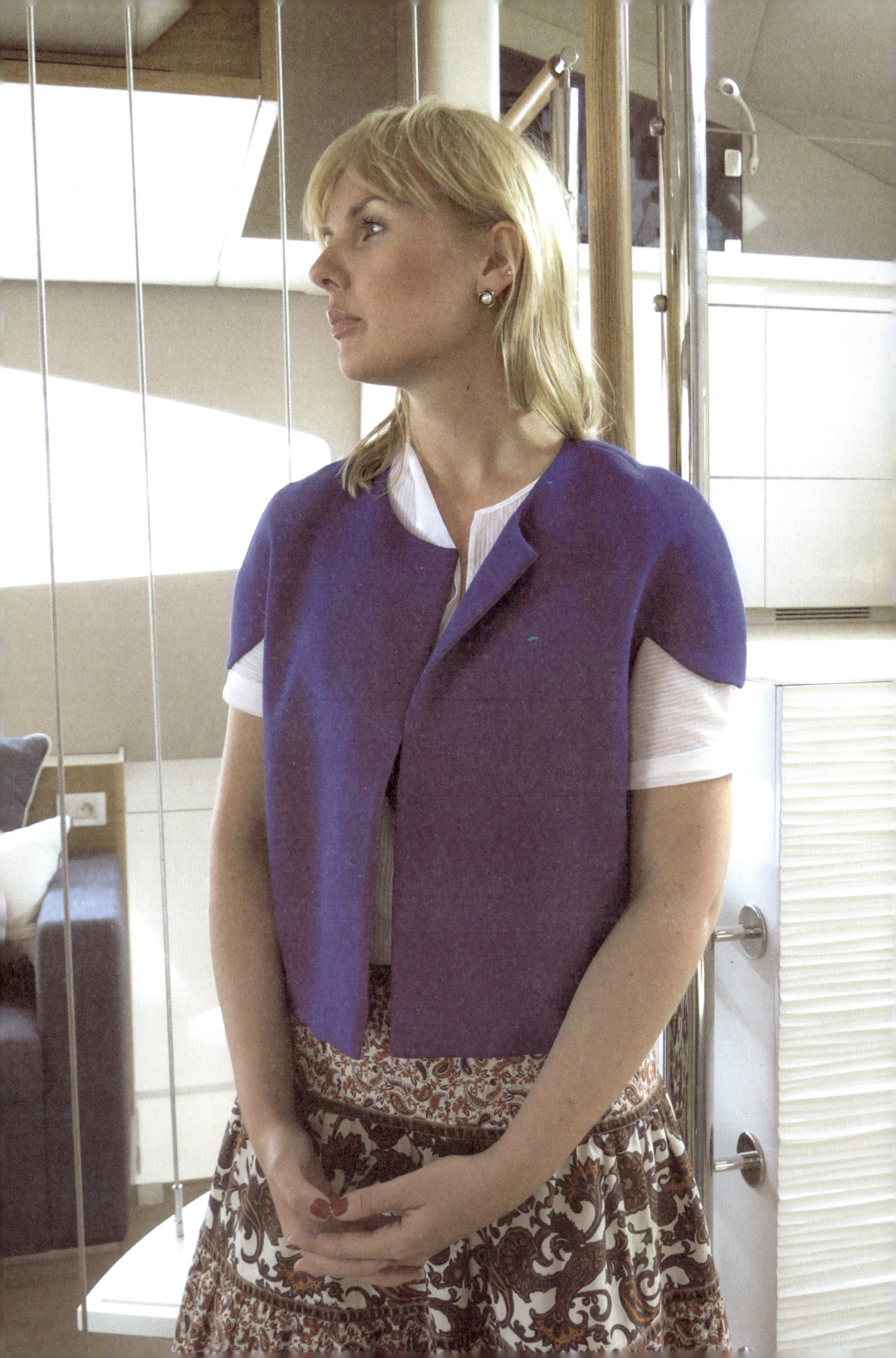

当之无愧的形象"代言人"

按照约定的时间，下午两点我们准时来到格但斯克市政府宣传办城市形象办公室，见到了身穿黑白小花上衣的格但斯克市政府城市形象办公室主任格拉日娜·阿达慕斯卡（Grażyna Adamska），她满面笑容，慈祥和蔼。我心想，选那么一位爱笑的主任来分管格但斯克城市形象推广，真是非常合适。

格拉日娜·阿达慕斯卡女士坐在我面前，向我介绍，格但斯克市政府宣传办公室成立于1993年，当时她就在这里工作。作为市政府的宣传办公室，担负着两项工作，一项是负责投资，另一项是负责房地产展览会。当时，格但斯克市还没有针对形象宣传设立专门的机构。随着经济的发展和格但斯克市的影响日渐扩大，1993年以后，市政府有了这样的想法，认为格但斯克要发展，要扩大影响、树立形象、招商引资，都必须有格但斯克城市的品牌形象。自2004年起，格但斯克市开始旅游宣传这项工作，为格但斯克的悠久历史和文化古迹做积极的推广。随着传统的"推广模式"已经不太适应格但斯克的变化发展，所以他们选择了用传媒的方式推荐格但斯克城市的品牌形象。他们陆续参加了一些国际会展，尽量

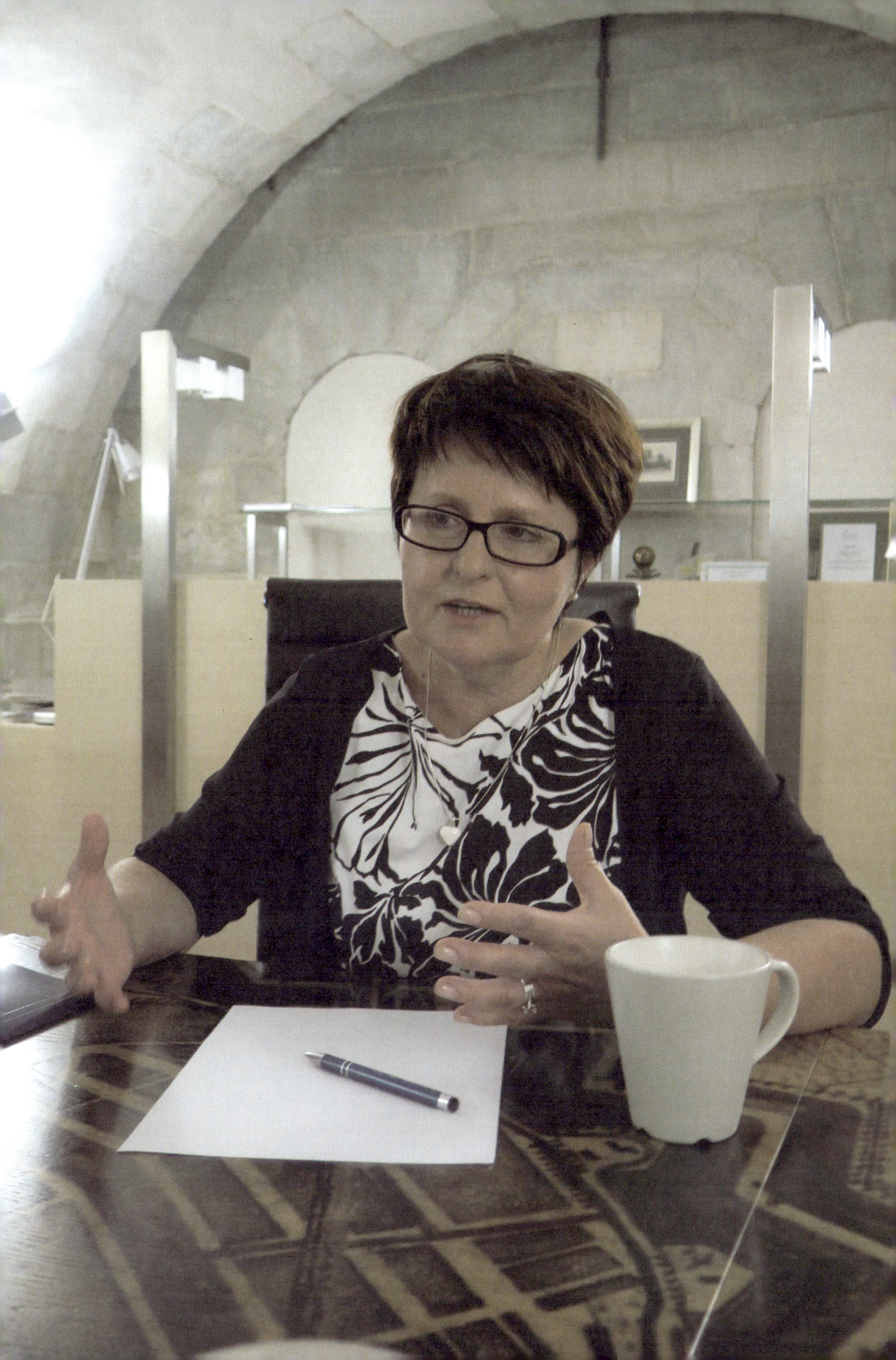

找机会展示格但斯克形象,经过一段时间的推广,他们觉得还远远不够,还没有完全真正地达到让外界了解格但斯克的目标。为此,格但斯克市政府从2007年开始策划形象宣传,推广城市品牌。这开了波兰国内的先河,从此,格但斯克市有了自己的品牌形象。说到这,格拉日娜·阿达慕斯卡女士露出了欣喜的笑容,接着说,2008年,为适应格但斯克市城市品牌的推广,格但斯克市政府在广泛征求意见、进行问卷调查之后,制定了五项战略目标。根据波兰、英国、德国、瑞典游客的调查问卷,政府制定了正式文件。因为格但斯克是一座有着千年历史的城市,因此,它是一座古老的城市、自由的城市、包容的城市。众所周知,第二次世界大战是在波兰格但斯克爆发,一个自由的城市,不仅是对城市,而且是对个人。这象征着个性、发展、个人选择,在这里都是自由的,每个爱读书、爱学习、爱旅游的人,他们来到格但斯克,都是很自由的。格但斯克拥有欧洲最好的深水不冻港,它是一道世界之门;格但斯克因为历史的原因移民很多,同时吸引了很多精英人才,它张开双臂,包容开放地欢迎每一个将格但斯克选择为事业发展之地的、有梦想的人;格但斯克是一座非常人文的国际化都市,因此,将格但斯克的城市形象定义为自由之城。

说到自由之城,格拉日娜·阿达慕斯卡女士又这样向我解释一番:之所以把格但斯克定义为自由之城,那是因为格但斯克市是一个有勇气的、有勇敢精神、勇于面对外界的城市,这座城市的宣传广告一直与"自由"一词紧密联系。它鼓励世界的游客"你要勇敢用你的双眼,目睹格但斯克这座城市;你要用勇敢的双手,亲自触摸、寻找这座自由之城;你要用勇敢的精神,走近格但斯克,大胆尝试和拥抱这座也许是属于你的自由之城"。格拉日娜·阿达慕斯卡女士接着说,"在

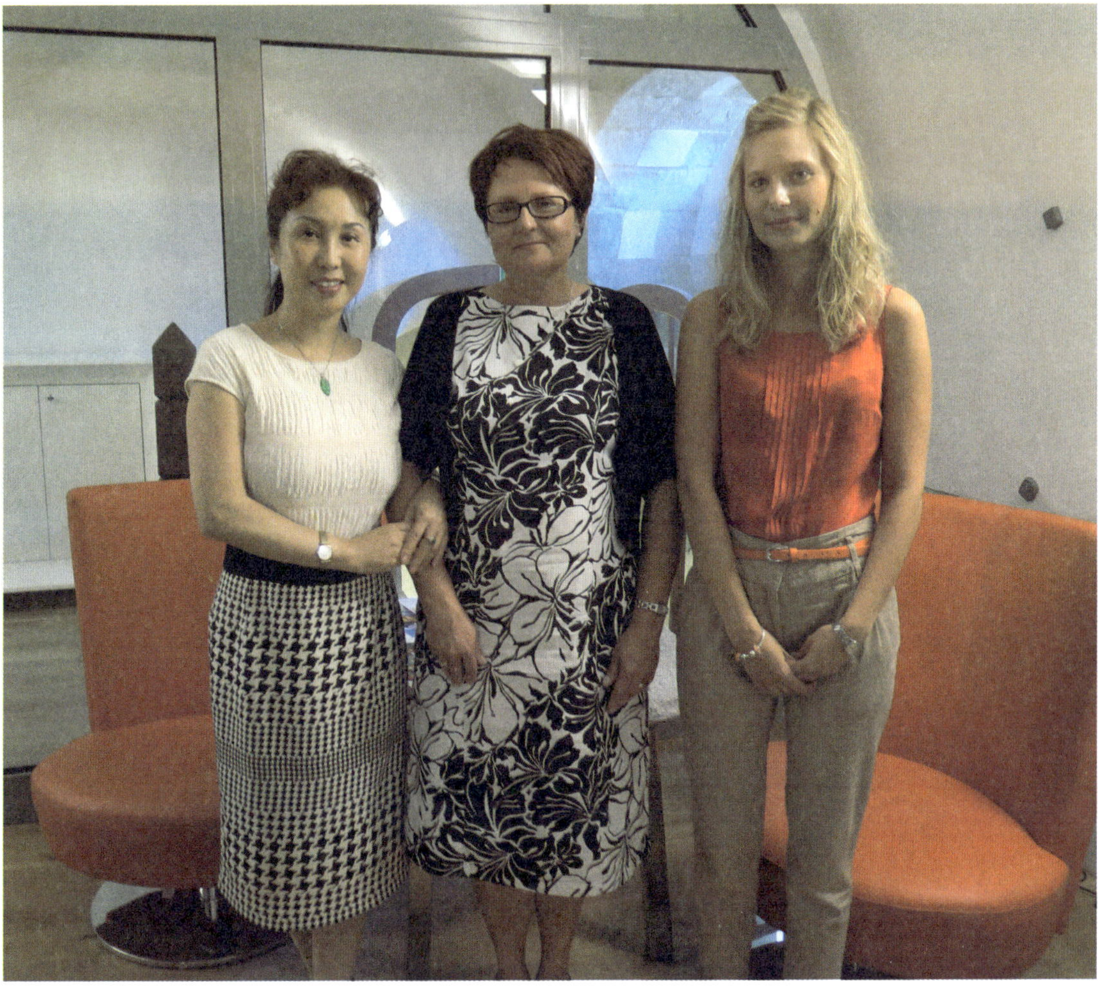

那一段时间，我们积极参加在世界许多城市举办的各种各样的大型会展和推荐活动，特别值得一提的是，吸引世界目光的足球赛'2012年波兰－乌克兰欧洲杯'就是在波兰格但斯克市举办的。'2012年波兰－乌克兰欧洲杯'是欧洲杯历史上的第14届赛事。这届赛事也是继'2000年荷兰－比利时欧洲杯'和'2008年奥地利－瑞士欧洲杯'之后，第三次由两个国家共同协办。使格但斯克名声大震、闻名世界。"

格拉日娜·阿达慕斯卡女士对我说："除此以外，格但斯克市还做了大量工作，举办招商引资活动，并参加了在意大利、英国、爱尔兰、西班牙等国举办的新闻推荐会。2012年，英特网专题介绍了格但斯克城市的人文、历史、自然风光、名胜古迹，格但斯克市政府欢迎欧洲各国的记者，来到格但斯克这座自由城市，感受格但斯克的独特魅力。我们还积极与滨海省地方旅游组织共同举办许多宣传推荐活动。这些品牌推广都获得了很好的效果，欧洲杯之后，我们做过具体调查，百分之八十的外国游客都非常热爱格但斯克这座城市，而且他们感到这座城市是安全的、美丽的、温暖的、自由的。反过来，许多欧洲及世界各地的游客，愿意为我们格但斯克做品牌推广宣传。"格拉日娜·阿达慕斯卡女士还记得在欧洲杯足球赛的时候，来了许多外国记者和世界各地的旅游者，使格但斯克这座城市为更多人熟知。格但斯克给观看欧洲杯足球赛事的世界各地的游客们带来很多惊喜。在这里，每天都有新闻发布会，这些做法无形中做了一次国际化的免费广告，当然，格但斯克这所城市在"欧洲杯"赛事前，在兴建基础设施方面也做了大量投入，修建了一座大型琥珀体育馆。对于改善市政建设，也在修路等工程上投入了大量的资金、人力和物力，"有投入就有回报"。格但斯克市政府的决策是正确的，只有加大投入，改善基础设施，才会有更好的回报，他们的"投入"迎来了世界各地的游客，让他们爱上了格但斯克。

"举办2012年欧洲杯、2013年9月及2014年举办的欧洲男子排球赛，使格但斯克市积累了举办大型活动的丰富经验，这为我们将来举办更多更大的国际性的大型活动奠定了良好的基础。2016年我们还要举办世界男子手球赛，已经有许多格但斯克市民自愿加入了志愿者，年纪最大的有70岁，这样的做法，一方面为游客提供了良好周到的服务，另一方面对于来到这座城市参加比赛和旅游的人们给予了无微不至的人文关怀，无形中培养了他们对格但斯克这座城市的感情，他们会自愿成为我们这座城市的形象大使。"

格拉日娜·阿达慕斯卡女士和我聊到这里，眼睛里充满了兴奋的目光，脸上挂着甜美的笑靥，她告诉我："格但斯克市政府与格但斯克市民感情亲如鱼水，当然我们把市民作为城市的形象大使，使得他们深爱自己的城市，惦念自己的家园。众所周知，曾经有不少格但斯克人移民到欧洲各地，甚至美洲、大洋洲。格但斯克市政府每四年举办一次'格但斯克人世界大会'，活动为期三天，这期间举办音乐会、展览会、研讨会，学习唱歌跳舞，来自美国、英国、德国、瑞士、瑞典、澳大利亚的格但斯克人回到故乡，看到自己曾经生长的城市发生了巨大的变化，他们非常感慨、激动万分。格但斯克市多年来一直与这些居住在世界各地的格但斯克人保持密切的联系，使他们感到这座城市没有忘记他们，会给他们带来温暖和关爱。"

"据我们2013年的调查发现，到格但斯克来旅游的国内游客增加了16%，而国外游客增加了200%。大部分游客来自德国、英国、瑞典、西班牙。"阿达慕斯卡说，"2014年第一季度调查显示，在第一季度来格但斯克旅游的人数达到了2013年全年的三分之一。近几年，特别是2014年，世界来格但斯克旅游的人数明显增加。原来我们的计划是，2008年至2013年期间旅游者达到一个满意的数量，由于在这期间格但斯克恰逢举办欧洲杯赛事，这个规划已实现。现在格但斯克市政府制定了2014年至2020年的旅游规划，按照民意调查来做格但斯克市的城市形象规划。另一方面，要做格但斯克市发展计划，又称为'2030+计划'，我们会在2014年至2020年期间通过规划实际的实施情况，来检验这段时间实施的规划是否有利于格但斯克城市形象的品牌宣传。根据调查，如果不合适，我们可以修改。"

格拉日娜·阿达慕斯卡女士向我介绍，2008年至2013年的格但斯克市城市规划，是由全球最大的传播集团之一——奥美集团（Ogilvy）策划，相信这个形象宣传的方案会有许多亮点。在交谈中我感到格拉日娜·阿达慕斯卡女士非常有能力、思维敏捷、有执行能力，而且在工作中显出干练和果断。我了解到，她从1993年开始就在格但斯克市政府城市形象办公室工作，凭着自己的勤奋努力、扎实苦干、一步一步、踏踏实实在2008年晋升为主任。她最真实的感受就是真心地希望格但斯克市的城市形象在国际上日益提高，知名度和享誉度在欧洲名列前茅。格拉日娜·阿达慕斯卡女士22年来在这个岗位上兢兢业业，她对自己的工作充满了热爱，对格但斯克这座城市充满了情感。她当之无愧地见证了格但斯克这座城市的发展变化，她是格但斯克当之无愧的见证人。

格拉日娜·阿达慕斯卡女士的一席话，使我感受很深，她对自己的工作是那么热爱，她的认真负责和敬业精神给我留下了深刻的印象。她说："旅游行业是格但斯克发展的重要行业,我们用什么方法来吸引世界各地的游客,要思考、要动脑,不是坐在办公室一拍脑袋就能定,而是要深入实际调查,了解民意,我喜欢分析实实在在的民意调查结果。如今随着世界全球化的进程不断推进,每一位游客他们都有权利自由选择要去旅游的地方。英国、俄罗斯、德国、西班牙游客喜欢哥特式的建筑,是因为他们喜欢石头,欧洲人喜欢阳光,北欧人喜欢阳光,法国人喜欢艺术,这一切我们格但斯克应有尽有。"格拉日娜·阿达慕斯卡女士告诉我说:"随着旅游业的不断发展,格但斯克市也打算针对亚洲市场,将不断加大对亚洲市场的开发力度,吸引更多的旅游者。"格拉日娜·阿达慕斯卡女士谦虚地说,她还需要加强对亚洲,特别是对中国的了解,中国五千年源远流长的文化深深吸引着她。她说中文汉字方方正正的,代表中华民族的性格。说着,她拿出了笔和纸,让我写一句汉语给她作为纪念,我毫不犹豫地写下了"我爱格但斯克"。

身穿红色上衣的伊莎贝拉·科赫(Izabela Koch)女士是滨海省地方旅游组织(又称为"旅游协会")的代表。她在这个旅游组织已经工作了四年,主要工作是宣传滨海省的对外发展及合作潜力,及为来滨海省旅游的游客们提供咨询和服务。

伊莎贝拉·科赫女士高兴地告诉我,他们非常期待和欢迎更多的中国游客到滨海省、格但斯克来旅游,滨海省开通了使用波语、英语、德语的网站,为游客提供旅游信息,旅游组织与滨海省政府还提供了滨海省的名胜古迹、世界遗产及旅游胜地的地图、线路、交通食宿等方面的资讯与服务,同时协会也负责基础设施投资项目。

说到这里,伊莎贝拉·科赫女士当起了旅游解说员,向我介绍说:"滨海地区城市多为滨海城市,拥有着广阔的沙滩、森林和湖泊,浓郁的文化底蕴,众多

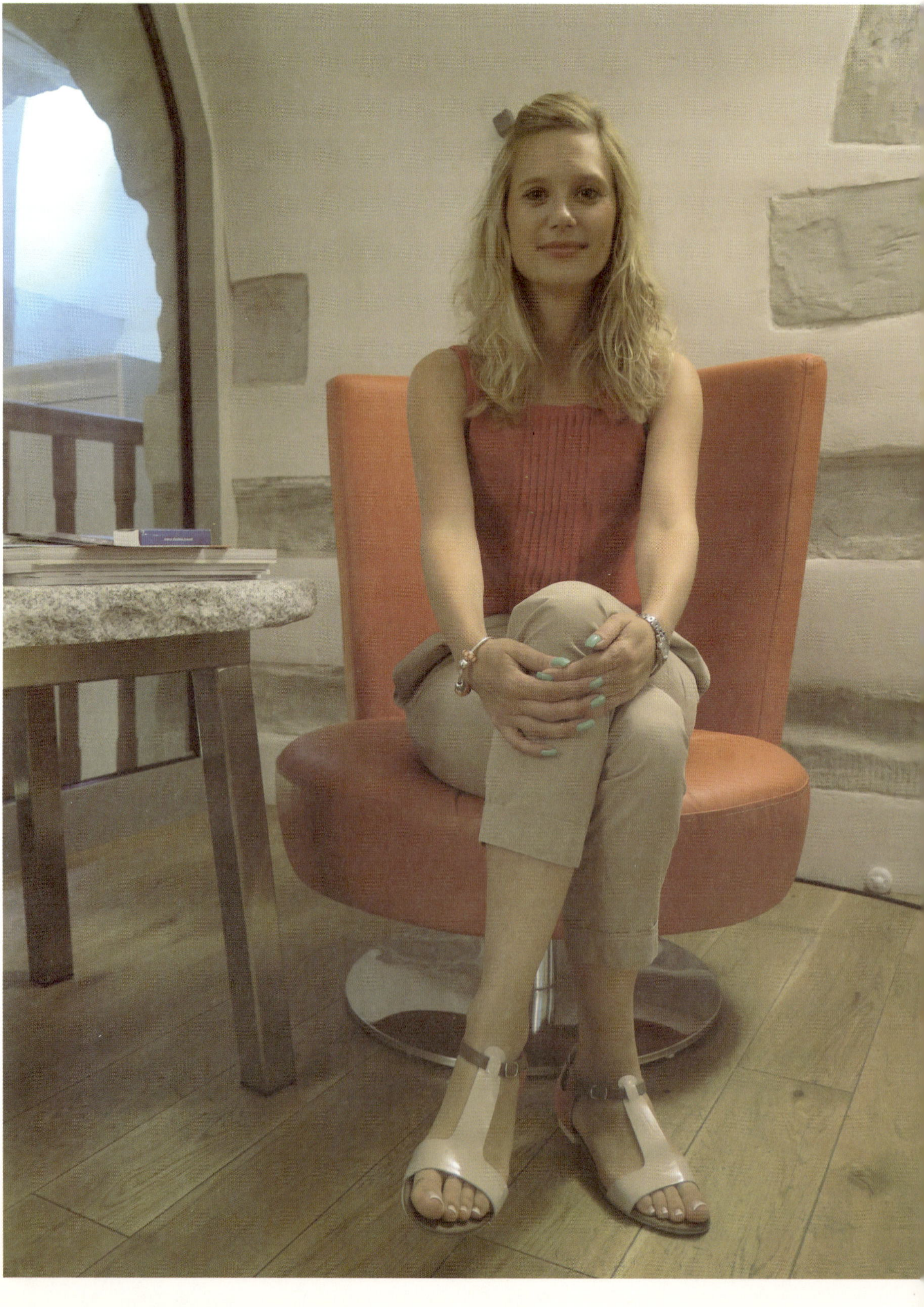

的名胜古迹,特别是中世纪欧洲最大的古堡——马尔堡,这一切都将滨海省打造成一处真正的旅游胜地。根据旅游者的需要,我们在格但斯克码头还增设了游艇服务及自行车比赛等项目。为了做好这项工作,向世界推广滨海省的旅游业,我们组织旅游组织机构及协会成员到国外考察学习,并在国外设立旅游办事处。针对游客们的需求,为他们提供快捷方便的资讯与服务。与此同时我们也欢迎其他国家的旅游组织及协会成员到滨海省来考察,我们在相互交流中,取长补短、加强合作、互惠互利。"

"近年来,我们曾经先后邀请过中国、意大利的媒体记者,来滨海省考察旅游,并向他们介绍了滨海省及格但斯克丰富的旅游资源、世界遗产及著名景点,如世界遗产马尔堡、普兹克(Puck)、克里尼查谟尔斯卡(Krynica Morska)、乌斯特卡(Ustka)、雅斯塔尔尼亚(Jastarnia)、罗泽维耶(Rozewie)和库舒尼察(Kuźnica),同时还有很多渔港和灯塔;格但斯克则有着目前仍然保存完整的中世纪城堡和古城、世界上最大的砖石结构教堂——圣玛利亚大教堂、世界上现今最大的造船厂之一——格但斯克造船厂博物馆等著名景点。"

"我们通过举办各种活动,增开更多旅游线路,吸引更多游客,格但斯克还增开了直飞德国、英国、法国及马耳他岛等地的多架航班,参加过许多国际旅游展览会,为各国的旅行社提供旅游讲座。为了吸引更多外国游客,我们还注重推广波兰美食文化旅游、高尔夫俱乐部旅游、购物消费旅游、美容医疗旅游。"

充满魅力的滨海省和美丽的格但斯克市,张开双臂,欢迎来自世界各地的游客到这里,来感受不一样的文化魅力、不一样的人文风景。

滨海省经济特区的"红衣掌门人"

第一眼见到她,仿佛就像老朋友一样亲近随和。她谈笑风生、快人快语,刚见面她就开门见山地问我:"你为什么喜欢格但斯克?你想了解我们滨海省经济特区吗?"一连串的问题倒变成了我是被采访者,但是透过她慈祥的目光和爽朗的笑容,注定我们有缘。她就是滨海省经济特区董事长特雷莎·卡名斯卡(Teresa Kamińska)女士。

身穿红色套裙的特雷莎·卡名斯卡女士说话间语速极快,眼里充满着兴奋的目光:"我们的优势在于格但斯克有百年的历史,有欧洲乃至世界最好的天然不冻深水港,我们有最优秀的格丁尼亚造船厂,格但斯克的造船业享誉全球……"

在波兰的历史上,格丁尼亚是波兰第一个港口,从中世纪起就非常繁荣发达,在当时来说,这里几乎成了欧洲经济的中心。1989年波兰转型后,为经济的繁荣和变革注入了新的活力。"我们不希望把格丁尼亚原有的造船厂变成一个废墟,而是希望利用历史悠久和品质良好的造船业,将它变成一个充满活力、欣欣向荣的经济特区和港口。滨海省经济特区是格但斯克一张崭新而有魅力的名片,可以

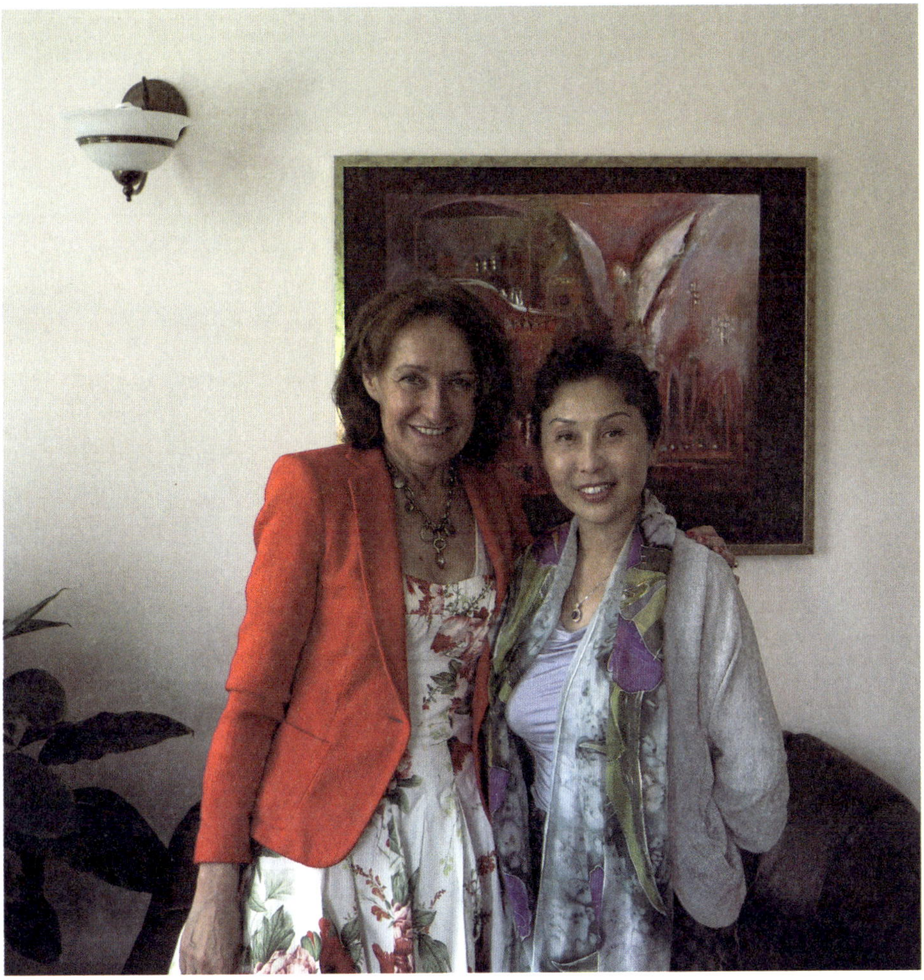

说，转型后，当时波兰工人用汗水浇筑成的造船厂和港口，为滨海省和格但斯克的经济繁荣发展再添辉煌。经过转型后的今天，这里的人们，生活发生了很大的变化。我们不仅有昔日团结工会罢工的纪念碑，我们更有改变生活的激情、创造价值的智慧和建设未来的信心，所以格丁尼亚这个美丽的地方一直对外界充满了吸引力。有琥珀之路、丝绸之路、汉萨同盟的历史与辉煌，格丁尼亚将千年的积累和百年的热情融入了我们今天的现代化建设。"

特雷莎·卡名斯卡女士告诉我："我们滨海省经济特区还有聚集高端人才的优势，格但斯克工业大学至今建校已经有110年的历史，这片土地有科学、贸易、传统的码头、港口和新的经济增长点，区位优势和地理环境的优越能让我们与世界相连。我们这里的高等院校、科研中心非常多，利用年轻人的创新性和知识性全面带动产业的发展，我们经济特区为他们搭建平台，让他们在这里有良好的创业环境，有更多的人生收获。同时我们为大型企业提供了良好的服务，也为改变小型企业的状况、帮助他们发展提供资金，在科技公园里商业、科学、技术、金融融为一体，我们滨海省经济特区有良好的现代化服务的基础设施，世界500强及各大公司纷纷到这里落户、投资、设立办公室。所以多样化的良好投资环境，是我们滨海省经济特区及格但斯克市的魅力所在。我们希望搭建良好的平台，提供优质的服务吸引各国的投资者到这里创业发展"

特雷莎·卡名斯卡女士说："格但斯克、索波特（Sopot）、格丁尼亚（Gdynia）这座三联城市有良好的基础设施及周到的服务，这里还有世界一流的酒店及各种规模的新型会展中心，每年都有大型国际博览会和各类国际赛事在这里举行。因此，我认为在滨海省格但斯克投资非常值得，投资者也一定会在这里获得回报，

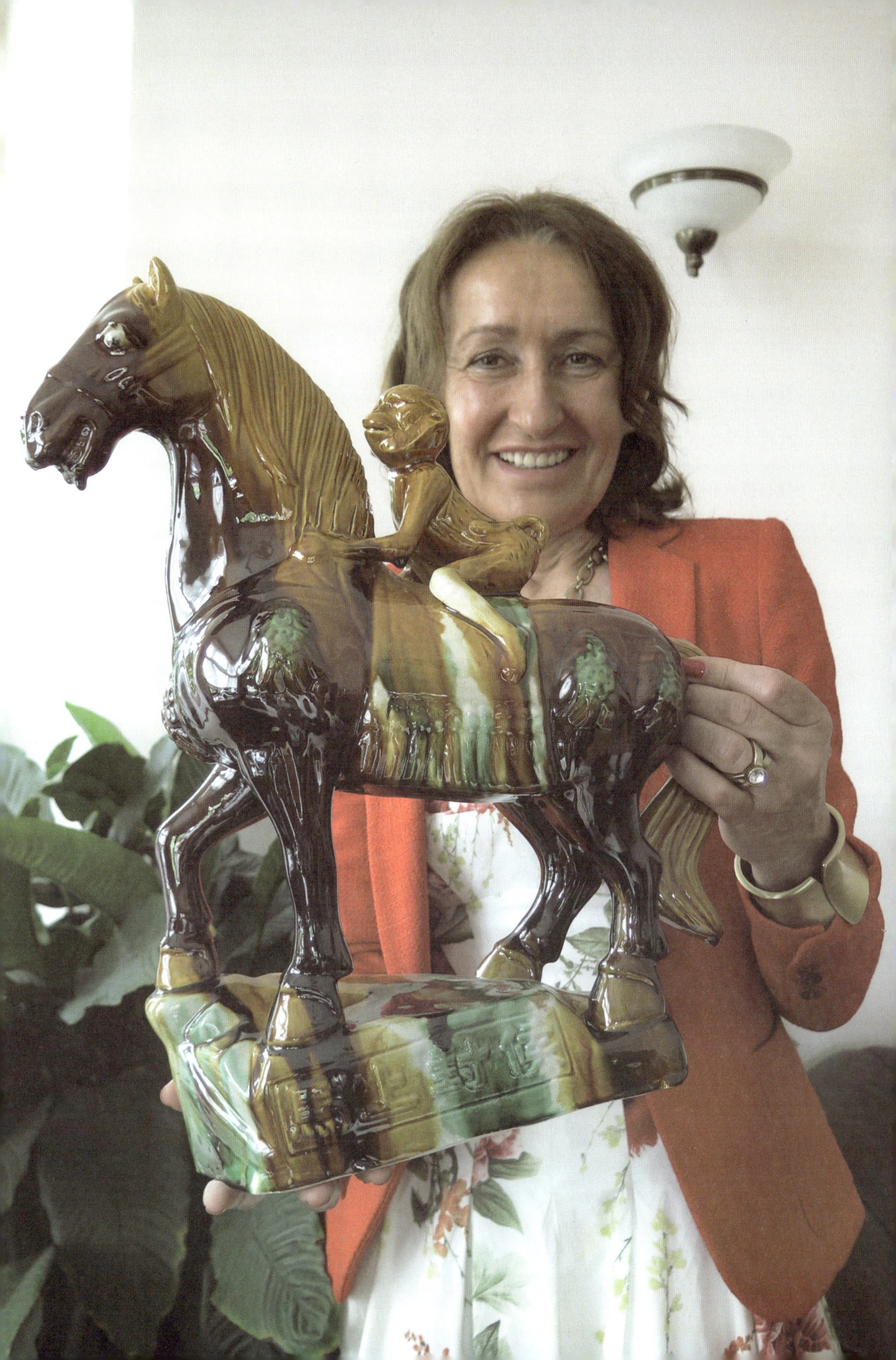

我们也非常欢迎中国的企业及投资者到滨海省格但斯克创业发展。"

滨海省经济特区已经有15年的历史，董事长特雷莎·卡名斯卡女士8年前来到这里工作，她告诉我："作为女性，我对自己的这份工作非常热爱，我也深有体会，那就是，一个女性要做好自己的工作，一定要先解决后顾之忧，只有既投身工作，又重视家庭生活，处理好工作与生活的关系，照顾好家庭、教育好孩子，这样才完美。这也就是我们为什么要建设格但斯克科技公园的原因，让年轻人全身心投入创业，工作生活两不误。"

说到这里，特雷莎·卡名斯卡女士走到办公桌前，拿起由中国名瓷唐三彩制作的一匹骏马，她说："这象征着事业蒸蒸日上，马到成功。"特雷莎·卡名斯卡女士认为："滨海省经济特区走过了15年的历程，最大的成功是扩大了经济工作的范围，通常的经济特区范围仅是购买土地、提供相关基础设施、为投资者创造良好条件。但是对很多到这里发展的人来说，首先创业非常重要，其次创新与科技相结合的工作非常有意义。在格丁尼亚造船厂，80年的历史和基础为我们发展造船工业与海洋工业奠定了坚实的基础。有的企业有自己的科研机构，造船、风车、钻井平台等大型工业设备制造，使得这里的经济生机勃勃。如今，我们通过重新振兴工业、科技创新工业，向世界亮出了一张工业制造的亮丽名片。除了滨海省的传统经济产业，如炼油业、造船业及航运业等之外，还引入和发展轻化工、电力、物流、货运、保险、银行、食品加工、信息技术等新兴产业，越来越多的外商看中滨海省的投资环境及优良条件，全球商业巨头纷纷到此安家落户，如德国汉莎系统、拜耳、美国可口可乐、瑞典北欧银行、IBM、普华永道、汤森路透、中国格丁尼亚集装箱码头、波兰伟创力国际企业及北方发电厂有限责任公司等知名企业。"

"经济特区还有优厚的奖励条件,税负减免的额度视投资总值和提供的就业数量而定;经营时间必须至少5年;时间自投资完成日开始计算(中小企业则为3年);赋税减免总额,不得超过欧盟对区域协助所规定的上限;最小投资额为10万欧元。因此,我们希望有更多的合作伙伴和投资者到滨海创业。"

特雷莎·卡名斯卡女士说到这里,让我想起我曾经两次见到滨海省省长米柴夫斯拉夫·斯处克(Mieczysław Struk),他也曾告诉我滨海省的外贸发展是区域内经济政策的重要元素,是波兰经济发展最好的区域之一。这里有着很多优势,包括:地理位置优越、波罗的海最大的海港、发达的国际机场、来自欧盟基金的协助和不断发展中的道路基础设施等。此外,滨海省还维持着一贯扩展针对外商企业提供的投资项目。

省长米柴夫斯拉夫·斯处克先生告诉我:"我们提供给投资人设备完整的投资用地、更具吸引力的办公空间及现行的国际级或地区等级的奖励机制。本省同时也具备运作良好的投资人服务系统。滨海省投资(Invest in Pomerania)即为该架构下提供协助和支持的机构,它在波兰具备独特的性质,由区域内服务外商投资的最重要单位所组成。有意在滨海省进行投资者,也可以在此获得高素质的人力资源。滨海省内共有28所大学及专业技术学校和职业学校。他们确保为潜在的雇主提供选择广泛且受过良好教育的工作人员。"

滨海省不仅深具旅游和景观上的价值,更提供了丰富的文化休闲活动,多年来在波兰的生活质量排名榜上始终居前。众多外商投资人非常重视滨海省的价值。

与格但斯克同行的对话

在格但斯克长街的咖啡厅,与《波罗的海日报》(Dziennik Bałtycki)的女记者莫妮卡·雅科夫斯卡(Monika Jankowska)一见如故。

非常巧的是,女记者莫妮卡的奶奶与翻译柯茗蕾的奶奶是姐妹俩,可是在此之前她们俩并不知道,这有趣的"巧遇",让我们今天的见面更有意思。莫妮卡,金黄色的头发,一副很合适的眼镜架在她高高的鼻梁上,显得文质彬彬。她一笑起来,露出整齐洁白的牙齿,让人觉得很温和,白色羊毛衫上点缀着一颗颗黑色的小珠子,显出她的可爱。

在与莫妮卡交谈时,她问我:"听说你写过关于波兰的书——《我,文化波兰》,你是怎么想到要写一本关于波兰的书?"我直截了当地回答:"以前,我从没想过要写一本关于波兰的书。写这本书,是在第三次访问波兰的时候萌生的想法。提起波兰,你会感到这个国家的名字很美。许多人对波兰并不陌生,但也谈不上熟悉。想想看,波兰,对于大多数普通的中国人来说,虽然对这个国家有感情,但除了知道华沙、肖邦、奥斯维辛,恐怕更多的也说不出一二了。"听罢,

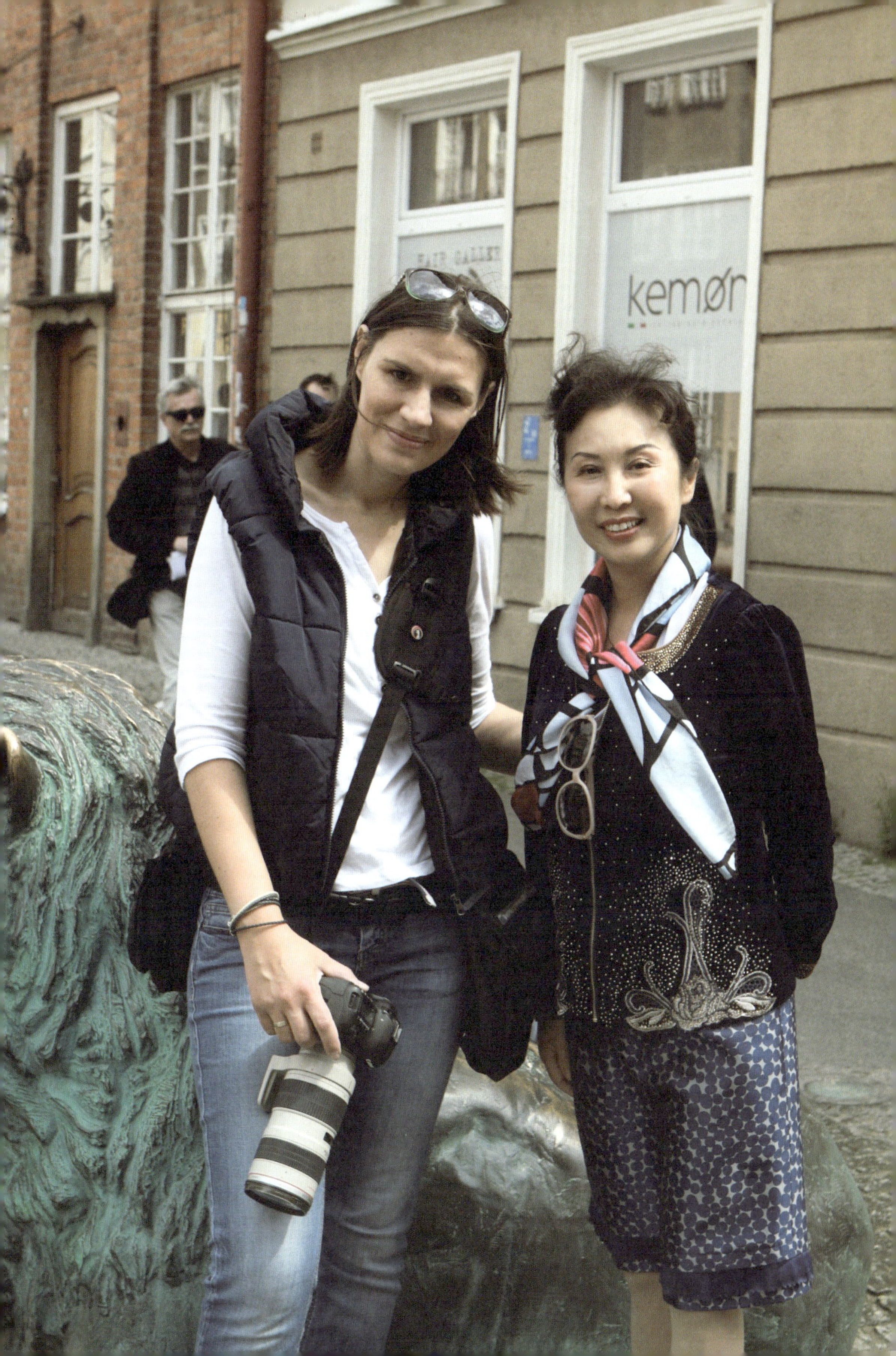
kemøn

莫妮卡愉快地笑了，她说："我非常希望并期待你能写一本关于格但斯克的书，让更多的中国人了解我们这座美丽的城市。"

说到这里，莫妮卡指着我手中的采访本问道："我看你一直拿着这个小本子写啊写，你都写些什么呢？"

这让我们的谈话一下子变得庄重了许多，我回答道："作为一名新闻记者要做到五勤：眼勤看、脑勤思、腿勤跑、口勤问、手勤记。中国有句老话，叫'好记性不如烂笔头'，意思就是说你有再好的记性，时间长了也会渐渐淡忘，如果用本子记下来，虽然看起来是一个笨办法，但是它可以留给你永久的记忆。"

"我在格但斯克的每一天，都会用眼睛、用心灵去感受这座城市的美丽，最重要的是，要把我的所见所闻记在我的小本子上。"我说。

莫妮卡问我："如果要写一本关于格但斯克的书，你会向中国读者介绍些什么呢？"

"在我的眼中，格但斯克是一座有历史、有文化、有风情的美丽城市。"我说，"在这里我希望采访一些在格但斯克，甚至在波兰或者欧洲都有名的历史学家、文化名人、作家、艺术家，通过他们的讲述，回顾格但斯克的历史，把一个个与格但斯克这座美丽城市紧密相连的历史变迁、发展历程中的有趣故事告诉世人、告诉中国的读者；我知道波兰总理图斯克出生和成长在格但斯克，希望通过采访他的家人、老师、同学和他的好友、邻居谈谈他们印象和记忆中的图斯克；我还希望透过格但斯克市长先生的目光、他的话语，了解格但斯克的情况，地理位置、区位优势、文化特点及这些年的发展情况。当然，还有一位在波兰历史上不能不提的重要人物瓦文萨，请他讲述自己的故事，或者请了解他的人谈谈对他的评价

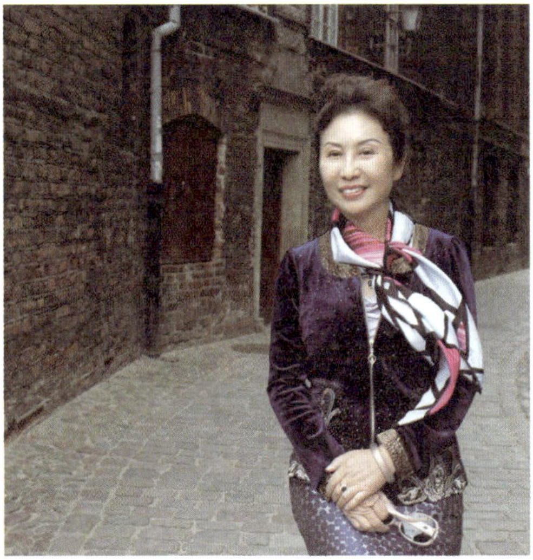

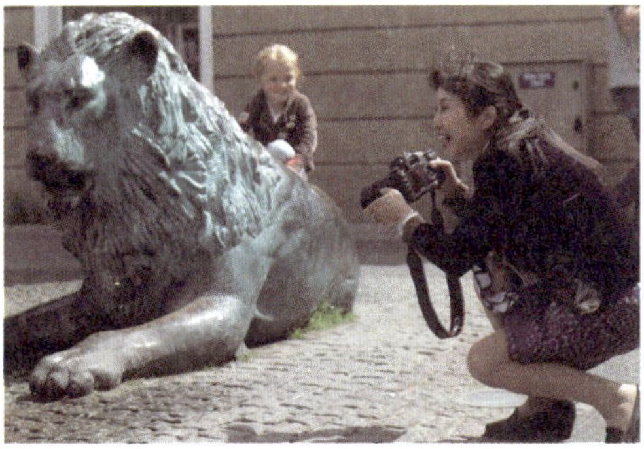

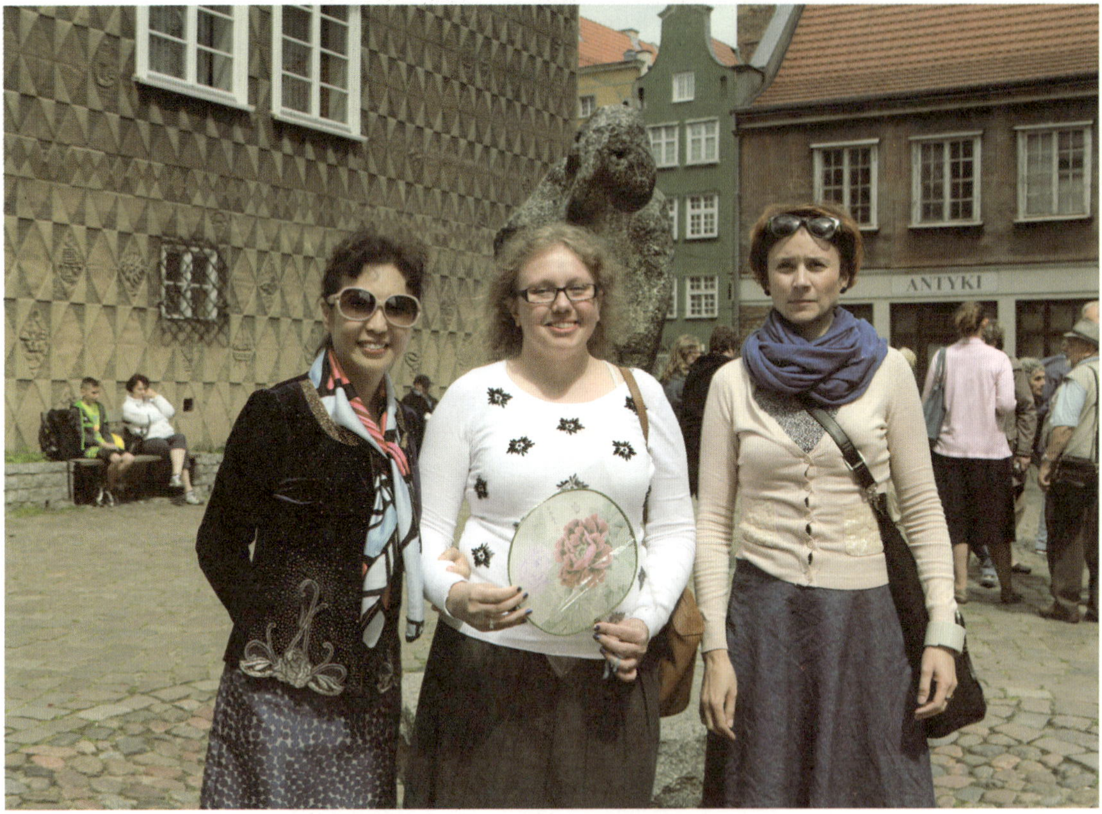
ANTYKI

看法,让读者跟随他们一起回忆历史。"

见莫妮卡听得十分专注,我告诉她:"在来这里之前,我还有一个愿望,那就是在格但斯克看一场演出,或者戏剧、舞蹈、音乐会。"

这个话题引起了莫妮卡的好奇:"这些愿望你全都实现了吗?"我高兴地告诉她:"这些愿望我都实现了。我在老城区的维比热杰(Teatr Wybrzeże)沿海剧院看了一场非常精彩的戏剧——《你在哪儿》;在绿门广场观赏了卡舒比民族舞蹈;在摩托拉瓦河畔的旧工厂改造的音乐厅,聆听了由波兰波罗的海肖邦爱乐乐团演奏的音乐会。"

莫妮卡说:"我早就知道中国这个古老的国度,而且在历史上,我们两个国家有着非常深的渊源。中波两国在历史上有着相似的经历,都曾经受到外来者的侵略并对侵略者进行反抗。我们都有着不屈的民族精神,所以我们之间很亲近。你还没有来之前,我了解到你喜欢拍照,我还知道你喜欢琥珀。这次到格但斯克你都拍了什么好照片?""这是我第三次来到格但斯克,虽然每一次来,走的还是长街,看的还是港口,漫步的还是摩托拉瓦河畔,但是在我的眼中,每一次的感受都是不一样的,哪怕是每一天走在长街和海岸间,看见的风景和一张张和蔼可亲的笑脸,也是不一样的。所以,我不停地拿出照相机来拍照。这次我拍到了许多精彩的照片,除了格但斯克的特产——琥珀之外,小朋友、老太太、年轻人,以及每一片树叶、每一朵鲜花、每一块石头都珍藏在我的镜头中。"我对莫妮卡说。

莫妮卡告诉我,她虽然还没有去过中国,但是对北京、上海她并不陌生,她知道北京烤鸭最好吃,上海和格但斯克是友好城市,她希望有一天能到中国来旅游。聊到旅游的话题,莫妮卡的语气中顿时透出了记者的敏锐,她说:"现在中国经济发展很快，听说去年就有很多的中国人到欧洲旅游。有多少中国人了解波兰，又有多少中国人想来格但斯克旅游？"

我告诉她："随着经济的发展，中国人希望看看外面的世界。大部分中国人到欧洲，游遍了英、法、德、意等；但是正像我刚才说的，提到波兰，对于大多数中国人来说，如同一位柔软的面纱轻轻飘盖在高贵典雅额头上的少女遥远飘逸。在一些中国人的心目中，格但斯克还是一幅看得见摸不着的神秘画卷。"

莫妮卡说："我们的城市有悠久的历史，还有热情的市民，我们格但斯克人欢迎更多的中国人来旅游，我相信，来过格但斯克的中国人都会和你一样喜欢格但斯克。"

她问道："你在北京碰到的波兰人多吗？"

我毫不犹豫地说："越来越多。"我还告诉她，有两次我居然在北京街头巧遇问路的波兰人。这几年有越来越多的波兰学生到中国留学。让我非常惊讶的是，我认识的很多波兰人，都会说一口流利的中文。

莫妮卡咯咯地笑了："看来中国的吸引力是越来越大，学习汉语的人越来越多。"

她又问："你喜欢波兰菜吗？最喜欢哪道菜？"

我说："我喜欢波兰菜。特别喜欢的波兰美食是'必高斯'（bigos）、'茹尔汤'（żur），还有'草莓大饺子'和一种用圆白菜包鸽子肉或猪肉、牛肉沫的菜肴，叫'高兰比基'（gołąbki）。我走过许多国家，只有在波兰看到和吃过饺子。回国后说给朋友听，他们都惊呆了——饺子是中国的传统美食，波兰怎么会有饺子？"说罢，我和莫妮卡都哈哈大笑。

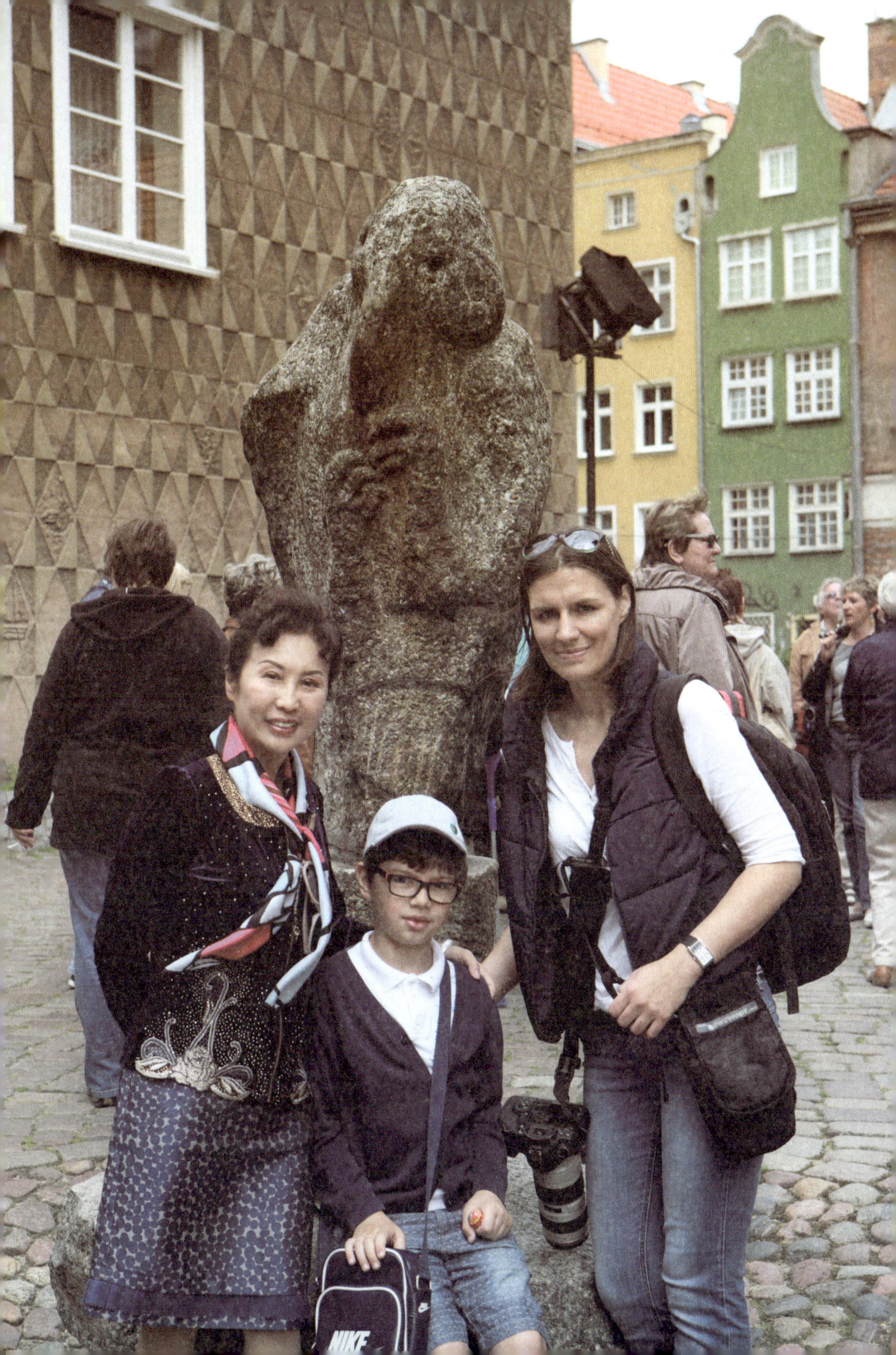
NIKE

阳光明媚，咖啡相伴。我和莫妮卡度过了一个非常愉快的上午，与格但斯克同行的交流使我们的心贴得更近了。临别前，我们依依不舍，在一旁的女摄影记者卡尔林娜·米丝塔尔（Karolina Misztal）为我们拍下了一张珍贵的合影。

我送给莫妮卡一把做工精美的真丝扇子留作纪念。莫妮卡问我扇子上的花饰是什么寓意，我说："那是中国的国花——牡丹花，寓意花开富贵，生活美满。欢迎你到北京来，我等着你一块儿吃北京烤鸭。"

"欧洲最好的球场"：格但斯克琥珀体育场

在音乐迷的眼里，格但斯克就是蓝色的肖邦音乐；在历史学家的眼里，格但斯克就是瓦文萨和团结工会；在文艺青年的眼里，格但斯克就君特·格拉斯的故事；在球迷的眼里，格但斯克就是在琥珀体育场（又称格但斯克 PGE 体育场）首开战平德国战车的莱万多夫斯基。

莱万多夫斯基在波兰国家队中出场 40 次。2011 年，在格但斯克这座美丽的城市，曾经被视为"欧洲弱旅"的波兰队在格但斯克琥珀体育场与德国队战成 2 比 2，莱万多夫斯基面对对手攻入一球，他是主帅弗朗齐歇克·斯穆达（Smuda）手中重要的进攻棋子。让莱万多夫斯基成为波兰骄傲的是他精湛的球技，而他却将荣耀归功于奇迹诞生的"琥珀体育场"。

记得两年前，春寒料峭的时节，我率中国媒体代表团第二次访问格但斯克时，格但斯克副市长安杰伊·波亚诺夫斯基（Andrzej Bojanowski）在琥珀体育场代表市政府欢迎并与中国媒体记者共进午餐时说："起初，让我主抓设计和建造这座琥珀体育场的工作时，我真的觉得责任重大，压力也大。"这位年轻的副市长

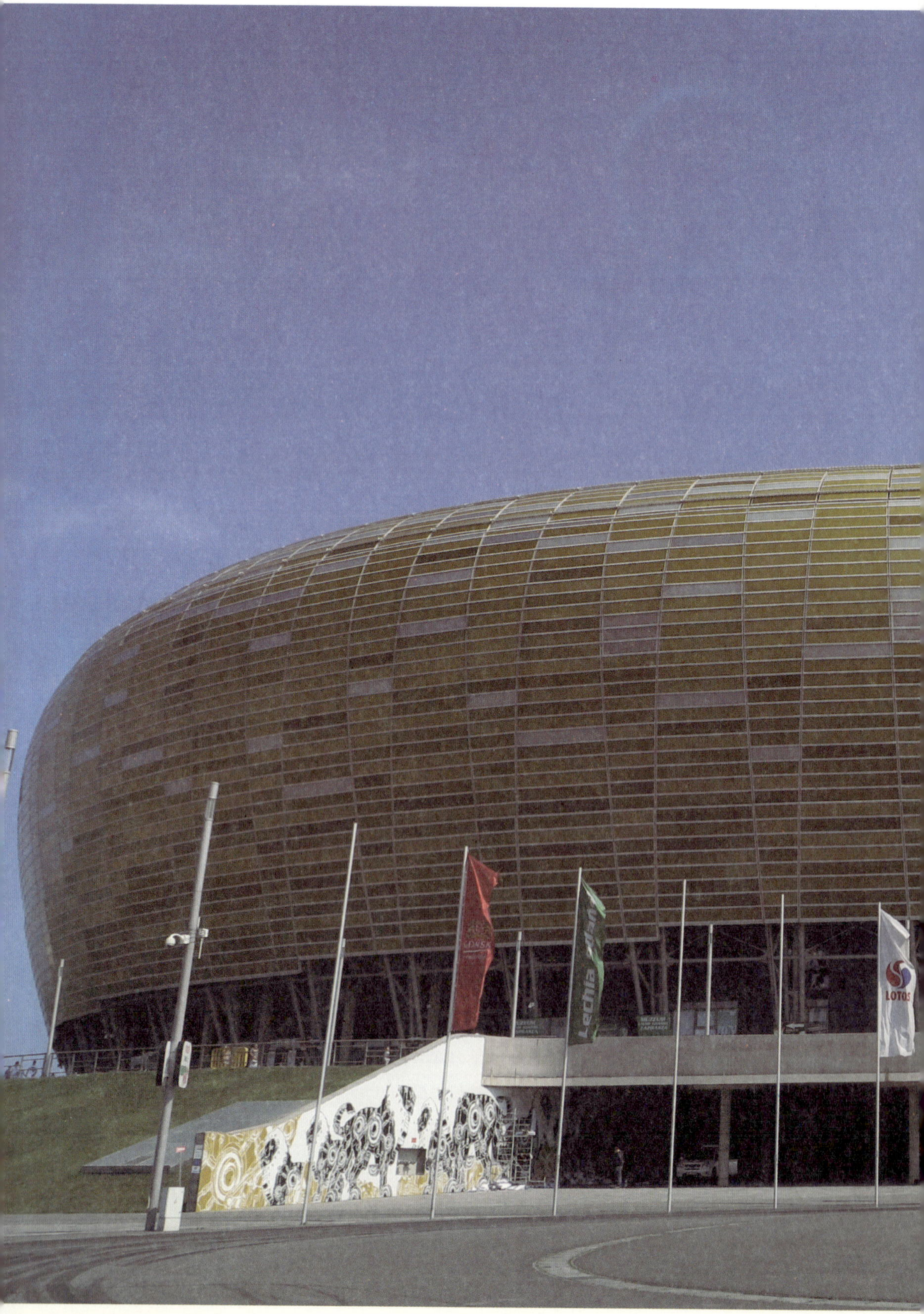
Lechia
LOTOS

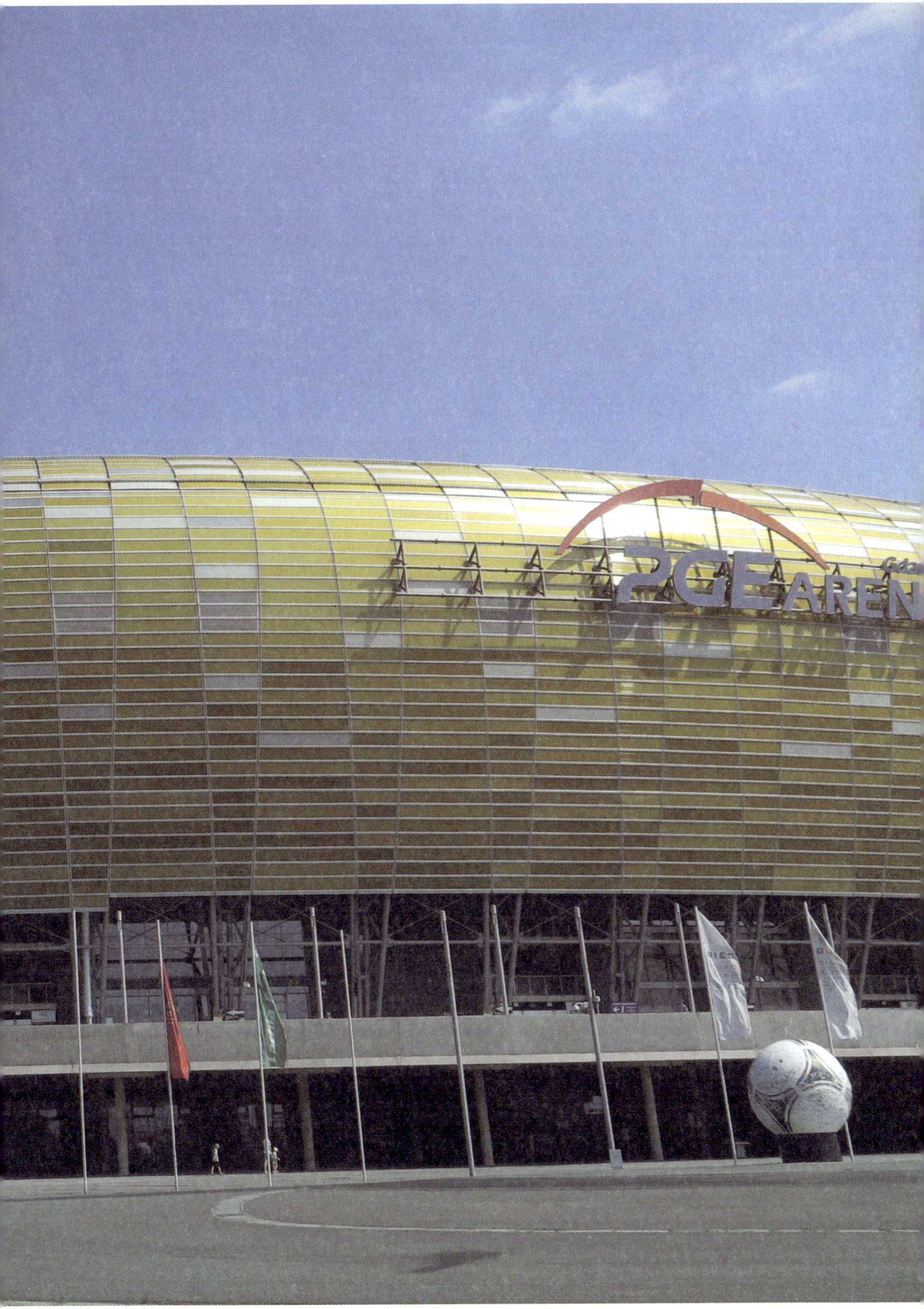
PGE

指着自己的"满头白发"幽默地说，"在不太长的时间里，为何已经满头白发，这正是原因。我们在时间紧迫、质量要求很高的双重条件下，提前完成了这座体育场的设计与建设，向世界证明了格但斯克的成功和胜利，这是格但斯克这座历史文化名城的骄傲，也是格但斯克每一个市民的荣耀。"

安杰伊·波亚诺夫斯基市长带领我们参观了格但斯克PGE体育场。还记得，那一天的天气很冷，但安杰伊·波亚诺夫斯基先生对来自中国的媒体朋友十分热情，他口若悬河地向我们介绍了这座琥珀体育场的设计理念、管理模式及社会效应，从宏观到微观，他对体育场的情况真是了如指掌。

格但斯克PGE体育场，也被译为波兰能源集团格但斯克竞技场，以前称为波罗的海体育场，是一座位于波兰格但斯克的足球场。这座属于"精英"级别的多功能体育场是欧洲最先进的体育场。球场的外形和金色顶棚酷似琥珀水晶，场馆支撑结构仿佛格但斯克的标志——船台起重机。2009年12月，波兰能源集团（Polska Grupa Energetyczna，PGE）花费35万兹罗提（约合850万欧元）购买了体育场的冠名权，合约长达5年。自2010年与波兰能源集团签订赞助协议以来，波罗的海竞技场的正式名称改为格但斯克PGE体育场。

这座体育场是为波兰、乌克兰联合主办的2012年欧洲足球锦标赛专门修建的。早在2012年欧锦赛东道主确定之前，格但斯克市就公布了体育场设计概念的第一个版本。2008年1月31日，杜塞尔多夫的Rhode-Kellermann-Wawrowsky公司的方案被确定为中选设计。该公司还设计了盖尔森基兴的维尔廷斯球场和汉诺威的AWD球场。

体育场主要用于举办足球比赛，目前是格但斯克莱吉亚足球俱乐部的主场。

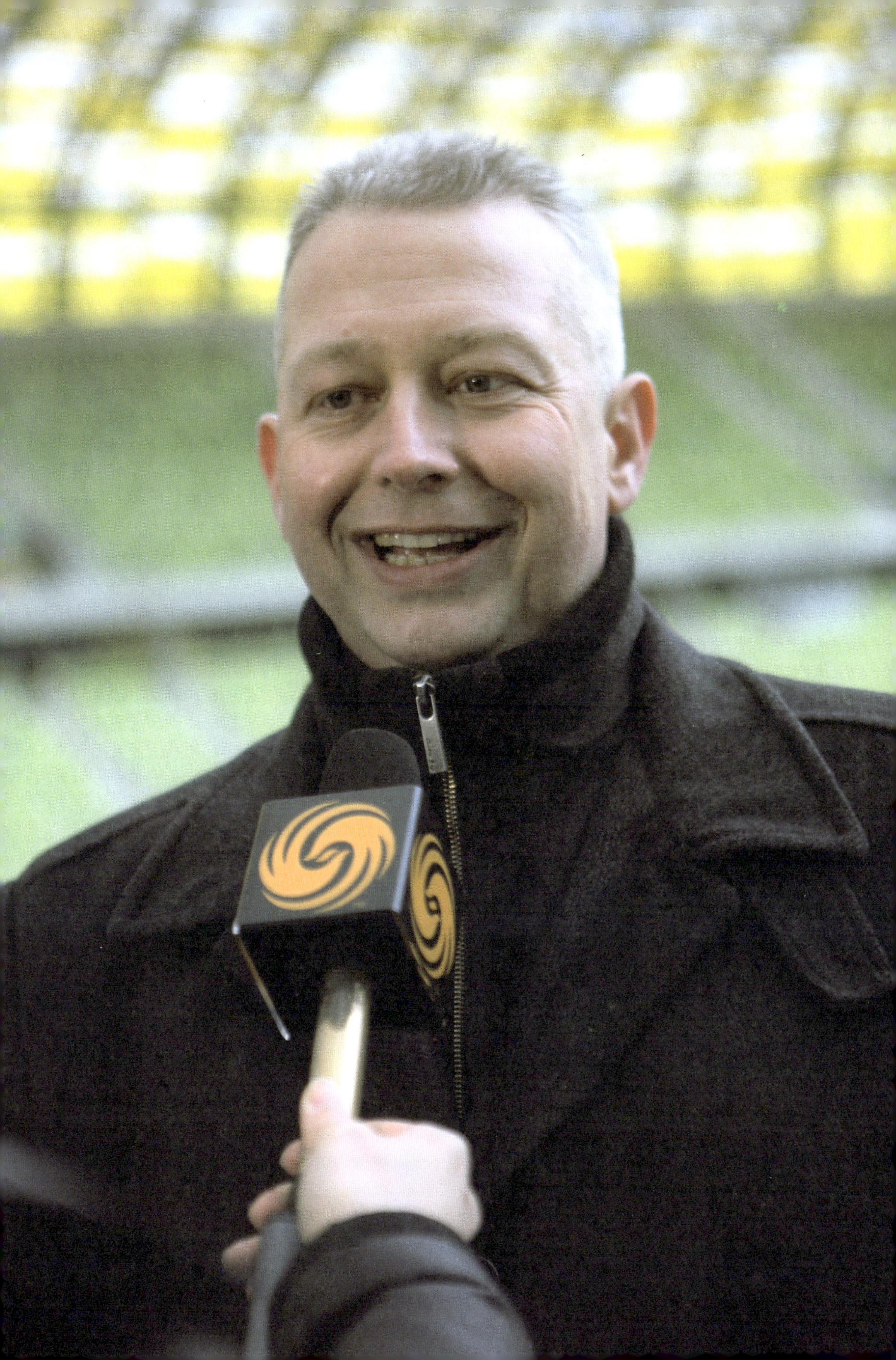

该体育场位于格但斯克北部莱特尼卡区（Letnica）的PokolenLechiiGdańsk大街上，球场所在地刚好位于老城、著名的造船厂以及机场的中间点上，从这里到城市中心火车站只用10分钟就可以到达，乘坐城市快轨交通5分钟就到市区，20分钟就可到达瓦文萨国际机场。看台可容纳43615名观众，全部是座席，并有顶棚遮盖。格但斯克琥珀体育场是波兰足球甲级联赛最大的球场，全波兰第二大体育场（仅次于国家体育场——西里西亚体育场）。体育场于2008年开工，并在2011年建成。建成后的揭幕战是格但斯克莱吉亚足球俱乐部和克拉科夫足球俱乐部的比赛，两队最终以1比1握手言和，弗雷德·本森成为第一位在新球场进球的球员。在这里举办的首场国际足球比赛是2011年9月6日波兰国家足球队与德国国家足球队的对决，双方最后战成2比2平。格但斯克琥珀体育场也是2012年欧锦赛指定的比赛场地之一。

在格但斯克，球迷们最爱两样东西：一是黄色的啤酒，另一个就是黄色的琥珀。格但斯克琥珀球场也因其琥珀般的造型而被称为"琥珀球场"，与"琥珀之都"的称谓相呼应。

在阳光的照射下，球场顶棚闪烁着金色的光辉，的确宛若波罗的海岸边晶莹剔透，璀璨夺目的琥珀。来到格但斯克的球迷们都会被琥珀球场的美丽所吸引，远远地看去，这座球场就像一块圆润的琥珀，闪着金光，莱万多夫斯基将它形容为他见过的"最好的欧洲球场之一"。由于这座球场没有铺设田径跑道，球迷们有机会在琥珀体育场近距离观看比赛。这个球场可谓原汁原味的波兰制造，据设计师伯托洛夫斯基介绍，琥珀球场的外墙面完全由18000块从波罗的海海岸提取的石头，经过精心磨制而成。在晚上进行比赛时，别致的外墙会让球场显得更加

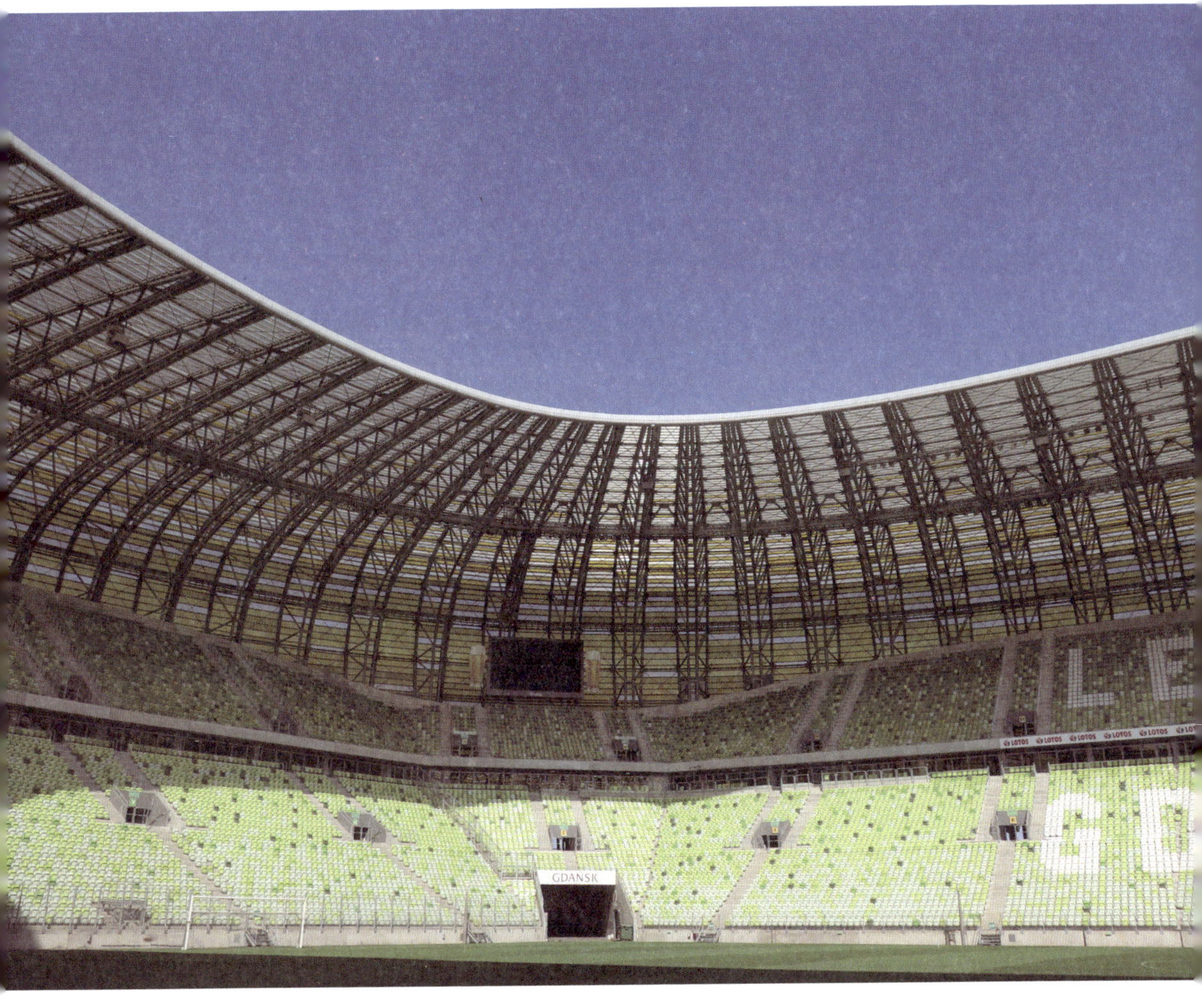
GDANSK
LOTOS

吸引人。这座花费了两年半时间建造的多功能体育场，包括一座酒店和环形的溜冰圈。球场内的安保措施先进，在球场边有多个可升降的摄像头，能拍摄到球迷们的各种行为。

来到格但斯克前，我看到欧洲杯波兰组委会发言人伯托洛夫斯基过去的发言介绍，格但斯克体育场长236米，宽203米，高45米，是一个专用足球场，也就是说，草皮不能去除。出于这个原因，体育场并没有田径跑道。整个建筑的屋顶由82条梁架起。屋顶总面积44000平方米。立面和屋顶覆盖18000片聚碳酸酯多层板，板材共有6种颜色，总面积4.5公顷。体育场的西部和东部各有一个LED标志，高8米，长35米。球场尺寸为105米×68米。球门至球门后面的看台距离为10.5米，球场侧面至侧面看台的距离为8.5米。根据国际足联和欧洲足联的标准，格但斯克琥珀体育场的看台完全被顶棚覆盖。球场的中心没有顶棚。建设时本来有建造顶棚的想法，但是由于成本和工期原因，不得不放弃了这个方案。体育场剩余的空间为其他人员（员工等）预留，体育场完全符合欧足联四级足球场标准。

格但斯克琥珀体育场有40个用玻璃和场地隔开的包厢，同时提供餐饮。40个包厢中，有8个包厢面积为160平方米（646平方英尺），其余32个包厢面积为30平方米（323平方英尺）。在这些包厢之外，体育场还为更加富裕的人士提供1383个更高标准的座椅（贵宾座席）。每位贵宾都将享受舒适的座椅。贵宾座席的位置略低于包厢。包厢和贵宾座席的地方有一个单独的入口，并配有专享的门厅。体育场的所有座位采用波兰品牌Forum Seating，由位于克罗斯诺的Nowy STYL公司生产。此外，体育场有50个为残障人士额外准备的座位和24

INRI

I·H·S

EURO 2012

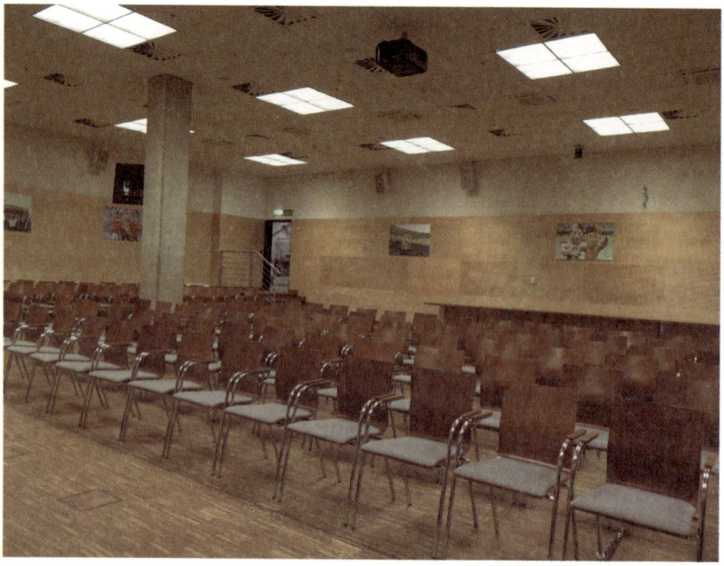

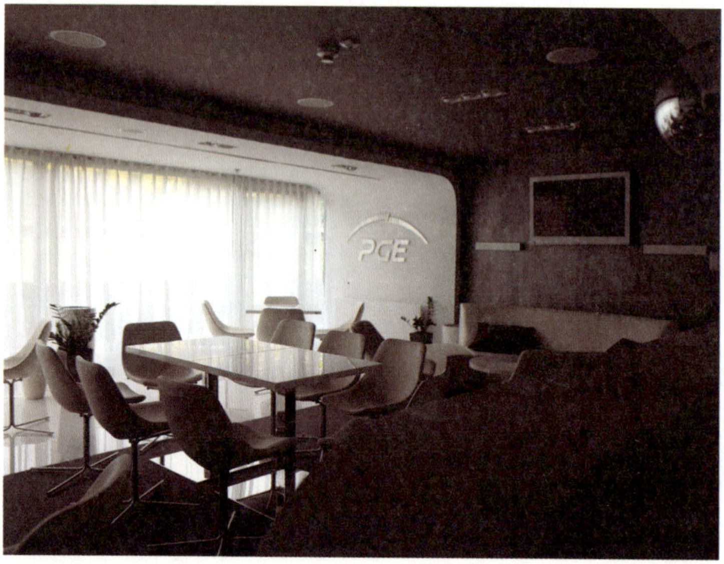
PGE

个迷你酒吧及坐览球场全貌的餐厅。这里还有面积为12000平方米的会展中心,可用作举办大型音乐会、展览会及各种国际会议,可以接纳6000多个会议代表,同时每个会议厅之间有移动墙可以打开,可以分别举行多个国际会议,整个体育场有2000个停车位。这样的硬件设施、会议规模、会展优势和交通便利等诸多得天独厚的条件,完全可以凸显出格但斯克在欧洲的中心位置与独特优势。

如果没机会进体育场看比赛,可以去距离火车站500米的格但斯克户外球迷区,它位于风景如画、森林覆盖的山丘边缘的Plac Zebrań Ludowych广场,可容纳3万球迷。游客在这里可以品尝极具地域特色的美食和各类啤酒饮料。大屏幕实时播放球赛信息,流行乐、民乐歌手不间断为观众表演。

体育场的新闻发言人阿格耶斯卡·沃艾思博（Agnieszka Weissgerber）女士对我说:"虽然2012欧锦赛的波兰国家队不是欧洲强队,并未能如愿进入半决赛,但波兰国家赢了。这是欧锦赛对波兰的影响,人们看重的不仅仅是波兰足球队在赛场上的表现,更看重的是波兰在组织这场体育盛会中的卓越表现。"波兰,尤其是格但斯克这座"自由之城"热情、开放、积极的姿态,获得了世界的尊重,而格但斯克人为此所做出的贡献将永载史册。

自从2012欧锦赛开幕,格但斯克就吸引了全世界的目光。通过协办欧锦赛,国际社会对格但斯克的认知程度得到空前提高。借助举办欧锦赛的良好时机,开展丰富多彩、形式多样的对外品牌宣传活动,成功地向世界展示了一个具有悠久历史、人文精神、充满活力、热情开放的格但斯克。

欧锦赛落幕后,每天有数万人来体育场参观,青年男女可以在体育场里的天主教堂举办婚礼。体育场还向公众开放,可以举办丰富多彩的运动会、演唱会。

这里还有电子皮卡车、跳跳床等娱乐设施。值得一提的是，近来在世界各地较为火爆的密室逃脱游戏项目，在这里更是受到大人和孩子们的青睐。密室逃脱互动游戏的主要创意多源自于电影、网络等场景，一般具有较大的乐趣及挑战性。从古墓科考到蛮荒探险，从窃取密电到逃脱监笼，玩家尽可以在自己喜欢的主题场景中扮演理想中的角色。通过这个游戏告诉人们，人与人之间只有相互合作才能战胜困难。

大规模的基础设施建设，大大加快了格但斯克基础设计的现代化建设步伐，公路、铁路、车站、机场等设施大有改观。据集团研究机构（ERSTE）的数据显示，格但斯克对欧锦赛的基础设施和体育场投资超过10亿欧元，铁路电车都重新改造了。青少年足球计划建16个足球场，而当年就已经完成15个。波兰研究机构预测，2008—2020年，波兰由于举办欧锦赛为GDP的贡献率合计达到2.1%，将为波兰经济带来279亿兹罗提（约合66.43亿欧元）的收入。

此外，对于举办欧锦赛的城市格但斯克来说，除了基础设施外，还有效带动了房地产行业的发展。随着体育场馆的投入使用，比赛期间吸引了大批的球迷前来观看，带动了相关产业的发展，激活了周边地区商店、写字楼、住宅以及酒店业的发展。这是欧锦赛后留给主办城市最为珍贵的有形财产。随着基础设施的改善和影响力的提高，滨海省格但斯克还吸引到更多的外国资本投资。

举办欧锦赛后，到波兰旅游的人数每年增加50万人次。波兰体育和旅游部部长丹布斯基曾说过，2012年有超过200万球迷和游客来波兰四个城市观看比赛。这一数据远远高于赛前预测的80万至100万球迷。

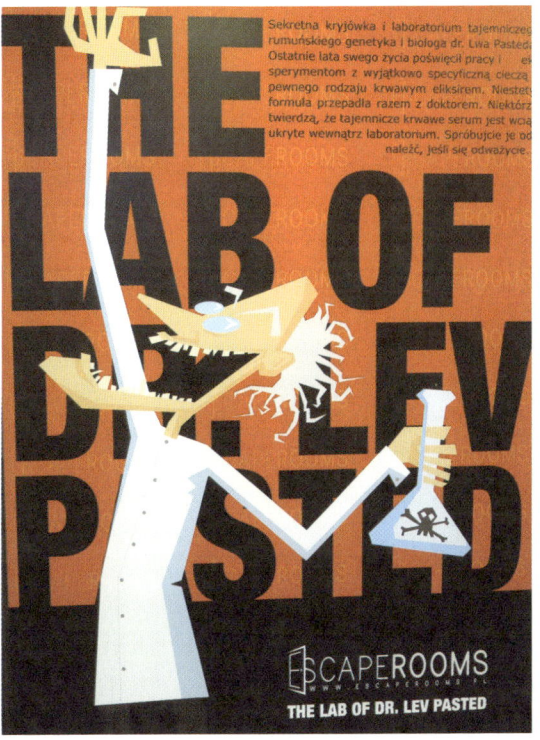

THE LAB OF DR LEV PASTED

Sekretna kryjówka i laboratorium tajemniczego rumuńskiego genetyka i biologa dr. Liwa Pasteda. Ostatnie lata swego życia poświęcił pracy i eksperymentom z wyjątkowo specyficzną cieczą – pewnego rodzaju krwawym eliksirem. Niestety formuła przepadła razem z doktorem. Niektórzy twierdzą, że tajemnicze krwawe serum jest wciąż ukryte wewnątrz laboratorium. Spróbujcie je odnaleźć, jeśli się odważycie.

ESCAPEROOMS
WWW.ESCAPEROOMS.PL

THE LAB OF DR. LEV PASTED

格但斯克科技公园

滨海省格但斯克市政府为了吸引更多的优秀人才到这里创业发展，将科技与商业结合，IT与能源结合，建立了格但斯克科技公园（Gdański Park Naukowo-Techniczny）。这幢看上去非常现代化的崭新大楼，就是格但斯克科技公园。它为商业及创业者提供服务，如提供办公区域、幼儿教育，为他们的发展搭建平台。

在科技公园办公室，我们见到了伊莎贝拉·蒂斯特海芙特（Izabela Disterheft）经理，她漂亮随和、笑容满面，向我们介绍了格但斯克科技公园的情况。她说："近年来随着经济的发展，加之格但斯克有最好的天然不冻港，这里经济繁荣、贸易发达、科技领先，许多年轻人和创业者纷纷来到格但斯克创业发展。我们就是要为这些创业者在这里发展提供良好的环境和优越的条件。对于创业者来说，除了事业很重要，家庭和孩子对他们来说同样重要。但是许多年轻人，工作忙碌，没有时间照顾和培养自己的孩子。我们就在科技公园这幢大楼里设立了幼儿园，许多年轻人早晨上班的时候来到这里，他们只要把孩子交到幼儿园，

PRACE DZIECI NAGRODZONE W KONKURSIE „FIRMY GPN-T W OCZACH DZIECI"

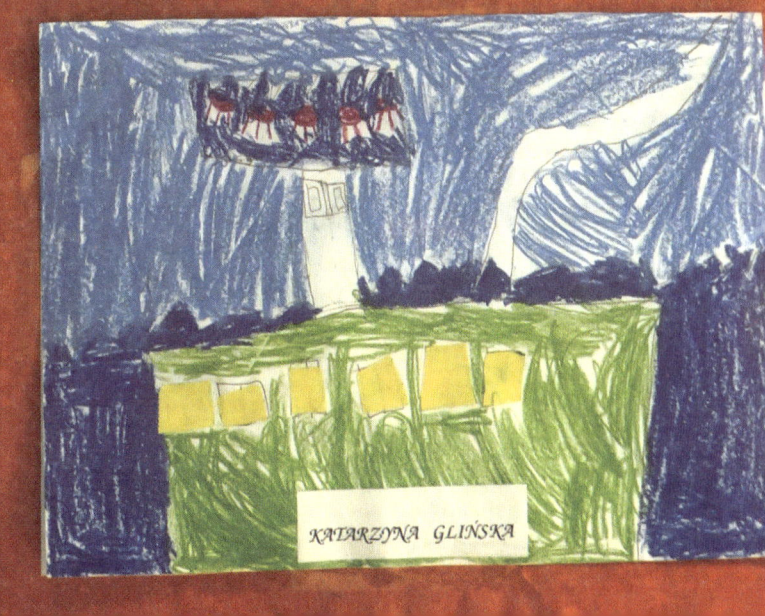

ZUZANNA SZCZUPAKOWSKA

KATARZYNA GLIŃSKA

GDAŃSKI PARK
NAUKOWO-TECHNOLOGICZNY
im. prof. H.Koprowskiego

就可以安心地去工作了。等到下班的时候他们就可以接孩子回到温暖的家中,希望帮助年轻人工作事业两不误。同时这个幼儿园也向社会开放,周边的格但斯克工业大学、格但斯克医学院的教职工,以及在格但斯克工作的外国人子女,也可以来到这里享受同样的教育。"这座科技公园也向社会开放,游人们可以来参观、学习,如寒暑假期间,孩子们可以到这里学习物理、化学、音乐,边玩边学习,寓教于乐,从中受到知识的启迪。

伊莎贝拉·蒂斯特海芙特经理介绍说,在这座科技公园大楼里的工作者,大部分是年轻人,"我们常常邀请这些年轻人参加讲座,例如 DNA 等遗传学方面的知识。告诉他们怎样用幽默的语言、温和的态度来与孩子进行交流。科技公园还经常举办故事会和孩子们的小画展,让孩子们在游戏中边玩边学,增长知识。"

在采访中我了解到,科技公园项目之所以能得以实施,除了政府的支持外,还得益于欧盟艺术基金的支持。在幼儿园里,按孩子的年龄进行分班,半岁就可以入园。在科技公园里负责幼儿教育的教师必须要有国家颁发的资格证书,方能上岗。孩子们在这里可以学习英语、艺术、舞蹈和绘画等课程,更有趣的是,科技公园还与格但斯克工业大学合作,对孩子进行人文关怀和环境保护的教育,让孩子们自己种菜、施肥、浇水、收获,孩子们了解了整个蔬菜种植生长的过程,并且用画笔将这个过程展现出来。

伊莎贝拉·蒂斯特海芙特经理介绍说,最重要的一点就是,波兰的法律法规有严格的规定,要求凡是开办幼儿园及托儿所,必须有国家认可的安全资质,安全第一。

幼儿园主任玛格达莲娜·赫玛热斯卡(Magdalena Chmarzyńska)女士与

我们共进午餐,她是格但斯克大学幼儿教育系的硕士专业人才,毕业后来到这里工作。这位年轻的主任告诉我,虽然她还没有结婚、没有孩子,但是她特别喜欢孩子,特别喜欢幼儿教育这项工作。因为她的妈妈就是一位优秀的幼儿教师,一辈子都在从事着幼儿教育工作。现在由格达莲娜·赫玛热斯卡女士创办的公司来负责幼儿园的管理经营工作,她希望自己和妈妈一样,将来也能成为一名优秀的幼儿教育工作者。

在伊莎贝拉·蒂斯特海芙特经理、巴勒德克·安杰尔(Bartek Andrzej)和负责幼儿教育的安娜·乌尔本(Anna Wróbel)女士陪同下,我和现任波兰驻华大使馆文化处参赞蔡梦灵(Magdalena Czechońska)女士,一同参观了幼儿园的教室和寝室。走进教室,只见各种绚丽多彩的小瓶子摆在桌子上,原来孩子们正在做化学实验。在另一间教室里,老师玛格达(Magda)正在给孩子们讲故事,他们边听边自由自在地玩耍,当我教他们用中文说"你好、谢谢"的时候,他们非常开心,异口同声地用汉语说出,还有一个穿着蓝色T恤的金发小男孩,显得尤为活跃,他频频举手,抢着回答问题,告诉我他到过北京,喜欢中国。小小班的孩子们有的还含着奶嘴,有的在地上蹒跚学步,有的被老师揽入怀中,给他们无微不至的亲昵关爱。走廊里挂着孩子们的画,这真是一个五彩缤纷的童话世界,有机器人、向日葵、海上灯塔等等。在这个充满温情与关爱的科技公园幼儿园里,孩子们展开了想象的翅膀,他们将载着儿时的梦想飞向蓝天。

走进了著名的英国动画工作室Breakthru Studios在格但斯克的分公司,见到了制片总监托马斯·沃克涅克(Tomasz Wochniak)先生,他向我介绍了公司的情况。公司最近制作了一部动画电影长篇,这是世界动画史上第一部完

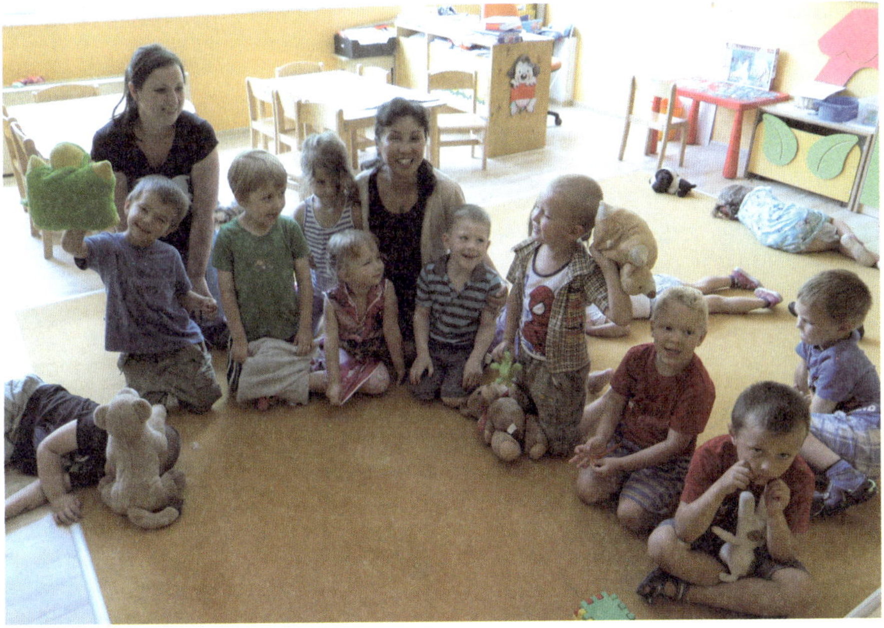

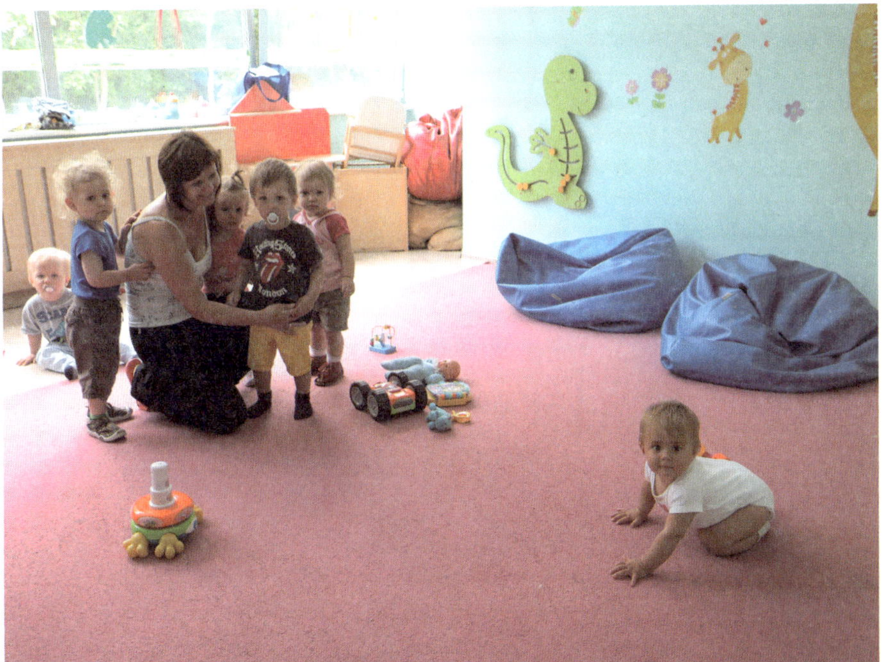

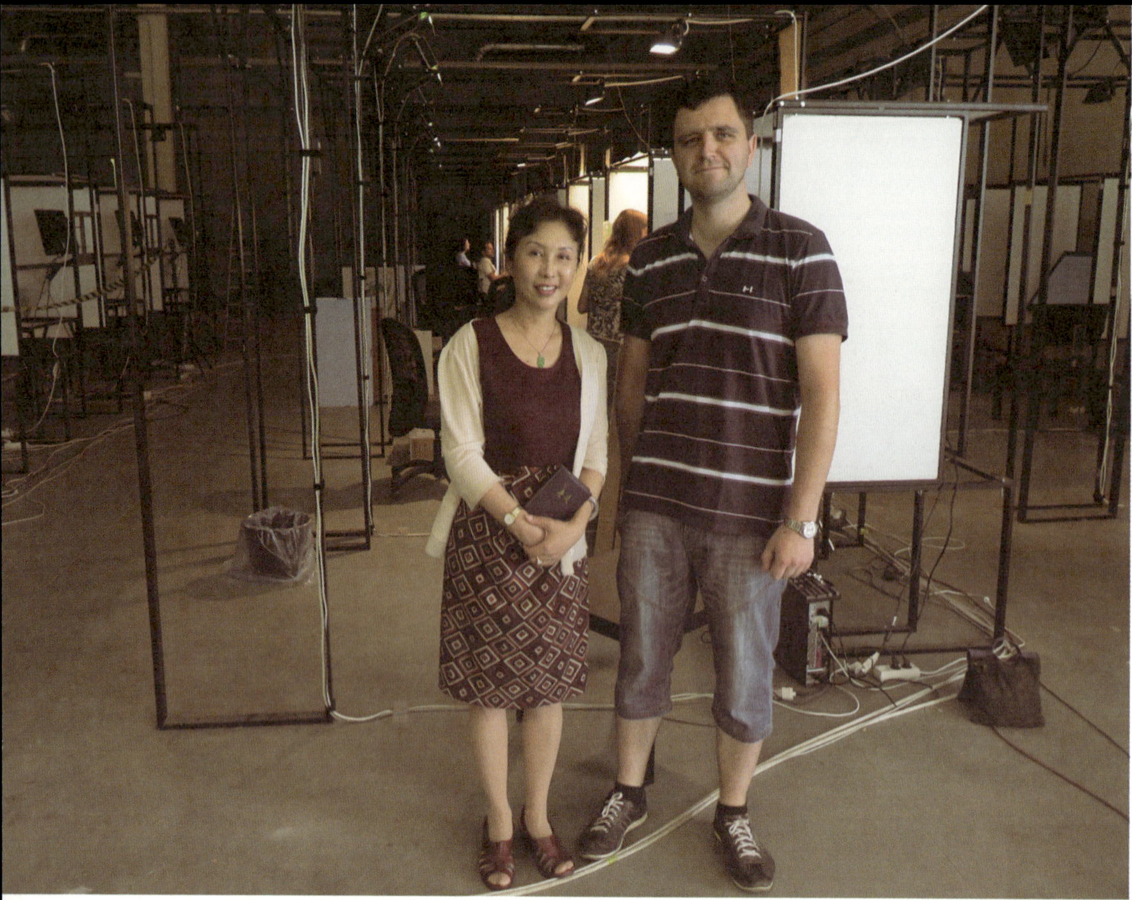

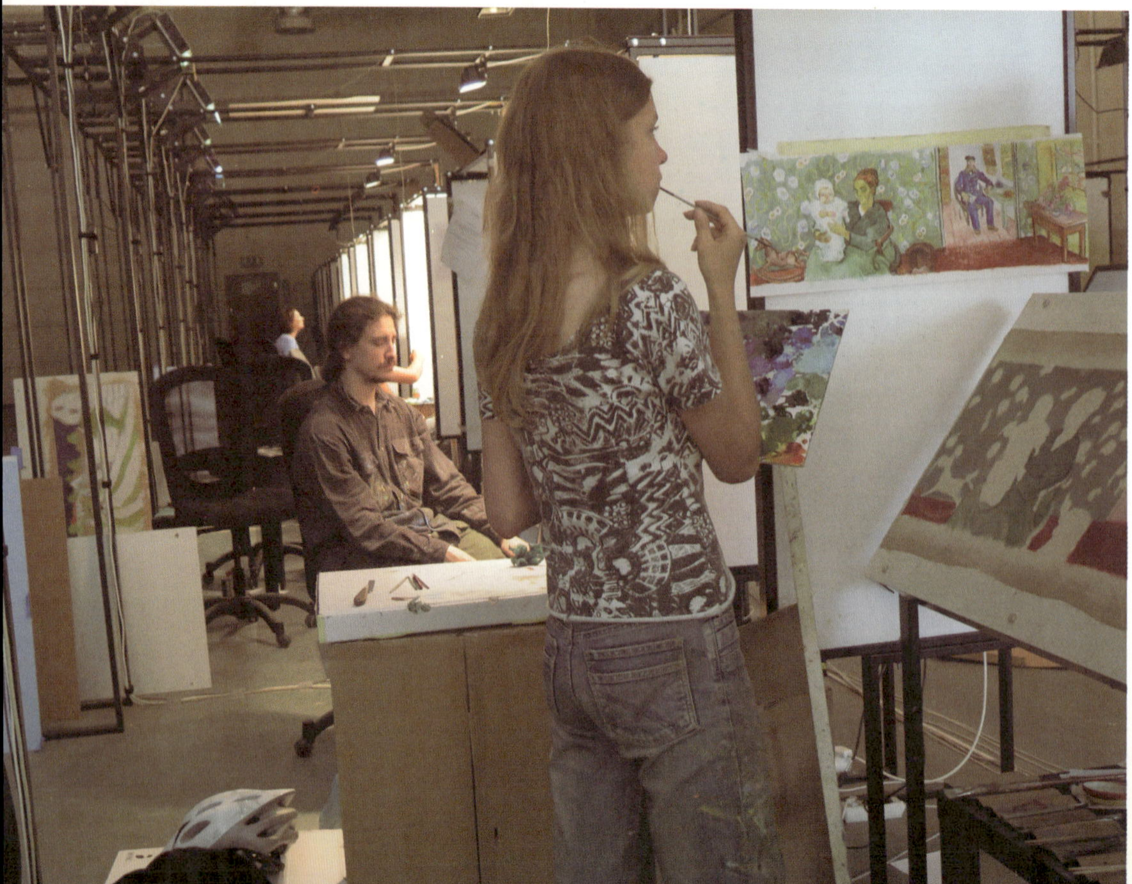

全以油画为单帧画面剪辑制作而成的。电影名为 Loving Vincent，中文名是《爱你梵·高》。

2015 年是梵·高逝世 125 周年，这将是一部向大师致敬的影片。这部启动于 2012 年的动画影片为了纪念梵·高，完全取材于梵 高的 120 幅原作和 800 封信件，通过 30 位绘画师以梵·高风格的油画再现，让梵 高的 20 位画中人对着镜头讲述画家的生平和其离奇的死亡，试图探索梵·高的精神世界与死亡之谜。

托马斯·沃克涅克先生向我继续介绍了公司参与制作的另一部动画作品《彼得与狼》（Peter & the Wolf），它原是俄罗斯作曲家普罗柯菲耶夫（Prokofiev）1936 年为儿童写的一部交响乐童话，故事里面的人物都是用各种不同的乐器来扮演的。现在由动画人物将这个经典故事搬到了现代，并赋予了其全新的结尾。故事讲述彼得和他的爷爷生活在当代的俄罗斯，乱糟糟的街道上流氓暴徒横行，如惊弓之鸟的爷爷遂把彼得和自己都关在一个像军事堡垒的房子里离群索居，并且不许彼得到外面结了冰的湖面上玩，也不许他爬家门前的大橡树。不过彼得还是趁机偷偷溜了出去，结果遭遇到恶狼。凭着机智和勇敢，彼得活捉了这只恶狼。但当他和爷爷把狼带到镇上时，发现人们对狼非常残暴，最终彼得决定把这只狼重新放回到大自然中。影片在角色塑造方面非常传神生动，荣获了 2008 年第 80 届奥斯卡最佳动画短片奖。

离开动画工作室，我来到一家名为深海科技（Deep Ocean Technology）的建筑设计公司，见到了水下酒店设计师保罗·巴德沃耶夫斯基（Paweł Podwojewski）先生，他向我介绍了他们公司主要设计水下酒店。虽然是第一次设计，他们的设计理念特别先进，成功设计的第一要素就是安全。他们的水下酒

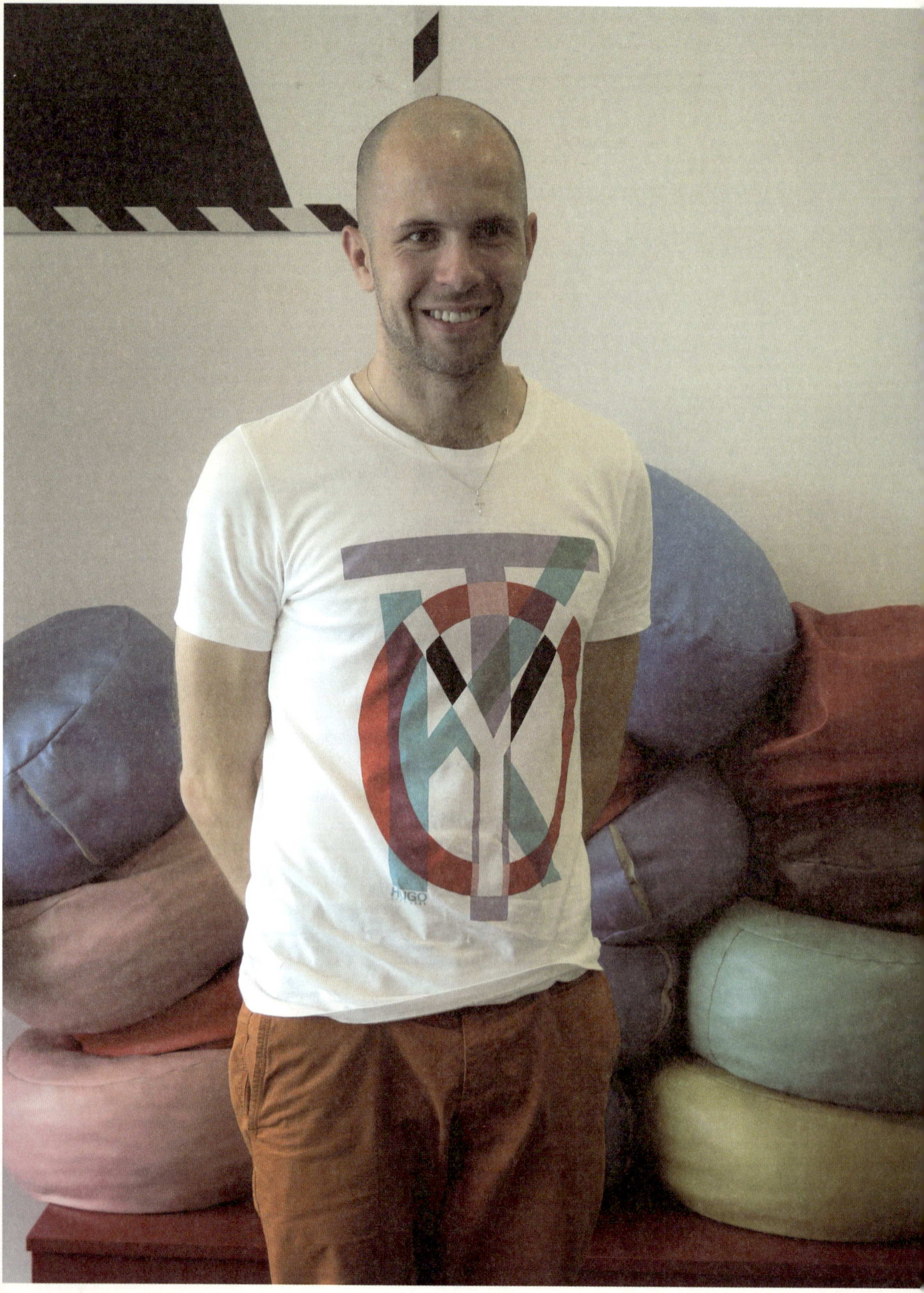
HUGO

店专为马尔代夫而设计，设计工作已经完成，地面上的建设已经开始，地下的工程正在筹集资金。设计公司与波兰的大学合作，共同实施。在交谈中我了解到保罗·巴德沃耶夫斯基先生的父亲是火车司机，妈妈是位会计师，他本人毕业于格但斯克工业大学建筑系，还曾经在德国留学，学习建筑设计专业，30岁的他敢想、敢干、敢做、敢为，是格但斯克精英人才的杰出代表。

百年历史的名牌学府：格但斯克工业大学

在波兰格但斯克，乘坐城际列车体验一回格但斯克市民方便的交通出行，也是一项非常美妙的享受。穿过绿茵茵的草地，我们漫步在一座离格但斯克老城区很近的公园里，这里环境优雅、鸟语花香。按照约定的时间，我和柯茗蕾女士来到了这所具有110年悠久历史的波兰名牌大学——格但斯克工业大学（Politechnika Gdańska）。

格但斯克是世界公认的波兰文化及教育中心，全市有多所高等院校，其中具有110年历史的格但斯克工业大学，被誉为欧洲一流名校。它的机械工程、土木与环境工程、建筑专业享誉全球。这座古迹般的高等学府，营造了浓郁的学术科学氛围，使格但斯克这座古城既保持着悠久历史的传统，又洋溢着青春活力的气息。在格但斯克的高等学府中名列前茅的，当属有着百年历史的格但斯克工业大学，这里是世界众多学生和学者心驰神往的学府。

在一幢红砖砌成的古老教学楼前，我们见到了格但斯克工业大学分管国际合作与创新工作的副校长杰克·莫克尼亚（Jacek Mąkinia），格但斯克工业大学学

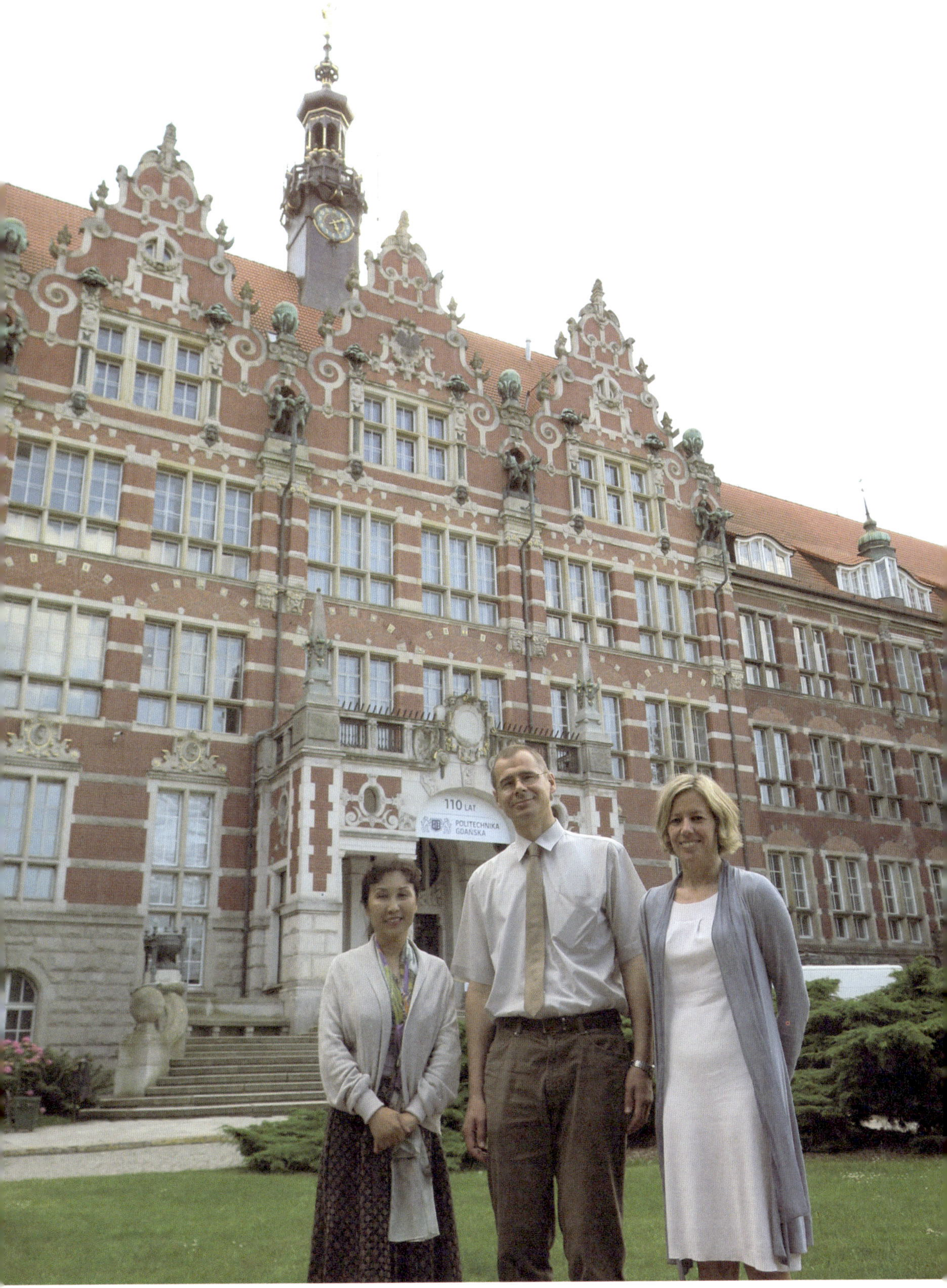
110 LAT
POLITECHNIKA
GDAŃSKA

生处负责人、校长助理玛格达莱娜·波斯卡（Magdalena Popowska）。他们非常热情地带我们来到教学楼的办公室，愉快地接受了我的采访。

绿草如茵、植被茂密，这为古老的校园增添了许多柔美和灵秀。格但斯克工业大学是波兰最古老的大学之一，建校于1904年，它与欧洲其他名校一样，为格但斯克造就了不少有世界影响力的人物。如约翰·赫维留（Johannes Hevelius）、华伦海特（Daniel Fahrenheit）……一串串闪光的名字，就像矗立在格但斯克街头，成为这座城市的楷模和骄傲。

副校长杰克·莫克尼亚先生手捧着一本格但斯克工业大学的画册，向我讲述了这座学校的历史、发展和现状。他告诉我，格但斯克工业大学校园是由各种拥有百年历史的建筑物组成的。在20世纪初期，作为建筑师和大学教授的阿尔伯特·爱因斯坦（Albert Cersten）设计了包含文艺复兴时期风格的主楼，是格但斯克工业大学的象征。在第二次世界大战期间，大学60%的建筑和70%的房屋受到破坏，钢框架是唯一的一幢钟楼留存下来的。战争结束后，得到的赔偿被用于重建，并被重建于2012年5月13日。

2012年，修复后的教学楼，钟楼上面一尊金色的雕塑，象征着教育是一盏明灯，照亮人类前景，知识是一盏明灯，指引人们走向胜利。政府投资了2000万欧元，在格但斯克工业大学建成了配套现代化的教育和研究中心，包括兴建了纳米技术中心与25个现代化的实验室、创新电力技术实验室和可再生能源一体化。这座新的教学楼，有一个充满未来和幻想的名字，叫作"未来的工程师"，比喻从这里走出的学生，都是国家的栋梁、世界的人才。他们将把在这所百年老校学到的科学知识回报母校、回报波兰、回报人类。

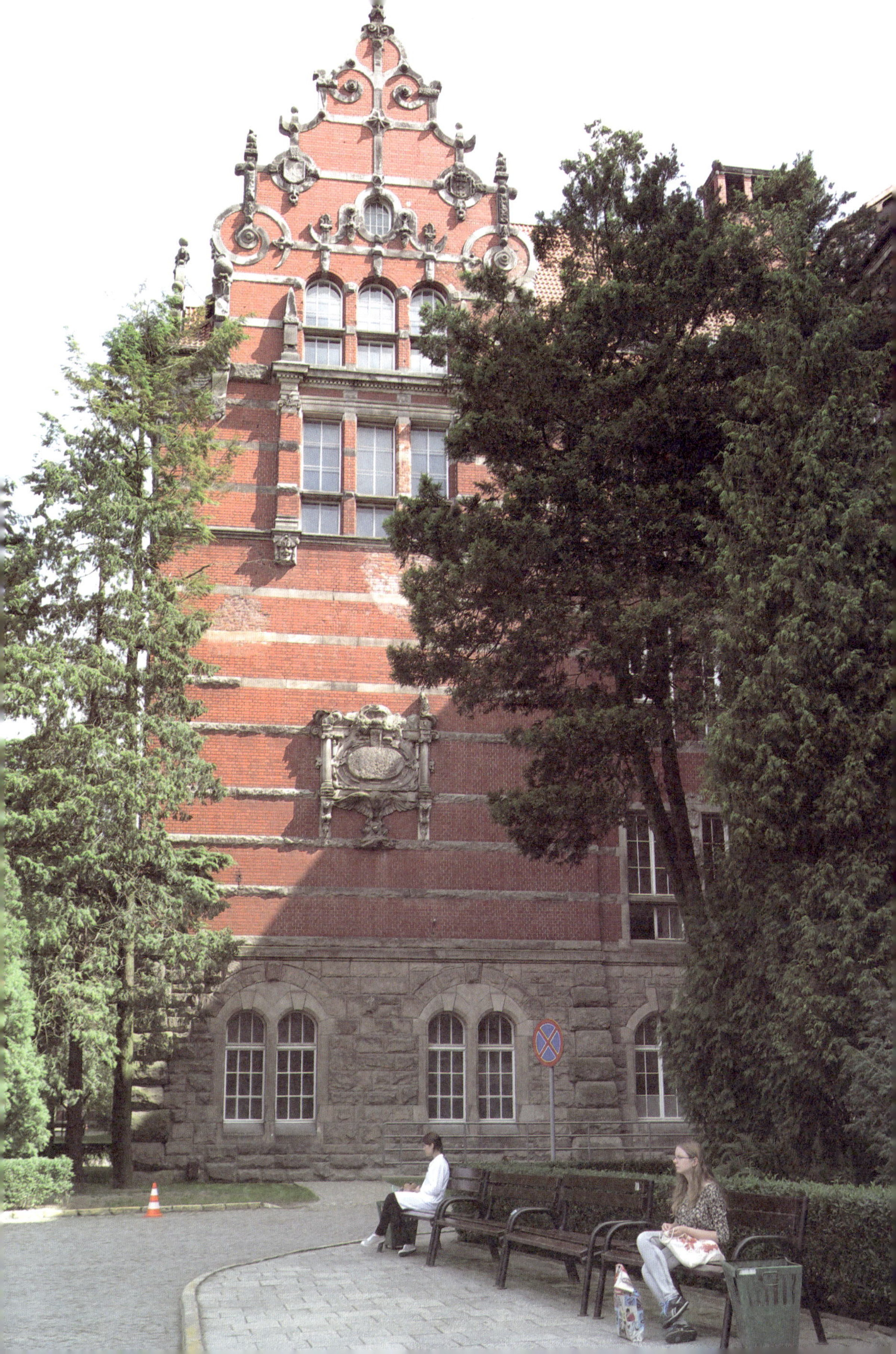

在我访问了这所百年名校之后，我了解到，格但斯克工业大学是波美拉尼亚地区历史最悠久、规模最大的科学与技术领域的公立大学，同时也是波兰最古老的大学之一。这所有着110多年历史的大学于1970年合并了原索波特经济学院和格但斯克教育学院，结合优质的教学资源于一身，成为波美拉尼亚地区最大的高等教育学府。

格但斯克工业大学是一所重点综合大学。目前在校教职工2500人，包括学术教员1200人。就读学生现已超过25000人，学校下设的9个学院几乎覆盖整个科学与技术领域。包括机械工程、土木与环境工程、建筑、电子，电信和信息、海洋工程和船舶技术、化学系、管理与经济学、北京应用物理与数学、电气与控制工程等院系。开设如建筑、商业、管理、机械、数学、电脑科技、环境工程、建筑工程、通讯工程、电子控制工程等综合学科，有些学位课程和专业提供英语授课。

格但斯克工业大学拥有世界上最先进的科学仪器与设备，是世界著名的工科大学之一。其管理专业在波兰颇为出名。此外，它的一些GUT的课程在波兰也是独一无二的，例如建筑、化学、纳米技术、大地测量和制图，以及工程资源等院系和专业。学生可以使用专业实验室、配有多媒体设施的阶梯教室、有着1.2万册图书的图书馆以及各种先进体育设施。本科生也可以加入众多科学或语言学会以及其他组织。

近几年，为了满足开放的经济和社会需求，格但斯克工业大学已经做了很多改变，既保留一所技术大学的传统，同时正面临转型：从一个数字大学转型为SMART大学，承接创新的国际项目。它的重点是维持高的教育质量标准。

格但斯克工业大学是波兰唯一加入GUT机构的大学，同时它也是由美国麻省理工学院和瑞典查尔姆斯理工大学合作创办CDIO倡议的成员。CDIO代表构思（Conceive）、设计（Design）、实现（Implement）和运作（Operate），它以产品研发到产品运行的生命周期为载体，让学生以主动的、实践的、课程之间有机联系的方式学习工程。CDIO培养大纲将工程毕业生的能力分为工程基础知识、个人能力、人际团队能力和工程系统能力四个层面，大纲要求以综合的培养方式使学生在这四个层面达到预定目标。

格但斯克工业大学从事国家重大项目研发，并在国际上获取许多奖项，在波兰，它的上课排名第一，综合排名前五。同时它还是国际学生首选及国际学生申请人数在全波兰排名第一、毕业生在国际公司担任首席执行官全国排名第二的公立大学。

副校长杰克·莫克尼亚先生说，像格但斯克工业大学这样有着110年历史的大学，在当今世界上也不多见。早在17、18世纪，毕业于格但斯克工业大学的天文学家约翰·赫维留（Johannes Hevelius）就为人类科学做出伟大贡献。约翰·赫维留出生于格但斯克，1636年加入啤酒酿造会，并于1643年成为其领导人。1651年成为市议会议员，后来又成为市长。他终生在格但斯克的市政管理中占据领导地位。在1639年以后，他的主要兴趣转向天文学，建立私人天文台观察月球，成为月面学的创始人，为1500多颗星球分类，还发现了4颗彗星。他制造了许多天文观察仪器，并于1647年发表所编月面图，星表和星图在他去世后于1690年出版。

另一位毕业于格但斯克工业大学的著名物理学家华伦海特（Daniel Fahrenheit），也为人类发展做出了杰出贡献。华伦海特1686年5月24日生于格但斯克。少年时其父母意外死亡,迫使华伦海特开始学习商业。经过在阿姆斯特丹的多年训练后,从事玻璃制品的吹制和贸易,并制作气压计、高度计和温度计出售,创立了华氏温标,他把水的沸点定作212华氏度,冰点记作32华氏度;发明了净化水银的方法,并且第一次提出了在温度计中普遍使用水银的主张,他自己就制作过水银和酒精两种温度计;华伦海特还发现了水的沸点随大气压变化的规律,并应用这一规律研制成功沸点测高计。

在采访中我了解到,副校长杰克·莫克尼亚先生就是毕业于格但斯克工业大学的环境保护与工程系。当我问他为什么选择学习环境保护与工程专业,他告诉我,这个专业从当时至今,一直在世界名列前茅。"当年我就是怀揣着一个梦想,走进了这所历史名校学习。因为我觉得,学习这个专业,可以为保护生存环境,为人类提供良好的生存与生活环境做点贡献。现在,我认为我的选择是正确的。当时还没想到研究环境保护与工程专业非常有意思,当我走进格但斯克工业大学学习入门之后,对它的兴趣与日俱增,而且在这个领域也积极探索,做了很多研究。我们2015年5月18—21日,将在格但斯克举办世界国际污水处理论坛,我对污水处理的课题非常有研究,届时来自美国、加拿大、欧洲、澳大利亚等一些知名大学,和来自中国上海同济大学、哈尔滨理工大学、香港大学的科学家都将云集格但斯克参加论坛,为人类污水治理发展建言献策。"

副校长杰克·莫克尼亚先生说,从格但斯克工业大学毕业后,他曾到美国继续攻读环境保护与工程专业的博士,后来在西雅图做访问学者。但是他无论走到哪里,都把波兰的传统文化、格但斯克的优良学风传承下来,发扬光大。他自豪地说:"我愿意服务我的国家,也愿意为人类保持良好的环境生态做些贡献。"

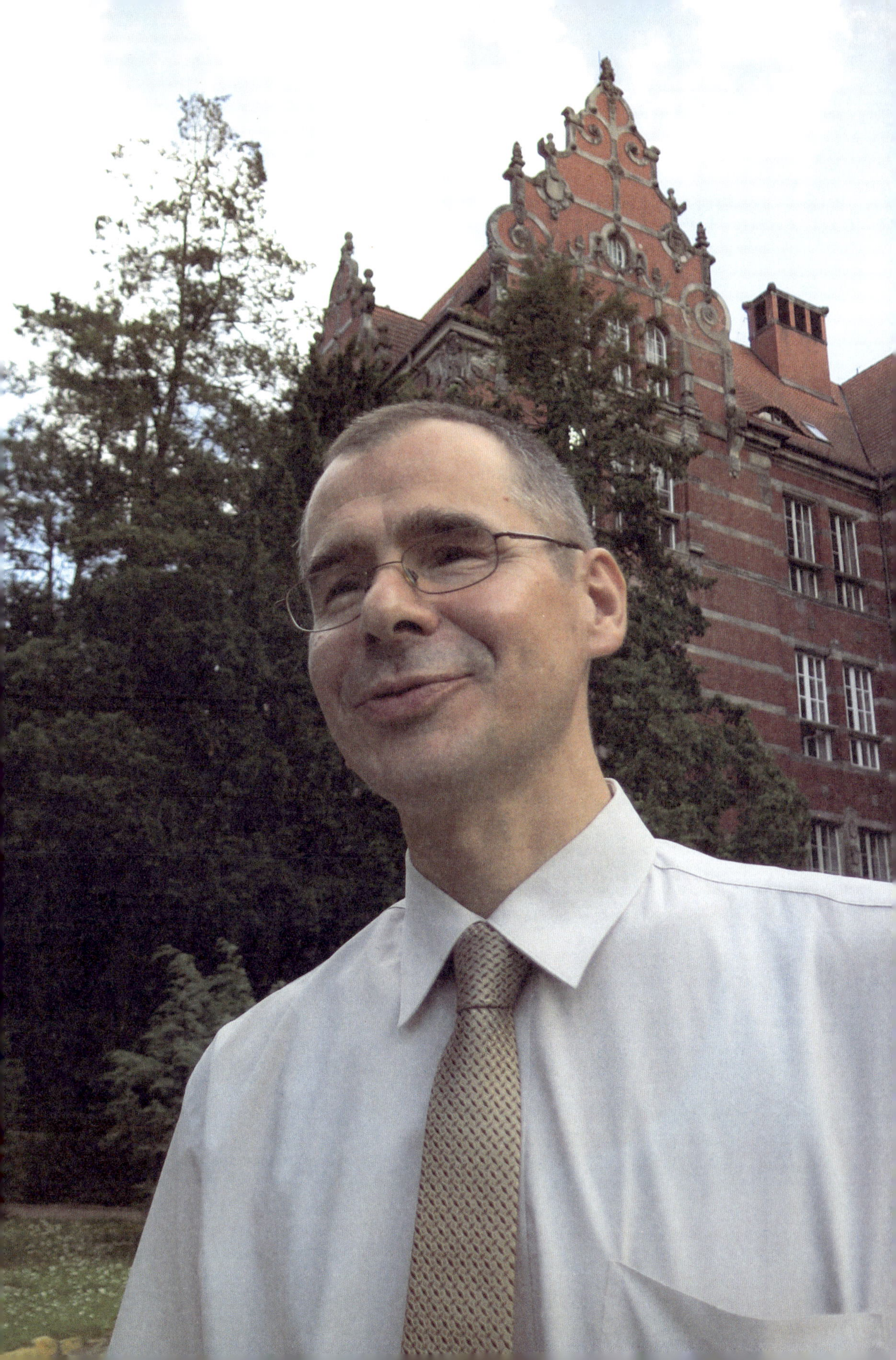

玛格达莱娜·波斯卡女士向我介绍了自2006年起，格但斯克工业大学就与中国的高等学府开展了合作与交流，该校毕业生的学位获得中国教育部的认证。它是波兰唯一一所中国学生可参加同欧洲各大公立大学互换交流的公立大学，也是波兰唯一一所为国际学生成立就业辅导中心的公立大学，学位全球认可。另外值得一提的是，格但斯克工业大学有大量来自中国读经济管理（Bechelor in Management）的留学生。波兰学生一年级到三年级学中文，学校以此加强两国大学生的交流机会。

她还清晰地记得，2007年，她到格但斯克机场迎接中国新留学生的情景。当时中国的学生刚来到格但斯克，语言不通，文化有差异，学校就提议老师牺牲休息时间，为中国来的新生补补课，新生们拍手称快，异口同声说没问题。"看到中国的学生求学欲望如此强烈，我心里的一块大石头落下了。我非常高兴，中国的学生热爱学习。2010年，有17名中国留学生经过考试，顺利毕业，有的回国，还有的去了新加坡、美国继续学习深造。从此我们和中国高校间的交流与交往，随着时间的推移更加密切，我们与上海同济大学开展了教学方面的交流，从2011年就有两名来自中国的研究生到我们格但斯克工业大学交流访问。在我们格但斯克工业大学华诞一百年之际，中国的香港大学、南开大学、北京外国语大学、深圳大学、北京理工大学、上海师范大学、天津理工大学、重庆邮电大学、山东德州大学等多所高校，前来祝贺并开展教学与学术交流。今后我们将更加广泛地、多领域、多层次地与中国的高等院校开展交流合作，共同培养人才。"说到这里，玛格达莱娜·波斯卡女士说了一句令我印象深刻的话："格但斯克工业大学，有百年的历史、有古朴的校园、有青山绿水、有高水平的教学质量，我们张开双臂，欢迎中国的留学生。"

如今，格但斯克工业大学桃李满天下，从这里走出去的优秀学生们，无论在哪里，都根植于波兰的土地，从格但斯克的沃土中吸取那种不骄不躁、从不自弃、稳重沉静的养分，与格但斯克工业大学割舍不去的情愫，形影相随地洋溢在每个人心中，凝固在古老的大学校园里，凝固在莘莘学子渴求知识、渴望智慧的眼神中……

波兰人才的摇篮:格但斯克大学

按照中国人的观念,"山不在高,有仙则名"。一座城市的闻名与活力,不在于它的吸金能力或是"纸醉迷金"的程度,而在于它是否能在发达与发展中,始终充当人才成长摇篮的作用。城市大学便是其中最重要的体现。在美国纽约华尔街,每年有哥伦比亚大学等学府为其输送顶尖人才;在华盛顿,有耶鲁为其培养未来的总统;在中国北京,有北京大学、清华大学、北京师范大学为其培养各个领域的先锋人才。而在格但斯克,以城市命名的学府——格但斯克大学,成立时间虽不到百年,但却为波兰培养了卡钦斯基、图斯克等一大批波兰国民中的翘楚,民族的骄傲。

格但斯克大学(波兰语 Uniwersytet Gdański,英语 University of Gdańsk)始建于 1970 年,最初是由索波特(Sopot)经济学高中(Wyższa Szkoła Ekonomiczna)、格但斯克教育学高中(Wyższa Szkoła Pedagogiczna w Gdańsku)两校合并而成;不久之后又有一所本土高中也加入了格但斯克大学的家族之中。格但斯克大学的前身是在 1945 年成立的索波特(Sopot)海贸高中。

Profesorowie Tytularni
60-lecie uniwersyteckiej chemii w Gdańsku
20-lecie Wydziału Chemii UG oraz kierunku Ochrona Środowiska
Uniwersytet Gdański - Wydział Chemii
Profesorowie Tytularni
Uniwersytet Gdański - Wydział Chemii
Profesorowie Tytularni
Uniwersytet Gdański - Wydział Chemii

格但斯克大学是波美拉尼亚地区内最大的高等教育学府。校内提供近30个领域，100余个专业供学生选择。校内现有生源数量已逾35000人，另有教职员工以及外语教师培训师共计1700余人，教育实力非常雄厚，在全球高校网国家高校排名第36位。

该校的生物学、生物科技、化学、心理学以及教育学等专业在省内都属于顶尖水平之列。在欧洲科目之中，例如苏格拉底－伊拉斯谟斯研究，学生可以通过对相关知识的学习来扩展自己对周围世界的了解，同时也习得更多的经验。本校的学生也直接参与MOST计划，本计划让学生可以在波兰的18所大学中任选一所，并在该校进行一年的交换学习。该校还设有职业规划办公室，其在区内的职业咨询资质也是属于顶尖之列。这个办公室将为在校学生提供最优质的就业指导，并为学生们在职业规划中可能遇到的问题进行辅导。同时校内教职员工有着丰富的海外工作经验，这对提供更为现代和开放的教育也有着极大的帮助。

慕名来到格但斯克大学采访，在校长办公室，见到了副校长约瑟夫·阿诺·伏沃达斯基（Józef Arno Włodarski）、经济系主任克里斯蒂娜·兹沃（Krystyna Żołądkiewicz），以及中文系主任乌兰女士。与他们开心地交谈，聆听着约瑟夫副校长讲述他和格但斯克大学的故事，我对这所大学更加崇敬。

约瑟夫首先向我介绍他最敬佩、也是我们中国人最熟悉的格但斯克大学校友——波兰前总统卡钦斯基夫妇。

卡钦斯基先生早年进入华沙约阿希姆·莱莱韦尔第四十一普通中学及别拉尼（Bielany）波兰航空第三十九普通中学学习。1971–1979年在格但斯克大学研究部学习劳动法。1980年获得劳动法学博士学位。1990年被授予博士后学位。

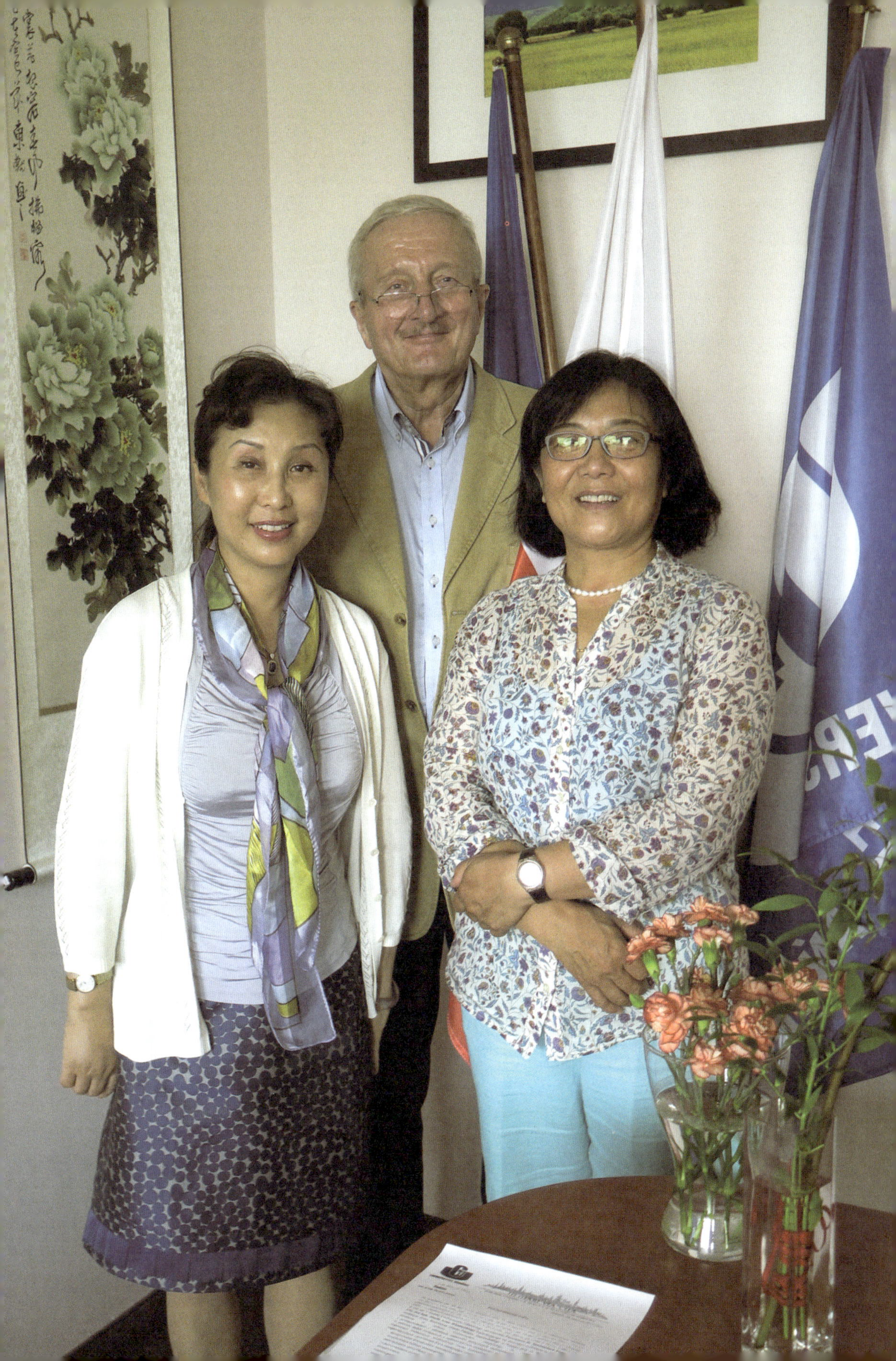

1996-1999年担任格但斯克大学副教授，自1999年以来，名义上就职于华沙斯特凡·维辛斯基枢机大学。

2005年3月19日，卡钦斯基正式宣布参加10月的总统竞选。在总统选举中，卡钦斯基提出要建立"第四共和国"，他将与昔日的格但斯克大学校友——唐纳德·图斯克之间的竞争界定为"团结波兰"与"自由波兰"之争。其支持者主要来自农村和教会，并且获得了农村三分之二选民的支持。2005年10月23日总统选举第二轮投票中，他获得54.04%选民中的8257468票，击败第二名竞争者唐纳德·图斯克，赢得选举，取代了前共产党总统克瓦希涅夫斯基，获得最终胜利。

2008年2月，作为波兰总统的卡钦斯基遣特使乌雅兹多夫斯基访华，并向中华人民共和国国务委员陈至立递交其就波兰弗罗茨瓦夫申办2012年世博会的事情致中华人民共和国前主席胡锦涛的亲笔信。2008年5月13日，对于中国发生汶川大地震，他代表全体波兰人民并以个人名义向遇难者家属表示诚挚慰问，祝伤者早日康复。

说到这里，他认为不得不提起另一位让波兰人引以为傲的格但斯克大学校友——杨·克日什托夫·别莱茨基（Jan Krzysztof Bielecki）。他是波兰自由派政治家和经济学家，毕业于海运经济学系。他是自由民主大会领导人，1991年1月至12月任波兰总理。2003年到2010年任波兰商业银行（Bank Pekao）行长，现任波兰国际事务研究所主席。自2000年以来，别莱茨基是公民纲领党成员。2010年，《华沙商业日报》形容别莱茨基是"波兰最受人尊敬的经济学家之一"。

"近年来，随着中国经济的迅速发展，格但斯克与中国的交往十分密切，现在格但斯克就有11所大学与中国签订了合作协议，我们格但斯克大学就是其中一所。"约瑟夫说。

另外，前任总理、现任欧盟理事会主席图斯克，是毕业于格但斯克大学历史系的研究生；科瓦西科夫斯基毕业于格但斯克大学运输经济学系；瓦文萨还是格但斯克大学的名誉博士，同时也是格但斯克大学的教授、名誉校长和全球化全权代表。

约瑟夫先生又聊了聊他自己："我本人也是毕业于格但斯克大学，攻读历史学。这所大学培养了我。多年后，我留校任教工作。我对中国的历史也非常感兴趣。"从1981年，约瑟夫就认识了中国驻波兰总领事，而且关系一直很好。约瑟夫出生在离格但斯克不远的千湖区——瓦尔米亚·玛祖尔，一个很小的镇子上。母亲是普鲁士人，父亲是波兰人，家庭使用卡舒比语，还用卡舒比语写剧本。他从小就对历史感兴趣，从来没有放弃对理想的追求。他从小喜欢看书，读过很多和格但斯克有关的历史文化书籍，在他幼小的心灵里，格但斯克是一座非常大的城市，有非常悠久的历史和文化，所以他一直在想，有机会一定要到格但斯克来读书。

这个愿望实现了，他一试锋芒，就榜上有名。"很年轻的时候，我就有一个愿望，将来想到格但斯克大学来读书。格但斯克大学创办于1970年，成立当年，经过刻苦努力，我考上了格但斯克大学历史系，成为格但斯克大学第一批大学生。我们刚入校的时候，学校的基础设施还比较差。如今，走进校园已有45年，从一个血气方刚的青年成为一头银丝的中年人。但是，对格但斯克的感情，不曾改变。"

ETHOS RYCERSKI W HISTORII, LITERATURZE I KULTURZE
J. WŁODARSKI POLITYKA PRUSKA ELEKTORA BRANDENBURSKIEGO

"格但斯克这座城市有自由精神，有文化历史，有独特的开放、勇敢和热情，这些就是格但斯克对我来说，最有魅力的地方。"格但斯克大学教师们的敬业精神，是从约瑟夫进校第一天到现在都不曾改变的。中国有句俗话——严师出高徒。格但斯克大学教师的水平堪称一流，培养出来的学生也都非常优秀。谈到这里，他笑着对我说："你看，坐在我们身边的乌兰老师，就是一位严师。格但斯克大学的专业非常与众不同。"

约瑟夫认为他的成长离不开格但斯克，每一点进步，都离不开格但斯克大学。格但斯克勇敢、自由、开放的精神，对办好格但斯克大学有积极的促进作用。在此他也感谢恩师瓦茨瓦夫·奥德涅茨（Wacław Odyniec），他出生于一个贵族家庭，毕业于立陶宛大学，与波兰著名诗人密兹凯维奇（Mickiewicz）关系甚笃，他影响了约瑟夫的一生。

"70年代中期，长相俊俏，讲课生动，腰间还插着一把宝剑的老师，对于年轻的学生来说魅力十足。他风度翩翩，智慧过人，使得当时的历史系还吸引了许多高级军官到这里来学习。"约瑟夫在说起自己的导师奥德涅茨时，眼睛闪着亮光。

在校长办公室里，作为历史学家的约瑟夫先生还讲述了他与中国的渊源。记得很早的时候，他到瑞典去旅游，看到一本用瑞典文出版的、由德国人于1917年拍摄的北京老照片，说着，他拿出这本画册放在我面前：王府井、故宫、九龙壁跃入眼帘。

在《欧洲语言文化研究》一书中，我看到了约瑟夫的文章《波兰人意识中的中国》。

"作为历史学家，从最初看中波关系至今，给我带来了很多思考和启迪。早在1241年,中波就有了交往。后来在1245年,当时,教皇派一位波兰传教士来到中国,他叫Benedykt Polak,是弗罗茨瓦夫人。那时的中国人称波兰人为波里尔,从此以后,许多波兰传教士纷纷来到中国。他到过长城脚下,喀喇昆仑山。一位名叫卜米格的传教士很有名,被誉为波兰汉学奠基人,又被称为波兰的马可·波罗。在明朝时,他还当过三品大员,在欧洲叫外交官。卜米格写了很多关于中国中医药的书,把中医药文化传播到了波兰。"约瑟夫介绍说。

约瑟夫说中波友谊源远流长,格但斯克与中国的交往也是很有渊源的。波兰的第一位国王叫杨·索别斯基(Jan III Sobieski),也是第一个与中国有交往的国王,和康熙皇帝有书信来往,还给康熙皇帝寄过自己的肖像。国王很喜欢中国的瓷器,他通过荷兰的船,将瓷器通过格但斯克港口运往波兰。当时的格但斯克经济繁荣,贸易发达,是波兰最大的城市,有7万多人口。1893—1901年期间,德国人占据格但斯克,他们派了很多军人到中国镇压义和团运动,在此期间,也有很多当时在德国柏林学习的中国人来到格但斯克造船厂实习。17—18世纪,中国的艺术品如瓷器、茶艺、丝绸传入波兰,中国货在当时非常时髦,因此,格但斯克又被誉为"中国园林"。

18世纪,欧洲的行政官员们,借鉴中国的科举考试制度,用于选拔和任用官员。中国的茶叶进入波兰有两个渠道:荷兰人通过港口运往格但斯克,其次是从俄罗斯进入格但斯克。当时有位名叫尤安娜·叔本华(Joanna Schopenhauer)的女士写了一本自传,其中很多内容是介绍中国的a。其中特别写到了陆运茶叶是如何从俄罗斯运往格但斯克的。这位女作者就是著名的哲学家叔本华的母亲。

见我们闲谈时间过午,约瑟夫为我沏了一壶香浓的茶。他说:"如果你要问,波兰人喝茶的历史是从何时开始，那么我要告诉你，就是从17世纪。当时，茶叶是富贵人家的奢侈品，其中，也有一些中国的传统草药传到了波兰，波兰的贵族们用它们来做饮料，助消化，防感冒。直到1750年，18世纪中叶以后，在波兰，普通人家才开始饮用茶。"中华人民共和国诞生之日起，就与波兰合作成立了中波轮船公司，这也是中波合作史上的典范。

格但斯克大学与全世界115所大学合作。有全日制本科3年，硕士2年，博士4年。与美日英德法中学生交流数量最多。有11所大学与中国开展合作。体育运动项目，在全波兰体育运动中名列前茅，合唱队，乐队都是频频获奖的优秀团队。

说到这里，约瑟夫副校长脸上挂着喜悦说："我们格但斯克大学合唱团，还曾经到中国北京参加过国际合唱比赛，获得国际大奖。"

约瑟夫之所以爱格但斯克大学，首先是崇尚格但斯克精神，这座城市对他以及当年像他一样怀揣梦想的年轻人都极具吸引力。因为这座城市是尊重人才、培养人才、鼓励和发挥每个人的创造性的圣地，格但斯克的精神是自由精神，这种精神象征着大海宽阔的胸怀。她有着一千多年的历史，坚定勇敢，充满了海纳百川的精神和自由开放、勇往直前的气魄。"这座城市一直冲锋在前，无论在各个方面，都在引领着波兰，迈开大步，朝前走去。我从一个建筑公司的员工，到成为格但斯克大学的教授和历史学家，我的聪明才智是格但斯克培养和给予的。我过去一直，将来还一如既往地为国、为格但斯克做出更多贡献。"

按照国家化进程来说，格但斯克大学与中国的合作也是多方面的，互惠互利，共同繁荣，这也象征着格但斯克大学与中国大学合作的前景。"我们格但斯大学的学生在全波兰国立大学中，人数是最多的。"约瑟夫告诉我，"2013年10月3日，格但斯克大学中文系正式成立，希望将来能扩大格但斯克大学与中国大学的友好交往。"

中国驻格但斯克总领事刘垣垣女士及300多名各界人士参加了当时的开学典礼。中国驻格但斯克领事馆、中波轮船公司、国家汉语国际推广领导小组办公室等有关方面负责人前来祝贺。国家汉办派来两名教师到格但斯克大学中文系工作。格但斯克大学是波兰北方第一个，全波兰第五个开设中文系的大学。

约瑟夫副校长引见的乌兰教授，是格但斯克大学中文系主任。她对我说："格但斯克大学中文系对学生的要求非常高，学生在一年级的第二个学期，就可根据学习成绩，到北京理工大学、中国青年政治学院，西安电子科技大学等中国学校交流学习。我们的学生3个月就能掌握基本词汇，到中国学习，就可以直升到中文系的中级班学习。2013年，经过严格的考试，11人中有1人录取。今年或以后的招生，要更加严格，把好质量关，招收最优秀的生源。用贝尔纳尔德·拉迈克（Bernard Lammek）校长的话来说，要把格但斯克大学中文系，建成全波兰，乃至欧洲一流的中文系。格但斯克大学的学习氛围非常好。今年，在去年36人的基础上，招收全日制班，两个非全日制走读班。我们在经济、法律、社会学、管理系都开设了中文选修课，这是在全波兰国立大学中，开设中文选修课程最多的学校。今后的目标是在格但斯克大学11个系中，全部开设中文选修课，在全波兰国立高中，第一个开设中文班的高中；并在格但斯克大学开设9个中文班，其中，要选择优秀代表参加汉语桥大赛。2014年2月18日，在格但斯克大学还举办了中国服装秀、茶道表演、剪纸亮相等活动，用中、英、波文举办各种活动,培养学生的综合交流和实践能力。格但斯克大学中文系是在格但斯克大学东亚研究中心基础上建立的。格但斯克大学与广州外语外贸大学合作开设了波兰语系,去年第一批招生,9月1日开学。格但斯克大学先后在京沪粤参加教育展,积极与中国大学交流合作。格但斯克大学比华沙大学贵350欧生活费,设施很好。"

乌兰女士介绍了一下自己的情况:"我是去年4月被邀请到格但斯克大学组建中文系的,感觉很有信心。因为格但斯克大学,特别是校长各方面的支持,中文系的学习氛围非常好。学生们素质很好,进取精神强,课堂参与程度比国内活跃,学生评价很好,他们很喜欢我们的学校,也很喜欢学习中文。学生说,虽然老师对我们要求很严,但我们有很多兴趣小组,让我们在边玩边学的过程中,了解中国文化,走进中国文化。看到学生们热爱汉语,刻苦学习,我也非常高兴。对办好中文系充满信心。"

乌兰之所以愿意来格但斯克大学中文系工作,是为了传递中波友谊,让更多的人了解中国文化。她是波语系毕业的,她与易丽君教授合作翻译过米沃什的《被禁锢的头脑》,曾在2013年12月深圳读书节被评为当年"最受欢迎的图书"。她还翻译了《记者中的诗人——雷沙德·卡普钦斯基》(Ryszard Kapuścinski),《与希罗多德一起旅行》(2009年出版),获得鲁迅文学奖翻译奖提名。她翻译的《皇帝》销量很好,《卡廷惨案》更是连接了中国人与波兰人共同的战争记忆,从历史角度拉近了中波两国人民的友谊。

目前除了当中文系主任,乌兰还负责学校内外的协调工作,以及与中国大学的联系合作。乌兰是华沙大学波兰语专业的硕士,北京外国语大学波兰文学博士。

与格但斯克大学的对话，在轻松而愉快的氛围中结束，而这所高校带给我的震撼和思考一直没有停息。与某些功利性很强的考试型大学不同，格但斯克大学诞生于自由之都，拥有滋养文化和科技的沃土。这是波兰民族骄傲的诞生地和成长的摇篮，约瑟夫就是其中一员，他与卡钦斯基、图斯克等波兰符号一样，一生无法与开放和包容的智慧海洋分开。因为他看到了振兴国家、追求自由的园地。"在享受自由与智慧的沐浴后，桃李满天下，这比什么都珍贵。"约瑟夫自豪地说道。

音乐人才的摇篮：格但斯克音乐学院

格但斯克是音乐之城，千百年来它一直吸引着世界各地的音乐人才。格但斯克向波兰乃至世界输送过很多音乐大家。其中，坐落在格但斯克古城摩托拉瓦河边老街上的格但斯克音乐学院（波兰语 Akademia Muzyczna w Gdańsku，英语 Academy of Music in Gdansk。1981 年，该校以波兰著名的歌剧作曲家、指挥家斯坦尼斯拉夫·莫纽什科的名字命名，因此又称为莫纽什科音乐学院）是名副其实的音乐人才的摇篮，该校在交响乐领域在波兰国内外享有盛誉，不少著名的音乐组合成员都是该校的毕业生。它高质量的教学对波兰北部的音乐生活产生了很大的影响，同时也为其他地区输送了优质的音乐血液。

上午，我路过摩托拉瓦河，沿着河边的老街，漫步来到莫纽什科音乐学院。迎接我们的是分管学校科学管理及教育事务的副校长——马莱克·罗茨瓦夫斯基（Marek Rocławski），他同时还是著名的音乐指挥家。在学院的教学办公室他向我讲述了莫纽什科音乐学院的历史。他说，"二战"后，格但斯克这座城市没有一所音乐院校，因此国家和政府决定 在格但斯克建立一所专门培养高等音乐

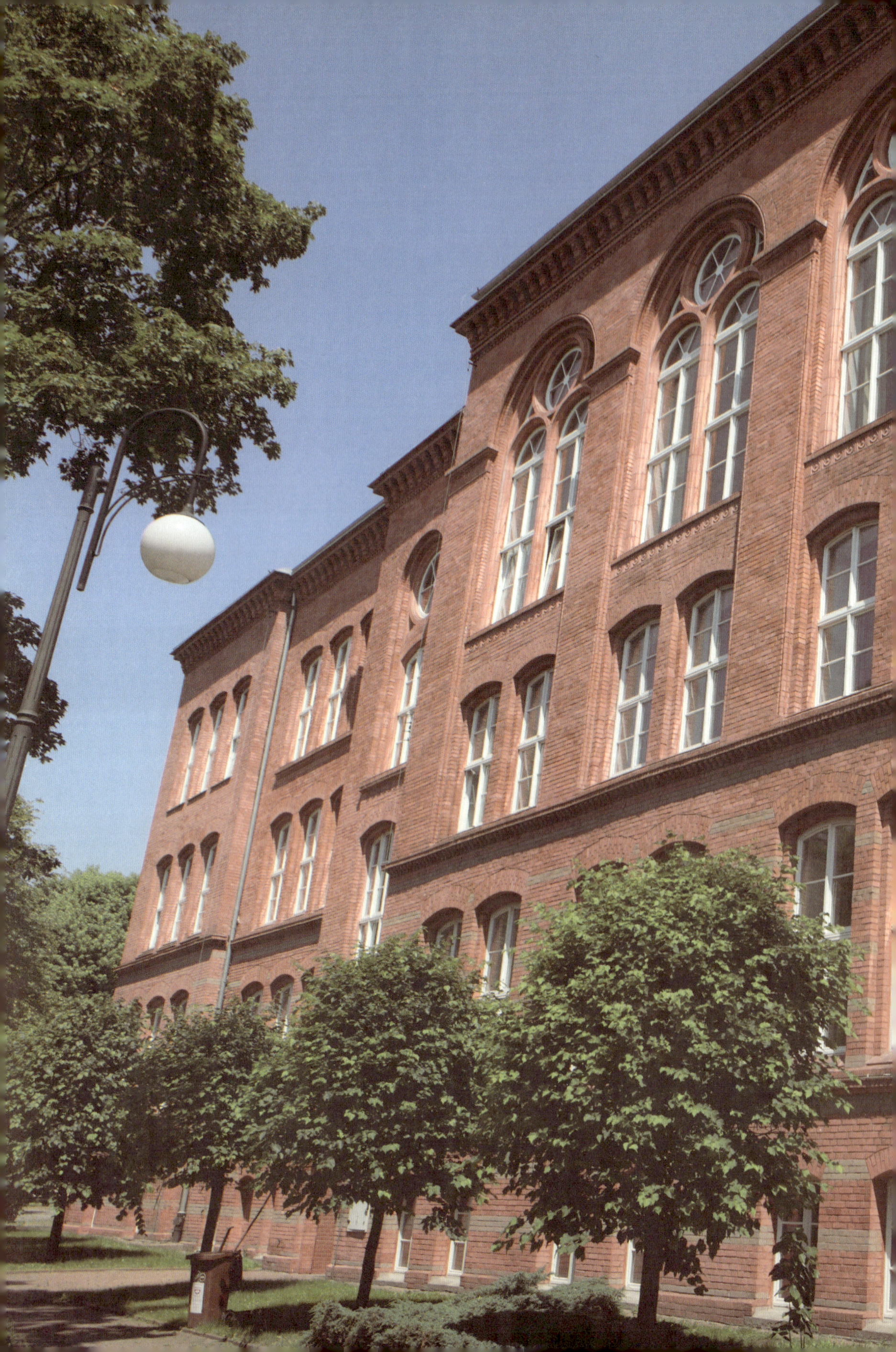

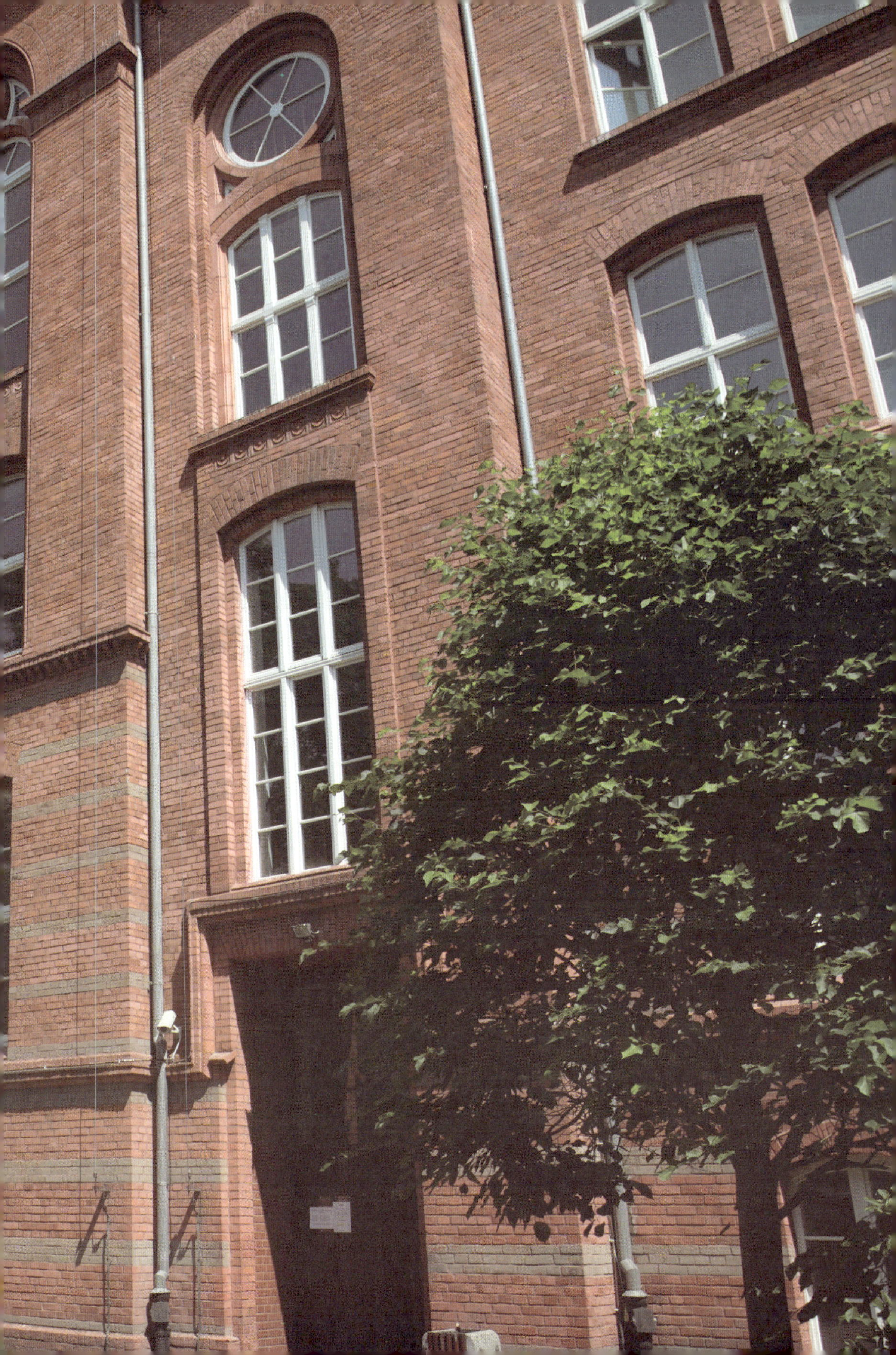

人才的音乐教育学院。1947年时，众多音乐老师在索波特市（波兰北部的一个城市，离格但斯克非常近）建立了国立高等音乐学校。1966年这个机构被迁移到格但斯克，1982年它变为今天的莫纽什科音乐学院。20世纪90年代莫纽什科音乐学院不断地扩建，音乐学院地处格但斯克城市中心位置。目前，本院属于波兰占地面积最大的、在校学生最多的音乐学院。学校配套设施完整，教室、琴房、排练厅、音乐厅、学生宿舍、小卖部等设施一应俱全，硬件设施的配备也属一流。值得一提的是本院的音乐厅，这个音乐厅的墙面是经过特殊处理的，墙面是活动的，会随着音乐频率的不同而转动，以便让这个音乐厅的听众达到最好的视听效果，甚至听力有障碍的人也可以在这里欣赏到完美的音乐。

马莱克·罗茨瓦夫斯基先生继续告诉我，学校1947年刚成立的时候，被命名为格但斯克国家音乐高等学校，1981年，以波兰著名的歌剧作曲家、指挥家斯坦尼斯拉夫·莫纽什科（Stanisław Moniuszko）的名字命名，这所高等音乐学校改名为莫纽什科音乐学院。

马莱克·罗茨瓦夫斯基先生向我介绍了这位波兰音乐天才光辉的一生。

波兰作曲家、指挥家、波兰民族歌剧的创始者——斯坦尼斯拉夫·莫纽什科，1819年5月5日生于明斯克附近的乌贝尔庄园。莫纽什科在华沙（1827–1830）和明斯克（1831–1836）普通中学读书；1837年到柏林，用近3年的时间学习作曲理论和指挥。1840年回国后，住在维尔诺18年。在这里，他满怀创作激情，孜孜不倦地为实现自己的艺术理想而竭尽全力——为当地和明斯克的剧院写作一些小歌剧和喜歌剧，如《理想》、《新唐吉诃德》和《夜宿亚平宁山》等，并为一些戏剧谱写配乐。1848年，莫纽什科出版了他的第一册《家庭歌曲集》——这套歌曲汇编是他毕生精力的重要结晶，总共包括12册，收集270首歌曲，其中6册直到作者死后方才出版。但是促使他的生活和创作发生转折的却是他的歌剧《哈尔卡》。

1846年，为了挣脱维尔诺和明斯克的保守空气，为了结识首都知识界人士，莫纽什科来到华沙。在这里，他为革命诗人沃尔斯基（W.Wolski,1824–1882）描写农奴不幸的长诗《哈尔卡》所感动，便根据同当时风起云涌的民族解放运动密切联系的这一题材写成歌剧，1848年1月1日在维尔诺的一个小型露天舞台上，在没有布景和道具的情况下进行首次演出。此后，经过整整10年坚持不懈的努力，终于在1858年元旦在华沙歌剧院上演。歌剧《哈尔卡》上演成功，改变了歌剧院对莫纽什科的看法,很快地他便从维尔诺迁居华沙,担任华沙歌剧院的指挥,在生前最后几年还被聘任为华沙音乐学院的教授。

马莱克·罗茨瓦夫斯基先生告诉我,目前全波兰有8所音乐学院,除了格但斯克莫纽什科音乐学院外,其他7所学校分别在克拉科夫、罗兹、波兹南、弗罗茨瓦夫、华沙等地。格但斯克莫纽什科音乐学院是全波兰8个音乐学院中教学设施现代化最好的学校,十分注重专业理论和实践经验的互相结合,强调"知识"和"操作"并重。

"2001年,我们学院从市中心搬到了现在这个地址,是一所环境优美、师资雄厚、教学设施完备的著名音乐学院。校园内有红楼和黄楼两座大楼,我们所在的办公室在红楼,"二战"至20世纪90年代,这里曾经是军营。黄楼主要是音乐厅和教学楼。学院共有四个系,分为一:学院最小的系,主要培养作曲、指挥、音乐理论方面的人才;二:乐器系,是学院最大的系,重点培养小提琴、钢琴、手风琴等方面的乐器人才;三:声乐表演和音乐剧,培养歌唱家、交响乐队指挥家和话剧、歌剧人才;四:本系主攻音乐教育、合唱队指挥、韵律舞蹈和爵士音乐四部分,这几个方向的人才最容易就业。其中作曲、指挥和音乐理论系,以及音乐教育、合唱队指挥系,为波兰和欧洲培养了大批音乐教育人才,如爵士钢琴家沃基米什·纳候尼(Włodzimierz Nahorny)。他们的课程通常为全日制三年本科,再读两年考试毕业合格者可以获得硕士学位,博士为三年制。学院特别注重培养学生的兴趣,每年新生入学时,都要举办"打开音乐之门"的欢迎仪式,用别开生面的方式欢迎新生的到来,激发他们学习音乐的热情和乐趣。此外,学校每年都参加波兰国家、滨海省政府、格但斯克市政府举办的大学生音乐节等各种音乐会。"

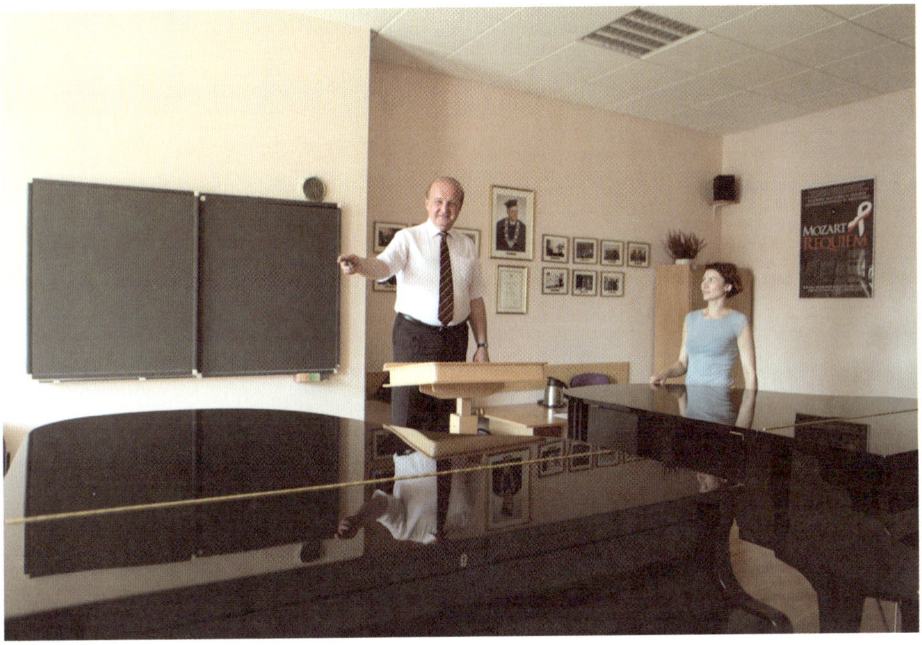
MOZART
REQUIEM

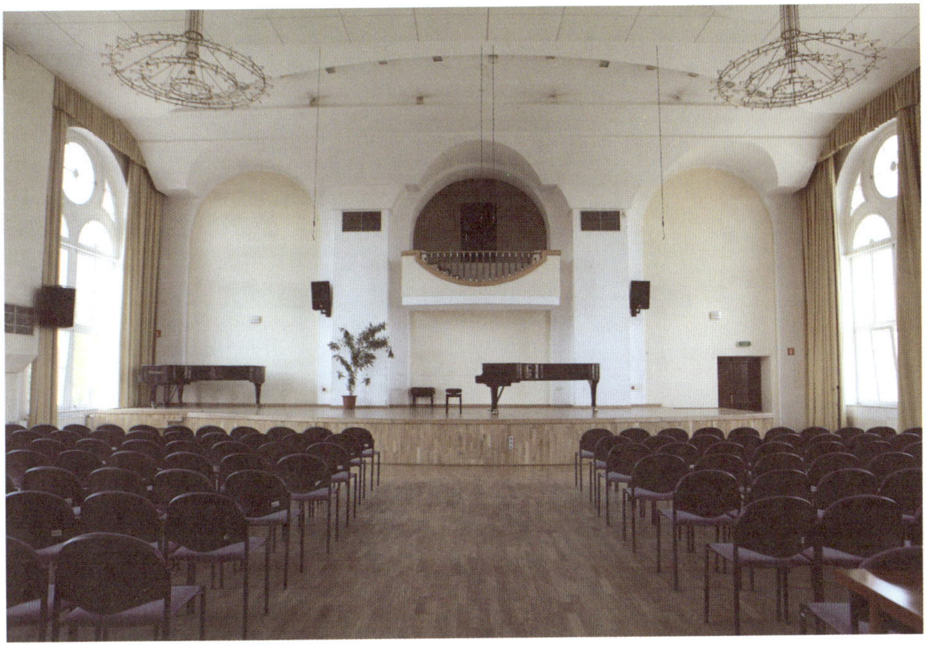

办公大楼内，悬挂着一幅幅曾经为这所学院的建设和发展立下汗马功劳的音乐家和教育家们的照片。院长马切尔·索普扎克（Maciej Sobczak），是著名小提琴家；副校长马莱克·罗茨瓦夫斯基（Marek Rocławski）是一位著名指挥家；热萨德·明斯克维奇（Ryszard Minkiewicz）教授，著名歌剧歌唱家，负责国际合作交流；安杰伊·阿尔特凯维奇（Andrzej Artykiewicz,），师从波兰杰出的钢琴家兹比格涅夫·希利温斯基（Zbigniew Śliwiński）教授，现任格但斯克音乐学院副院长。

这所音乐学院的人才摇篮还培养了世界知名的音乐家和歌唱家，如艾娃·坡波茨卡（Ewa Pobłocka），她曾经在这所音乐学院任教，是20世纪80年代国际肖邦钢琴大赛的获奖者；著名小提琴家克斯坦德·安德杰·库茨卡教授也毕业于这所学校，后来成为这所学校的知名教授，目前居住在华沙。这所学院的老师、学生多次参加国内国际的音乐比赛，其中许多教授和音乐家被特别邀请为专家评委，到波罗的海国家歌剧院演出，多次获得各个音乐门类的大奖。

莫纽什科音乐学院的学生来自法国、意大利、瑞典、芬兰、英国、白俄罗斯、乌克兰、俄罗斯、土耳其、伊朗等许多国家。为了开展广泛的国际教育合作与交流，莫纽什科音乐学院加入了欧盟框架内的苏格拉底－伊拉斯谟交换生计划，现已与国外40多所高校建立了友好的合作交换关系，比如奥地利维也纳音乐与表演艺术大学、比利时布鲁塞尔皇家音乐学院、意大利科莫音乐学院、瑞典哥德堡大学、德国不来梅艺术学院、荷兰阿姆斯特丹音乐学院、德国汉诺威音乐戏剧学院、德国吕贝克艺术学院、意大利巴里音乐学院等等。

马莱克·罗茨瓦夫斯基先生告诉我，学院在培养音乐人才方面，除了严格教

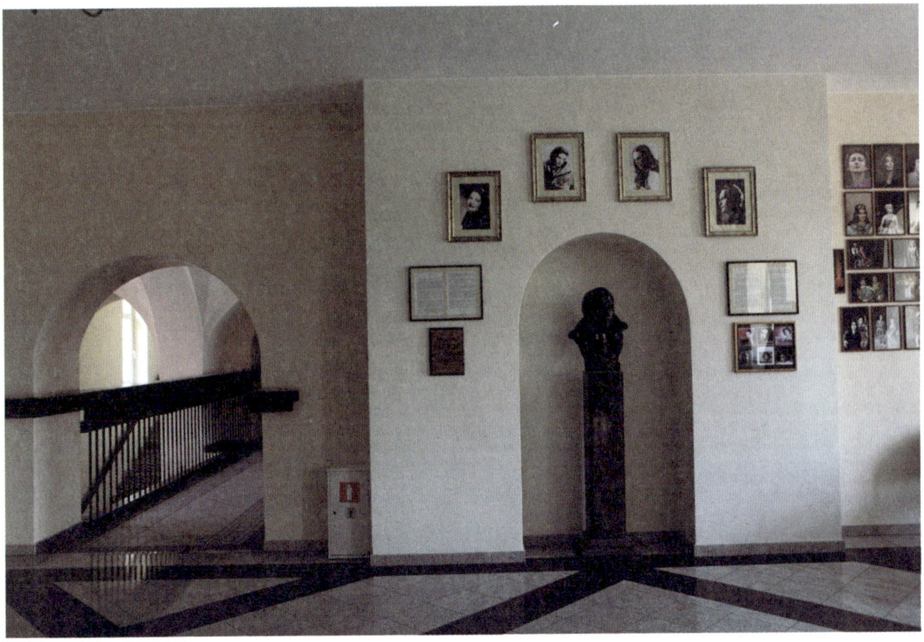

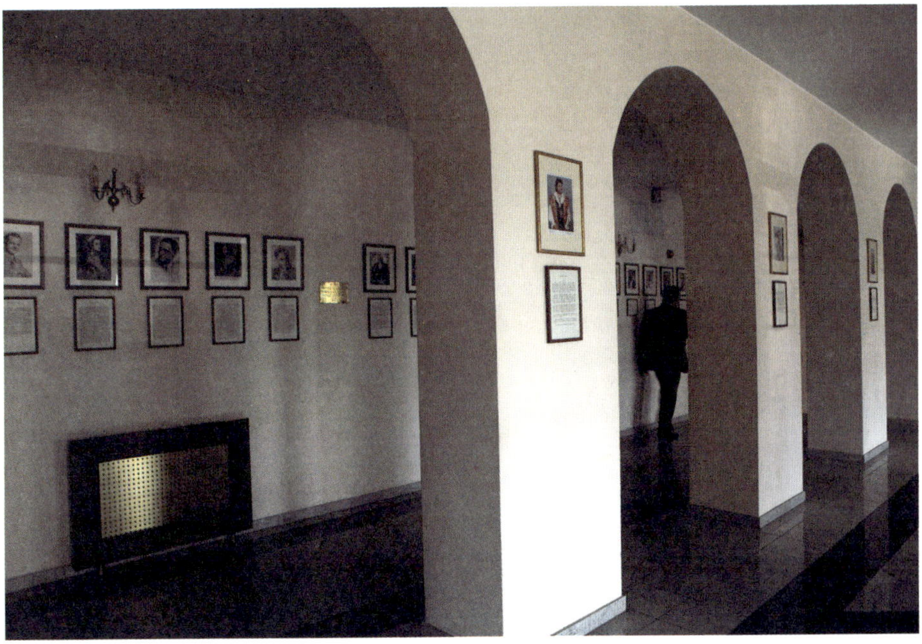

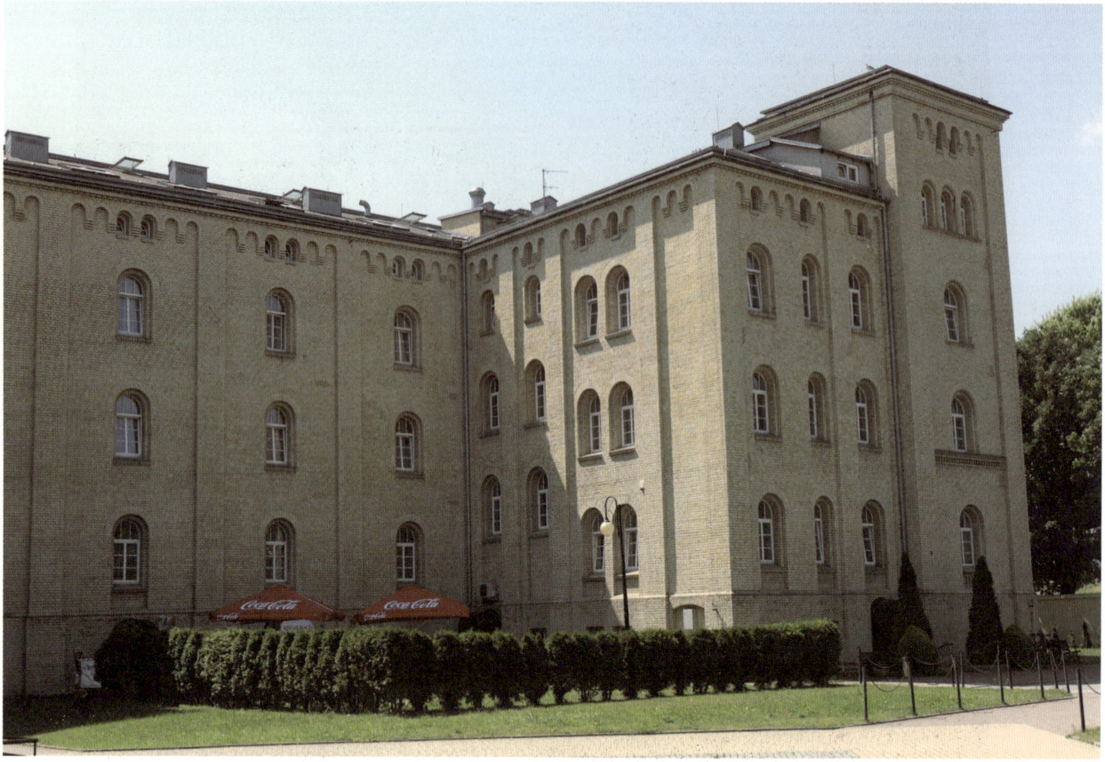
Coca-Cola
Coca-Cola

学外，还特别注重为学生提供实践和锻炼机会，发挥与生俱来的音乐创造能力。说到这里，迎面走来了一位漂亮的女士，她是学院艺术宣传办公室的塞利维亚·候莱克萨（Sylwia Holeksa），她向我介绍了她带队到中国首都北京、山东德州、浙江杭州、宁波等城市参加演出的情况。分管交响乐教学的副院长、指挥家、歌唱家，率领55人组成的交响乐合唱团，到中国多个城市参加演出，演唱美国电影《泰坦尼克号》主题曲《我心永恒》、《美丽之城》、《音乐带来快乐》以及卡尔·奥尔夫（Carl Off）的《布兰诗歌》。当他们在中国的舞台上演唱《茉莉花》时，中国观众回馈他们的是经久不息的热烈掌声。

莫纽什科音乐学院还录制了由波兰著名音乐家作词作曲，并由学生们参与演出的经典音乐CD，多次在全国和欧洲获得大奖。学院提供很多机会，希望他们的学生在未来的生活中获得成功。70多年来，莫纽什科音乐学院为波兰、为欧洲、为世界培养了顶尖级的音乐人才，无愧于音乐人才的摇篮。

三个中国女留学生的故事

我沿着摩托拉瓦河,沐浴着明媚的阳光,步行来到格但斯克老城区长街的绿门桥,不远处就是格但斯克音乐学院(Akademia Muzyczna w Gdańsku)分管学校科学管理及教育事务的副校长马莱克·罗茨瓦夫斯基(Marek Rocławski)热情接待了我们并向我介绍了这所学校的历史、教学等各方面的情况,这所音乐学院为波兰和世界培养了不少杰出的音乐人才。

马莱克·罗茨瓦夫斯基先生陪我走出红楼,当我们正聊到近年来有不少中国留学生来到格但斯克音乐学院留学时,非常巧的是,迎面走过来一个漂亮的女学生,副校长对我说:"她就是钢琴系的博士、中国留学生张超颖。"在院长的介绍下,我们约好下午在老城区长街上一家颇具特色的咖啡厅采访三位中国女留学生。

下午三点,我们如约来到咖啡厅,身穿黑白短连衣裙的安徽女孩杨阳冰告诉我,她今天刚考完小提琴专业课。这个4岁就开始学习小提琴的女孩出生于1989年,她本科就读于江西大学,师从邓伟平老师。全家人都喜爱音乐,她的堂弟学习小提琴,堂兄学习钢琴,还有一个堂弟则学习手风琴。受到家庭的影响,

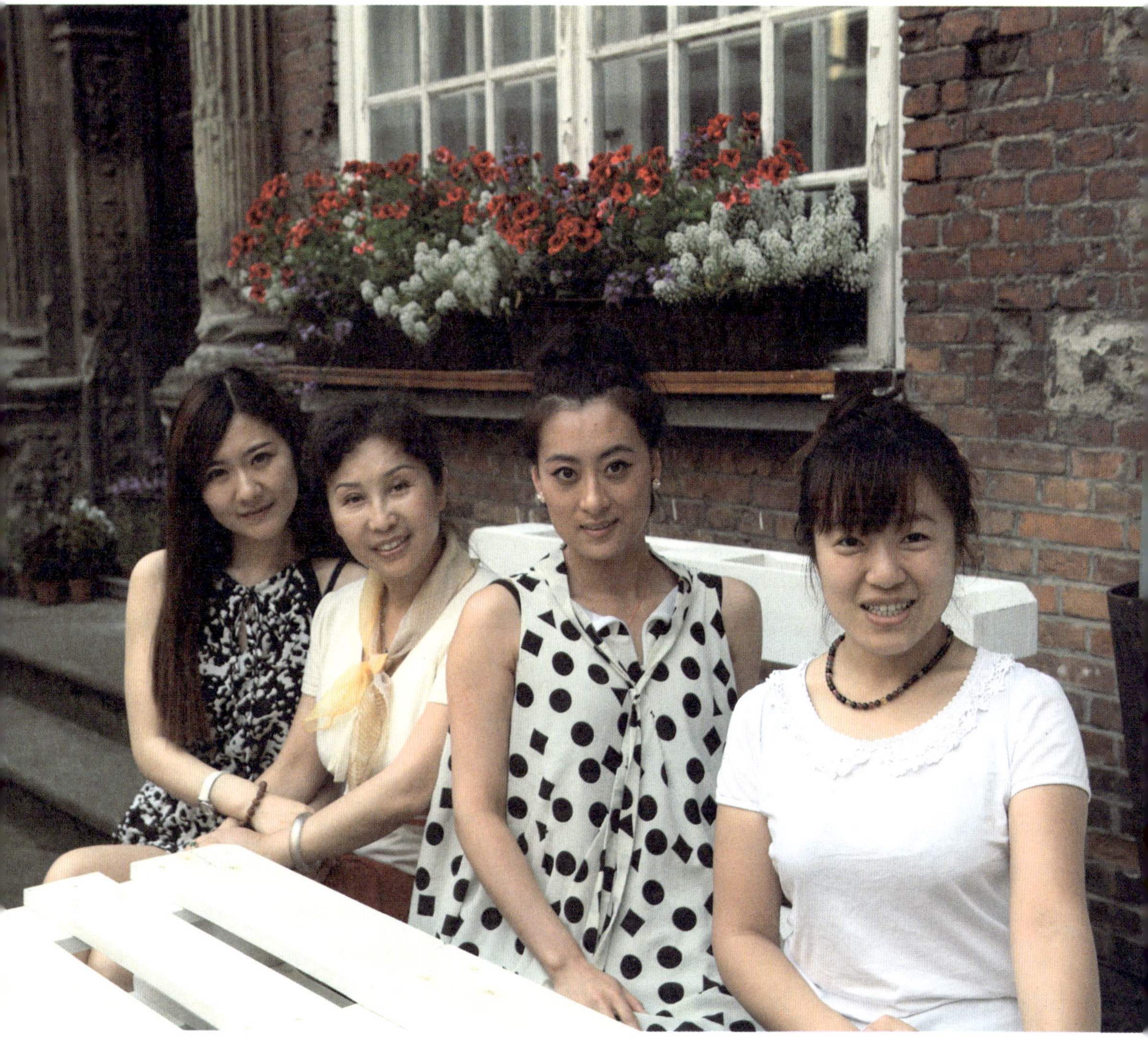

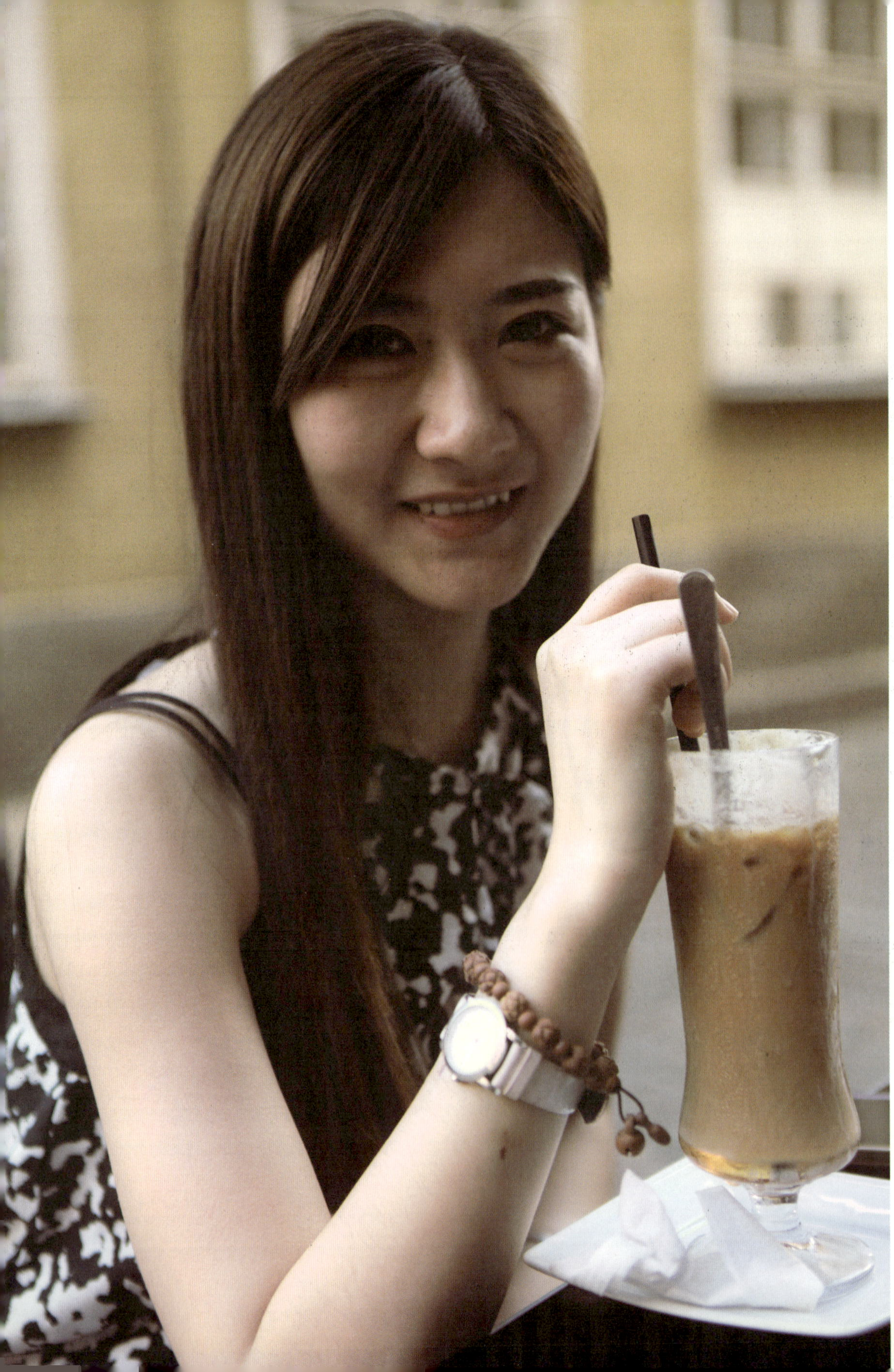

从小她就喜欢音乐，特别是对欧洲的艺术很感兴趣。于是她来到肖邦的国度、美丽的格但斯克学习音乐。她告诉我，她非常喜欢格但斯克音乐学院，"我的老师玛利亚·苏瓦拉（Maria Suwara）教授，金色头发，非常漂亮，更重要的是她对我就像亲人一样地关心、爱护，甚至对我的生活细节，吃什么、穿什么，她都非常关心。有一次，我的手受伤，老师亲自去药店给我买药膏，为我涂抹上药，还为我包扎伤口，使我非常感动。放假回国度假的时候，我为老师带来了一点小小的礼物——一盒茶叶，老师却说什么也不肯收下，她说'你不用客气，教你学小提琴、关心你的生活，都是我做老师的责任。'我听了这话非常感动。"杨阳冰说这番话时，眼睛里闪烁着泪光，但是，这位姑娘又告诉我，"别看老师平时对我们很关心，但是教学上却很严格，比如说，她不允许我们上课开小差，不认真学习，不准涂指甲油。她说'是学生就得像学生的样子，你们的精力就是要放在学习上，只有一个目标——学好小提琴'。在学习研究生课程期间，我在格但斯克音乐学院系统地学习了小提琴演奏、历史学、音乐心理学等诸多课程，业务提高很快，进步很大，收获也特别丰富。"

杨阳冰回想自己刚离开中国、离开家，来到格但斯克学习时，面对一个陌生的环境，还是有些不适应，常常会有些想家，苏瓦拉教授知道后，就主动帮助她辅导功课，给她讲许多音乐家成才的故事。杨阳冰也知道这样的学习机会来之不易，于是她把所有的时间花在学习上。经过两年的努力，终于在这个夏天，她的授课老师苏瓦拉教授走到她的身边，微笑着对她说："恭喜你，已经成为一名合格的小提琴专业硕士研究生。我见证了你每一天付出的努力，希望你将来成为一个优秀的小提琴家。"杨阳冰听到这话，心情非常激动，回想这样的经历，眨眼间两年的留学生活很快就要结束了，即将回国的杨阳冰，此时却有些舍不得这里，舍不得格但斯克这座美丽的城市，和伴随她的辛苦努力一路走来的格但斯克音乐学院。

从中国新疆乌鲁木齐来到波兰格但斯克音乐学院的张娅薇，毕业于广州星海音乐学院，在四年的大学生活中，她是音乐教育系的学生，主修钢琴，现在在格但斯克音乐学院是合唱指挥专业的研究生。学习了格里高利圣咏、总谱读法、特殊音乐欣赏、现代图形音乐分析、音乐心理学等课程。

她热爱自己的专业，也喜欢欧洲的艺术，她说："在这所学院，除了高水平的教授严格授课外，学校还提供各种机会让学生参加演出。波兰的合唱指挥音乐非常棒，特别是在这边有机会接触教堂音乐，比如教堂音乐，歌词曲目相同，但韵律却不一样。阿维·玛利亚（Ave Maria）就有十几种唱法，每天我都在学习，天天排练，这对自己是一个很大的提高。我毕业考试的时候，就是考的教堂音乐指挥。满分是25分，我考了23分。虽然我心里还有一些小小的遗憾，但是老师们对我的表现非常满意，给予了极大的鼓励。在波兰格但斯克学习音乐，将是我一生最美好的难忘记忆。来到波兰格但斯克留学之前，对这里的情况并不很了解。来到这所格但斯克音乐学院后，我觉得这里的教学水平非常高，学校环境也非常好。我先在这里上了一年研究生预科，感觉还比较轻松，但是上研究生后，真觉得学习压力不小。语言上的困难也给我的学习带来了一些小小的障碍，于是又忙补习语言，又忙学习专业课，真是忙得不亦乐乎。在出国之前，听很多人说出国读书很容易，混张文凭没问题，可是来到格但斯克留学，我才深感这里真的不好混！想要混是没法混出来的。波兰人对于教育是非常严谨的，学校从院长到老师，

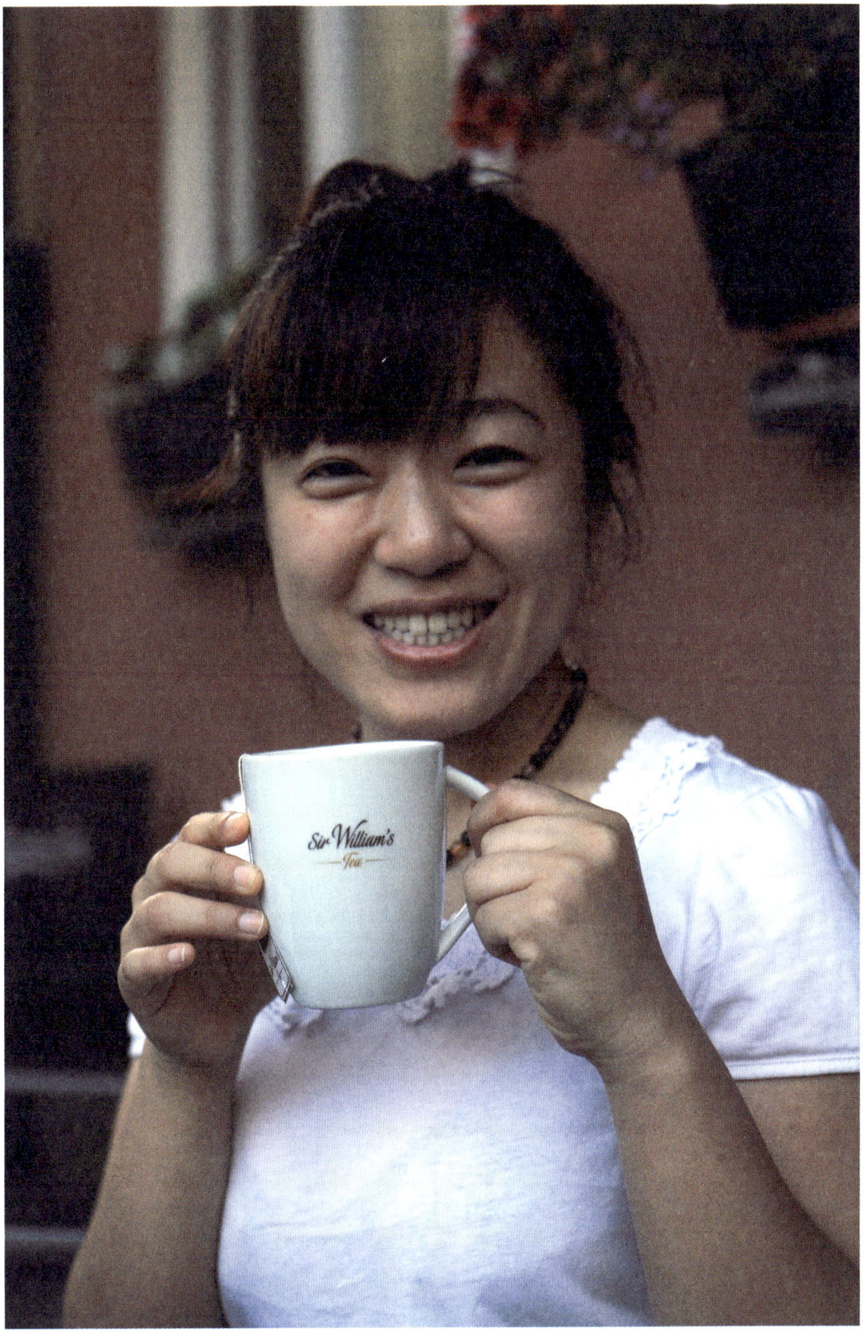
Sir William's
Tea

从教授到授课老师，如果要送给他们一个字的话，那就是'严'。在我的研究生课程中，最多的一周有19节大课，对我所学的这个专业，语言要求非常高，平时有很多排练，还要参加很多演出活动及合唱节，听起来很辛苦，但是收获却很大。毕业前夕，学校和老师专门为我在格丁尼亚（Gdynia）教堂举办了'张娅薇个人合唱指挥毕业音乐会'，这是我最大的荣幸。"

张超颖见到我的第一句话就说："我最美的时光是在格但斯克度过的，今天我非常高兴，我的钢琴演奏博士第一年的期末考试已经结束，心里好轻松啊。"毕业于燕山大学艺术与设计学院的张超颖从小就受到家庭艺术氛围的熏陶，她爸爸张树学毕业于河北师范大学声乐系，弹钢琴、唱歌和打架子鼓都是一把好手。她5岁开始学习钢琴，爸爸是她的启蒙老师，妈妈是位中学教师，从小培养她的艺术修养。张超颖从小就有一个梦想，长大希望成为一名钢琴家。从初中一年级起，张超颖就每个星期都自己坐大巴往返于唐山和北京之间，每次来回6个小时，风雨无阻地坚持了很多年。在解放军艺术学院，师从钢琴系教授林铮，在林铮老师严格耐心的教育下，她的钢琴技艺不断地进步，真是应了中国一句老话"严师出高徒"。为了学好钢琴，小小年纪的她付出了很多，但她从不说苦，因为这是在为自己的理想而努力。

在所有钢琴作曲家的作品中她最喜欢肖邦的钢琴曲，这位19世纪著名的波兰"钢琴诗人"，他的钢琴曲被誉为浪漫主义精神的象征，张超颖是冲着肖邦而来，这也是她来波兰留学的主要原因。肖邦的浪漫，肖邦的忧郁，肖邦的愤怒，肖邦的无奈都在他的音乐作品中表现得淋漓尽致，她爱肖邦的所有作品。在演奏肖邦的《叙事曲（四首）》时，她这样理解，"肖邦的《叙事曲》由叙事诗改编，有

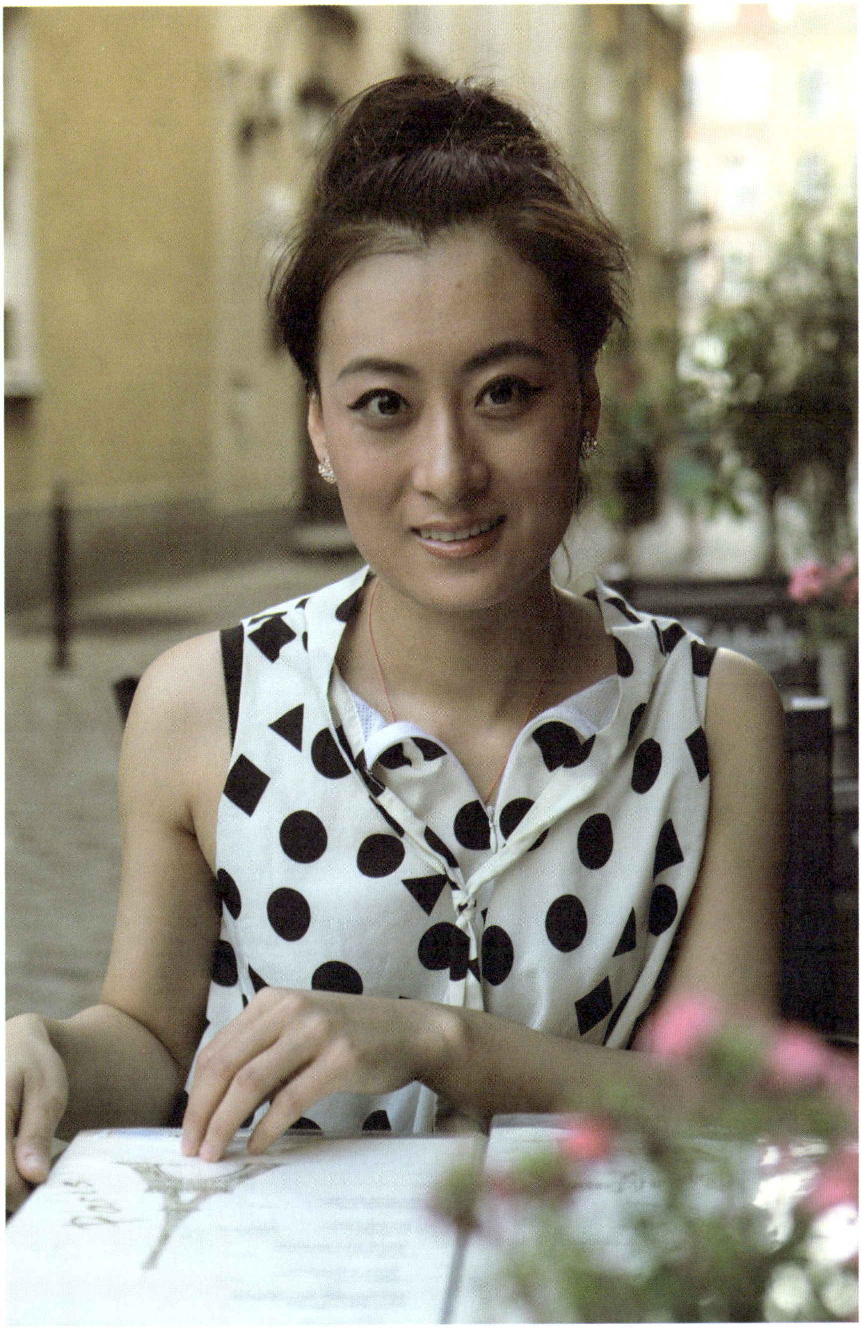

故事情节，演奏时要身临其境，深入地感受情节的变化发展，让自己的感情随着音乐故事起伏变动；悠扬静谧的《夜曲》，又变幻了另一种感情色彩，细腻、温柔、安静，像神秘的夜色一样，去触动心灵深处的共鸣；练习曲《英雄》，悲伤愤怒的情绪在曲子中表现了肖邦强烈的爱国热情，演奏时要体会作曲家复杂的心情，他的曲子像一颗颗射向敌人胸膛的子弹，他要为自己受难的祖国尽一份微薄之力；《玛祖卡舞曲》欢快活泼，传统的节奏玛祖卡舞曲把人们仿佛带到了波兰乡间的小路上，随声起舞，好一片快乐和谐的景象。"

张超颖介绍说："当我大学毕业时，格但斯克音乐学院正巧在北京招生，我就想，终于有机会可以到肖邦的国度去学习音乐了，那是一件多么美好的事情啊！于是我大三时就决定毕业后到格但斯克音乐学院继续深造学习音乐。我的大学教授王爽也鼓励我说'超颖，你的梦想就是往高处飞，我支持你！'所以我也非常感谢我的大学教授，没有他的鼓励和支持我不可能这么坚定自己的信念。在北京的招生考试现场，我见到了柏格坦·库拉科沃斯基（Bogdan Kułakowski）教授和副院长马尔钦·托马洽克（Marcin Tomczak），他鼓励我'不要紧张，好好考试'。在一旁的爸爸也鼓励我'你看院长那么大年纪了还在练琴，你也要好好地努力一下'。就这样，我一直非常认真地准备着，最终经过几轮严格的考试，我通过了格但斯克音乐学院在北京的招生，当接到录取通知书时，我的眼泪唰的一下掉了下来。"此时张超颖才觉得自己是多么幸福的人，一分耕耘，一分收获，这样离她的音乐梦想又近了一步。

她觉得非常幸运的是，到了格但斯克音乐学院，她遇到了人生中对她非常重要的钢琴教授，一位60多岁满头银发的位子维兹陶德（Wiesztort）教授，他对张超颖说:"我曾经教过一个日本学生,每天练琴10个小时,非常刻苦,我看你这个中国女孩怎么练琴。"所以张超颖暗自下决心,要让老师对她这位中国女孩刮目相看,就这样每天坚持早起练琴,保证七八个小时的练琴量。教授告诉她,学习就要吃苦,一步一个脚印,每天进步一点,积累起来就是一大步,将来会有大收获!就这样风雨无阻地坚持了两年多,等到研究生毕业考试时,她以优异的成绩拿到了硕士毕业证书(钢琴演奏考了23分,论文24分,满分是25分),这与老师的帮助与教育密不可分。

她说:"非常感谢我的教授不辞辛苦地给我加课上课,我在教授的帮助下琴艺大增,教授认真耐心的教学态度深深地影响了我,让我懂得教育和学习的重要性。在格但斯克音乐学院,安静的学习环境让我心情平静、心无杂念、潜心学琴,我每天就是三点一线,练琴、吃饭、睡觉。学习音乐真的很辛苦,要耐得住寂寞,要能够忍耐其他人不能忍耐的事情。我常常想起爸爸的教导:天道酬勤!"张超颖就这样一直坚持着,为了离梦想更近一些她决定继续攻读博士学位,整个暑假一直努力认真的练习着,不偷懒不松懈,梦想就像指引她的明灯给她力量,当遇到困难时,回想这艰辛的求学之路,更坚定了她要成功的信心,功夫不负有心人。张超颖又以优异的成绩考上了格但斯克音乐学院钢琴演奏专业的博士,完成自己的博士专业课程,向自己的理想一步步地靠近。

岁月如梭,张超颖来到格但斯克音乐学院已经6年了,在人生的路上,6年的时间虽然不算长,但也并不短。她说把自己最美丽的青春时光留在这里一点都不后悔,因为她得到了所追求的音乐梦想的实现,觉得自己的人生更加的精彩。在波兰格但斯克音乐学院,她的青春留下了美好的记忆。"我来到这里交了很多朋友，包括来自土耳其、意大利、法国、保加利亚等各个国家的留学生，感到国际化的氛围非常浓厚。节假日期间也会组织旅游，去美丽的波罗的海海边，蓝色的海水，白色的沙滩，我和同学们一起踩在白色的沙滩上，发出嘎嘎的响声，享受这天人合一的快乐。"

她深深地爱着格但斯克，张超颖说自己是一个幸运儿，格但斯克音乐学院已经加入欧盟框架内的苏格拉底－伊拉斯谟交换生计划，现已与国外40多所高校建立了友好的合作交换关系，她非常荣幸地于2015年2月到雅典继续学习。

张超颖在日记中这样写道："时间过得真的好快，到希腊都快一个星期了。在这个充满着艺术气息的国度里，漫步在美丽的爱奥尼亚海边，蓝天、白云、沙滩、海鸥，多么美丽的画面，好美真的好美！我不禁感慨：人生真的好神奇，处处留有惊喜，是怎样的缘分让我有机会在这美丽的地方工作学习？

回想这次实习经历真的要感谢我的母校——波兰格但斯克音乐学院，地处波罗的海之滨的格但斯克非常美丽，安静的环境让人心灵纯净，漫步街头洋溢着浓浓的艺术气息，让人流连忘返、依依不舍。在波兰留学6年，远离父母的我长大很多，变得更加坚强、更加自信。回想自己的求学之路最要感谢的就是我的父母，感谢爸爸妈妈对我细心地教育，从小就教育我要善良、独立、自信，要做有梦想、有志向的人；感谢爸爸妈妈对我这么多年的支持，为了我你们付出了半生的心血，你们是我的精神支柱，当自己感觉累的时候想想爸爸妈妈这么多年的坚持，我就会觉得什么都不是问题，没有困难可以难倒我。谢谢亲爱的爸爸妈妈，感谢他们的坚强，唯一的女儿出国留学6年，思念之苦是可想而知的，儿行千里母担忧，每逢佳节倍思亲，感谢爸爸妈妈对我的牵挂、对我的爱，为了你们我要好好学习知识，丰富自己的阅历，将来好好孝顺你们。为了自己的音乐梦想一直在努力奋斗着，我常常在想，自己在最美的年华出国留学是非常值得的。教授的耐心认真教学让我的钢琴技艺突飞猛进，他对艺术的严谨、精益求精的态度深深地影响了我，波兰的生活环境、民俗风情给我留下深刻的印象，我渐渐融入波兰人的生活，深刻理解了肖邦不朽的音乐。音乐需要用心去感受，有了心灵上的感应音乐才会富有生命力，美妙的音符是神圣的，身临其境的音乐才会轻巧动人。"

在学习西方音乐历史的开头讲到了古希腊的音乐历史，古希腊音乐的最初历史是对神的崇拜，同神话和各种奇幻传说交织在一起的。"music"（音乐），源于"muse"（缪斯），在希腊神话里是众神之王宙斯与记忆女神莫涅辛所生的9个女儿，这是一群象征高贵、智慧、圣洁的女神，掌管着文学、戏剧、音乐等高尚的文化活动。在古希腊，音乐往往与希腊人崇拜的神有关，希腊神话中的著名神阿波罗、雅典娜、狄俄尼索斯都是艺术之神，也是传说中音乐的最早创始者和实践者。由于音乐与神的联系，音乐本身也被认为充满了神性，音乐在古希腊的社会生活中占据非常重要的地位。张超颖从小就非常喜欢历史，所以对于古希腊的音乐很是感兴趣，希腊是西方文明的发源地，是连接欧洲与亚洲文化历史的重要桥梁，是四大文明古国之一，它是孕育着众多希腊神话，众神统治的国度。希腊是一个怎样神秘富饶的国家，张超颖对它充满着向往和期待。因为学校有交换生、实习生的国际交流项目，张超颖申请了去希腊实习的机会，上天很是眷顾，她幸运地收到了邀请，让她得以有这样一个宝贵的机会去感受希腊的音乐、希腊的艺术、希腊的历史，在这个人类历史的发源地有太多的东西使她感到惊讶，前人的鬼斧神工和对艺术的高深追求，以及件件精湛的艺术品。

众所周知，音乐是世界的语言，每个国家都有不同风格的音乐、民族音乐，音乐的多样性如繁花盛开，各放异彩，作为专业的音乐人士要用心去聆听，去感受。

"感谢上天赐予的机会让我离艺术如此之近，美丽的国家，美丽的音乐，善良好客的希腊人让我感觉非常的温暖，我会珍惜这次宝贵的实习机会，融入其中吸取艺术的精华，在希腊艺术的神圣殿堂中，努力学习，把动人的音乐、高雅的艺术传承下去。"

张超颖美妙的希腊生活就这样开始了，每天沿着海边漫步，听着海鸥的歌声和海浪的拍打声，轻轻走到庄严的爱奥尼亚大学，此刻眼前的学校让她肃然起敬，独特的建筑风格让她叹为观止，她觉得在这里的学习，真是好幸福。这是谱写历史的地方，让现代年轻人感到文明历史源远流长。激情的教授在演绎着动听的音乐，他们用生命用、自己的气息与美妙的音乐紧紧相融，她深深地感受到音乐的无穷魅力，仿佛身上的每个细胞都跳跃了起来。

"我觉得自己好幸运！艺术是我追求的目标，我会在这条路上一直地走下去。音乐是人类的灵魂，是我精神家园的归宿。我热爱音乐，深深地爱着。音乐梦想之路，引我走向黎明。"

在采访中让我记忆犹新的是，这三个来自中国的女留学生都异口同声地提到"中国妈妈"，这位名叫玛利亚·吾安妮（Maria Ueno）的女老师，在格但斯克音乐学院专门负责留学生工作，她曾经留学日本，对于远离家乡、远离亲人的体会感同身受，她非常希望帮助每一个留学生。她们碰到任何困难都会在第一时间想到玛利亚老师，如中国留学生生病了，或者是生活上遇到什么困难，都会受到玛利亚老师的周到照顾和热情关心。她的善良温暖着每一位中国留学生的心，她用温柔的话语教导着学生、用真挚的感情关爱着学生，同学们都觉得她像妈妈一样关心爱护自己，因此中国的留学生们都亲切地称她为"中国妈妈"。

艺术设计人才的"摇篮":格但斯克美术学院

格但斯克美术学院位于格但斯克市中心地带,按照约定的时间我们走进这幢"其貌不扬"的建筑,一位相貌年轻、英俊帅气、文质彬彬、身穿黑白相间条纹衬衫的先生,早已在门口迎候我们的到来。经翻译柯茗蕾女士介绍,原来他就是格但斯克美术学院建筑与设计系主任斯瓦夫·费亚科夫斯基(Sławomir Fijałkowski)。我们随他走进了格但斯克美术学院建筑与设计系的创作室。刚一踏进创作室,墙上挂着、桌上摆着的一件件时尚新潮,还颇具艺术气息的设计品,立刻吸引了我的眼球。

斯瓦夫·费亚科夫斯基主任告诉我:"这些都是我们的学生创作灵感带来的杰作。"原来,在格但斯克美术学院学习的学生们,除了有良好先进的教学条件、优雅舒适的学习环境,还为他们营造了浓郁的艺术创作氛围,有利于他们提高动手能力,展开想象的翅膀,发挥创作的天赋。

斯瓦夫·费亚科夫斯基主任还带我参观了学生们在世界各类作品创作大赛中的获奖作品,他指着一套外观养眼、造型独特的餐具说:"看我们学生多聪明!"

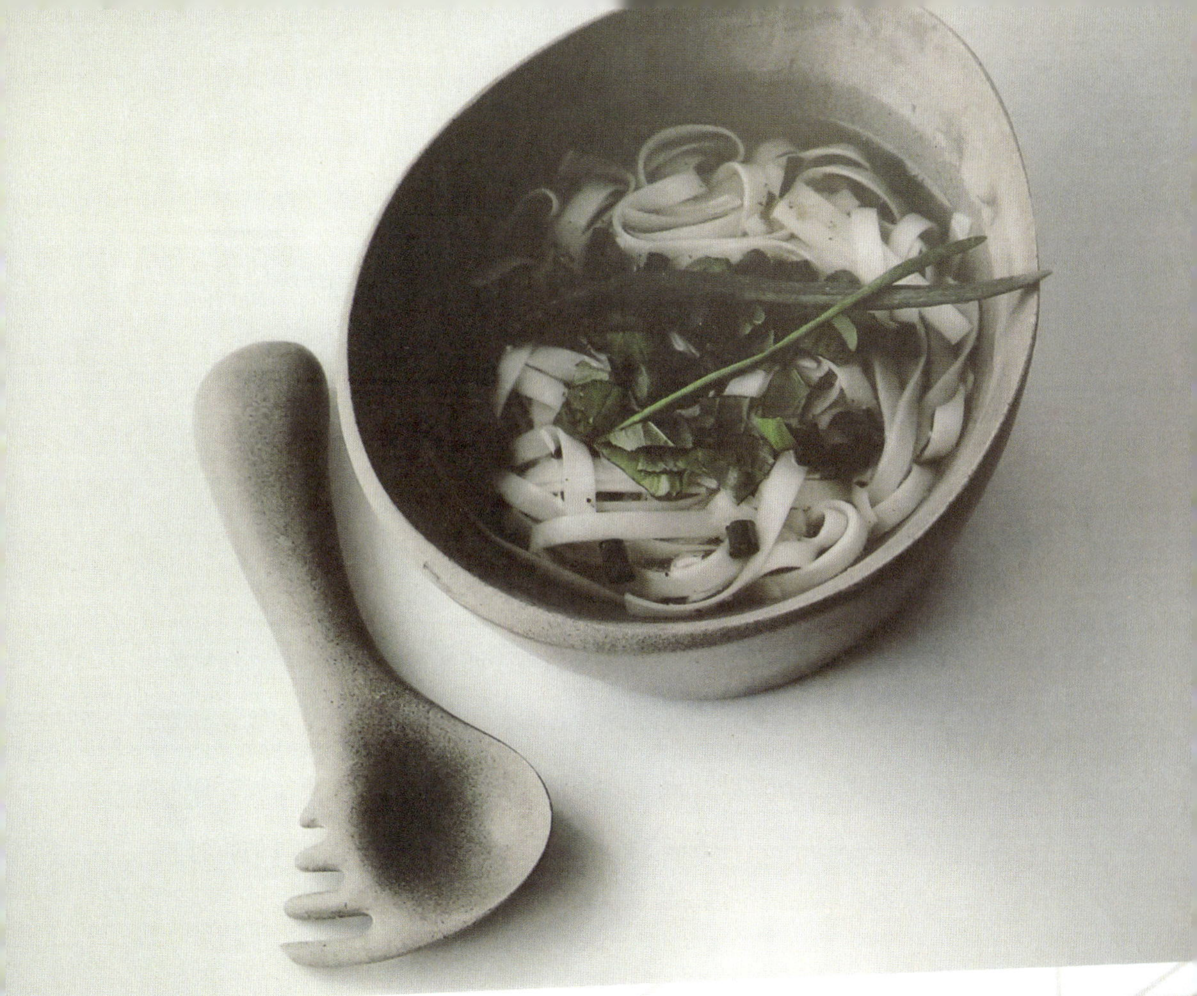

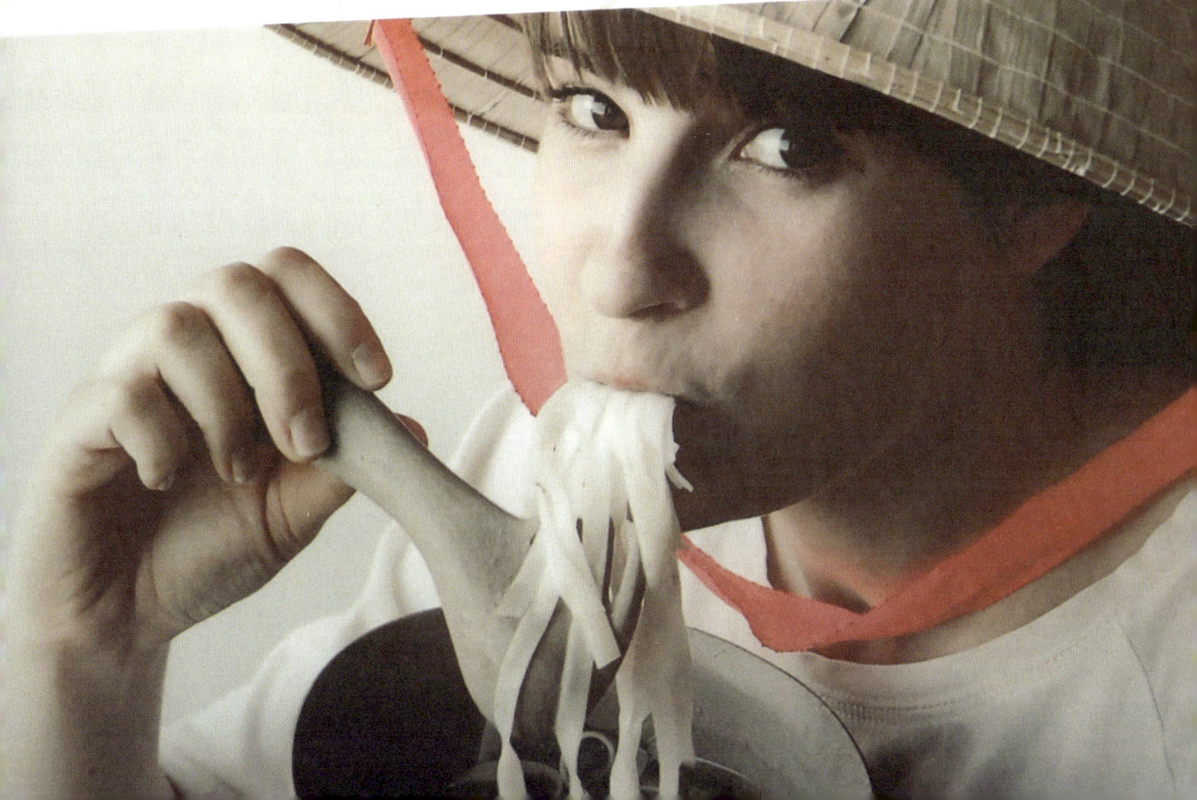

这套陶瓷餐具原来真是从未见过，颠覆了传统吃面时一勺一叉的搭配，将勺子和叉子合二为一。还有一副不锈钢餐具同样吸引眼球，不仅造型美观精巧，并且新颖别致、非常实用，给我留下了深刻的印象。

斯瓦夫·费亚科夫斯基主任有感而发："未来的家具、餐具，究竟会有怎样的发展光景？这是每一个关注室内设计和家居生活品位的人都会关注的话题。纵观家具发展史，正是一部见证人类文明和生活方式的进化史，在经历了最初的基本功能性到现在的融合审美，对于材料的不断探索与创新再到人性化的设计追求，我们一路走来，精心分层，前景无限。珠宝首饰是每个人或家庭的重要组成部分。过去单一的设计，渐渐向多功能转化，向人文趋势发展。时光荏苒，如今家具、餐具、珠宝首饰早已把时尚玩了几个轮回。而设计师们的理念，也发生了很大变化。我们格但斯克美术学院师生们设计的餐具、家具、首饰在国际展览会上总会令人眼前一亮。作为一个行业趋势的先行者，我们全新的设计追求是便捷、实用、美感、安全等诸多元素融为一体。在我的眼里，这才是艺术设计师们未来智领时尚，最好看、最生动、最重要的可借鉴的样板和艺术追求的境界。"

斯瓦夫·费亚科夫斯基主任告诉我说："格但斯克美术学院特别重视挖掘学生的创作潜力，学院尽力为他们创造条件，让他们在学习期间不仅能接受正规良好的教育，更重要的是让他们发挥聪明才智，培养他们独特的艺术个性。

格但斯克美术学院与中国的中央美院有密切的合作，我们将有3个教授和6个学生到北京，与中央美院的老师学生们一起合作，共同设计一批新颖的家具，并进行学术交流，就美术创作的话题进行研讨，开展培训。"

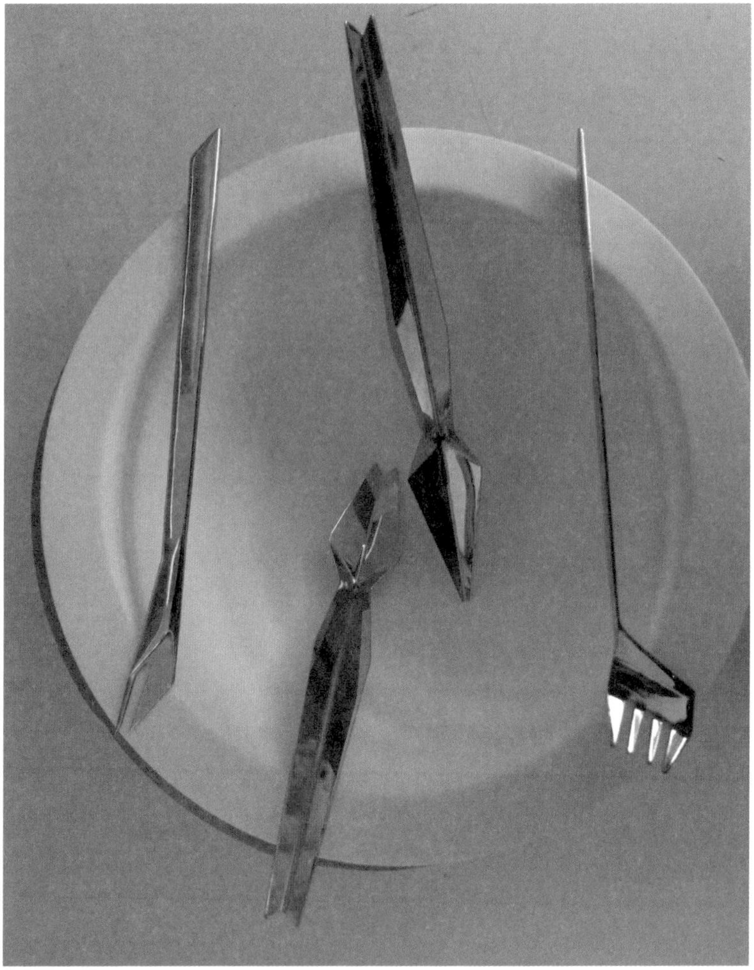

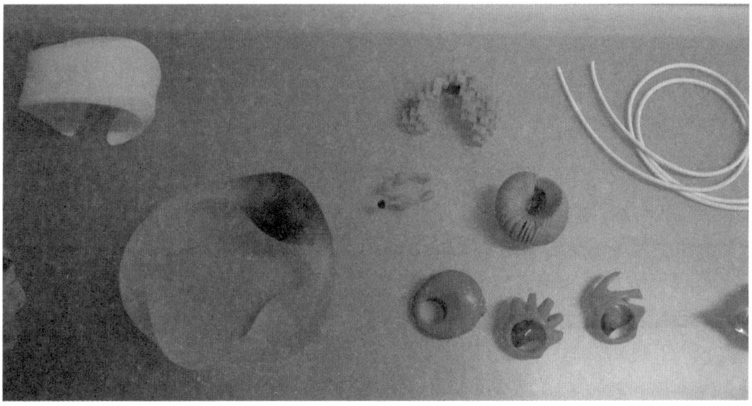

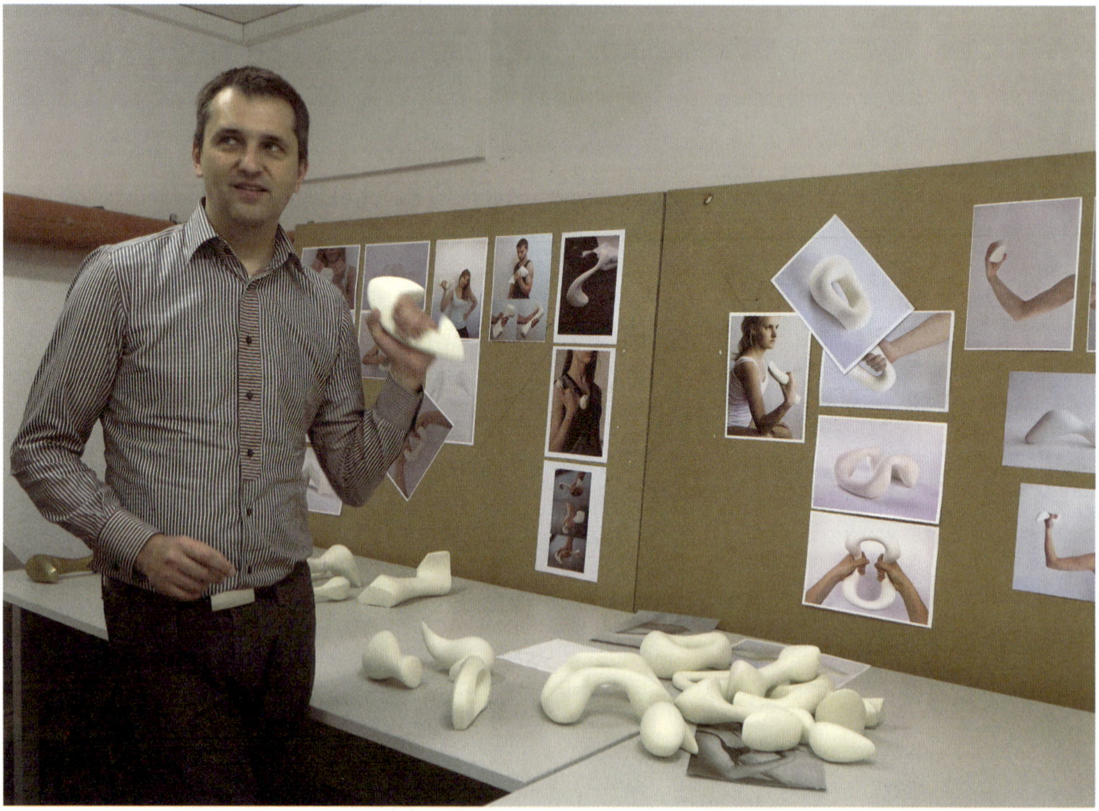

2015年1月8日，中央美院的教授和学生们将来到格但斯克美术学院进行学术交流及研讨培训。

斯瓦夫·费亚科夫斯基主任认为："艺术学院和普通综合大学是截然不同的，因为艺术学院在培养学生方面，强调的是艺术的氛围、艺术的感觉和艺术的想象，所以一位艺术学院的学生从踏入学校那一刻起，他应该在专业上有闪光点，在学术上有静下心、沉住气钻研学业的那股劲。在我们学院学习的学生，最大的与众不同之处就是，思维的想象潜能得到了最大的发挥，老师在教学中，只要发现学生有一点点创作的萌动，就及时地鼓励、引导，帮助他实现创作梦想。"

今年44岁的斯瓦夫·费亚科夫斯基主任曾到过一次北京，多次去过香港，对中国充满了兴趣和感情。他说："中国是有五千年悠久历史传统的国家，也是创作人才荟萃之地，我们与中国高等院校的合作，除了中央美术学院之外，还与香港美术学院也签订了合作协议。今年香港有两名学生到我们学院学习，我们也有三名学生去香港读书，双方在艺术设计、首饰设计方面开展合作与交流，共同培养人才。未来我们也将会考虑去中国大陆招生。我们双方有巨大的合作潜力，也有文化差距，就像中国有饺子，波兰也有饺子，但是饺子里头包什么馅儿，却是不一样的。我们愿意和中国的高校合作，对未来的设计理念进行交流探讨，让我们的设计达到最人性化、最艺术化、最实用化，为人类提供服务。我们的学院是国际化的，我们的学生来自世界各地，包括法国、德国、乌克兰、奥地利、俄罗斯等国。我们学校还加入了"伊拉斯莫世界之窗奖学金计划"（Erasmus Mundus - Scholarships and Academic Cooperation），本项目计划定位在研究生层次的高等教育交流，通过建立100多个跨大学的"欧洲硕士专业"点、20多个"欧洲博士专业"点和提供每年上万个奖学金及访问学者名额的方法，吸引更多外国教师和学生在欧洲的大学学习，加强欧盟成员国大学之间的学术联系，提高欧洲高等教育的质量和竞争力，扩大欧洲高等教育在世界上的影响。该项目既面向欧洲学生，也面向第三国（欧洲以外）的留学生和访问学者。建筑与设计学有本科生和研究生，前者主要是为了提高就业率，后者则是为了培养高级的设计师，其艺术性和专业性更强。学生们除了日常的上课，还为他们安排了设计课，提供了去柏林、哥本哈根参观学习交流的机会，同时参加一些国际的餐具、家具设计展。格但斯克美术学院还招收琥珀和珠宝设计专业的学生，每年都参加首饰设计展，去年学生在参展中荣获了第一名。除了首饰、家具、餐具的设计以外，我们还有将历史与文化融合的文化景观设计，越来越多的人想在这个领域有更多的创新和更大的发展。"

斯瓦夫·费亚科夫斯基主任说："格但斯克美术学院还有一个叫作'设计工作室'的项目，专门邀请国外知名学府的教授讲师，到我们学校来讲学。就在今天，德国的设计方面的老师到我们学校来讲课，建筑方面我们还请来英国的老师为学生们授业解惑。"

斯瓦夫·费亚科夫斯基主任还告诉我，到2015年，格但斯克美术学院已建校整整70周年，这所艺术学院有着悠久的历史，全校有1000多名在校大学生，有油画、建筑与设计、图像和雕塑四个专业，10%的学生来自世界各地。他所在的建筑与设计系有44名老师，350个学生。他本人毕业于波兰罗兹美术学院的首饰设计专业，10年前，他到这所学院工作，是国家级的设计师，与波兰著名的琥珀品牌S&A保持着长期合作，他为这一国际品牌设计了不少绝代佳作。

可以说斯瓦夫·费亚科夫斯基主任的设计天赋是与生俱来的，从小就喜爱涂鸦和设计的他，20岁以前几乎什么都喜欢，做事很随性，律师、医生等职业都曾经是他幻想过的职业。但是随着年龄的增长，他发现自己对艺术设计情有独钟，于是他下定决心，做一件自己喜欢、一生都做的事，并且从不后悔。

"你想，设计师的工作是富有创造性的工作，他设计的不是现在，而是未来。我一直在考虑，未来的生活会怎样呢？"想到设计，他脑子里一连串地蹦出了意大利的米兰、德国的慕尼黑、法国的巴黎、中国的香港，"我觉得自己是有潜力的，而且我愿意培养更多的艺术设计人才"。听到斯瓦夫先生说这番话时，我仔细观察他的眼睛充满了希望，信心满满。

随着国际交流越来越频繁，中国的设计师近些年也经常走出国门，参加如"米兰设计周·家具和生活用品展"，这些展览，让来自不同国家的设计师们大开眼界，其中中国设计也受到青睐。当然，斯瓦夫·费亚科夫斯基主任最自信的还是波兰的艺术品能够走向世界。同时，他非常希望更多的欧洲学生到中国去学习，了解中国文化，了解中国灿烂文明的历史。

恋恋索波特

沐浴在清甜的海风中,聆听海鸥欢快的啼鸣,徜徉在欧洲最长的木制栈桥,直奔蔚蓝色的大海,顿时你会感到像"自由"一词充满热情;沉浸于波浪轻拂沙滩的慢慢温情,湛蓝的海水轻轻拍打着脚面,奢华的游艇码头尽收眼底,金色的海岸线绵长蜿蜒……当我第一次邂逅她,就一见倾心、缠缠绵绵。在这里总能找到留下来的理由,这里便是"三联城"之一的索波特(Sopot)。

世界各地的游客来到格但斯克都要去附近的索伯特旅游观光。这座城市建立于19世纪中叶,当时被称作"北部的蒙特卡罗"。我来到格但斯克的第二个周末,上午玛乌戈莎塔·格林格·戴登拜里克(Małgorzata Geringer d'Oedenberg)女士驾车来接我,这是我第三次到索波特。这座城市留给我最深的记忆是有着150年历史的欧洲最长的栈桥,还有同时可以容纳数千人的奇妙的森林音乐厅。索波特的山区海拔较高,汽车沿着蜿蜒的山路向山顶驶去,玛乌戈莎塔女士告诉我,第二次世界大战时,索伯特居住着许多波兰人,那时这个地区受战争的影响不大,真正受战争影响是在苏联军队进入这里之后……

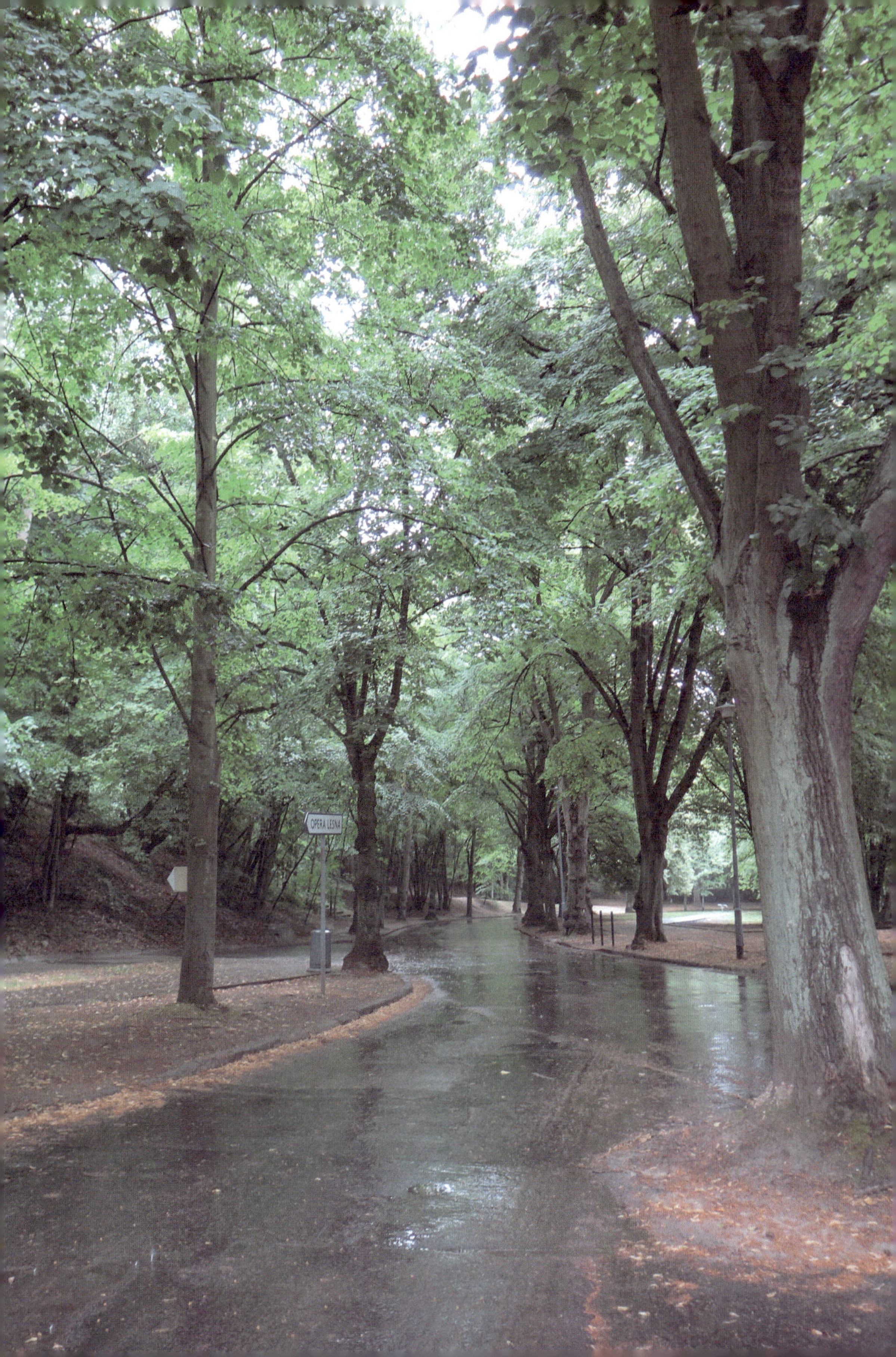
OPERA LEŚNA

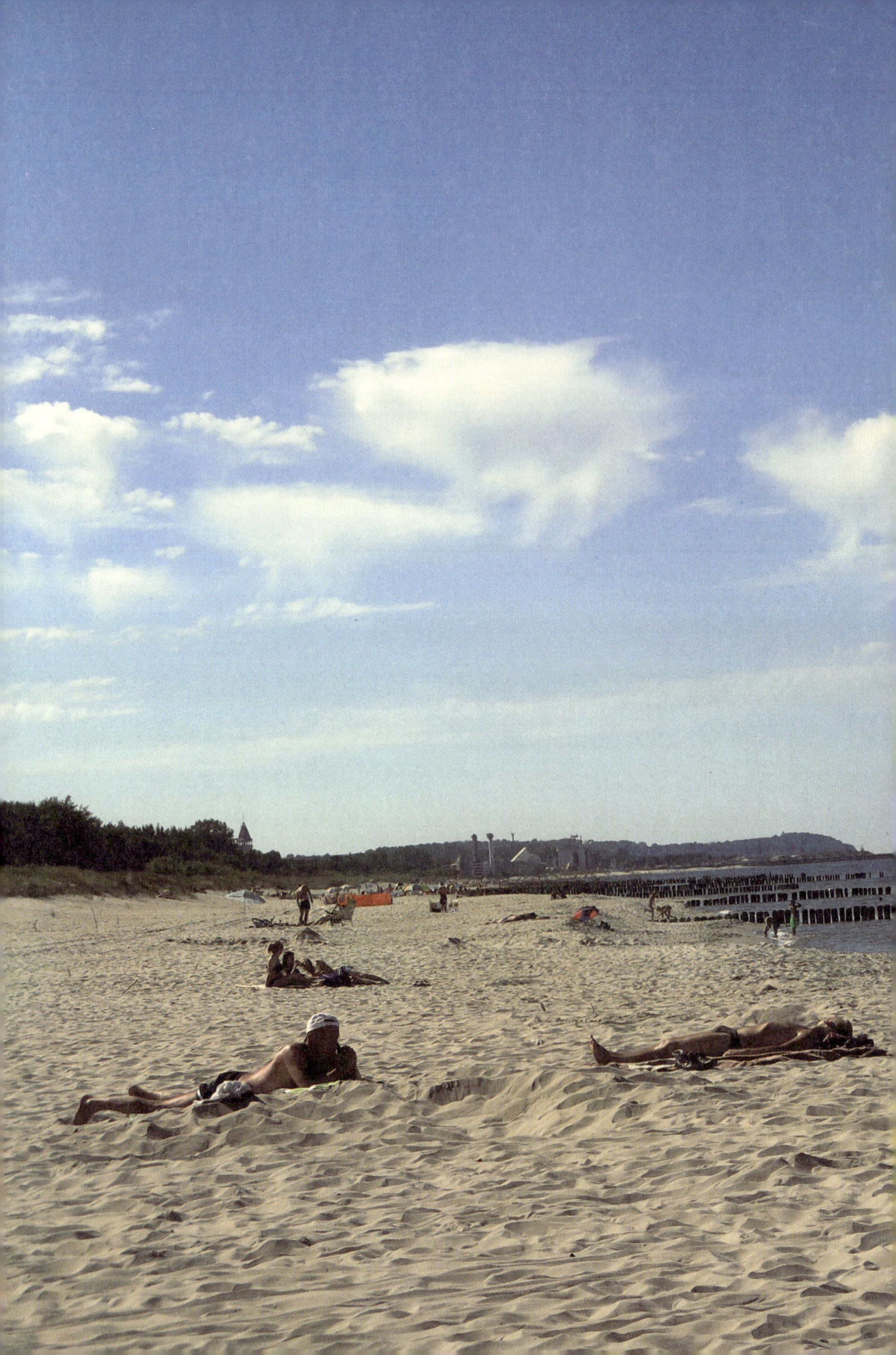

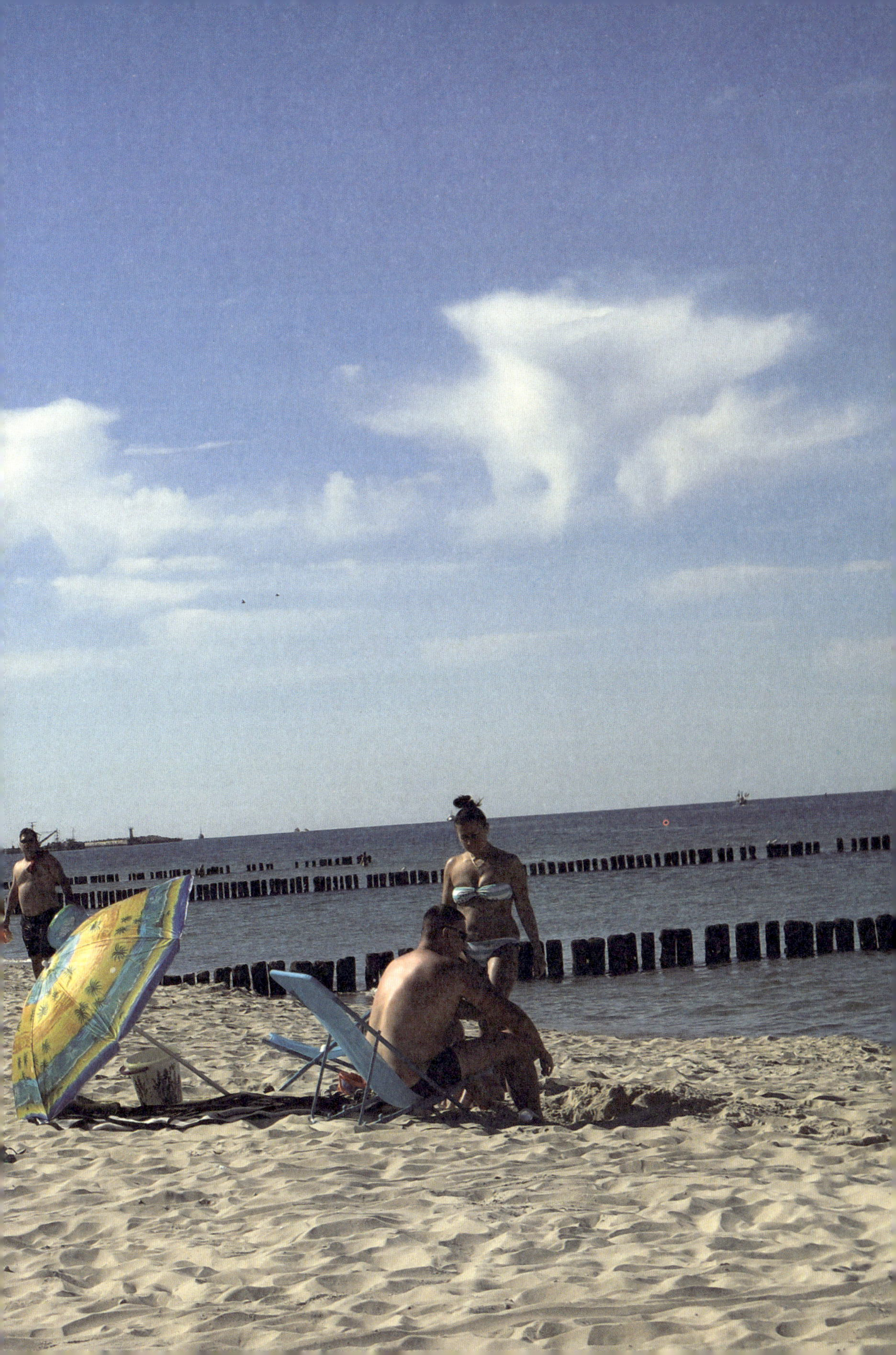

就在我们说话间，玛乌戈莎塔女士驾车顺着幽静的山路驶入一片森林。此刻，天空飞起了蒙蒙细雨，但眼前的绿茵——森林、草地和铺着青苔的地面，让我心驰神往，顿时感到心灵的安静。

玛乌戈莎塔女士告诉我，她的祖先是德国人，但是他们一家很早就来到波兰最美丽的海滨城市格但斯克居住生活，这座城市给予了他们太多太多，索波特是她最喜欢的地方。这里的海拔较高，有大片的森林，空气清新，环境十分优美。

还记得2006年夏天，我第一次来到索波特。午饭后，在当地旅游组织工作人员芭蒂·迪莉西亚小姐陪同下我们来到最受波兰人、欧洲人和世界游客欢迎的索波特森林剧场。在半个世纪前，森林剧场建在绿树葱茏的森林之中，可容纳5000多名观众，每年8月都在此举办国际音乐节，它是欧洲最著名的歌唱比赛之一。许多世界一流的歌手、乐队云聚于此，让整个波罗的海都竖起耳朵，为静谧的小镇带来热闹祥和。

我的脚步在一栋漂亮的花园前不由自主地停下来，原来这栋小屋是19世纪波兰伟大的作家约瑟夫·康拉德（Joseph Conrad）曾经住过的地方。我们来到18世纪的一栋老房子，如今这里是索波特友好协会。这栋白色的房屋外面除了屋顶和门窗，几乎全被绿藤和鲜花缠绕，这里真是一个浪漫的仙境。随着玛乌戈莎塔女士的脚步我们来到奥格兰单夫·维斯特布拉特路（Obrońców Westerplatte），一栋精致典雅的老房屋。从外表看上去，四周环境幽静，鸟语花香。我们走进这座有着100多年历史的老房子，里面是古老的咖啡馆，这里正在举办现代画展。咖啡厅播放着波兰的古典音乐，音韵纯美，略带丝丝忧伤，我的思绪仿佛被拉回到那个遥远的时代。精美的琥珀灯散发出橘黄色的柔光，温馨暖人。

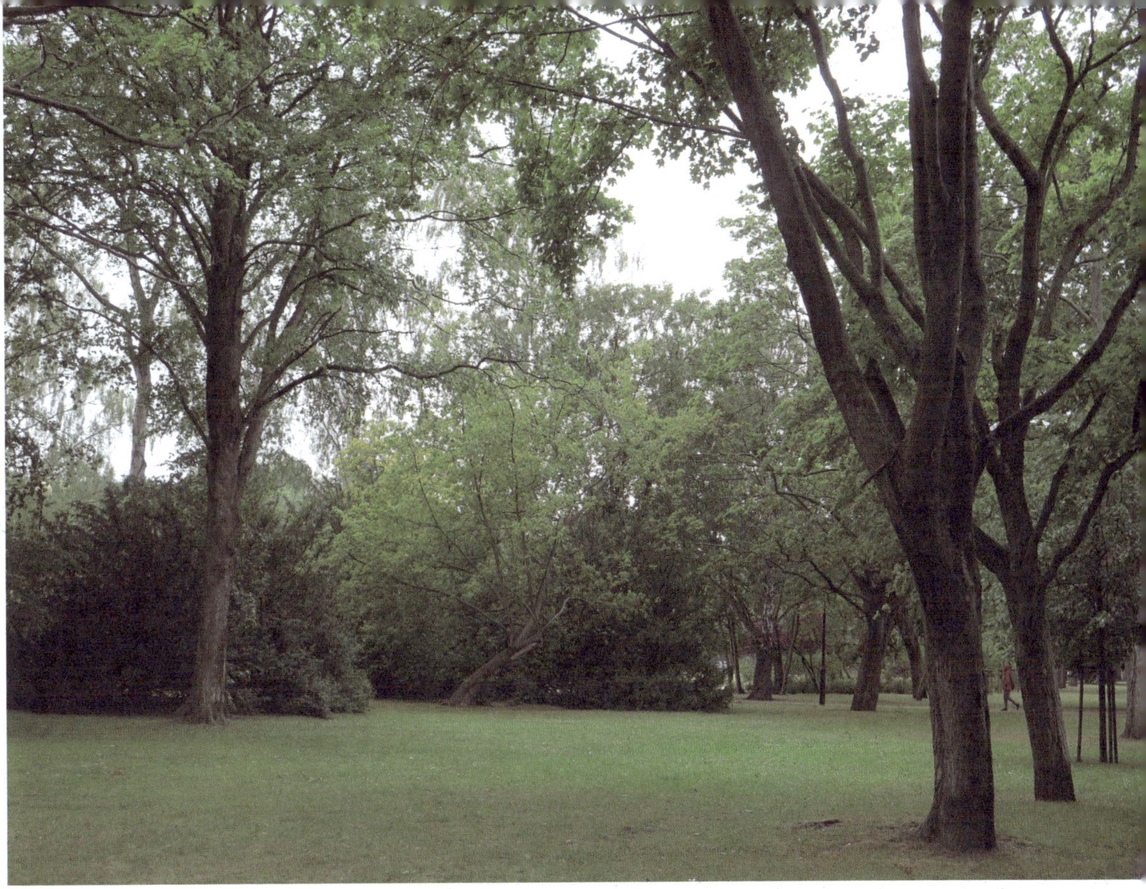

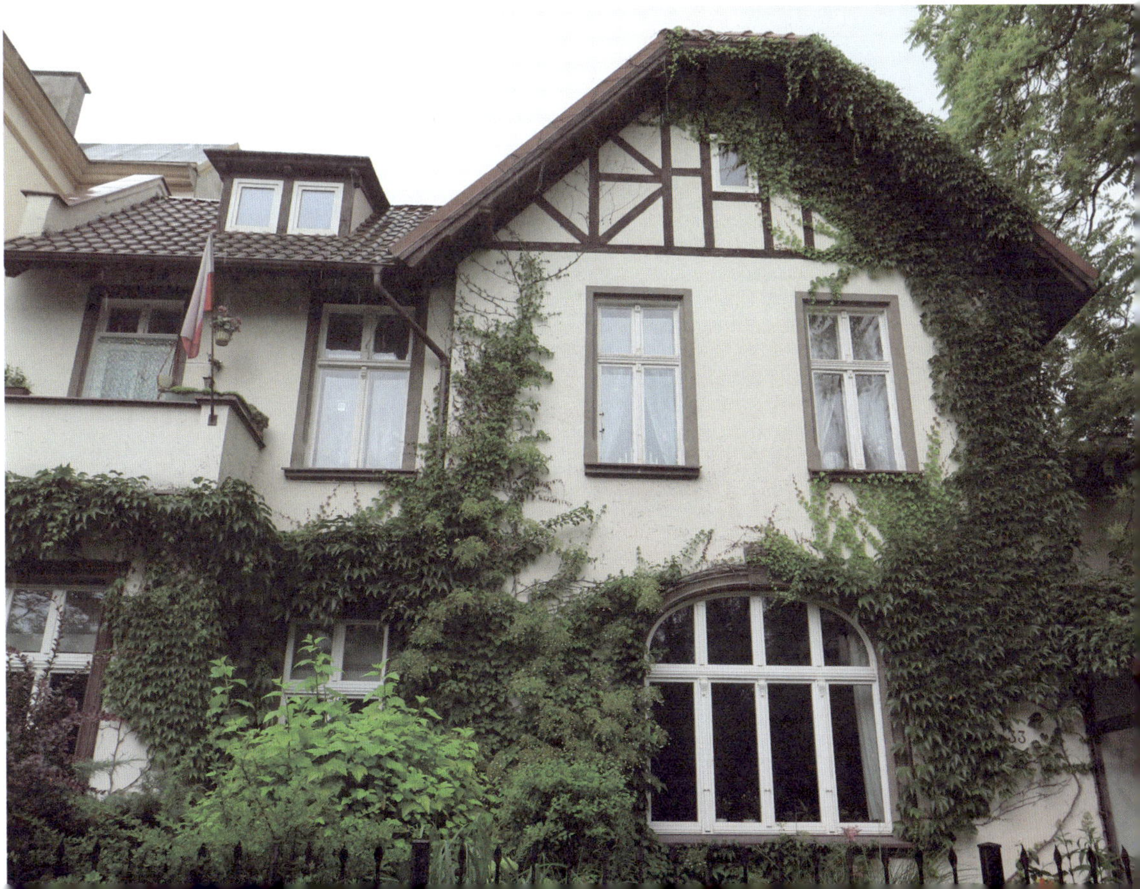

从大门进入楼厅，正在展出的绘画作品色彩纷呈。眼前满满一堂艺术画作令人目不暇接。有油画、素描等，多样的艺术形式，养眼养心。恰逢周末，父母带着孩子来到这所老房子，听音乐、观画展，天真活泼的孩子们静静参观并在画作前留影，欢喜之情溢于言表……

我独自欣赏，将喜欢的画作逐一拍下，静观画展，在简繁中徘徊，在黑白中想象，在色彩中迷醉。我伫立在一幅钢笔画《听秋》前，黑白两色和点线结构的画面，从现今可用的绘画手段来看，可谓精简至极，画面上点点之间的疏密变化使之产生强烈的纵深感，线条曲度变化带来的美感引人注目，而画面的基本元素，黑白之间点线分割下的"灰色地带"，在光感作用下，产生美的想象。

画展中我还看到一幅不知名的画作，画面气势恢宏而不失细腻，寥寥五间色加上一种原色，幻化出璀璨炫目的感觉，从中我领悟到索波特人对美的追求有着温柔而执着的坚持。一幅名为《乐园》的油画，可谓是回忆之作。这是作者多年前游历索波特时，透过索波特人的生活点滴，感受到这里的人们对于幸福生活的美好向往，继而付诸画布创作出这幅油画佳作。在我眼中，《乐园》正是索波特人生活的真实写照。

索波特是一座极富魅力的城市，玛乌戈莎塔女士告诉我，由于历史原因及气候特征，索波特的建筑风格主要有两种：一种是由早期前来波罗的海打鱼的渔民居住的房屋，通常是用木头和红砖盖成的。令人没想到的是，今天在索波特这样的"原始"小屋，越盖越漂亮，紧挨着的小屋一栋一个样。波兰传统的村庄多为木头结构，各有特色，五彩缤纷。它们之间的差异体现在建筑形式中的不同装饰、不同色彩。索波特建筑风格的另一种特色是庄园建筑。这与当地的气候环境及历史原因密不可分。在人们的想象中，滨海省格但斯克市在波兰的最北部，到了冬天一定是天寒地冻，但是这里恰恰是气候十分宜人，四季分明。索波特夏天最高温度不超过27℃，冬天不低于-10℃，舒适的气候温润而充满阳光，这让索波特的园艺业十分发达。早期生活在这里的人们非常喜欢庄园建筑，在巴洛克式建筑风格中又融入波兰传统建筑特色，玛乌戈莎塔女士说，这是"波兰巴洛克式的建筑"。突出中央建筑，两边的房子往里面退进去，是古典浪漫主义、巴洛克和新浪漫主义的完美结合，建筑顶部有小塔尖，建筑结构简单大气。

索波特人醉心于自家花园的修剪和布置，让鲜花和绿意一年四季簇拥着自己。索波特人热爱园林艺术可以说是从上至下的全面热潮。地处欧洲心脏的波兰森林

绿化率名列前茅，格但斯克的绿化又在波兰城市中排名前位。索波特是作为三联城市之一绿化率极高的城市。市政府早已不满足于做"表面文章"，而是见缝插针，只要街道有一小块空地就会被政府纳入绿色规划之中，并且鼓励市民种花养草。索波特人生活中一大乐趣就是喜欢来个花园"攀比"，看看我家的花园有什么花，你家的草地种什么草……在这里，园艺工具分门别类，从赶走松鼠的用品，到专门除去蒲公英的工具，只有你想不到的，没有他们买不到的。在索波特，园艺设计类的杂志更是成为畅销刊物。索波特人认为醉心于园艺，既品味生活、陶冶情操，又锻炼身体、美化环境、增添情趣。

我漫步在绿树成荫的小路上，欣赏着一栋栋漂亮的房子，一座座美丽的庭院，从中我领略到索波特人的生活品位和审美格调。

索波特这座城市从开始建城时，就对疗养度假胜地有全面而超前的规划。一座建于1927年索波特的最豪华的巴洛克式建筑风格的酒店，是世界上最著名的

建筑——大饭店（GrandHotel），这也是世界旅游者来到索波特必去之地。波兰被誉为"世界浴疗"的摇篮，有着最古老传统的疗养胜地。索波特这座超乎想象的水疗健身中心吸引了许多名流，其中包括玛莲娜·迪特里茜、葛丽泰·嘉宝、戴高乐、安妮·篮妮克斯、普京、夏奇拉等。

被誉为"怪屋"（Krzywy Dom）的一栋建筑是名副其实的"搞怪设计"，有人称它为"歪房子"，它的楼身呈扭曲的褶皱形，像一栋醉态可掬的卡通房子，成为索波特最上镜的建筑。

这栋建筑常在世界神奇的房子排行榜中榜上有名，它的设计风格十分别致，造型鬼怪，在索波特观光的游人都必游"怪屋"。这其中蕴藏着波兰人丰富的想象力和独特的艺术感，到此一游，令人大开眼界，印象深刻。

索波特的盐泉和温泉水既可饮用，也可做水疗。运动损伤、神经系统疾病、消化不良、妇科疾病、风湿疼痛、骨质疏松等疾病患者都可来此放松心情一洗了之。

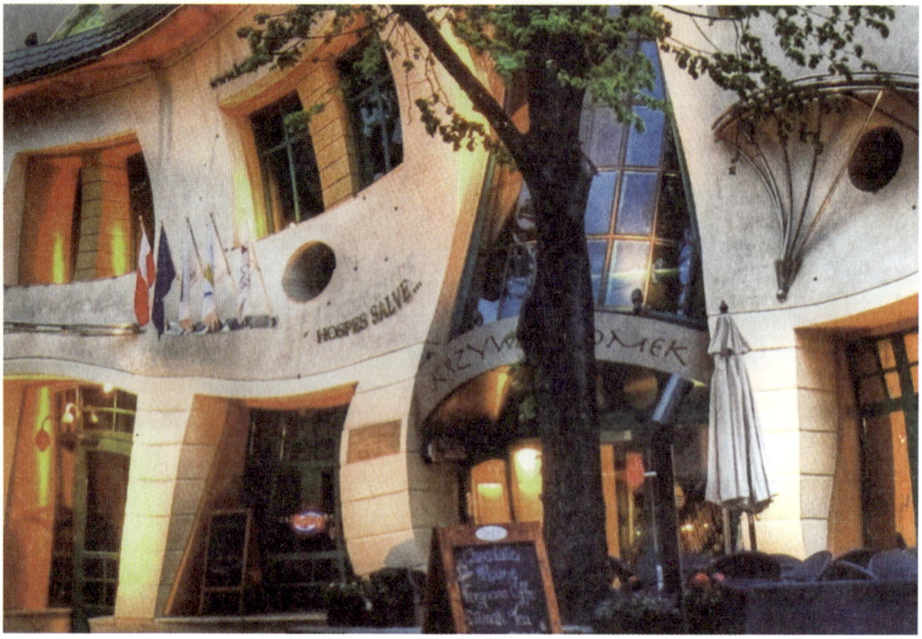
HOSPES SALVE...

凭着得天独厚的气候、地理位置及良好的旅游基础设施，索波特是欧洲时尚著名的疗养胜地。这里有含碘丰富的海洋空气，经常在索波特海滨漫步，对改善人体的呼吸系统、增强免疫力、促进身心健康，都大有益处。

在格但斯克和索波特之间的奥利瓦，风景如画，绿草如茵，还有一座被誉为"格但斯克明珠"的奥利瓦大教堂。当你来到这里，仿佛走进了一座天然公园。

来到索波特旅游你可以尽情享受，这里有各式餐厅、咖啡厅和各种娱乐设施。欣赏奇妙的森林音乐会；站在欧洲最长的木桥上，欣赏着波罗的海海面上怡然自得的海鸥、天鹅、野鸭和一艘艘过往的船只，真是赏心悦目。

赤脚走在索波特柔软的海滩上，沐浴阳光，闭上双眼，任凭海风轻轻吹拂……恋恋索波特，你会情不自禁地把时光忘却。

走进格丁尼亚

走进大自然的神奇美丽，不仅仅在于青山绿水、蓝天白云；也不仅仅是花开花落、云卷云舒，更具魅力的，应该是相伴日月星辰、山水云间与人类共同繁衍生息的那座城市，和为了那座城市的美好而为之努力的人。

滨海省格但斯克，是波兰北部地区最大的城市，也是波罗的海沿岸重要的航运与贸易中心，人口近50万。格但斯克市市长鲍威尔·亚当莫维兹（Paweł Adamowicz）先生曾经这样告诉我，著名的"三联市"由格但斯克、格丁尼亚和索波特组成，总人口超过80万。我们的"三联市"每一座城市都非常美丽，都有着深厚的文化和不同的历史，来到格但斯克你一定要去看一看。市长先生这番话我一直记在心里，在我心里也一直惦记着"三联市"之一的又一座城市——格丁尼亚（Gdynia）。

在波罗的海南岸索波特西北部，驱车20分钟，我们便来到格丁尼亚。玛乌戈莎塔·格林格·戴登拜里克（Małgorzata Geringer d'Oedenberg）女士告诉我，格丁尼亚在20世纪20—30年代由一个小村庄建立起来，她是"三联市"

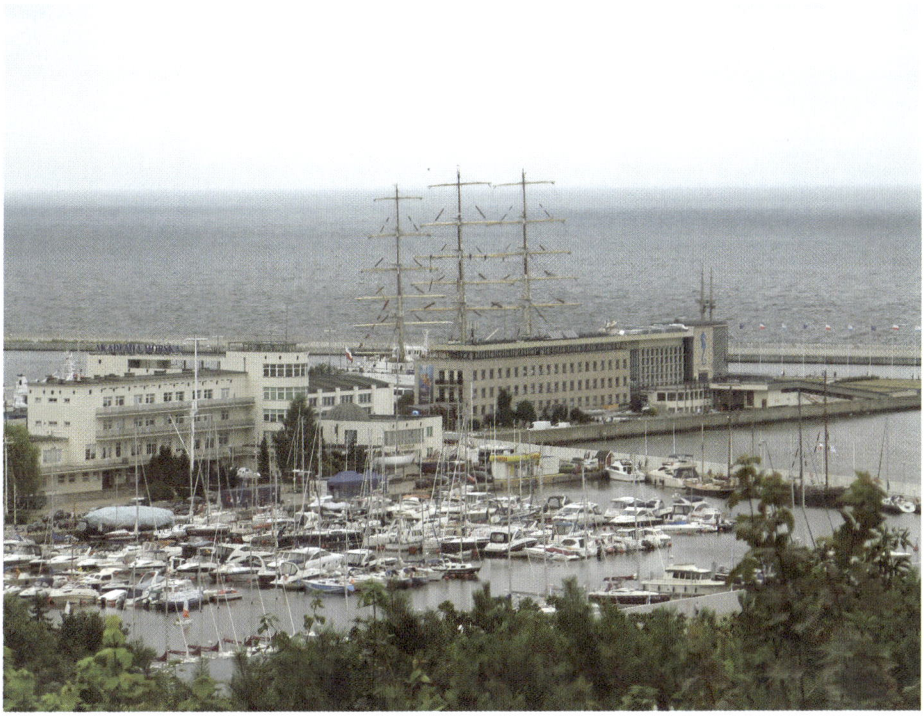

中最后一个建的城市,也是波兰最年轻的城市之一。这次应邀来到格但斯克访问,市政府安排玛乌戈莎塔和翻译柯茗蕾女士陪同我参观"三联市"的格丁尼亚和索波特。玛乌戈莎塔女士对这里的地理地貌、气候特征、历史文化、风情民俗非常熟知。当我得知她是毕业于格但斯克大学海洋学专业时不免有些惊诧。原来玛乌戈莎塔的父亲是格但斯克工业大学的教授,从小她就随父母四处旅游,去过不少国家。父亲开车带着全家去北非的摩洛哥旅游,卡萨布兰卡这座北非的"浪漫之城"留给玛乌戈莎塔太多的美好回忆;他们全家还去过科特迪瓦等国观光旅游。她记得父母对她说过,一个喜欢旅行的人,一辈子都有学不完的知识。于是,对旅行的渴望就这样在她幼小的心灵中,一点一滴仿佛在水滴石穿的单调和宁静中升腾起来。

大学时,玛乌戈莎塔学的是海洋学专业,但她在业余生活中还是将旅行排在了首位。受家庭的熏陶,她喜欢历史、文学、地理,她常常利用假期自驾旅行,法国、德国、比利时、荷兰等欧洲国家几乎走遍,她还顺利通过了导游资格证的考试,成为一名正式导游,但她在平时工作时从未停止过对海洋学的研究,只是在业余时间才兼职做导游。她告诉我她还没有去过亚洲旅行,她特别向往中国这个有着五千年历史的国家,更期待着有一天登上中国的万里长城。

看到玛乌戈莎塔手中随时拿着一本已经翻旧了的地图,顿时觉得非常亲切,因为在生活中我也酷爱旅行,非常喜欢看地图,当我把这个爱好告诉她,同时当她得知我也去过摩洛哥时,她高兴地说找到了"知音"。

清晨,从格但斯克出发,来到格丁尼亚的科利普基地区(Kolibki)。在很早以前这里住着一个非常富有的波兰人,当时这个地区属于"自由城"。后来这位

富商一次一次筹资，把土地一块一块买了下来，玛乌戈莎塔女士告诉我，当时这位富商之所以把所有土地都买下来，是因为他不希望这块原本就属于波兰的土地成为"自由城"，而更愿意把这片土地还给波兰。这位波兰富商就是维托德·库克夫斯基（Witold Kukowski）。随后，我们参观了19世纪时他家的马圈和仓库。玛乌戈莎塔女士说，第一次世界大战之后签署了《凡尔赛和约》（《协约国和参战各国对德和约》），这是一份战胜国（协约国）对战败国（同盟国）的和约。协约国和同盟国于1918年11月11日宣布停火，经过巴黎和会长达6个月的谈判后，于1919年6月28日在巴黎的凡尔赛宫签署条约，标志着第一次世界大战

STAJNIA I WOZOWNIA
zespołu dworsko - parkowego
Kołbki
II poł. XIX w.

正式结束。得到国际联盟的承认后,于 1920 年 1 月 10 日正式生效。《凡尔赛和约》的主要目的是惩罚和削弱德国,但波兰国土的一部分被划归为"自由城",当时属于国际联盟管理。格但斯克港口是一个贸易免税区,但是这个港口在当时一直存在着归属波兰还是"自由城"的争议。为此,专门成立了"港口委员会",由波兰和"自由城"各派 5 人进入管委会,再派一位中立的瑞典人来共同管理。尽管这样,波兰人要想使用在自己领土上的港口,依然存在问题。1920 年波兰政府决定在格丁尼亚新建港口,1920 年 2 月 10 日波兰政府正式授予了格丁尼亚城市的资格,从此翻开了格丁尼亚历史上崭新的一页。为了纪念格丁尼亚这座城市的诞生,至今城市中心还有一条街道被命名为"二月十日大街"。

在格丁尼亚诞生之前的 1910 年,这里的市民只有 900 人,1939 年,第二次世界大战爆发前,格丁尼亚的人口增至 1.2 万人,许多波兰人纷纷来到这里寻找机会,创业发展,他们每一个人都希望在这里实现梦想。与此同时,自 1920 年后格丁尼亚一直在建设当中,许多人为之付出了艰辛努力。这里基础设施完备,盖起了许多漂亮的别墅和花园,格丁尼亚这座城市变得越来越美丽。1939 年二战爆发,德国人进入这里,并把格丁尼亚变成军事基地。

当我们来到格丁尼亚南码头港,沉静的海面上波浪泛起,涛声在晨风中哗哗作响,令人心生愉悦。一大早前来旅游观光者络绎不绝。南码头是 1921 年格丁尼亚建城后的第一座码头,长约 600 米,以两艘停泊在此的巨轮著称——二战时期的驱逐舰(ORP Błyskawica)以及 20 世纪初的巨轮(Dar Pomorza)。如今这里已成为"二战军械博物馆",我们参观时正逢周末,不少家长带孩子来到这里参观。一位年轻的母亲牵着一个五六岁的小男孩,边参观边向儿子讲述战争中

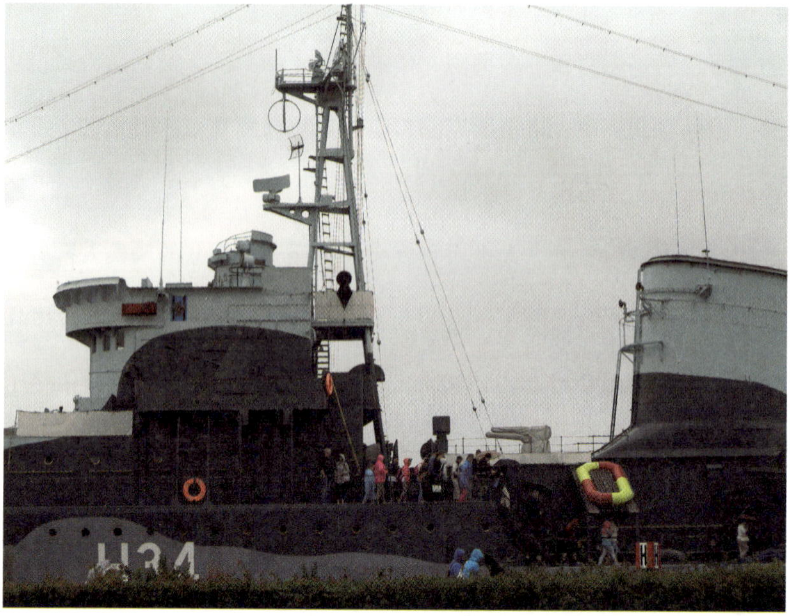
H34

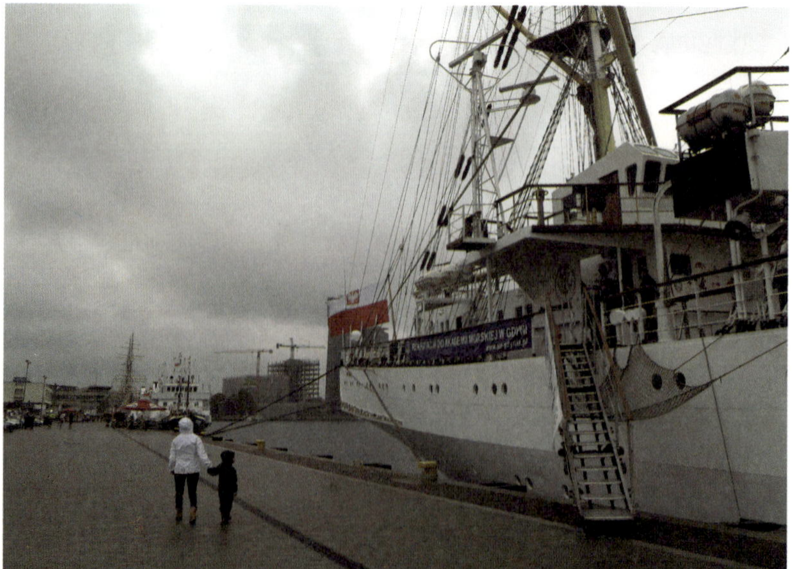

的故事。她对我说："现实生活中这艘"二战"时的军舰，如今已是一座博物馆，为了纪念我们一代代人都不能忘记的历史，我会常常带着孩子来到这里，重要的是让一代代人在心中矗立起一座历史的丰碑。"此刻我在想，格丁尼亚人明白，他们需要常常唤醒历史的记忆。

我们乘坐玛乌戈莎塔女士驾驶的车边走边看，当汽车行驶在"二月十日大街"，两旁的世界知名品牌店、购物中心和商场超市鳞次栉比。她告诉我，"二月十日大街"是格丁尼亚的象征，它见证了这座城市自诞生以来的历史，记录了她的沧桑巨变。这条整齐、宽敞的大街直达火车站和码头，交通十分方便。

漫步在格丁尼亚，这里的建筑颇具特色，最大的特点是建筑色彩鲜艳明快，椭圆长方形的屋顶是平的，两头是船形，这样的奇妙灵感像是格丁尼亚繁忙港口来往不息、日夜穿梭的船只……

格丁尼亚柯斯丘什科（Skwer Kościuszki）广场每年都吸引成千上万的旅游者和艺术家前来参观各种音乐和庆典活动，这里是最受格丁尼亚人青睐的绝佳去处。"金狮奖"和"琥珀夜莺奖"早已成为滨海省享誉欧洲的知名音乐奖项。其中"The Heineken Open'er Festival"音乐节是欧洲最大的音乐盛典，如今已成为世界级的文化活动，曾两度荣获"European Festival Award"艺术大奖，这项盛大的音乐活动吸引了众多的年轻人和国际知名巨星前来参与，如美国摇滚巨星邦乔维（Bon Jovi）、卡卡女神（Lady Gaga）、英国歌手史汀（Sting）。除此之外，格丁尼亚每年都举办波兰剧情片电影展，为许多波兰电影迷提供了观赏波兰电影的极好机会，格丁尼亚因此而摘得"波兰电影之都"的桂冠。

玛乌戈莎塔女士兴奋地说，格丁尼亚与大海密不可分，是宽阔的海洋孕育了这座城市。位于格丁尼亚市中心的海洋博物馆，非常值得一看，无论是孩子还是成年人，都非常喜欢这座博物馆。在这里，你可以放松心情驻足观看，增长知识，提高科学素养，大开眼界。

非常值得一提的是，格丁尼亚是全波兰境内日照时间最长的城市（每年拥有1671小时日照），许多北欧及世界各地的旅游者纷至沓来，沐浴阳光，漫步海滩，慢跑、骑马、越野、行走，寻找琥珀；张开双臂拥抱大海，尽情享受着帆板、风筝跳伞、摩托艇、皮划艇、旅游航行和快乐垂钓等丰富多彩的休闲娱乐运动。

沿着柔软洁白的沙滩漫步，我的目光无法不被湛蓝色的海水吸引，大海无限深远，一望无际，海水的颜色层次分明，近看是蓝色，远看是白色，海面飞溅卷起朵朵浪花，天空中洁白的海鸥展翅翱翔……

波罗的海的美艳，带给我无限的喜悦。

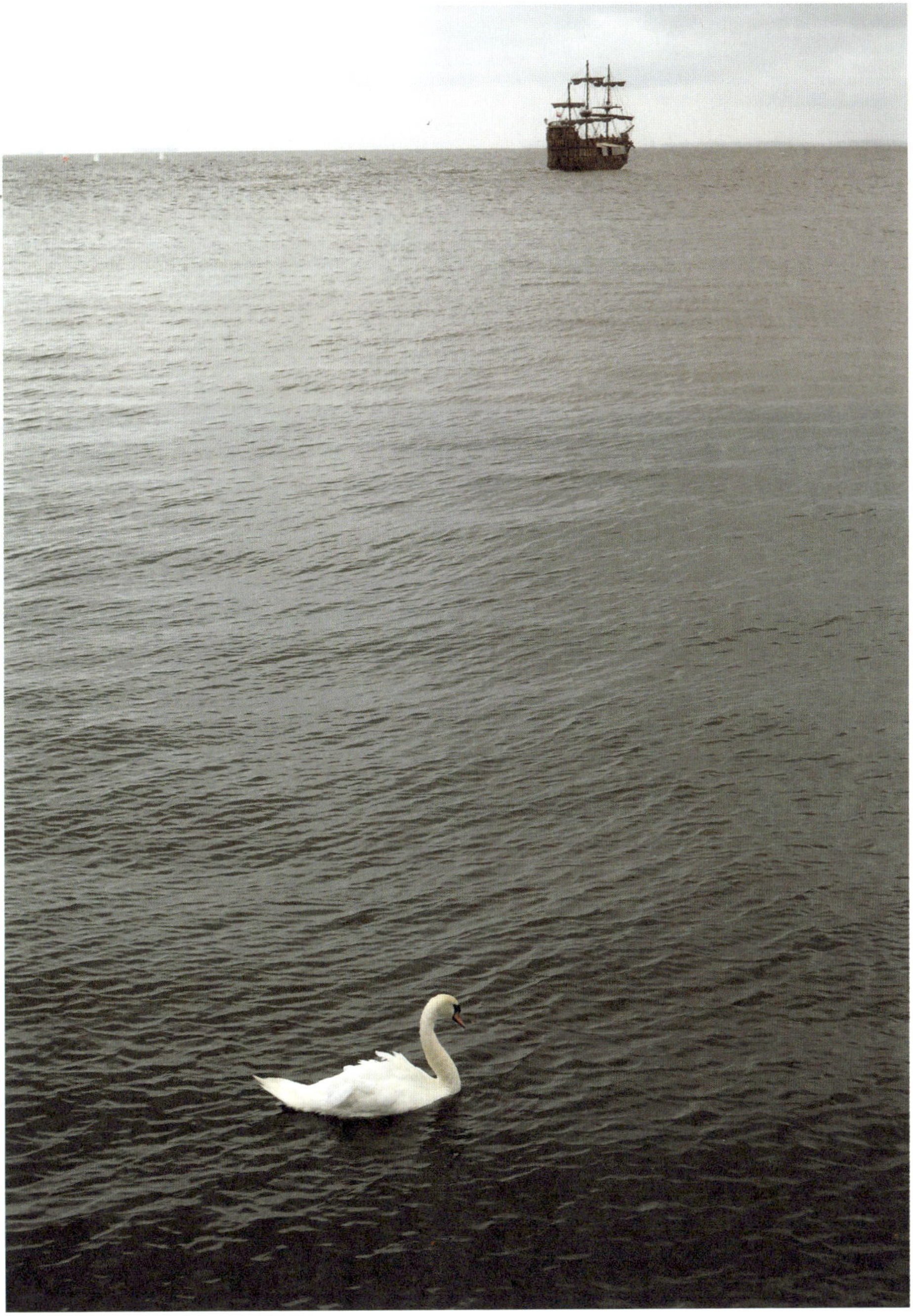

森林原野中的"卡舒比"博物馆

周日的上午，一大早翻译柯茗蕾（Kamila Kreft-Nowacka）和玛乌戈莎塔·格林格·戴登拜里克（Małgorzata Geringer d'Oedenberg）女士，一早驾车来接我，今天我们要去"三联市"（格但斯克、格丁尼亚、索波特被称为"三联城"）之一的格丁尼亚。一路上阳光灿烂、风景如画，我们穿过了绿油油的森林，路过了黄灿灿的麦田，眼前的红花、白花、紫花、蓝花……如颗颗宝石，镶嵌在这片美丽的土地上。

戴登拜里克女士，高挑的个子，白皙的脸庞上架着一副眼镜，一眼看上去就是非常有书卷气的知识女性，脸上总是挂着温和的笑容，她对滨海省及格但斯克的历史文化十分了解和熟悉。这个周末，她是利用休息时间，以"导游"的身份陪我去参观，并向我介绍格丁尼亚及卡舒比的人文历史。"卡舒比的风景十分迷人，早在150万年前，这里到处都是冰川，这种冰川被称为最晚期的冰川，随着气候的变化，冰川海平面渐渐变低，千年的沧海桑田，留下了许多大自然赐予人类的礼物，如石头、琥珀。有的地方水流下降，带来很多沙子，形成了平原中间的小

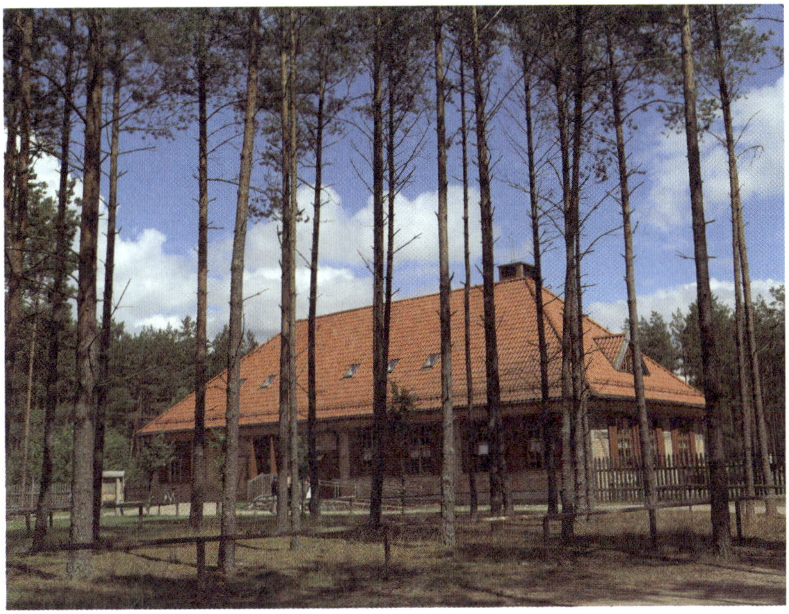

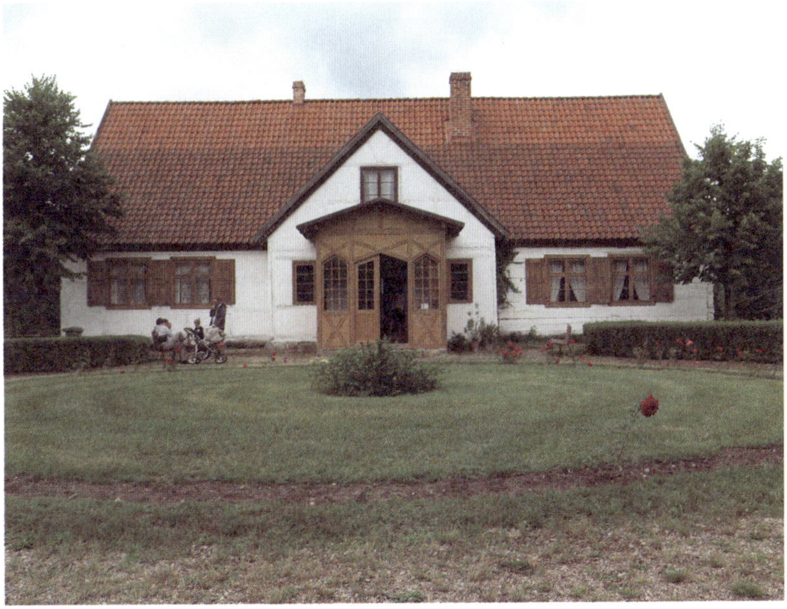

河流淌，大部分欧洲国家的冰川期比较短，而这一带冰川期比较长，形成了小山丘。卡舒比这个地区资源非常丰富，地貌变化多端，有山、有水、有江河。"戴登拜里克女士手拿一本厚厚的地理学书，一边翻阅，一边对我讲述着卡舒比的地理地貌、族群风俗和多样文化。

早上，我们从格但斯克出发，途径城镇卡尔图济（Kartuzy），向西南方向行驶，来到了离格但斯克50公里左右的卡舒比。一路美景伴着我们。在卡尔图济停下车来，戴登拜里克女士带我们走到山丘旁，远远观看湖景。此时，戴登拜里克女士的车里播放着极具族群特色、优美的卡舒比音乐。我问她歌曲在歌唱什么？戴登拜里克女士回答说："这是卡舒比人唱的歌曲，歌词大意是'你去哪里？去哪里？我会想念你，生活爱情我都要，我会想念你。我又有了一头牛，很高兴，我会想念你'……"

路边的人们清晨起来踏着露水，在山里采来的黄色蘑菇和白色蘑菇，新鲜极了，用小篮子装着，在路边摆好，还有红白相间的草莓，晶莹剔透，多汁美味。路旁的一对小贩将自己清早采来的蘑菇放在路边售卖，我买了一兜看上去非常漂亮的黄色蘑菇，准备回到公寓烧一道鲜美的蘑菇汤，想来非常美味。

戴登拜里克女士载着我们开车继续前行，我们来到记录着卡舒比人生活状况、反映卡舒比民俗风情的卡舒比博物馆（Wdzydze Kiszewskie），它是波兰最古老的露天博物馆，向人们展示了从18世纪到20世纪滨海区村庄居民的不同生活。2006年是它的一百周年诞辰。这座博物馆坐落在一个吸引游客的森林景区，既有风景如画的田园风光，又有教育和娱乐设施。

位于乌兹泽·琪舍夫斯杰（Wdzydze Kiszewskie）的卡舒比民俗公园（Kaszubski Park Etnograficzny）是特鸥多拉（Teodora）和艾兹多尔·古勒郭

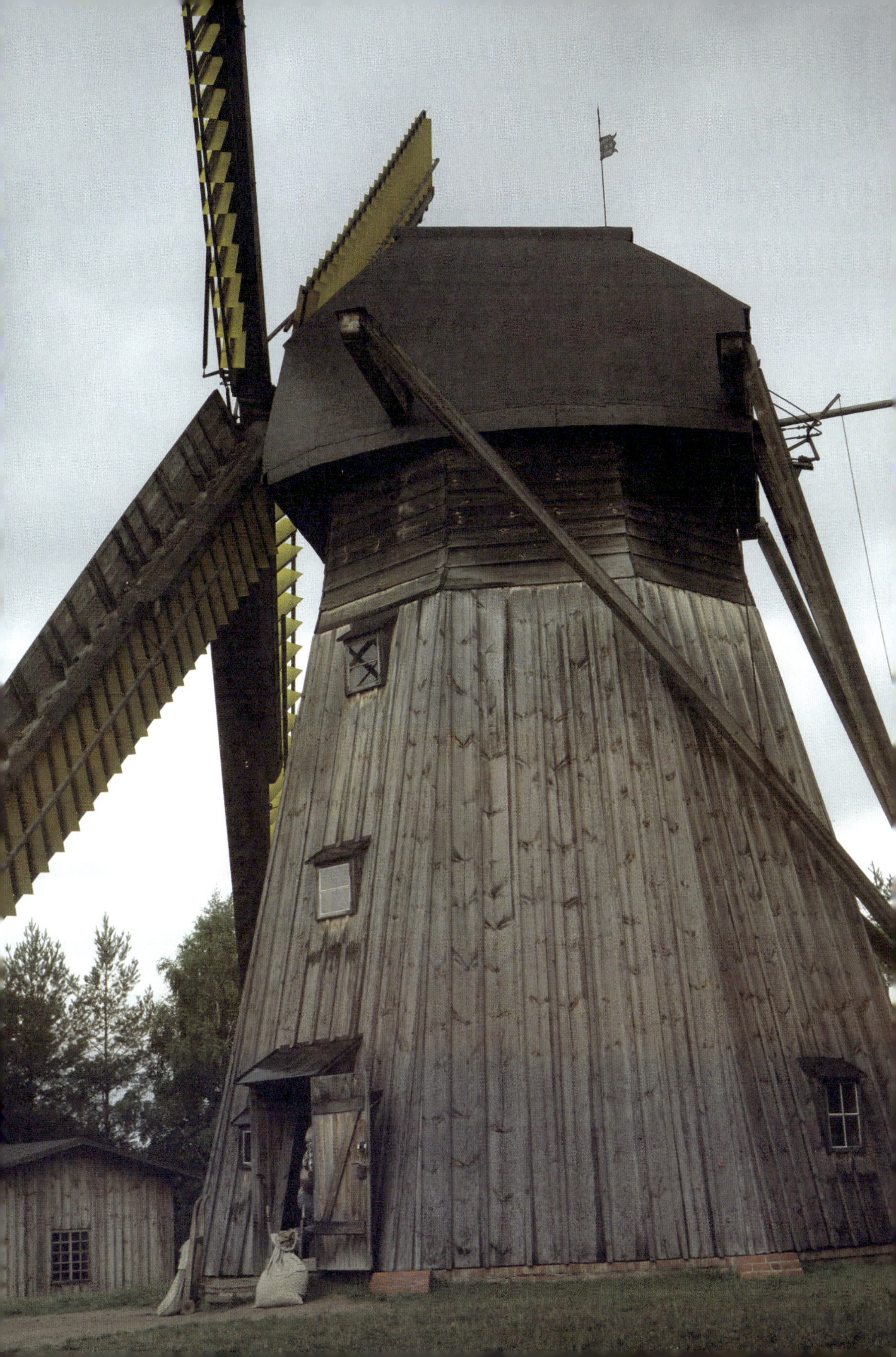

夫斯基（Izydor Gulgowski）夫妇建立的。走进博物馆的主展厅，一件件卡舒比人曾经使用过的生产生活工具，一幅幅记录着卡舒比人生活状况的鲜活照片，让我们走进了卡舒比人的生活。这座有着一百多年历史的卡舒比博物馆，最早的创意是来自古勒郭夫斯基夫妇，妻子是位画家，以前在柏林读书，后来来到格但斯克，丈夫是当地的中学老师，也是一位诗人，他们两人是一见钟情。结婚后，于1906年决定买下这座博物馆，他们的心愿就是把卡舒比人的文化传统和生活习俗保存下来，让更多的人走进这座博物馆，了解卡舒比人的生活。古勒郭夫斯基夫妇还在维多利亚时期田园风格的家里放置了彩色花纹家具、工艺品等，建造了自己的私人博物馆，反映了当地民俗文化与工艺水平。不幸的是，这座精致的博物馆，以及他们自己住的别墅都在1932年火灾中化为灰烬，直到1936年才被重新建造，可是原来的许多藏品已经没有了，重建者只能重新寻找反映卡舒比民俗文化的手工制品及"文物"。1948年这座博物馆被正式捐赠给波兰政府。

卡舒比人（Kaszuby）也称卡舒布人，是西斯拉夫民族的一支，属于中欧的少数民族，人口约30万，使用卡舒比语，是波美拉尼亚语的语言之一。卡舒比人主要分布于今波兰北部波美拉尼亚地区，后来也有部分德国人和波兰人搬到这里生活居住。至今卡舒比人仍保持自己独特的文化传统，年长者至今还讲卡舒比语，有学者认为卡舒比语是波兰语系的一种语言。柯茗蕾女士对我说："我的爷爷就是卡舒比人，至今还常常使用卡舒比语，虽然我们这一代已经不太会说，但只要回到家，爷爷仍然会教我们一些卡舒比语的日常生活用语。"

卡舒比人的文化成就数不胜数，有刺绣、音乐和陶瓷。参观者通过参与各种节日和体验不同季节的文化娱乐活动，可以更好地了解卡舒比文化。例如可以参

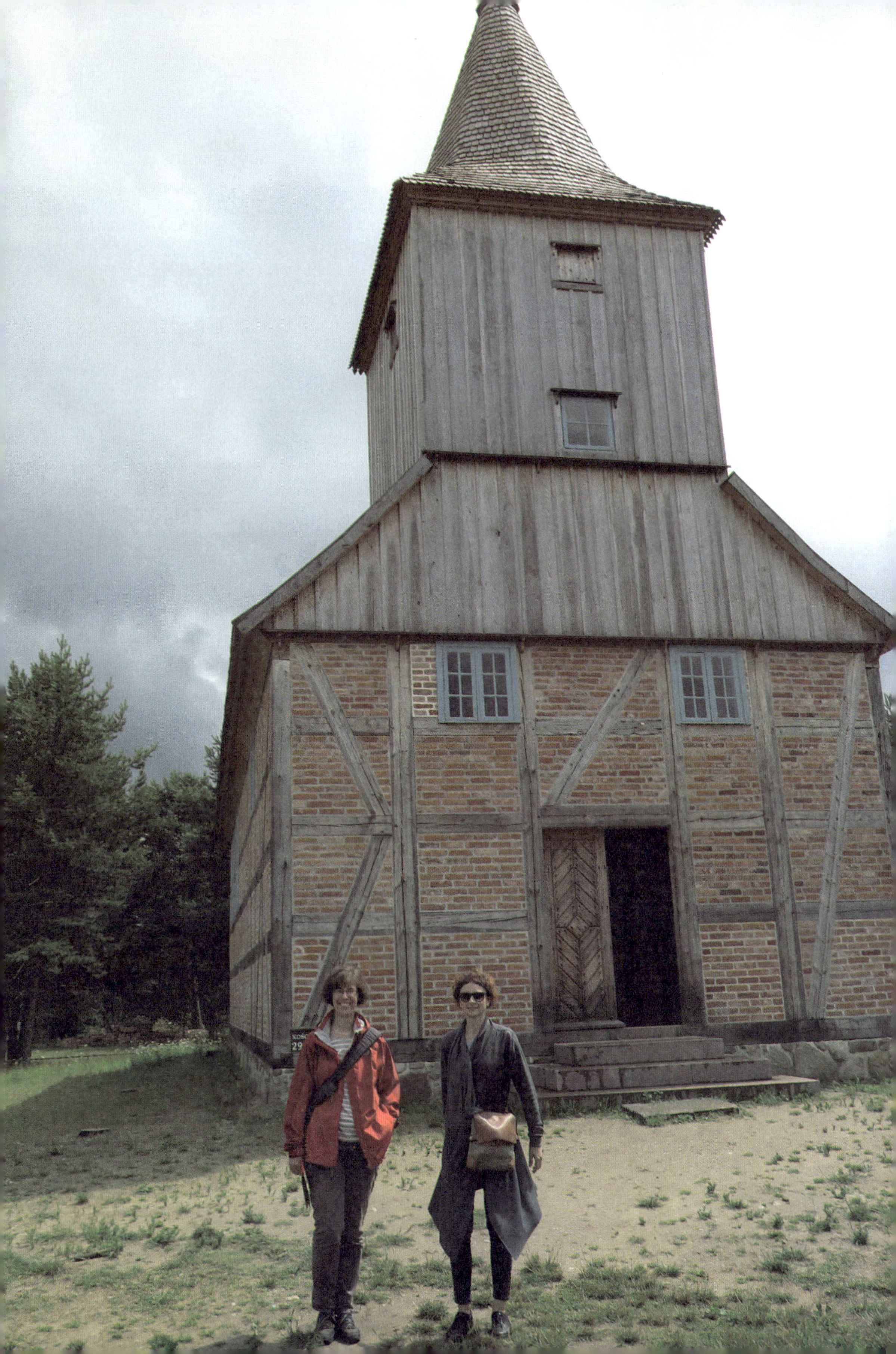

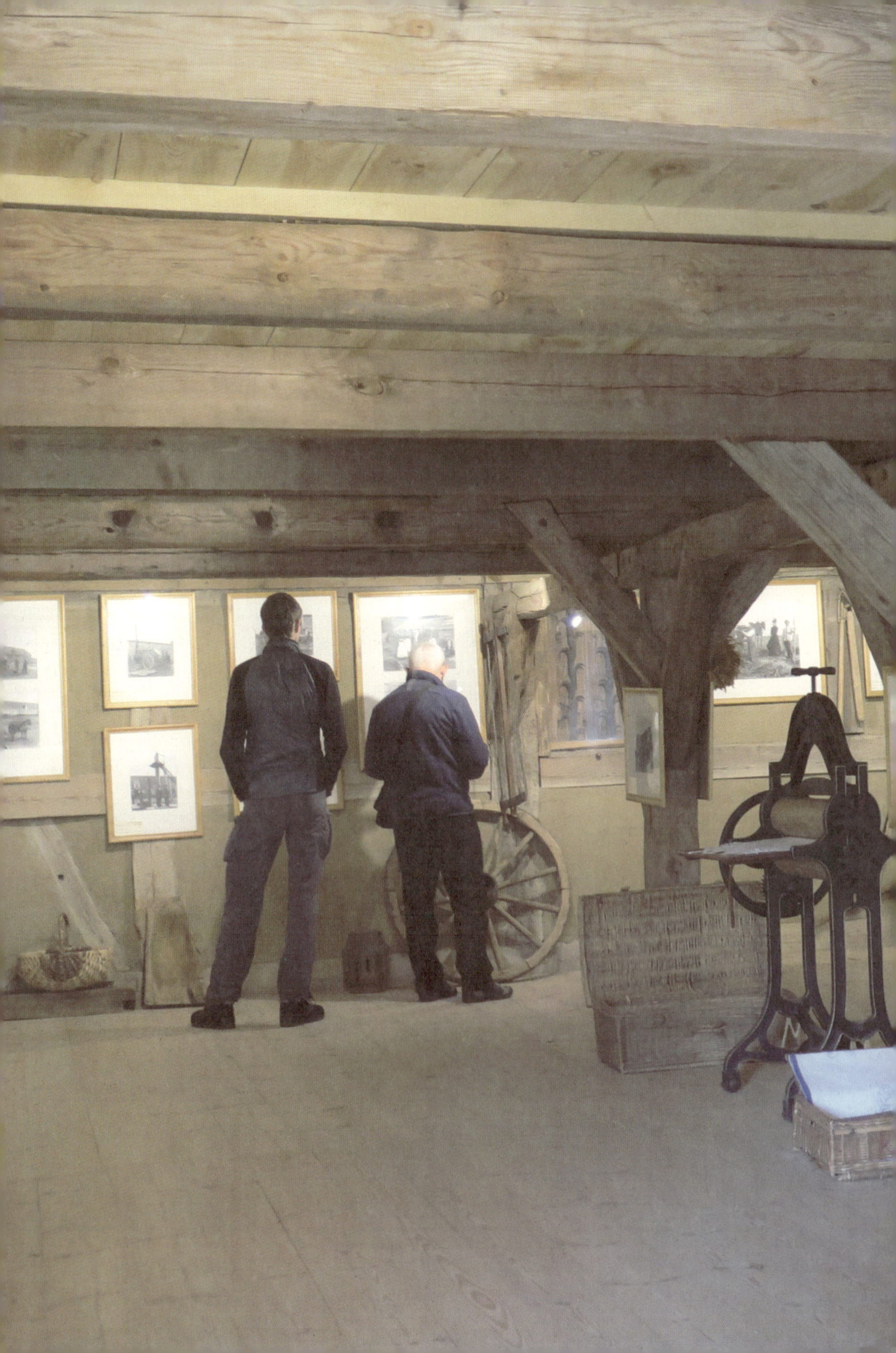

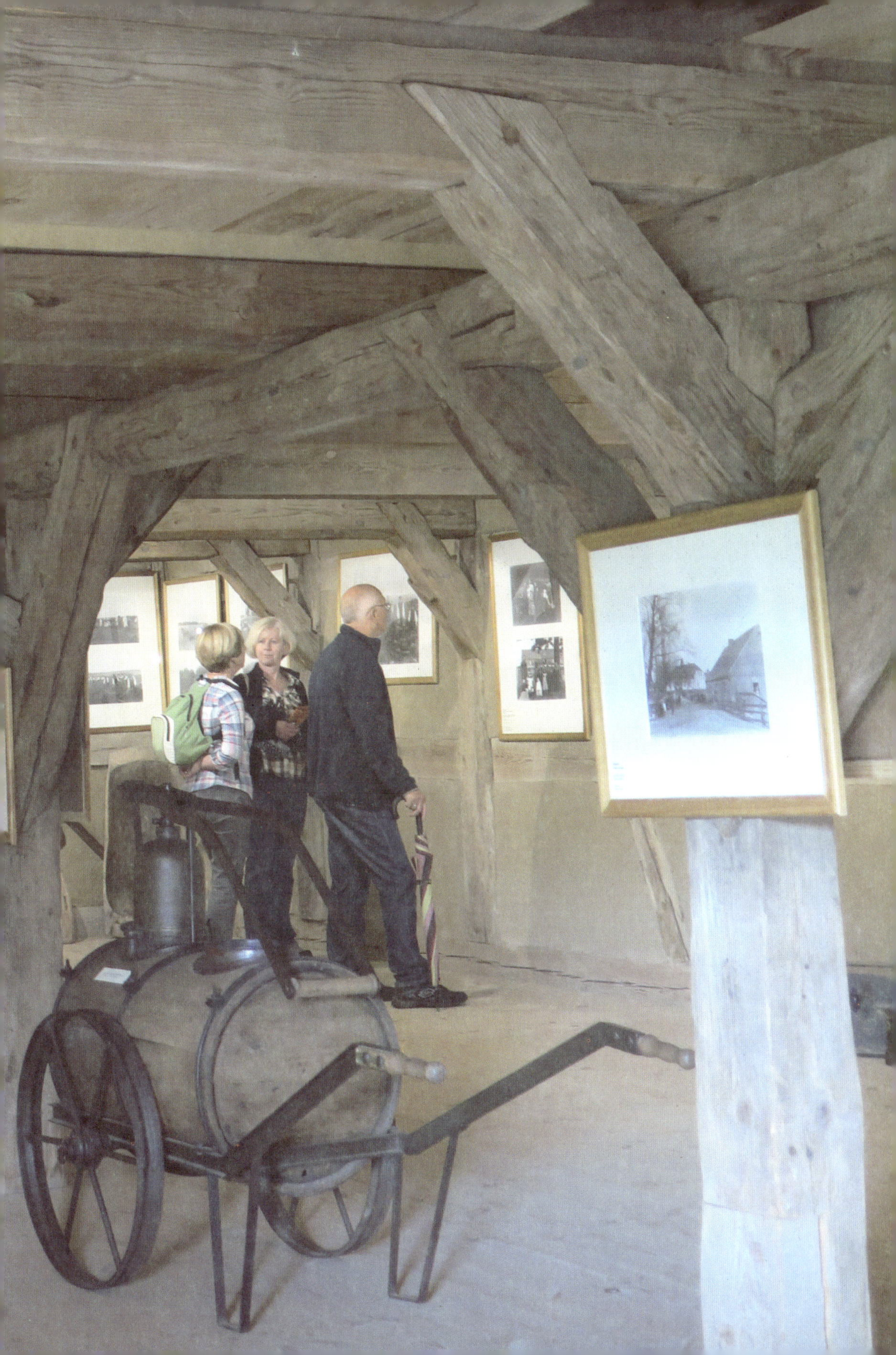

加：在 7 个卡舒比镇举行的国际民间传说节；参加在韦伊海罗沃（Wejherowo）举办的卡舒比人集会；参加在卡尔图济（Kartuzy）和韦伊海罗沃举办的卡舒比人市集庙会；参加在 Wiele 举办的民间讲故事锦标赛或在普茨克（Puck）举办的圣皮特和圣保罗节日的年度鱼宴。

  创办卡舒比博物馆的这对夫妇，对当地卡舒比人的民族音乐、手工制作和绘画艺术等，非常感兴趣，这个地区的卡舒比人因刺绣作品而闻名世界，过去这里曾经有多所刺绣学校，每个学校教授的刺绣方法既有卡舒比传统特色，又风格迥异，如有的刺绣颇具巴洛克式时代风格，卡舒比人喜欢将森林、草地、花鸟刺绣在作品上。如今，来到博物馆附近的纪念商品店，依然可以观赏并购买到称心如意的卡舒比人的手工刺绣作品。

外国游客最经常购买的波兰产品是手工艺品和民俗工艺品。卡舒比人的刺绣和精致的柯尼亚科夫（Koniaków）手钩台布也是波兰手工艺品的一大特色，深受波兰人和各国旅游者的欢迎。制作手钩台布的技术也是代代相传的。在波德哈拉，你也可以给自己武装上一双波兰特有的高地猪皮靴，和一件暖和的、带有各种图案的手织羊毛衣或手织纯羊毛袜。在较大一点儿的城市里，去这种手工制作时装的小店购买具有当地特点的服装别有乐趣，比如，你可以淘到手工编织衫或麻质衣服、手绘丝绸和其他天然材质的衣服。

在波兰还有一种具有地方色彩的纪念品，那就是各种手工陶制制品，其中有形状各异的盆、大口水壶、罐、碗或盘子。在一些地区的村庄集市上仍能买到多年前的真品，当然最简单的是前往波兰工艺品"彩帕莉娅"（Cepelia）商店购买，在各大城市里均可以找到这种商店。

在西里亚省的波莱斯瓦维耶茨（Bolesławiec），你可以挑选到一些称心如意的漂亮美丽的瓷器，它融合了几个世纪以来波兰、捷克和德国手工制作传统工艺瓷器的独具特色的图案（最具特点的是以深蓝色为基调）。多年来，一直是那些热衷于收藏漂亮而又实用的纪念品的游客的最爱。民俗工艺品中值得特别关注的是粗犷的圣像雕刻、玻璃画或木画。

艺术玻璃制品也深受人们喜爱。位于波兰喀尔巴阡山省的克罗斯诺（Krosno）玻璃制品厂是最大的生产厂家，它的制品图案丰富、种类繁多。其主要特点是和谐的形态和优雅的简单，其彩色玻璃影调清晰细腻，令买家爱不释手。这个公司的特点是由造诣高深的艺术家设计、手工制作玻璃。还有很多人对波兰的手工水晶制品情有独钟，几个世纪以来，西里西亚玻璃制品厂一直在生产这种水晶制品。

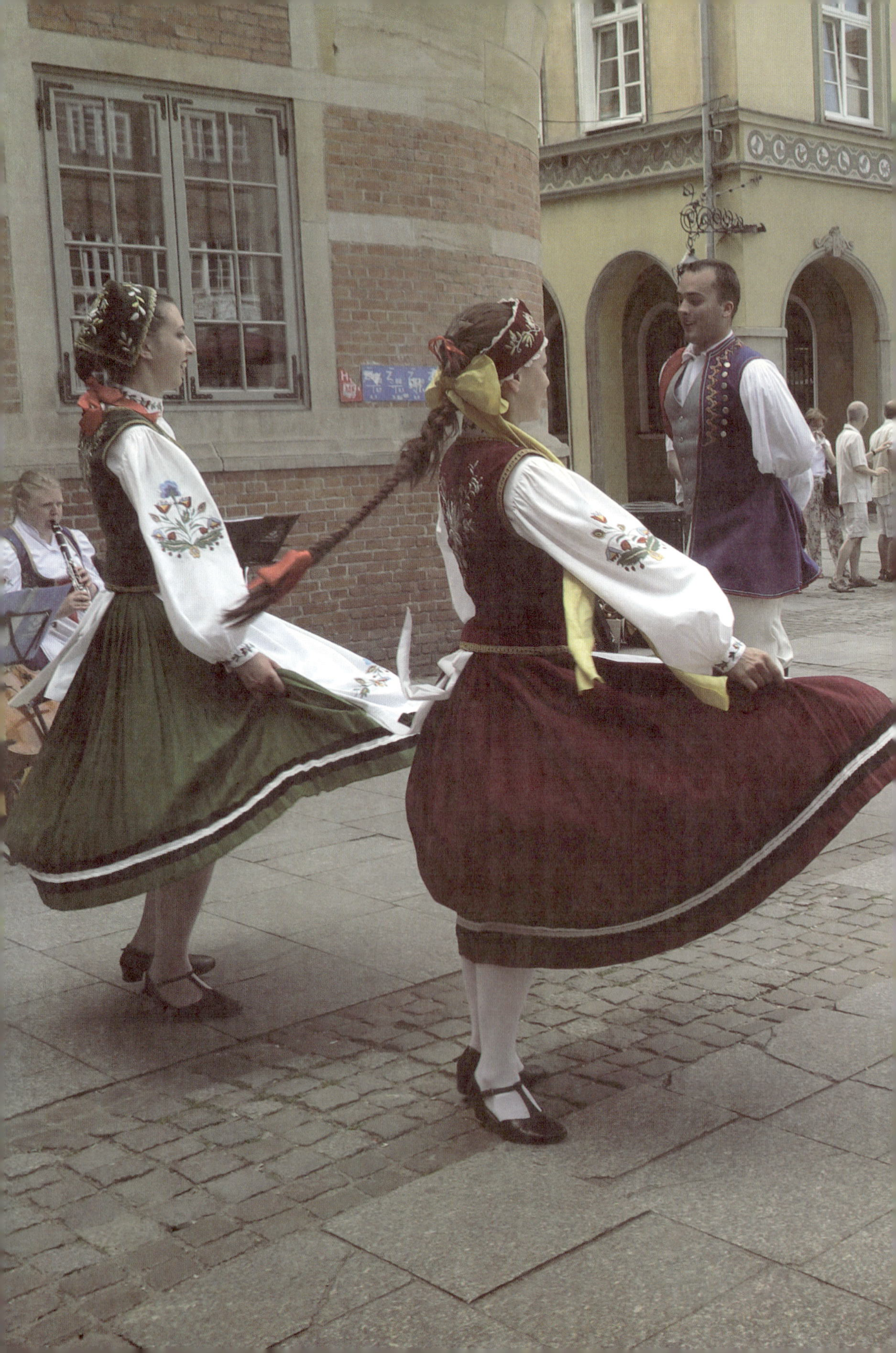

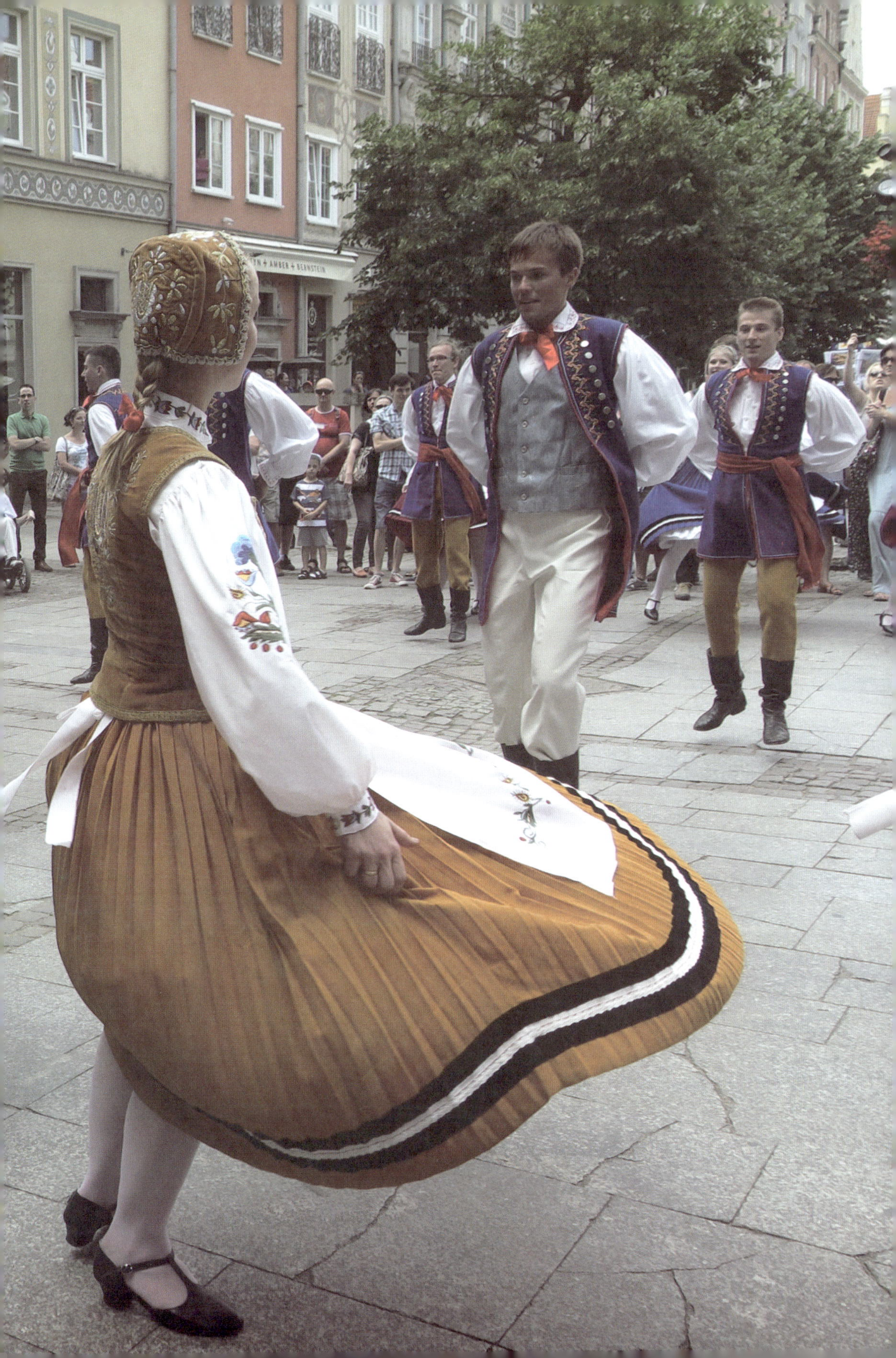
AMBER ✦ BERNSTEIN

我们穿过一座座花园,来到森林中的卡舒比博物馆,十分有趣的是,我去过世界很多博物馆,但从来没有到过像这样的坐落在森林和花园中的卡舒比自然历史博物馆。夏日的格丁尼亚雨水充沛,绿色的草地上冒出了紫白红色的小花,这仿佛一位画家用画笔在色板上蘸着缤纷的油彩,随意在草地上勾勒和点缀一番。走进卡舒比人的手工作坊,我们参观了卡舒比人制作手工的全过程。

1925年,博物馆的男主人去世后,女主人一直精心地管理着这座博物馆,并希望它永久地保存下去。不幸的是在1939年"二战"期间,博物馆的一部分小屋被战火烧毁,后人根据博物馆的原型重新修复。这座占地面积很大的露天博物馆,除了主展厅内有卡舒比人各个时期生活的历史照片和工艺品外,森林和原野中还保存着19世纪卡舒比人的各式小屋,有教堂、磨坊、木板加工厂及风车屋。

我来到一幢1802年工匠住的小屋,屋内摆设十分简单,墙上悬挂着一张名为亚历山大·特雷赫勒(Alexander Treichel)的卡舒比人照片。一位卡舒比老人告诉我们:"我的爷爷是卡舒比人,我和家人、亲戚、邻居都使用卡舒比语沟通交流,第一次世界大战时,我上过三年德国学校。1920年后,这里成为了波兰的国土,我开始学习波兰语,上波兰的学校。后来我参加了波兰军队。希特勒时期,他让我们卡舒比人参加德国的海军,但因为我们是在波兰土地上生活的卡舒比人,我们要与希特勒及法西斯分子做斗争,捍卫我们的尊严和自由。1945年,"二战"结束,我们在波兰土地上的卡舒比人生活渐渐好了起来,但是我们族群传统的精神和文化却代代相传。"

走出工匠小屋之后,我们来到了一幢卡舒比人的贵族小花园,鲜艳的玫瑰花在阳光下绽放笑脸。走进客厅,蓝白相间的卡舒比瓷器整整齐齐摆放在客厅,走

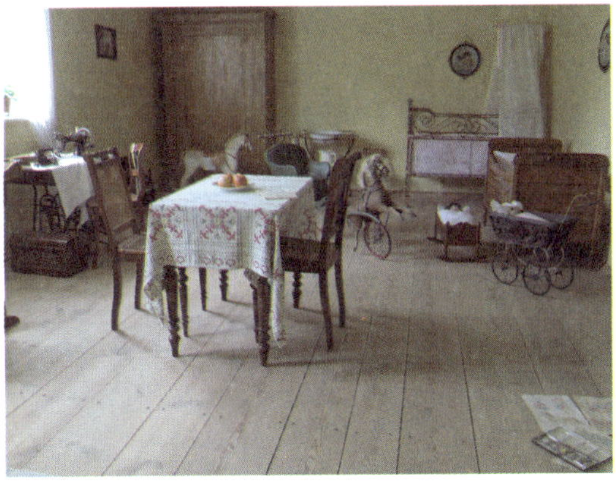
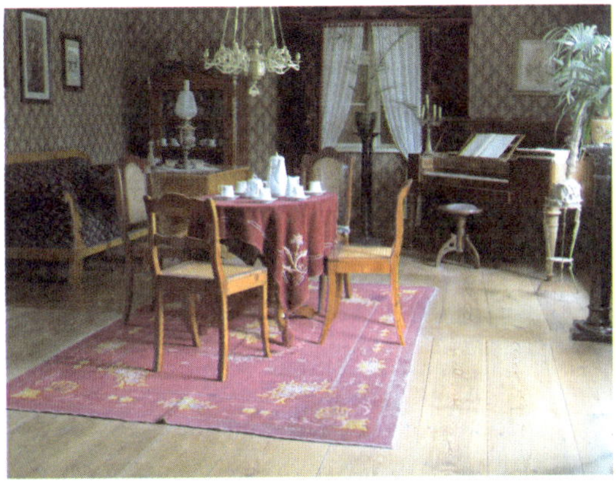
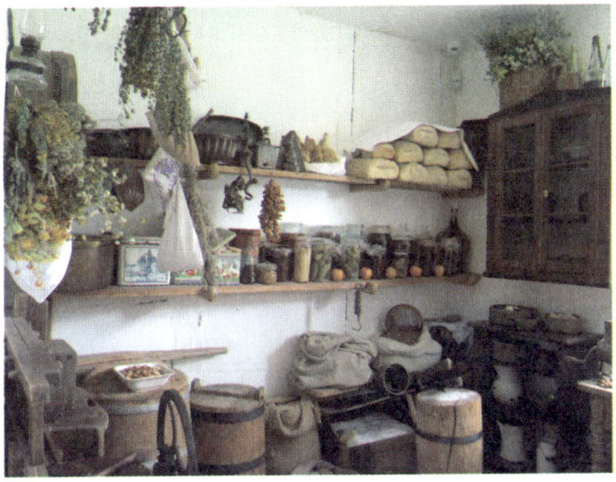
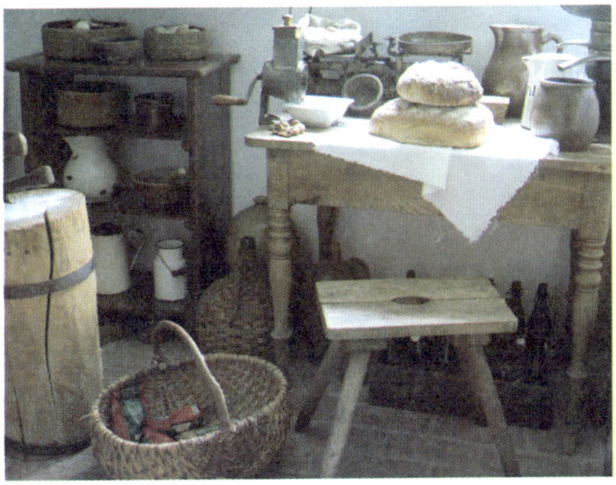

进厨房，盐罐、油瓶、炊具，还有挂在墙上的大蒜和麦穗映入眼帘，两位身穿卡舒比服装的"厨娘"正在烹饪着卡舒比美味的菜肴。贵族房间里有储藏室和儿童房，里面摆放着各种玩具和木马，音乐厅里摆放着一架老式钢琴，让你身临其境，仿佛走进卡舒比人的生活。

我们还参观了当年卡舒比人的木材加工厂，了解了他们木材加工的全部过程。看到卡舒比人的农家小院，房前种着花，屋后种着菜，四周青山绿水。有天然的湖泊及河流，树木茂繁的森林，让人不禁觉得走入了梦幻的童话世界。

穿过一片麦地，我们来到了19世纪的卡舒比人学校，简陋的教室里，墙上挂着乐谱和孩子们的画作，一位老师正在教授两位六七岁的小姑娘用羽毛书写着卡舒比文字。身穿红色衣服的小女孩托西亚（Tosia）告诉我："因为我们是卡舒比人，周末爸爸妈妈带我来到这里，看看两百年前的卡舒比学校。这里的老师还教我们学习珠算和唱歌跳舞，我觉得很开心。"

行走在密密的森林和绿绿的草地之间，回头一瞥，望着那树根和草地上斑驳的苔痕，我心里在想：这里会留存着多少卡舒比人的悲欢离合？眺望远处的原野，望着一间间卡舒比人曾经生活和居住过的木屋，想象着他们曾经在这里春播秋收、放牧羊群、烘烤面包、制作奶酪、吃着烤肉、喝着美酒……其中一定会蕴藏着许许多多卡舒比人鲜为人知的动人故事。

如今，静静地矗立在森林原野之中，花香草绿，鸟儿飞翔，而这座承载着卡舒比人生活片段、记录着卡舒比人历史的、掩映在森林和原野中的卡舒比博物馆，已经将穿越时空的记忆带到我的眼前。

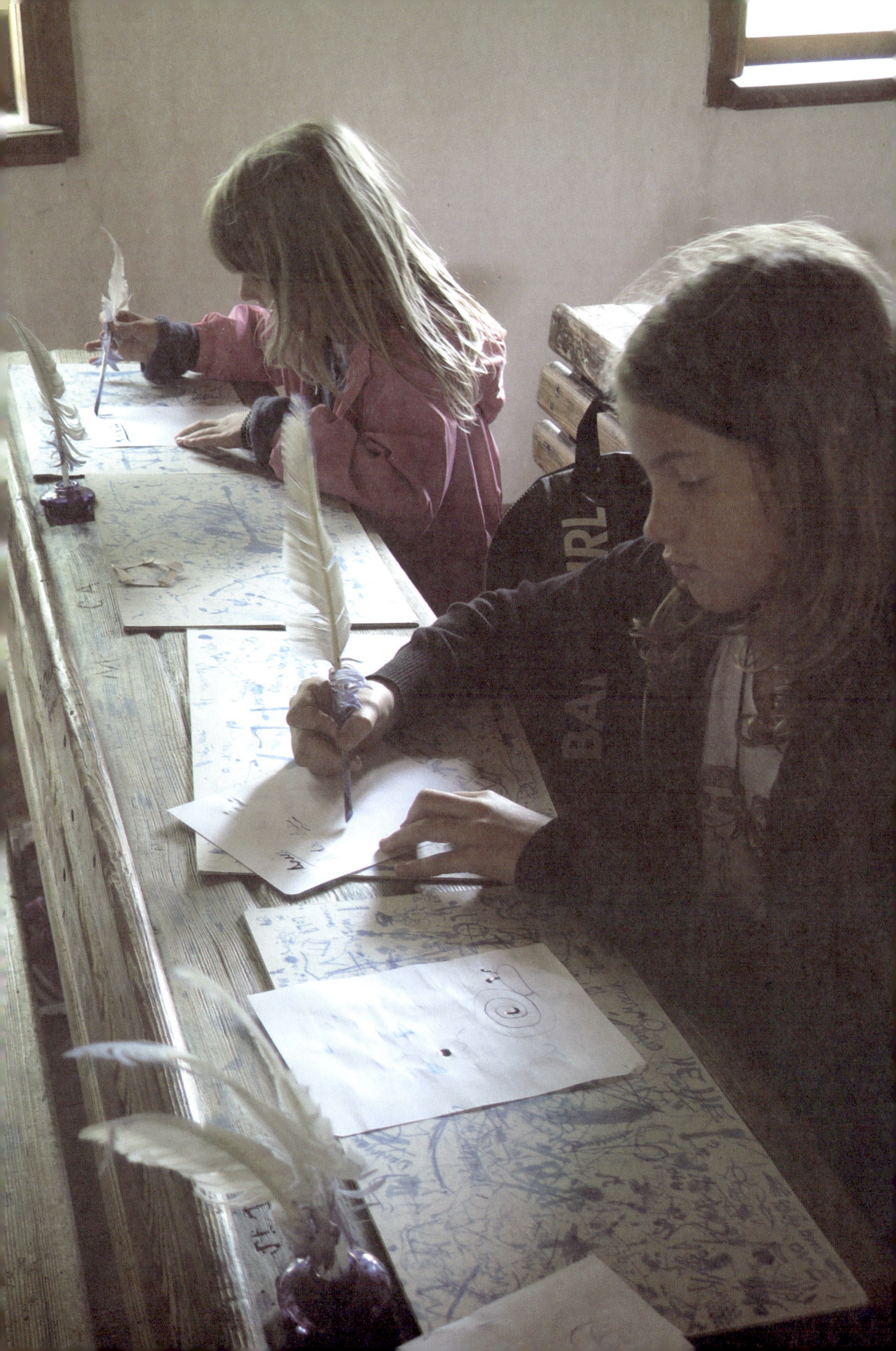

让人流连忘返的兹姆巴克文化遗产公园

离开卡舒比博物馆,我们来到位于格但斯克以南约 45 公里的波兰北部的小村庄兹姆巴克(Szymbark),这里以颠倒屋、世界上最长的木板及西伯利亚小屋等著名景点而闻名。这里是一个供人们参观、游览、度假、休闲的综合性文化娱乐园,这里就是兹姆巴克文化遗产公园(Centrum Edukacji i Promocji Regionu)。

迎接我们的是玛格达莱娜·彼安娜(Magdalena Biernat)和高西契涅茨女士,她们热情欢迎我们,并兴奋地告诉我们,两周前有两家来自中国的电视台到这里进行采访。这里是一个综合性的文化娱乐园,每年都有来自世界各地的游客到这里观光旅游、休闲度假,有德国、法国、俄罗斯、土耳其、加拿大等国游客,中国游客目前来的虽然不算太多,但是我们相信不久的将来会有更多中国游客到这里观光旅游。

午餐时,我们来到兹姆巴克文化遗产公园的 Gościniec 餐厅,这里有各种各样的美味佳肴,有自助烧烤、西餐、波兰美食,品种繁多,价钱也非常合理。更

OSTATNI REKORD
WIELKIEGO KASZUBA
DANIELA
CZAPIEWSKIEGO

NAJDŁUŻSZA ŁAWA
ŚWIATA

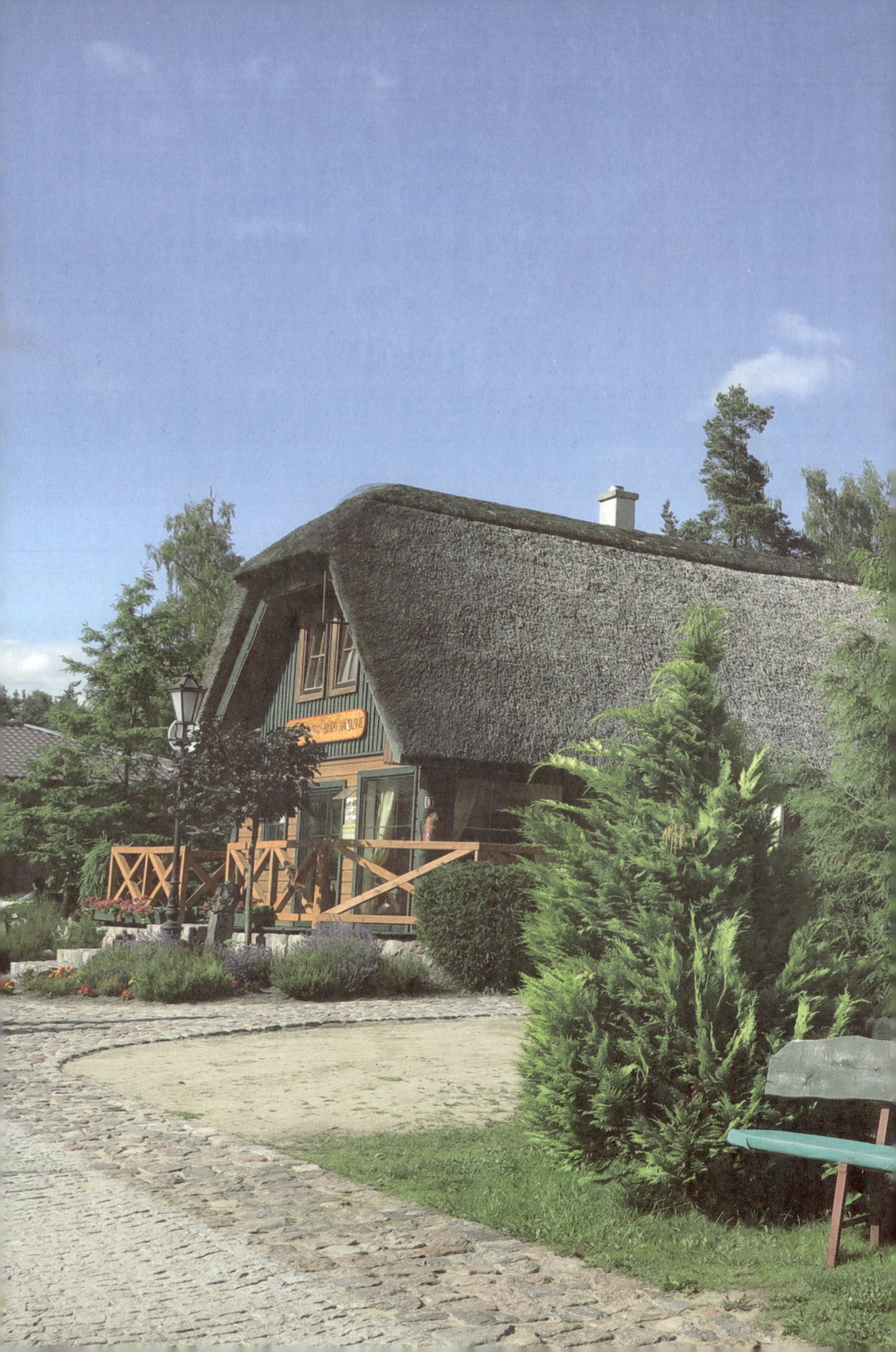

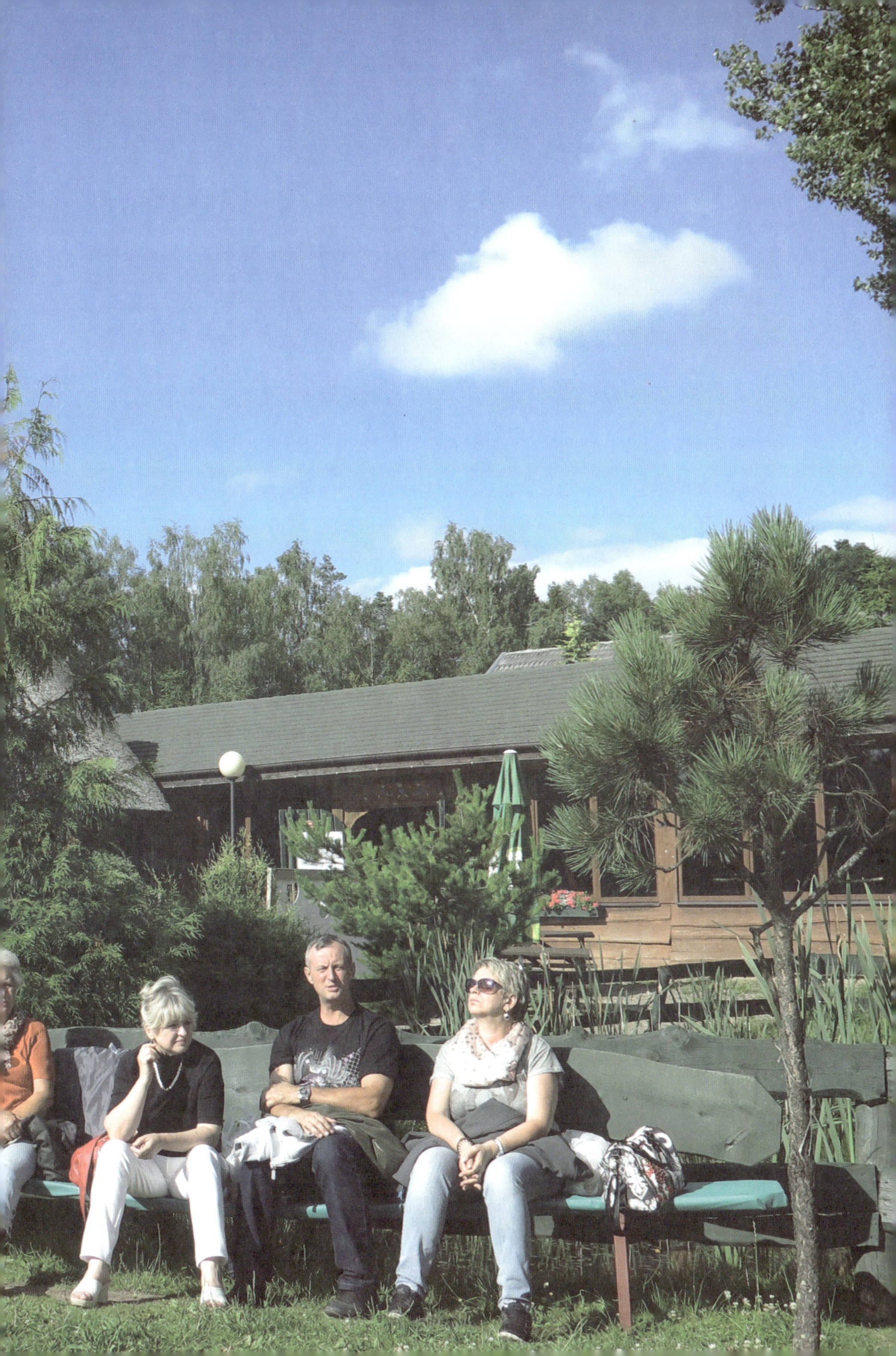

有趣的是，许多父母周末带着孩子到公园来休闲娱乐时，就是在这里吃顿饭的工夫，也能学到很多知识。餐厅的旁边有一个木头展览博物馆，这里有吉尼斯世界纪录中世界上最长的木板。它最早来自美国的一个树种，移植到波兰后，已经在波兰的土地上生长了一百多年。

这块最长的木板是于2002年6月12日，由波兰商人及慈善家丹尼尔·恰佩夫斯基（Daniel Czapiewski）和他的建筑公司一起用了9天时间切割一棵大树完成的。它是纯手工切断，由工人用手工锯从一棵很大的树上慢慢锯下来。测量木板长度达到了46.53米。

一位年长的讲解员看上去很有学者风度，他向游客和参观者介绍了在这里生长的各种各样的树木品种、生长环境，以及利用价值，同时也告诉人们，环境保护非常重要。我们今天之所以能在这里愉快放松地休闲娱乐，正是因为这里良好的环境，人与自然和谐共处，使我们的环境如此的优雅，风景如画。希望这样的优美环境不要遭到破坏，让我们一代代人尽情地享受着雨露阳光、森林和海洋赐予我们人类的福祉。

我边走边参观，眼前是一栋完整的西伯利亚木屋，这是在240年前，由西伯利亚伊尔库茨克整体搬运过来，漫长的路途为8100公里。波兰被瓜分时，发配去俄罗斯的波兰人曾经在西伯利亚住过这样的房子，这是用欧洲唯一的松树建造而成的，屋内挂满了陈旧的历史老照片，展示了被发配到西伯利亚的波兰人当年生活的场景。我们在遗产公园导游安杰·达乌道沃斯基（Andrzej Dawidowski）的引领下，来到了树木参天的一条老铁路旁，至今还有许多拉货的火车停放在这里。据安杰·达乌道沃斯基导游介绍，1940—1941年战争期间，曾有大批被流放

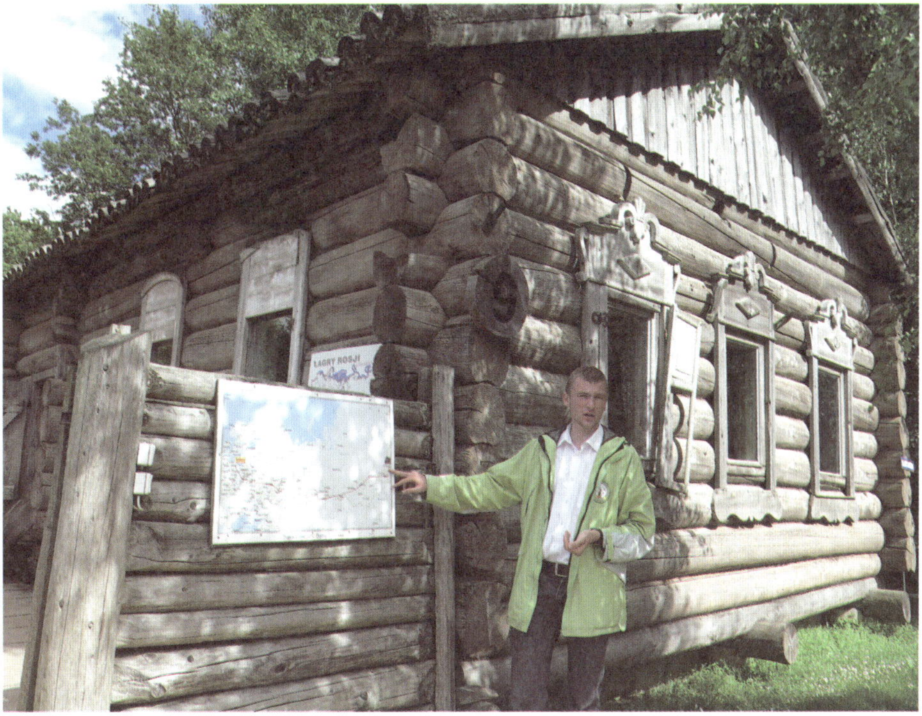
ŁAGRY ROSJI

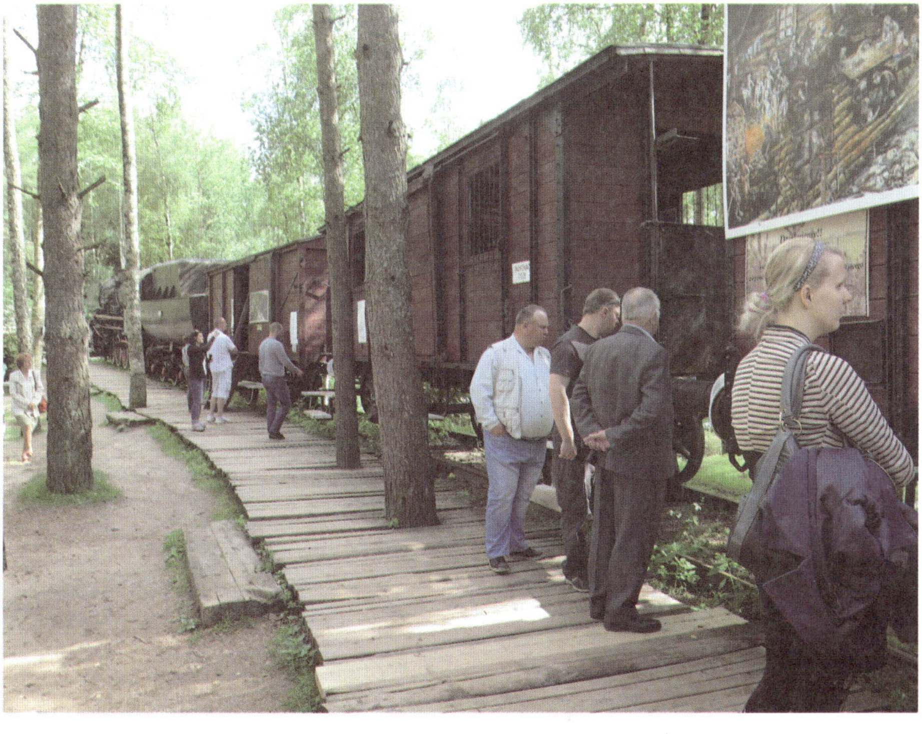

REPLIKA BUNKRA "PTASIA WOLA"

的波兰人，是乘坐着这些火车被驱逐到西伯利亚的。之所以要将这些历史的遗迹原封不动地放在这里，就是为了告诉更多的人不要忘记这段历史。

随着安杰·达乌道沃斯基导游钻进了一个漆黑的地道 Bunkier Gryfa Pomorskiego，我们坐在里面的长条木凳上，先是静静地聆听当年的炮火枪声，仿佛让每一位参观者身临其境，体验残酷战争给人带来的压力和恐怖。

一位名叫安妮亚（Ania）的 6 岁小姑娘，和姐姐一道，在父母及奶奶的带领下，走进这漆黑的地道，当他们姐妹俩体验了"战争带来的恐怖"之后，转着机灵的眼睛，一个劲儿地说"不要战争，不要战争"。

走出地道，阳光格外明媚，我们来到兹姆巴克文化遗产公园内的卡舒比国际会议中心，参观了世界上最大的钢琴，它高 2 米，长 6 米，宽 2.5 米。它给我们带来的惊喜，令人难忘。

在兹姆巴克文化遗产公园内，最吸引世界游客的要数有名的颠倒屋。我们随着安杰·达乌道沃斯基导游，跟着很多游客，排着长长的队伍，期待着一次进入颠倒屋的体验。

颠倒屋是一些欧美建筑设计师们设计的房屋建筑，供游客体验在倒置的房子里的感受。在这些颠倒屋中，天花板变成地板，家具悬挂在房子上方，家庭日常用品和家居等也是倒置地摆设。为了达到更奇妙的效果，有的建造者不仅把房屋上下颠倒，还将它倾斜。所以游客围绕建筑步行几秒钟，就会立即感到晕眩不已。

在波兰，有一幢颠倒屋坐落在兹姆巴克（Szymbark）的一个小村庄，每年都会吸引成千上万的游客。这是波兰商人及慈善家丹尼尔·恰佩夫斯基（Daniel Czapiewski）建造的颠倒屋，竟然使这里成为世界知名的观光景点之一。颠倒屋

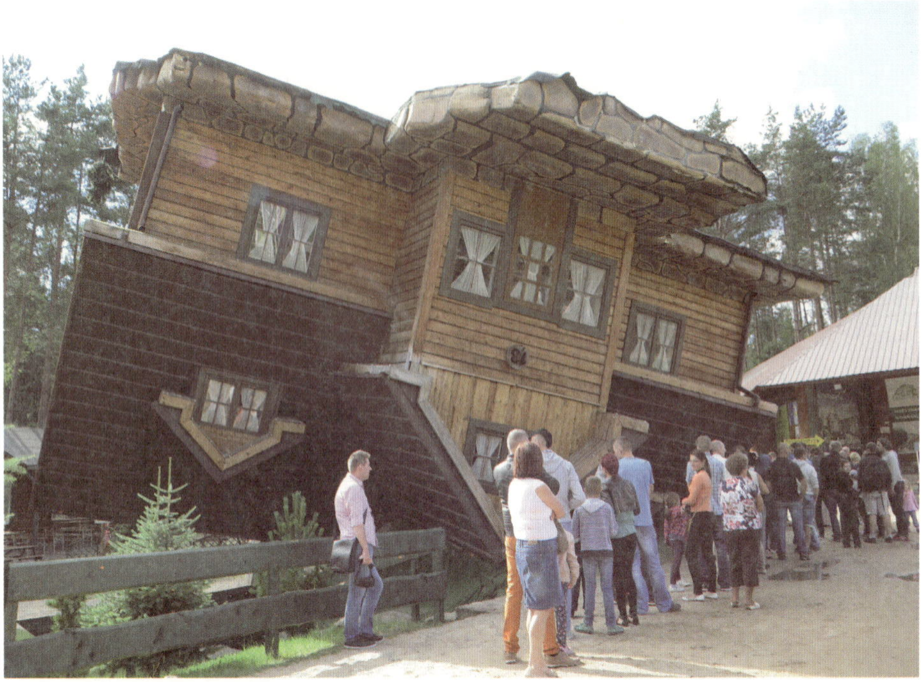
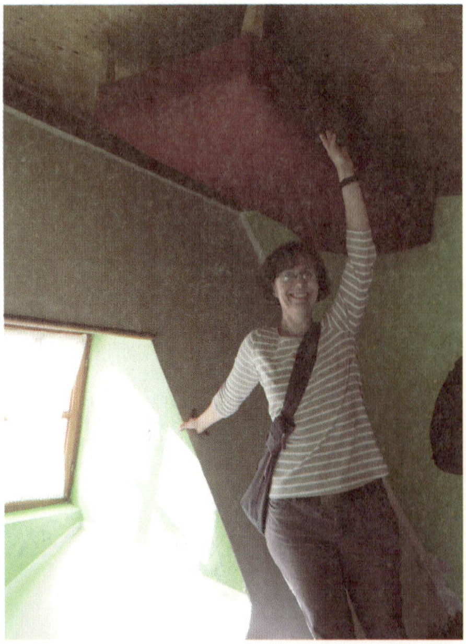
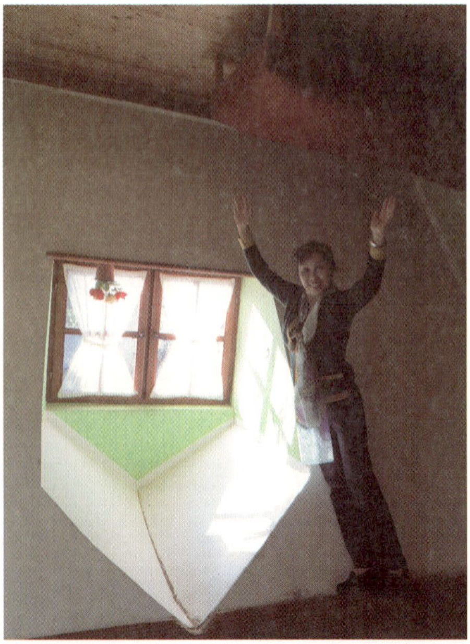

内的全部房间和陈设也都是颠倒的，凡是走进其中参观的游客都不约而同地反映有"晕船的感觉"。我和戴登拜里克女士进了颠倒屋，感觉整栋房子都在摇晃，我们相互搀扶着，根本站不稳，但是我们在这里感受到了一种从未体验过的神秘、奇幻和刺激。

安杰·达乌道沃斯基导游告诉我，这间倒置屋的外层使用的是兹姆巴克自产的木材，恰佩夫斯基聘请了木匠和承包商的工人，用114天时间建造，于2007年完成，是波兰唯一一座倒置的房子，它花了大约比传统的房子多5倍的建造期。有趣的是，其中一个延期的原因是工作人员在倒置房子里迷失了方向。

周日这一天的旅行，让我感受到了"三联市"旅游资源的丰富，下午一回到我住的公寓，就按捺不住给北京的朋友发送短信，短信的内容是"刚从格但斯克西南部的卡舒比回来，波兰真是一个了不起的国家，每一座公园、每一家餐厅、每一栋房子，都承载着悠久的历史和丰富的文化。今天参观了有着114年历史的波兰最古老的露天博物馆；至今还有一栋240年前从西伯利亚经过8100公里路程搬运过来的完整的木屋；世界上最长的、46.53米的、完整的木板；目前世界上最大的钢琴和不可思议的颠倒屋。今天，雨过天晴，收获多多，我们在返回格但斯克的路上，一路鲜花，风光旖旎。这里有看不完的美景，说不完的故事。"

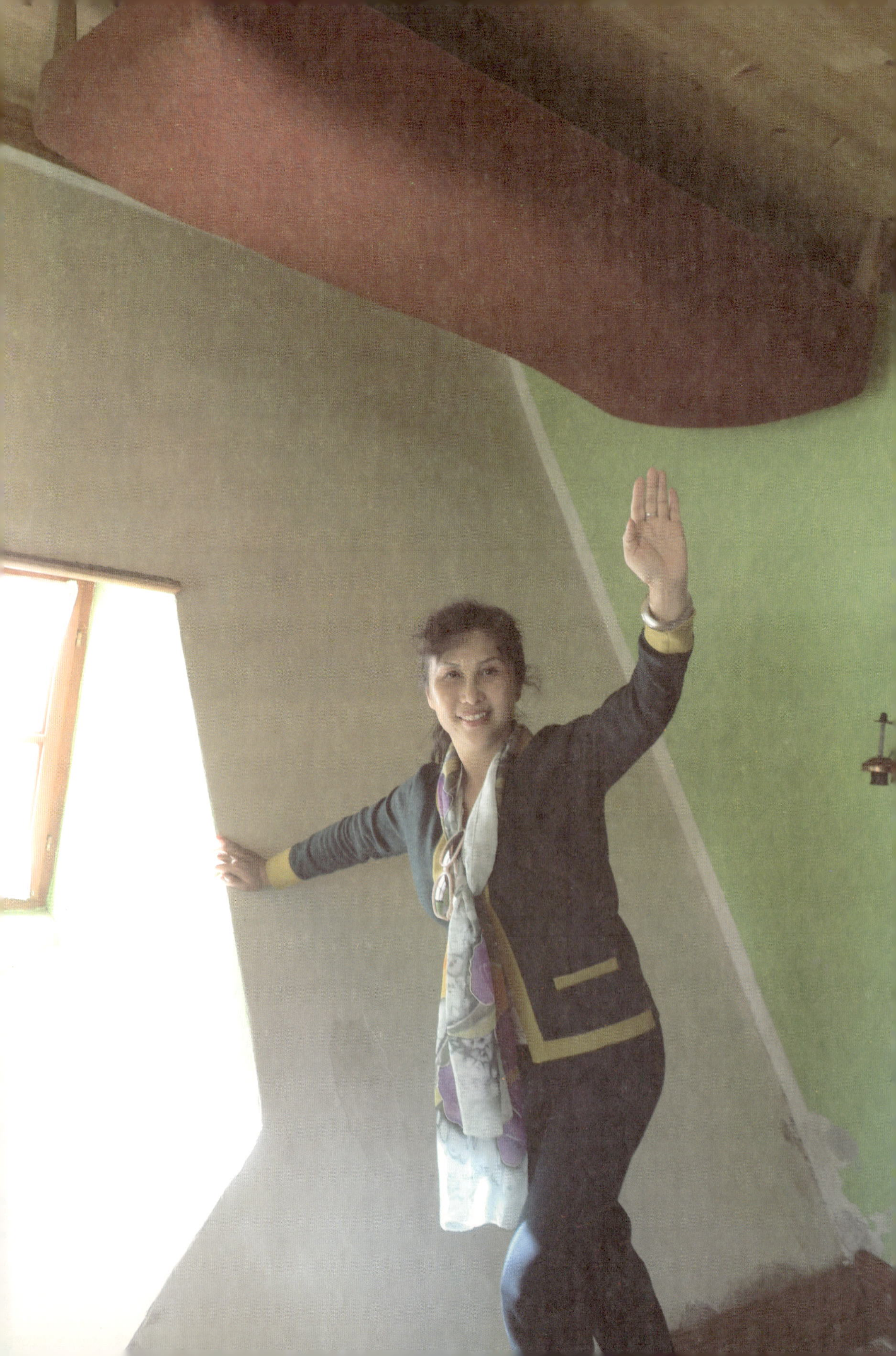

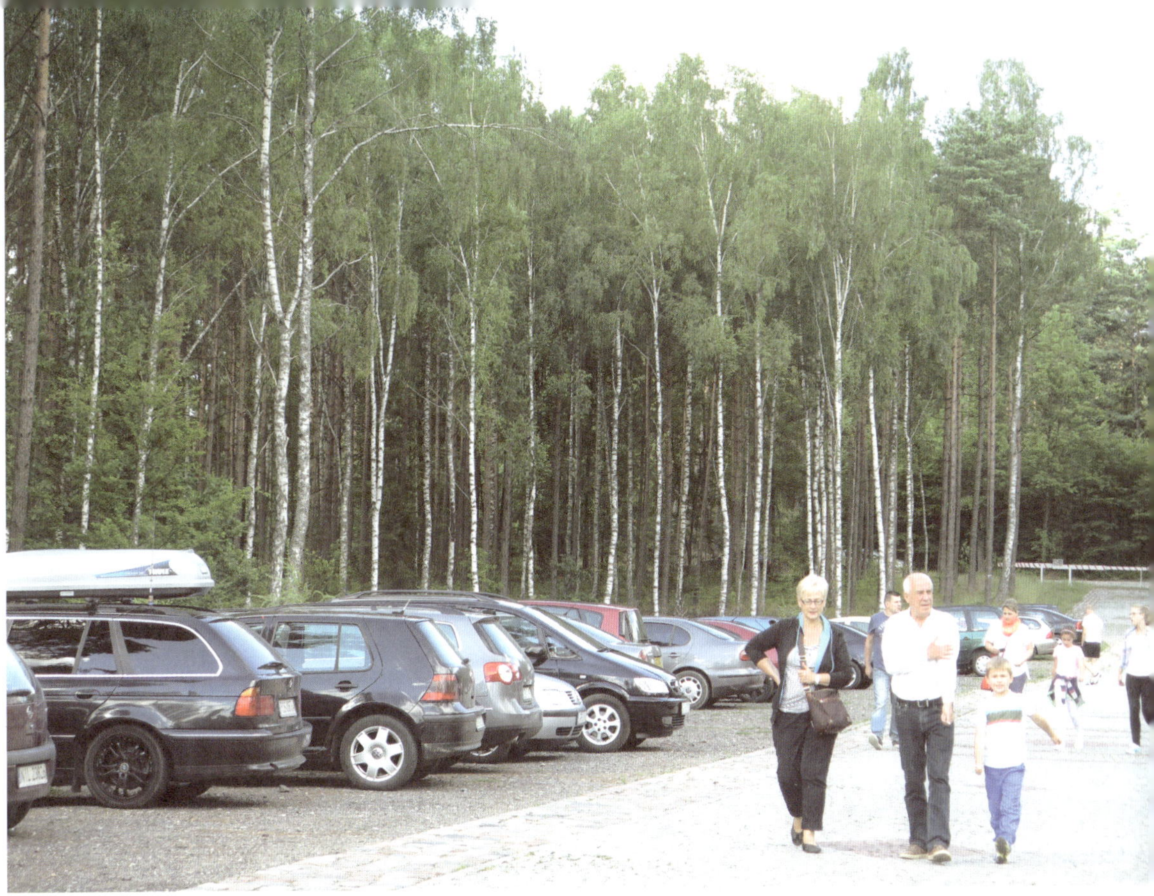

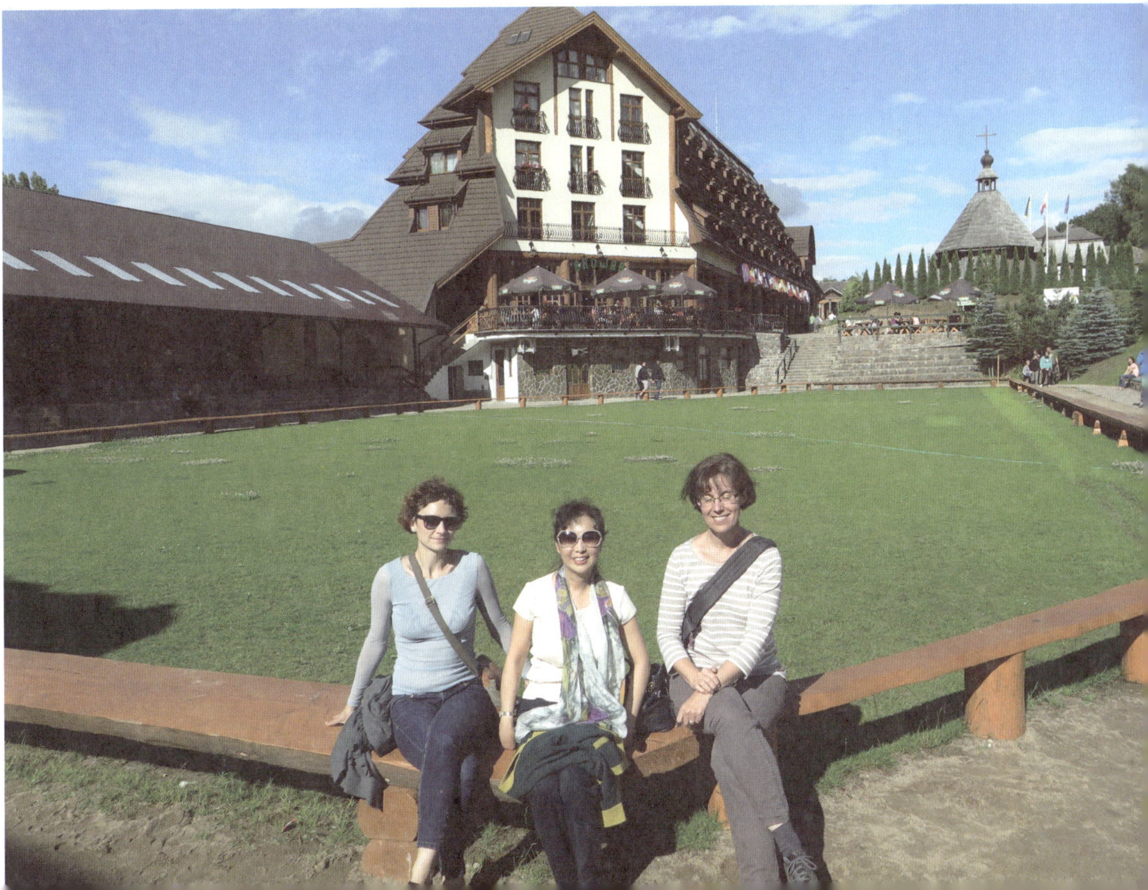

"三文鱼"美食：从舌尖到心尖

在格但斯克老城区，靠摩托拉瓦河（Motława）海岸街附近的斯卡洛（Szeroka）街，有一幢中世纪留下来的古老的房子。在54号房子的门头上，挂着一条有金色小鱼的与众不同的logo，这里就是颇有名气的三文鱼饭馆。总经理多米尼克·多巴科夫斯基（Damian Robakowski）先生彬彬有礼、侃侃而谈，看上去他是一位热情、真诚、善良的人，他多年从事餐饮工作的经营理念就是希望让每一位来到这里的客人感受上帝般的服务，把波兰的美食、把格但斯克的特色做到家。

当得知每一年，尤其是在夏天，来自欧洲和世界各地的食客慕名来到这家店面不算太大、门面不装修也不是太显眼的三文鱼饭馆，争相品味这里的波兰甜食和美味佳肴时，我会惊讶：如此小的饭馆怎么会有那么大的名气。当然，我也是众多慕名者其中之一。当我走进三文鱼饭馆时，让我立刻感到这里仿佛已被时光遗忘，是如今全地球喧嚣的城市中最安静、最高雅的餐厅，在我看来，是最低调奢华的中世纪"贵族餐厅"。

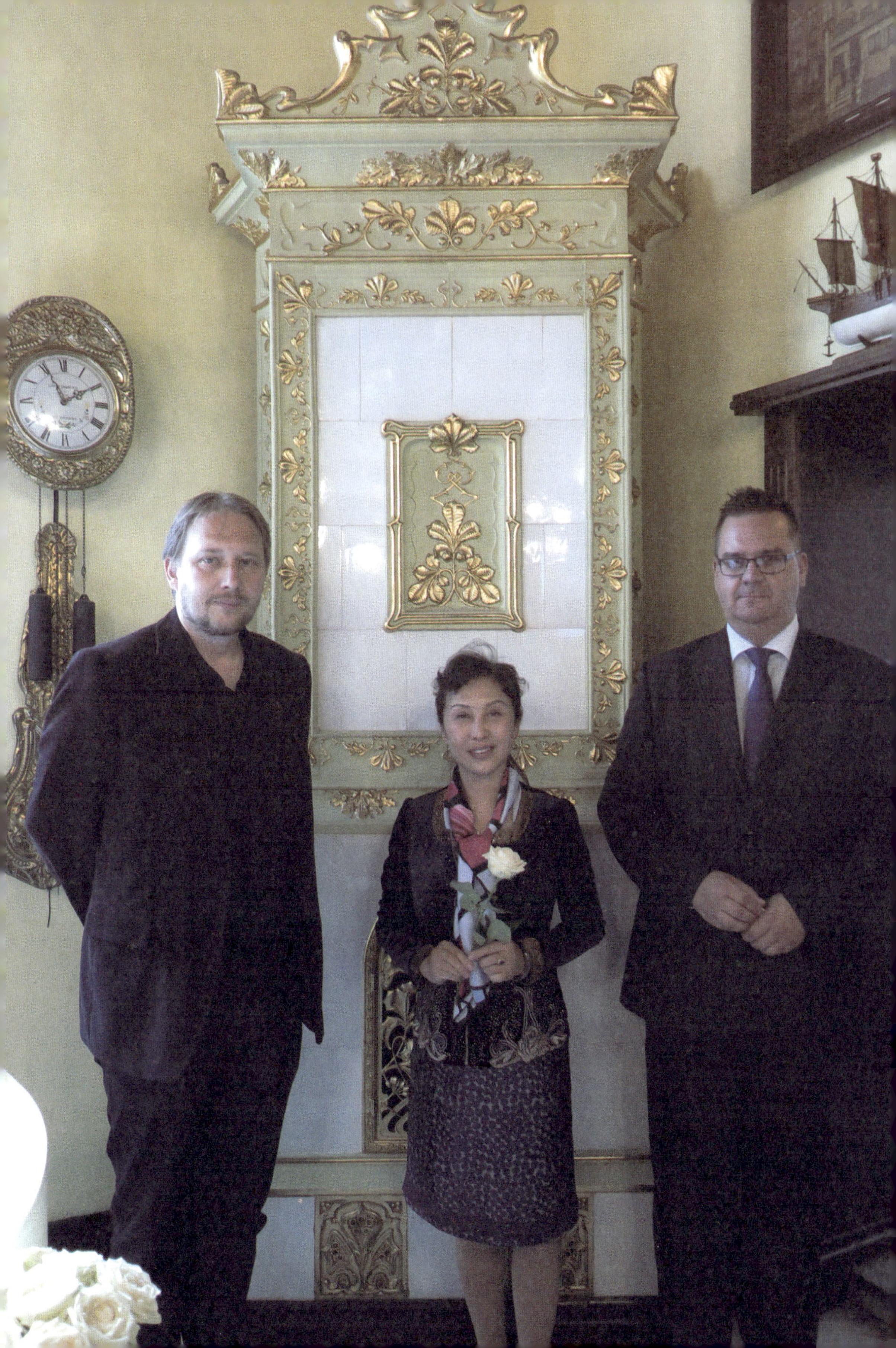

RESTAURACJA

RESTAURACJA

餐厅的窗台上摆放着典雅高贵的藤编花篮，一盆盆绽放的鲜花，在微风中迎着朝阳张开笑脸，欢迎来自世界各地的游客。雅致经典、低调奢华的三文鱼饭馆，高雅温和地端坐在斯卡洛街上，坐在这里的它仿佛在时光之外，每一寸光阴在这里流淌的速度似乎都比别处要慢得多，这里的金箔酒飘着香气，这里的小点心溢着甜味，让铮亮的实木地板、考究的古典家具、饭馆中每一个白瓷盘子、每一只玻璃酒杯、每一盏水晶吊灯、每一幅精美照片，都闪烁着格但斯克远古的光泽。

在饭店进门的老式橱窗里，珍藏着1917年售酒的发票及百年的金箔酒，还有近一百年来各路达官贵人、富商领袖、文娱明星先后来到三文鱼饭店的照片，如英国前首相撒切尔夫人、前天主教罗马教皇保罗二世、前波兰总统瓦文萨、波兰前总统莱赫·卡钦斯基（Lech Kaczyński）、曾任波兰总理现为欧盟轮值主席的图斯克。

明媚阳光，屋后花园，蕾丝花边儿的桌巾，精致的餐具，曼妙的音乐在耳边回响。典雅的乳白色圆底花瓶，一束束美丽的粉色鲜花，香气袭人，沁人心脾。一幅优雅情调的波兰美食画卷已经跃入我的眼帘。且不说那些琳琅满目恰好满足女人小心思的甜点，也不说男人侃侃而谈间溢出的酒香，光是坐下来，体味时光流逝间的这份憩静华美、悠然自得，就足以让你觉得品味波兰美食、享受独特的波兰文化，不虚此行。

我想，品味永远不是罪过。让人身心愉悦的片刻时光，美味佳肴已经呈上，花香四溢，阳光正好。

坐在环境优雅、装饰经典的三文鱼饭馆，我和总经理多米尼克先生聊天，他说："很早以前这里曾经是一位有钱人的私人住宅，1945年以前还是金箔酒的作坊,"二战"时这家金箔酒的作坊迁移到了德国,在战争中这栋漂亮的老房子遭到了严重破坏,后来经过还原修复才成为今天的三文鱼饭馆。1976年我的父亲开了这家饭店。"多米尼克先生告诉我,他的爷爷是波兰托伦人,他的父亲是出生在格但斯克的第二代人,他自己也是出生在格但斯克,现在他成了家,还有两个儿子。他自豪地说:"我们一家都是格但斯克人。我的两个儿子,6岁的大儿子名叫Max,3岁的小儿子叫Mateusz,非常有趣的是,两个儿子都喜欢做饭,问他们长大要干什么时,他们都异口同声地说:'当一个最棒的厨师。'从我父亲到我再到我的两个儿子,对待烹饪和美食口味都特别挑剔,也许是我们这个家族遗传的厨师基因的缘故。"

多米尼克先生介绍:"三文鱼饭馆的特色是,从海鲜、肉类再到蔬菜、甜品及各种汤,我们都是严格按照波兰食谱和格但斯克的口味精心烹饪而成。我们不仅每一道菜知道怎么做,并且还能做得非常美味,令人一品难忘。每当客人在这里用餐后,给我写感谢信,或伸出大拇指夸三文鱼饭馆的美食真不错的时候,我心里真是感到无比的快乐和幸福。我欢迎每一位中国朋友来到格但斯克,都到三文鱼饭馆来品尝我们的正宗波兰美食。"

就在我们交谈的时候,第一道菜上来了,这就是波兰有名的红菜汤(barszcz)。在波兰品味美食,最重要的就是这道红菜汤。我几次去波兰,每天都有红菜汤相伴,那碗色泽艳丽、爽口开胃的红菜汤,可以说让每个到访波兰的人赞不绝口,而我尤为喜欢。

地处欧洲的波兰,东临白俄罗斯和乌克兰,西边与德国相接,南面是捷克和斯洛伐克,北边是波罗的海、立陶宛和俄罗斯。也许是由于地理位置的特殊原因,

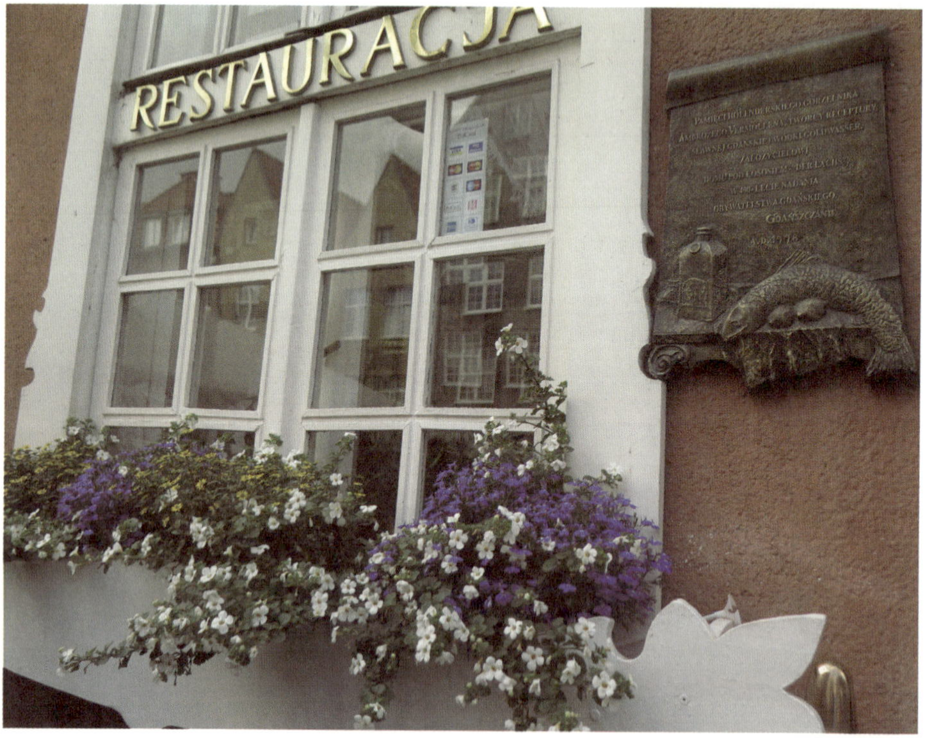
RESTAURACJA

受到周边国家的影响，波兰的美食文化是多元的。波兰人除了有着原本就特有的美味佳肴，还蕴藏着意大利、法国及中东美食的灵感，融合了各国美食的精粹，加上波兰居住的犹太人很多，还有吉普赛人、美洲人、亚洲人，从而使得波兰的美食文化，独特又多元，佳肴种类丰富繁多，美味饮食数不胜数。就拿我最喜欢的红菜汤来说，几乎每家餐厅都有这道菜，它是采用当地原产的红菜头，洗干净切碎加入了东欧人最喜欢的酸奶，再放些酸黄瓜丁熬煮而成，上桌入口之前，在红汤上撒上白色的奶酪沫，红白相间美味绝佳。

风味齐全，丰富多样，比起其他欧洲国家来说，波兰美食物美价廉，有各种面包、甜点、蛋糕，还有各种肉类制作的香肠、火腿、熏肉……除此以外，波兰菜肴中，汤的种类也非常丰富。我是山西人，天生就爱喝汤，原本咱山西人就爱喝几口小米粥、疙瘩汤、面汤、饺子汤，一道又一道。而波兰美食的丰富多样，汤是绝对少不了的。

来到波兰我才发现这里汤的种类很多。第一次来波兰时，我们新闻代表团一行来到克拉科夫就喝过一种让我一喝就忘不了的汤——"茹尔汤"，也叫香肠鸡蛋汤（żurek），在世界的其他地方，你都无法品尝到这样的美味。这道汤的做法是用面粉和烤制的面包，配上香肠和一个煮鸡蛋。传统的波兰"茹尔汤"是要用新鲜的蔬菜汁，加上蘑菇、蒜蓉煮制，往汤里再放上些事先用大麦粉加水发酵而成的一种被波兰人叫作"扎克瓦司"（zakwas）的汤汁，再加入白香肠、熏培根、火腿丁和辣椒末，这道汤本来就工艺复杂、制作精良，但做事认真、又有品位的波兰人还要用烤黄的面包掏成一个空心碗盖在汤盘子上，使得这道汤锦上添花。既美观漂亮，又营养丰富，味道更纯。波兰还有一种叫"克瓦希尼扎汤"（kwaśnica），

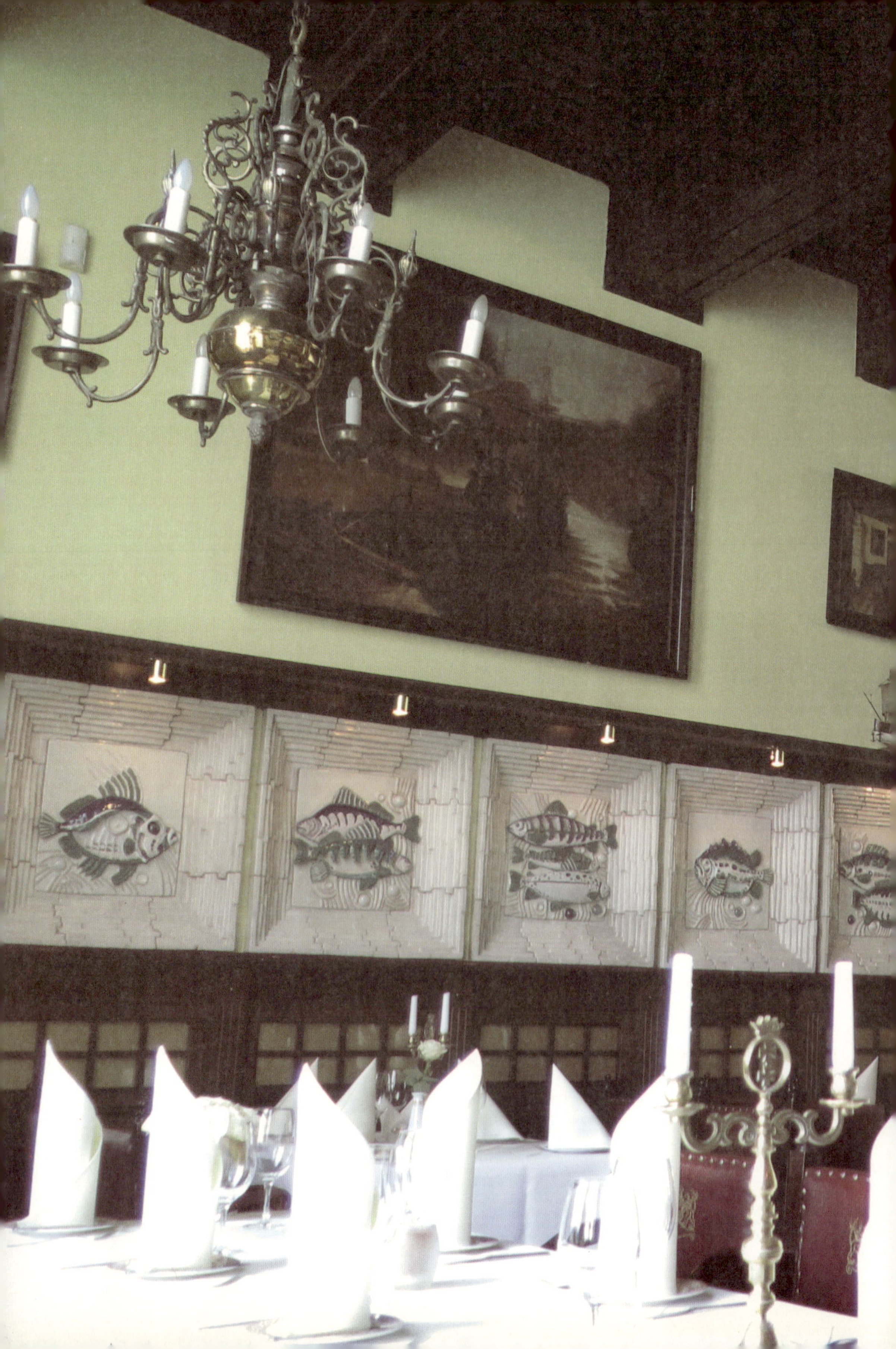

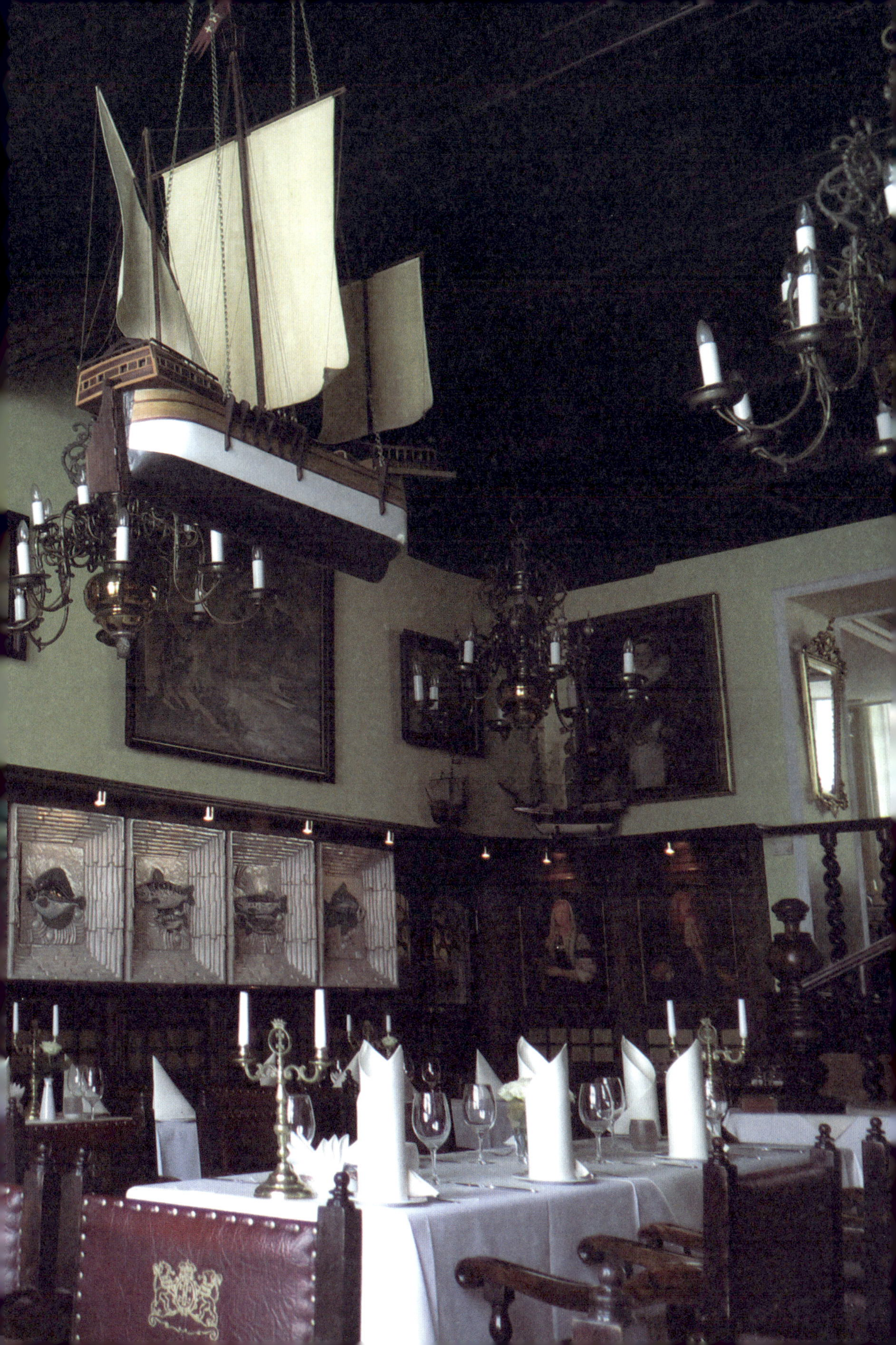

是用猪肉、排骨加蘑菇，还有红菜、圆白菜腌制而成的酸菜一同炒熟后再加入几种蔬菜煮成的酸汤，这道汤既美味又可口，还健脾胃助消化，我在华沙品尝过，再也忘不了。

说实话，对于我这个爱吃素菜和麻辣味儿的食者来说，每次出国访问，什么倒时差、乘飞机转车、坐船颠簸等辛苦事儿都不在话下，最让我不习惯的就是饮食，特别是欧洲人爱吃大肉，什么牛排法国大餐、烤鱼，我一看就差不多饱了，加上菜的做法又无盐无味儿，所以每次出访，我都要带些小袋装的泡菜、腐乳、辣椒等佐餐小菜，可是到波兰却不用，因为我觉得波兰人做的菜味道跟咱们差不多，我喜欢吃波兰菜。我做过比较，波兰菜肴中有许多菜的做法与中国很接近，如波兰人长久以来一直享用的"必高斯"（bigos），味道有点像中国东北大白菜腌制的酸菜。"必高斯"这道菜从中世纪起就已经出现在波兰人的餐桌上了，特别是贵族和城市里的聚会者，无此不欢。波兰酸菜"必高斯"也常常出现在波兰人的口语中。传统波兰人喜欢从圣诞节第二天开始吃。因为它时间越长味道越好越浓。这道菜有很多变种和做法，波兰有句俗话说"如果有两个波兰人，就会有三种'必高斯'。"记得出访波兰时，每次餐桌上有这道"必高斯"，大家都会很喜欢，在一点不剩地把它吃完后，都会异口同声地说，"必高斯"味道很像中国菜——好吃。

通常好吃的菜肴制作起来都相对复杂，要花点时间费点功夫，波兰酸菜"必高斯"就是如此。有一次在格但斯克就餐时，我好好采访了一下大厨亚当，他告诉我"必高斯"是用圆白菜腌制好的酸菜和新鲜白菜做成，先将白菜切碎后，放入备好的牛肉料理，加入橄榄油、洋葱一同炒拌，然后放入牛肉、鸡肉、猪肉均

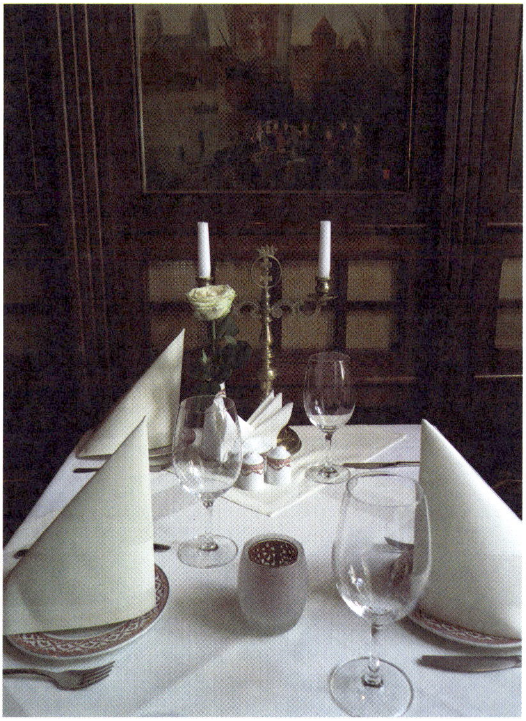

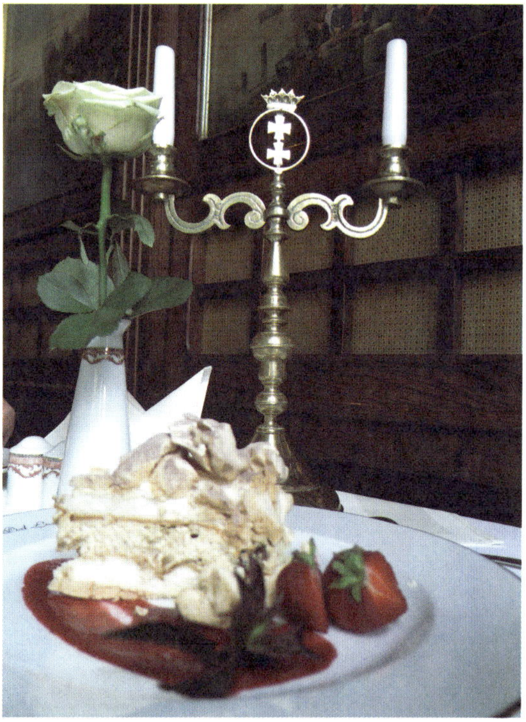

可，再放些西红柿酱、干蘑菇、苹果、杏脯、葡萄干以及花椒、薄荷、罗勒、龙蒿、鼠尾草、迷迭香粉等多种香料。这样，"必高斯"就可以上桌了。

多米尼克先生告诉我，在制作"必高斯"这道菜时，每个厨师都会尽情发挥自己的想象力，为了做出地道美味的"必高斯"，必须花很长时间精心制作，还要加入上好的葡萄酒，将做好的"必高斯"经过冷却放入冰桶取出加热，经过几天的反复加工，滋味最为喷香浓厚的"必高斯"会更加令人大开胃口。

波兰还有一种我最爱吃的用圆白菜叶子包上鸽子肉或猪肉末、牛肉末蒸熟的菜肴，记得好朋友马丁曾经告诉我，这道菜是波兰最传统的美食，名叫"高兰比基"（gołąbki），就别提有多好吃了。

在波兰的商场和酒吧，"精品伏特加维波罗瓦"（Wyborowa）、"牛草伏特加"（Luksusowa）、"高级伏特加／雪树伏特加"（Belvedere）随处可见，这些品牌的伏特加在欧洲各地乃至世界都非常有名。在波兰如果要品尝"牛草伏特加"，还可以将生长在波兰比亚沃维耶斯基森林中的野牛草的草叶加入伏特加中，会使得酒的颜色变成淡黄的琥珀色，酒的味道更加芬芳浓郁，沁人心脾。

除了传统的伏特加之外，还有黑麦香味、茴香味、水果味、香草味和草药味的品种，有"波罗乃兹"（Polonaise）、"维波罗瓦"（Wyborowa）、"茹布罗夫卡"（Żubrówka）等著名品牌，其中一款精选核桃和葡萄干制成的"帕利科扎夫卡"又称"生命之水"烈酒，这酒也是波兰人的最爱。

在琳琅满目、众多的波兰美酒中，我最喜欢著名的格但斯克金箔酒（Goldwasser），记得第一次到格但斯克我就品味过。这款金箔酒一直采用16世纪的配方，用一种植物根茎和香草酿成的伏特加加上金光闪闪的金箔片，使得酒的色泽明丽、味道醇香。酒中淡淡的金箔在透明的琥珀色酒液中金光闪闪,许多人都将它作为藏品,珍藏起来,从中寻找着对波兰的记忆。

一世沧桑一世缘,风风雨雨走过如梭岁月,三文鱼饭馆讲述一个家族几代人太多的故事,也许这就是这幢老房子与人的缘分,也是各地食客与美食的情缘。一道真正的美食,在得到味觉和舌尖赞赏的同时,是什么样的情愫能在人们的心里得以留存百年,我想,这就是"三文鱼"的诚信经营和老店品牌的文化价值。如果你来到格但斯克,别忘了到斯卡洛(Szeroka)街54号的三文鱼饭馆品味美食,感受文化,这里奢华低调的美食享受,从舌尖到心尖。

一位"历史学家"讲述金箔酒的故事

一个阳光明媚、鸟语花香的上午,我来到格但斯克斯卡洛(Szeroka)街的三文鱼饭馆。在这里,我见到了亚历山大·马茨洛夫斯基(Alex Masłowski)先生。他高高的个子,温文尔雅,一件黑色丝绒西服披在身上,透出他严谨儒雅的气质。

我们刚刚面对面地坐下,他便高兴地和我聊起了格但斯克这座城市的历史。他向我讲述,格但斯克最有名也是最普通的酒——金箔酒的历史。他说,格但斯克酒的历史就像这座城市的历史那样悠久。至今无人知晓是谁,在什么时候开始酿造啤酒。考古学家发现,格但斯克已经有1800年的历史。从古至今,这座城市的人们与酒的缘分很深,他们总是与酒不可分离。

被誉为"琥珀之都"的格但斯克是世界琥珀的盛产地,聪明的格但斯克人不仅将琥珀用来制作首饰用品,加工艺术品,还用琥珀来泡制琥珀酒。马茨洛夫斯基先生告诉我,九成的琥珀酒通常是格但斯克人用酒精与碎琥珀泡制而成。他说,经常饮用琥珀酒对身体非常有益处,它能强身健体,祛湿明目,有许多对人体健康有益的成分和微量元素。

马茨洛夫斯基先生和我聊起了啤酒的话题。他告诉我,最早的时候,啤酒原本是用来当饮料喝的,因为那时候饮用水的质量不太好,而啤酒是用粮食经过发酵而制成的,又有丰富的营养,这就是为什么所有人,包括一些半大的孩子都会喝啤酒。在15—16世纪的文艺复兴时期,是整个欧洲最盛行喝啤酒的时期。那时欧洲的啤酒工业很发达,啤酒师和啤酒行很吃香。在那时,酿酒师和啤酒经销商是格但斯克最有权和最富有的人。1500年,在格但斯克就有300多座啤酒酿造厂。那时,市场上的克洛林啤酒价格较低,而约彭·比尔啤酒味道好、价格高。当时,在格但斯克的市场上,见到的啤酒品种、牌子很多。格但斯克啤酒商会还生产圣尼克拉斯啤酒,销量也非常不错。

›Der Lachs‹
Branntwein- Liqueur-Fabrik
von
J. Wed Ling Wwe
& Eydam Dirck Hekker
DANZIG
gegr. Anno 1598

Kurfürsten

0,04 l / 38 % vol

3412 Nörten-Hardenberg

DEUTSCHES ERZEUGNIS

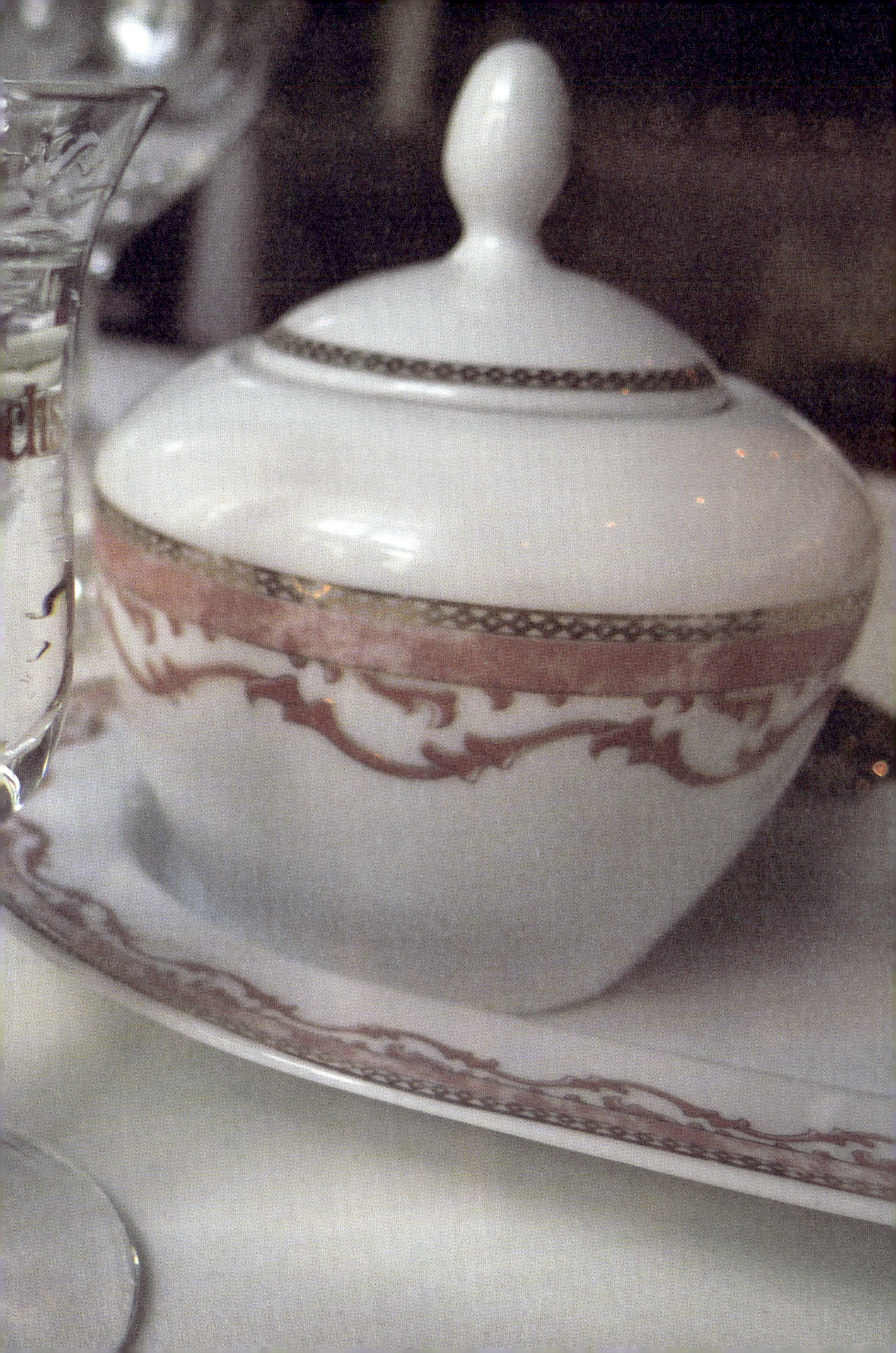

17世纪格但斯克的啤酒行业出现危机，原因是政府不再保护本地啤酒工业的发展，而是放宽政策，让他国和周边地区的啤酒进入格但斯克市场。激烈的竞争使得本地啤酒销量下滑。就在那时，一位在波兰及欧洲都颇有知名度的人物亚纳·赫乌·路易斯——著名的酿酒师来到这里。他喜爱文学甚至超过了自己的酿酒专业。他与荷兰人合作，酿造最好的约彭·比尔啤酒。通过格但斯克港口运到荷兰，再出口到印度。到了17世纪后，格但斯克啤酒业的发展受到冲击，在长达两百年的时间里，格但斯克的酿酒小作坊逐渐衰落，直到19世纪，格但斯克酿酒业才重新振兴。19世纪后，格但斯克建了两个大规模酿酒工厂，酿造酒的方法和技术都有所改进。受到战争的破坏，第二次世界大战结束后，格但斯克只剩下两家废弃的啤酒酿造工厂。后来，格但斯克调整产业结构，到了2005年后，格但斯克就没有啤酒酿造工厂了。当地啤酒供应主要靠大量进口，有德国嘉士伯、荷兰的喜力等品牌进入格但斯克啤酒市场。

马茨洛夫斯基对我说，从2008年起，格但斯克商人又恢复了传统，酿造啤酒。在格但斯克，许多饭店酒店自己用传统的方法酿制啤酒，很受消费者欢迎。"我对酿造啤酒这件事非常感兴趣。这里告诉你一件非常有趣的事情，我参加过约彭·比尔传统啤酒的酿造过程。从开始选料，用大麦芽先磨碎，发酵加热酿制。其独特的酿制方法是一杯水要加两杯纯大麦，加热时间达4个小时以上。但这种口味很重的啤酒通常只有一部分人喜欢。一些英国人就买回去作为原料再用来酿造另一种啤酒。目前，格但斯克有3个地方及郊区用传统方法酿造啤酒，饭店酒店自己酿制提供给前来住宿用餐的客人饮用。"

与马茨洛夫斯基聊了很长时间，他慢条斯理地谈了啤酒，后来他认真地说："格但斯克有几种酒我必须告诉你。"我猜得出来,他通过讲述酒的故事,希望我了解格但斯克的历史。

马茨洛夫斯基告诉我的第一种酒名叫高尔德瓦塞(Goldwasser),在德语中的意思是"金水"。一位酿酒师在16世纪时从荷兰来到格但斯克。由于当时的荷兰不允许信教,于是他背井离乡,漂泊在格但斯克这座贸易中心城市。所幸的是,他把所有关于酿制各类酒的方法和原料带了过来。把金箔酒的酿制方法也带到了格但斯克。酿酒的地方就选在了现在我们谈话的这幢老房子。马茨洛夫斯基先生问我:"你进来的时候,不知注意到没有,这幢房子进门处的门头上挂着一条金色的三文鱼,这块牌子外面是用金片包着,里面是石头材料。这里就是格但斯克著名的'三文鱼'饭馆。"当我们聊到这里时,马茨洛夫斯基请服务员送两个小小的瓶子上来,里面分别装着不同的酒。一瓶是血珀色的,另一瓶是绿色的小方瓶,上面写着"Der Lachs"字样,金色的瓶盖上印有"W"的黑字。马茨洛夫斯基先生解释说:"这两小瓶酒代表着我们波兰的变化。这两瓶酒中,其中一瓶是格但斯克的特产,波兰最有价值的金箔酒。金箔酒最早是由起源于16世纪荷兰的一个宗教派别门诺派教徒酿制的。它是采用16世纪传统的酿造方法和独特的配方酿制而成的。后来因为"二战"爆发,在格但斯克酿制金箔酒的人又去了德国,他们在德国开始酿造金箔酒。"说到这里,马茨洛夫斯基先生手中拿着那个咖啡色的小瓶子对我说,这个小瓶子非常有历史价值。

他告诉我,有一位女士在"二战"时离开波兰,她是格但斯克市民。当时因为战争,许多人离开波兰。战争非常残酷,据说99%的格但斯克人都丧生于战争中,幸存者只有1%,这位女士就是其中之一。当战争结束这位女士又回到格但斯克时,

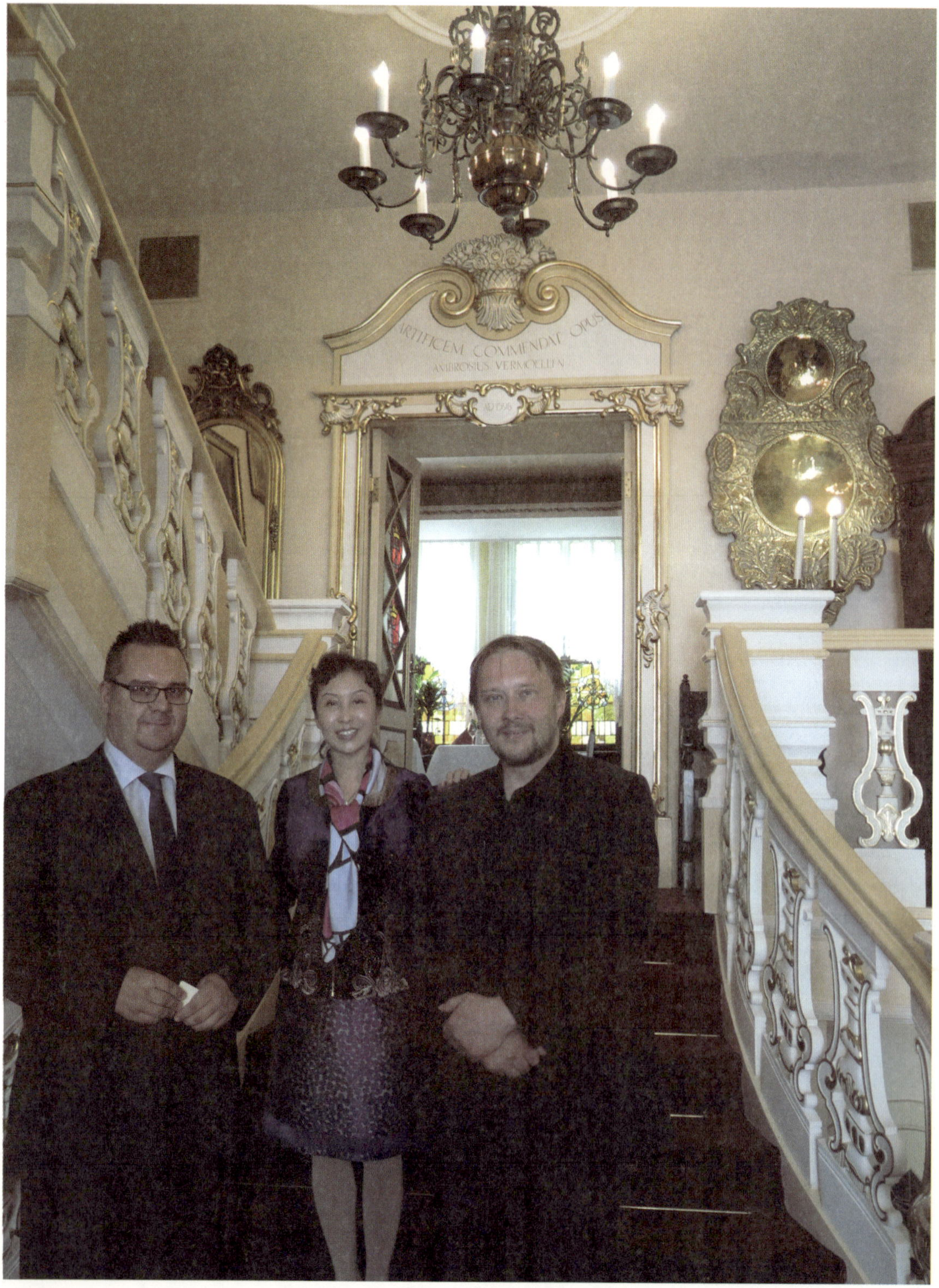
ARTIFICEM COMMENDAT OPUS
AMBROSIUS VERMOLLEN

她自豪地说："我是真正的格但斯克人，我把一直珍藏在身边的这瓶小小的金箔酒带回来，献给我的母亲——格但斯克。"人们都说这位女士是真正的英雄。

马茨洛夫斯基先生接着说："英雄有两种，一种是出征打仗保家卫国者，另一种就是像这位女士一样，用生命捍卫着格但斯克，千方百计把格但斯克的历史珍藏和传承保留下来，让后人记住格但斯克的历史。"在马茨洛夫斯基的不懈努力下，格但斯克酿酒业的资料和很多颇有历史价值的珍贵文物，至今保存完好。在我眼中，马茨洛夫斯基先生也是一位捍卫格但斯克历史文化的英雄。

马茨洛夫斯基先生说："刚才说过了，金箔酒，虽然很美味，但必定是用金箔片酿制的，价格就贵一些。在过去通常只有富有的贵族才喝得起。"

于是酿酒师们推出了一款让每一个格但斯克市民都喝得起的酒，一种叫作玛罕德勒（Machandel）的酒。这种酒是18世纪信奉门诺派的荷兰教徒酿制的，味道不错，价格便宜。喝一杯金箔酒的价钱，可以喝好几杯玛罕德勒酒。在当时，这种酒很受格但斯克人的喜欢。后来，玛罕德勒酒的酿造者们在1945年又将酒厂迁到德国。至今，这种酒在德国还很有市场。

我和马茨洛夫斯基边聊天，边品尝美酒。不一会儿，他突然从包里掏出一个白色的玻璃圆瓶，上面写着"Her Stobbe"。他告诉我，在离格但斯克东边40公里处的村庄"Tiencehof"，有用德语写的"Nowy Dwór Gdański"庄园，那里就有这种酒。马茨洛夫斯基说，格但斯克玛罕德勒（Machandel）酒不是随便喝的，需要在杯子里放入李子干，再加入玛罕德勒酒，这样兑着喝，味道独特，令人回味无穷。我忍不住也品尝了这种加入李子干的玛罕德勒酒，味道很不错，很像杜松子酒的味道。马茨洛夫斯基告诉我，喝这种酒的正确方法，是用牙签将酒中的李子干取出来，把李子干嚼一嚼咽下，把李子核吐到杯子里，再把牙签掰断，说一声："我喝完了。"如果在场的酒友谁没有按照这个方法来喝酒，谁就得受罚，就要再买一杯酒请客人品尝。

最让我印象深刻的是，马茨洛夫斯基在聊到怎样品金箔酒时，对我说："要特别提醒你注意，在喝完金箔酒之后，酒中的金箔片不要喝下去。"我问他："为什么？"马茨洛夫斯基非常优雅地抬起脖子，仰起脑袋，把含在嘴里的金箔轻轻吐了出来。他说："这样喝金箔酒表现出格但斯克人多么富有和大器，连金箔也毫不在乎，喝完酒居然连金箔都要吐出来。"

对格但斯克的金箔酒还有另外一番解释。传说，许多人喜欢把金币投到水里，而与众不同的海神很不喜欢这样做，他做了一个非常有力气的动作，轻而易举地一捣，就把金币变成了金箔片，他用三叉戟一搅，水就变成了金水。这金水就是上天赐给格但斯克的礼物——金箔酒。

众所周知，酒是用粮食酿造的。格但斯克是一块风水宝地，这里气候宜人，阳光充足，土地肥沃。大麦小麦长势喜人。每到收获的季节，麦穗微微低下身子，到处一派丰收的景象，为格但斯克酿造高品质的酒品，提供了天然的"绿色酵厂"，使格但斯克金箔酒创造了酿酒奇迹，为格但斯克创造了自然神奇和一张酒文化的名片。

历经数百年风雨洗礼，格但斯克金箔酒留香至今。这美味的粮食酿酒，醇正温和，口感极佳，其美味在于甘甜香醇，味道独特，融自然淳朴，成为世界酒类独一无二的品位，令人赞不绝口。

马茨洛夫斯基先生是一位律师。他是地地道道的格但斯克人，毕业于格但斯

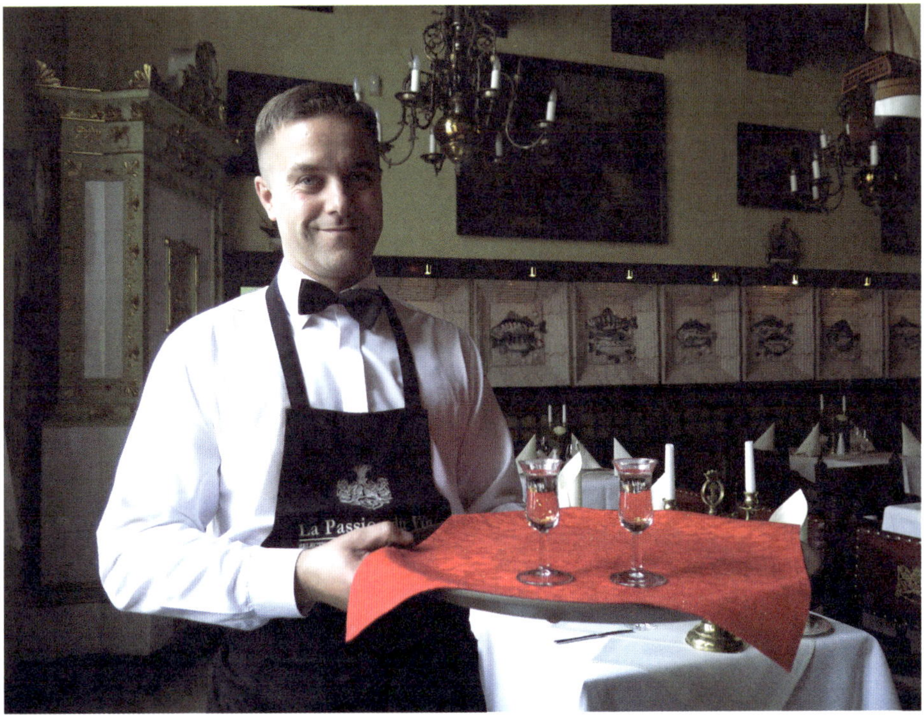

克大学法律系。但是他从来没有做过律师工作，而是将全部的精力放在潜心钻研格但斯克食品、酒业发展的历史中。他在漫长的自学成才道路上，自学了很多历史和法律知识。他回忆，在大学期间就下了一番功夫学习历史。他所学习的法律专业又为他后来的历史研究打下了坚实的法律基础。如今，提起马茨洛夫斯基的名字，很多记者都认为他是一位格但斯克的历史学家。

我问马茨洛夫斯基："你是从什么时候开始对格但斯克的历史感兴趣的？"他笑着回答："我从十几年前就非常喜欢历史。我常常花很多时间阅读历史专业的书籍和著作。写了大量读书笔记，积累素材，有机会就会去向真正的历史学家请教学习。久而久之我与人面对面交流的机会多了，把交谈中别人问到我的，或者我自己碰到的学习历史方面的问题再学习思考，从中我掌握了大量的素材，懂得了不少历史学方面的知识。就这样，我成了一个非历史专业毕业的业余历史学家。"

马茨洛夫斯基认为现在99%的格但斯克人是"二战"以后移民过来的，现在已经有第三代格但斯克人在这里出生和生活，但许多人对自己生活的这座城市的历史并不了解。因此，马茨洛夫斯基说："自己有责任做一个业余历史学家，做一些力所能及的工作，为后人了解格但斯克历史文化做些事情。"现在有许多人随意说出"我是格但斯克人"，但是马茨洛夫斯基认为："如果不了解格但斯克的历史文化，你就没有资格说你是格但斯克人。"

听了马茨洛夫斯基先生一番话，我明白了作为一名业余历史学家的良苦用心。从他向我认真讲述格但斯克酒的故事，从中让我和许许多多像我一样热爱格但斯克这座城市的人，更加了解它的历史和文化。

格但斯克金箔酒韵味独特,回味绵长,生命的温暖、人生的激情尽在其中。金箔酒的酿造与格但斯克当地酿酒的多元文化、历史传统密不可分。金箔酒独到的酿制工艺、造酒特质,能在酒中体现出酒质的丰满、香味四溢、入口净爽、味醇浓郁的融合之美。我想,这正是金箔酒数百年来颇受世界欢迎的"奥秘"。

金箔酒浓缩的是格但斯克的灵魂。

摩托拉瓦河边的库比茨基餐厅

穿过圣玛利亚街,我们沿着海岸街(Długie Pobrzeże)漫步,不一会儿的工夫就来到了位于摩托拉瓦河边(Motława)的库比茨基(Kubicki)餐厅。这家老牌餐厅,创建于1918年,在格但斯克很有名气。

波兰著名诗人切斯瓦夫·米沃什(Czesław Miłosz)曾来过库比茨基餐厅品尝这里的美食,并在他的诗中介绍过这家餐厅;德国作家、诺贝尔文学获奖者君特·格拉斯(Günter Grass),也曾用大量篇幅文字介绍库比茨基餐厅,法国戴高乐总统(Charles de Gaulle)还有西班牙首相马里亚诺·拉霍伊(Mariano Rajoy)都曾经到过这家餐厅品味美食。

中午我来到这里,是特意来品尝鳕鱼波兰烤鸭、靓汤和香肠鸡蛋汤这几道招牌名菜的。

刚坐下,身穿雪白衬衣、系着黑色围裙的男服务员便迎上前来。准备午饭时,库比茨基餐厅经理格热高日·扎莱斯基(Grzegorz Zaleski)和他的妻子、餐厅总管贝阿塔(Beata Zaleska)都来到餐厅,我们共进午餐。格热高日经理递上一

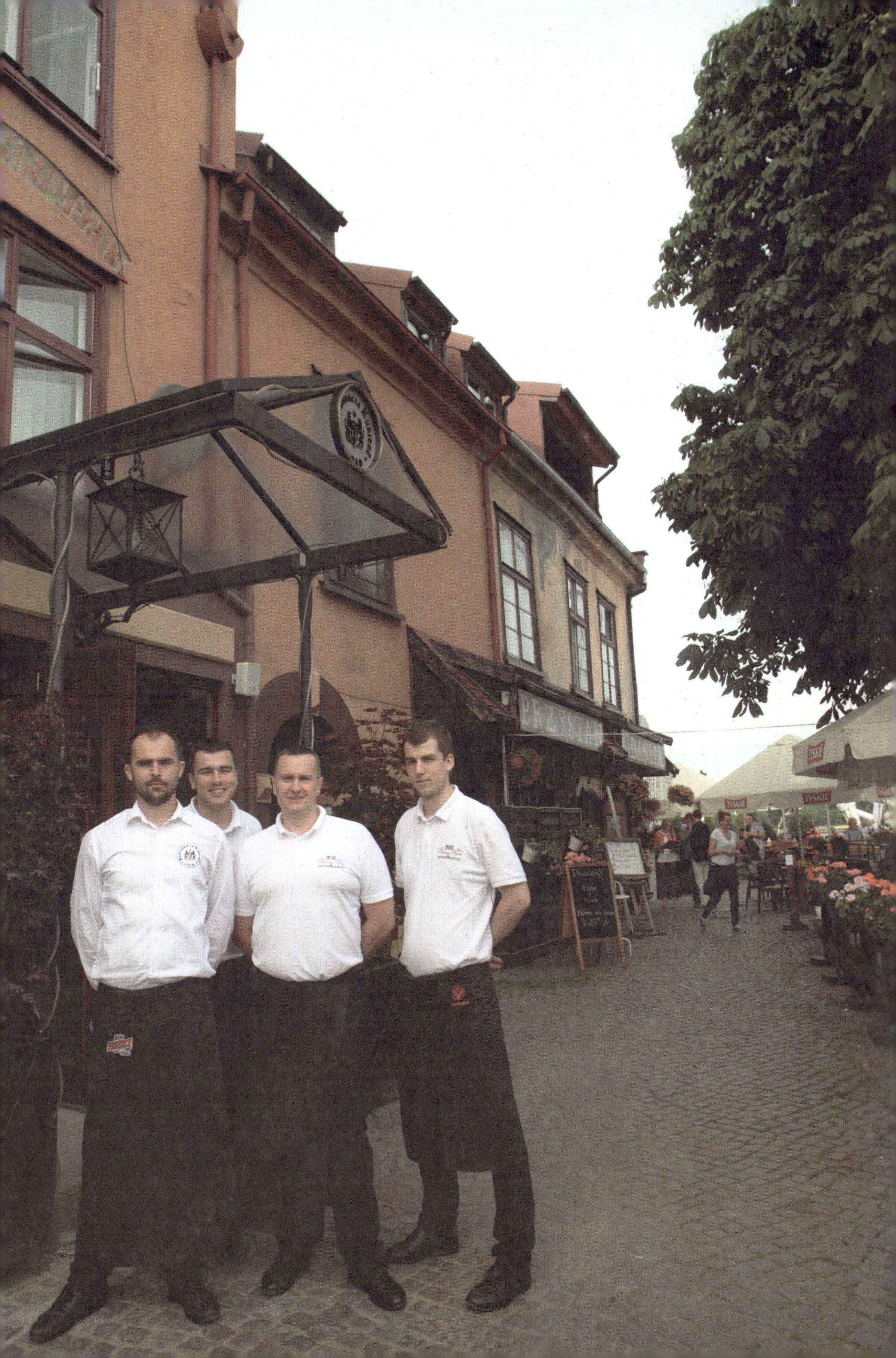
TYSKIE

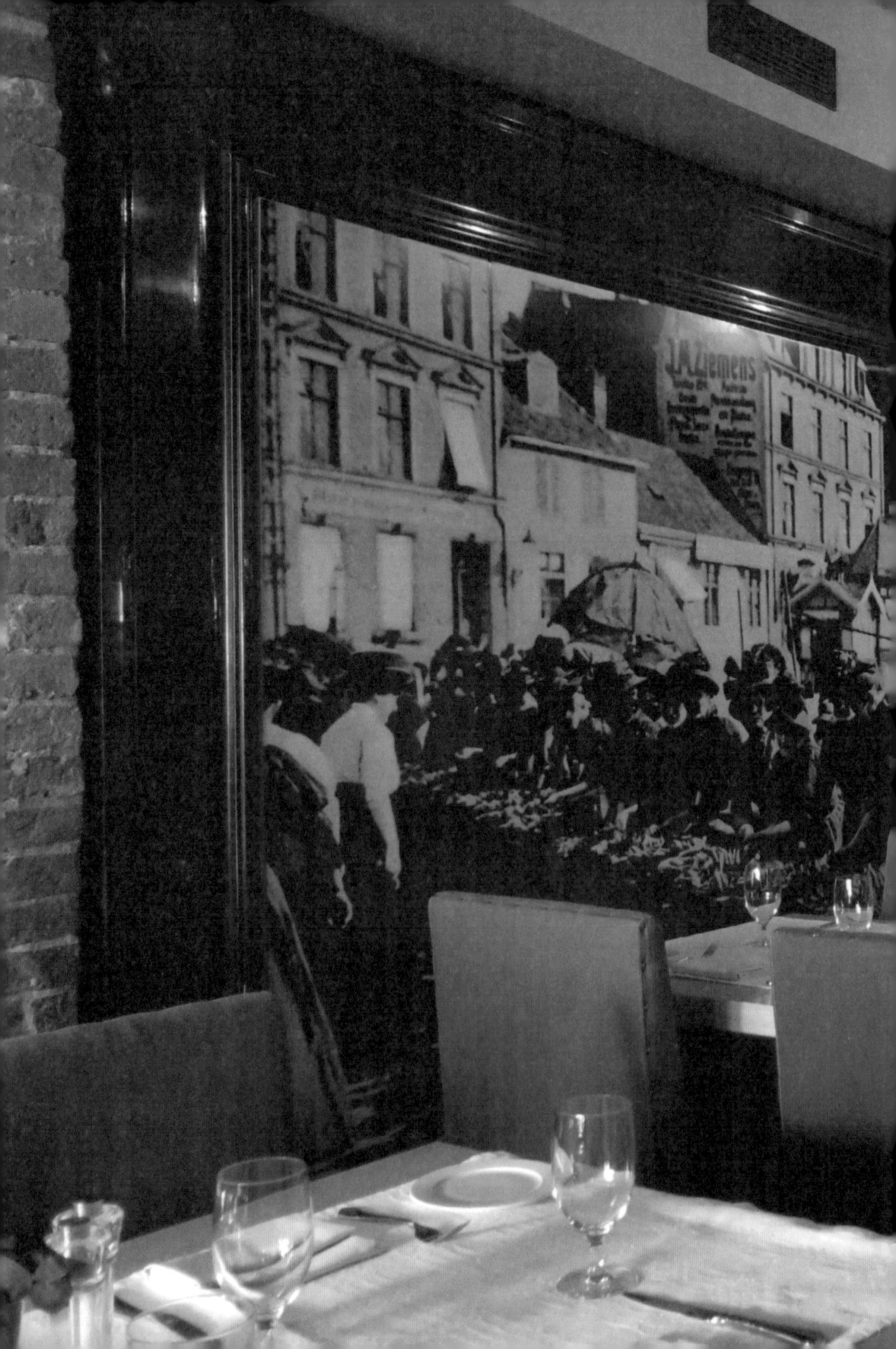
J.A.Ziemens

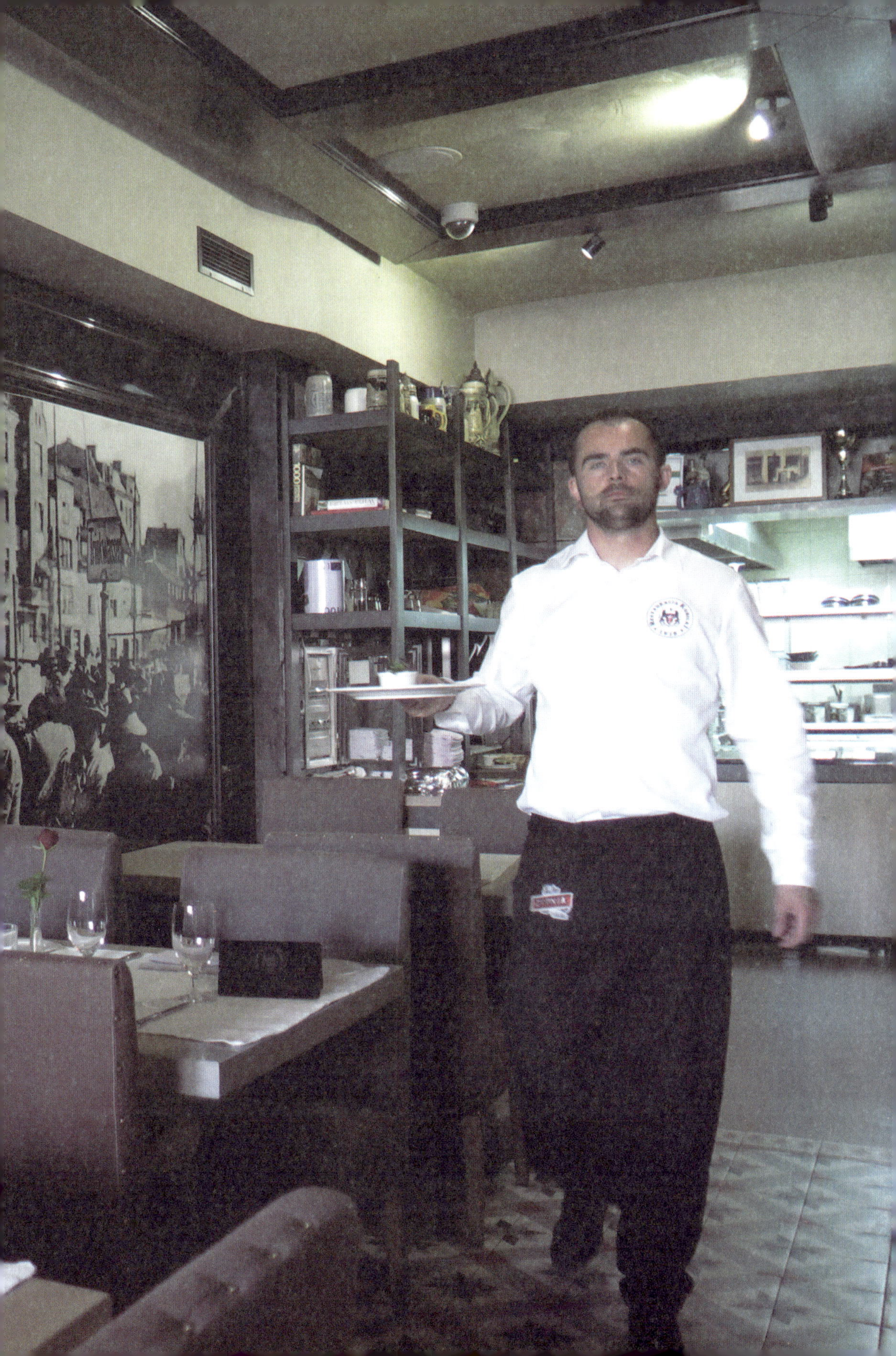

张印刷精美的名片，上面有一幅雅致的画卷。在摩托拉河边的库比茨基餐厅，我们一起聊天，谈天说地，格热高日·扎莱斯基先生告诉我："四年前，我来到这里工作。我的家族花了一笔兹罗提买下了这家餐厅，当时是因为看好了这块'风水宝地'。"

像希腊和罗马餐厅一样，买下这家餐厅后，格热高日夫妇的家庭生活改变了许多。过去，格热高日·扎莱斯基先生是做皮货生意的，后来市场不景气，于是他们开始寻找新的商机，他们决定尝试一下从事餐饮业。五年前，他们开了一家菲利尼（Fellini）饭店，从此，他们对餐饮经营有了兴趣。起初丈夫格热高日·扎莱斯基先生还不是非常乐意，在妻子贝阿塔的说服下，夫妻俩终于达成共识。如今他们共同经营着两家餐厅，生意日渐红火，库比茨基餐厅的名气越来越大。

格热高日·扎莱斯基先生说："随着全球化的到来，现在世界越来越小，你从遥远的中国北京来到我们格但斯克，我们很高兴。近几年从中国到格但斯克旅游的越来越多，我们希望中国客人能到我们的餐厅来品尝正宗的波兰菜。我们不久也打算到中国的北京、上海去旅游，也想品尝一下北京的烤鸭，看看与波兰的烤鸭味道有什么不同。"

谈话间，帅气的餐厅男服务员端上了香煎鳕鱼、波兰烤鸭、靓汤和鸡蛋火腿汤，贝阿塔女士告诉我："这粉红色的靓汤是用波兰的甜菜叶，加上鸡蛋，再配上霍德尼克（chłodnik）做成的；鸡蛋火腿汤是用鸡蛋、面包、酸奶油做成，再将墨角兰撒在汤的表面，看上去颜色很美，品尝起来味道也很独特，颇有田野趣味的摆盘色香味俱全，它还能带给你想象的空间。在库比茨基餐厅，我们的厨师都有

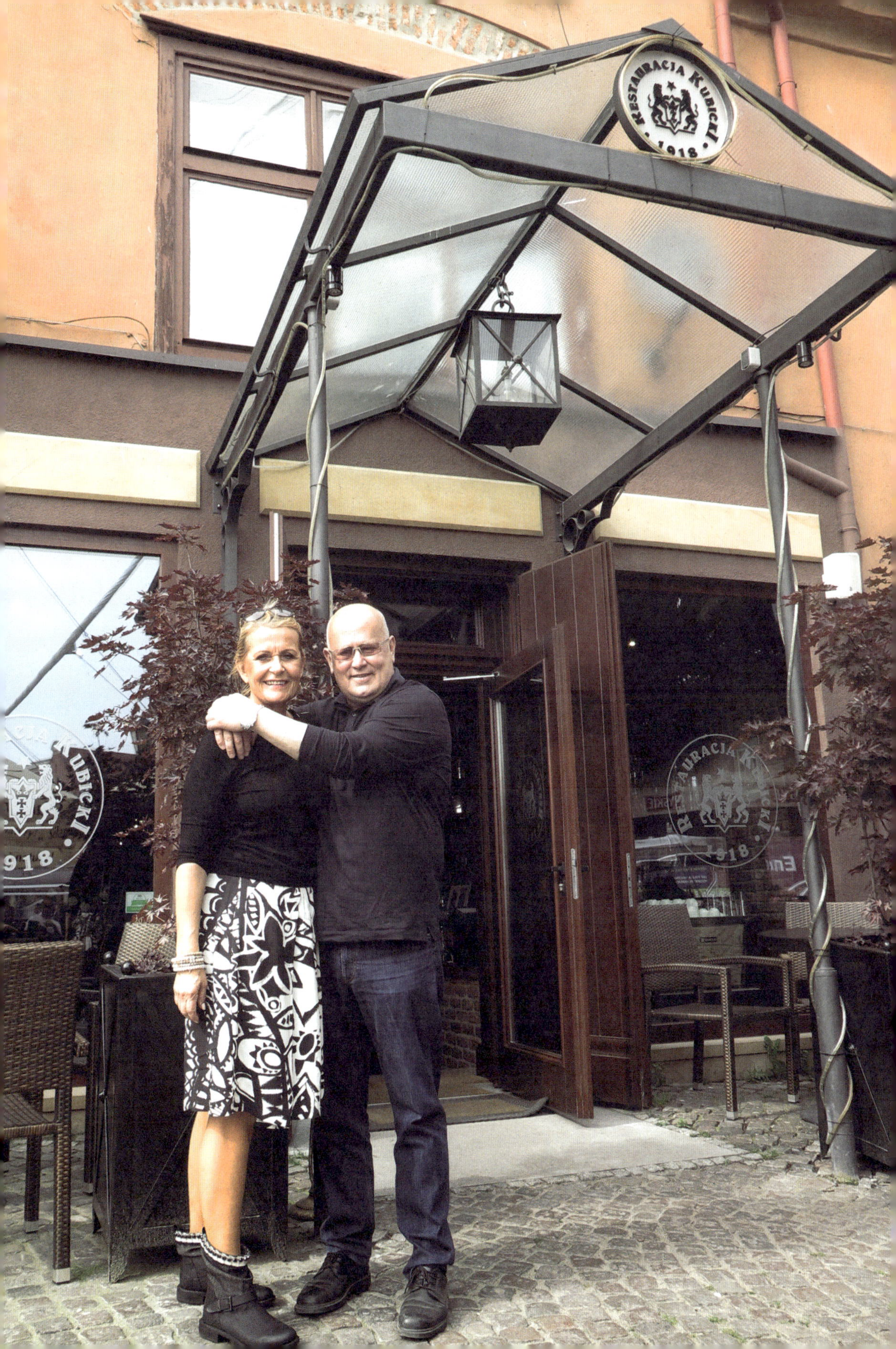
RESTAURACJA KUBICKI
1918

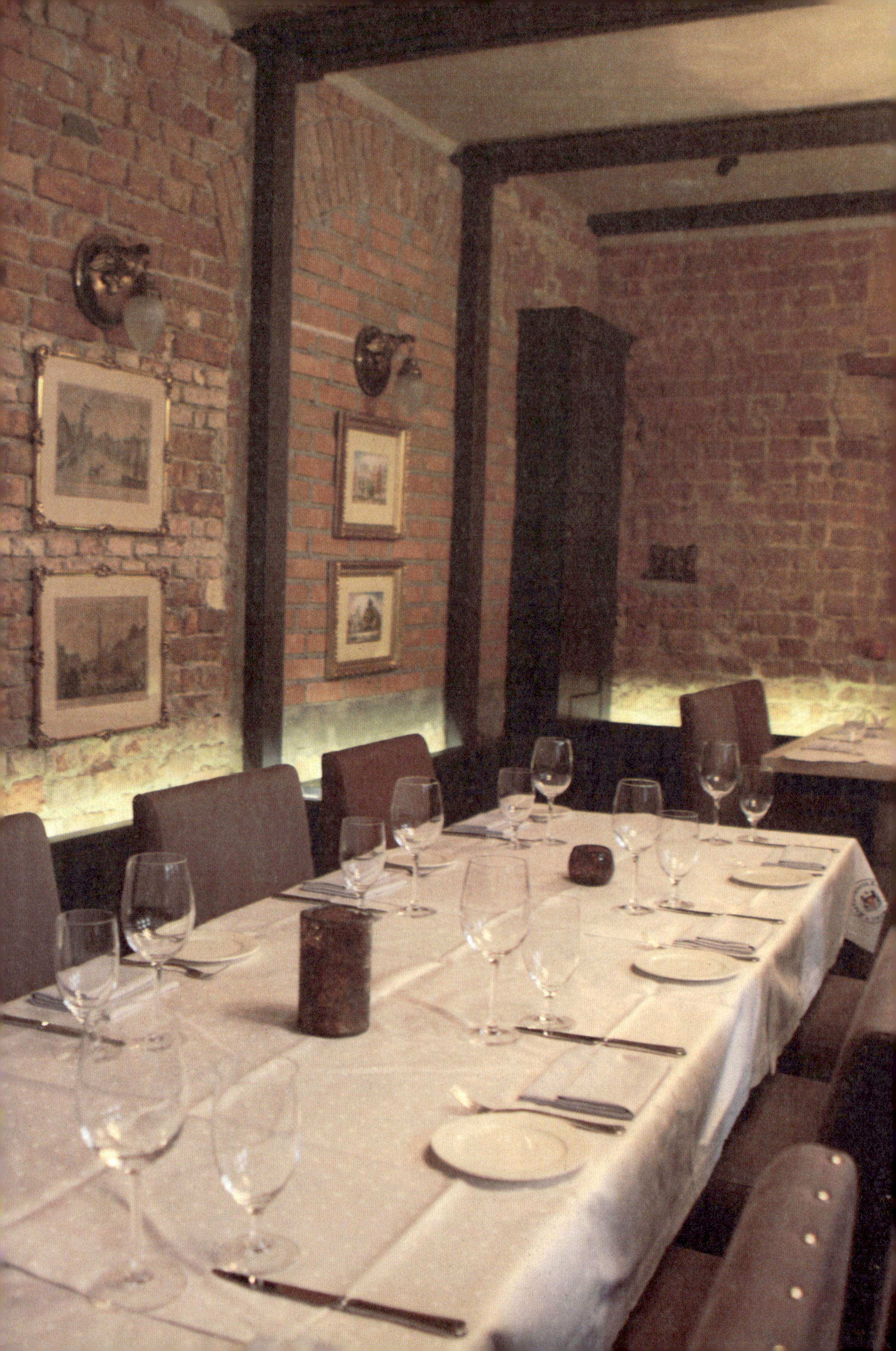

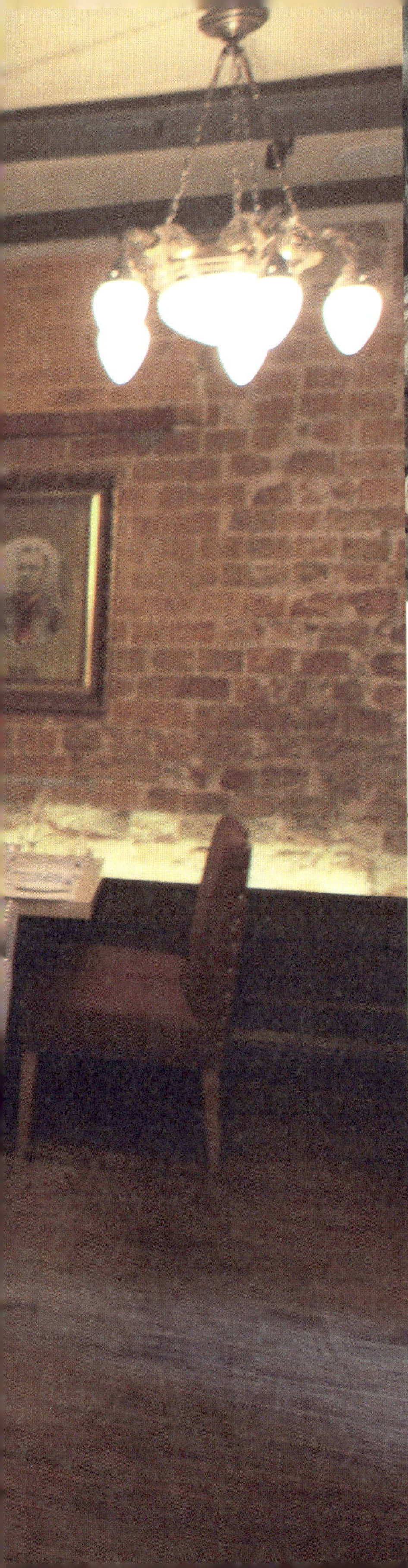
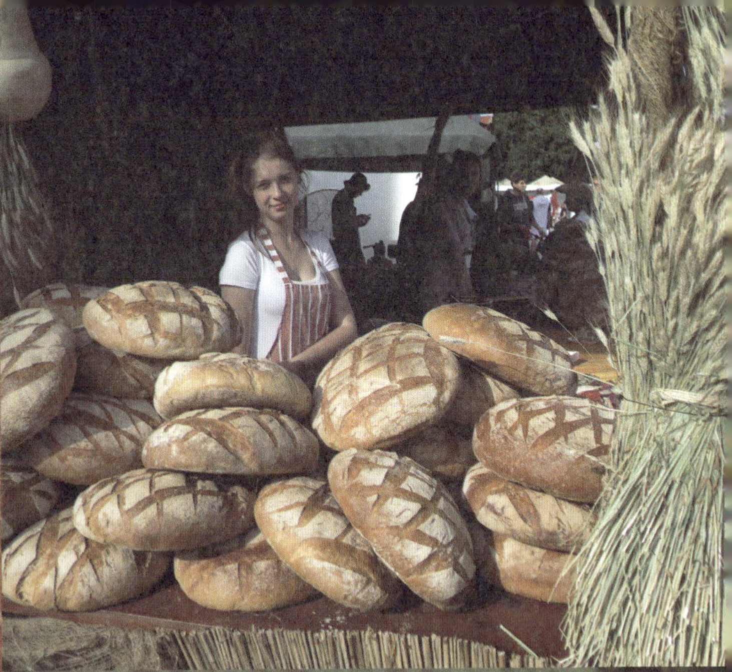
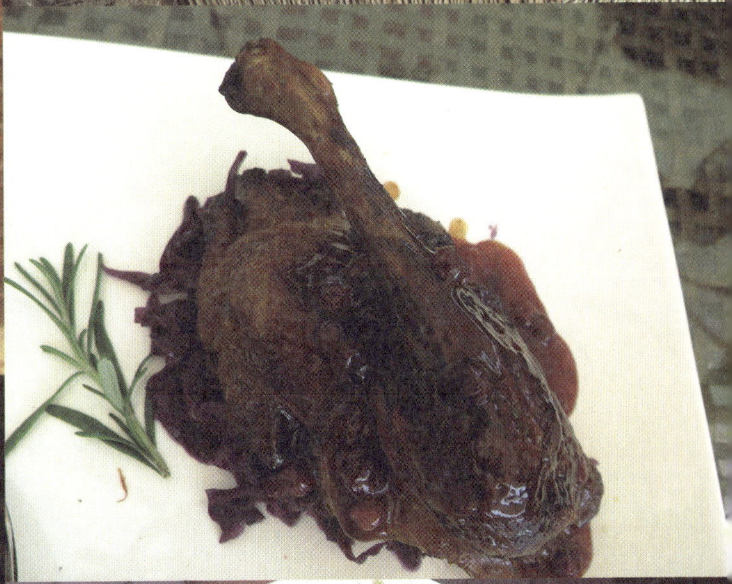
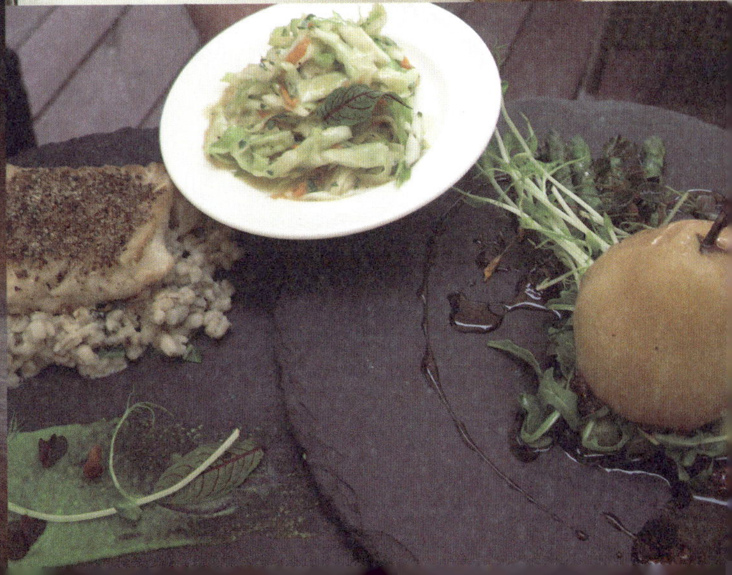

很高的烹饪水平，他们除了会做地道的波兰菜，也会时常讨论当今意大利、西班牙、法国、英国、德国的美食佳肴，希望有机会接触不同的饮食文化，了解世界的美食佳肴。"

听了这番话，我感到正像贝阿塔女士所说的："这意味着我们的厨师可以展开想象的翅膀，发挥自己的创意，这里并没有什么死记硬背的食谱非要你记下来，也没有人跟你说只能这样做，不能那样做。每一道美食都留给厨师们创作想象的空间，想方设法把美食做到极致，你只要去思考客人们需要什么、客人们喜欢什么，这就是我们库比茨基餐厅的服务理念。如今越来越多的人都能在家里烹饪出非常美味的菜肴，所以库比茨基餐厅要研究如何在餐厅里更好地为客人服务，给他们带来不同的味觉享受。比如，烹饪牛肉，如何做到鲜嫩多汁，有很好的味道和口感，我们库比茨基的厨师更有发言权，运用低温机能将牛肉用低温烹饪，既能保留食物中所有的营养成分，又有大自然的风味。让那些所有来到这里的客人，难忘库比茨基。"

说话间，扎莱斯基夫妇拿出这家餐厅1930年的老照片，他们向我讲述着库比茨基餐厅的历史。最早的时候，14至15世纪，这个地方是十字军的城堡，但是后来被战争破坏。库比茨基餐厅又重新建起，餐厅的老房子如今已有三百五十多年的历史，走进这座城堡式的餐厅，有当年十字军城堡留下的红砖墙，当你用金属敲打红砖的时候立刻会发出清脆的声音。贝阿塔女士告诉我："听，这清脆的声音，就告诉你，那时的红砖质量非常好。"第二次世界大战期间，这里被德国人破坏，因为这幢房子原来是木头结构，后来他们在重建改造时用钢筋结构加固，前后花了两年的时间改造装修。贝阿塔女士说："我们在想，这些老房子都

BROWAR AMBER
SPECJALNOŚĆ REGIONU
Siłami natury!
TYSKIE
Classique

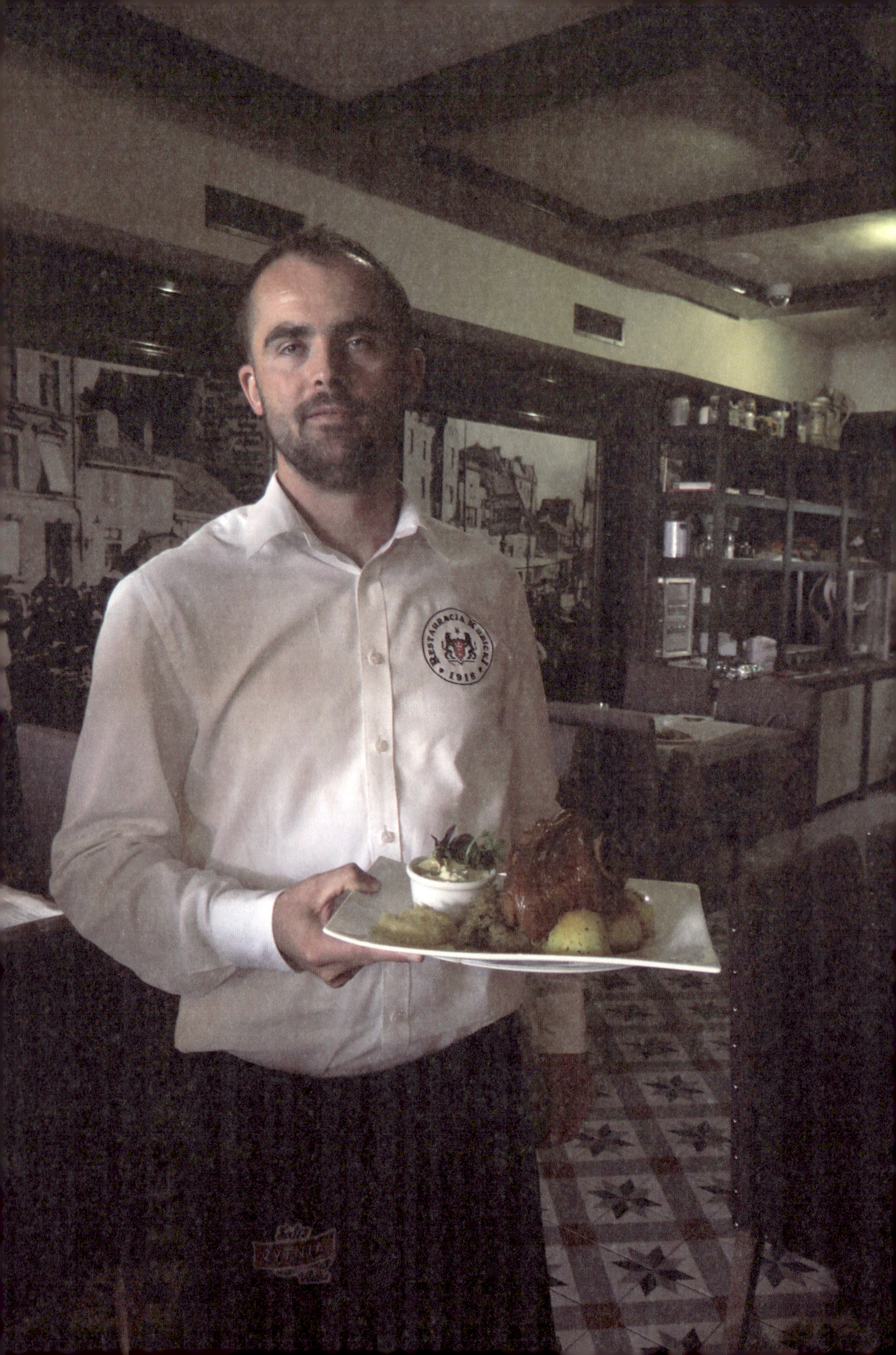
RESTAURACJA

是格但斯克的'历史文物',我们在经营这家餐厅的同时,有责任保护好这栋老房子。从周一到周六,我们每天派20多个人参加这栋房子的修复工作,这项修复的工程严格按照格但斯克市政府颁布的保护条例,法律规定,古建筑的继承者、所有人对文化保护承担全部责任。房子是我们买下的,但是我们不可以随随便便、马马虎虎地装修。原来这里是叫'国家咖啡馆',因为这里有港口,1918年以后,来自各个国家的海员带来了各自国家产的香料和食品,因此我们要满足不同国家的人的口味,要求多元化的饮食风味。从很早以前开始,这家餐厅就是国际化的,第一次世界大战时,这家餐厅的老板库比茨基先生的儿子被杀害了,他非常痛心,但是更加爱国。他开办餐厅的理念是,餐厅要有波兰的特点,因此他将德语写的'国家咖啡馆'改为波兰语的'库比茨基饭店',推崇波兰人的饮食文化和民族精神。这家餐厅的生意一直很好,1939年至1945年"二战"期间,库比茨基先生一直都在经营这家餐厅,他的生活有了保障,"二战"胜利后,德国人、荷兰人又回到他们的国家,只有波兰人留在这里,经营着这家餐厅。多年以后,许多德国人、波兰人甚至苏联人回忆起这家饭店,还非常怀念波兰的味道。老格但斯克的人没有不知道这家餐厅的。"我想,从某种意义上说,格但斯克的味道就是岁月与历史交融的库比茨基的味道。

　　格但斯克大小的餐饮企业为游客提供丰富的美食佳肴,既包括由来已久的传统美食,也有一流的国际标准的菜肴。在格但斯克,无论是就餐场所还是餐饮品种,你都有多种选择。在格但斯克,你既可以品尝到欧式菜肴,也可以体验异域特色的中东地区美食,当然非常古老的格但斯克传统美食也是个不容错过的选择。来到这里的每个人,即使是最苛刻的美食家,都能找到可口的美食佳肴满足自己的胃口。此外，如果你是素食主义者，格但斯克也有一些酒吧和餐厅为你提供完全的素食菜品。

扎莱斯基夫妇俩特意将曾经在这里工作过的三位厨师重新请回了库比茨基餐厅，请他们帮助培训新的厨师，传授他们怎样烹饪地道的波兰菜肴，经过努力，库比茨基餐厅推出了正宗的波兰菜，扎莱斯基夫妇特别向客人们推荐以下几道菜：猪后腿肉做成的(golonka)、牛肉卷和酸黄瓜做成的(zrazy)、鸡蛋火腿汤(żurek)、用水果配制的波兰烤鸭（kaczka）、波罗的海鲱鱼（śledź）等名菜。

贝阿塔女士说，我们推荐的几道正宗的波兰菜受到了很多国家朋友的欢迎，特别是从美国回来的很多老波兰人，品尝了我们的波兰烤鸭和香肠鸡蛋汤，都非常难忘。今天，库比茨基餐厅经过多年的努力享誉全波兰，成为波兰美食及格但斯克文化的一张名片。

我随着他们夫妇俩走进餐厅，当年城堡的红砖墙上挂着一幅幅颇有历史价值的老照片，老钢琴家兹伯夏克·奥尔茨顿斯基（Zbyszek Olsztyński）正在一架古老的钢琴前，轻松自然、娴熟地演奏着波兰著名诗人钢琴家肖邦的一曲《乡愁》，美妙惆怅的乡情把人们的思绪带到了远方……

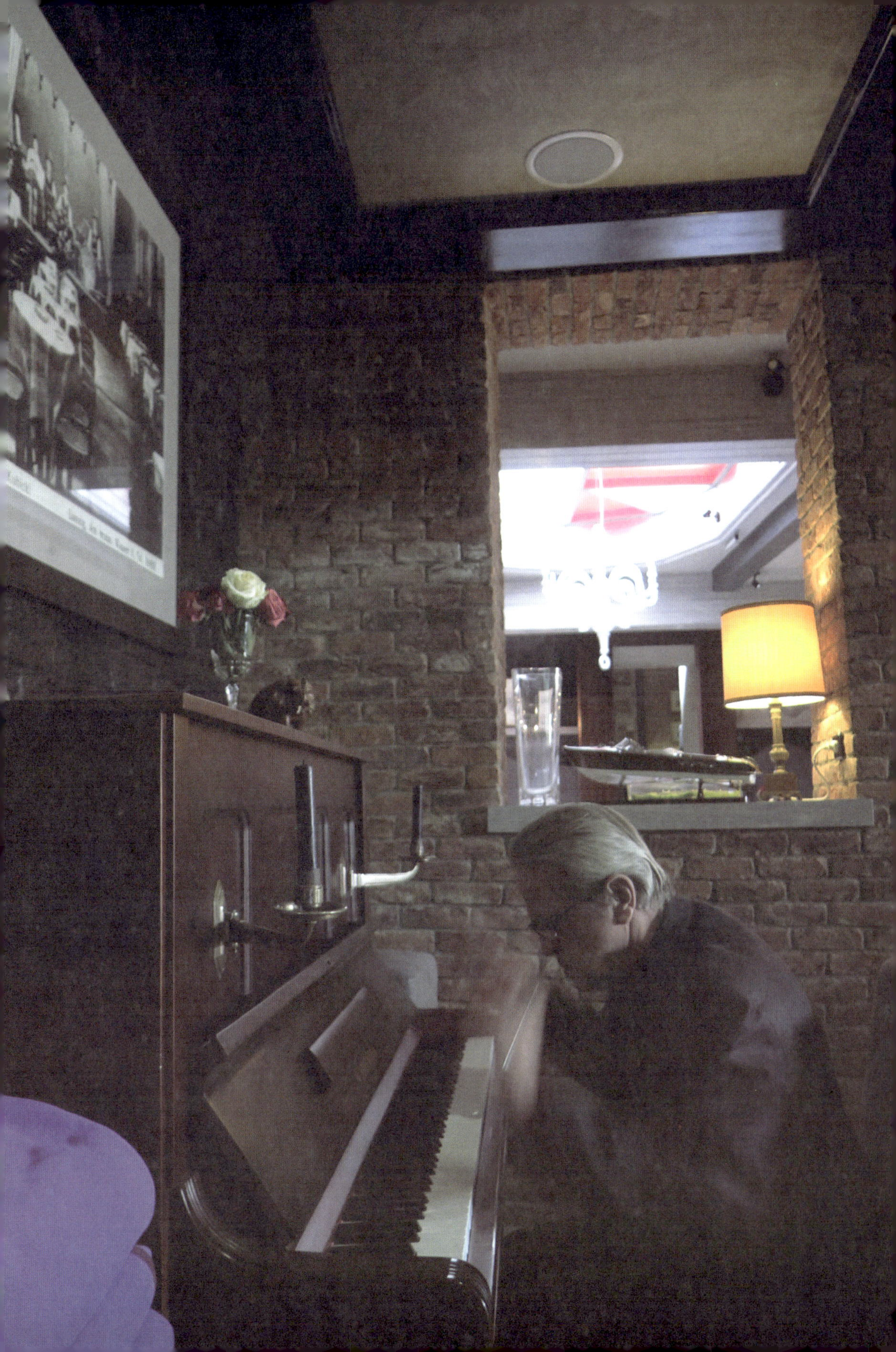

哈拉·塔拉戈瓦市场的记忆

格但斯克的夏天是一年中最好的季节,万物争荣,芬芳正浓。

清晨,静谧的园林安睡的时刻过去了,鸟儿从睡梦中醒来,伸开双翅轻轻拍打着美丽的羽毛,从这个枝头跳到那个枝头,欢快地叫个不停。火红的太阳透过树梢,从东方升起,金色的光芒照耀着天空的白云,闪出红色的霞光。

一大早,斯瓦夫先生带领他的两个儿子——13岁的弗兰克(Franek)和11岁的约翰(Jasiu) 来到我住的公寓楼下,接我一同去附近的市场看看。我住在市中心的斯维多亚斯卡路(Świętojańska),要去的市场叫作哈拉·塔拉戈瓦(Hala Targowa),走路只需要5分钟。斯瓦夫说:"我要带你来市场逛逛,是想让你感受一下格但斯克普通市民的生活。"

来到哈拉·塔拉戈瓦市场,眼前的一番"景象"让我着实吃了一惊:市场虽然不算特别大,但里里外外热闹非凡,各种花卉、蔬菜、水果、肉类、奶制品、蛋禽品种繁多,令人目不暇接。我们来到蔬菜摊位,各种新鲜蔬菜瓜果在这里都能见到。圆白菜每公斤1.5兹罗提,当时折合人民币3元钱,洋葱每公斤3.5兹

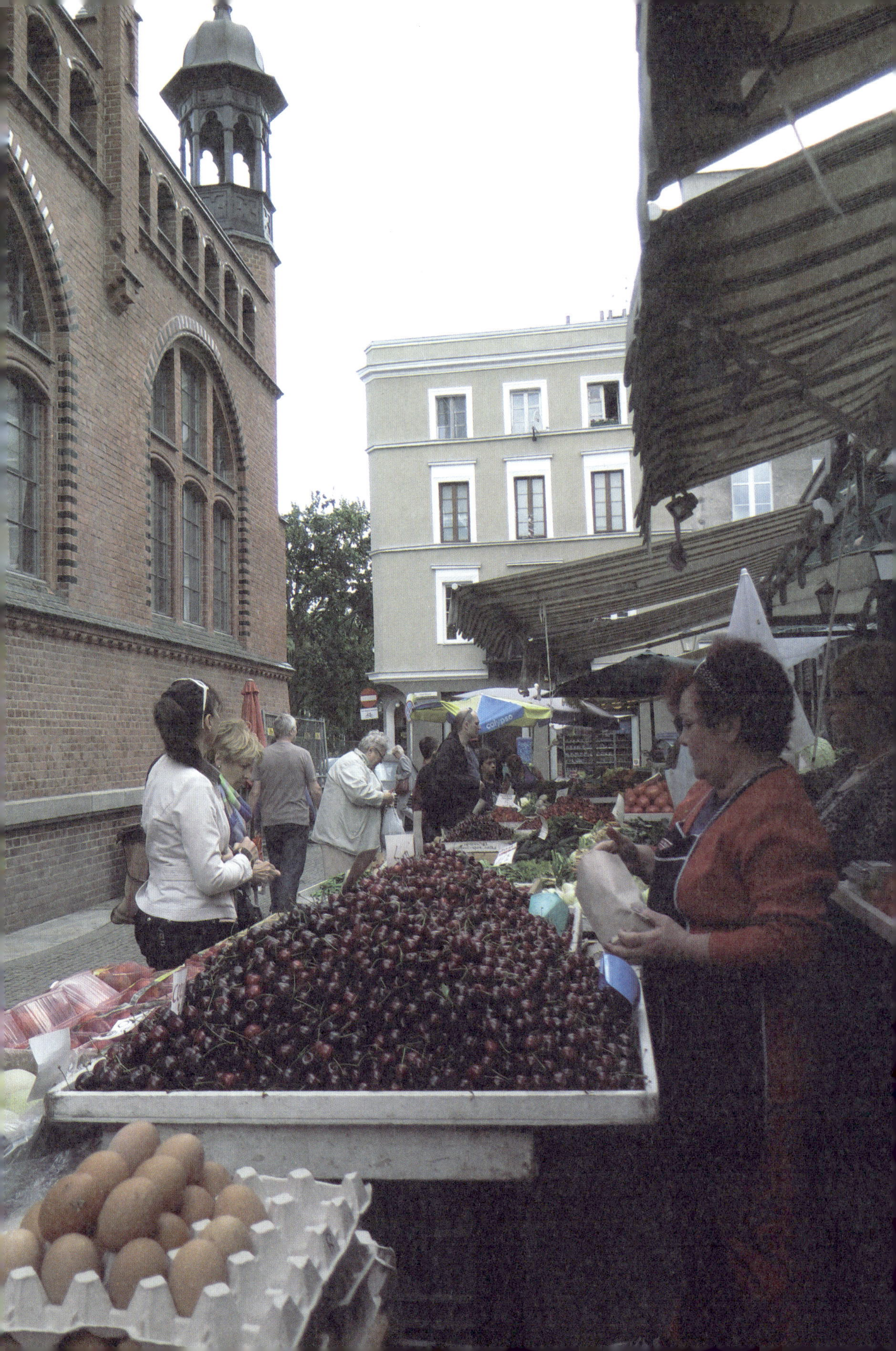
calypso

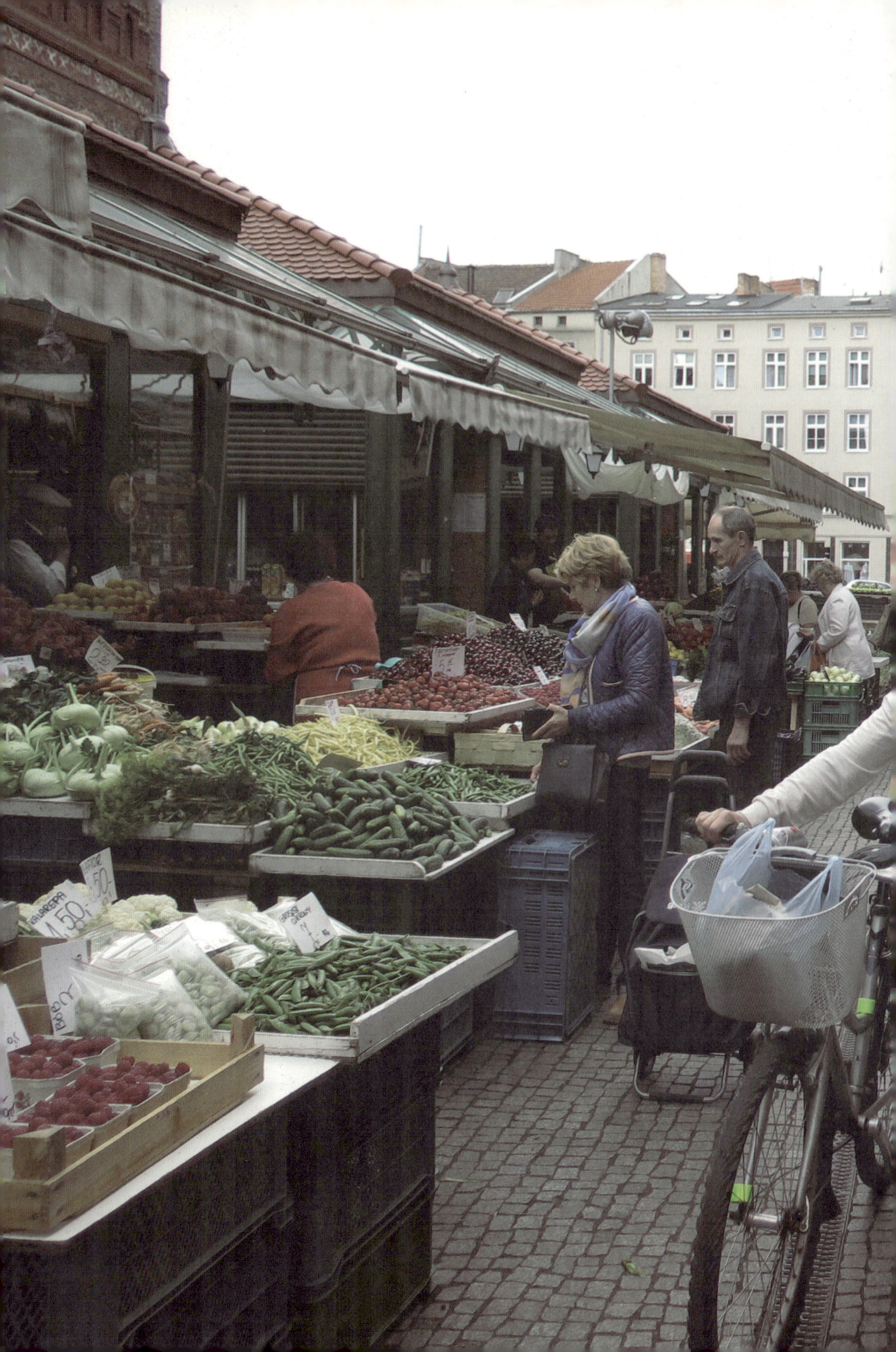

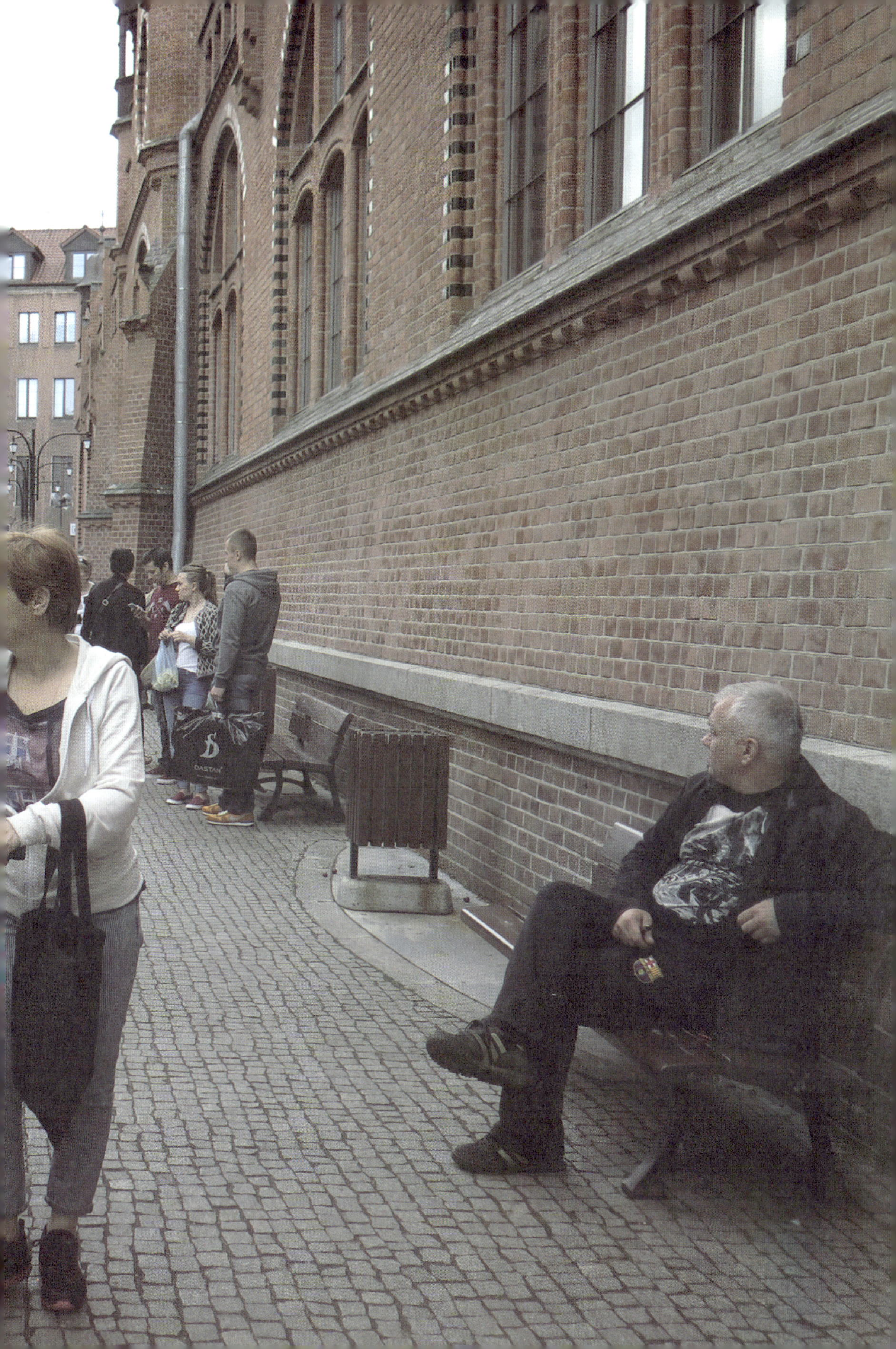
DASTAN

罗提，西兰花、胡萝卜、白菜、茄子、豆角、西红柿应有尽有。水果摊位的水果格外新鲜，摊主玛莉亚让我尝了草莓和蓝莓，还有波兰当地生长的各种野果，味道真是好极了。许多水果产自当地，是我从未见到过的，如一种类似葡萄的野果，有淡绿色和酒红色两种，在阳光的照耀下，晶莹剔透，水汪汪的，就像一颗颗美丽的水晶球，好看又好吃，味道甜中带微酸，营养非常丰富。玛莉亚介绍说，这种产自当地的野果含有丰富的维生素C、果酸和抗氧化成分的多糖、核苷酸、蛋白质和十多种氨基酸。

我发现市场上有非常新鲜的、带着沁人心脾芬芳的蘑菇，但是不同的品种和产地，价格差别特别大。在波兰山区盛产橡树、栎树和山毛样、松树等，山蘑菇就是生长在这些树下的天然真菌。它对生长环境的要求极为奇怪，是一种完全无法人工栽培的美味佳肴。这种与独特的自然环境共生的依赖性，成就了山蘑菇珍稀昂贵的身价。摊主涅克斯卡指着新鲜的淡黄色的蘑菇告诉我："你看，这么漂亮的蘑菇自然生长在山上的森林中，是没有任何污染的有机绿色食品。所以价格就贵一些，每公斤50兹罗提。（我算了一下，当时相当于人民币100元。）而旁边白色的圆形蘑菇，就是人工种植的，每公斤只需15兹罗提。"听涅克斯卡一番介绍，现在是夏天，正是山蘑菇上市的季节，许多人在对比之后，依然会选择健康绿色的山蘑菇。她说："人工种植的蘑菇什么季节都能买到，而山蘑菇就不一样了。它产量少，非常珍贵。"由此可见，波兰人的生活理念绝对是崇尚自然。波兰是绿色之国，即使是在城市，也是被绿地覆盖，惊人之美的自然景观，不仅是在欧洲，就是在整个世界都是独一无二的。格但斯克人正是把这种自然与文化融合共存的理念也带到了生活中，因此他们在选购水果、蔬菜和食品时，绝对崇

PORZECZKI
6,-

MALINY
5,-

尚自然，健康第一，纯天然绿色食物就是他们的最爱。

随着斯瓦夫先生及他的两个儿子弗兰克和约翰，我们一同走进哈拉·塔拉戈瓦市场，这个市场共有上下三层，一层主要是卖各种肉类、奶制品和海鲜类，二楼是服装和鞋帽，三楼是日用品。这家市场就像北京的超市，物品丰富，应有尽有。如果你很忙，没有时间上大商场，步行几分钟的路程，来到这里，你想要的东西，这个市场都会有，一定会让你满意而归。

我把这家市场和北京类似这样的市场物价做过比较，格但斯克的物价绝对是便宜很多。在北京的小超市，一个易拉罐装相同品牌的啤酒每听5元，而在格但

斯克，4个500毫升的易拉罐啤酒是9.9兹罗提，折合人民币19.8元。每到夏天，格但斯克人在忙碌了一天之后，都要抽时间去附近的酒吧坐坐，来品上几杯。我到格但斯克时，正赶上欧洲杯足球赛，格但斯克人喜欢邀上朋友或家人围坐在酒吧或咖啡厅，一边观看足球，一边喝杯酒，一坐就是一晚上。我在想，他们的海量是否与格但斯克的啤酒很便宜有关呢？

走进格但斯克市场，各种各样的香肠立刻吸引了我的眼球。波兰人向来以"做事认真"而著称。来到格但斯克，看看这座不大的市场里，各种香肠摆放得整整齐齐，分门别类，每一种都贴好标签，告诉购买者，这是什么味道的香肠、产地、

成分、营养价值、用什么调料、烹饪方法、保质期有多长……写得清清楚楚，让购买者一看就明白放心。

波兰的香肠味道独特，品种繁多，价廉物美。这次来到格但斯克，经过一番认真仔细"考察"，我对波兰香肠是绝对认可，而且非常喜欢。一天早上，我专门抽了一个上午的时间来到哈拉·塔拉戈瓦市场考察和购买香肠。热心的美女售货员卡莎（Kasia）十分认真地向我介绍波兰香肠。kiełbasa，波兰语为香肠。原始的 kiełbasa 叫作 polska kiełbasa，波兰本地货或在美国新泽西州和纽约地区的波兰人、捷克人社区十分流行，常见的品种有 kabanosy、krakowska、wiejska。

Kabanosy，这是一种风干的蒜香肠，用莓缕籽调味，最初用马肉制成，后来通常用猪肉或火鸡肉制成；Krakowska，这是一种来自波兰南部城市克拉科夫的用胡椒和大蒜作调味原料的香肠，味道独特；wiejska，这种香肠形状为 U 形，以墨角兰和大蒜作为调味，用猪肉和小牛肉制作而成，在波兰语中是"乡村香肠"的意思。

我站在令人目不暇接的波兰香肠摊位面前，久久不愿离去。我很想了解波兰香肠的制作方法及独到之处。出售香肠的马钦斯基先生告诉我，波兰香肠来自波兰各地，通常选用新鲜猪肉来制作，其中肥肉 20%—30%，伴有大蒜及各种香料、冰水调味，最后放入直径为 22—24 厘米的羊肠衣或 38—40 厘米的猪肠内衣进

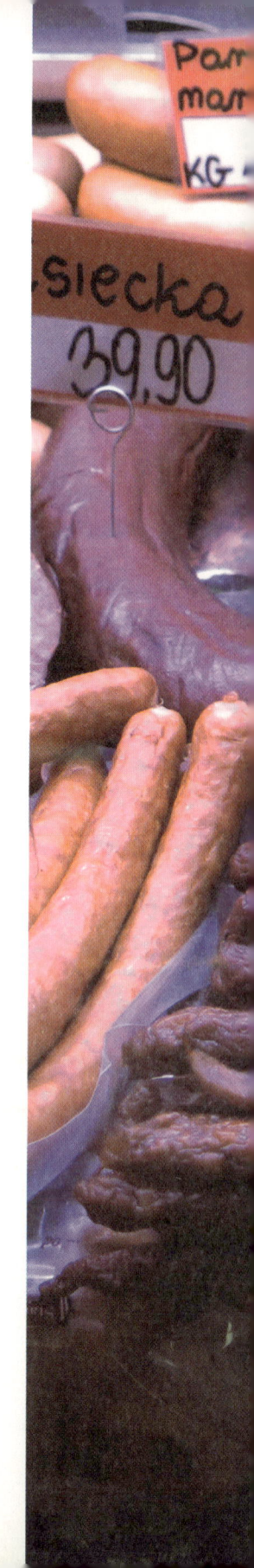

- Parówki z cielęciną kg 26,90
- ...domowa 18,90
- Pasztetowa podwędzana 18,90 kg
- Metka z kaszub. gosp. 23,90
- Metka brunszwicka 23,30 kg
- Parówki z fileta kg 25,90
- Sokolik 21,...
- Kabanosy „Krakus" kg 44,90

行人工灌制。灌制好的香肠可放入冰箱冷冻保存,随吃随取,也可以直接蒸煮、煎炒食用。马钦斯基先生告诉我,在市场上销售或自家灌制的香肠,在食用之前蒸煮时,要使香肠中的温度达到72℃。建议蒸煮时间15分钟左右。还有一种腌熏香肠是使用八成猪肉加上培根和牛肉制成,放入大蒜、胡椒调味。之后在热熏室中腌熏至外皮成金黄色,放入热锅中蒸或煮,冷却后放入温熏室再次腌熏,直到外表呈咖啡色即可食用。

传统的波兰香肠是以猪肉为原料,牛肉、羊肉、鸡肉也可以制作。在中东欧地区甚至在整个欧洲,波兰香肠都享有很高声誉,通常作为早餐或晚餐的冷盘,拌芥末或辣椒酱食用,可用来煮汤、烤、炒、炸、蒸,也可以用来做波兰的名菜必高斯(bigos)和砂锅炖菜。

临别时马钦斯基先生补充说:"别忘了,享誉全球的猎人炖肉里绝对少不了波兰香肠!"

接下来,我在格但斯克的日子里,几乎每天都少不了品味波兰香肠。长的短的、大的小的、粗的细的,还有像金丝枣般大小的一粒一粒的香肠,我都尝过。那味道就别提有多美了。现在回想起来,我还"垂涎三尺"呢!

离开格但斯克已经一段时间了,这座城市悠久的历史、丰厚的文化和热情的人们让我难以忘怀。斯维多亚斯卡路上的哈拉·塔拉戈瓦市场和密密匝匝摆在摊位上、挂在架子上、透着红火、林林总总的波兰香肠,也常常会唤起我对格但斯克的美好回忆。

幸福的苹果园

希腊哲学家苏格拉底曾经问过他的学生:"什么是幸福?"学生们对他的问题无言以对,不知怎么回答,因为幸福一词太广义了。此时,苏格拉底就让学生们走进一片苹果园,让他们去寻找最大最好的苹果,找到了自己喜欢的苹果的学生们,迫不及待地跑到他的面前,兴奋地说:"我们找到了!"苏格拉底淡淡地一笑,温和地对学生们说:"还记得我问你们的问题吗?现在你们就都有答案了。"苏格拉底接着说:"就幸福而言,每个人有不同的理解。但是人生的过程,就像生活在一个硕大的苹果园,如果在这里找到了你最喜欢的苹果,那么可以说,你就找到了幸福。"

三次来到格但斯克,我有一个很深的体会,格但斯克人的生活,虽然没有最发达国家那些丰厚的物质,以及最现代高科技带来的享受。没有高楼大厦林立、满大街的豪华车堵得水泄不通、每个人从早到晚像蚂蚁般的奔忙。那样高度紧张的快节奏生活,与格但斯克人相比形成了鲜明的对比。

因为他们数千年来的历史和生活习性,决定了他们的生活状态是平和淡定、宠辱不惊的，每一个人都认认真真地做好自己的事情。在格但斯克，从波兰政治活动家、前团结工会领导人、波兰总统莱赫·瓦文萨（Lech Wałęsa）到波兰前总理、现欧洲理事会主席唐纳德·图斯克（Donald Tusk）；从滨海省省长米柴夫斯拉夫·斯处克（Mieczysław Struk），到格但斯克市长鲍威尔·亚当莫维兹（Paweł Adamowicz），在格但斯克人眼中，生活在这里的每一个人，都只是格但斯克的普通市民而已，他们不觉得有什么特殊之处，每一个人都是来自格但斯克这片养育他们的土地。在我眼中，格但斯克就像一个硕大的苹果园，每个人都在这里认认真真地耕耘、种树、浇水，用辛勤的劳动换来丰收的喜悦。

有一次，我在北京和滨海省驻华首席代表斯瓦夫（Sławomir Berbeć）先生聊天时，听他讲过这么一句话，至今令我记忆犹新："我是地地道道的格但斯克人，很早就来到中国来学习、生活。最初，我是做贸易的，后来在北京创办了滨海省驻华代表处，我热爱中国，喜欢北京，同时也希望更多的中国人喜欢波兰，认识滨海省，认识我的家乡格但斯克。1997年，我和中国蒙古族姑娘张艳梅幸福地组成了一个家庭，结婚18年来，我们相互学习、相互包容，一起走过了长长的路程。但是有一点，我们的看法和想法是一致的，那就是认认真真做好每一件事，开开心心过好每一天。在我们格但斯克人眼中，事业的发达和家庭的和睦同样重要。二者皆有，可谓幸福。"

由此可见，格但斯克人对待生活的态度和对幸福的感受。我在格但斯克访问期间的一个周末，在斯瓦夫先生和艳梅女士的盛情邀请下，我和他们全家一同，驱车前往位于格但斯克南30公里处的一个小乡村——坡斯特瓦瓦（Postołowo），这里是斯瓦夫的父母家。

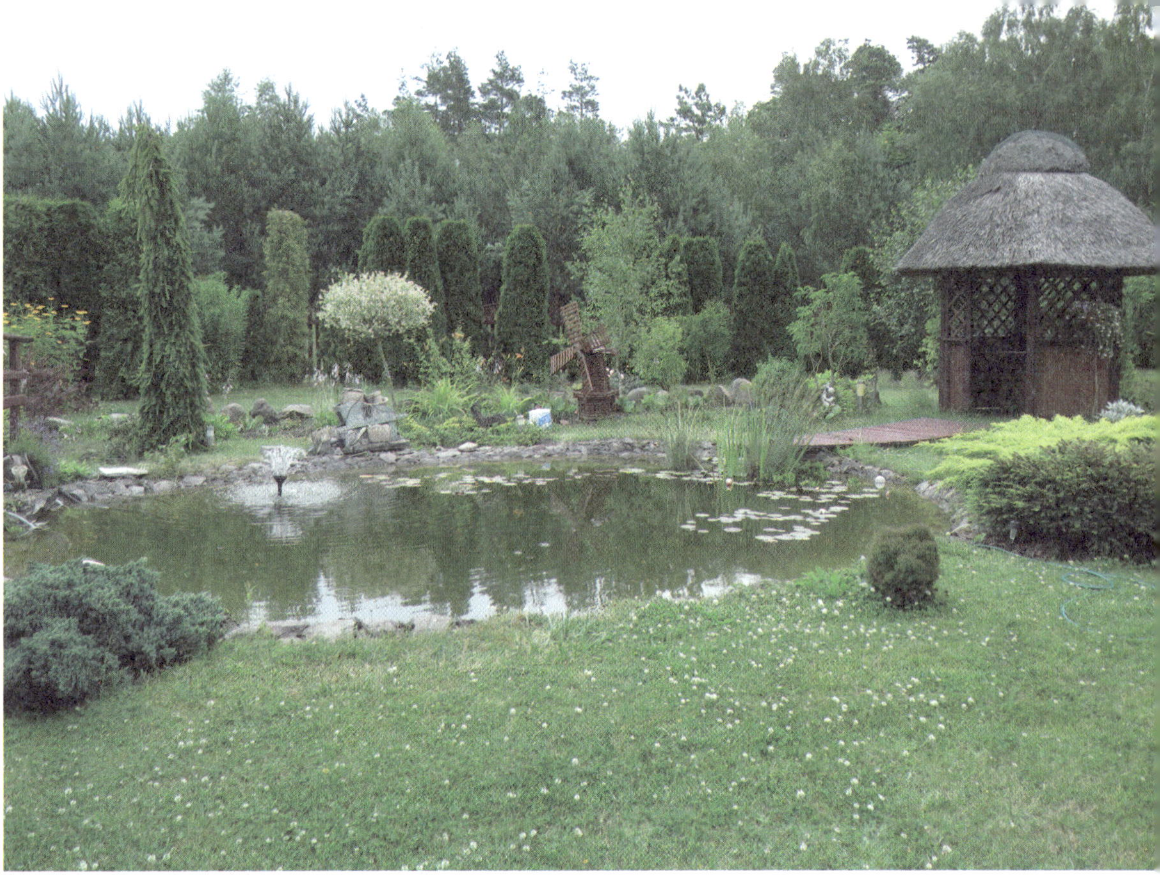

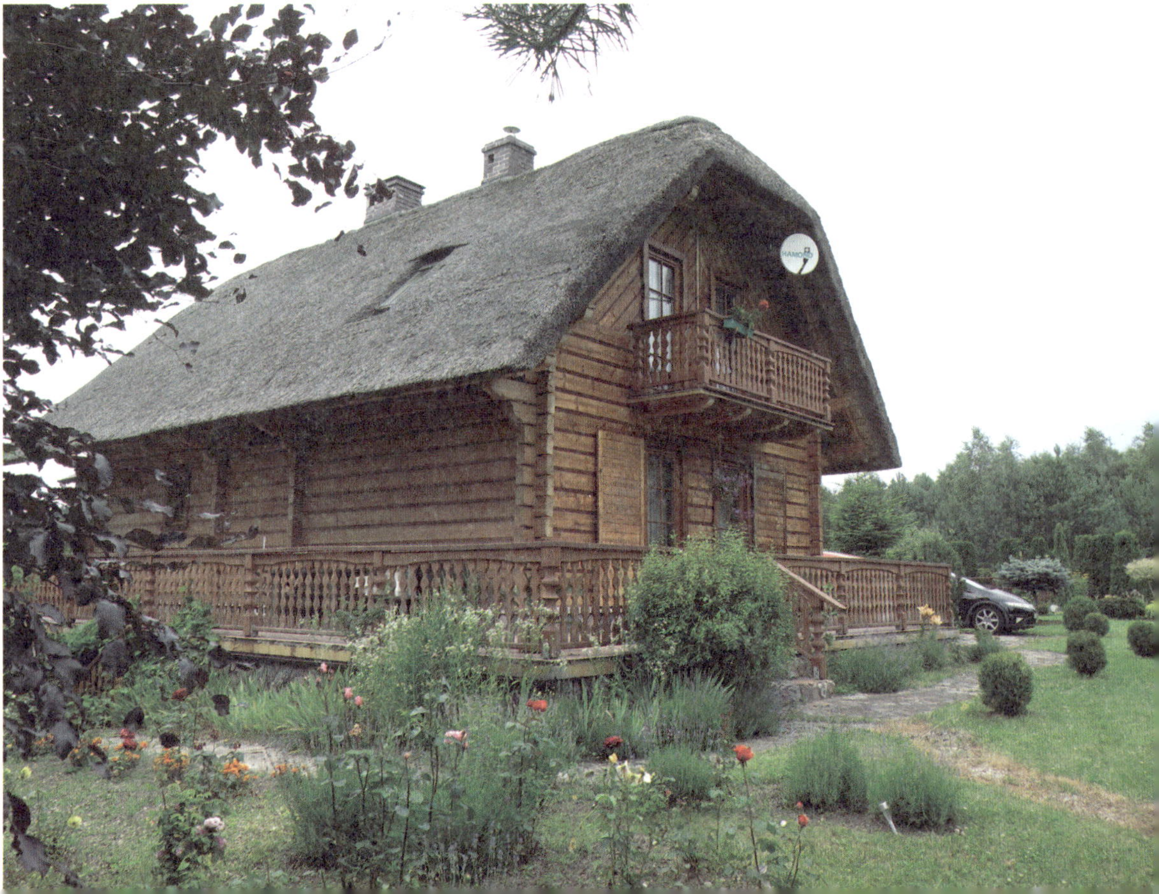

一脚踏进鲜花盛开的小院子，我满心都是惊喜，四周环境清幽、鲜花盛开、郁郁葱葱。斯瓦夫83岁的老父亲爱德瓦尔德（Edward），身穿着蓝色的上衣、白色裤子，一头白发，容光焕发。80岁的母亲包格达娜（Bogdana），身穿淡蓝色白点的短袖衫，一头银发，神采飞扬。二位老人热情地握着我的手，欢迎我到他们的家做客，并热情地带我参观了小院。院子里有各种各样的水果和蔬菜，苹果、葡萄、蓝莓及很多种不知名的波兰水果，胡萝卜、西红柿、白菜等。小鱼塘里鱼儿在欢快地游弋，斯瓦夫先生的两个儿子弗兰克（Franek）和约翰（Janek）在院子里欢快地玩耍。斯瓦夫先生的母亲为了迎接我们的到来，早就准备好了烧土豆、炖牛肉、奶油蘑菇汤、波兰饺子等波兰美食，还有正宗的波兰酒，让我大饱口福。同时也和斯瓦夫、艳梅一家人分享到了温馨和谐、家庭生活的幸福。

来到斯瓦夫先生父母家，客厅的墙上挂着许多老照片，其中一张是他母亲18岁、父亲21岁时的结婚照片，还有保罗二世接见斯瓦夫家人的合影。斯瓦夫先生的父母和我聊天，告诉我："波兰的传统很注重家庭、重感情、重亲情，我们这个家里的人都很忙，三个儿子都不在我们身边，特别是我的三儿子斯瓦夫，他是在中国工作，他的夫人及两个儿子也都在中国工作、生活，虽然我们无法时常见面，但是每到孩子们放假时，他们一家都会回到我这个小山村，看望我们。"她指着墙上挂着的"四季平安牡丹图"，说："这是我从中国带回来的，象征着我们这个家平平安安、四季顺利。我的儿媳妇，是一位中国内蒙古姑娘，她的性格非常温和，梅的脸上总是挂着笑容，我们很喜欢她。我们老两口都去过中国，我已经去了六七次了，我们到中国，儿子、儿媳妇陪我们去了北京、上海、内蒙古、西安、满洲里，旅游度假，渐渐了解了中国，也喜欢中国。"

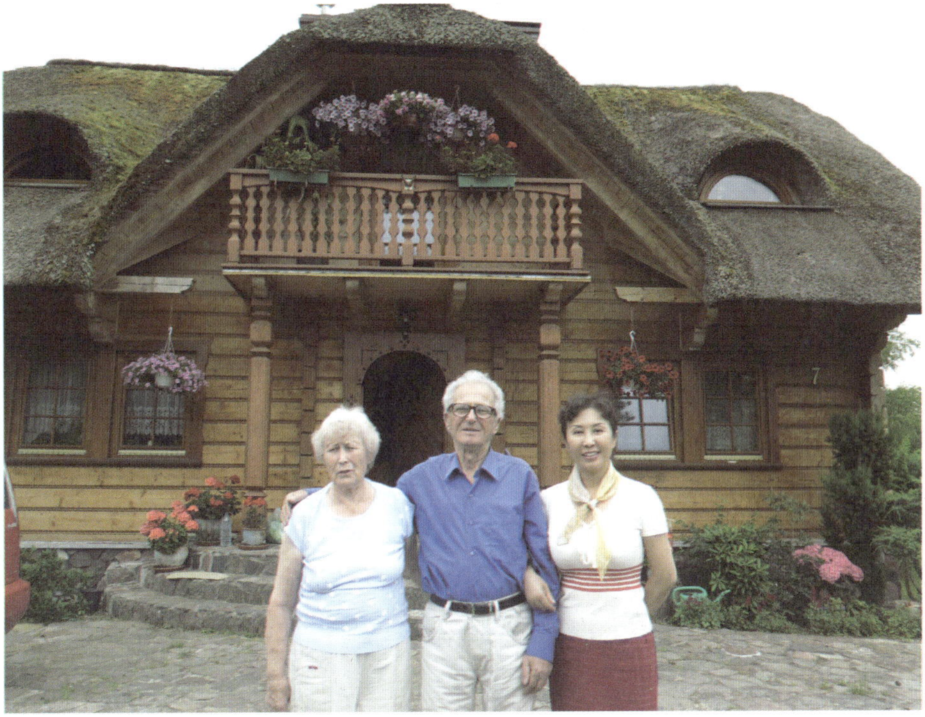

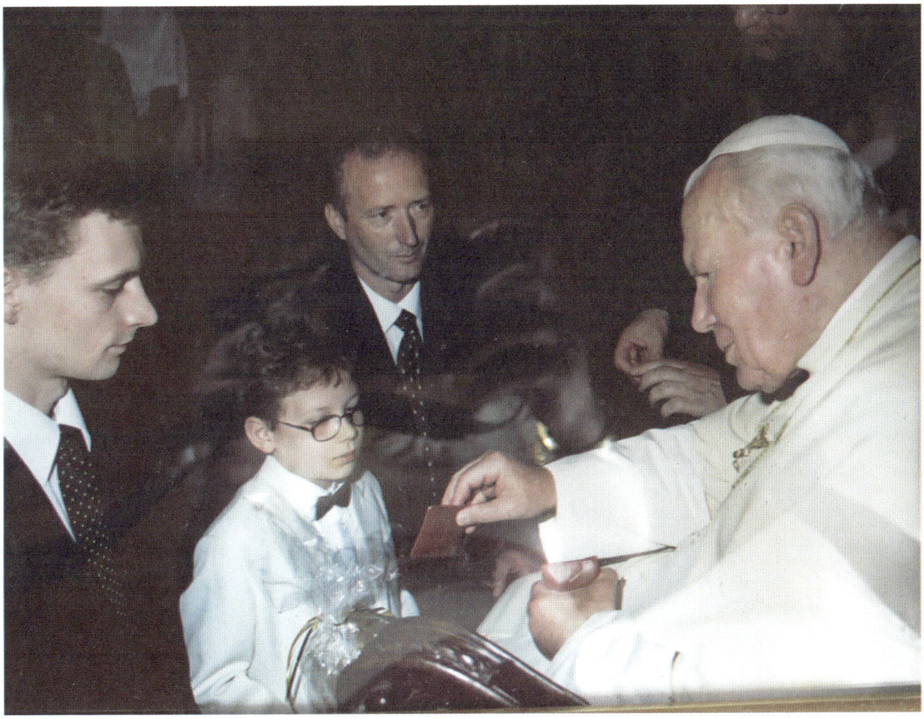

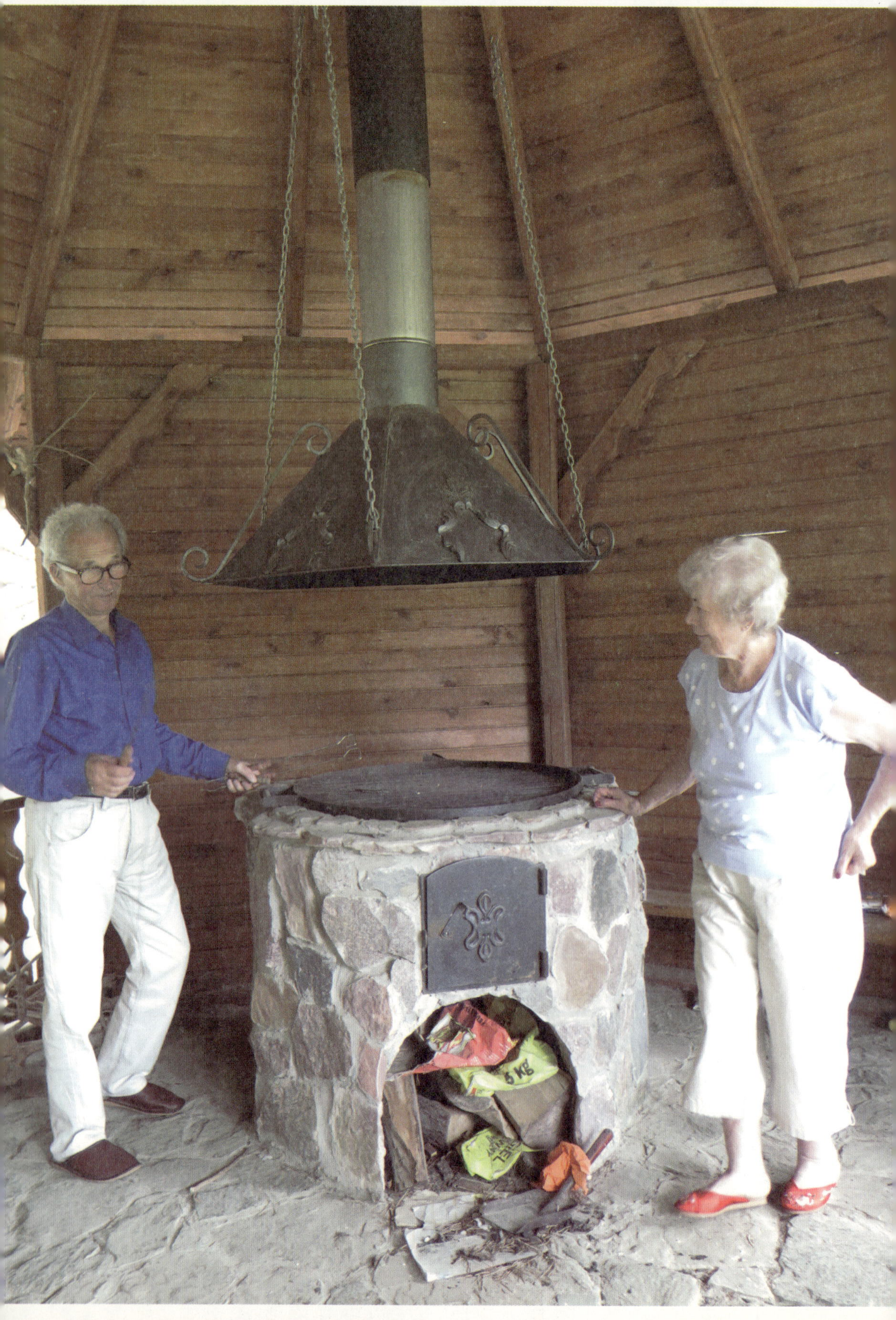
5 kg

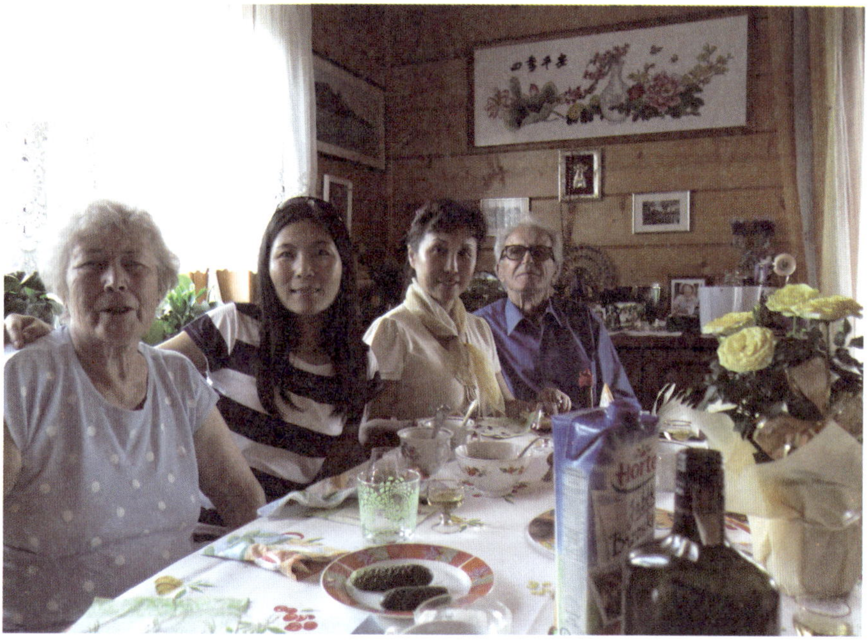

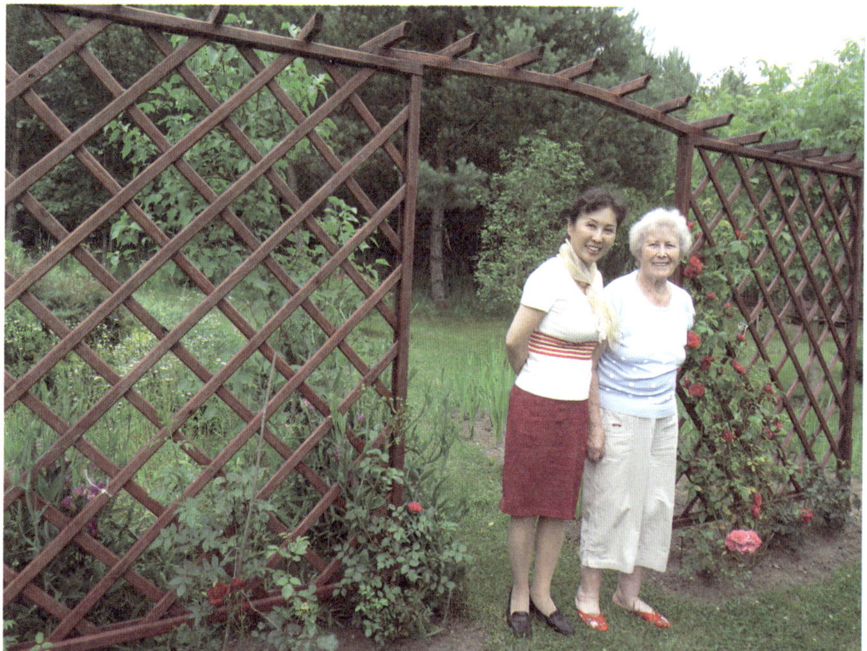

谈到格但斯克人的生活，两位老人话匣子就打开了，滔滔不绝地向我讲述了他们的故事。1948年，斯瓦夫的母亲，从一个距离格但斯克150公里处的小地方，与200多位女青年一起来到格但斯克，参加战后格但斯克市的建设，当年斯瓦夫17岁的父亲，也是在1948年2月来到格但斯克参加城市建设工作的，每天的工作就是盖房子、修路。他们参加过格但斯克老城教堂、长街的建设，还做过很多杂活，如清理地下室、打扫街道等。两年后，他的父母在参加格但斯克老城的建设中相识了，这对年轻人在后来艰苦的劳动和生活中，结下了深厚的情谊，在劳动中增进友谊、在生活中积累感情。1952年，这对曾经为格但斯克城市建设付出过辛苦劳动、做出过贡献的年轻人步入了婚姻的殿堂。虽然当时的生活条件还比较艰苦，斯瓦夫先生的母亲回忆起来说："结婚那天，也就是家人聚集在一起吃了一顿普通的家常饭，这样就算结婚了。"但是，这对年轻人有着美好的理想和要为格但斯克的建设做出贡献的雄心。许多年来，他们的汗水与付出，换来的是格但斯克的繁荣与发展，家庭的和谐与幸福。他们为格但斯克做出的贡献，这里的人们一直铭记心中，就连格但斯克市市长对他们的丰功伟绩都了如指掌。今天，远在中国的儿子、儿媳和两个孙子一同回到小山村坡斯特瓦瓦看望两位老人，他们觉得一家人团聚非常高兴。斯瓦夫的母亲高兴地说："我有好儿子、好儿媳，特别是两个孙子，他们很聪明，会说波兰语、汉语、英语，他们是我最好的孙子。"

斯瓦夫的父母说："看看现在的格但斯克，他已经成为欧洲乃至世界最漂亮的城市之一。半个多世纪来，从青年到中年、中年到老年，我们见证了格但斯克的发展，作为格但斯克人，我们能为自己热爱的家乡，献出一份绵薄之力，我们觉得很自豪、很幸福。"

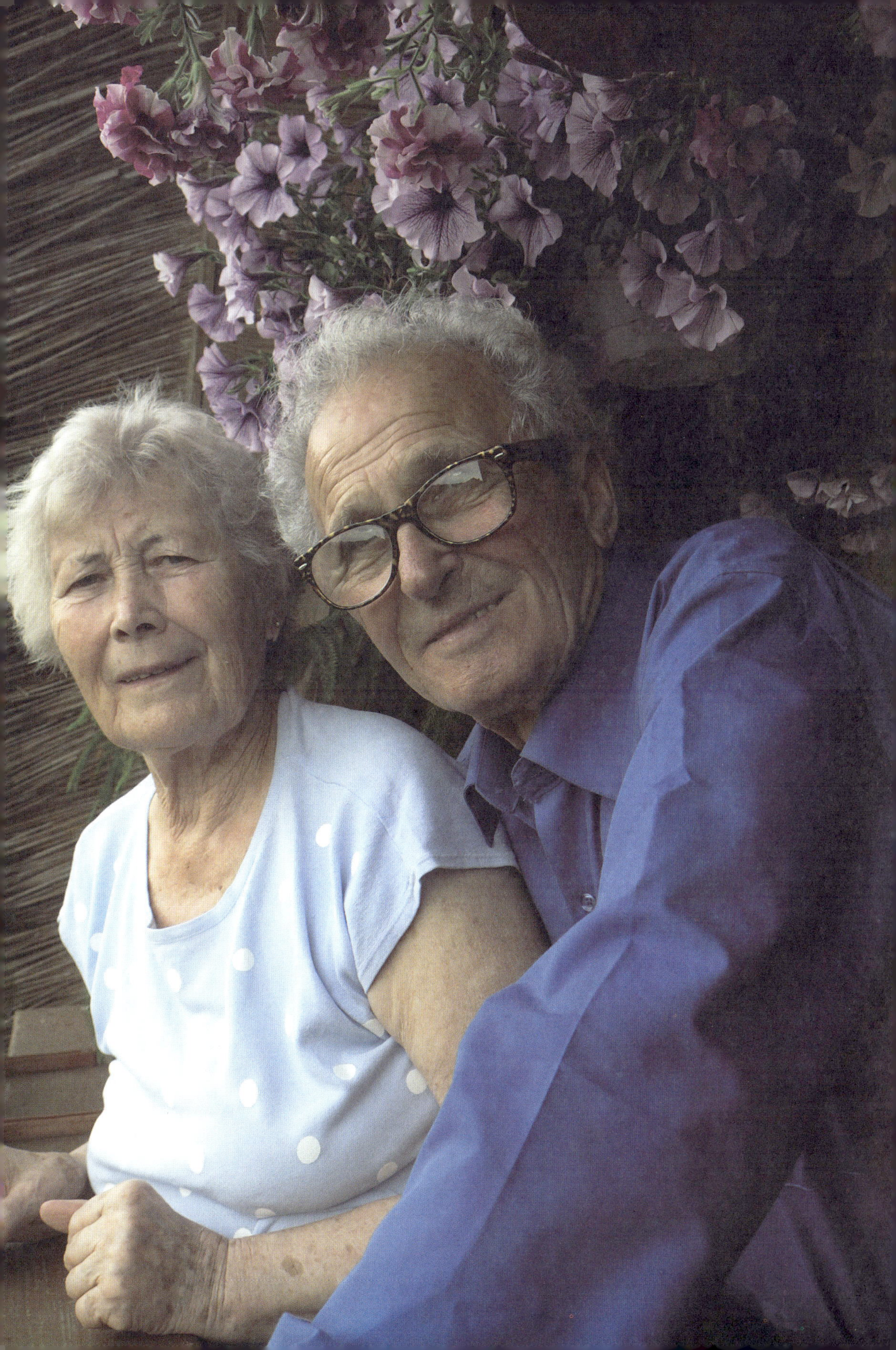

此时此刻，我又想起苏格拉底问他的学生什么是幸福，并让学生走进苹果园寻找幸福的故事。在我的眼中，格但斯克就是一片幸福的苹果园。生活在这里的人们，是最幸福的人。

琥珀街的风景

格但斯克,一座极为浪漫又富有人文气息的古城,每年吸引着成千上万来自世界各地的游客。精美的古典建筑、超凡绝伦的雕塑、漫步街头的行人、优雅安详的鸽子、琳琅满目的琥珀,构成了格但斯克古典浪漫的城市风情。

岁月如梭,时光如水,昔日战争带给格但斯克的阴影,早已灰飞烟灭,化作历史的尘迹,唯有格但斯克老城长街、圣玛利亚大街,魅力依旧、祥和欢乐、浪漫典雅,昨日的蹉跎岁月更加衬出今天的和平珍贵。

著名的玛利亚大街,又称琥珀街。琥珀街的风景是格但斯克一张颇有文化特色的名片。我喜欢独自漫步这条古老优雅的,你怎么走、怎么逛都不会累的琥珀街。来到这里,街道两边数不胜数的琥珀商店,令人目不暇接、眼花缭乱。一家接一家店里的商品件件别致、货真价实。再看街道上各种肤色的游客,比肩接踵,痴迷于琥珀街的"秀色"。

周末的上午,阳光灿烂、鸟语花香。在好朋友艳梅和她的两个儿子弗兰克(Franek)、约翰(Jaś)的陪同下,我们一起来逛琥珀街。当我们逛到位于玛利

49

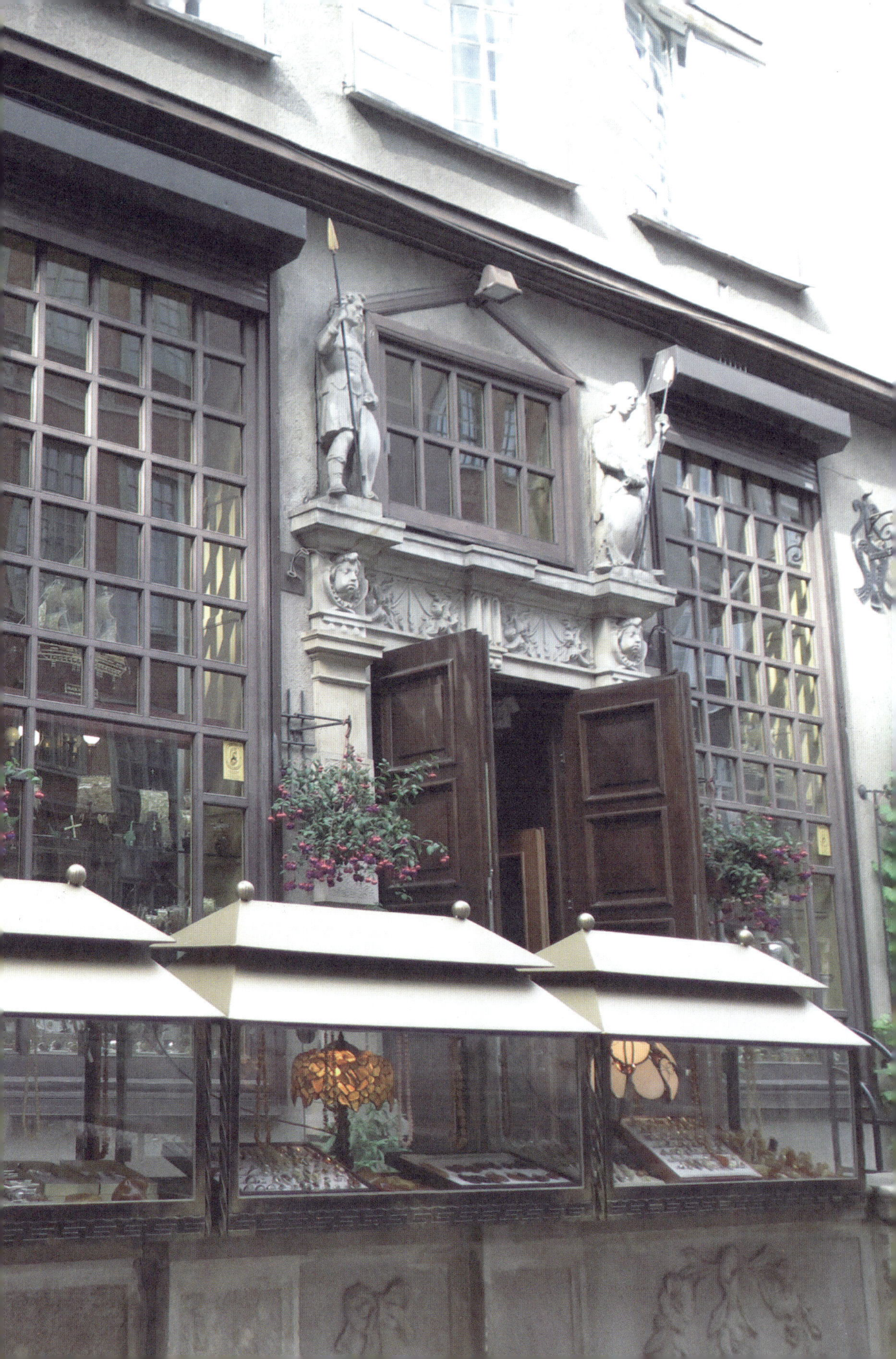

亚大街 44/45 号的北欧琥珀屋（Nord Amber Gallery）时，热情的店主、优雅的女士迎上前来，热情地和我们打招呼并高兴地说："你好，我见过你！那是在北京时波兰共和国驻华大使馆举行的国庆招待会上。"此刻我也想起来了，她的名字叫芭芭拉·缇娜秀斯卡（Barbara Tysnarzewska）。一阵寒暄之后，她的女儿安娜（Joanna）满面春风地走进来，热情地为我们倒了咖啡，她们母女俩与我们愉快地交谈起来。

安娜高高的个子，红红的脸庞，毕业于格但斯克大学艺术设计系，上了 5 年本科及 5 年研究生，10 年的学习为她奠定了良好的基础，加上从小就受到母亲的影响，也喜欢佩戴琥珀，这种潜移默化和与生俱来，使得安娜气质非凡，看上去

就让人觉得很有艺术感。她在还未毕业时，就一直帮助妈妈设计琥珀，她的作品非常独特，很多时候会按照客人的要求为他们专门设计。安娜说："琥珀的设计眼光很重要，如果有一块原石放在你面前，你要根据这块石头的颜色、形状、大小、比例来构思，通常传统的琥珀设计缺乏独到之处。而我喜欢的则是安娜设计的独特的这一件。"说到这里，安娜走到琥珀橱窗，取出两件自己的作品，一件是马蹄莲，另一件是用玫瑰金镶嵌的琥珀，颇具艺术感，让人一看爱不释手。

芭芭拉女士告诉我："我是格但斯克人，琥珀是格但斯克最好的特产、最著名的名片。我们的祖先世世代代生活在这片土地上。格但斯克物产丰富，我们脚踩的地下就有许多琥珀。"

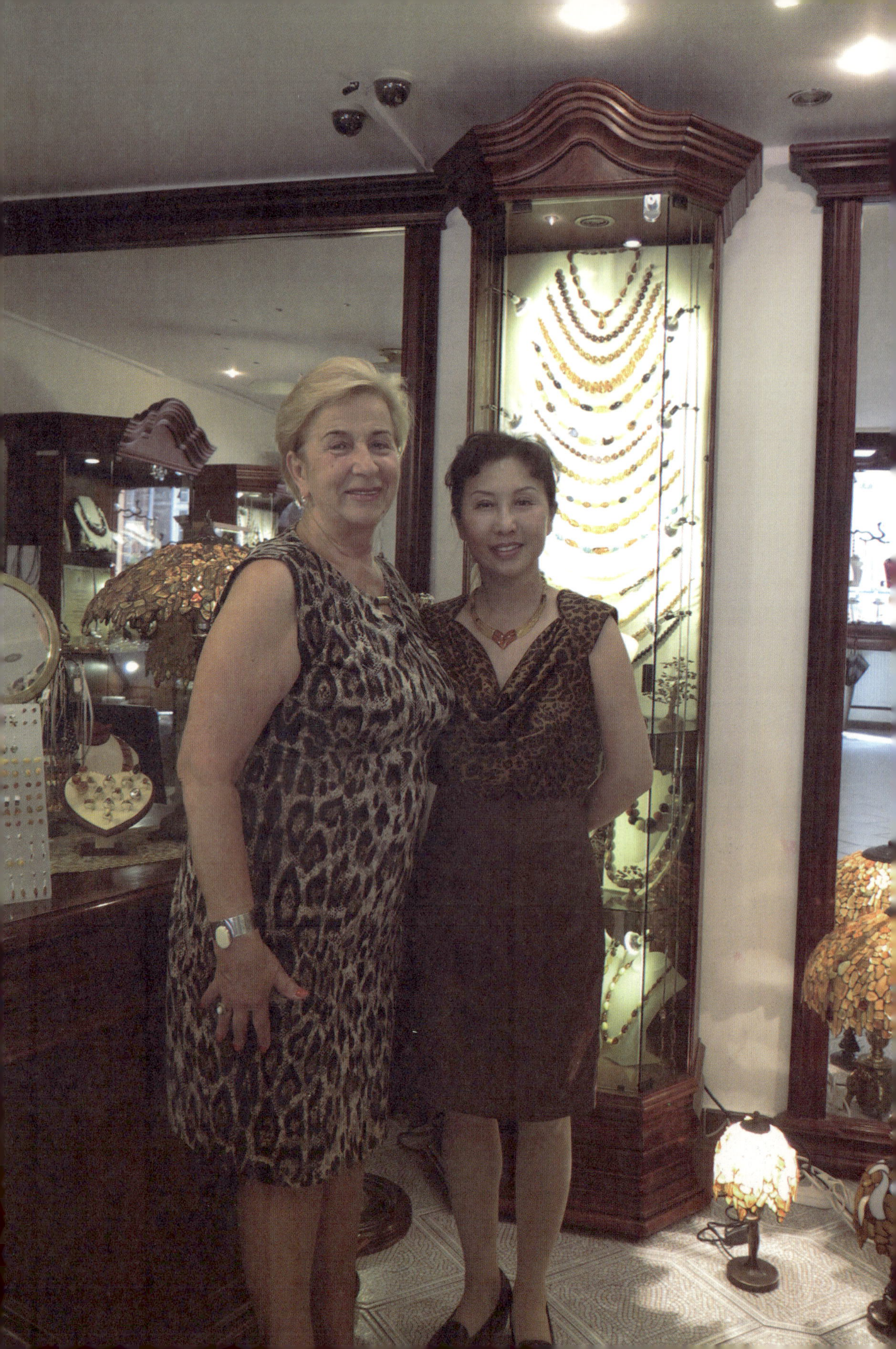

琥珀具有超乎想象的能量，它是吉祥石，属于传统护身符，具有趋吉避凶、镇宅安神的功能。琥珀形成的原因与过程，使其具有来自大地之母的安定力量，让人们在思考时会拥有更敏锐的思维。另外它也可避邪化煞，温热的触感象征某种能量的释放，能带来好运、平安、幸福、如意。

除了这些抽象的能量，琥珀还有具体的药用功能，作为有机宝石，它无任何辐射，佩戴安全。琥珀蕴含琥珀酸，琥珀酸含量最高的地方是在"琥珀皮层"的部位。因此，制成的项链、手链、吊坠等饰物具有安神定惊、促进睡眠、活血散瘀的作用。

另外，多个世纪以来，琥珀被认为具有杀毒的功效，中世纪瘟疫流行时，没有一个琥珀从业人员死于瘟疫。

最新的科学调查还显示，琥珀酸能强壮身体，抗细胞老化和抗氧化，改善免疫功能，汇聚能量和平衡酸性。现在，几十种含有琥珀酸的特效药已经被生产出来并申请了专利。像格但斯克就有琥珀酒，它对活血化瘀和治疗甲状腺疾病、减轻心脏的负担，都有一定的疗效。

芭芭拉女士说："无论是从审美还是健康的角度，我都没有理由不选择做琥珀。半个世纪前，当时我还年纪很小，看到很多德国人来我们格但斯克寻找琥珀，就给我留下了非常深刻难忘的印象。我不停地问自己，为什么那么多人喜欢琥珀。后来随着年龄的增长，琥珀也伴我成长。我慢慢了解到琥珀的各种有利于人体健康的功能和它无与伦比的美丽。加之琥珀是不可再生资源，所以它的价值也渐渐高升。后来，我把自己的事业定位于琥珀。1970年以前，我们坐在家里就可以做琥珀，那个时候琥珀也比较多，随着市场的需求量增大，1970年，我就开设了自

SZANTY
POD
ŻURAWIEM
2014

Die Waren werden auf dem Verkaufer überrecht

Galeria Żuraw

己的琥珀商店。我们是通过做琥珀传递友谊和爱,琥珀伴我走过44年的历程,我也结交了许多世界各地的好朋友。"

这时,站在一旁的安娜插话说:"以前在60年代,人们烧木头的时候,海里漂过来的一些琥珀,也被烧了,觉得非常可惜。小时候当我听到这个故事的时候,我很难过,一直在哭。琥珀是温润的、美丽的,是每一个女人最好的天然饰品和最真的朋友。"

在采访芭芭拉女士时,她告诉我,琥珀以前只是在欧洲流行,近几年来随着中国经济的发展和中国人生活水平的不断提高,越来越多的中国人喜欢上琥珀,芭芭拉女士和她的女儿安娜,已经记不清去过多少次北京了。她们多次来参加北京国际珠宝展,把品质最好、种类繁多、物美价廉的优质琥珀带到了中国。芭芭拉女士已经从事琥珀行业50年了,她特别钟爱琥珀,几乎跑遍了整个欧洲和世

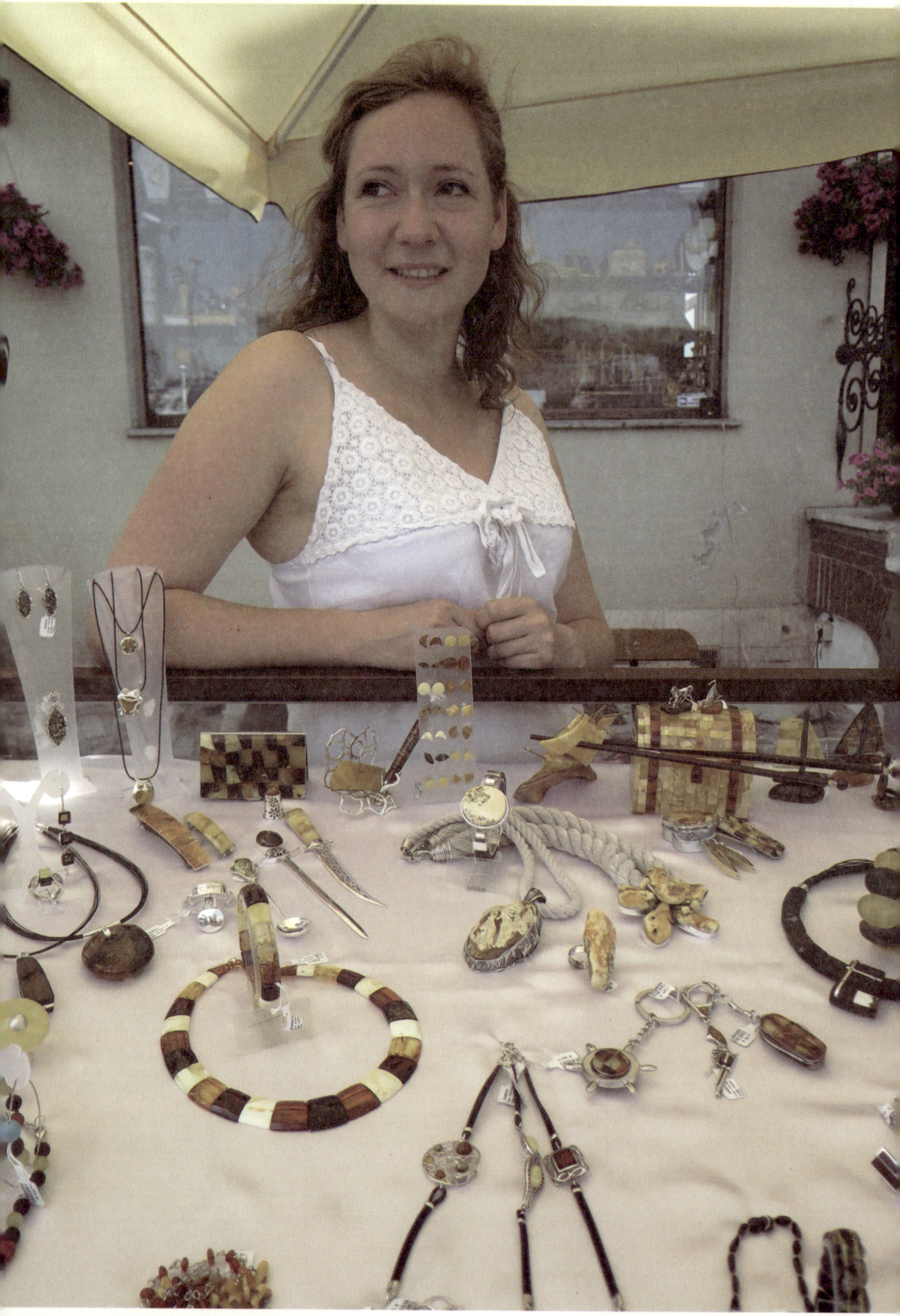

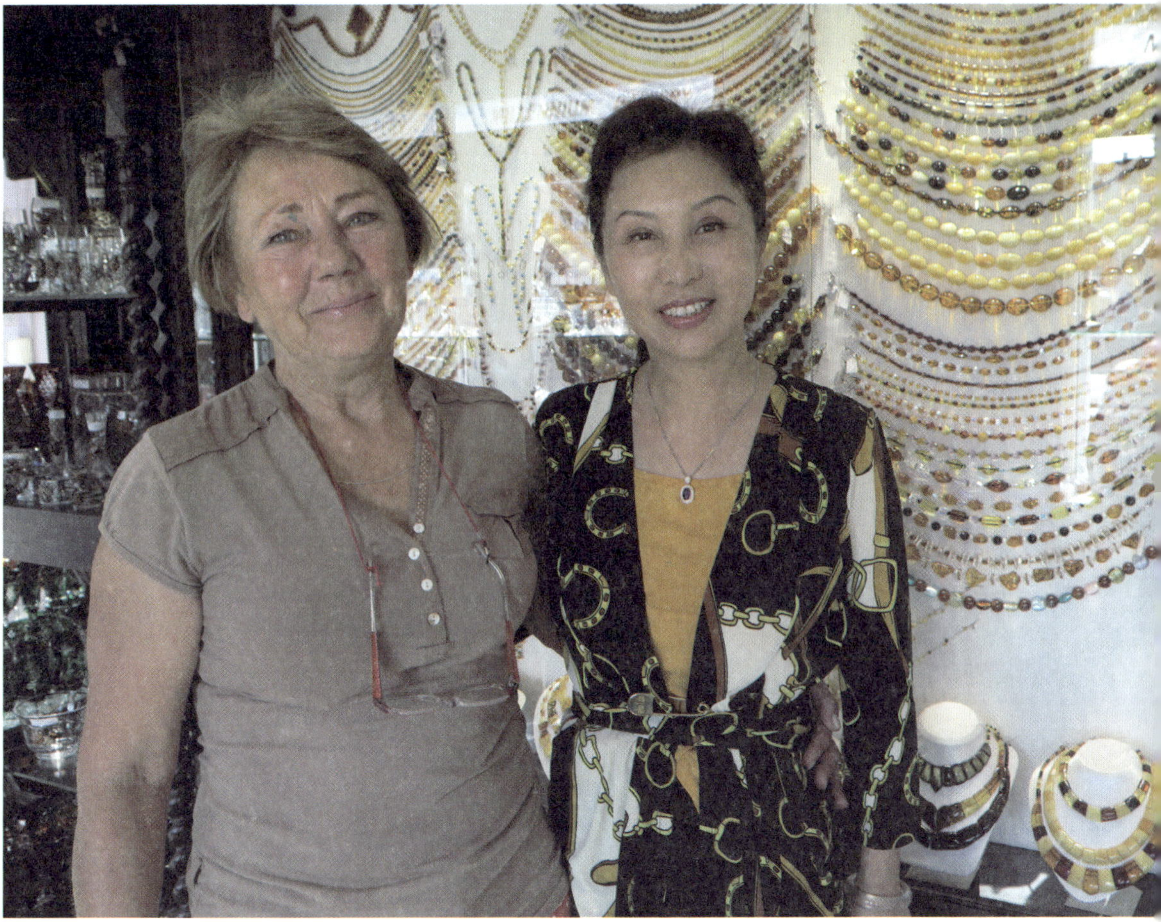

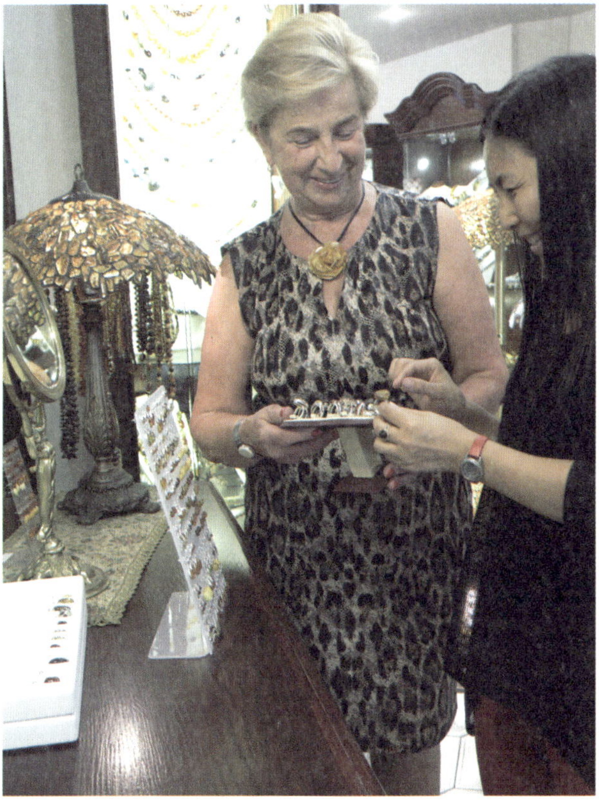

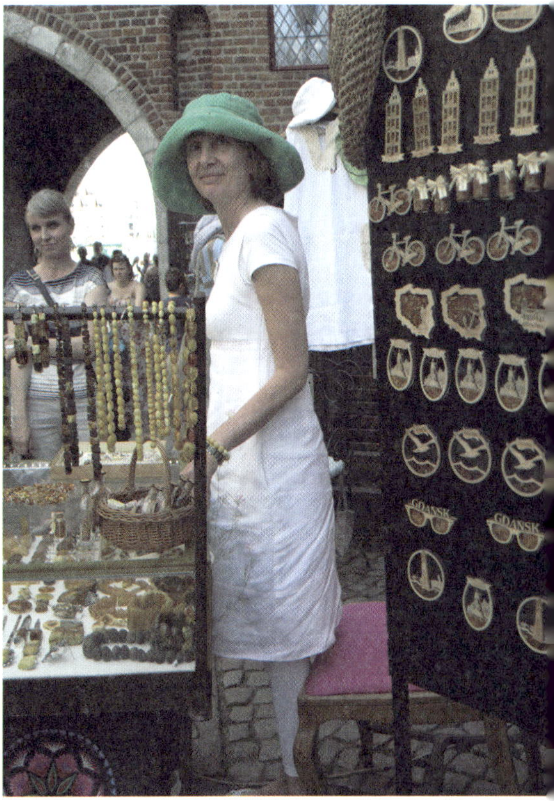
GDANSK
GDANSK

界的很多地方。她说:"四五年前就有中国客人来我的店里买琥珀,还是他们告诉我中国人喜欢琥珀的原因之一,是琥珀对健康非常有利,既带来美丽,又可防病治病。中国的朋友告诉我,北京有一家著名的药店——同仁堂,有一系列由琥珀制作的中药,包括琥珀还睛丸、琥珀抱龙丸、琥珀安神丸及琥珀粉等对人体健康都有益处。于是,中国客人到我们这里买琥珀的非常多,我们也很喜欢中国客人。他们热情健谈,琥珀把我们的心连在一起。"

不久前,芭芭拉女士和她的女儿安娜又一次来到北京,参加了在北京民族文化宫举办的"中国北京玉石文化艺术收藏博览会",她们母女带来的许多琥珀作品设计新颖、做工精致、价格合理,颇受中国消费者的欢迎。当我走进展厅时,北欧小屋的展台前,人头攒动。

芭芭拉女士告诉我,她们把琥珀带到北京、带到世界各地,让大家了解琥珀、热爱琥珀,更要让他们知道,格但斯克这座城市就像琥珀一样,充满神秘的魅力。

小小酷儿甜品店

记得,我的第一本向中国读者介绍波兰的书——《我,文化波兰》中,曾经写过这样一句话:"品味,不是罪过。"在这里我所说的"品味"是纯粹的体验,品味那就是"吃"。

来到格但斯克的第二天,一大早翻译柯茗蕾女士来接我去参观博物馆。在我住的公寓楼下,靠近哈拉·塔拉戈瓦(Hala Targowa)市场附近,有一家小小的甜品店,门上挂着"Fajne Baby"的牌子。柯茗蕾告诉我,翻译成中文就是"酷儿甜品店"(棒棒蛋糕)。我一听这名字就很开心,一股甜蜜的感觉顿时涌上心头。

透过明亮干净的玻璃窗往里看去,红红绿绿,清爽温馨。于是我提议:"咱们进去尝一尝酷儿甜品。"柯茗蕾一听,脸上露出灿烂的笑容,这位喜爱甜品的姑娘自然不会反对。走进"酷儿甜品店",店内不算大,有20平方米左右。一进门就看见橱柜里有各式各样色彩漂亮、种类繁多的甜品。在柜台前面靠窗的地方,放置着沙发。沙发上有红色绿色的靠垫。洁净的窗户上挂着蕾丝花边的窗帘。有两位漂亮的女青年,正吃着甜点,喝着咖啡,享受透过窗户洒进屋里的阳光,

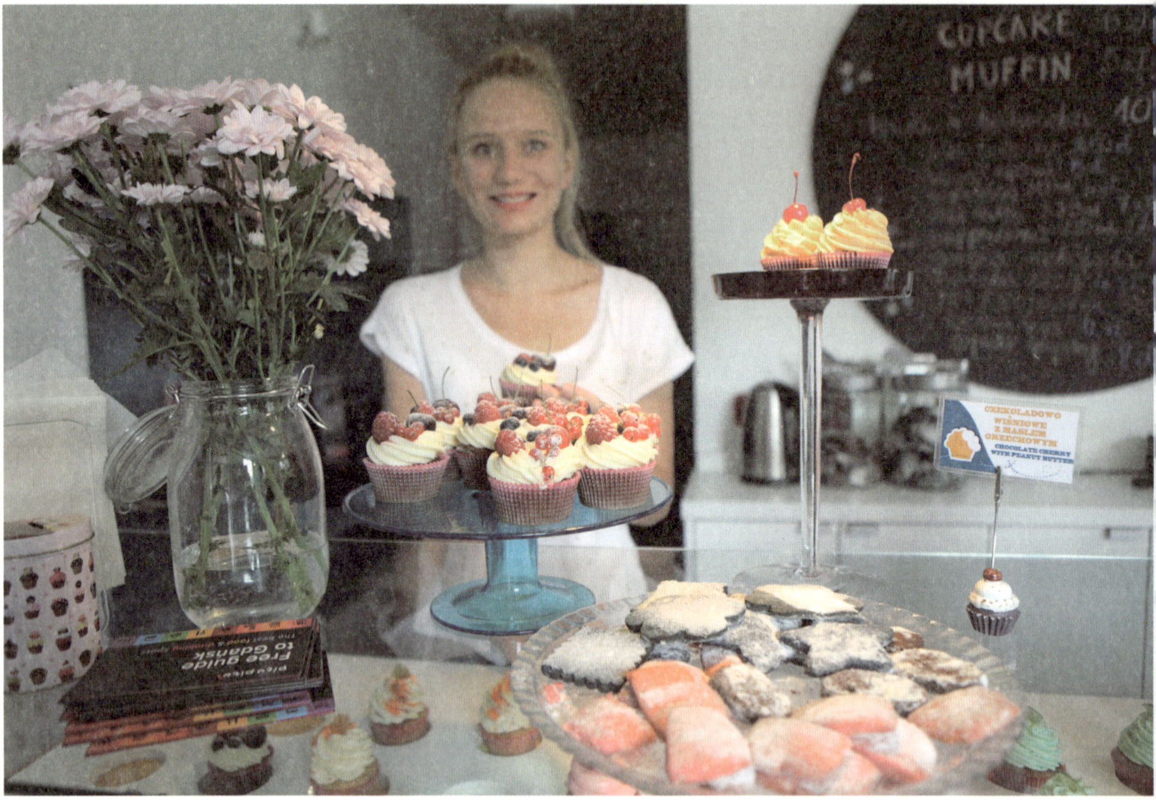
CUPCAKE
MUFFIN
CHOCOLATE CHERRY WITH PEANUT BUTTER

这画面很温馨。

看到琳琅满目的甜品，顿时有一种"挡不住的诱惑"。蓝莓、红莓、苹果、柠檬，不同味道我和柯茗蕾每人尝了两块。因为种类太多，一次尝不过来，于是我决定，每天早出或晚归时，路过这里都走进来，尝一块"酷儿甜品"。就这样，一个月的时间，小小酷儿甜品店的甜品被我尝了个遍。每一种味道都不一样，做法也不同。当然，对于我这个并不是特别喜欢吃甜食的人来说，尝酷儿甜品并非重要，我是想体验一下格但斯克丰富的美食，了解市民的生活态度。

众所周知，波兰是中东欧最大的国家。这块战后重获新生的土地，让每一个来到这里的人感动。而在这片土地上的波兰美食，也有其独到的特色。从 12 世纪开始，波兰就处在东方到欧洲和斯堪的纳维亚的香料之路上，受周边多国饮食文化的影响，波兰的美食堪称"一绝"，甜品多样，甭提有多好吃了。

在酷儿甜品店，我了解到，早在 16 世纪，意大利公主博娜·斯弗查嫁给了波兰国王齐格蒙特·斯特雷，将意大利人喜欢的番茄、菊苣、芦笋当然还有通心粉引入波兰。17 世纪统治波兰的国王扬·索别斯基娶了一位法国妻子，她将煎蛋卷和各色法国特色的东西带到波兰。1683 年，扬·索别斯基在维也纳打败了土耳其人的一个意外结果是，他把从土耳其人丢弃的营帐中缴获的战利品咖啡带到了波兰。奥匈帝国皇帝也赠送给波兰一些马铃薯种子。17 世纪时，波兰—立陶宛大公国是除俄罗斯之外欧洲最大的国家，幅员辽阔，从波罗的海到黑海。不少俄式菜肴及甜点也纳入波兰人的食品中。再加上波兰人的聪明勤奋，他们总是会把好吃的食品及自己的最爱结合起来，融为一体，历经几百年的变迁和一代代人的努力，波兰的美食，特别是甜品，在欧洲乃至世界广受好评。

波兰人喜欢吃甜食,特别是女性,对甜食更是情有独钟。一位台湾作家说:"看到波兰女人,就想到了又甜又美的布丁。布丁挂在波兰女人的胸前,随着她们的脚步,布丁跳起了华尔兹舞。"

在酷儿甜品店,身穿白色T恤,金黄色头发的大眼睛姑娘向我介绍,波兰的传统甜品要数点心和糕点了,它们是用经过精心发酵的麦面粉团制成的。有的甜品可以放入少量土豆粉或荞面、玉米面;有些甜品要加入栗子、葵花籽、松仁、杏仁和葡萄干等;还有的加入新鲜花瓣和水果,如蓝莓、红莓、苹果、香蕉、柠檬、橘子、石榴、无花果等,而有时会加入罂粟籽、干果和果仁馅,类似于瑞士卷的做法,其他非常受当地居民欢迎的甜品有:玛祖卡甜饼、苹果布丁、奶酪蛋糕和姜饼,玫瑰糖甜甜圈也非常受欢迎。可以说,只要一出炉,就会引得路人竞相购买。

在这里，我尝到了一款"黑森林蛋糕"。它的外面是厚厚的一层巧克力，上面还有手工持刀造型的痕迹。当你用刀切开蛋糕时，它们就会立刻松软地落在盘子里。你还可以看到黑色的巧克力末和白色的杏仁粉。还未品尝就被浓浓的幸福感包围了。尝一尝，令人心花怒放。坚果香味、巧克力奶裹挟着杏仁粉的独特味道，瞬间味蕾感觉极好，满口香醇，一口接一口停不下来。我自认为不是一个贪吃的人，但在酷儿甜品面前，还是经不住诱惑。

波兰甜品还有一大特点就是香软却不会粘牙，特别适合小孩和老人食用。只要你尝过一口，就绝对还想吃第二块、第三块……停不下来。坐在温馨的酷儿甜品店，品尝这里精美可口的甜品，既可以作为打发时间的零食，又可以填饱肚子。如果你有机会来到格但斯克，别忘了到这家小小的酷儿甜品店，享受美味的格但斯克甜品。

时尚留住了时光

提起时尚，人们一定会情不自禁地想到巴黎、伦敦、米兰、纽约……但也许你还不知道，地处波罗的海沿岸的美丽城市格但斯克是一个名副其实的时尚之都。也许人们没有忘记 2014 年初，DOLCE& GABBANA 用华丽之光点亮了新年的橱窗，接着，一溜儿廓形高腰装风靡世界。与此同时，GUCCI 将运动休闲风成功送上了春夏的 T 台。入夏之际，格但斯克刮起了一股本土时尚之风，PLACE OF ART 好评如潮。

漫步在格但斯克圣玛利亚大教堂前的一条街道，有四只狮子雕塑的喷泉广场，吸引着络绎不绝的游人。当我随着柯茗蕾女士走过这里时，远远望去，一家设计创意新颖别致的橱窗——艺术之城服装设计专营店（PLACE OF ART）吸引了我的眼球。无论是时装的色彩、款式，还是面料都令我无法抵挡它的诱惑……我们走进店里，一位染着淡蓝色头发，身材高挑，气质不凡，时尚摩登的女士笑口盈盈地欢迎我们。经介绍得知，她就是时装设计师、这家服装专营店的经理娜塔莉亚·莉宾斯卡（Natalia Lipińska）。她告诉我们，这里的时装全部采用纯棉布和

POLSKI DESIGN

POLSCY PROJEKTANCI · AUTORSKIE KOLEKCJE · LIMITOWANE EDYCJE

丝绸设计制作，她的合作伙伴就是自己的哥哥。这家店是由哥哥负责经营，她负责设计，开业以来生意还不错。莉宾斯卡说："当今时尚的元素各种各样，时尚的脉搏纷乱难控，但在我看来，崇尚自然、崇尚健康、崇尚美丽是时尚永远不变的主题。"聊到这里，她闪动着一双漂亮的大眼睛问道："你对'时尚'这个名词有什么看法？是意指奢侈品，走在街头潮流的尖端？每当出现新款高级时装设计时，你是否了解设计师真正的设计理念？……"莉宾斯卡的率真仿佛触碰了我的"时尚神经"，竟然给我带来了新的思考。我相信，每个人对时尚都有着自己的解读。但是也许不会像娜塔莉亚·莉宾斯卡这位漂亮的波兰女服装设计师一样，在她的设计理念中有追求艳丽、崇尚自然，用生机勃勃、与大自然如此和谐的色彩和风格，来诠释自己内心对时尚的感悟：大自然是如此的美丽，而女性的生命是大自然中常开不败的最绚烂的花朵。说句实话，听她说出这番发自内心的真话，再看看橱窗里一件件做工精致、设计精美的时装，和她那张印刷得十分精美，上面还有她的照片的名片，心情真的十分轻松，令人莞尔一笑。

  这家店里的所有服装都是出自波兰设计师之手，除了有莉宾斯卡自己设计的时装外，还有其他波兰设计师的作品。莉宾斯卡还从她的名字中获得灵感，设计出了一系列"LIAN"的品牌时装。"这些服装全部是用100%的波兰棉布产品，全部是自己设计制作的，采用的颜料全是日本的，整个生产过程绝不使用任何化学颜料。"莉宾斯卡坚定的话语，道出了"LIAN"这个源自波兰海滨城市格但斯克，一个创新时尚品牌的信誉度，对此我深信不疑。

  走出"PLACE OF ART"，我在想，美丽，不只是一个形容词，用新的思维定义，它可以是个动词；时尚，不只是用来解释表象与外在，它是一种积累，一种理念。在我眼中，格但斯克就是一座真正意义上的时尚之都。在这里，你能感受到浓郁的时尚氛围；在这里，绚丽的时尚留住了美好的时光。

艺术的殿堂

在我的眼中,格但斯克是一座多彩的城市。

春天繁花似锦,夏天绿树成荫,秋天碧空如洗,冬天银装素裹。格但斯克的美丽环境与浓郁的艺术气氛相得益彰、相辅而行。凡是到过格但斯克的人,都赞叹她的风光美景,欣赏她的艺术气质。

格但斯克有着千年厚重的历史,是欧洲最著名的文化之都。道路纵横交错,屋宇鳞次栉比,文化生活丰富多彩,每年都吸引着众多的世界游客前来旅游观光。尤其是每当夏季,车如流水,马如游龙,各种艺术活动丰富多彩,使格但斯克这座城市成为欢乐的艺术海洋。

清澈的摩托拉瓦河(Motława)从格但斯克市区静静流过,风景如画,优雅安适。正是因为这条伟大的母亲河,孕育了格但斯克丰盛的艺术文化。漫步街头,随处可见到一尊尊造型逼真,艺术价值极高的音乐家、画家、诗人及作家的雕像。这座城市还有欧洲最早的莎士比亚剧院,历史悠久的博物馆,高贵典雅的音乐厅,丰富多彩的艺术画廊。总之三次来到格但斯克,我仿佛走进了高雅经典的艺术殿堂。

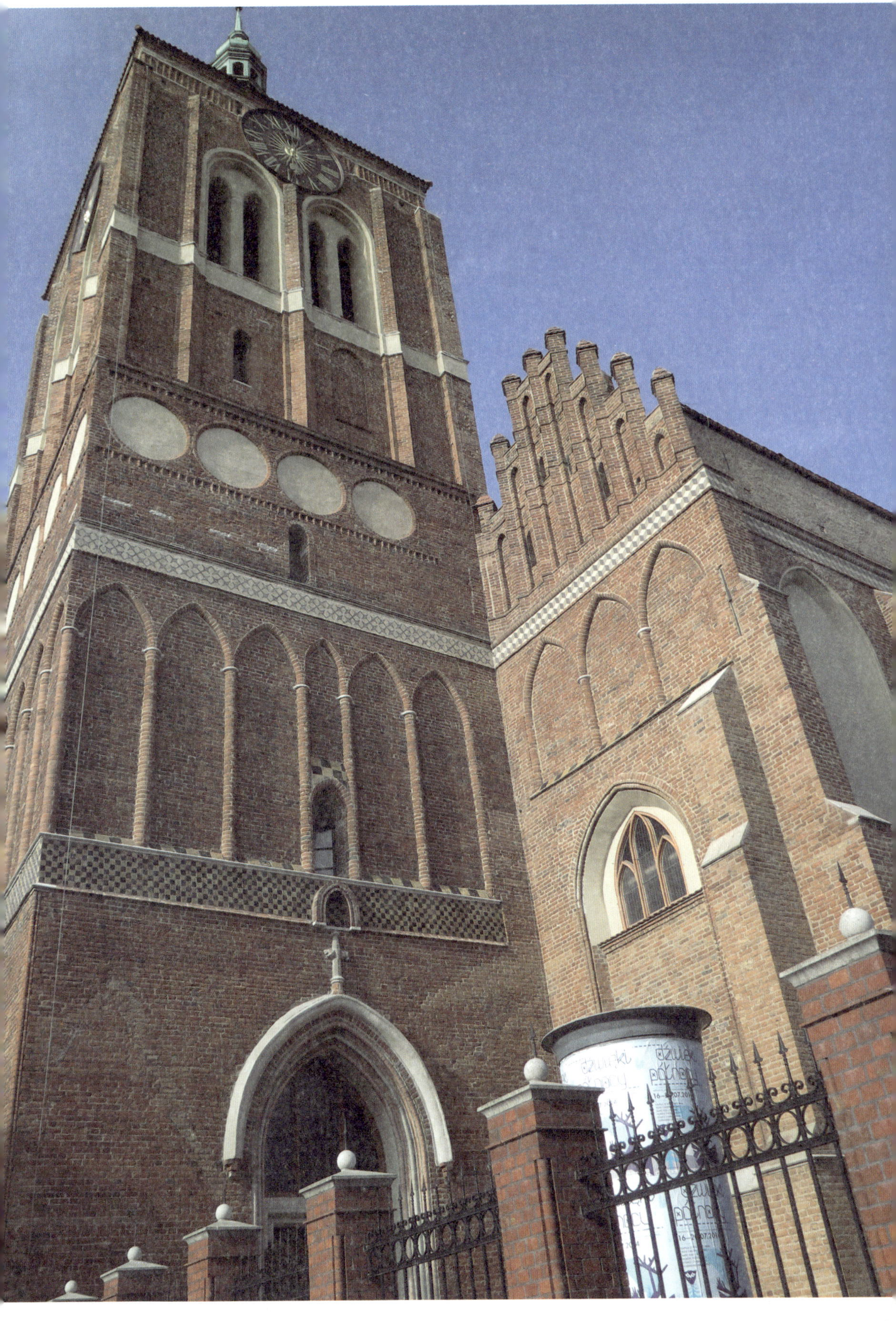

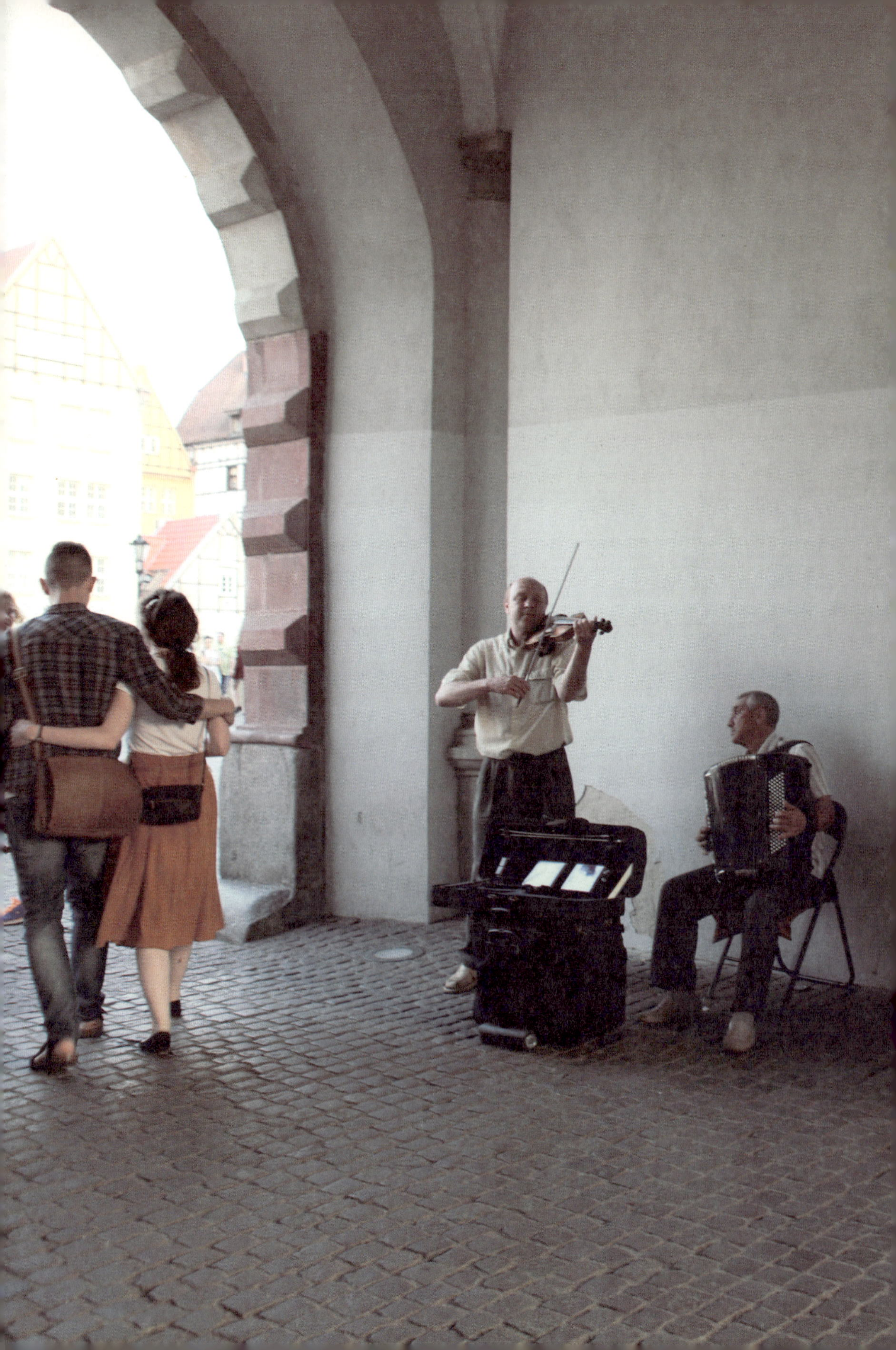

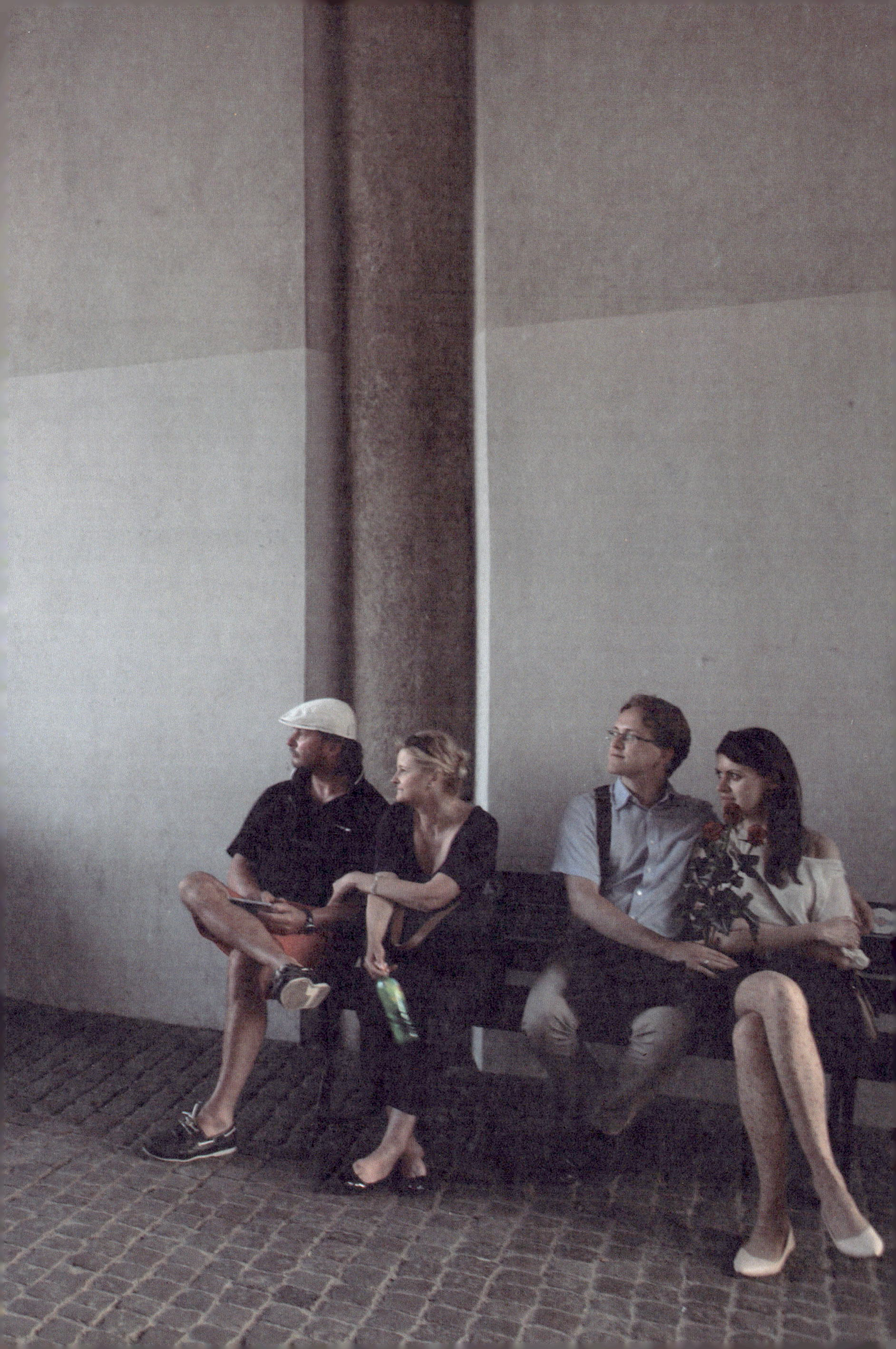

最让我惊讶不已的是，每天晚饭后摩托拉瓦河畔，海岸街和老城中心的绿门下，都会有不少民间音乐家自发来到这里，为市民和游人演奏音乐。有的艺术家在河边为来人画像，有的为路人摄影拍照，还有的表演杂技和魔术……

在格但斯克，每天早晨被清脆的鸟鸣唤醒；每个夜晚与明亮的星星对望，我的心灵自然而然宁静下来。我总是在西天缀满彩霞的傍晚，独自散步，看着天边的粉红色晚霞，渐渐从天际飘来，黄昏时迈着轻盈的步子，挟着习习凉风悄悄走来，瑰丽无比。

没想到我在波罗的海之滨的摩托拉瓦河畔，度过了一个个静谧的夜晚。在那里身心俱安，自知这乃是人生独自品味着不可摧毁的幸福；这是独自在这座千年古城的寂静中又上了一堂艺术课程。心中所得就像含着糖块那样，静默而甜美，那些甜意沁人心脾，直达心灵。

众所周知，波兰是音乐之邦，人们热爱音乐和艺术，伟大的浪漫主义钢琴诗人肖邦，是波兰文化的一张名片，他的音乐作品穿过时空，跨越两百多年，将一笔珍贵的文化遗产留给了人类。

肖邦作品中的民俗音符和韵律，体现了浓郁的民族性；诺贝尔文学奖得主维斯瓦娃·辛波丝卡（Wisława Szymborska）的诗歌声名鹊起；君特·格拉斯（Günter Grass）的画作被视为顶级作品，列入收藏……波兰的文化艺术交织着对往日辉煌的回忆和对未来的憧憬，民族性格洋溢着浪漫主义风格，波兰文化艺术从民风民俗中汲取了丰富的养分，而这一切在格但斯克这座城市处处洋溢。

碧波荡漾的摩托拉瓦河，为格但斯克人带来了艺术的灵感。许多音乐奇才、舞蹈天才、诗人作家、画家雕塑家曾经在这里生活过，是摩托拉瓦河赐予他们灵感，

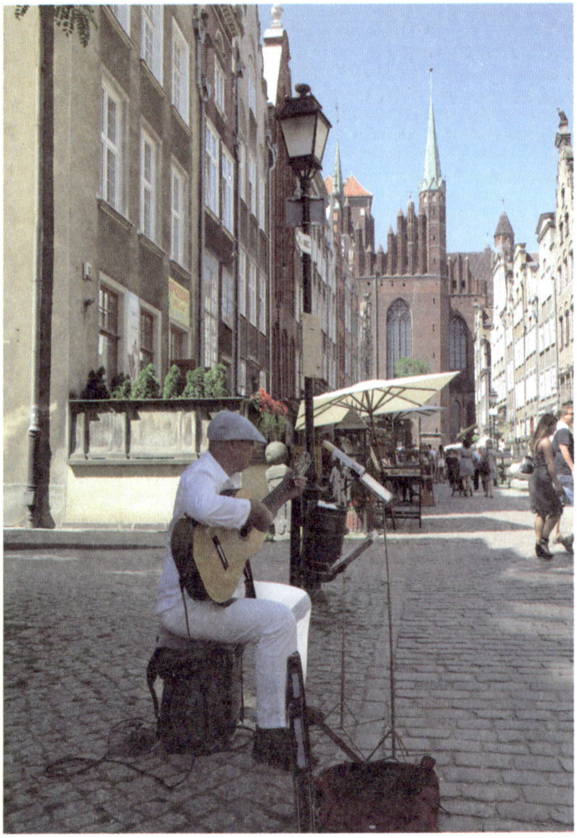

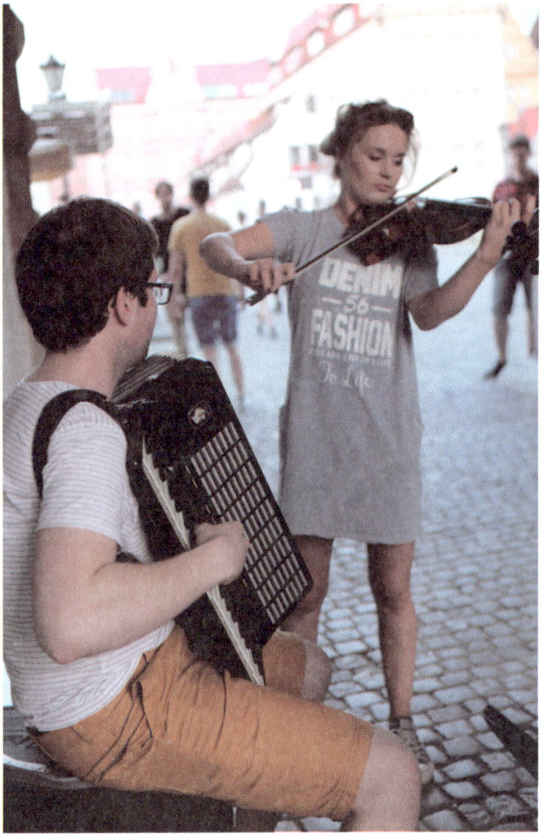
DENIM
56
FASHION

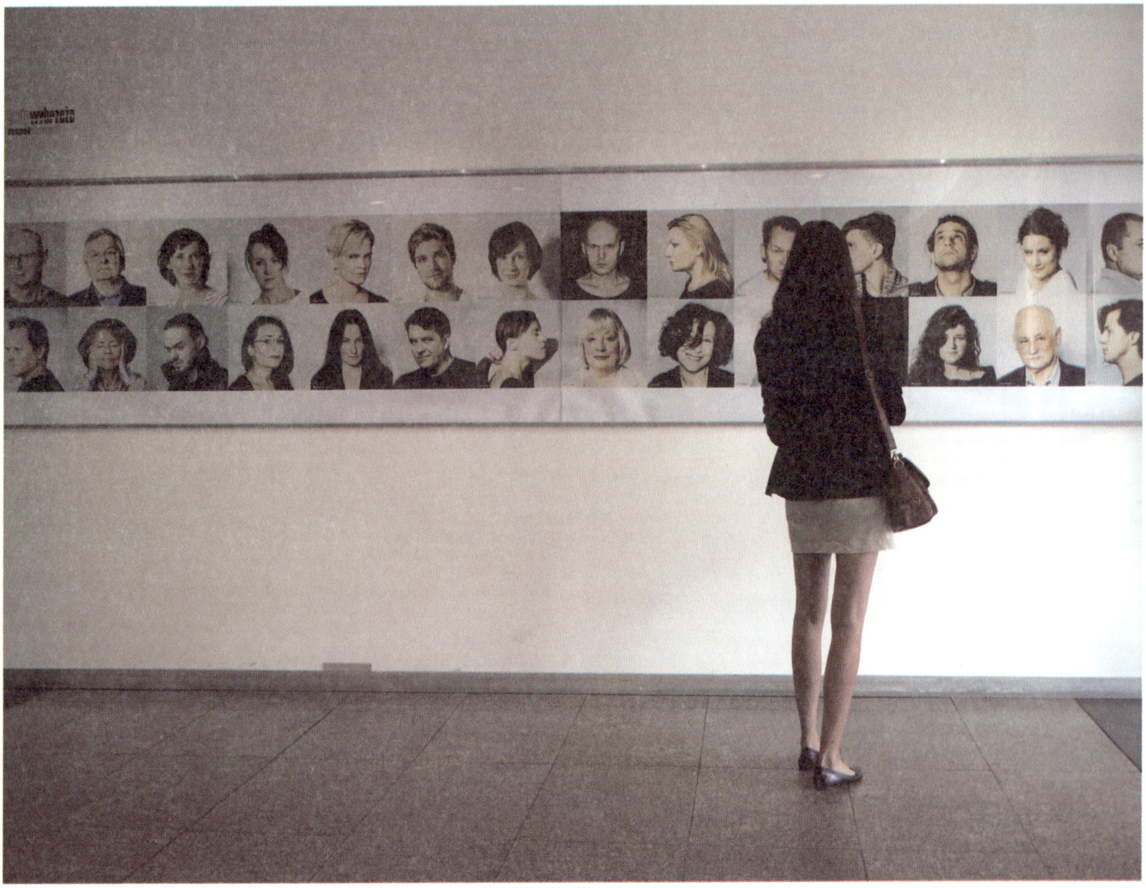

他们与格但斯克有着千丝万缕的联系，他们身上都有割舍不去的格但斯克情结。格但斯克人是用艺术装饰起来的，他们一天也离不开艺术。在格但斯克所有的公共集会、节日庆典，甚至政府会议，会前会后都要奏一曲优雅的古典音乐。漫步市区街头或小憩公园座椅，几乎随处可以听到悠扬的乐曲。可以毫不夸张地说，格但斯克这座城市就是上帝赐予的天然音乐厅。

在格但斯克的日子里，每天晚饭后我必到长街、琥珀街、海岸街，沿着摩托拉瓦河散步，非常高雅的音乐此起彼伏，优美动听。身穿银灰色连衣裙，金发蓝眼的姑娘艾娃·娅罗茨（Ewa Jarosz）站在绿门下专注地拉着小提琴；黄头发姑娘阿夏·罗格拉斯卡（Asia Rogalska）以小提琴伴奏；帅气的小伙子杨·艾德伊诺维奇（Jan Rejnowicz）欢快地拉着手风琴，这三位来自格但斯克音乐学院的音乐学生组成的小乐队，正在演奏一曲德国作曲家帕海贝尔（Johann Pachelbel）的《卡农》。他们三人配合默契，演技精湛，优美的曲调顺着琴弦和键盘流淌，流进我的心田，也深深打动了站立周围或者坐在长椅上认真聆听音乐的市民和观众，这首优雅动听的乐曲回响在摩托拉瓦河畔。

另一支演奏水平相当高超的小乐队正在演奏《E大调（离别）练习曲》这首发自内心的怀乡哀歌，乐曲采用三段曲式，他们的演奏好像让我听到了从远方传来的波兰民间的风笛声，委婉而温存，流淌出绵延不断的怀乡之情；聆听门德尔松（Felix Mendelsson）的《G小调威尼斯船歌》时，曲调优美悦耳，演奏者的节奏，模仿传声的均匀摆动，仿佛听到了意大利名歌的伤感旋律，以及划船人委婉的歌声；另一首《春之歌》则以明快流畅的旋律，给人轻松愉快的感觉，仿佛清澈流水，带来春意盎然。

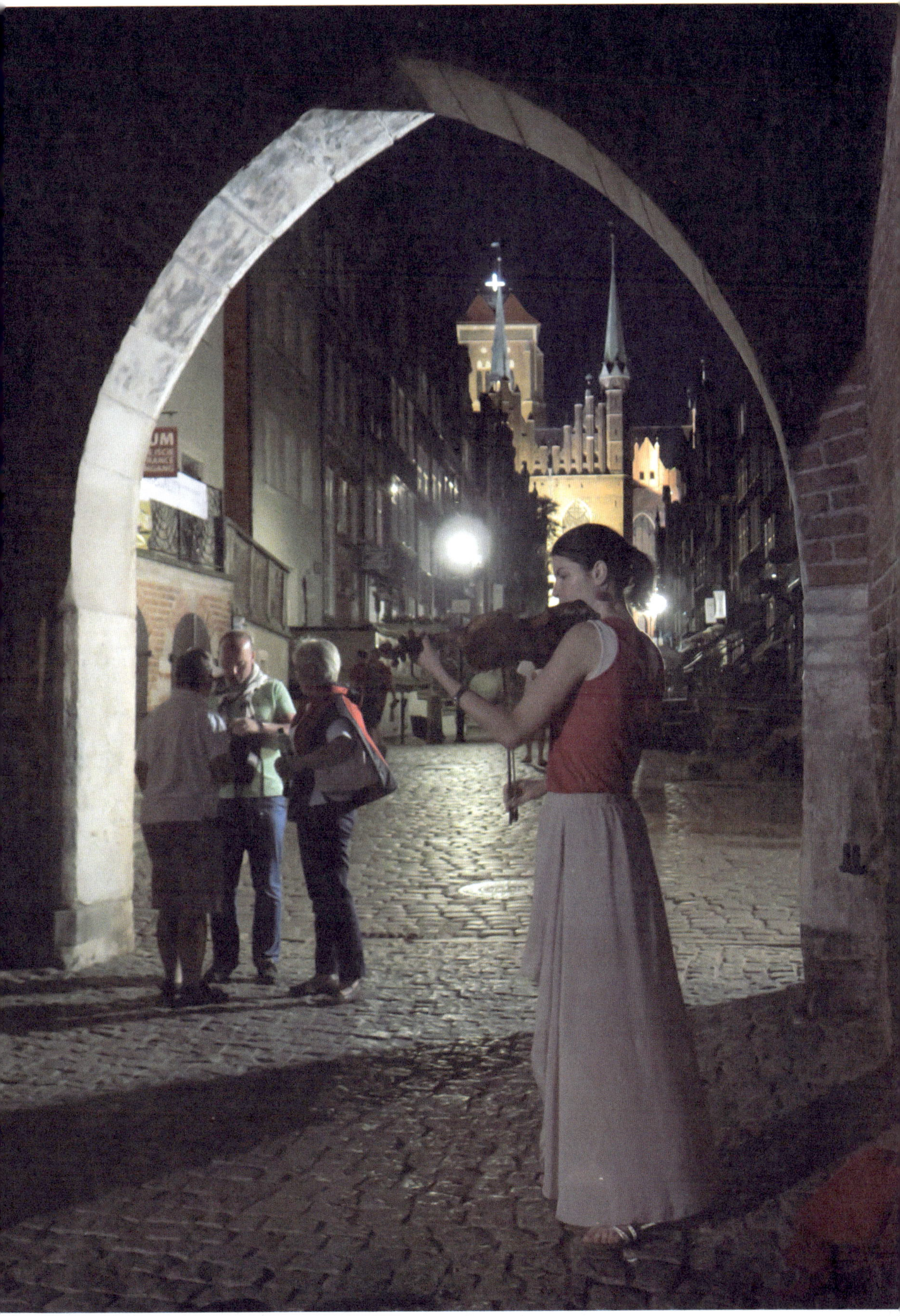

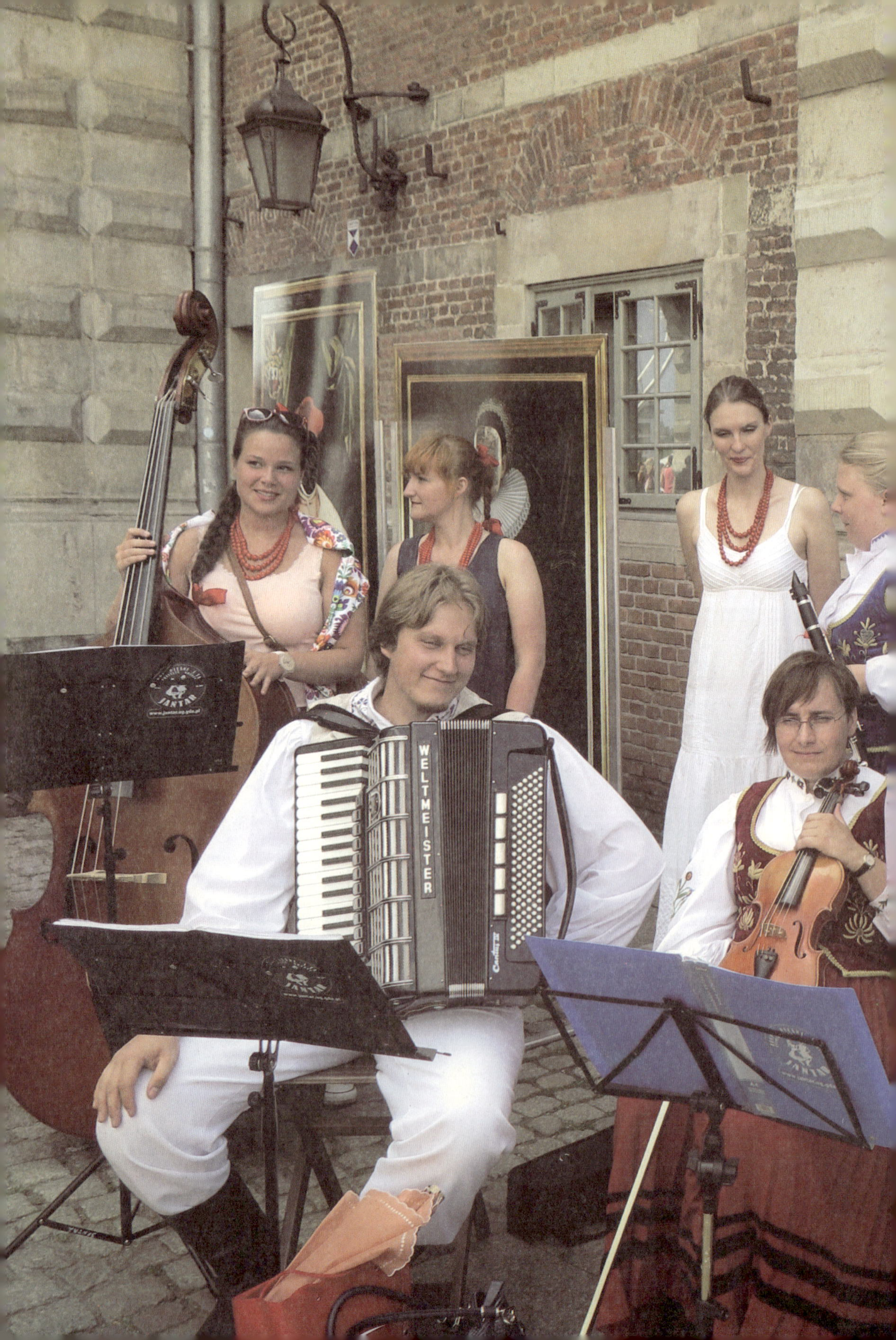
WELTMEISTER

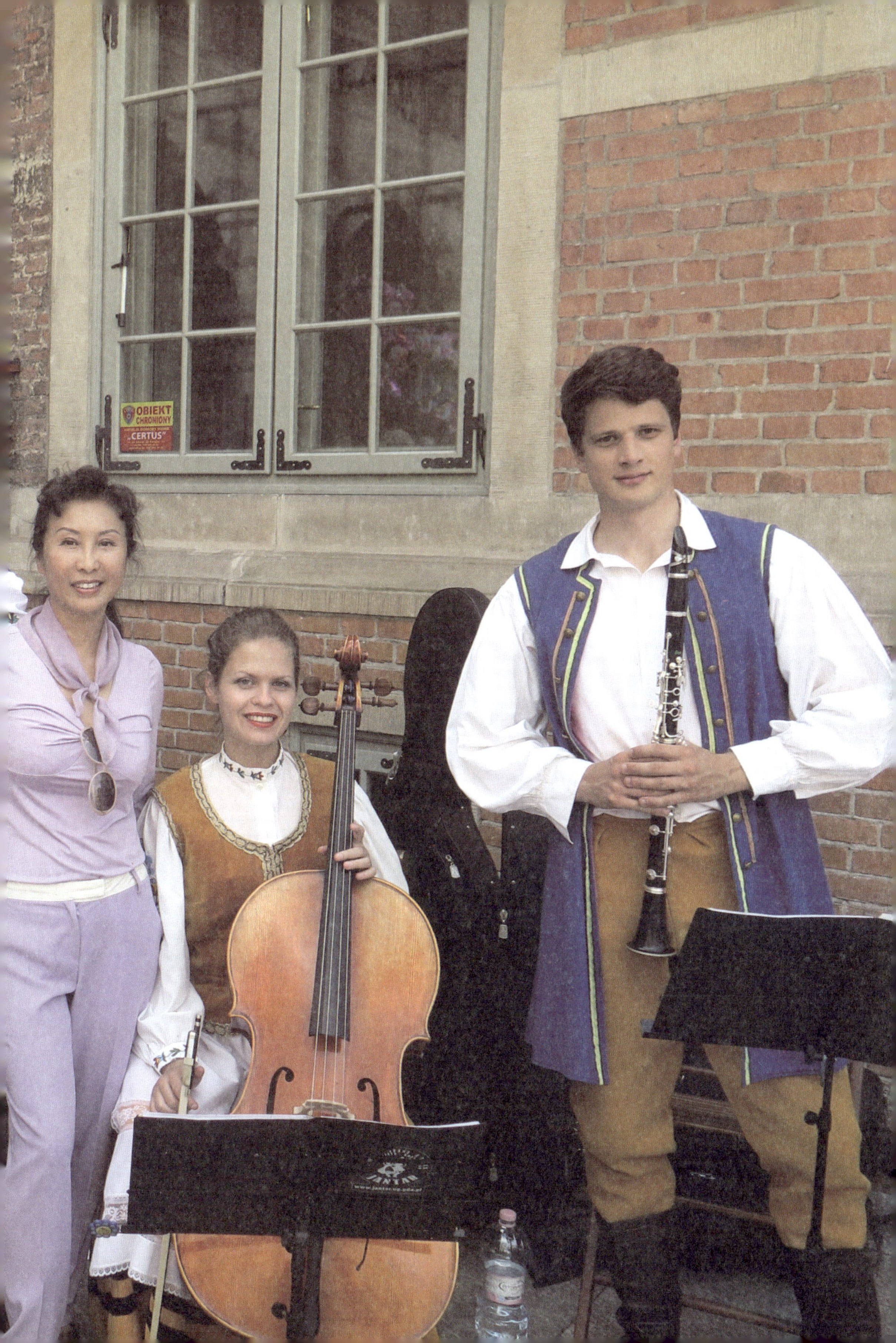
OBIEKT
CHRONIONY
„CERTUS"

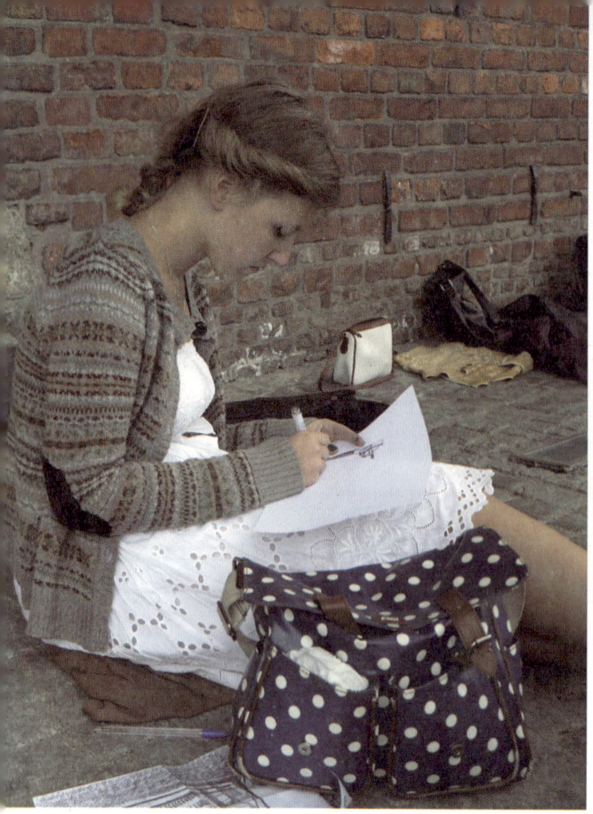

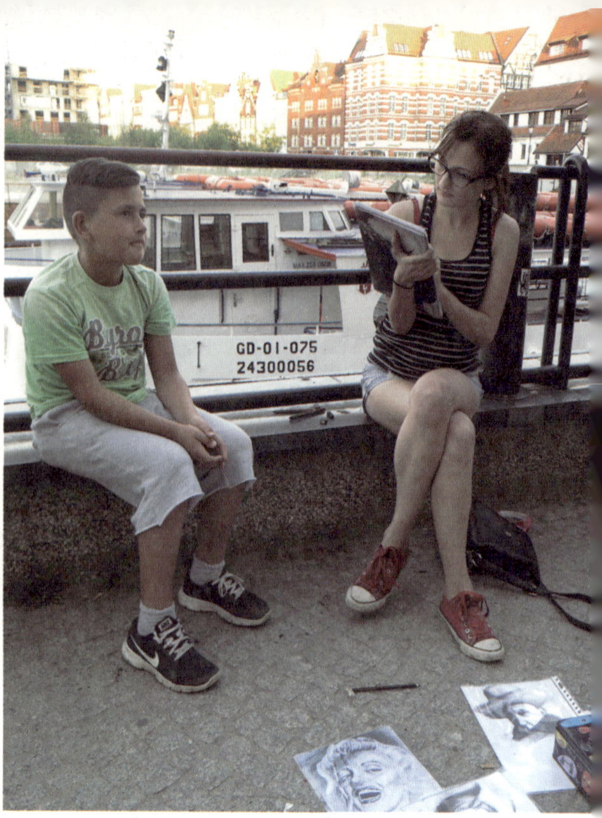
GD-01-075
24300056

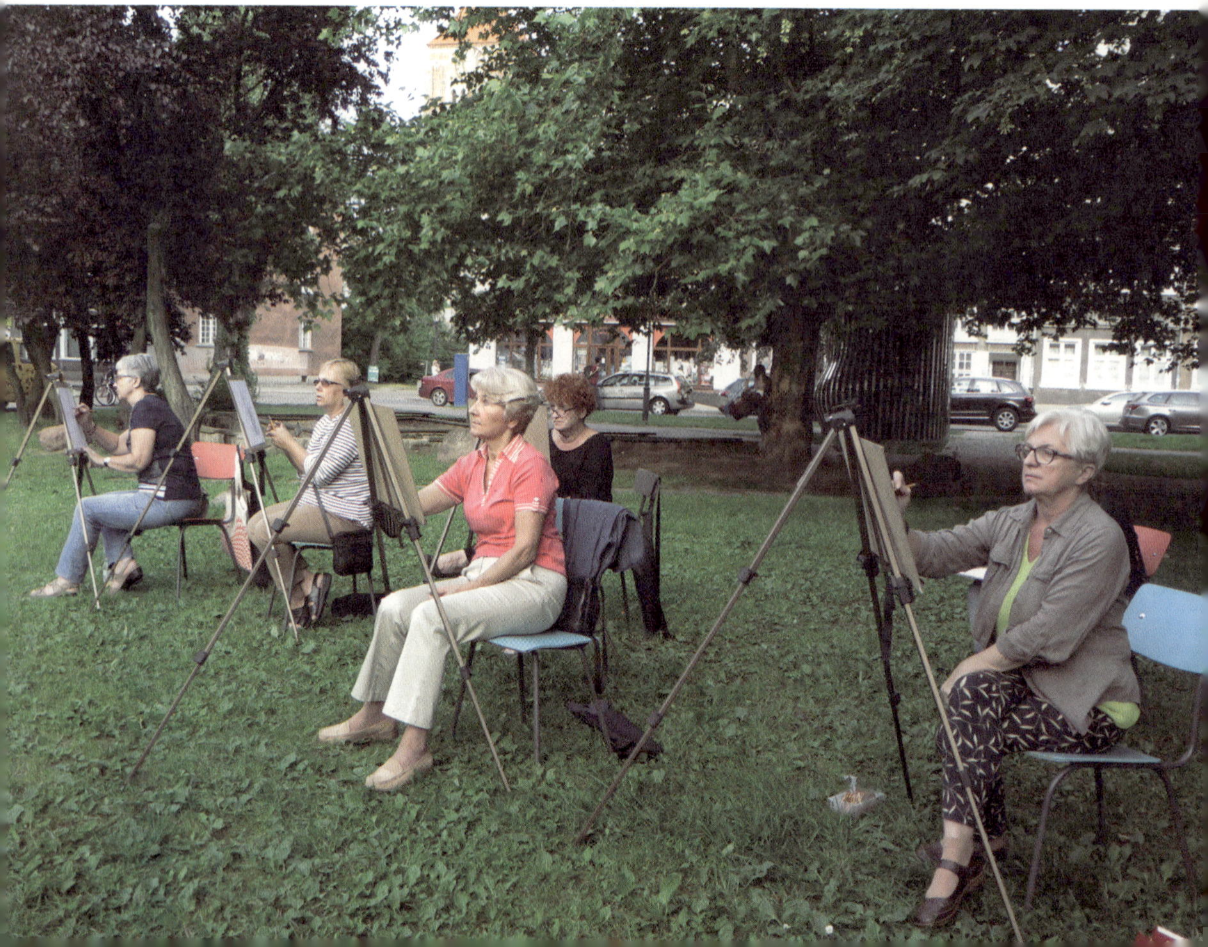

我默默聆听着经典演奏，仿佛一曲曲旋律在心中回荡，耳畔又响起巴赫（JohannSebastianBach）的《布兰登堡协奏曲》、比才（GeorgesBizet）的《卡门》组曲，我顺着优美的音乐朝前走去，原来又是一组小乐队正在为市民和游人演奏，我依然认真聆听，尽情享受着摩托拉瓦河畔音乐的盛宴。演奏者是来自莫纽什科音乐学院（Akademia Muzyczna w Bydgoszczy）的马塔乌什·斯瓦尼科夫斯基（Mateusz Szwankowski），卡兹佩尔·哈布罗斯基（Kacper Chabrowski）担任手风琴演奏，小巧玲珑的女孩艾梅丽·达基乐（Emilia Dagil）是小提琴手，哈萨穆·阿卜杜勒·萨姆德（Hossam Abdul-Samad）担任鼓手，他们三位都是来自格但斯克音乐学院的学生，他们的演奏非常成功，赢得阵阵掌声。

一曲《奥非欧地狱》中的康德舞曲从远处传来，我沿着河边向西边走去，原来两位看上去年纪很大的男士，老当益壮，正在为人们演奏，他们的手风琴拉得非常棒。后来我得知，他们俩都是退休老工人，非常热爱音乐。其中一位名叫霍米斯基（Chomicki），他告诉我年轻时他俩就在一起工作，共同爱好音乐，如今他们都已经退休，每晚自愿来到这里为市民表演，觉得非常开心。

格但斯克每年都要举办众多音乐节，有人说波兰音乐盛事好比色彩丰富的马赛克，古典音乐、爵士音乐、现代音乐等各种风格应有尽有。不仅在音乐厅举办，也在教堂、俱乐部改建后的厂房、体育馆举办音乐节，我不禁感慨，格但斯克简直就是音乐的海洋，戏剧与歌剧语言的多样性也使得波兰的代表艺术正经历着振兴和繁荣的时期。这一点恐怕远在中国的观众已经有所感受。就在不久前波兰戏剧大师克里斯蒂安·陆帕（Krystian Lupa）的作品《伐木》（Wycinka）应邀参加第二届曹禺国际戏剧节及第五届林兆华戏剧邀请展，成

123/125

127/129

为重头大戏，深受中国观众喜爱。《伐木》的热潮从"五一"假期一直烧到了假期之后，从天津又烧到了北京。这长达五个多小时的剧场马拉松，成为五月京城最有影响的首个热门文化事件。波兰著名爱国诗人亚当·密茨凯维奇（Adam Mickiewicz）的作品《先人祭》（Dziady）也在北京与中国观众见面，用密茨凯维奇学院亚洲事务总监马丁（Marcin Jacoby）的话来说："波中之间文化艺术的交流非常重要。我们想让中国人了解波兰和波兰文化，让人们提起波兰就会想到陆帕戏剧、波兰电影、肖邦音乐……"正是怀着了解波兰文化，认识格但斯克的心愿，在蔡梦灵女士陪同下，我走进了坐落在老城区的格但斯克维比热杰（Teatr Wybrzeże）沿海剧院，观看了一部反映男女平等家庭生活的戏剧。在一些男人眼里，妻子就是老婆，让她怎么样，她就得怎么样。而许多"老婆"则是渴望在生活中有一个温存体贴的男人，可这样的好男人又上哪去找呢？这正是《你在哪儿》这部戏剧要讲述的故事。

　　傍晚，在蔡梦灵女士的陪同下，我来到剧场。在休息大厅和走廊墙壁的玻璃柜里，挂着许多卓有成就的艺术家照片，不少观众怀着崇敬的心情驻足观看，这些令人尊敬的艺术家们，不仅在观众眼里，更在观众的心里。

　　格但斯克人不但热爱艺术，更是尊重杰出的艺术家。乌拉（Ula）老人坐在绿茵茵的草地上，金色的头发在金色的阳光下显得更加美丽，她是一位热爱艺术的老人，她喜欢密茨凯维奇的诗，喜欢维斯瓦娃·辛波丝卡的诗，更喜欢在业余时间读散文看小说。乌拉老人告诉我，她从小就喜欢音乐舞蹈和文学艺术，这些都与美感分不开。读书的时候人是专注的，在聆听高雅灵魂的自言自语，不但增加知识更感受到艺术的美感。今天我在读一本书，讲述二战时期发生在华沙的一

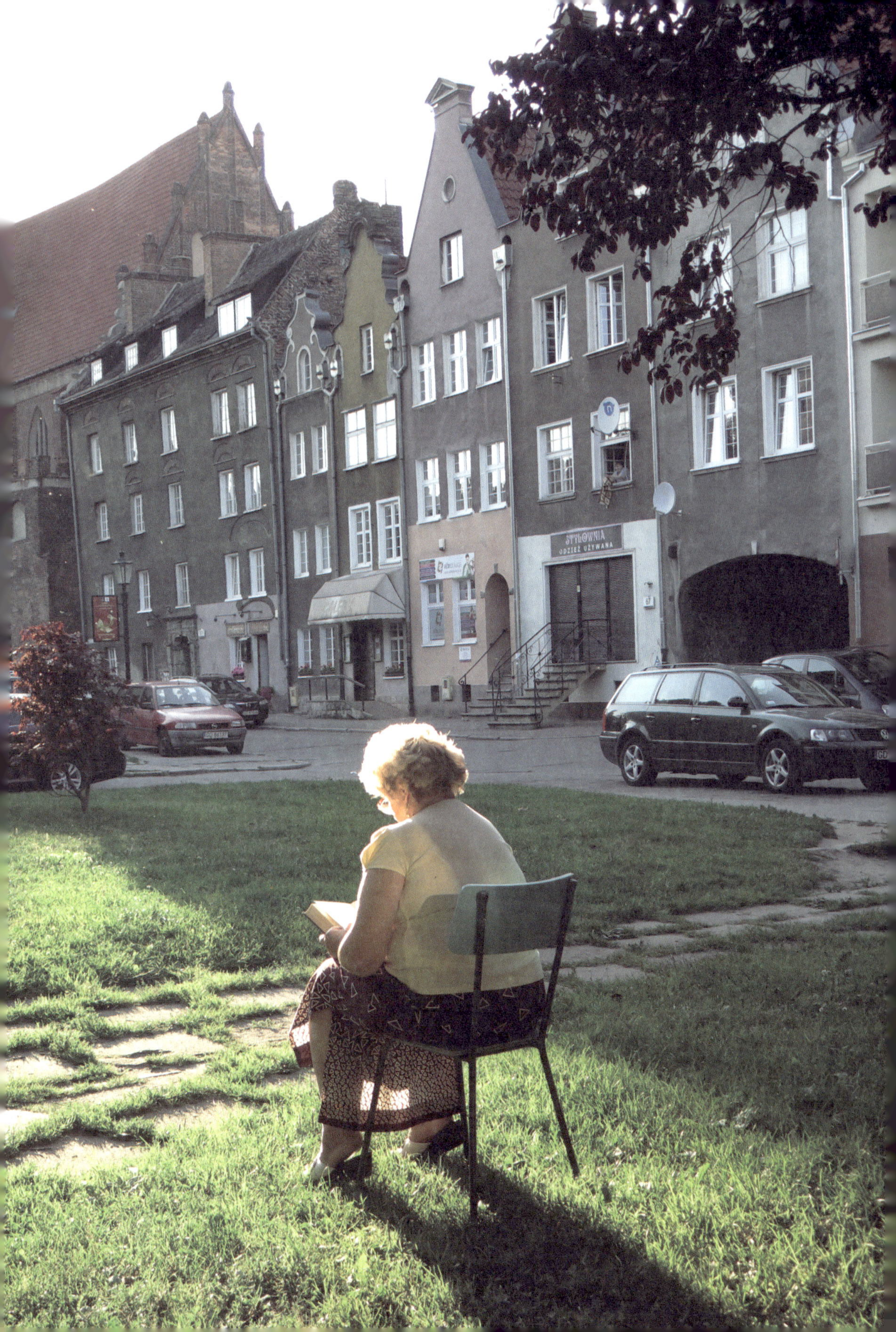
STYLOWNIA
ODZIEŻ UŻYWANA

个爱情故事《三颗心》,我完全沉静在文学作品给我带来的美妙之中,那些智慧的精彩,那些力量的穿透,简直迷住了我的双眼,更迷住了我的心灵。仔细想来,我大半生的快乐,积累起来都抵不过我在书本中欣赏文学艺术作品给我带来的更多欢愉……当你从艺术中汲取养分,滋润心灵,把文学艺术家的聪慧加上自己的理解,恰如其分的轻轻地表达出来的时候,你的红唇就会比用任何美丽色彩的涂抹更加光鲜迷人。

聆听了乌拉老人的一席话,我在想,格但斯克人就是这样总是被美感包围着,被艺术熏陶着。生活在这座"自由之城"和艺术的世界中,他们是多么幸福的人。

在我心中,格但斯克是一座艺术的殿堂。

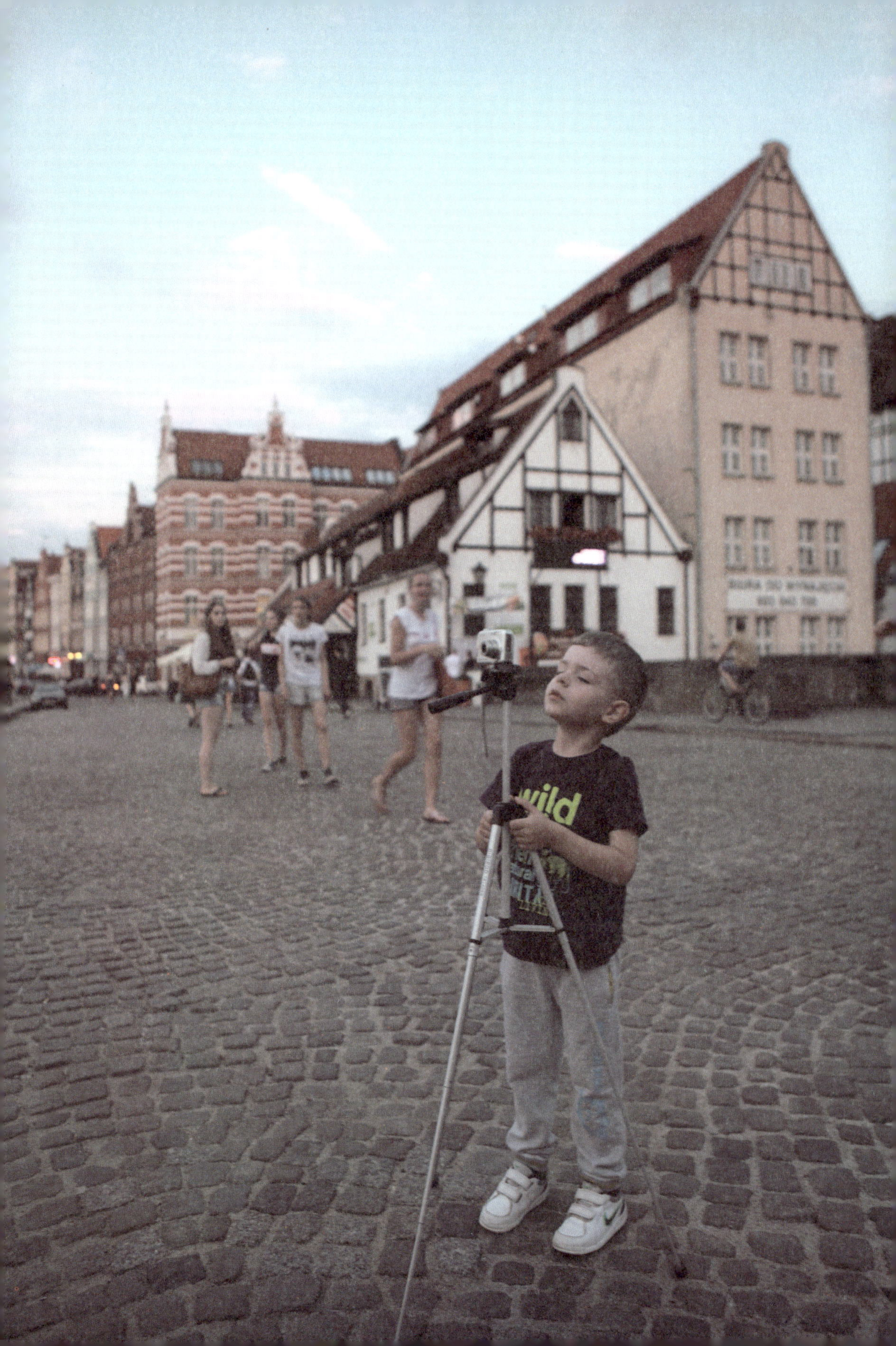
wild